普通高中新课程新教材
实施的区域行动

第三卷

基于新课程标准的高中学业质量评价研究

本卷主编　刘丽君　林荣日

华东师范大学出版社
·上海·

图书在版编目（CIP）数据

普通高中新课程新教材实施的区域行动. 第三卷，基于新课程标准的高中学业质量评价研究 / 刘丽君，林荣日主编. —上海：华东师范大学出版社，2023
ISBN 978－7－5760－3854－5

Ⅰ.①普… Ⅱ.①刘… ②林… Ⅲ.①课程—教学改革—研究—高中 Ⅳ.①G632.3

中国国家版本馆 CIP 数据核字(2023)第 128134 号

普通高中新课程新教材实施的区域行动
第三卷：基于新课程标准的高中学业质量评价研究

主　　编　刘丽君　林荣日
责任编辑　彭呈军　吴　伟
特约审读　程云琦等
责任校对　王婷婷　时东明
装帧设计　卢晓红

出版发行　华东师范大学出版社
社　　址　上海市中山北路 3663 号　邮编 200062
网　　址　www.ecnupress.com.cn
电　　话　021－60821666　行政传真 021－62572105
客服电话　021－62865537　门市(邮购)电话 021－62869887
地　　址　上海市中山北路 3663 号华东师范大学校内先锋路口
网　　店　http://hdsdcbs.tmall.com

印 刷 者　浙江临安曙光印务有限公司
开　　本　787 毫米×1092 毫米　1/16
印　　张　42.5
字　　数　907 千字
版　　次　2023 年 10 月第 1 版
印　　次　2023 年 10 月第 1 次
书　　号　ISBN 978－7－5760－3854－5
定　　价　156.00 元

出 版 人　王　焰

指导委员会

学 术 顾 问：崔允漷　尹后庆　张民生　徐淀芳
顾志跃　安桂清　张根洪

专 家 团 队：王　哲　王　涛　方耀华　石雨晨　庄坚佷
刘钧燕　刘　辉　汤　青　汤清修　李芳芳
杨晓哲　肖思汉　张　汶　陈　霞　范　飙
金京泽　周文叶　周韧刚　周　勇　於以传
郑桂华　胡惠闵　钱熹瑗　徐韧刚　徐　睿
殷育楠　黄　华　韩艳梅　雷　浩　管文川

本 卷 主 编：刘丽君　林荣日

本卷编写人员：金　莉　浦静滢　刘琼颖　周晓东　刘彩虹
李竹青　桂　俊　吴　巍　杨　鹏　徐莉娜
叶朝良　刘宇桦　孙　晖　王宏年　李　蒨
杨旦纳

序一　持续推进“双新”示范区建设 不断深化育人方式改革

尹后庆

党的二十大报告提出要“坚持以人民为中心发展教育，加快建设高质量教育体系，发展素质教育，促进教育公平”。普通高中“双新”实施正是深化教育领域综合改革，着力促进教育高质量发展，办好人民满意的教育的重要领域。党中央、国务院高度重视促进普通高中教育内涵发展和质量提升，颁布了《关于新时代推进普通高中育人方式改革的指导意见》等重要文件，高质量地推进“双新”实施。

杨浦区牢牢把握作为上海唯一的普通高中新课程新教材实施国家级示范区、基础教育创新试验区，以及国家级信息化实验教学区、生命教育综改试点区等在更高起点向全面提高育人水平进步的历史契机，上下齐心，在诸多领域有所作为。杨浦通过深化区域教师教育改革，高起点定位、高标准建设、高质量育人，提升教师的专业胜任力，完善区域教师教育方式与机制，努力为每一位教师、每一位学生的健康发展提供沃土，满足人民群众对优质教育的期望，致力于向更高方面的教育城区发展，也为上海乃至全国贡献杨浦特色的教师教育经验。

《普通高中新课程新教材实施的区域行动》丛书是杨浦区打磨数年的作品，融理论与实践、经验与体会于一体，思考深刻、案例丰富、解读有道。丛书涉及区域系统设计，制度建设，学校系统规划，国家课程的校本化实施，“双新”背景下素养导向的课堂教学变革，区域如何通过深度教研实现课程价值与教师专业的协同发展，以及“双新”背景下教育评价的改革实践等，聚焦的都是教育教学改革中区域、学校、教师所碰到的急难愁盼问题，很有针对性。希望广大读者从杨浦的经验中得到启示，推进以学生发展核心素养为主线的新课程体系建设，为不断优化育人方式作出不懈努力。

“双新”在全国的推广已经逐步向纵深发展，面对党中央提出的更高要求，时代对人才提出的更高要求，我们要担负起自己的责任。一是通过持续优化教与学的行为将课改理念落地。所有学校的课堂里，把已有的系统设计转化为教与学的行动，包括日常课堂上教师们主导教学的具体行为，以及学生作为主体，在学习过程中的具体方法、方式，这是课程改革理念和方案能不能真正落地、能不能达到预期效果，学生核心素养培育的目标能不能真正实现的关键环节，也是育人方式能不能真正改变的关键环节。二是回归学习本质，促进学习真实发生。ChatGPT 的诞生已经再次表明传统的学习方式必然要发生颠覆性改变，ChatGPT 将真正实现个性化学习。教师必须改变过去以“知识点”为导向的教学，要回归人为什么学习、怎么学习、怎么促进学习这些认识论的本源性问题，如何将学习内容结构化，如何解构复杂问题，教师如何更好地建立学习内容与学生已有认知之间的桥梁是未来一段时间内学校、教师面临的真问题和真挑战。三是教师的学习要实现从“自在”到“自为”的跃迁。教师是实现落实立德树人根本任务的关键，教师站得高学生才能站得高。长久以来，教师的自我学习多呈现被动、目的性强、持续时间短等特点，面向未来，教师的学习要从不断反躬自省开始，养成主动学习、主动广泛学习、主动形成学习共同体的意识，将学校真正打造成一个立体的学习共同体组织。

面对新的征程，我们教育工作者要义无反顾地承担起为党育人、为国育才的使命，自我精进、自我发展、自我超越，并且引领学生走向未来、赢在未来。

序二　向更深层次更高质量迈进：普通高中“双新”课程改革的杨浦行动

安桂清　崔允漷

普通高中教育承担着为学生适应社会生活、高等教育和职业发展作好准备的多重使命，是整个国民教育体系高质量发展的重要组成部分。为贯彻二十大报告提出的“建设高质量教育体系”的具体要求，落实国务院办公厅印发的《关于新时代推进普通高中育人方式改革的指导意见》（国办发〔2019〕29 号）、教育部发布的《关于做好普通高中新课程新教材实施工作的指导意见》（教基〔2018〕15 号）等的相关规定，杨浦区作为上海市唯一的普通高中“双新”实施国家级示范区，在落实“双新”课程改革中充分发挥区域积淀的教育优势，借助区域课程领导力的提升，积极探索将文件精神转化为示范区、示范校的建设规划与实施方案，努力构建“双新”实施的有效路径与变革机制，初步形成以本套丛书为代表的、具有示范作用的优质成果。

超越区域在政策转化中通常发挥的上传下达的传统角色与功能，杨浦区作为变革主体以极大的热情和扎实的行动推进“双新”课程改革，本套丛书展现了区校协同发力，共同推进变革的路线与行动。回顾三年的建设历程，其行动路径历历在目：

第一，强化基础调研，做好顶层规划。在示范区建设启动阶段，杨浦区通过对区内 15 所高中全体教师的问卷调查，收集区域高中课程教学改革的进展信息，分析其存在的优势与不足，结合“双新”实施的总体要求，以规划的编制为核心任务，先后制定示范区建设工作三年规划、教育学院实施方案、专业支持项目方案以及学校“双新”实施方案，形成四级“双新”示范区建设指导性文本。规划编制的过程即教育主体形塑变革愿景的过程，杨浦区立足区位实际的规划行动，增强了外部政策与内部发展需求的一致性。

第二，聚焦关键问题，推进项目研究。“双新”课程改革是国家课程方案转化的攻坚行动。杨浦区以学校课程实施规划的编制为抓手，探索国家课程校本化实施的路径；聚焦素养本位的创智课堂建设，力图突破课程变革的堡垒；开展基于新课程标准的学业质量评价研究，深化考试与评价改革；探索指向深度学习的单元教学实践，深化学生学习方式创新。围绕上述普通高中的关键问题，杨浦区以课程建设、课堂转型、评价改革与学习创新等项目研究为载体，建构“双新”推进的实践路径、行动策略与变革机制，致力于突破变革难点，形成区域“双新”推进的整体格局。

第三，落实循证实践，助力迭代改进。杨浦“双新”示范区建设的项目推进过程注重通过同行评议和工具评价等方式获取行动干预措施的效果证据，并将证据应用到实践中，实现实践的迭代改进。同行评估主要采用同行学者认同的学术质量标准进行项目的过程评估，工具评议主要是借助所开发的课程实施质量检测工具，检测“双新”国家示范区项目的实践进展是否符合项目的目标与承诺。循证实践有助于听取不同处境、利益、偏好等参与者的意见，并将其纳入改革方案，使实践更具人性化。

第四，改变支持方式，提升教研能级。区教育学院作为“双新”课程改革最主要的专业支持力量，超越传统的教研活动主导的支持方式，从职能定位、组织结构、主题内容、行动路径等多个角度积极探索区域教研转型。针对“双新”推进中的跨学科课程开发、单元教学设计、基于学业质量标准的测试命题、信息技术与教学的深度融合等核心任务，教研员通过开发实践指南、表现样例、资源平台和教师研修课程等，为教师提供各类学习支架，在推动教师自主学习、自觉发展的同时，也促进了自身专业支持能力的提升。

第五，加强经验辐射，促进区域均衡。为促进区域高中教育的优质均衡，在“双新”课程改革的推进过程中，区域建设了一系列开展研修活动、交流展示和资源共享的平台。项目相关平台促进了“双新”示范区建设项目与“上海市基础教育创新试验区”建设项目的协同共进；创新实验室平台成为支撑学生创新素养培育的教学平台与空间资源；各类展示平台的搭建为不同职业发展阶段与发展需求的教师提供了展示自我的机会与舞台；基于区数字基座建构的“同创学习空间”“创智云平台”等网络平台成为学生成长和教师发展的应用系统。平台建设促进了区域教研训培的一体化发展，借助平台，区域将个人智慧和学校经验转化为集体智慧和区域实践。

课程实施质量检测的数据表明，杨浦区的变革行动切实提高了“双新”课程改革的实施水平，提升了普通高中的育人质量。深究其变革逻辑，下列几点经验值得其他区域借鉴：

第一，构建以学习网络为特征的变革共同体。“双新”课程改革一方面是教育局、教育学院和学校的任务，另一方面也要关注多个利益群体的诉求与参与。杨浦区联合上海市教师教育学院、华东师范大学课程与教学研究所等机构，借助项目研究共同体、学科高地、创新实验室、教育集团、教育专业团体以及家庭和社区机构的广泛参与，构建“双新”课程改革的学习网络。通过项目研究与平台建设，使各类群体结成学习共同体，促进个人之间以及个人与群体之间的交流互动，从而摆脱变革中的孤立性，促进不同群体不仅在思想上增强对变革的认同感，而且在行为上回应彼此的现实需求，这有助于形塑一种相互融通、协同创新的区域变革文化氛围。

第二，推动变革愿景作为公共话语的演化过程。变革不是对预定方案的执行。示范区建设的三年规划是立足杨浦实际，在广泛征求意见的基础上形成的。各方的观念表达与智慧阐释凝聚成区域层面的变革愿景。同时借助四级“双新”示范区建设文本的建构，变革愿景得以持续生成并获得校本化表达。正如富兰所说：“共同愿景和主人翁感是高质量变革过程的结果而非前提条件。”变革愿景在落地中的调整与演化有助于形塑基层变革的公共话语，降低变革的摩擦成本，使变革更易发生。

第三，以能力建设作为变革的核心政策工具。传统的区域惩戒性的问责方式无法切实提升学校的课程领导力，而且极易导致课程变革的运动痕迹和失真现象。杨浦区在“双新”改革推进中通过示范深度调研的工具与方式增强学校基于问题解决的行动能力，通过指南、规格、样例和资源包等工具的开发增强学校课程实施的自我反馈、改进与创造能力。以能力建设作为政策工具，学校实践者的个体智慧才能整合进变革过程，区域的变革诉求才可能真正落地。

第四，借助效果评估实现变革理想与实践的双向匡正。循证实践通过发现问题，采取干预措施，收集效果证据，提供干预措施的改进方向，为变革路径的选择与修正提供了精准反馈。对改革成效的检验与分析贯穿于杨浦区推进“双新”过程的始终。通过对照变革方案的目标与承诺，开发评价框架、指标体系和评估工具，在收集评估数据的基础上不断调适和修正变革的行动路径。另一方面，通过对区域变革样本的充分观察和合理整合，项目组得以提炼并集成“双新”课程改革的有效元素，从而在萃取优秀实践经验的基础上建构更为完善的变革愿景与方案。

第五，保持对平等的关注并将其视为变革的价值承诺。“双新”课程改革的推进不能仅仅是树立“典型”，保持对所有学校的平等关注与公平对待也是杨浦在变革行动中的追求。区域注重采取“试点突破—区域示范”的策略管理变革实施过程，通过设置试点校、基地校或种子团队等试点单位和群体，基于先期探索形成可行的变革经验，之后通过示范引领将变革经验推广到区域各校。“示范”作为政策执行的核心机制，有助于建构区域变革的动机结构，对其他学校的变革起到动员和调节作用，从而促进普通高中的优质均衡发展。

“双新”课程改革的杨浦行动为其他区域的变革提供了路标指引，但由于区域自然条件和变革生态的差异，不同区域的变革历程并无地图可售。同时变革总与问题同在，但无论是何种步履维艰，我们都应秉持一个基本信念：通往变革的道路不是我们要去的地方，而是一个我们要创造的地方！

序三　开创课程改革与人才发展协同共进新局面

卜　健

党的二十大报告指出:“教育、科技、人才是全面建设社会主义现代化国家的基础性、战略性支撑。”这一重要论断表明了要统筹推进科教兴国、人才强国、创新驱动的发展战略。2019 年,国务院办公厅发布《关于新时代推进普通高中育人方式改革的指导意见》,提出了培养担当民族复兴大任的时代新人的育人目标,对普通高中教育改革进行了系统设计和全面部署,强调构建人才全面培养的体系,突出德育时代性、强化综合素质培养、拓宽实践渠道、完善综合素质评价。

杨浦有着“四个百年”的深厚底蕴,又有着杨浦滨江发展的新时代活力。近年来杨浦坚持深化改革,创新驱动,以于漪为代表的中国教育家精神引领广大教师敬业爱岗、躬耕教坛,教育事业发展成效显著。进入新发展阶段,为更好地践行“为党育人、为国育才”的初心使命,全面建成高品质现代化教育强区,2020 年起,作为上海市唯一的“普通高中‘双新’实施国家级示范区”,杨浦紧紧把握改革契机,高站位统筹,全系统谋划,区教育局、教育学院和高中学校的干部师生凝心聚力,开拓创新,在“双新”课程改革的推进中积极谋求人才培养与“双新”课程改革的同频共振,努力开创区域课程改革与人才发展协同共进新局面。

在全力推进“双新”国家级示范区建设中,杨浦逐步积累形成了丰富的理论和实践创新成果,并将这些建设成果凝练汇编成《普通高中新课程新教材实施的区域行动》丛书。丛书秉承“研究、实践、反思、辐射”这条工作主线,涉及项目方案规划、课程、教学、评价、教研等各方面,阐述了杨浦以项目推进的方式,在加强教育管理、优化育人环境、促进教师专业发展等方面所做的细致工作和获得的有益经验,可见区域、学校在项目推进的过程中,自觉进行理性思考和探索实践的过程,以及广大教育工作者破解课程改革关键问题的智慧。书中的字里行间,洋溢着杨浦教育人推进高中课程改革,投身党的教育事业的激情,传扬着项目团队敢于创新、勇于实践的精神。

课程教学改革具有深刻的复杂性和长期的艰巨性。三年来,杨浦始终直面区域推进课程改革中的难题，思考如何激发广大校长、教师的改革动力，让基层焕发生机和活力。杨浦将本次“双新”课程改革视为“成人”的重要契机，努力在课改行动中盘活育人机制，赋能教师群体，激发他们主动学习、锐意进取进而追求卓越的积极心态，形成团队群智涌现的发展态势。为此，杨浦区教育工作党委认真落实区委区政府《关于新时代杨浦打造“人才秀带”建设高水平人才高地的实施意见》，设计并启动了“党建引领下区域创智教育干部人才涌动发展项目”（简称“登峰计划”），从队伍建设的角度协同发力，与普通高中“双新”课程改革相伴而行，因事而成人，因人而成事，共同激发杨浦高中教育活力。首先，以师德建设项目为引领，因人成事，在“双新”推进中持续开展“争做于漪式好教师”“站好新时代的讲台”等师德师风师能教育系列活动，激励教师为杨浦建设、为杨浦学子的全面发展作出新的更大贡献。其次，以“双新”项目为载体，借“事”育人，建设人才培养多通道，策略性发挥项目育人的集成效应，将杨浦教师的教改意识、育人能力推上强势发展的“高速路”。第三，区域以“登峰计划”的落实为重心，重构机制，升级“三名工程”，创新教育领军人才发展模式，形成高端教师涌动发展的蓬勃生机。

正是教育系统人才队伍的涌动式发展，为高中“双新”课程改革以及“四高城区”建设的推进提供了坚强有力的智力资源与人力保障。本套丛书的出版即是杨浦区以“成人成事成机制”为行动宗旨，践行课程改革与队伍发展相结合所取得的成果。

三年来，在教育部、市教卫党委和市教委、区委区政府的正确领导下，杨浦区高中“双新”国家级示范区建设取得了众多阶段性成果，区域高中教育高质量发展，教师队伍的专业能力明显提升，学生的创新智慧不断涌现。这些成绩的取得，离不开上海市教师教育学院、华东师范大学、上海师范大学、上海市教科院众多专家团队的大力支持。借丛书付梓之际，由衷感谢上海市教师教育学院的教研团队发挥课程教学领导力强、资源平台丰富的优势，为杨浦新课程新教材的实施提供了全方位、细致专业的指导，并多次为杨浦师生搭建“双新”展示的平台；特别是华东师范大学课程所发挥课改领域人才荟萃、智力密集的优势，安桂清书记和崔允漷所长带领教授、专家团队，亲临指导、支持杨浦“双新”建设，如此种种不胜枚举。

潮平两岸阔，风正一帆悬。面向未来，我们将砥砺奋进，踔厉前行，在促进国家高水平人才培养体系建构与高质量教育体系构建上进行创造性实施，谱写课程改革的新篇章，推动杨浦教育迈向更高质量发展！

（本序言作者为中共上海市杨浦区教育工作党委书记）

目 录

主编简介

刘丽君，女，1969 年 3 月生，甘肃天水人。上海市杨浦区教育学院正高级教师，主要从事高中化学学科的教学和科研工作。

林荣日，男，1963 年 1 月生，福建平和人。复旦大学高教所教授，法学博士，博士生导师；甘肃河西学院特聘教授，祁连学者。主要研究领域为教育经济与政策。浦江人才。曾获得“中加学者交换项目”(CCSEP)奖学金到多伦多大学安大略教育研究院访学一年。迄今，已培养硕博士 57 位，出版著译作 9 部，发表各类文章 100 余篇。

前 言

近十年来，中国经济社会已进入以知识、信息、智能化经济以及追求高质量全面发展为主要特征的新时代。在新时代，教育、科技、人才是全面建设社会主义现代化国家的基础性、战略性支撑。党的二十大报告指出："教育是国之大计、党之大计。培养什么人、怎样培养人、为谁培养人是教育的根本问题。育人的根本在于立德。全面贯彻党的教育方针，落实立德树人根本任务，培养德智体美劳全面发展的社会主义建设者和接班人。坚持以人民为中心发展教育，加快建设高质量教育体系，发展素质教育，促进教育公平。加快义务教育优质均衡发展和城乡一体化，优化区域教育资源配置，强化学前教育、特殊教育普惠发展，坚持高中阶段学校多样化发展，完善覆盖全学段学生资助体系。"

为了贯彻落实《教育部关于做好普通高中新课程新教材实施工作的指导意见》(教基〔2018〕15 号)、《国务院办公厅关于新时代推进普通高中育人方式改革的指导意见》(国办发〔2019〕29 号)、《教育部办公厅关于做好普通高中新课程新教材实施国家级示范区和示范校建设工作的通知》(教基厅函〔2020〕19 号)等文件精神，作为上海市唯一的普通高中新课程新教材(以下简称"双新")实施国家级示范区，杨浦区先后制定了《上海市杨浦区高中"双新"国家级示范区建设工作三年规划(2020—2023 年)》(以下简称"三年规划")和《杨浦区高中"双新"国家级示范区建设工作杨浦区教育学院实施方案》(以下简称"实施方案")，明确了示范区建设的工作目标、主要任务、基本路径和实施举措等。

本书是对上述"三年规划"和"实施方案"的初步回应和部分研究成果。本书分为三大部分，共 24 章。

第一部分"上海市杨浦区高中'双新'课改工作调研"，对杨浦区高中"双新"国家级示范区建设基础和现状进行了多层次多维度的调研。本部分共分 6 章。第一章对高中"双新"课改工作的相关政策进行了较详细的梳理和解读；第二章较详细地介绍了对当代教育教学有重要影响的两大基础性理论——建构主义教学理论和施瓦布实践性课程理论，阐述了这两大理论的产生背景、主要观点、实践模式及其特点；第三章介绍了问卷调研的基本情况；第四章分析了本次问卷调研的主要结果，着重对杨浦区高中课程建设、课堂实践、学业评价、研修机制和学习空间建设等五个方面的调研信息进行了分层次分学科类别的分析和说明，除了指出这五个方面的现状和存在的不足之外，主要分析了这五个方面在三大学科组别("语数外"组、"物化生政史地"组、"技艺体"组)之间的特征差异；第五章较详细地分析了杨浦区一些高中九大学科骨干教师的线上访谈结果，着重分析了教师对“双新”课改的认识、“双新”课改对学校教学工作的影响、“双新”课改存在的主要问题及其应对举措、“双新”课改对学校课程建设工作的影响、“双新”课改的重要措施、不同学科教师对“创智课堂”的认识、“创智课堂”建设中存在的问题及其改进措施、不同学科教师对“双新课堂”的认识、“双新课堂”存在的主要问题、素质教育导向下的学业测试命题、学业评价如何改进、教师对当前学校研修工作的评价以及教师对研修工作的改革建议等十三个方面的内容；第六章总结了本次问卷调研和线上访谈的基本结论，并基于调研结果，提出了若干比较有针对性的改进建议或应对策略。

第二部分“基于新课标的高中九门学科学业质量评价研究”，是本书的核心部分，共分 9 章，分别由杨浦区高中九门学科部分高级教师和专业骨干撰写完成，同时，本部分也是杨浦区高中九门学科骨干教师的最新研究成果，代表着上海市高中相关学科研究成果的整体水平。第七章“基于新课标的高中语文学科命题评价研究”，在说明高中语文命题评价的理论依据的基础上，比较详细地介绍了高中语文学科核心素养导向下的命题评价框架及其样例；第八章“基于新课标的高中数学学科学业质量评价研究”，在简要说明高中数学学业质量水平及其与考试评价关系的基础上，较为详细地介绍了高中数学学业质量标准的测试框架，并较好地分析了高中数学学科核心素养的构成要素及其试题案例；第九章“基于新课标的高中英语学科学业质量评价研究”，在相关研究文献综述的基础上，较好地说明了高中英语学科核心素养的构成要素、具体表现、试题评析框架及其分析案例；第十章“基于新课标的高中物理学科学业质量评价研究”，在介绍高中物理学科学业质量评价的理论依据和相关文献资料的基础上，主要分析了高中物理学科核心素养的构成要素、学业质量水平及其特征、试题命制检测实践及相关案例；第十一章“基于新课标的高中化学学科学业质量评价研究”，比较好地介绍了高中化学学科核心素养内涵、相关研究文献及其学业质量水平的划分标准，在此基础上，较详细地说明了高中化学学业质量标准的测试框架和命题标准，并对 2020 年浙江省高考学业水平等级性考试化学选考试题进行了详细分析；第十二章“基于新课标的高中生物学学科学业质量评价研究”，在简要介绍高中生物学核心素养内涵及相关研究文献的基础上，较好地说明了高中生物学学科学业质量评价框架，并对相关试题案例进行了详细解读；第十三章“基于新课标的高中思想政治学科学业质量评价研究”，在简要说明高中思想政治核心素养导向下的命题框架的基础上，较好地分析了高中思想政治学科核心素养的构成要素、具体表现及其学业质量水平特征，并对相关样例进行了解读；第十四章“基于新课标的高中历史学科学业质量评价研究”，在简要的相关文献综述的基础上，对高中历史学科核心素养内涵及其学业质量评价标准进行了探讨，并较好地说明了高中历史学科基于“素养为本”的试题框架、核心素养构成要素及其表现特征；第十五章“基于新课标的高中地理学科学业质量评价研究”，在简要探讨高中地理学科核心素养和学业质量评价内涵以及进行相关文献综述的基础上，较好地说明了高中地理学科基于“素养为本”的试题评价框架内涵、核心素养构成要素及其具体表现，并举例分析。

第三部分“基于新课标的高中九门学科优秀作业及试卷案例”共分9章，集中介绍了最近几年上海市高中九门学科优秀作业及试卷设计参评案例，其中绝大多数作业及试卷案例均是各大学科获奖作品，而且是上海市部分高级中学骨干教师团队设计的优秀作品，内容极其丰富，样例十分典型，格式相当规范，具有很高的参考、学习和应用价值。各大学科的优秀作业、试卷参评案例及其相关特点，在此不一一介绍，读者若有兴趣，可参读相应章节的内容。

最后，因我们的学术水平有限且比较匆促，本书肯定还存在一些不足，诚请读者批评指正，不胜感激！

第一部分

上海市杨浦区高中
“双新”课改工作调研

第一章　相关研究文献综述

为贯彻落实《国务院办公厅关于新时代推进普通高中育人方式改革的指导意见》(国办发〔2019〕29 号)、《教育部关于做好普通高中新课程新教材实施工作的指导意见》(教基〔2018〕15 号)、《教育部办公厅关于做好普通高中新课程新教材实施国家级示范区和示范校建设工作的通知》(教基厅函〔2020〕19 号)等文件精神,作为上海市唯一的普通高中新课程新教材(以下简称"双新")实施国家级示范区,杨浦区先后制定了《上海市杨浦区高中"双新"国家级示范区建设工作三年规划(2020—2023 年)》和《杨浦区高中"双新"国家级示范区建设工作杨浦区教育学院实施方案》,明确了示范区建设的工作目标、主要任务和基本路径等,其中对示范区建设基础的现状调研是有效开展高中"双新"国家级示范区建设工作的基本前提和重要基石。

第一节　有关高中"双新"课改的政策研究

一、"双新"课改的政策梳理

普通高中新课程新教材改革以 2017 年 12 月 29 日《教育部关于印发〈普通高中课程方案和语文等学科课程标准(2017 年版)〉的通知》为发端,教育部制定了普通高中课程改革方案和 20 个学科课程标准,并要求于 2018 年秋季开始执行。根据各学科新课程标准,教育部组织编写了普通高中语文、思想政治、历史三科教材,修订了普通高中其他学科的教材,并于 2019 年秋季在全国 6 省市开始试点使用这些学科的新教材。①

2018 年 8 月,《教育部关于做好普通高中新课程新教材实施工作的指导意见》中指出,针对学业评价,应"完善考试评价制度,发挥积极导向作用。普通高等学校招生全国统一考试、普通高中学业水平考试、校内评价或考试要以课程方案和课程标准为依据,更好地发挥立德树人导向作用。教育部组织开展考试命题评估工作和命题人员国家级培训。省级教育行政部门要建立学业水平考试命题质量保障机制,开展命题质量评估,加强命题人员培养和培训,确保考试命题方向与课程标准要求一致,学业水平合格性考试的内容和难度要符合课程标准要求,引导学生打好基础。地方教育行政部门要指导学校认真实施学生综合素质评价,完善实施细则,综合实践活动课程和选修课程的修习情况应纳入评价内容,要做到客观真实"。②

---

① 刘华.构建基于学科核心素养的普通高中课程、教学考试评价一体化改革[J].吉林省教育学院学报,2020,36(06):18-22.

② 教育部.教育部关于做好普通高中新课程新教材实施工作的指导意见[EB/OL].(2018-08-16)[2021-05-02].http://www.moe.gov.cn/srcsite/A06/s3732/201808/t20180824_346056.html.

2019 年 6 月,《国务院办公厅关于新时代推进普通高中育人方式改革的指导意见》(以下简称"《指导意见》")[①]提出了高中教育的总体改革目标:"到 2022 年,德智体美劳全面培养体系进一步完善,立德树人落实机制进一步健全。普通高中新课程新教材全面实施,适应学生全面而有个性发展的教育教学改革深入推进,选课走班教学管理机制基本完善,科学的教育评价和考试招生制度基本建立,师资和办学条件得到有效保障,普通高中多样化有特色发展的格局基本形成"。

针对新课程新教材,《指导意见》提出,"各省(区、市)要结合推进高考综合改革,制定普通高中新课程实施方案,2022 年前全面实施新课程、使用新教材。组织开展国家级示范性培训、校长教师全员培训和中西部贫困地区专项培训。遴选一批新课程培训基地学校,开展校长教师挂职交流和跟岗学习,对口帮扶薄弱高中。遴选一批新课程新教材实施示范区示范校,发挥引领带动作用"。

针对考试命题改革,《指导意见》提出,"学业水平选择性考试与高等学校招生全国统一考试命题要以普通高中课程标准和高校人才选拔要求为依据,实施普通高中新课程的省份不再制定考试大纲。优化考试内容,突出立德树人导向,重点考查学生运用所学知识分析问题和解决问题的能力。创新试题形式,加强情境设计,注重联系社会生活实际,增加综合性、开放性、应用性、探究性试题。科学设置试题难度,命题要符合相应学业质量标准,体现不同考试功能。加强命题能力建设,优化命题人员结构,加快题库建设,建立命题评估制度,提高命题质量"。

2020 年 6 月,教育部对普通高中课程方案和语文等学科课程标准(2017 年版)进行了修订,进一步完善中小学课程体系,落实立德树人根本任务。[②] 2020 年 9 月,全国将有一半以上省市启用新高考、新课标、新教材。2020 年修订版的发布,对及时贯彻落实党中央、国务院各项要求,指导当前普通高中课程改革方向,确保课程标准在高中教学和考试中发挥正确的引导作用意义重大。[③]

二、有关"双新"课改的相关研究

2017 年以来,在教育部等有关部门的大力推动下,全国各省市教育管理部门积极组织普通高中教育有关人员和相关学者学习领会"新高考、新课程、新教材"等各项新的政策精神,了解各种政策目标、政策内涵和政策举措,并为贯彻落实政策要求和实现政策目标开展了各项研究和讨论活动。如裴娣娜指出,在新高考制度下,需要对学校课程改革价值功能进行重新审视。

---

① 国务院办公厅.国务院办公厅关于新时代推进普通高中育人方式改革的指导意见[EB/OL].(2019-06-19)[2021-05-03]. http://www.gov.cn/zhengce/content/2019-06/19/content_5401568.htm.

② 教育部.教育部关于印发普通高中课程方案和语文等学科课程标准(2017 年版 2020 年修订)的通知[EB/OL].(2020-05-11)[2020-05-03]. http://www.moe.gov.cn/srcsite/A26/s8001/202006/t20200603_462199.html.

③ 付宜红.2020 年修订版普通高中课程方案及标准的主要变化及有关考虑[J].基础教育课程,2020(13):22-28.

真正实现从分数唯一到以学生发展为本的转变，意味着对考试文化的根本性突破。因此，应坚持现代课程观，正确处理课程综合整体设计与考试招生制度改革重点突破的关系、学生夯实基础与发展个性特长的关系。① 针对新高考改革试点和推进过程中出现的考试倒逼教学改革的现象，刘华认为，应树立新课程的视角，课程方案和课程标准是上位的，考试评价改革必须遵循新课程标准，要以课程引导教育教学和考试评价改革；并且要基于学科核心素养开展教育教学和考试评价改革，重点加强基础学科的特色建设，以新课程标准和新教材为依据，在课堂教学中凸显学科核心素养的具体落实。②

为了实现“双新”课改的政策目标，调整和改革普通高中的课程方案与学科教材就显得尤为重要。在有关普通高中课程方案设计和教材建设方面，国内已有一些学者进行了研究。如胡红杏和杜丽斐对我国普通高中化学课程和教材建设情况回顾后发现，现阶段普通高中化学教材建设充分借鉴了国际科学课程与教材改革的成果，全面总结了我国中学化学课程与教材改革经验，以深入贯彻素质教育思想为目标导向，通过不断修订完善，构建了具有中国特色的普通高中化学课程与教材体系。2019 年出版的新课标版高中化学教材在内容选择上体现了基础性、时代性和人文性，倡导研究性学习、探究性学习以及项目式学习等多元学习方式，体现了新时代化学教育培育学生核心素养的要求。③

学者朱卫国的研究发现，当前高中新课程新教材改革在各个地区和学校稳步推进、积极实施，总体上看情况良好，但暴露出的主要问题是发展的不平衡、不充分。他认为，新课程新教材改革的高效率高质量执行，需要做到以下四点。其一，高站位认识。需要提高站位，更新观念，全面贯彻党的教育方针，摒弃传统习惯和经验主义，主动担当实施新课程新教材的历史重任。其二，高起点实施。各地区各学校要全面了解现有基础条件，深入研究分析新课程新教材改革可能给普通高中学校带来的困难和挑战，有针对性地制定高水平工作计划和方案。其三，高品质示范。普通高中新课程新教材的执行实施是一项长期、艰巨的工程，需要不断探索、积累成功经验，形成规范标准。其四，高水平组织。高水平组织是高质量实施的前提和保障。各地区各学校要强化领导，明细工作责任，做好新课程新教材执行实施的计划、组织、领导、管理和服务等工作。④

而学者李怀忠等人的研究主要是对高中数学学科核心素养与学业质量标准内涵方面进行阐述，就新高考背景下高中数学核心素养评价和学业质量检测的特点展开深入分析。《普通高

---

① 裴娣娜.新高考制度下深化普通高中课程改革的几个问题[J].中小学管理，2015(06)：4－6.

② 刘华.构建基于学科核心素养的普通高中课程、教学考试评价一体化改革[J].吉林省教育学院学报，2020,36(06)：18－22.

③ 胡红杏，杜丽斐.我国普通高中化学课程与教材建设的回顾与反思[J].课程·教材·教法，2020,40(06)：114－121.

④ 朱卫国.高质量实施普通高中新课程新教材[J].江苏教育，2021(Z3)：1.

中数学课程标准(2017年版)》指出：学业质量检测标准要以本学科核心素养、表现水平为主，根据课程内容和学生学业成绩的总体表现展开。在李怀忠等人看来，要使高中数学的教学质量得到提升，教师在教学实践的过程中应该对高中数学学科核心素养评价维度和学业质量标准检测形成正确的认知，通过特点探索、解读与分析内涵等方式，以“双新”课改背景提出的要求变化为中心，从而制定出科学的实施策略。①

第二节　有关高中学业质量标准和核心素养的相关研究

一、学业质量标准

2017年底，我国颁布了新修订的普通高中课程方案和各学科课程标准。这次修订最特殊的改变是“新增了学科核心素养和学业质量标准”。

吴先强等人认为，新一轮高中课程标准修订的突出特色就是将学生的学科核心素养和学业质量标准有机地融合在一起，并强调学科核心素养是构建学业质量标准的基础。所以，学科核心素养是学业质量标准的基础和关键所在。一般来说，学业质量是学生在完成一定学科课程学习后的学业成就表现。素养导向的学业质量标准就是以学科核心素养及其表现水平为主要评价维度，结合课程内容，对学生学业成就表现进行的总体刻画。②

学业质量标准的建立可以从根本上促进课堂教学、学生评价以及高考等高利害考试的改革③。基于此，融入学科核心素养理念的学业质量标准将为我国教育工作的持续发展以及新课程改革的深入推进注入新的活力。

学业质量标准主要是用来界定学生在经过一段时间的学习教育后，应该或者必须达到的基本能力水平和程度要求，是学生核心素养在具体学段、具体学科中的具体体现，直接反映了学生所应达到的学业结果。于蓉认为，学业质量标准既体现了核心素养方面的要求，也结合了课程内容上的要求，更明确地反映出“学什么”和“学到什么程度”，在教学实践中可以帮助老师们更好地把握教学的深度与广度。但是，核心素养具有内隐性特征，不便于直接观察和测量。欧盟国家核心素养评价的一种思路是将核心素养转化为便于观察的外显行为，从而对核心素养进行一定程度的评价。修订学业质量标准有助于考试评价中核心素养的真正落地，④同时，也有利于将核心素养内隐性的特征外显化，让核心素养测评从模糊走向清晰，使得学业质量标

① 李怀忠，罗晓文，王睿建.新高考背景下学科核心素养评价与学业质量检测的研究调查报告[J].新课程，2021(49)：42-43.

② 吴先强，顾佳磊，王祖浩.素养导向的高中化学学业质量标准比较研究[J].课程·教材·教法，2021，41(08)：118-124.

③ 徐岩，丁朝蓬.建立学业评价标准促进课程教学改革[J].课程·教材·教法，2009，29(12)：3-14.

④ 于蓉.高中地理学业质量标准实施路径探索[J].地理教学，2021(20)：4-8.

准真正起到连接核心素养要求与具体考试评价实施的桥梁作用。①

学者叶丽新认为,学业质量标准已经在世界其他国家的教育改革中发挥过重要的作用,然而其作为一种专门的"教育质量标准",对于我国绝大多数教育工作者而言,还只是一个"新鲜事物"。为了更好地实现学业质量标准的价值,我们应充分了解学业质量标准在课程体系中的意义,从各个角度理解我国普通高中学业质量标准所传达出来的丰富信息,并更加努力地对其尝试运用与发展。②

孔凡哲等人曾调查高中地理学业质量标准在湖北省内的实施现状。调查发现,当前湖北省内高中地理学业质量标准的实施确实取得了一些进展,例如,一线教师普遍认同学业质量标准的价值,并能自觉践行,在教学和评价中能主动渗透地理核心素养等。但总体来看,老师们理解和运用学业质量标准的水平不高,仍处于初期探索阶段。产生实施效果不理想的首要原因是,学业质量标准的评价标准不明确,教师缺乏具体统一的行动指南。其次,学业质量标准对教师的教育理念、课程与教学评价能力、命题能力都提出了更高的要求。再次,局限于传统的教育观念和高考这一"硬标准",学业质量标准并未受到足够重视。最后,教育行政部门和学校的保障条件薄弱,又缺失监督,是导致学业质量标准在实施过程中与政策目标发生偏差的客观因素之一。孔凡哲等人认为,学业质量标准是新生事物,其转化和实施面临着诸多挑战和困难。各地在落实学业质量标准时不能"一刀切",而应该结合当地实际情况,因地制宜,发挥地域优势,从而促进学生核心素养水平的稳步提升。③

学业质量标准是普通高中课程标准的一大亮点,是深化基础教育课程改革和促进评价规范化发展的重要抓手之一。杨向东认为,"学业质量标准应该是基础教育阶段的学生在完成各学段教育,或者结束基础教育阶段的教育时,应该具备的各种基本素养以及在这些素养上应该达到的具体水平的明确界定和描述"④。例如,化学学科学业质量标准是以化学学科核心素养及其表现水平为主要维度,结合课程内容,对学生学业成就表现的总体刻画,依据不同水平学业成就表现的关键特征,学业质量标准明确将学业质量划分为不同水平,并描述了不同水平学习结果的具体表现。⑤

根据"双新"课改的政策要求,基于发展化学学科核心素养的学业质量标准,要明确学生在完成高中化学课程学习之后应该形成的学习结果表现标准,这些标准也是高中学生阶段性评价、学业水平考试和高考命题的重要依据。陈进前认为,这是一种新的质量观,是教师落实人

---

① 辛涛.学业质量标准:连接核心素养与课程标准、考试、评价的桥梁[J].人民教育,2016(19):17-18.

② 叶丽新.学业质量标准:从充分理解到运用与发展[J].教育发展研究,2020,40(10):44-49.

③ 孔凡哲,王婷婷.高中地理学业质量标准实施的现状调查与对策建议:基于湖北省部分市州的调研与分析[J].教育测量与评价,2020(11):15-21.

④ 杨向东.基础教育学业质量标准的研制[J].全球教育展望,2012,41(05):32-41.

⑤ 王寿红.高中化学新课标实验要求分析与启示[J].化学教学,2020(02):13-18.

才培养要求、把握教学深广度、提高教学设计和实施水平的尺度①。杨向东提出，这种基于发展学科核心素养的学业质量观，有利于引导教师关注核心素养如何落实在学生身上，可以清晰地了解不同层次学生的素养表现，并能根据实际需求，设计出更加有效和有针对性的教学方法与策略，同时能够更好地选择和利用课程资源。如果教育有关部门能够在普通学科课程方案设计和学科课程教材建设中将带有明确水平要求的学业质量标准融入其中，这就意味着这些课程和教材符合国家颁布的课程标准。教师基于这些高中新课程标准开展教育教学活动，将有利于培养具有各学科核心素养的中等人才，而且这些课程标准也可以直接指导教师教学和学生学习，为普通高中过程性学业评价、毕业考试命题和高考命题等提供科学依据，并且能够为学科教学法的理论更新、实践变革以及高考命题的改革，提供上位的理论框架和水平依据。②

在有关学业质量标准与考试和教学的关系方面，学者叶丽新认为，学业质量标准不仅仅与高利害考试相关，也与日常教学评价相关，宽泛地说是与日常教学相关。当下我国学业质量标准描述的是指向学科核心素养的学业成就表现，那么无论是纸笔测试工具还是具体的课堂任务，都应尽量引发能体现学生实际素养的表现，更加自觉地明了任务背后的素养指向。③ 程晓堂对高中英语学业质量标准进行研究后认为，课程改革的重点是提炼学科核心素养，并在此基础上调整课程内容和课程目标，制定学业质量标准，深化考试与评价改革。在这一背景下，学业质量标准具有特别重要的意义，既要基于核心素养和课程内容指导教育教学过程，又要作为考试与评价的重要依据。④

为了使学业质量标准真正发挥其价值，叶丽新认为，需要在三个层面做出努力：其一，全方位理解学业质量标准，明晰其与课程内容标准的关系，解析学业质量标准文本以洞悉学生学业质量表现要点；其二，从任务设计与评价反馈方式的角度入手，在学业质量标准与考试评价、日常教学间建立有效关联；其三，依托日常教研和大规模测试数据，通过丰富案例和调整表述等发展学业质量标准。⑤ 针对化学学科，郑长龙提出，由于学业质量标准的主要维度是"化学学科核心素养及其发展水平"，所以化学教学必须从"知识为本、能力为本"转向"素养为本"，必须强调运用"双基"以及科学过程和科学方法解决真实问题，尤其要重视纠正目前普遍存在的过分重视知识获得、严重依赖解题训练的倾向。⑥

中小学生学业质量标准是衡量基础教育质量的重要指标。颁布实施基础教育学业质量标准，是落实国家中长期教育改革和发展规划的重要举措。⑦

---

① 陈进前.关于学业质量标准的研究：基于 2017 年版普通高中化学课程标准[J].化学教学，2018(12)：8－12.
② 杨向东.核心素养与我国基础教育课程改革的关系[J].人民教育，2016(19)：19－22.
③ 叶丽新.学业质量标准：从充分理解到运用与发展[J].教育发展研究，2020，40(10)：44－49.
④ 程晓堂.高中英语学业质量标准研究[J].课程·教材·教法，2018，38(04)：64－70.
⑤ 叶丽新.学业质量标准：从充分理解到运用与发展[J].教育发展研究，2020，40(10)：44－49.
⑥ 郑长龙.2017 年版普通高中化学课程标准的重大变化及解析[J].化学教育(中英文)，2018，39(09)：41－47.
⑦ 杨向东.基础教育学业质量标准的研制[J].全球教育展望，2012，41(05)：32－41.

2017年版普通高中各学科学业质量标准随《普通高中课程方案和语文等学科课程标准（2017年版）》颁布实施[①]。2019年，国务院办公厅发布《关于新时代推进普通高中育人方式改革的指导意见》（以下简称"《意见》"）强调，"命题要符合相应学业质量标准"[②]。学业质量标准可以直接指导教师课堂教学和教育评价[③]，帮助教师和学生把握教与学的深度和广度，为阶段性评价、学业水平考试和升学考试命题提供重要依据，促进教、学、考有机衔接，形成育人合力。[④] 同时，学业质量标准也是承载教师教学（完成教学目标）和学生学习（完成学业要求）的关键结构，是二者的连接点。对课程标准（2017年版）中新增的学业质量标准的实施办法进行研究，对于实施课程标准（2017年版）具有攻坚克难的引领作用。另外，学业质量标准也是学科核心素养落地的重要基石。[⑤]

二、高中学业质量标准框架

20世纪80年代，世界各国教育领域的学生学业质量评价研究开始由外在于学生的内容标准向内在于学生的表现标准转变，即由教学大纲、学业考试成绩导向转变为学生学习结果（学生学业成就表现）导向。同时，新课程标准的研制受此影响也发生了变化，世界各国纷纷发起了基于课程标准的教育改革。进入21世纪以来，在国际竞争日益激烈的全球环境下，世界各国越来越重视人才的培养和质量，希望通过提高教育质量，尤其是基础教育质量，增强本国在国际竞争中的实力，保持优势，进一步巩固国际地位。因此，教育质量观发生了新变化，各国纷纷建立自己的核心素养体系。学生核心素养体系的构建成为世界各国教育改革的重点，与之相适应的评价体系也亟需建立，学业质量标准应运而生。

金娣、王刚在《教育评价与测量》一书中谈到学业质量标准包括成绩、品德、行为规范、身体素质、个性心理特征等[⑥]。朱慕菊在《走进新课程：与课程实施者对话》一书中指出，学业质量标准不仅包括知识、技能，而且包括学习的过程与方法、情感、态度与价值观等，此外还包括道德品质、学习能力、交流与合作能力、个性与情感等内容[⑦]。蔡敏在《当代学生课业评价》一书中谈到学业质量标准应包括知识掌握情况、能力发展水平、实践熟练程度和学习的心理状态[⑧]。此外，学者乐毅指出，学业质量标准应由总体标准和学科标准构成。[⑨]

基于核心素养的学业质量标准的研制是世界各国迫切需要解决的问题。各国加紧研制融

---

① 中华人民共和国教育部.普通高中语文课程标准（2017年版）[M].北京：人民教育出版社，2018.

② 国务院办公厅.国务院办公厅关于新时代推进普通高中育人方式改革的指导意见[EB/OL].（2019-06-19）[2021-05-03].http//www.gov.cn/zhengce/content/2019-06/19/content_5401568.htm，2019-06-19.

③ 辛涛.学业质量标准：连接核心素养与课程标准、考试、评价的桥梁[J].人民教育，2016(19)：17-18.

④ 中华人民共和国教育部.普通高中课程方案（2017年版）[M].北京：人民教育出版社，2018.前言.

⑤ 孔凡哲，吴璇，翟予因，王婷婷.高中学业质量标准实施的调查研究[J].教育理论与实践，2021，41(11)：3-9.

⑥ 金娣，王刚.教育评价与测量[M].北京：教育科学出版社，2002.

⑦ 朱慕菊.走进新课程：与课程实施者对话[M].北京：北京师范大学出版社，2002.

⑧ 蔡敏.当代学生课业评价[M].上海：上海教育出版社，2006.

⑨ 乐毅.试论制定国家学业质量标准的若干基本问题[J].教育研究，2014(08)：40-51.

入核心素养的学业质量标准，出现了三种具有代表性的学业质量标准模式：能力水平的案例例证模式、跨年级的连续性尺度模式和分年级的成就图模式。能力水平的案例例证模式的典型代表国家有美国、澳大利亚；跨年级的连续性尺度模式的代表国家是英国；分年级的成就图模式的代表国家是加拿大。①

杨向东选择经济较为发达、教育质量较高的美国、加拿大、英国等八个国家和地区，对学业质量标准研制工作进行了系统梳理和研究。他也认为，学业质量标准的编排和设计大体可以分为三类模式：跨越年级的连续性尺度模式、分年级的成就图模式和能力水平的案例例证模式。②

跨越年级的连续性尺度模式的典型代表是英国。学生学业成就水平被刻画为一个跨越不同年级的连续性发展尺度。学业质量标准按照核心能力和内容领域确定每个学科的成就目标，每个成就目标将学生从小学一年级到十一年级的成就发展水平划分为依次递进的 9 个水平。这些表现水平大致对应于不同学段学生能力表现的预期水平，但个体可以跨越不同的关键阶段而达到超越或低于对应年级的表现水平。这种连续性发展尺度的设计模式，体现的是对个体学习和发展的整体性与持续性的认识，这种认识不仅可以用来评估学生是否达到某个阶段的发展水平，同时还可以用来在一个共同的尺度上评估不同学生在不同时间点之间的进步状况。与教育目标和课程标准相整合，这种学业质量标准的设计模式能够构建指向一个“整体的人”的学习和发展的教育系统。

分年级的成就图模式的典型代表是加拿大安大略省。其课程标准非常关注概念之间的联系和前后内容的系统性，明确阐述了学科的基本概念、大概念、内容主题、核心能力。学业成就图则突出了学科核心能力的类型：知识、理解、思考、交流和应用，并制定了每个年级的水平界定。该模式可以支持对学生是否达到某个学段或年级学习水平的评估，但是难以从纵向角度评估学生个体的发展程度和变化状况。

能力水平的案例例证模式方面比较有代表性的国家是美国和德国。美国在 2010 年 6 月颁布了英语和数学学科的“共同核心州立标准”，标准按照“整体素养模型—核心领域—具体描述”的框架进行编排，成就标准渗透在其内容标准的表述之中。横向上，学科核心内容分成不同的概念和要点，再逐步进行细化。纵向上，成就标准规定了同一内容在不同年级的表现要求，具体描述了不同年级知识技能的认知水平、学习表现或成果、任务类型和表现证据。

辛涛、乐美玲等人提出了学业质量标准建构的新途径，即基于认知诊断的学习进阶方法。由于学习进阶聚焦于基础而有发展性的学科知识或技能，载体往往是整个知识体系的骨架，能衍生和统领一个领域内的许多知识，并且学习进阶的定位及建立过程与学业质量标准相似，因

① 王旭庆. 高中语文学业质量标准研究：基于加涅的学习结果分类理论[D].河北师范大学，2020.

② 杨向东.基础教育学业质量标准的研制[J].全球教育展望，2012，41(05)：32－41.

此学业质量标准的建立可参照学习进阶的建立过程。他们还认为，测量理论中新兴的认知诊断模型结合了认知心理学与现代测量学，不仅可以对学生的宏观能力进行评估，还能对其内部微观认知结构进行诊断；不仅可以为教师补救性的教学提供依据，还能为学生个体提供客观、详细的诊断性报告，有利于学生自我补救学习的开展。① 辛涛等人以热化学为大概念，结合学习进阶和认知诊断理论，设计研究、编制测验并收集数据，使用规则空间模型进行测量，以探讨学生对这一概念的认识方式，建立学业质量标准，为教材编写、课堂教学等提供了实证数据支持及例证。

三、学科核心素养

《中国教育现代化 2035》指出，要完善教育质量标准体系，制定覆盖全学段、体现世界先进水平、符合不同层次类型教育特点的教育质量标准，明确学生发展核心素养要求。② 党的十九大明确指出，“要全面贯彻党的教育方针，落实立德树人根本任务，发展素质教育，推进教育公平，培养德智体美全面发展的社会主义建设者和接班人”。为贯彻落实党的教育方针，《普通高中地理课程标准(2017 年版)》总结概括出了地理学科的核心素养及学业质量标准，以充分发挥地理学科独特的育人价值。③

2018 年 1 月颁布的《普通高中化学课程标准(2017 年版)》，基于化学学科本质凝练了学科核心素养。化学学科核心素养是指学生在接受化学教育过程中逐步形成的适应个人终身发展和社会发展所需要的正确价值观念、必备品格和关键能力，是学生通过学习化学内化的、带有化学学科特性的品质。其中，“正确价值观念”指向学科育人的价值，“必备品格”指向学生内在的修养，“关键能力”指向学生外发的力量。④ 在新一轮考试招生改革中，国务院颁布的《关于深化考试招生制度改革的实施意见》(国发〔2014〕35 号)明确指出，课程标准需要基于核心素养来设计和实施，高中学业水平考试的学业质量标准和考试标准也需要围绕学科核心素养进行设计。

杨向东认为，学科核心素养不同于固定的学科知识和技能，关注的是学科课程学习的真实性学业成就。学科核心素养的测评本质上是以建构为核心的评价，需要以学业质量标准为建构理论，深刻反思当前双向细目表的不足，构建整合真实情境、课程内容和学科核心素养等多个维度的评价框架。⑤ 刘华提出，教育教学和考试评价都要树立基于学科核心素养的标准意

---

① 辛涛，乐美玲，郭艳芳，姜宇.学业质量标准的建立途径：基于认知诊断的学习进阶方法[J].教育学报，2015，11(05)：72－79.

② 新华社.中共中央、国务院印发《中国教育现代化 2035》[EB/OL].(2019－02－23).http://www.gov.cn/zhengce/2019－02/23/content_5367987.htm.

③ 孔凡哲，王婷婷.高中地理学业质量标准实施的现状调查与对策建议：基于湖北省部分市州的调研与分析[J].教育测量与评价，2020(11)：15－21.

④ 王后雄.基于化学核心素养的高中学业水平考试命题策略[J].课程·教材·教法，2018，38(04)：87－95.

⑤ 杨向东.指向学科核心素养的考试命题[J].全球教育展望，2018，47(10)：39－51.

识，以学业质量标准为依据，依托新教材内容，指向学科核心素养发展水平开展有质量的教育教学和考试评价。因此需要重新构建基于学业质量标准的考试评价体系，着重落实新高考评价体系改革思路以及学科考试内容改革实施等工作。要以学业质量标准引导考试评价的内容改革，充分发挥学业质量标准的标准参照作用，引导教育教学更加关注育人目的，更加注重培养学科核心素养，更加强调提高教育教学的深度和广度。要为阶段性考试评价、学业水平考试和高考命题提供重要依据，建立促进学科核心素养发展指向的综合性评价体系，从整体上促进课程教材、教育教学、考试评价的有机统一，以形成育人合力。①

第三节　高中学业质量评价体系研究

随着“双新”课改的持续推行和一系列相关政策的陆续出台，以往把学业质量评价简单地等同于考试的传统学业评价观念得到了一定程度的扭转。同时，学业质量评价观念的变革也促进了学业质量评价实践的改革。而学业质量评价观念变革的核心问题就在于对学业质量评价本质功能和根本目的的认识。正本溯源，只有明确“为了什么评价”这一关键问题，才能真正地推动学生学业质量评价的改革与发展。王旭庆认为，促进学生的全面发展才是学业质量评价应有的价值追求。具体来说，学生的学业质量评价都应以发展学生的核心素养为导向。②

新一轮高中课程标准修订的突出特色就是将学生的学科核心素养和学业质量标准有机地融合在一起，并强调学业质量标准是基于学科核心素养而构建的。所以，学科核心素养是学业质量标准的基础和关键所在。一般来说，学业质量是学生在完成一定学科课程学习后的学业成就表现。素养导向的学业质量标准应该是以学科核心素养及其表现水平为主要维度，结合课程内容，对学生学业成就表现的总体刻画。

学业质量标准的建立可以从根本上促进对课堂教学、学生评价以及高考等方面的改革。基于此，融入学科核心素养理念的学业质量标准将为我国学生的持续发展以及新课程改革的深入推进注入新的活力。

新课程评价以学科核心素养水平来划分学业质量标准，是深化课程改革的重要环节，能够有根据地评价出学生核心素养发展的水平，克服教、考、评的难题，最终实现育人质量的提升。③

2014 年国务院发布的《关于深化考试招生制度改革的实施意见》明确了高考综合改革的基本框架与具体内容。2017 年《普通高中化学课程标准（2017 年版）》对课堂教学评价提出了新要求，积极倡导基于化学学科核心素养的教学评价，促进“教、学、评”的一致性。因此，新课程

① 刘华.构建基于学科核心素养的普通高中课程、教学考试评价一体化改革[J].吉林省教育学院学报，2020，36(06)：18－22.

② 王旭庆. 高中语文学业质量标准研究：基于加涅的学习结果分类理论[D].河北师范大学，2020.

③ 孔凡哲，吴璇，翟予因，王婷婷.高中学业质量标准实施的调查研究[J].教育理论与实践，2021，41(11)：3－9.

标准的实施迫切需要在教学过程中充分发挥不同评价主体的作用，注重过程性评价和结果性评价的有机结合，灵活运用多样化的评价方式。① 因此，本节将从教师教学评价和学生学业评价这两个方面来分析课程评价。

一、教师教学评价

（一）评价目的

评价目的是教师教学评价的基础，即理解为什么要对教师教学进行评价。一般而言，目前学术界认为对教师教学评价的最终目的应该是促进教育教学的发展。赵德成等人指出，“教师绩效考核具有多样化的功能，概括起来可以分为两类：管理性功能和发展性功能。管理性功能指的是管理教师的功能，它将绩效考核作为一种终结性评价，依据结果为人事决策提供参考。发展性功能指的是促进教师个人和学校发展的功能，它将绩效考核作为一种形成性评价，用于诊断教师专业发展上的优势与不足，为教师培训提供依据。这种考核面向教师未来发展而不是面向过去，关注教师的个人需求，通过科学的诊断和建设性的反馈，促进教师绩效的有效提升”。② 宋洪鹏等人以 30 所样本学校的绩效考核方案为依据进行分析，发现在 30 所学校中，有 16 所学校将发放绩效工资作为绩效考核的唯一功能，甚至有 7 所学校将绩效考核方案命名为“绩效工资考核方案”。在绩效考核的发展性功能方面，没有一所学校在考核中提到绩效反馈，说明学校没有认识到将绩效结果运用到改进教师绩效上的意义。虽然有 14 所学校参照《指导意见》在方案中提出将“激励先进，促进发展”作为绩效考核的基本原则，但提及的力度显然不够，也很难在实践中得到落实。可见，当前教师绩效考核所发挥的是用于发放绩效工资的管理性功能，而发展性功能尚未得到足够重视。③ 因此，从教师绩效考核的功能来看，我们目前关于教师教学的评价仍然停留在较低层面。

（二）评价主体

教师教学评价主体旨在确定教师教学由谁来评价。目前国内外学者基本上已就评价主体达成共识，即形成四种评价：领导评价、同行评价、学生评价和自我评价。蔡敏等人研究发现，“86.9%的教师认为学生评教的结果能反映客观实际”。④ 胡祖莹等人也发现，相对于领导评价、同事或专家评价、自我评价等方式来说，学生评价教学能够达到较好的信度、效度和区分度。但是，魏红等人的研究表明，学生对教师的教学评价存在局限性，因此他们认为，学生对教师教学的评价结果，只能作为教师改进教学的一个参考，而不能仅依靠学生评价作为教师教学评价结果的唯一指标。

---

① 中华人民共和国教育部.普通高中化学课程标准（2017 年版）[M].北京：人民教育出版社，2018.

② 赵德成，夏靖.特殊学校校长最关心的教师绩效评估问题分析[J].中国特殊教育，2007(08)：40－45.

③ 宋洪鹏，赵德成.把脉中小学教师绩效考核：基于绩效管理的视角[J].中国教育学刊，2015(08)：92－95.

④ 蔡敏，张丽.大学生参与教师教学评价的调查研究[J].高等教育研究，2005(3)：72.

（三）评价内容

教师教学评价的内容是指评价教师教学的哪些方面。确定教师教学评价内容的科学性是提高教师教学评价的重要手段。在教师教学评价的具体内容上，学者们大都认为应该包括教学态度、专业水平以及教学方法等方面，但在具体操作层面上存在模糊性和操作性不强的问题。

任荣贞在《化学探究式课堂评价指标体系建构的研究》一文中，将探究过程分为“提出科学问题”“进行猜想和假设”“制定计划和设计实验”“观察与实验，获取事实和证据”“检验与评价”“表达与交流”等6个要素，并据此设计了一级指标。每个一级指标下都在“学生维度”和“教师维度”分别设计若干个二级指标，其中，“教师维度”所设计的二级指标均为“教学引导”“课堂组织”和“对学生的评价”。虽然该指标体系将课堂教学评价分为学生维度和教师维度，但是在教师维度存在二级指标模糊化、操作性低的弊端。① 黄鹤等人在《探究式教学实施程度评价的一种探索：SIRA课堂观察模式》一文中，把评价体系的一级维度设定为“探究主体”“探究互动”“探究资源”和“探究能力”，并分别涵盖若干观察点。② 但是，仔细研究，这些一级维度和观察点需要通过可能比较难以量化的指标来衡量，而且在操作上对多评价主体的要求也比较高，操作性不强。因此，教师教学评价的内容应该尽量做到明确、清晰，并易于操作，只有这样，教师教学评价才能真正做到“教有所评”。

（四）评价方式

在新课程标准下，“教、学、评”的一致性是围绕教学目标展开的，因此，对教师教学的评价也应该围绕教学目标展开。一堂课，教师教得好不好，质量高不高，关键在于教师的教学目标完成度以及实现教学目标的方式。崔允漷等人指出，在布鲁姆“目标-内容-评价”一致性的基础上抽取出“目标”，将“教学内容与活动”分解出“教师的教”和“学生的学”，从而构建出基于目标的“教-学-评”的一致性框架。该理论认为，清晰的目标是“教-学-评”一致性的前提和灵魂。没有清晰的目标，就无所谓“教-学-评”的活动；没有清晰的目标，也就无所谓一致性，因为判断“教-学-评”是否一致的依据，就是教学、学习与评价是否都围绕共享的目标展开。③ 郭家海针对“教-学-评”三者的一致性问题，研究后得出结论，“教-学-评”一致性可以让课堂教学评价不再随心所欲，教师们也能有效避免不知缘何而评的问题，清晰地明白教什么、学什么、评什么，而且可以用评价为课堂的教与学进行理性导航。④ 因此，在对教师教学进行评价时，要以“教-学-评”一致性为基础，围绕教学目标进行针对性评价，有效改变教师教学评价脱离“学”和“评”的状况。

---

① 任荣贞.化学探究式课堂评价指标体系建构的研究[D].西安：陕西师范大学，2008.

② 黄鹤，马云鹏.探究式教学实施程度评价的一种探索：SIRA课堂观察模式[J].教育发展研究.2012(6)：63－66.

③ 崔允漷，夏雪梅.“教-学-评一致性”：意义与含义[J].中小学管理，2013(01)：4－6.

④ 郭家海.我国当前中小学写作教学“评价问题”及其改进[J].教育测量与评价(理论版)，2014(11)：31－34＋62.

二、学生学业评价

（一）评价目的

在新课程改革的实践过程中，学生学业评价改革也是最敏感、最受关注的实践问题。教师们虽然认同此次新高考改革提出的“改变课程评价过分强调甄别和选拔的功能，发挥评价促进学生发展、教师提高和改进教学实践的功能”的理念，但面对中考、高考这些高利害考试的压力时，他们进行的学生学业评价又会回到自己早已习惯的应试模式中。据调查，当前学校中学生学业评价方式仍然以纸笔测验为主，表现评价、档案袋评价等新的评价方式更多地作为点缀，甚至只是为了应对上级检查而为。① 因此，当前学校和教师还是比较忽略学生学业评价的改进和激励功能，而仍然过分关注评价的甄别和选拔功能。

（二）评价主体

评价主体是评价方法的选择者、过程的实施者和结果的发布者。评价主体的评价将会直接影响到评价结果的信度和效度。“总体上看，当前学业评价尚未形成规范体系，实施过程中仍然是以教师、学校和教育主管部门的评价为主体。”②这种观点在崔允漷的研究中也得到认同。他指出，长期以来，在教学质量评价中，对学生学业的评价主要来自教师或教育行政管理部门，评价过程主要是自上而下（教育者、管理者评价被教育者、被管理者）的单向过程，既缺乏学生自我评价和学生之间的相互评价，也缺乏家长对学生学业评价的参与。这样的评价，不仅评价主体单一，评价信息来源也比较单一，如此难免出现片面、偏颇的结论，不利于对学生学业的全面认识。这样的评价，既忽视了评价在学生视角中的复杂性，也忽视了学生对学习效能的决定性。③ 因此，我们倡导学生学业评价主体的多元化，即把教师评价、学生自我评价、学生互评、家长和社会有关人员的评价等结合起来，从而使评价结果更加全面、真实、客观。另外，评价主体多元化也能够促进评价者与被评价者进行良性互动，激发被评价者的主动性，促使学生自我发展，减轻教师的评价负担。

（三）评价内容

学生学业评价内容就是评价学生的哪些方面，但有关评价内容，不同的学科有不同的评价标准。在化学学科方面，刘知新认为，该学科在教学内容和教学目标上有别于其他学科，因此在评价的对象、内容和标准等方面也呈现出不同的特点。他认为，化学教师评价学生应该包括以下几个方面：(1) 对学生记忆化学知识水平的测量和评价；(2) 对学生理解和运用化学知识水平的测量和评价；(3) 对学生化学实验操作技能水平的测量和评价；(4) 对学生学习化学的兴趣与态度的测量与评价。④ 王后雄、李佳等人指出，对学生的评价应该包括学生个人在化学

---

① 徐岩，丁朝蓬.建立学业评价标准 促进课程教学改革[J].课程.教材.教法，2009，29(12)：3－14.

② 潘小明.学业质量评价：内涵、现实与建议[J].内蒙古师范大学学报(教育科学版)，2012，25(12)：69－74.

③ 崔允漷.促进学习：学业评价的新范式[J].教育科学研究，2010(03)：11－15＋20.

④ 刘知新，王建成.化学教育测量和评价[M].南宁：广西教育出版社.2007：19.

学习中的态度、兴趣及个性、相关能力和学业表现等。对学生化学学业评价主要涉及以下几个方面：化学基础知识与基本技能，基本化学思想和化学活动经验，化学能力和化学学习态度、情感与价值观。另外，教师还应该关注学生在化学课堂教学中的表现，这也是课堂教学评价的重要内容。①

虽然在化学学科的目标上关注到学生的学习兴趣与学习态度，但在实践中仍然存在评价内容“知识本位”的倾向。有研究指出，就目前整体情况来看，学业质量评价的内容仍然存在明显的“知识本位，评价内容分数指标唯上，忽视学生的全面发展”②等倾向。评价内容“知识本位”会误导学校和教师过分关注学生的知识学习，忽视学生能力的发展、心理健康的培养以及学习动机的保持。这种“知识本位”的评价，反映了评价主体对学业质量评价缺乏正确的理解。学生的学业知识水平是构成学业质量评价的重要指标，但不是唯一指标，评价主体忽略了学习动机、身心状况等构成指标。因此，学生学业评价要注重学业评价内容的全面性。学业评价内容的全面性不仅包括学生的学科基础知识和基本技能，对学科科学概念和规律的掌握与理解，还应该包括学生的科学情感态度与价值观、科学探究的方法与能力及科学的行为与习惯等方面的变化和进步，使学生学业评价的内容不只停留在理论上，更要落到实践上。③

（四）评价方式

在高考改革背景下，上海积极推进学生学业评价方式的改革。2018 年，上海基于前期探索经验，发布《关于进一步深化本市高考综合改革试点工作的若干意见》，并重新修订《上海市普通高中学业水平考试实施办法》和《上海市普通高中学生综合素质评价实施办法》。以上海市学业水平考试机制为例，上海在高考改革推进过程中逐步建立起两方面的学业水平考试评价机制。一是学科命题评价报告制度。上海经过全市范围内的座谈与评价报告会，形成了学科内部评价报告，面向所有学校、学科教师发布。二是学业评价报告制度。2016 年 9 月上海首次推出合格考个人成绩报告，2017 年 8 月上海推出等级考个人成绩报告，这在一定程度上改变了单一的分数呈现模式，使学生能够了解自己对学科内容的掌握情况及能力目标的表现情况。2017 年 10 月，上海形成学校、区域成绩分析报告，对学校、学科教学情况与区域教育差异进行积极反馈。2018 年，通过对两年数据进行比较分析，上海推出学校、区域成绩比较报告。从学生表现来看，学业考试成绩基本稳定，反映出改革实践平稳有序；从等级考选考结果来看，选考机制促使学校转变培养观念，关注学校与学生的特色发展；从区域来看，区域学科发展差异比较明显，需要进一步促进学科均衡化建设；从全市角度来看，需进一步制定和完善学业水平考试评价标准，使学习、教学和评价标准相一致，这对于整体提高学业水平考试质量及水平有非

① 王后雄，李佳.化学教育测量与评价[M].北京：北京大学出版社.2013：23.

② 尹后庆.学业质量评价的三个误区[J].教育研究与评论(中学教育教学)，2013(07)：91.

③ 潘小明.学业质量评价：内涵、现实与建议[J].内蒙古师范大学学报(教育科学版)，2012，25(12)：69－74.

常大的意义和作用。①

上海作为高考改革的重要阵地，将努力做到教、学、评的一致，但总体来说，目前还存在评价方式较为单一、教-学-评不够统一等问题。有研究发现，当前学业评价仍然以学生的学业分数作为评价的主要标准，更多地追求所谓教育或教学的选择性功能。就初中与高中毕业生学业成绩评价体系而言，其仍然存在与国家颁布的课程标准中的评价理念不一致的问题，特别是面对现实的高利害考试，学生学业评价方式还是存在重视知识型评价而轻视表现型评价的倾向，即更多地关注信息掌握的精细水平和牢固程度，而非关注思维发展的水平提升和高水平学习、生活与工作的基本本领。此外，"在高中阶段，由于实行模块化教学，不同学校的教学进度不一，学业评价不能进行配套设计、实施，而且许多教研机构依然不顾实际的师情、生情和教情，继续采取旧的评价方式并强制实施统考，而且次数频繁，广大师生感到疲于奔命"。② 因此，学生学业评价应该遵循科学规律，采取科学态度，使评价方式多元化。要从客观实际出发，全面考虑制约学业评价的各种因素，将纸笔测验与质性评估、过程性评价与终结性评价、他评与自评的评价方式等有机结合。

---

① 杨东莉.以评价标准建设促考试改革纵深推进："2018 学业水平考试学术研讨会"会议综述[J].教育测量与评价，2019(01)：40－44＋2.

② 潘小明.学业质量评价：内涵、现实与建议[J].内蒙古师范大学学报(教育科学版)，2012，25(12)：69－74.

第二章 理论基础

第一节 建构主义教学理论

一、概述

建构主义教学理论源于建构主义的哲学认识论。建构主义认为，知识具有建构的性质。学生具有自我认知建构的能力，他们不是被动地从外界吸收知识，而是通过先前的经验，重新组合新知识，进而构建新的认知结构。建构主义教学理论以建构主义认识论和建构主义学习理论为基础。① 建构主义教学理论的主要观点有二：一是在学习方面，学习是学习者主动建构知识的过程，他们主动建构起对事物的理解，学习的过程本身就是交流合作的互动建构。在教师的教和学生的学方面，建构主义教学理论更加强调学生的学。学生是知识建构的主体，教师要从知识的传授者变为学生学习的引导者、促进者和合作者。建构主义者提出建构主义学习理论包括情境、协作、会话、意义建构等四个要素。② 二是在教学方法方面，建构主义提倡发现学习、探究学习、合作学习以及支架式的教学方法等。教师应该为学生建构知识提供概念性的基础框架。教师通过搭建支架，让学生进入情境，进行探索、合作学习和效果评价等。建构主义教学理论的代表人物众多，主要有皮亚杰、维果斯基、布鲁纳、冯・格拉斯菲尔德、加涅等③。

二、理论背景

随着国际竞争的加剧，教育改革也在世界范围内如火如荼地进行。教育改革的关键在于能否打破传统的教学模式，培养学生的核心素养和思维发展。传统的教学模式以教师为中心，教师的单项讲授是主要方式，这种教学方式不利于培养学生的思维能力，也限制了学生独立思考的能力，忽略了学生学习的主体地位。④ 为了改善这种以教师为中心的传统教学模式，许多教育学家和心理学家做了大量的研究，建构主义教学理论就是其中具有代表性的理论研究成果之一。

20 世纪 40 年代，布鲁纳提出"以学习者为中心"的理论，后又提出"认知-发现"理论，强调学员内部的认知结构。他认为，学习是学习者主动提取知识的过程。20 世纪 60 年代，加涅进一步提出了信息加工理论，在学习中强调学习者的学习加工和教师的引导作用。这些观点都为建构主义教学理论的提出奠定了心理学基础。20 世纪 70 年代，皮亚杰首次提出结构主义和建构观，他认为，认知结构是主体从低到高的能动过程。维果斯基提出的认知发展理论，认为应该为学习者搭建达到"最近发展区"的"支架"，强调"活动"和"社会交往"的重要性。⑤ 冯・格拉斯菲尔德作

---

① 高文.建构主义学习的特征[J].外国教育资料，1999(01)：35－39.

② 陈琦，张建伟.建构主义学习观要义评析[J].华东师范大学学报(教育科学版)，1998(01)：61－68.

③ 刘启珍，杨黎明. 学与教的心理学[M]. 武汉：华中科技大学出版社，2012：132.

④ 庞维国.论学生的自主学习[J].华东师范大学学报(教育科学版)，2001(02)：78－83.

⑤ 从红艳，房玲玲.高校教学改革与文化的融合创新研究[M].长春：吉林人民出版社，2019：49.

为激进建构主义者，认为知识既不是通过感官，也不是通过交流被动接受的，而是由认知主体主动建构起来的。① 应该说，建构主义理论一经提出，就在教育教学中对教学改革产生了深远的影响。

三、主要观点及教学模式

（一）建构主义教学理论的主要观点

第一，知识是在主体建构的过程中生成的，而不是被动接受的。建构主义教学理论认为，世界是客观存在的，但对世界的理解是个体自身建构起来的。因此，知识是由学习者积极建构的。在教学过程中要重视学习者先前的知识经验结构，反对简单的知识灌输。第二，重视学生进行有意义学习的要素。建构主义教学理论认为，情境、协作、会话和意义建构是支撑学习者的重要要素。情境即学习者在学习时的场景，学习总是发生在特定的场景，影响着学习者对知识的建构。协作强调社会性的互动对知识建构的重要意义。会话是经验的分享，对于新经验的建构同样具有重要意义。意义建构即对事物的性质、规律及其之间的联系取得理解和认识。因此，建构主义教学理论认为，要重视学生日常的生活经验，引导学生发现问题、分析问题和解决问题。同时，强调培养学生的合作学习能力。第三，建构主义学习理论强调要转变教学方式，重视学生的主体地位。传统的教学大多以教师教授的方式进行，教师是中心，而建构主义教学理论则强调学生的主体地位，强调学生内部的学习动机，认为教师应该是学生建构有意义学习的引导者。② 依据这些理念，建构主义教学理论提出了一系列的教学模式，这些模式对传统教学模式有重要的启示价值，其中，具有代表性的教学模式有支架式教学模式、抛锚式教学模式、随机进入式教学模式等。

（二）支架式教学模式

支架式教学是指教师在教学过程中为学习者构建起有助于知识理解的概念框架，这种概念框架是学习者发展学习能力并进一步理解新问题所需要的。为此，支架式教学要求教师事先要对复杂的学习任务进行分解，以便引导学习者逐步深入地理解学习内容。支架式教学模式的思想来源于维果斯基的“最近发展区理论”。“最近发展区理论”认为，学习者在所要解决的问题和原有能力之间可能存在差距，通过教学活动，教师可以搭建起支架，以便消除这种差距。“最近发展区”就是学习者现有的水平与通过外在帮助可达到的水平之间的距离。因此，在教学过程中教师不应该消极地顺应学习者当前的水平，而应该积极地为学习者搭建脚手架，以便支撑学生的能力由一个水平上升到另外一个更高的水平。③

支架式教学由以下几个环节构成：第一，搭建支架。教师围绕当前学习的主题，根据学习者的“最近发展区”去搭建概念框架。第二，进入情境。教师将学习者引入问题的情境，一般为概念框架中的某个节点。第三，独立探索。教师引导学习者独立进行问题的探索。在探索的

---

① 华维芬，英语专业教材建设理论与实践[M].广东：广东高等教育出版社，2010(07)：19.

② 陈娟，“十三五”普通高等教育规划教材信息技术与课程教学深度融合研究[M].北京：中国铁道出版社，2017(11)：55.

③ 王文静.维果茨基“最近发展区”理论对我国教学改革的启示[J].心理学探新，2000(02)：17－20.

过程中，教师刚开始可以适时地引导和提示，帮助学习者按照概念框架逐步进入主题并不断深入，进而逐渐减少提示，让学习者自身进行探索，最终的目的是让学习者自主探索，直至问题的真正解决。第四，协作学习。协作学习就是进行小组的协商和讨论。在独立探索后，让学习者进行小组协商和讨论，如此能够使原来的概念更加清晰明确，甚至可能使原有存在的相互矛盾或模糊不清的观点逐步变得明朗和一致起来。让学习者在共享集体思维的基础上对当前所学知识达到比较全面的理解，最终实现学习者水平的跃迁。第五，效果评价。在完成学习探索和小组讨论后，需要进一步对学习者个人和小组学习的情况进行反思和评价，主要是评价学习者自主学习的能力，对小组协作学习作出的贡献以及是否完成对所学知识的意义建构等。①

支架式教学模式按照具体的表现形式还可以分为范例教学、问题支架、建议支架、导向支架和图表支架等。

（三）抛锚式教学模式

抛锚式教学模式要求教师的教学要建立在真实的问题基础之上。确定要解决的真实问题就是“抛锚”的过程。因为真实问题一旦被确定，整个教学内容和进程也就被确定了，就像轮船被抛锚固定一样。② 建构主义认为，学习者要达到对事物意义的建构，需要认识到事物的性质、规律以及事物之间的联系，这需要联系真实世界中的真实问题。③ 学习者需要通过体验真实场景来学习，而不仅仅单一接受教师的介绍和讲解。由于抛锚式教学要以真实问题为基础展开教学，它也被称为“实例教学”和“基于问题的教学”。

抛锚式教学模式由如下几个环节组成。第一，创设情境。让学习者在学习时能够处于与现实情况基本一致或类似的情境中进行学习。第二，确定问题。进入问题情境后，选择与当前学习主题有紧密关系的真实性事件或问题让学生去探索解决，即为学生抛出问题。第三，自主学习。教师并非直接告诉学生解决问题的答案或方法，而是向学生提供解决该问题的某些线索，例如，如何收集资料、现实中其他人遇到类似问题时可能怎么处理或其探索过程如何等，进而引导学生去自主收集资料、整理资料、分析资料和解决问题。在这个过程中，教师要特别注意发展学生的“自主学习能力”，即学生确定学习内容的能力、收集资料的能力、整理和分析资料的能力以及评价和利用与主题相关资料的能力。第四，效果评价。抛锚式教学的过程就是学生解决问题的过程，该过程可以直接反映学生的学习效果，因此抛锚式教学的教学评价无需单独进行专门的测验，只要在学习过程中检测学生对问题的解决程度即可。④

在抛锚式教学中最为关键的是，要为学生创设一个有感染力的情境。一般而言，教师在教

---

① 王海珊.教与学的有效互动——简析支架式教学[J].福建师范大学学报(哲学社会科学版)，2005(01)：140－143.

② 刘洋，钟志贤.论抛锚式教学模式[J].江西教育科研，2005(02)：9－11.

③ 温彭年，贾国英.建构主义理论与教学改革——建构主义学习理论综述[J].教育理论与实践，2002(05)：17－22.

④ 陈宁.对“抛锚式”教学模式的探讨[J].重庆师范大学学报(自然科学版)，2005(01)：81－83＋87.

学过程中可以通过实验创设情境、通过社会实践创设情境、通过开放性问题创设情境、通过社会“热点”事件创设情境以及利用现代教学媒体创设情境等。①

（四）随机进入式教学模式

一般来说，事物均具有复杂性和多面性。人们要实现对事物内在性质和事物之间的全面了解和掌握，以及实现对所学知识深刻全面的意义建构具有一定的困难。从不同的角度对知识进行意义建构会产生不同的理解。为了在教学中克服这一弊病，教师就需要在不同的时间情境下，根据不同的教学目的，用不同的方式进行教学。随机进入式教学模式认为，学习者可以随意通过不同途径和方式进入教学内容，并进行学习与思考，从而获得对教学内容的多角度理解和认识。②

学习者随机进入教学并非传统教学中单一地为了巩固学习的知识，而是从不同的角度出发，抱有不同的学习目的进入学习，从而使学习者获得对事物全貌的理解和认识，进而实现对问题的解决和对自身能力的提升。随机进入式教学的理念源于建构主义教学理论中的一个分支——弹性认知理论。弹性认知理论认为，教学要提高学习者对知识的理解和迁移能力，并能够灵活地对知识进行应用。随机进入式教学模式正是通过多角度地进入同一教学内容，从不同的角度理解同一教学内容，如此便能够使学习者比较全面地掌握和理解学习内容，并促进学习者理解学习内容，最终实现学习者思维能力的跃迁。③

随机进入式教学模式一般包括五个环节。第一，呈现基本情境。教师向学生呈现与当前学习主题相关的情境。第二，随机进入教学。随机进入教学的时机，取决于学生“随机进入”学习所选择的内容与当前学习主题相关联的情境。教师在引导学生随机进入教学的过程中要重视情境与学生学习内容之间的联系，发展学生自主探究的能力，引导学生逐步学会自主学习。第三，思维发展训练。随机进入式教学涉及的学习内容通常具有复杂性，进入学习内容的角度也具有多面性。在教学过程中，教师应把握好这些特点，重视发展学生的思维能力。具体而言，在教学过程中，教师应该注意两点：一是提出的问题，既要有利于学生自主思考，也要有利于促进学生认知能力的发展，而非单一的知识性提问；二是教师要在教学的过程中重视对学生思维模型的构建，并要着重了解学生的思维特点。可通过提出一些发散性的问题来了解学生的思维特点，并促进学生思维模型的构建。第四，小组协作学习。学生在自主思考后，可围绕学习内容的不同侧面展开小组讨论。在小组讨论的过程中，教师与学生之间的观点可以进行不断碰撞、协商，学生也能够在这种讨论协商中获取对学习内容不同角度的认识和理解。第五，学习效果评价。在评价学习效果时，可采用自我评价和小组评价两种方式。通过学习效果评价，让学生获得对学习内容的再反思，并实现对学习内容的进一步全面理解。④

---

① 李冬蕾.综合实践活动课中抛锚式教学法的应用[J].中国德育，2019，No.255(15)：18－22.

② 李和平，地方高校法学教育与教学实践模式研究[M].吉林：吉林人民出版社，2019(08)：46.

③ 胡典顺，徐汉文，数学教学论[M].湖北：华中师范大学出版社，2012(08)：63.

④ 王旭.因理而教，为礼而学：以成果为导向的礼仪教学[M].北京：企业管理出版社，2020：133.

综上所述,建构主义教学理论倡导的教学模式特别强调在教学环节中要有对问题的情境创设,协作学习,重视学习者自身的学习和探索过程,并在情境和学习者互动的过程中,促使学习者实现对学习内容的理解和意义建构。情境、协作、会话和意义建构等都是建构主义教学理论强调的几个要素,在教学的过程中,教师要重视对这些环节和要素的把控。

第二节　施瓦布实践性课程理论

一、理论背景

20 世纪 50 年代末至 60 年代末,西方发起了一场旨在促进教育内容现代化的课程改革运动——学科结构运动,但由于耗费巨资且效果反映一般,至 60 年代末该课程改革运动被废止。此后,这场学科结构运动的发起人之一施瓦布开始反思:第一,泰勒原理的课程开发模式是否适用于任何教育场景?第二,学校教师是否实践过学科结构运动中提倡的学术中心课程,他们对学术中心课程的态度如何?施瓦布意识到无论是泰勒原理还是学术中心课程都是由相应的学术专家来进行的,却将作为课程实践者的教师排除在外,此举可能会存在问题。紧接着,施瓦布指出当时的课程理论已经导致极大的困境(即课程不连贯、现行学校教育不连贯而且失败),原因有三:一是当时的课程理论结构不适用于解决教学过程中存在的问题,因为现有课程理论就其特点来说,没有考虑也无法考虑到教什么、谁来教、怎样教等具有决定性作用的问题;二是许多“借来”的理论没有适用的地方,部分理论存在教条主义;三是“借来”的理论忽略了社会结构和个人道德,或者仅针对面对的问题提出解决办法。所有这些问题(价值、社会和政治结构、思想和知识等问题)都包含在学校和学校教育之中,而有关这些问题的理论存在分散性,不能被严格地组合成一个足以包含所有问题的系统性理论。但是,施瓦布对课程领域改革仍然持有积极态度,坚信课程领域终将复兴。①

20 世纪 70 年代末至 80 年代初,施瓦布撰写了有关实践性课程开发理论的 4 篇关键性文章:《实践:课程的语言》《实践:折中的艺术》《实践 3:转换成课程》《实践 4:课程教授要做的事》,通过这些文章去阐述他的新课程理论。

二、主要观点及模式

(一) 实践性课程的四个要素

实践性课程包含教师、学生、教材和环境四个要素,改变以往课程理论忽略教师的局面。针对上述四个不同要素,施瓦布针对性地解释了各个要素涵盖的不同知识范围。② 在教师层面,需要了解以下问题:教师可能掌握了哪些知识,他们会怎样灵活和充分地学习新的材料和

---

① Ian Westbury, Neil J. Wilkof. 科学、课程与通识教育:施瓦布选集[M].郭元祥,乔翠兰,主译.北京:中国轻工业出版社,2008:237－239.

② Schubert, W. (1986). Curriculum: Perspective, Paradigm, and Possibility.294.

新的教法，他们的人格特点、个性特征和偏好倾向是什么，他们有什么样的教育和生活背景，他们拥护哪些政治关系等教师特质相关问题。在学生层面，课程应该包含两类知识：一是特定年龄阶段的学生已掌握的普遍知识；二是学生的个体知识。在搭建课程时，教师需要了解学生已经掌握了哪些知识，学生已经做好了哪些学习上的准备，某些知识对学生的难度如何等状况。了解这些内容，对于搭建课程具有必要性。其中，个体知识主要是关于学生自身的知识，包含容易被知识收集者忽略的学生态度、能力、个性等。在教材层面，强调必须有人熟悉所用教材以及教材的编写原则。施瓦布指出，“假如要编写历史教材，那么课程审议集体中必须有一个成员不仅要熟悉这些历史教材，而且还要掌握历史学家所知道的知识”。由此可见，实践性课程对教材是相当重视的。最后，在环境层面，不像以往理论仅仅停留于学校环境，实践性课程也将家庭、社区、特定的宗教团体、社会阶层等的伦理观念和生活方式作为课程环境加以描述。施瓦布意识到课程环境因素具有复杂性，在实践性课程中描述的环境不能仅是学生在某种环境中进行学习的经历，而应涵盖这些环境对学生的学习和成长可能产生的影响。

“协调合作而非从属-主导”是实践性课程的基本特征之一。在师生之间，教师和学生不仅作为课程主体而存在，他们还担负着创造者的身份，尤其强调课程要以学生为中心。教材是课程的有机组成部分，它包含相关政策文件、课本以及其他资料。值得注意的是，施瓦布认为，教材只有符合学习情境而且能够满足学生的需要和兴趣时，才能称为教材。因此，教材具有很大的灵活性和变通性，教师需要根据现实情况进行适当选择。而课程环境则是由除了教师、学生和教材之外的物质、心理、社会、文化等因素构成，是能够与课程相互作用的重要部分。① 在实践性课程之中，教师和学生互为主体、相互作用，是此类课程的关键所在。教师、学生、教材和环境四要素是课程构建要素，它们共同组建课程的“生态系统”，且该课程“生态系统”能够维持一种动态平衡。② 当实践过程中对教师、学生、教材或环境的某一个要素关注不当，比如太多或太少时，课程的“生态平衡”就会被打破。他指出，许多时髦的课程快乐而短暂的生命可归因于对其中某一要素的过分强调而忽略了课程“生态系统”的平衡，③比如以下课程：进步主义的儿童中心课程、20 世纪 30 年代的社会中心课程、近代改革浪潮中学科中心课程以及源于联邦主义的教师中心课程。

（二）实践性课程开发方法

课程开发的基本方法是“审议”。“审议”也是实践性课程的内在要求，但它并非一个直线性的过程，而是一种旨在识别期望、改变期望和实现期望的复杂且处于不断变化中的过程。在英语中，“审议”的动词为“deliberate”，名词为“deliberation”。“deliberate”源于拉丁词“deliberare”，意为“缜密思考”，而“deliberare”又源于拉丁词“librare”，意为“衡量”。因此，从词源来看，“审议”是对不同对象进行衡量从而做出选择的过程。“课程审议”便是课程开发主体对教育情境中遇到的实

---

① 张华.课程与教学论[M].上海：上海世纪出版社，2000：20.

② 从立新.课程论问题[M].北京：教育科学出版社，2000：52－54.

③ 叶澜等.教育理论与学校实践[M].北京高等教育出版社，2000：265－267.

际问题进行讨论，以获得一致性的理解和解释，并做出对应的课程变革决定和策略的过程。课程审议的主体是“自然集体”，即以学习为基础的课程集体，该集体成员包含校长、社区代表、教师、学生、教材专家、课程专家、心理学家和社会学家等。由于课程集体中包含的成员较多，需要产生一位主席来领导课程审议的进程。该主席需要具备如下特点：娴熟的审议技巧，善于发现课程要素之间的不平衡；除了经常阅读课程文献，还必须是博雅教育的坚定追求者；必须熟悉社会科学与行为科学，并与教育问题联系起来，熟知课程实践的过去与现实。可见，“课程集体”是一种具有民主性质的课程组织群体，与施瓦布在“实践性课程开发”中强调的民主精神相吻合。①

课程审议有三种艺术：“实践的艺术”“准实践的艺术”“折中的艺术”，以此来提高美国教育体系中的课程质量。施瓦布在上述三种艺术中，尤为看重“实践的艺术”和“折中的艺术”。在“实践的艺术”中，施瓦布对理论与实践进行了详细的区分。他认为，实践与理论在目的、研究对象、问题来源和方法等方面都是截然不同的。具体来说，因为实践的目的是对各种可能的行动做出抉择，其研究对象具有特殊性，而研究的问题也来自实际情况，所以在实践过程中就需要观察某些特殊情况，甚至包括那些看似错误的情况，通过收集资料等实际的方法去确定要研究的问题。所以，在“实践的艺术”中其实包含“观察的艺术”和“问题形成的艺术”。

“准实践的艺术”与“实践的艺术”之间最大的区别在于二者的目的不同。“准实践的艺术”的目的在于增加研究问题的多样性。当研究问题变得具有多样性时，解决问题的难度也会相应增加，因而“准实践的艺术”要求实践方法加以延伸。“准实践”执行中强调两个重点：一是关于决策自身的过程，二是关于做出的决定的结果。因为实际的情境通常具有复杂性，“准实践”的过程中需要区分实际情境的差别及其关联性，识别情境的变化情况并预测情境的变化趋势，这便是关于决策自身的过程。而在做出决定的结果中，需要保证多样性的问题拥有某种对应解决的备择方案，而且每种备择方案都是集体审议的结果展示。②

“折中的艺术”将理论与实践的关系纳入其中，其“折中”的作用在于识别相关理论对课程决策的有用性，因而“折中的艺术”强调因教育环境的不同而适当对教育理论进行修改和调整，以适应教育环境的特殊性。所以“折中的艺术”对执行人的要求比较高，具体有以下三点要求：第一，将实践的教育情境与相关理论知识对应起来的能力；第二，对相关理论知识修改和调整以适应实践教育情境需要的能力；第三，实践与判断能力，即修改理论知识后能够实践和预判其可能产生的道德影响。因为现存理论的局限性，无法适应教育情境中出现的全部问题，因此审议需要基于现存理论，但又超越现存理论，出台新的方案。③

结合实践性课程开发的方法，施瓦布指出，课程不仅应围绕具体的教育情境进行开发，也应以学校本位进行课程开发。因为课程开发的主体多元，特别是将教师和学生纳入其中，因

---

① 张华.课程与教学论[M]. 上海：上海教育出版社，2000：21.

② 单丁.课程流派研究[M].济南：山东教育出版社，2000：242－247.

③ 张华.课程与教学论[M]. 上海：上海教育出版社，2000：23.

此，在课程开发过程中，教师与学生的需要、兴趣和问题便是课程审议的核心问题。[①] 在施瓦布理想的课程开发中，课程应该是根据每一所学校的具体情况进行开发，而不是建立普适性的课程开发模式，这也被称为“学校本位的课程开发模式”。

（三）实践性课程的评估

实践性课程的评估注重评价的指导和完善功能。实践应该源于保留现存制度下的适当之处与改变现有实践中的不当之处所指出的需要，并非要完全摒弃或者替换现存制度或现存实践的需求。因而在实践性课程的评估中，关注有目的和有意义的活动形式的保持与不当之处的改进显得颇为重要，特别是注意评估后的改进效果是否具有持续性和相关性。在持续性层面，施瓦布以法律案件为例加以说明：“在某个法律案例已做出的判决或即将做出的新判决二者之间做出决策，如果做出错误决策可能会使公众失去对法律的信赖，降低法律的公信力或者需要用一个复杂且代价极高的补救过程来改变糟糕局面，那么在法律案件判决时可以从较轻的程度开始改变判决，并能够根据反馈信息及时加以调整。”[②]同样的需求，也存在于实践性课程中，实践性课程评估需要关注课堂中已受训练影响的学生与未受训练影响的学生的正确表现、错误表现与非正当表现中出现的各种问题，而且要通过评估来递进式地改善课程变革对核心组织的冲突状况。在相关性方面，施瓦布主张，应该扩大实践性课程评估的范围，不再仅仅局限于学生当前阶段的学习，而要关注到学生在生活中的成功与失败经历，因为学生的学习与其生活紧密相关。比如，如果要研究孩子被送到社区学习后的状况，就要观察孩子在生活中玩什么游戏、阅读什么书籍等。由此看来，实践性课程的评估要求比较高，它既强调评估的持续性与相关性，也重视评估的指导性和完善性功能。

综上所述，实践性课程开发理论的基本特征是关注实践。施瓦布认为，所有实践性课程都是特殊的，其主体都需要根据具体的实践情境进行审议。如果与泰勒原理相比，实践性课程开发理论就是强调“实践兴趣”（“实践兴趣”又被称作为“实践理性”，是建立在对意义“一致性解释”的基础上，通过与环境的相互作用来理解环境中人类的基本兴趣）[③]。因此，实践性课程开发理论改变了以往课程开发过程对教师和学生的控制，充分尊重并发挥了教师与学生的主体性。这种课程开发理论被人们称为超越泰勒原理的一次尝试，具有一定的进步意义。然而实践性课程开发理论也存在一定的局限性，如无法彻底解放人的主体性，因为“实践兴趣”过分关注人的主体能动性，对主体的反思性关注不多，所以当课程集体对课程进行审议时，由于主体反思性不足，“达成一致”原则也可能会被当成一种控制形式来使用。[④⑤]

---

① 钟启泉主编.课程与教学概论[M].上海：华东师范大学出版社，2004：251.

② Ian Westbury，Neil J. Wilkof. 科学、课程与通识教育：施瓦布选集[M].郭元祥，乔翠兰，主译.北京：中国轻工业出版社，2008：256－262.

③ Grundy，S. (1987)，Curriculum：Product or Praxis? The Falmer Press，14－17.

④ 张华.课程与教学论[M]. 上海：上海教育出版社，2000：24.

⑤ 施良方.课程理论：课程的基础、原理与问题[M].北京：教育科学出版社，1996：206－207.

第三章　问卷调研基本情况

2020 年 10 月，总项目组研制了《杨浦区高中“双新”国家级示范区建设基础调研方案》，明确了区域调研目标，组建了包括总项目组和子项目组在内的调研团队，并进行了调研分工。11 月，在市、区专家的专业支持下，调研团队设计并优化了调查问卷、文本分析框架、访谈提纲等调研工具。12 月，面向区内 15 所高中(含 14 所公办高中和 1 所民办高中)，团队正式开展了杨浦区高中“双新”国家级示范区建设基础调研。

第一节　调 研 目 标

第一，调查并分析在课程建设、课堂实践、学业评价、研修机制和学习空间建设等方面的已有做法和实践经验，系统盘点区域高中“双新”建设工作的现实基础。

第二，排摸在课程建设、课堂实践、学业评价、研修机制和学习空间建设等方面存在的问题和困难以及需要的支持，为后续的改进提升提供相应的方向指引。

第三，形成区域高中“双新”建设基础的基本认识和结论，为今后建设工作的深入推进提供一定的实证依据和对策建议。

第二节　调 研 工 具

杨浦区高中“双新”国家级示范区建设基础调研的调研工具主要包括调查问卷、文本分析框架和访谈提纲三大类。

《杨浦区高中“双新”国家级示范区建设基础调查问卷》由教师基本信息和主要调查问题两大部分组成。其中，调查问题涵盖了课程建设、课堂实践、学业评价、研修机制和学习空间五大板块，包括 20 个封闭式问题(其中，课程建设 6 题、课堂实践 5 题、学业评价 4 题、研修机制 2 题、学习空间 3 题)和 1 个开放式问题。

文本分析框架具体是指学校课程计划文本分析框架，包括课程计划的背景分析、课程目标、课程结构、课程实施和课程评价等五大维度。其中，背景分析主要关注“双新”背景下的政策分析、学校发展愿景、学校课程传统和学生发展需求四个要素；课程目标分析主要聚焦于课程目标的素养指向和具体素养的内涵表达；课程结构分析主要从课程类别规范、课时安排规范和学分管理规范展开；课程实施分析包括课程管理、课程实施过程、实施保障等要素；课程评价分析指向学生学习评价、教师教学评价和课程效果评价等。

访谈提纲包括总项目组的通识性访谈提纲和子项目组的专题性访谈提纲。根据问卷调查数据信息，总项目组的访谈围绕对高中“双新”的理解与认识、主要困难和现实需求等展开；子项目组的访谈聚焦各自研究主题，主要从学校课程计划编制的困难、重点领域课程建设、学校课程管理、对“创智课堂”的认识与实践、对高中“双新”课堂的理解、对素养导向的命题框架的认识、素养导向的测试命题遇到的困难、教师研修方面的困难与需求以及信息技术层面需要的支持等问题展开。

第三节　调研方式

调研综合运用了问卷调查、文本分析、座谈访谈和在线访谈（第五章对高中九大学科部分骨干教师的在线访谈材料进行分析，旨在更深入地了解某些重要议题的现状、存在问题及其解决途径）等多元方式，尽可能全方位、多维度地采集信息。通过问卷星，面向区内 15 所高中的教师进行了全样本的问卷调查。运用文本分析的方式，对高中的学校课程计划进行了深度分析，旨在更好地了解相关经验及当前存在的主要问题。另外，基于调查问卷反馈的数据信息，总项目组和子项目组又分别研制了访谈提纲，并对区域高中“双新”建设相应板块的信息进行了追踪挖掘。

第四节　样本信息

本次问卷调查涵盖了区内 15 所高中的 1 271 名教师。其中，男性教师 383 名，占比为 30.1%；女性教师 888 名，占比为 69.9%。不承担行政和管理职务的学科教师为 963 名，占比为 75.8%。问卷调查的样本情况，具体如表 3.1 所示。

表 3.1　问卷调查的样本信息

教师样本		人数	占总人数的比例(%)
性别	男	383	30.1
	女	888	69.9
职务	校长/副校长/书记/副书记	29	2.3
	校各处(科)室正副职负责人	113	8.9
	年级组长/教研组长/备课组长	295	23.2
	班主任/副班主任	250	19.7
	学科教师	963	75.8

续 表

教　师　样　本		人　数	占总人数的比例(%)
学科	语文	192	15.1
	数学	205	16.1
	外语	209	16.4
	物理	99	7.8
	化学	103	8.1
	生命科学(生物学)	64	5
	地理	62	4.9
	历史	73	5.7
	思想政治	71	5.6
	信息科技	30	2.4
	通用技术(劳动技术)	12	0.9
	艺术	32	2.5
	体育与健身	103	8.1
	无	16	1.3
年级	高一	569	44.8
	高二	531	41.8
	高三	432	34
教龄	低于 5 年	227	17.9
	5～10 年	178	14
	11～20 年	346	27.2
	21～30 年	384	30.2
	30 年以上	136	10.7
职称	正高	12	0.9
	高级	342	26.9

续 表

教　师　样　本		人　数	占总人数的比例(%)
职称	中级	643	50.6
	初级	225	17.7
	未评	49	3.9
学位	无	75	5.9
	学士	633	49.8
	硕士	539	42.4
	博士	24	1.9

本次文本分析的主要对象为区内 4 所高中的学校课程计划和相关课程文本材料等。访谈对象主要为高中学校的校长、教研组长和学科教师等，共计 4 名校长、6 名教研组长、42 名教师参与了访谈环节，涵盖高一、高二和高三 3 个年级，其任教学科包括语文、数学、英语、思想政治、历史、地理、物理、化学、生物等九大学科。

第四章　问卷调研结果分析

第一节　课 程 建 设

一、参与跨学科课程开发基本情况

图 4.1 显示了高中教师参与跨学科课程开发的基本情况。为了便于比较分析，图 4.1 把不同学科教师分成三大组，即语数外、物化生政史地、技艺体。总体来看，在参与跨学科课程开发的教师中，“从未开发”和“参与开发”的教师分别占 55.2%和 40.5%，说明教师们还是相对比较缺乏跨学科课程开发的实际经验。分学科类型进行比较可以发现，参与问卷调查的“物化生政史地”类教师总数为 803 人，其中“主导开发”和“参与开发”的总人数为 465 人，占比达 57.9%，在三大组教师群体中，对于跨学科课程开发的参与度最高；参与问卷调查的“技艺体”类教师数为 306 人，其中“主导开发”和“参与开发”的总人数为 119 人，占比为 38.9%，在三大组教师群体中，对于跨学科课程开发的参与度次之；而参与问卷调查的“语数外”类教师总人数为 1050 人，其中“主导开发”和“参与开发”的总人数为 364 人，占比为 34.7%，在三大组教师群体中，对于跨学科课程开发的参与度最低，而“从未开发”跨学科课程教师的比例高达 65.3%。

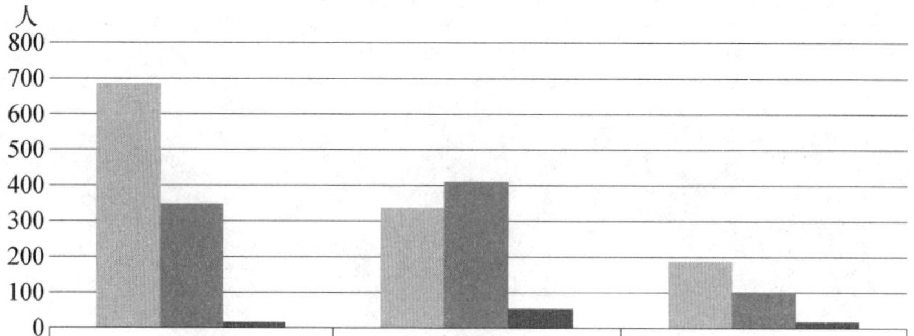

	语数外	物化生政史地	技艺体
从未开发	686	338	187
参与开发	348	411	101
主导开发	16	54	18

图 4.1　高中教师参与跨学科课程开发的基本情况

二、开发跨学科课程遇到的主要困难

由于高中学段各学科之间有着较强的学科壁垒，因此，跨学科课程开发给高中教师带来的挑战都比较大。教师在开发跨学科课程时，面临的主要困难有：相关的专业知识和能力欠缺、材料资源比较缺乏、团队组建困难、专家专业支持力度不足、激励机制缺失或不完善以及时间精力有限等。

三、开发跨学科课程遇到的主要问题分析

（1）整体情况

图 4.2 展示了高中阶段教师参与跨学科课程开发的主要困难情况。在教师们看来，缺乏材料资源、时间精力有限、缺乏相关的专业知识和能力等是跨学科课程开发遇到的主要困难，选择这三项的人数占比分别为 57.2%、57.2%、54.7%，而认为专家专业支持力度不足的教师占比最少，为 22.9%。

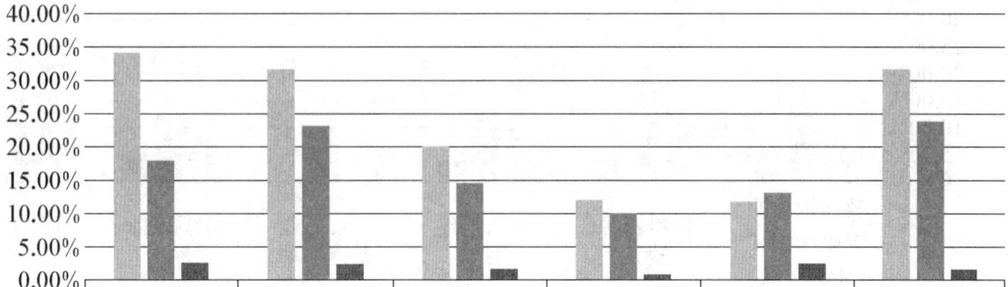

	教师相关的专业知识和能力欠缺	材料资源缺乏	团队组建困难	专家专业支持不足	激励机制缺乏	时间精力有限
从未开发	34.15%	31.63%	20.06%	12.04%	11.72%	31.71%
参与开发	17.94%	23.13%	14.56%	10.07%	13.14%	23.84%
主导开发	2.60%	2.44%	1.65%	0.79%	2.52%	1.65%

图 4.2　高中教师参与跨学科课程开发面临的主要困难

此外，调研数据表明，具有不同开发经验的教师，在开发跨学科课程的过程中面临的主要困难也会存在某些差异：从未参与开发的教师认为自身专业知识和能力欠缺、时间精力有限、材料资源缺乏等是开发跨学科课程面临的主要困难，占比分别为 34.15%、31.71%、31.63%；参与过跨学科课程开发的教师则认为，时间精力有限、材料资源缺乏、相关的专业知识和能力欠缺是面临的主要困难，其占比分别为 23.84%、23.13%、17.94%；而对于曾经主导开发过跨学科课程的教师而言，相关的专业知识和能力欠缺、激励机制缺乏、材料资源缺乏是他们认为存在的主要困难，其占比分别为 2.60%、2.52%、2.44%。

（2）“语数外”组遇到的问题

在三大组中，“语数外”组教师参与跨学科课程开发的比例较少。在他们看来，缺乏相关的专业知识和能力、缺乏材料资源是他们开发跨学科课程面临的主要困难，占比分别为 63.21%、61.14%。对于“语数外”组拥有不同跨学科课程开发经验的教师，在课程开发过程中面临的主要困难也存在一些差别：从未参与开发的教师认为专业知识和能力欠缺、材料资源缺乏、团队组建困难是开发跨学科课程面临的主要困难，占比分别为 44.04%、35.75%、24.87%；参与过跨学科课程开发的教师认为，材料资源缺乏、相关的专业知识和能力欠缺、时间精力有限是面临

的主要困难，占比分别为21.24％、17.10％、15.54％；而对于曾经主导开发过跨学科课程的教师而言，激励机制缺乏、团队组建困难、材料资源缺乏是他们认为存在的主要困难，占比分别为4.66％、4.15％、4.15％。总之，有主导开发经验的“语数外”组教师更少认为时间精力有限、专业知识和能力欠缺是其主要困难，他们主要面临的是激励机制缺乏等困难。具体情况参见图4.3。

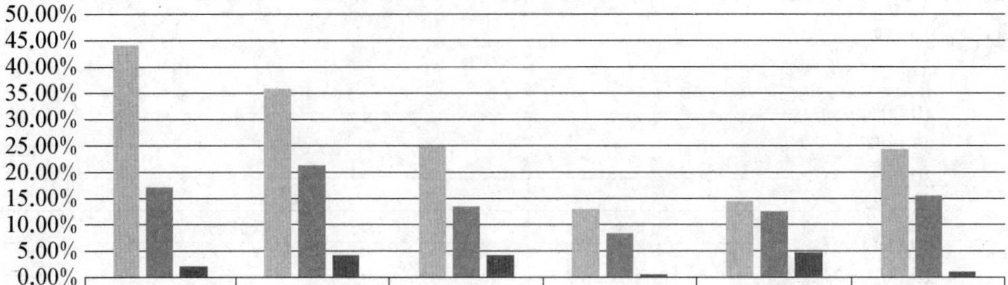

	教师相关的专业知识和能力欠缺	材料资源缺乏	团队组建困难	专家专业支持不足	激励机制缺乏	时间精力有限
从未开发	44.04%	35.75%	24.87%	12.95%	14.51%	24.35%
参与开发	17.10%	21.24%	13.47%	8.29%	12.44%	15.54%
主导开发	2.07%	4.15%	4.15%	0.52%	4.66%	1.04%

图4.3 “语数外”组教师参与跨学科课程开发面临的主要困难

（3）“物化生政史地”组遇到的问题

比较而言，三大组中“物化生政史地”组教师较多地参与跨学科课程开发，但他们认为，时间精力有限、材料资源缺乏、相关的专业知识和能力欠缺是其开发跨学科课程面临的主要困难，占比分别为59.41％、55.45％、55.45％。对于“物化生政史地”组拥有不同跨学科课程开发经验的教师，在课程开发过程中面临的主要困难也同样存在差异：从未参与开发的教师认为，时间精力有限、相关的专业知识和能力欠缺、材料资源缺乏是开发跨学科课程面临的主要困难，占比分别为39.77％、38.94％、35.48％；参与过跨学科课程开发的教师认为，材料资源缺乏、时间精力有限、相关的专业知识和能力欠缺是面临的主要困难，占比分别为19.14％、18.81％、15.02％；而对于曾经主导开发过跨学科课程的教师而言，相关的专业知识和能力欠缺、激励机制缺乏是他们认为存在的主要困难，占比分别为1.49％、0.99％。总之，对于具备不同开发经验的“物化生政史地”组教师，相关的专业知识和能力欠缺、时间精力有限是他们面临的共同困难，并且，有主导跨学科课程开发经验的“物化生政史地”组教师认为激励机制缺乏是其面临的突出困难。具体见图4.4。

（4）“技艺体”组教师遇到的问题

“技艺体”组教师认为，时间精力有限、材料资源缺乏、相关的专业知识和能力欠缺是他们开发跨学科课程面临的主要困难，占比分别为60.36％、57.00％、50.21％。对于“技艺体”组拥

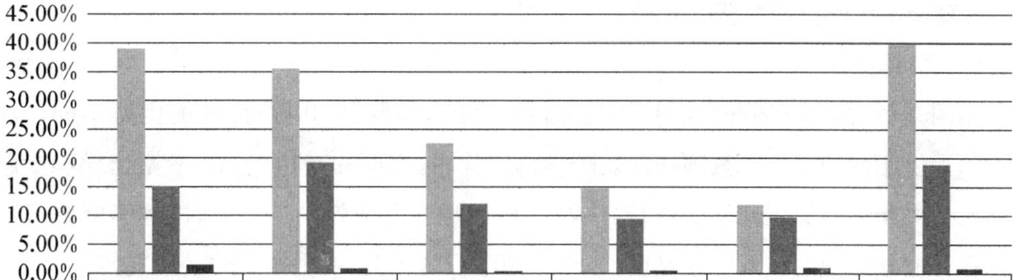

	教师相关的专业知识和能力欠缺	材料资源缺乏	团队组建困难	专家专业支持不足	激励机制缺乏	时间精力有限
从未开发	38.94%	35.48%	22.61%	14.69%	11.88%	39.77%
参与开发	15.02%	19.14%	12.05%	9.41%	9.74%	18.81%
主导开发	1.49%	0.83%	0.33%	0.50%	0.99%	0.83%

图 4.4 “物化生政史地”组教师参与跨学科课程开发面临的主要困难

有不同跨学科课程开发经验的教师，在课程开发过程中面临的主要困难也存在一定差异：从未参与开发的教师认为材料资源缺乏、时间精力有限、相关的专业知识和能力欠缺是开发跨学科课程面临的主要困难，占比分别为 25.00%、24.36%、23.94%；参与过跨学科课程开发的教师认为，时间精力有限、材料资源缺乏、相关的专业知识和能力欠缺是面临的主要困难，占比分别为 33.69%、29.03%、22.03%；而对于曾经主导开发过跨学科课程的教师而言，相关的专业知识和能力欠缺、材料资源缺乏、激励机制缺乏是他们认为存在的主要困难，占比分别为 4.24%、2.97%、2.81%。总之，对于具备不同开发经验的“技艺体”组教师，相关的专业知识和能力欠缺、材料资源缺乏是他们面临的共同困难，并且，有主导开发经验的“技艺体”组教师认为激励机制缺乏是一项突出困难。具体参见图 4.5。

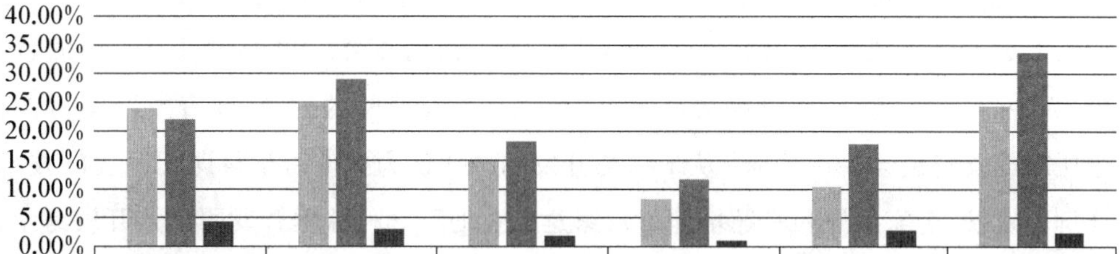

	教师相关的专业知识和能力欠缺	材料资源缺乏	团队组建困难	专家专业支持不足	激励机制缺乏	时间精力有限
从未开发	23.94%	25.00%	14.83%	8.26%	10.38%	24.36%
参与开发	22.03%	29.03%	18.22%	11.65%	17.80%	33.69%
主导开发	4.24%	2.97%	1.82%	0.99%	2.81%	2.31%

图 4.5 “技艺体”组教师参与跨学科课程开发面临的主要困难

四、开发跨学科课程所需要的支持

（1）整体情况

不同学科、拥有不同开发经验的教师，在开发跨学科课程时所面临的困难不同，也要据此给教师提供不同的支持。教师在开发跨学科课程时，需要的支持包括：专家指导和专题培训，组建专业的跨学科课程开发团队，提供跨学科课程开发的技术、工具和样例等资源，建立跨学科课程开发相匹配的绩效管理制度，外出参观学习的机会，提供充足的经费支持等。

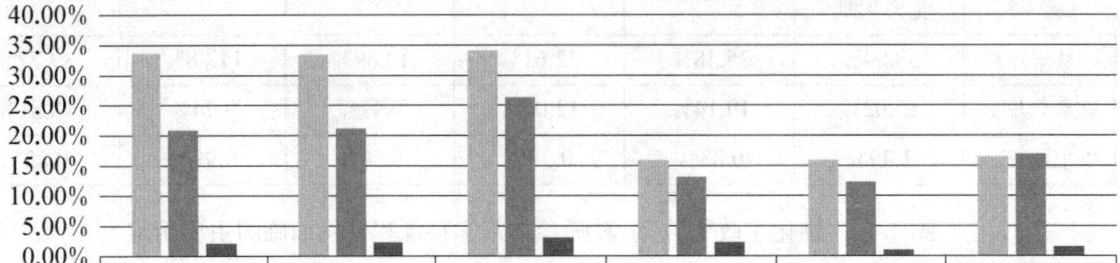

	专家指导和专题培训	组建专业的跨学科课程开发团队	提供跨学科课程开发的技术、工具和样例等资源	建立跨学科课程开发相匹配的绩效管理制度	外出参观学习的机会	提供充足的经费支持
■从未开发	33.60%	33.44%	34.15%	15.89%	15.89%	16.44%
■参与开发	20.85%	21.16%	26.28%	13.14%	12.27%	16.92%
■主导开发	2.12%	2.28%	3.07%	2.28%	0.94%	1.57%

图 4.6　开发跨学科课程所需支持的整体情况

从图 4.6 可见，在教师们看来，提供跨学科课程开发的技术、工具和样例等资源，组建专业的跨学科课程开发团队，专家指导和专题培训是跨学科课程开发所需的主要支持，选择这三项的人数占比分别为 63.50％、56.88％、56.57％，认为需要外出参观学习机会的教师占比最少，为 29.10％。此外，调研数据表明，具有不同开发经验的教师，在开发跨学科课程的过程中所需的支持也会存在区别：从未参与开发的教师认为提供跨学科课程开发的技术、工具和样例等资源，专家指导和专题培训以及组建专业的跨学科课程开发团队是开发跨学科课程所需的最主要的支持，比例分别为 34.15％、33.60％、33.44％；参与过跨学科课程开发的教师认为，提供跨学科课程开发的技术、工具和样例等资源，组建专业的跨学科课程开发团队以及专家指导和专题培训是开发跨学科课程所需的最主要的支持，比例分别为 26.28％、21.16％、20.85％；而对于曾经主导开发过跨学科课程的教师而言，提供跨学科课程开发的技术、工具和样例等资源，建立跨学科课程开发相匹配的绩效管理制度以及组建专业的跨学科课程开发团队是开发跨学科课程所需的最主要的支持，比例分别为 3.07％、2.28％、2.28％。

上述数据表明，教师希望提升跨学科课程开发的专业能力，获得专业性的技术支持与多样化的课程资源。

（2）“语数外”组教师需要的支持

对于较少参与跨学科课程开发的“语数外”组教师而言，他们更期望获得跨学科课程开发的技术、工具和样例等资源，专家指导和专题培训以及组建专业的跨学科课程开发团队等方面的支持，选择这三项的人数占比分别为 61.39％、59.74％、55.94％。对于“语数外”组拥有不同跨学科课程开发经验的教师，在课程开发过程中所需的主要支持也存在区别：从未参与开发的教师认为专家指导和专题培训，提供跨学科课程开发的技术、工具和样例等资源以及组建专业的跨学科课程开发团队是开发跨学科课程所需的最主要的支持，比例分别为 39.77％、38.61％、38.12％；参与过跨学科课程开发的教师认为，提供跨学科课程开发的技术、工具和样例等资源，专家指导和专题培训以及组建专业的跨学科课程开发团队是开发跨学科课程所需的最主要的支持，比例分别为 21.62％、18.81％、17.16％；而对于曾经主导开发过跨学科课程的教师而言，提供跨学科课程开发的技术、工具和样例等资源，专家指导和专题培训以及提供充足的经费支持是开发跨学科课程所需的最主要的支持，比例分别为 1.16％、1.16％、0.99％。总之，有主导开发经验的“语数外”组教师较少认为在组建专业的跨学科课程开发团队方面需要支持，而更多地期望获得充足的经费支持。详情见图 4.7。

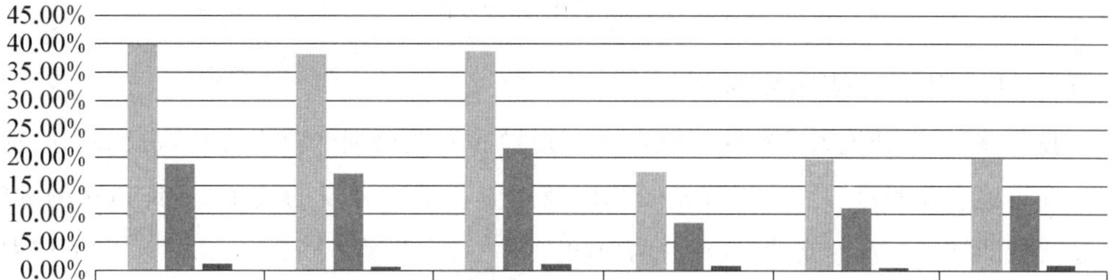

	专家指导和专题培训	组建专业的跨学科课程开发团队	提供跨学科课程开发的技术、工具和样例等资源	建立跨学科课程开发相匹配的绩效管理制度	外出参观学习的机会	提供充足的经费支持
从未开发	39.77%	38.12%	38.61%	17.49%	19.64%	19.80%
参与开发	18.81%	17.16%	21.62%	8.42%	11.06%	13.37%
主导开发	1.16%	0.66%	1.16%	0.83%	0.50%	0.99%

图 4.7 “语数外”组教师开发跨学科课程所需的支持

（3）“物化生政史地”组教师需要的支持

“物化生政史地”组教师较多地参与跨学科课程开发，他们更期望获得跨学科课程开发的技术、工具和样例等资源，组建专业的跨学科课程开发团队以及专家指导和专题培训等方面的支持，选择这三项的人数占比分别为66.53%、55.30%、52.34%。对于“物化生政史地”组拥有不同跨学科课程开发经验的教师，在课程开发过程中所需支持的优先级不存在明显区别，一致认为在跨学科课程开发的技术、工具和样例等资源方面需要较多支持，而对于外出参观学习没有较大需求。具体请参见图4.8。

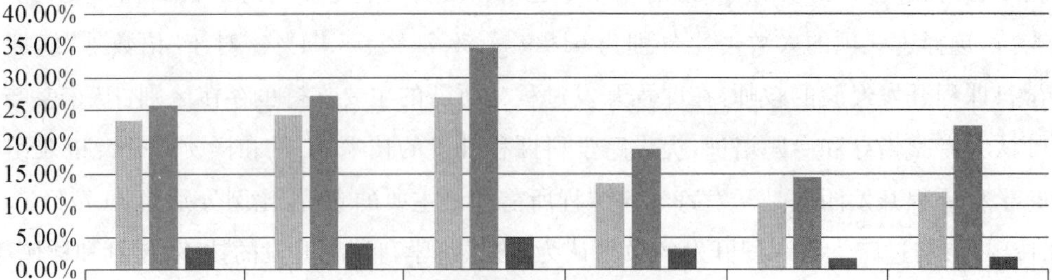

	专家指导和专题培训	组建专业的跨学科课程开发团队	提供跨学科课程开发的技术、工具和样例等资源	建立跨学科课程开发相匹配的绩效管理制度	外出参观学习的机会	提供充足的经费支持
从未开发	23.31%	24.15%	26.91%	13.56%	10.38%	12.08%
参与开发	25.64%	27.12%	34.75%	18.86%	14.41%	22.46%
主导开发	3.39%	4.03%	4.87%	3.18%	1.69%	1.91%

图4.8 “物化生政史地”组教师开发跨学科课程所需的支持

（4）“技艺体”组教师需要的支持

“技艺体”组教师绝大多数期望能在专家指导和专题培训上获得支持，占比高达94.30%，此外，在组建专业的跨学科课程开发团队以及跨学科课程开发的技术、工具和样例等资源方面，也希望能获得一定的支持，选择这两项的人数占比分别为63.73%、62.69%。对于“技艺体”组拥有不同跨学科课程开发经验的教师，在课程开发过程中所需的主要支持也存在区别：从未参与开发的教师认为组建专业的跨学科课程开发团队，专家指导和专题培训以及提供跨学科课程开发的技术、工具和样例等资源是开发跨学科课程所需的最主要的支持，比例分别为41.45%、39.38%、37.82%；参与过跨学科课程开发的教师认为，专家指导和专题培训，提供跨学科课程开发的技术、工具和样例等资源以及组建专业的跨学科课程开发团队是开发跨学科课程所需的最主要的支持，比例分别为39.38%、20.21%、19.17%；而对于曾经主导开发过跨学科课程的教师而言，专家指导和专题培训，提供跨学科课程开发的技术、工具和样例等资源以及建立跨学科课程开发相匹配的绩效管理制度是开发跨学科课程所需的最主要的支持，比例分别为15.54%、4.66%、4.66%。总之，有主导开发经验的“技艺体”组教师较少认为在组建专业的跨学科课程开发团队方面需要支持，更多地期望能建立跨学科课程开发相匹配的绩效管理制度。具体参见图4.9。

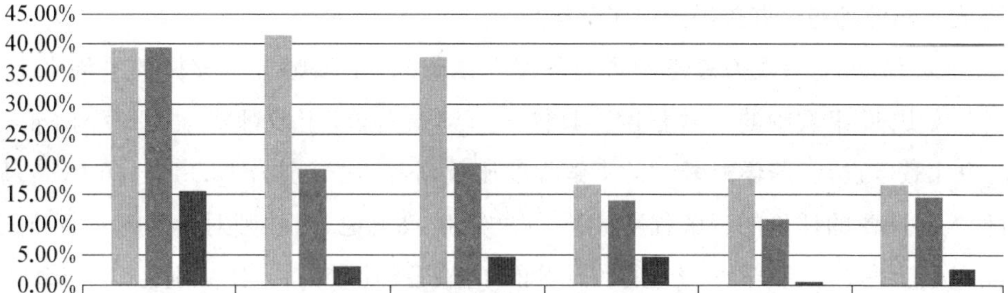

	专家指导和专题培训	组建专业的跨学科课程开发团队	提供跨学科课程开发的技术、工具和样例等资源	建立跨学科课程开发相匹配的绩效管理制度	外出参观学习的机会	提供充足的经费支持
从未开发	39.38%	41.45%	37.82%	16.58%	17.62%	16.58%
参与开发	39.38%	19.17%	20.21%	13.99%	10.88%	14.51%
主导开发	15.54%	3.11%	4.66%	4.66%	0.52%	2.59%

图 4.9　“技艺体”组教师开发跨学科课程所需的支持

第二节　课堂实践

一、不同学科教师对核心素养的了解程度

整体而言，不同学科教师都相当了解本学科的核心素养。但对学科核心素养的了解程度，不同学科的教师存在一定差异：非常了解核心素养的“物化生政史地”组教师(36.02%)高于“语数外”组教师，比较了解核心素养的“语数外”组教师占比(32.01%)高于其他两类教师，不太了解核心素养的“技艺体”组教师(4.15%)高于其他两组教师。具体参见图 4.10。

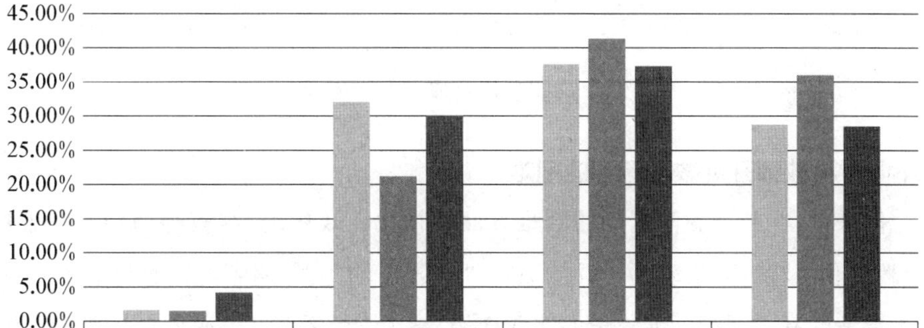

	不太了解	比较了解	了解	非常了解
语数外	1.65%	32.01%	37.62%	28.71%
物化生政史地	1.48%	21.19%	41.31%	36.02%
技艺体	4.15%	30.05%	37.31%	28.50%

图 4.10　不同学科教师对核心素养的了解程度

二、不同学科教师对一些关键点的了解程度

整体来看，对于一些关键点的了解程度，“语数外”组教师低于整体的平均水平，也低于“物化生政史地”组教师的了解程度。具体来看，“语数外”组教师对学科课程标准与教材的研究、单元教学设计、跨学科教学的了解程度比较高，占比分别为 19.14%、16.01%、11.55%，但对他人对课堂的评价的了解程度最低。“物化生政史地”组教师对学科课程标准与教材的研究、单元教学设计、教学评一致的实现等的了解程度比较高，占比分别为 65.84%、56.44%、33.83%，而对他人对课堂的评价的了解程度最低。“技艺体”组教师对学科课程标准与教材的研究、单元教学设计、教学评一致的实现等的了解程度比较高，但对他人对课堂的评价的了解程度最低。进一步分析发现，“语数外”组教师与“物化生政史地”教师在了解学科课程标准与教材的研究方面差距最大，而对了解他人对课堂的评价方面的差距最小。具体参见图 4.11。

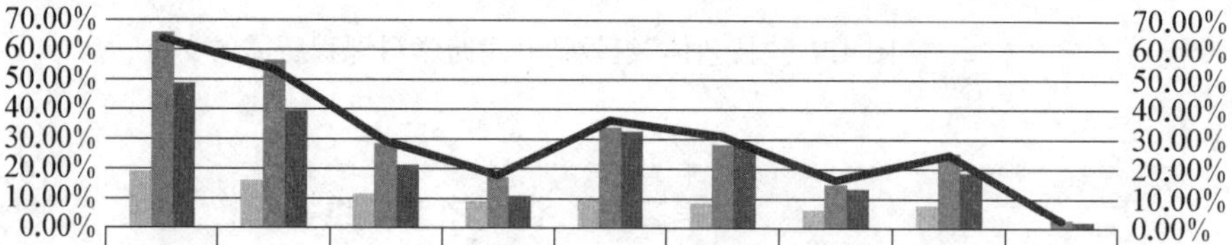

	对学科课程标准与教材的研究	单元教学设计	跨学科教学	信息技术融合的教学	教学评一致的实现	契合学科本质的学科实践	现有学习环境和空间的重构	课堂学习方式的变革	他人对课堂的评价
语数外	19.14%	16.01%	11.55%	9.08%	9.57%	8.42%	6.11%	7.76%	0.33%
物化生政史地	65.84%	56.44%	28.38%	17.16%	33.83%	28.22%	14.69%	25.08%	2.64%
技艺体	48.68%	39.44%	21.29%	10.89%	32.51%	27.89%	13.20%	18.65%	1.98%
整体情况	63.73%	53.34%	29.19%	17.70%	36.19%	30.76%	16.21%	24.55%	2.36%

图 4.11　不同学科教师对一些关键点的了解程度

三、不同学科教师开展教学遇到的困难

总体来说，在开展教学遇到的困难方面，“物化生政史地”组教师遇到的困难均高于“语数外”组教师和“技艺体”组教师。具体来看，“语数外”组教师遇到的困难排名前三的分别为：缺乏可供参考的基于课程标准教学的实践样例、学生学情差异大、缺乏基于课程标准开展教学与评价的专业知识和能力，占比分别为 14.52%、13.86%、11.06%。“物化生政史地”教师遇到的困难排名前三的分别为：学生学情差异大、缺乏可供参考的基于课程标准教学的实践样例、缺乏外部专家的引领，其占比分别为 55.12%、46.53%、34.16%。“技艺体”组教师遇到的困难排名前四的分别为：学生学情差异大、缺乏可供参考的基于课程标准教学的实践样例、缺乏基于

课程标准开展教学与评价的专业知识和能力以及缺乏外部专家的引领，其占比分别为46.86%、42.57%、23.27%和23.27%。综上所述，教师们在开展教学中遇到的困难主要集中在缺乏可供参考的基于课程标准教学的实践样例、学生学情差异大、缺乏基于课程标准开展教学与评价的专业知识和能力以及缺乏外部专家的引领等四个方面，但主科教师遇到的最大困难主要是缺乏可供参考的基于课程标准教学的实践样例，“物化生政史地”组教师与“技艺体”组教师遇到的最大困难是学生学情差异大。详见图4.12。

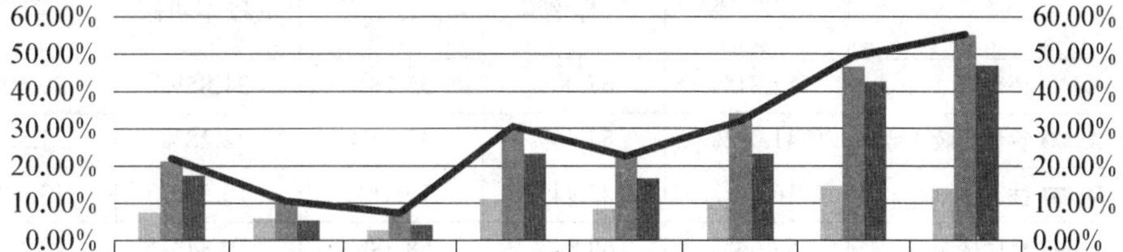

	课程标准本身对教师来说不太好用	学校没有要求必须基于课程标准开展教学	我的同事大都没这种动力	缺乏基于课程标准开展教学与评价的专业知识和能力	缺乏有针对性的校本教研	缺乏外部专家的引领	缺乏可供参考的基于课程标准教学的实践样例	学生学情差异大
语数外	7.59%	5.94%	2.81%	11.06%	8.42%	9.57%	14.52%	13.86%
物化生政史地	21.12%	10.89%	8.42%	29.87%	22.44%	34.16%	46.53%	55.12%
技艺体	17.33%	5.28%	4.13%	23.27%	16.50%	23.27%	42.57%	46.86%
整体情况	21.95%	10.54%	7.32%	30.61%	22.58%	31.94%	49.41%	55.23%

图4.12　不同学科教师开展教学遇到的困难

四、学校对课堂教学的支持情况

从调查数据来看，学校对不同学科教师的课堂教学支持程度存在较大差异。具体而言，学校对“语数外”组教师的支持程度普遍高于“物化生政史地”组的教师，而学校对“物化生政史地”组教师的支持程度又普遍高于“技艺体”组教师。总体来看，学校对三组教师在提供相关的实践路径与样例的支持程度最高，达到68.84%，而在开展素养导向课堂教学的校本研修的支持程度最低，占比为30.84%。详见图4.13。

五、不同学科教师对“创智课堂”发展的看法

总体来看，不同学科教师对“创智课堂”发展的看法存在一定的差异，不过，三组教师都普遍希望能够明晰“创智课堂”与目前倡导素养导向的课堂之间的关系，占比均超过60%，而对信息技术在“创智课堂”中的应用的关注度不高，占比均在28%以下。进一步比较发现，三组教师

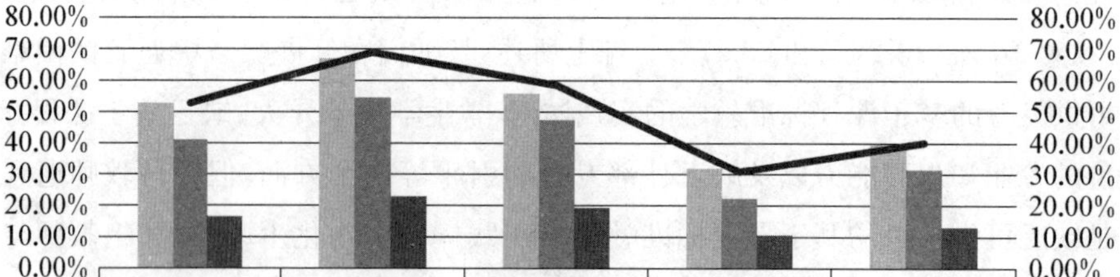

	专家指导和专题培训	提供相关的实践路径与样例	提供相应的教学设施和设备等教学资源	开展素养导向课堂教学的校本研修	外出交流、观摩
语数外	52.81%	67.00%	55.78%	31.85%	39.60%
物化生政史地	41.09%	54.46%	47.36%	22.28%	31.52%
技艺体	16.50%	22.94%	19.31%	10.56%	13.04%
整体情况	52.64%	68.84%	58.38%	30.84%	40.13%

图 4.13　学校对课堂教学的支持情况

对依据“双新”要求修订“创智课堂”学科教学指南的认知差距最大，在这一指标上，“技艺体”组教师的得分占比最高，为 54.40%，“物化生政史地”组教师的得分占比为 39.83%，而“语数外”组教师的得分占比最低，为 37.29%。但是，“物化生政史地”组教师相比其他两组教师则更希望开发适应“双新”要求的“创智课堂”新样例。详见图 4.14。

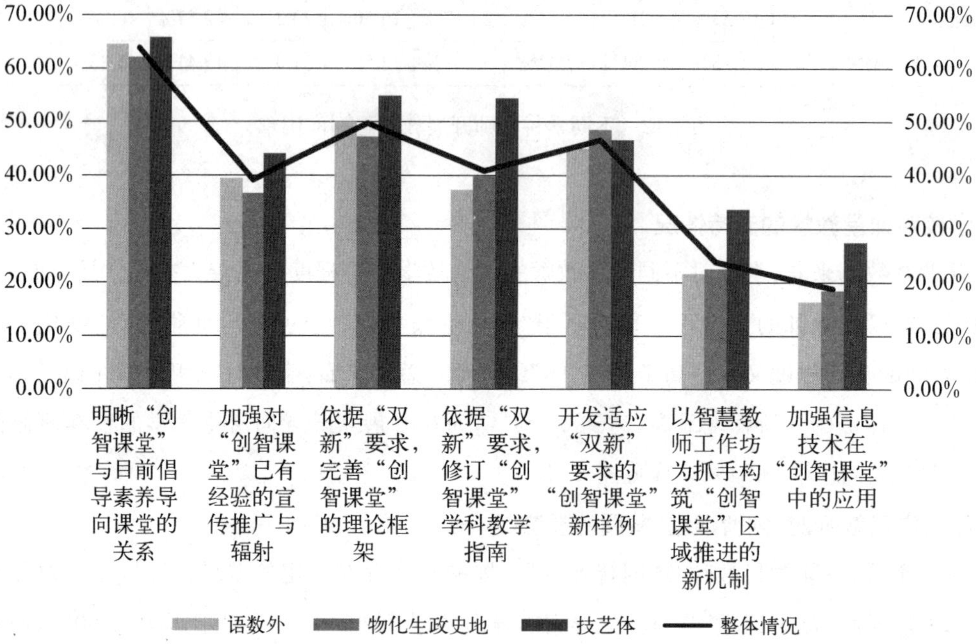

图 4.14　不同学科教师对“创智课堂”发展的看法

第三节 学业评价

一、学业质量特征

在学业质量特征方面，“语数外”组教师和“物化生政史地”组教师都最为注重学生在真实情境中的问题解决能力，而“技艺体”组教师则最为关注学生“超越知识点的识记-理解-简单应用，强调知识的综合应用”。“语数外”组教师认为排名前三的学业质量特征为：注重真实情境中的问题解决能力、“超越知识点的识记-理解-简单应用，强调知识的综合应用”、关注学生学业成就的综合表现，占比分别为73.27%、50.50%、43.40%。“物化生政史地”组教师认为排名前三的学业质量特征为：注重真实情境中的问题解决能力、“超越知识点的识记-理解-简单应用，强调知识的综合应用”、关注学生完成任务或问题解决时的过程性表现，占比分别为63.04%、47.88%、45.55%。“技艺体”教师则认为排名前三的学业质量特征为：“超越知识点的识记-理解-简单应用，强调知识的综合应用”、关注学生完成任务或问题解决时的过程性表现、关注学生学业成就的综合表现，占比分别为53.89%、44.04%、43.52%。详见图4.15。

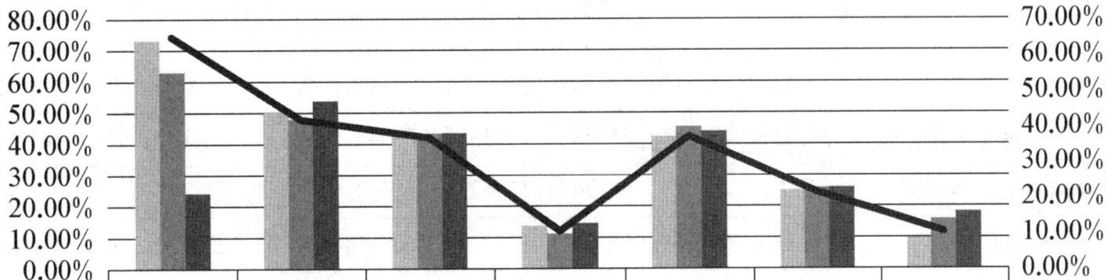

	注重真实情境中的问题解决能力	超越知识点的识记-理解-简单应用，强调知识的综合应用	关注学生学业成就的综合表现	强调产品、成果、方案导向的学业成就	关注学生完成任务或问题解决时的过程性表现	关注学生社会情感能力	注重跨学科知识的运用
语数外	73.27%	50.50%	43.40%	13.53%	42.41%	24.92%	9.74%
物化生政史地	63.04%	47.88%	43.43%	11.23%	45.55%	25.85%	15.68%
技艺体	24.09%	53.89%	43.52%	14.51%	44.04%	25.91%	18.13%
整体情况	64.99%	41.86%	36.82%	10.62%	37.14%	21.48%	10.46%

图4.15 不同学科教师对学业质量的看法

二、课程评价改进

在课程评价方面，三组教师都比较注重“关注过程数据，加强过程性评价”“明确素养目标，落实教-学-评一致性”以及“增加实践作业，加强表现性评价”三个选项，而对“运用信息技术开展精准的学习诊断”的关注度最低，尤其“语数外”组教师最不关注此项。在三组教师中，在“减少标准答案，改变评分方式”以及“强调学生自我反思”方面，“语数外”组教师的关注度最高；在“注重教师对学习的反馈”方面，“物化生政史地”组教师的关注度最高；而在“关注评价主体的多元”及“运用信息技术开展精准的学习诊断”方面，“技艺体”组教师的关注度最高。详见图 4.16。

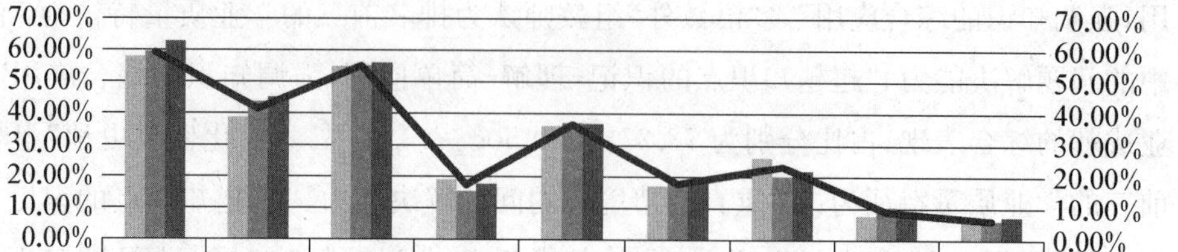

	关注过程数据，加强过程性评价	增加实践作业，加强表现性评价	明确素养目标，落实“教-学-评一致性”	减少标准答案，改变评分方式	注重评价方式的多样性	关注评价主体的多元	强调学生自我反思	注重教师对学习的反馈	运用信息技术开展精准的学习诊断
语数外	57.92%	38.61%	54.79%	18.98%	36.14%	17.00%	26.07%	7.59%	5.61%
物化生政史地	59.53%	43.64%	55.08%	15.25%	37.08%	18.43%	20.13%	10.38%	6.14%
技艺体	62.69%	45.08%	55.96%	17.62%	36.79%	18.65%	21.76%	9.33%	7.25%
整体情况	59.24%	41.46%	55.07%	17.39%	36.59%	17.78%	23.21%	8.89%	6.06%

图 4.16　不同学科教师对课程评价的看法

三、作业设计改进

从整体来看，“语数外”组教师和“物化生政史地”组教师最注重短期作业与长期作业相结合，“技艺体”组教师最注重“超越单纯的练习性作业，加强开放型（过程或结果是开放的）作业”。具体来说，“物化生政史地”组教师更加关注学生的单元大作业，“语数外”组教师更加注重对学生作业的分层，而“技艺体”组教师则更加关注实践性作业与需要合作完成的作业。详见图 4.17。

四、考试命题改进

在考试命题方面，三组教师都特别注重“基于学业质量标准，指向素养目标，并与之一致”，但不同学科教师对这一选项的看法有明显差异。“物化生政史地”组教师和“技艺体”组教师还比较关注“注重问题的情境化设置”，“语数外”组教师对这一选项也相当重视。另外，三组教师对研制等级性评分标准关注均最少。详见图 4.18。

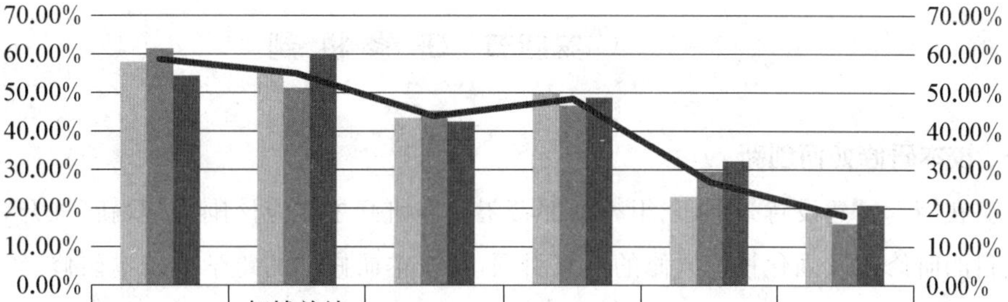

	短期作业与长期作业相结合	超越单纯的练习性作业，加强开放型（过程或结果是开放的）作业	关注单元的大作业	注重对学生作业的分层	超越单纯的书面作业，强化实践型作业	增加需要合作完成的作业
语数外	57.92%	56.27%	43.40%	49.83%	22.94%	18.81%
物化生政史地	61.44%	51.27%	45.34%	46.61%	29.45%	15.89%
技艺体	54.40%	60.10%	42.49%	48.70%	32.12%	20.73%
整体情况	58.69%	55.00%	43.98%	48.47%	26.75%	18.02%

图 4.17　不同学科教师对作业设计的看法

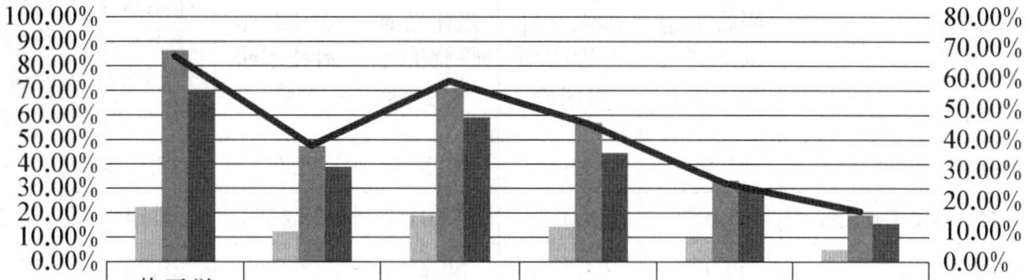

	基于学业质量标准，指向素养目标，并与之一致	超越双向细目表，重构测评框架（蓝图）	注重问题的情境化设置	注重考查知识的综合运用	增加开放性试题	研制等级性评分标准
语数外	22.28%	12.38%	18.81%	14.19%	9.57%	4.95%
物化生政史地	86.23%	47.25%	70.97%	56.78%	33.05%	19.07%
技艺体	69.95%	38.86%	59.07%	44.56%	30.05%	15.54%
整体情况	67.11%	38.08%	59.09%	45.08%	25.65%	16.44%

图 4.18　不同学科教师对考试命题的看法

第四节 研修机制

一、校本研修如何创新

在“双新”建设背景下，三组教师都希望校本研修主体应该围绕“双新”展开，要加强针对性项目的研修以及强化校本研修的专家引领，对校本研修中的跨学科校本研修、线上线下相结合的研修新形式以及提供校际研修经验分享等的关注相对不多。在加强有针对性的项目研修方面，三组教师都相当关注，但略有区别，具体是“技艺体”组教师最为关注，“语数外”组教师次之，“物化生政史地”组教师再次之。在强化校本研修的专家引领方面，也是“技艺体”组教师最为关注，其次为“语数外”组教师，第三是“物化生政史地”组教师。但“物化生政史地”组教师比其他两组教师都更加关注线上线下相结合的研修新形式。详见图 4.19。

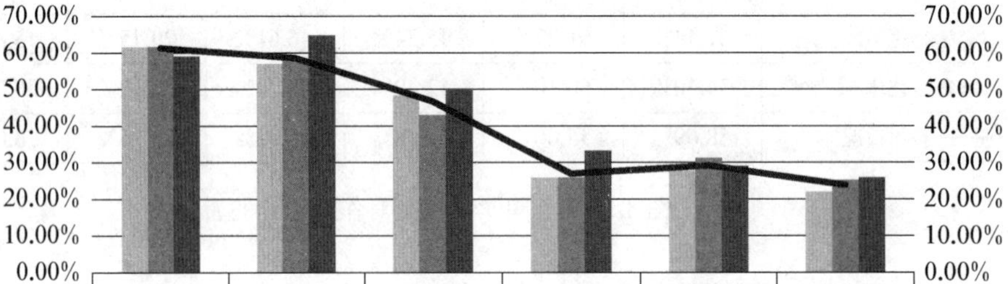

	研修主题围绕“双新”展开	加强有针对性的项目研修	强化校本研修的专家引领	强化跨学科校本研修	探索线上线下相结合的研修新形式	提供校际研修和经验分享机会
语数外	61.55%	56.93%	48.35%	25.74%	27.56%	21.95%
物化生政史地	61.65%	58.05%	43.01%	25.85%	31.14%	25.21%
技艺体	59.07%	64.77%	50.26%	33.16%	29.02%	25.91%
整体情况	61.21%	58.54%	46.66%	26.91%	29.11%	23.76%

图 4.19 不同学科教师对校本研修的看法

二、区域教研如何支持教师发展

具体来看，在“双新”建设背景下，“语数外”组教师和“物化生政史地”组教师都最希望加强对不同类型高中的针对性指导，而“技艺体”组教师则最希望开展聚焦“双新”的专项培训。而在“通过建立区域‘双新’教研微信公众号等宣传平台，扩大教研影响力和辐射范围”方面，也很受“技艺体”组教师青睐。此外，在“培育‘双新’建设的先进典型，发挥示范引领作用”和“发挥多种类型区域教研组织的协同功能和作用”等方面，“技艺体”组教师的选择均高于其他两组教师。详情见图 4.20。

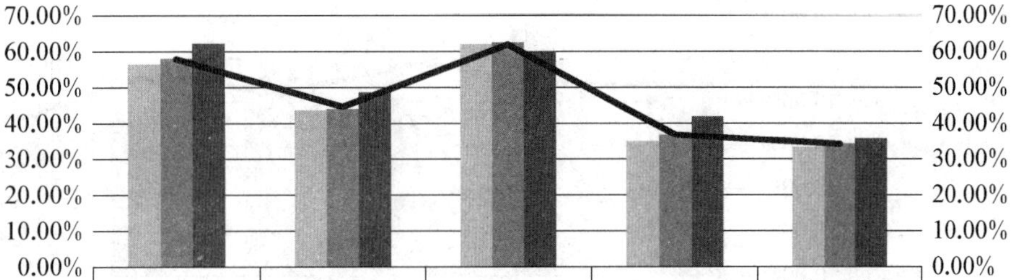

	开展聚焦“双新”的专项培训	通过建立区域“双新”教研微信公众号等宣传平台，扩大教研影响力和辐射范围	加强对不同类型高中的针对性指导	培育“双新”建设的先进典型，发挥示范引领作用	发挥多种类型区域教研组织（名师工作室、特级教师联谊会等）的协同功能和作用
语数外	56.44%	43.73%	62.05%	34.98%	33.33%
物化生政史地	58.05%	44.07%	62.50%	36.86%	34.32%
技艺体	62.18%	48.70%	60.10%	41.97%	35.75%
整体情况	57.91%	44.61%	61.92%	36.74%	34.07%

图 4.20　不同学科教师对区域教研的看法

第五节　学习空间

一、学习空间改造

在学习空间方面，“语数外”组教师最关注的前三项为：改造学校原有的教室和图书馆等学习空间、建设和开发创新实验室、加强正式学习环境和非正式学习环境的衔接与整合，占比分别为 45.87%、44.55%、44.06%。“物化生政史地”组教师最关注的前三项为：建设和开发创新实验室、加强正式学习环境和非正式学习环境的衔接与整合、改造学校原有的教室和图书馆等学习空间，占比分别为 52.33%、48.94%、41.95%。而“技艺体”组教师最关注的前三项为：建设和开发创新实验室、改善学校信息技术环境、加强正式学习环境和非正式学习环境的衔接与整合，占比分别为 56.48%、51.81%、46.11%。上述表明，“语数外”组教师和“物化生政史地”组教师最关注的前三项都是改造学习空间、建设和开发创新实验室以及加强正式学习环境与非正式学习环境的衔接与整合，但在所有选项中，“语数外”组教师最关注改造原有的学习空间，“物化生政史地”组教师最关注建设和开发创新实验室，而“技艺体”组教师则格外关注改善学校信息技术环境。另外，三组教师对强化学习共同体的建设和鼓励学生自主改造学习空间的关注度都较低。详见图 4.21。

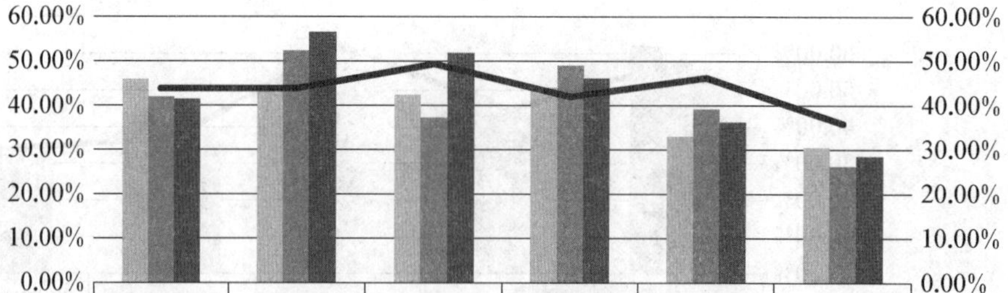

	改造学校原有的教室和图书馆等学习空间	建设和开发创新实验室	改善学校信息技术环境	加强正式学习环境和非正式学习环境的衔接与整合	强化学习共同体的建设	鼓励学生自主改造学习空间
语数外	45.87%	44.55%	42.41%	44.06%	33.00%	30.53%
物化生政史地	41.95%	52.33%	37.29%	48.94%	39.19%	26.27%
技艺体	41.45%	56.48%	51.81%	46.11%	36.27%	28.50%
整体情况	43.75%	43.75%	49.25%	41.94%	46.18%	35.80%

图 4.21　不同学科教师对学习空间的看法

二、虚拟学习空间需要的功能

在有关虚拟空间所需要的功能中，三组教师普遍关注虚拟空间是否拥有丰富的学科课程资源、是否具有综合（跨学科）课程平台以及课堂教学案例，而较少关注学生学习评价和学生个性化学习的功能。进一步两两比较发现，“技艺体”组教师比其他两组教师更加关注虚拟空间的综合课程平台功能及学校的经验和案例，“物化生政史地”组教师则比其他两组教师更加关注是否拥有丰富的学科课程资源，而“语数外”组教师则比其他两组教师更加关注课堂教学案例。详见图 4.22。

三、虚拟学习空间如何建设和利用

在虚拟学习空间的建设和利用方面，三组教师都较为关注加强学习资源建设和共享以及增进沉浸式学习环境的建设，并且“语数外”组教师的关注度较高。相比其他两组教师，“技艺体”组教师对增进沉浸式学习环境的建设、增强虚拟学习空间的互动性、提高虚拟学习空间的自适应学习水平以及增强虚拟学习空间对学习的及时反馈与激励功能等四个选项的关注度均较高。另外，“物化生政史地”和“语数外”两组教师都比“技艺体”组教师更加关注学习软件APP的兼容和使用。详见图 4.23。

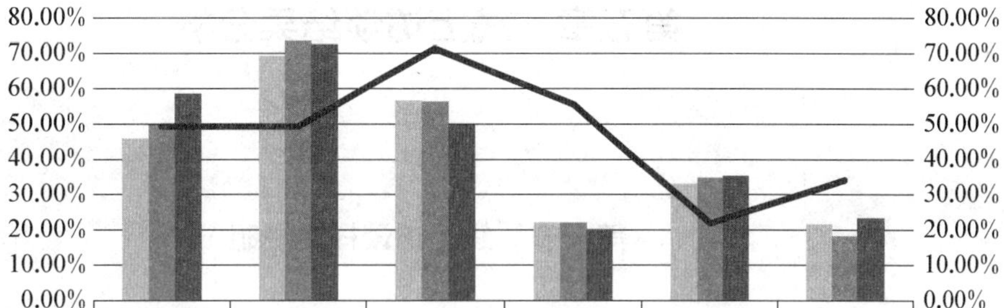

	综合（跨学科）课程平台	丰富的学科课程资源	课堂教学案例	学生学习评价	学校在课程建设、教学实施、教学评价、校本教研、教学管理等方面的经验和案例	学生个性化学习
语数外	45.87%	69.14%	56.60%	22.11%	33.00%	21.62%
物化生政史地	49.79%	73.52%	56.36%	22.03%	34.75%	18.22%
技艺体	58.55%	72.54%	49.74%	20.21%	35.23%	23.32%
整体情况	49.25%	49.25%	71.28%	55.47%	21.79%	33.99%

图 4.22　不同学科教师对虚拟学习空间功能的看法

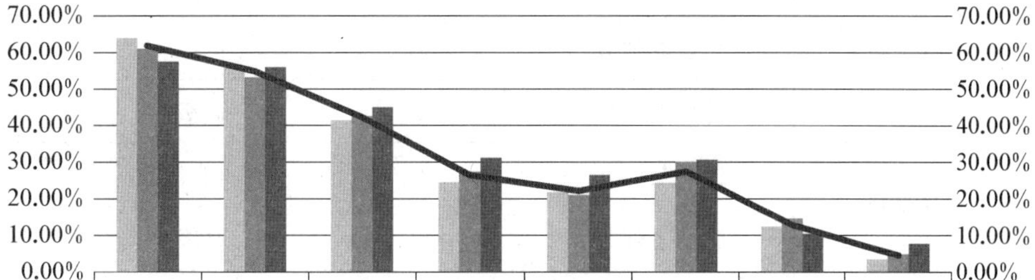

	加强学习资源建设和共享	增进沉浸式学习环境的建设	增强虚拟学习空间中的互动性	提高虚拟学习空间的自适应学习水平	增强虚拟学习空间对学习的及时反馈与激励功能	增强基于大数据的学生学习情况诊断与反馈	加强多种学习软件和APP的兼容与使用	扩展虚拟学习空间的使用范围和辐射地区
语数外	63.86%	55.94%	41.42%	24.42%	21.78%	24.26%	12.38%	3.47%
物化生政史地	61.02%	53.18%	42.58%	27.33%	20.97%	30.08%	14.62%	4.87%
技艺体	57.51%	55.96%	45.08%	31.09%	26.42%	30.57%	10.36%	7.77%
整体情况	61.84%	54.92%	42.41%	26.51%	22.19%	27.38%	12.90%	4.64%

图 4.23　不同学科教师对虚拟学习空间建设和利用的看法

第五章　线上访谈结果分析

第一节　线上访谈样本说明

为了更好地建设杨浦区高中“双新”(即新课程、新教材)国家级示范区,我们需要进一步了解各学科教师对“双新”课改工作的看法。由于受新冠病毒感染疫情影响,我们此次访谈采用线上问答形式,希望教师们根据自己对“双新”课改工作的理解和有关经验,尽可能详细地回答一些问题。本次线上访谈采取匿名方式。

本次线上访谈涉及高中九大学科,每个学科均选择若干位教学经验比较丰富的骨干教师作为访谈代表。共有28位教师参与此次访谈,其中:接受访谈教师最多的是生物学科,共有6位;最少的是化学学科和历史学科,各有2位教师受访;其他学科的受访教师均为3位。各学科受访骨干教师的基本特征见表5.1。

表5.1　线上访谈各学科骨干教师主要特征表

学科名称	教师代号	性　别	职称/职务	备　注
地理学科	地理老师A	女	中级	
	地理老师B	男	高级	
	地理老师C	女	高级	
化学学科	化学老师A	女	正高级	
	化学老师B	男	高级	
历史学科	历史老师A	男	高级	
	历史老师B	女	高级	
生物学科	生物老师A	女	高级	
	生物老师B	女	高级	
	生物老师C	女	正高级	
	生物老师D	男	高级	
	生物老师E	男	高级	
	生物老师F	女	中级	

续 表

学科名称	教师代号	性 别	职称/职务	备 注
数学学科	数学老师 A	男	高级	
	数学老师 B	男	正高级	
	数学老师 C	女	高级	
物理学科	物理老师 A	男	高级	
	物理老师 B	女	高级	
	物理老师 C	男	高级	
英语学科	英语老师 A	女	高级	
	英语老师 B	女	高级	
	英语老师 C	女	高级	
语文学科	语文老师 A	女	高级	
	语文老师 B	男	高级	
	语文老师 C	女	高级	
思想政治学科	思想政治老师 A	男	高级	
	思想政治老师 B	女	高级	
	思想政治老师 C	女	高级	

第二节 教师对“双新”课程改革的认识

在“双新”课改政策颁布后，根据市、区教育行政管理部门的布置，各个学校开始有针对性地启动相应的改革工作。为了了解高中各学科教师对“双新”课改工作的看法，本次线上访谈向九大学科部分骨干教师询问了相关问题，主要目的是把握一线教师对“双新”课改的态度，以便于更好地开展和指导“双新”课改的实践工作。［问题：请您谈谈对高中“双新”课改工作的总体看法（必要性、重要性）。］下面，我们将从学生、教师、社会三个方面对访谈结果加以分析说明。

一、有关学生：培养学科核心素养，促进学生全面发展

在被问到对于高中“双新”课改工作的总体看法时，教师们均认为本次课改对于学科核心素养的强调是十分必要的。一些教师认为课改对学生思维品质的提升是大有裨益的，教材的

优化和教学内容的更新，将有助于培养学生高阶的思维能力。

英语老师B：我觉得“双新”课改工作是十分必要的……对于培养学生的学科核心素养、提升思维品质具有积极意义。

英语老师C：“双新”课改关注学生核心素养的培养，（可以）保证教材的时效性和进步性。

物理老师A：我感觉“双新”（课改）在对课程结构的优化、教学内容的更新，还有，对物理学科核心素养的凝练、培养学生高阶思维目标的树立等方面都会做得更好，凸显了“双新”的必要性和重要性。

此外，部分老师认为，这次课改关注学生的学科核心素养，有利于促进学生能力的全面发展。换言之，本次“双新”课改工作特别关注教学实践，注重“知行合一”，这是以学生为中心教学理念的真实体现。如有教师认为：

生物老师D：（本次“双新”课改）既有利于落实核心素养培育，也有利于培养满足21世纪需求的个性化人才。

历史老师A：它首次凝练了学科核心素养，以学生的发展核心素养为导向，落实、精选、重组了教学内容，对学生全面发展非常有必要。……（这是）真正站在以学生为中心的立场上。

二、有关教师：转变传统观念，迎接新挑战

通过“双新”课程改革，可以较大程度地扭转教师对传统应试教育下的学科认知和学生旧有的学习方式，注重培养学生应用所学知识解决实际问题的能力。旧的学习理念是围绕应试教育而展开的，无论是教师的教，还是学生的学，都离不开考试。本次课改的目的之一，就是为了改善这种特别注重应试的现象，让教育回归到对于人的培养层面上，更加注重学生能够熟练而灵活地运用所学的知识，解决实际生活中遇到的困难，也更加强调问题导向和注重学生实践能力的养成。如有教师指出：

数学老师B：课改注重培养学生的数学思维能力，培养学生应用数学的意识，重视情境引入，着眼创新，符合学生发展规律。

语文老师C：在新课标出台的背景下，“双新”课改是对学生学习理念、学习方式以及教师教学理念的必要改革。

此外，部分老师也认识到要更好地落实课改工作，需要更加重视教师教学的有效性，更加强调教学的过程和实践，而这也是“双新”课程改革的内在要求。正如部分教师所说的：

思想政治老师C：“双新”课改更注重问题分析与解决问题能力的培养，更强调教学的有效性，因此是必要的，也是很重要的。

地理老师C：地理学科的核心素养的落实需要新的课程标准和新的教材，从而使教师改变教学理念，注重教学实践与教学过程的有效性。

三、有关社会：符合国家发展要求，培养新时代所需的人才

时代在飞速发展变化，相应地，国家对教师的教书育人工作也提出了与时俱进的要求。当前中国特色社会主义的改革与实践已进入新时代。在这种以知识、信息和智能化经济为主要特征的新时代，各行各业的发展日新月异，同时国家和社会也面临世界百年未有之大变局。教育乃国之大计，教育工作是国家发展的重中之重，一直牵动着党和国家领导人的心，关系着全国千千万万个家庭的幸福与安宁。一些教师从国家发展的角度认为，本次“双新”课改工作正是体现了党和国家对教育工作的重视，是国家意志的直接体现。正如一些老师指出的：

生物老师 C：（本次“双新”）课改体现国家意志、学科进展、教法更迭。

生物老师 F：从国家人才发展角度来说，“双新”（课程）改革是必要的，也是必须的。

历史老师 B：……面对社会生活的深刻变化，面对新时代社会主要矛盾的转化，面对新时代对提高全体国民素质和人才培养质量的新要求，面对我国高中阶段教育基本普及的新形势……基础教育课程承载着教育方针和教育思想，规定了教育目标和教育内容，是国家意志在教育领域的直接体现，因此（本次“双新”）课改工作是非常必要和重要的。

此外，许多老师都谈到了“双新”课改为我国培养社会主义建设者和接班人的重要使命和意义，认为教育的使命是更好地培养下一代人，最终是为了把社会主义事业的接力棒传递下去，为了中华民族伟大复兴的崇高理想尽一份心，出一份力。一些教师指出：

英语老师 A：（本次“双新”课改）主要目的是提高教学质量和人才培养质量，能为学生适应社会生活、接受高等教育和未来职业发展打好基础，努力培养各个领域的人才，让他们有更多的实践、体验和积累，（成为更）有智慧的全面发展的社会主义建设者和接班人。

物理老师 C：（这）是时代发展的必然要求，是立德树人的必然要求，为师生的发展提供了必要的平台，为培养社会主义的建设者和接班人奠定了坚实的基础。

思想政治老师 A：“双新”（课改工作）对立德树人根本任务的落实有帮助，能够培养未来中国发展所需要的德智体美劳全面发展的社会主义事业建设者和接班人。

第三节 “双新”课程改革对学校教学工作的影响

从本章第二节的讨论可知，教师们认为“双新”课程改革对学生、教师和社会都具有重要意义。为了进一步了解“双新”课程改革对学校工作的影响，本次线上访谈面向一线教师询问了“双新”课程改革对学校工作的双向影响。［问题：您认为高中“双新”课改对学校教学工作会有哪些影响（正面、负面）？］

一、正面影响

总体而言，高中“双新”课改对教师教学工作带来的影响既有正面的也有负面的，可谓是积极因素和不利因素并存。在正面影响上，本次课改对教师群体的教学观念转变起到了一定的

推动作用，不少教师都积极地了解“双新”课改提出的要求、内容和目标，各学科都形成了浓厚的热烈讨论的教研氛围，在这个过程中教师的教学水平和能力都得到了一定程度的提高，教学理念得到了一定的革新，课堂上的教学内容也变得更加丰富。总结线上访谈结果，本次“双新”课改对教师教学工作的正面影响主要有如下几点。

（一）转变教学观念，提升教学水平

经过访谈调研发现，“双新”课改有助于更新教师的教学理念，改变他们传统的教学方式，同时给老师和学生带来更广阔的发展机会和舞台。这种转变有利于激发教师的工作热情，并在一定程度上避免传统教学工作带来的职业倦怠。如部分受访老师认为：

数学老师A：（本次课改）为促进教师的专业化发展提供了很好的机会和平台。

物理老师C：“双新”课改给师生们提供了广阔的舞台，教材不再是教育的目的和结果，而是可以利用的工具和手段。

化学老师A：这是引导教师更好地适应新课程所提出的各项要求、革新教学理念、提升教学水平、提高综合素养的必由之路。

（二）形成良性竞争，营造研究氛围

“双新”背景下进行的课程改革面向全体教师，因而无论是骨干型教师还是新手型教师，都面临着“双新”课程改革带来的一些新挑战。在这些挑战面前，教师们共同讨论，相互学习，交流借鉴，实现教学与研究一体化。有教师指出：

物理老师A：（“双新”）课改之后，老师们也意识到要培养学生的学科思维，不能仅仅靠填鸭式灌输、题海式机械练习。“双新”课改无疑改善了老师们的教学行为。

生物老师A：引领老师们对新教材新课标进行专业研习，组内教研气氛浓厚。

思想政治老师B：大家以教研组为单位，认真开展“备课、出课、说课、评课”的教研活动，形成了良好的教研氛围。

历史老师A：在新课改要求下，老教师和新教师站在同一个起点前进。在优胜劣汰的大背景下，激励每个人不断提升自己。

二、负面影响

虽然“双新”课程改革有利于提高教师们的教学水平，但这种改革带来的首要变化就是需要教师们投入更大的精力，付出更多的时间成本去进行教学准备工作，较大地增加了他们的工作量和教学负担。再者，“双新”课改的迅速推行与实施，对原有教学节奏也形成了一种压力，增加了教师教学的难度。另外，由于缺少可以借鉴的经验，缺乏统一明确的教学评价标准，许多老师反馈在实际教学实践中不得不摸着石头过河，因此，需要学校或教育主管部门给予更好的资源配套，更多地为教师提供交流学习和互相借鉴的机会。

（一）缓冲时间少，教师备课难度大

在“双新”课程改革提升教师教学水平的背后，需要教师熟悉教材，转变教学方式，这意味着教师的备课量和备课难度加大。当“双新”政策出台后，留给教师们的缓冲时间少，他们感觉来不及转变或者适应新的教材、新的教学方式。如有教师认为：

数学老师A：（“双新”课改）对学校教学管理提出了更高的要求，对一线老师也提出了更高的要求，需要一定的时间去适应、去磨合。

语文老师C：很多新理念、新做法还没有达成一致或弄清楚，然而实践却已经在快速推进了，过渡时期会造成观念的碰撞，导致一定程度的混乱和冲突。同时各条线下达的任务也加重了教师的负担，一线教师钻研“双新”的时间也不够。

物理老师C：信息量大，课时相对减少，学生的接受能力有限，往往不能及时消化和理解。

（二）缺乏统一评价标准，改革难以落实

在“双新”课程改革中，要求学校形成新的评价标准，但在短时间内难以形成有效而统一的评价标准。因而部分改革可能会流于形式，甚至难以落实。如有些教师就指出：

物理老师B：教师收集资料需要时间，备课量大大增加；评价标准的制定还不完善；教师命题的难度增加，因为模型结构的不完善，导致编制的问题不够严密；资源的收集和鉴别都需要时间。

化学老师B：对于基础薄弱的学校和一些薄弱学科而言，由于条件和能力有限，会对改革的落实造成影响。

在讨论“双新”课程改革对学校教学工作的影响时，我们也需要注意到“双新”课程改革对学生所产生的双重影响。随着教师教学的一系列转变，对学生而言，一方面带来课堂体验的优化，学生对课堂和知识的兴趣不断提升，课堂内容和形式都更加丰富，学生的能力水平自然而然得到更大更全面的发展，学生解决实际问题的能力也得到较充分的锻炼；另一方面，学生也需要有一个变化和适应的过程。总之，如何扬长避短，更好地发挥“双新”课改的积极作用，是学校和教师们都需要认真对待的问题。

第四节　“双新”课程改革中存在的主要问题及其应对举措

为了更好地推进“双新”课程改革的开展，我们面向一线教师进行了有针对性的线上访谈，旨在了解当前“双新”课程改革中存在的现实问题和遇到的主要困境，这可能有利于探讨和完善“双新”课程改革措施，对当前课改工作的有效推进也具有重要的现实指导意义。（问题：您认为开展高中“双新”课改工作主要存在哪些困难？如何克服这些困难？）

一、缺少完善的制度规划，改革效率较低

部分教师认为，当前“双新”课程改革工作缺乏顶层设计，急需自上而下的指导。具体表现在教材、配套习题没有实现完全的翻新，而是大多数照搬原有的经验。在这种情况下，探讨如

何完善制度和规划就显得尤为重要。当前“双新”课程改革需要建立统一的规划或制度体系，逐步改善工作效率较为低下的局面。对于这些问题，一些教师指出：

语文老师C：缺乏统一规划。高考如何与“双新”对接？目前也没有明确说法，让师生们都不知所措。

地理老师B：市面上的配套资料几乎没有跟上，教材的配套练习和习题几乎照搬老教材。

历史老师A：还存在课时与课程容量之间的矛盾，课标的要求非常宽泛，到底如何取舍，我们还在探索之中。

英语老师C：备课的难度和拓展的宽度都缺乏统一的标准，可否在教（材和）参（考资料）的编写过程中增加一些分层任务？

数学老师C：大的改动需要时间和过程，要摒弃功利取向，不能（搞）快餐式的急于求成，成果更应该有严肃和严谨的积累。

地理老师A：现在看，困难还蛮多的，要克服这些（困难），就需要慢慢转变，不要一下子放手。

由此可见，当前“双新”课程改革对于教师教学要求的相关政策、规划等没有实现自上而下的覆盖和对接，这对于一线教师来说，阻碍了其备课进度，使其备课和教学方向产生偏差效应，为教学工作带来了一定的困难。所以当前需要尽快建立完备的规划和制度体系，但也要注意到课程改革是一项长期且持续的转变过程，“双新”课改不可能一蹴而就，不能急于求成，急功近利。

二、课程与教材变化大，要求教师具备更高能力

当前“双新”课程改革对教师提出了更高的要求。因为新教材和新课程在教学内容与教材编写上有了很大的改变，所以要求教师具备更高水平的教学能力，从而加大了教师的工作压力，使教师觉得教学任务更加繁重，可能难有时间深入研究教学和课改工作，也难以有足够的精力去落实课改工作。正如一些受访老师所说：

地理老师C：要熟悉新的教学内容、形成教学体系需要一定的积累，从陌生到熟悉到形成自己的教学风格与方法需要一定的时间，对我们的教学能力提出了很高的要求。

思想政治老师C：（新课改）使备课量剧增。在理解新课标、把握新教材方面都存在许多难点。尤其是选（修）必（修）的民法典与逻辑学的教学，都需要相关方面的专家多给予指点与培训。

历史老师A：深度教学的“深”到底是指什么层次和概念？对此我们一线教师的把握不是特别准确，有难度。

生物老师E：不知道如何设计有效的教学活动来培养学生的核心素养。（我）至今确实还有困惑。

教师是教育实践的直接承担者和教育改革的亲历者，一切的教育改革和发展都离不开教师的真诚参与。如何更好更快地熟悉新的教学内容，把握新的教材思想脉络，从而提升学生的核心素养，这是大多数教师目前面临的主要困难与挑战。所以教师要进行深入的备课实践和教学实践，要增强教师对实施新课程的认同感。在备课实践层面，通过集中备课、教学研讨等教研活动，组织教师反复研读新课程标准，认真领会新课标中的要求，可以有效克服对新教材、新课标认知的不确定性所带来的影响，树立正确的教学观。在教学实践层面，通过单元总结的形式或教学理念的重构，在教学实践中强化对新课标、新教材的理解。

三、忽略学生实际情况，增加学生压力

当前“双新”课程改革中，重点由教师向学生转移，但存在忽略学生理解和接受程度的情况，从而增加了学生的学习压力。当前的新教材更注重应用性、实践性和开放性问题，因此，推进“自主学习”就会使部分“学困生”的学习压力增加，从而出现不适应、跟不上等现实问题。对此，一些受访老师指出：

> **生物老师 A：**（“双新”课改）使学生的两极分化趋势变大了；不少学生自小就习惯了“被动学习”，学习主要靠老师（安排），主动学习和思考的能力较弱，所以“双新”（课改）后这批学生就跟不上了。
>
> **语文老师 B：**“双新”课改中的情境化教学更关注应用性、综合性、探究性和开放性问题，也增加了学习能力不够的“学困生”的学习压力。
>
> **地理老师 A：**现在课堂上需要学生自主学习或者互助学习，学生出现明显的不适应。即便是教师已经提供很多的学习支持材料，但学生还是不能快速适应，造成教学效率很低。
>
> **历史老师 B：**问题在于，如何在有限的时间内很好（地）落实新课程的教学理念，切实提高学生的核心素养，提高学生的判断力？

如此看来，在“双新”课程改革背景下，教师的教学压力和学生的学习压力都普遍被加大了，尤其对于学生而言。这就更需要教师在课堂中发挥自身的引领、带动和辐射作用，可以采用循序渐进、分层教学的方式进行教学，并探索实行有效的方法缓解学生的学习压力。

综上所述，当前在施行“双新”课程改革的过程中，存在的主要困境聚焦于教师与学生双主体的适应性。一方面，教师需要适应“双新”课程改革的教学要求；另一方面，学生也要适应“双新”课程改革带来的学习要求。因此，教师需要真正领会新课标的要求，要更熟悉教材，更懂得资料的取舍，并给予学生一定的时间和机会去适应新的教学和学习方式。

此外，“双新”课程改革要充分发挥备课组、教研组的力量，强化集体教研的作用。以学科知识为载体，以培养学生的学科核心素养为目标，运用“自主、合作、探究”的教学理念，采取“以学定教，先学后教，学案导学，精讲点拨，教学相长”等教学策略，落实“立德树人”工作总任务，在新的时代背景、新的课改要求、新的育人目标以及新的知识体系等重重挑战中，积极探索，勇立潮头，不断推进“双新”课改目标的实现。

第五节 “双新”课程改革对学校课程建设工作的影响

在本章第三节我们根据访谈结果讨论了“双新”课程改革对学校教学工作的影响，本节将进一步讨论“双新”课程改革对学校的课程建设目标、建设内容及其计划编制等三方面的影响。（问题：您认为“双新”课改对学校的课程建设目标、建设内容及其计划编制有什么影响？）

一、课程建设目标：培养学生学科核心素养

“双新”课程改革引领着学校工作的指导性思想和未来发展方向，从学校课程建设总体目标来看，受访教师大多认为“双新”课程改革有助于培育学生的学科核心素养。例如，他们认为：

地理老师B：“双新”课改下，地理课程建设需要在大单元背景下进行更加科学的课程建设，需要注重传统课程和校本课程双角度的教学，需要着重培养和提高学生的地理学科核心素养。

英语老师A：需要对学校的整体课程框架进行重新规划，同时结合学校特色创建的需要，充分利用校本课程与研究性学习等空间，开发拓展特色课程。

通过访谈发现，“双新”课程改革需要从学生和社会需求出发来考虑问题，要适应新时代教育教学理念，培养学生具有理想信念、科学文化素养和终身学习能力，使学生成为有理想、有本领、有担当的时代新人。

二、课程建设内容：打造特色课程、强化能力导向

从访谈结果来看，教师们认为，“双新”课改主要从学生和社会需求的角度重新审视课程建设内容，同时，这也是一次重新定位课程建设内容的良好机会。以下将从特色校本课程、强化能力导向两方面进行论述。

（一）打造特色校本课程，提升改革效率

“双新”课改后的课程建设内容比较符合学校特色创新课程的发展要求，增强了课程计划落实的有效性，有助于促进师生成长。例如，部分教师认为：

生物老师A：“双新”课改中有选修模块。新课标中建议：选修课可以开设现实生活应用（健康生活、急救措施、动物福利、传染病与防控等）、职业规划前瞻（生物制药、海洋生物学、食品安全与检测等）、学业发展基础（植物组织培养、干细胞与应用、细胞与分子生物学）等课程。这些选修课程与我们学校的特色教育——“工程素养”都有一定的关联。

物理老师A：“双新”课堂中涉及的一些学科拓展性内容，可以成为学校特色选修课程的绝佳课程资源。比如在我们学校，物理的拓展资源都可以与学校“工程素养”特色课程挂钩，以此丰富学校的特色课程。“双新”的特质也可以与我们学校的“工程素养”引发共鸣。

还有部分教师表示，所在的学校有深厚的特色课程教育基础。“双新”课改后，他们所在的学校顺应“双新”课改要求，将自身的特色课程基础与政策结合起来，推进课程改革，在提升学生学科综合素养方面作出了突出贡献。

（二）突出能力导向，扩展学生选择空间

在“双新”课改的有关课程建设中，增加了以提升学生能力为导向的课程，强化学生的学习能力和研究能力。对于具有独特性的学生，学校提供了更加丰富的课程以供选择，进一步满足学生的个性化需求。例如，有受访教师指出：

历史老师B：“双新”课改推动了学校各学科指向学科核心素养的“创智课堂”研究，以教研组为单位探索基于真实情境的深度学习，构建以学科核心素养为导向的单元教学。

语文老师B：学校的课程建设需要设置更多拓展与研究性课程，培养学生的学习和研究能力。

物理老师B：（学校）提供了更多拓展型课程，为学生提供了更多的生涯选择机会。

思想政治老师B：“双新”课改要求强化学生学习的主体作用，强化学生的学情训练。

三、课程计划编制：弹性教学设计

当前“双新”课程改革对课程计划编制的影响主要是弹性教学编制，具体体现在两个方面：从横向来看，采用弹性教学，针对当前学生的学习进展，弹性安排各个年级的学时；从纵向来看，弹性安排不同年级的学习内容。例如，部分受访教师认为：

生物老师F：“双新”课改后，学校根据学生实际情况，开展教学设置，弹性调节各年级的课时安排，完成必修教材的教学内容。

历史老师A：重新调整学校的课程建设目标和建设内容。比如秋季开学后，生物和地理全部安排在高三考试，那么学校就适当减少高一、高二的生物地理课时。

由此可以发现，当前学校针对同一年级学生的学习情况安排不同的学习内容，同时也针对不同年级学生的实际情况安排不同的学习内容，真正做到弹性教学设计，以满足不同年级和不同学生的实际学习需求。

第六节　“双新”课程改革的措施

在“双新”课改背景下，根据改革要求和目标，每所高中学校都提出了相应的改革措施，但由于校内各学科的特点存在较大差异，改革措施与实施效果往往也存在学科差异。在本次线上访谈中，我们也向一线教师询问了相关问题。（问题：在实施“双新”课改后，贵校在课程管理方面采取了哪些改革措施？您对这些改革措施及其成效有何看法或评价？）以下将基于访谈结果从改革措施和改革评价两方面进行探讨。

一、科学改革是“双新”背景下课程改革的重要措施

在实施“双新”课改后，学校更加注重课程建设的科学性。从教师角度看，强调以评价促进改革，以合作促进发展，调动全体教师参与课改的积极性。从学生角度看，学生是具有独特性的个体，课程改革针对不同学生的情况，采取走班教学与选课制，比较符合因材施教的教学原则。对此，部分受访教师指出：

语文老师B：本校在这两年针对“双新”课改，在课程安排上增加了更多的拓展研究性课程，各门学科都增设了创新实验室，在学科和课题研究上进行了更多的学习和研讨。我对这些改革还是非常支持的！

英语老师C：（学校）开展深度教学和单元教学的教研活动以及年级组的学习活动，并要求撰写单元教学设计和课例。开展微讲座和青年教师比赛，鼓励一线教师开课、看课、评课和教研活动。这些措施快速传达“双新”的核心内容，督促老师们快速适应课改步调，全部参与到课改过程中来。

数学老师B：我校主要在校本课程上做了比较大的改革。我校的选修课程由学校根据学生需求，结合社会发展需要、学科课程标准建议和学校实际情况进行统筹开设，包括人文德育、跨学科融合、文化继承与理解、生命探究与审美、逻辑思考与批判、社会践行与创造等，供学生自主选择修习。目前实施下来，学生反馈，（效果）还是非常好的！

生物老师F：（我校）高二、高三阶段进行走班制教学，满足学生在6门学科中的不同选择情况，充分考虑到了学生的个性化发展（需要）。

思想政治老师C：“双新”课改后，学校通过师训讲座、公开课评价等方式加强了对教师的专业培训，也加强了对课堂的教学监督，能比较快速、有效地帮助老师们“浸入”“双新”背景下的教学。

二、课程改革成效整体良好，但仍需要专家支持和指导

根据访谈调查结果，总体上看，老师们都比较肯定本次课程改革的效果，认为此次课改做到了教师与学生双主体的发展。但是，部分老师也反映此次课程改革中缺少专家提供有效的建议与指导，而且目前的课程开发资源有限，改革效果还有待进一步提升。正如一些教师所说：

数学老师C：（学校）全面积累以“学科核心素养”“单元教学”“深度学习”“改变学习方式”等主题为思路的教学设计和作业设计，逐步渗透对学习评价的研究。为此，学校统一要求个人学习相关理论，积极将理论与实践相结合，但仍需要专家辅导，得到实践的检验。

物理老师B：（学校）开展课程研讨与实施。以项目驱动新课程的开发。但是，课程（开发）资源有限，改革效果还需要进一步提升。

由此可见，科学性是“双新”课程改革的重要考虑因素，也是未来课程改革的趋势所在。从教师角度来看，以评价促进改革，以合作促进发展，从教师课程实施到课程改进要逐步形成良

性循环机制。从学生角度来看，要考虑学生个性化因素，实施选择性的课程改革，以满足学生的个性化需求。但是，也应注意到，在课程改革过程中，除了一线教师的积极实践之外，也需要相关专家的支持与指导，以进一步优化课程改革举措和提升课程改革成效。另外，学校还需要积极开拓多方资源，包括听取家长意见，努力做到家校合作，逐步完善课程改革措施。

第七节　不同学科教师对“创智课堂”的认识

从访谈结果来看，大部分学科老师都认为，有效的“创智课堂”应该与“双新”理念吻合，教师是课堂的引导者，要真正做到以学生为中心。但由于不同学科的特点存在差异，不同学科教师针对“创智课堂”的看法也有所区别。（问题：您认为有效的“创智课堂”应该是什么样的？）

一、偏文科性质的主科教师更加注重课堂设计

经过访谈结果分析发现，主科老师之间的关注点存在不同，如语文和英语教师比较强调有效的课堂设计，而数学教师则更加关注数学学科的逻辑性。“创智课堂”设计与学科的知识内容存在紧密联系，语数英三门主科之间本身存在知识差异，因此主科教师对“创智课堂”的关注点也就有所不同。正如部分教师所言：

语文老师 C：我想，“创智课堂”应该要有真实且有趣的情景吧，并且得考虑符合学生的认知水平，要有明确的教学路径和目标，这确实很重要。

数学老师 C：“创智课堂”需要有以学习为主的头脑风暴和学习实践，又要有从科学出发的传统和严谨逻辑体系的认知。

英语老师 A：其实，我觉得有效的“创智课堂”应该是一个智慧创生的过程，一个师生合作生成智慧的集体行动。它可以通过激发学习，展现教学的创造本性。“创智课堂”所重建的教学价值是整体的，它不仅引导师生合作探究和创造新知，更能引发师生在探究学科与生活的过程中生成美好的生活体验和生命感受，促进学生理智与人格的整体发展。

二、偏理科性质的副科老师更加强调学生思维

副科老师对“学生是课堂中心”的观点表示支持，但不同学科教师的看法也存在差异：物化生三类偏理科性质的老师更加强调学生思维的发展，这与主科教师中数学老师的“有效课堂”的观点相似；政史地三类偏文科性质的教师更关注课堂设计，强调有效的学生中心课堂需要依托教师的教学设计，这与主科教师中语文和英语教师有关“创智课堂”的看法接近。部分教师有如下看法：

物理老师 A：“创智课堂”要重视对知识的建构过程，重视对学生科学思维、科学方法的培养。鼓励学生表达观点，组织有意义的课堂讨论，借助物理实验突破教学难点等。

化学老师 B：我认为有效的“创智课堂”应该是以学习者的学习创新为核心，以教师的教学创新为依托，突破传统的教学结构及形态，促进师生智慧生成的课堂。例如把传统课

堂的“单向灌输”转变为“合作探究”等。

生物老师A：我认为，应该在教学中通过设计挑战性任务促进学生思维能力的发展。挑战性任务表现在：陌生度高，复杂性高；非浅表层及线性逻辑，需要深度思考，批判性、辩证性思维；来自真实实践，开放性强，针对问题解决；需要综合运用知识、信息、能力、态度等多种因素。

思想政治老师B：我觉得，“创智课堂”是在正式学习环境、非正式学习环境以及网络所建构的虚拟学习环境中，以学习者的学习创新为核心，以教师的教学创新为依托，突破传统的教学结构及形态，促进师生智慧生成的课堂变革行动。

历史老师A：“创智课堂”应该是教师设计精巧，学生思维有所提高，师生之间的思考火花互相碰撞的课堂。也就是说，学生能够根据课堂所学形成一定的生成性的问题，教师能够对学生的生成性问题进行巧妙的答疑。

地理老师C：在各种教学场景、情境下，以学生为中心，以学生为主体，通过教师的创造性教学引导，帮助学生从学习知识转化为智慧生成。这与“双新”的思考是不谋而合的，“双新”要求在真实而复杂的情境中，以学生为教学的主体，将知识进行有效建构，形成有一定形式的单元，从而落实学科素养，能够真的解决问题。

综上所述，教师们认为，有效的“创智课堂”应该以学习者为中心，但具体来看，“创智课堂”也与学科知识存在密切关系。在不同学科知识背景下，“创智课堂”的侧重点有所差异：偏文科性质的课堂应该以教师进行有效的课堂设计为重点，而偏理科性质的课堂应该以学生的思维训练为重点，从而构建不同学科知识背景下有效的“创智课堂”体系。

第八节　“创智课堂”建设中存在的问题及其改进措施

“创智课堂”作为新的课堂形式，在实践过程中可能会出现一些问题。基于此，本次调研通过访谈一线教师在“创智课堂”实践中遇到的困难及改进措施，来分析当前“创智课堂”在设计-实施-评价过程中的实践困难，并结合一线教师的教学经验提出针对性的建议。（问题：您在“创智课堂”实践中遇到过哪些困难？您如何克服这些困难？）

总体上看，教师们认为在“创智课堂”实践中存在的主要问题表现在四个方面：第一，课程设计存在困难，流于表面；第二，课程实施无效，学生积极性低；第三，缺乏有效的评价指标，无法做到教评一致性；第四，硬件设备落后，无法支持“创智课堂”。对此，大部分老师都提出可以通过教师之间有效的交流与合作等来克服困难，如开展教师研讨会、帮扶青年教师、向友校寻求硬件支持等。

一、课程设计流于表面，教学效率低下

部分教师认为，当前的课程设计无法真正实现教学目标，存在形式主义的问题。有效的课

程设计是开展课程建设的重要一环，但目前“创智课堂”的课程设计存在为了活动而活动的倾向，无法使学生思维真正得到发展。正如部分教师所说的：

语文老师 B：要调动学生的学习积极性，就需要老师开动脑筋呀。（教师）要有驾驭课堂的经验和方法，设计出一些有趣且有梯度的学习任务。但其实这还需要我们老师花费大量的时间好好备课，并且设计出形式多样的学习活动。

历史老师 A：我觉得呢，主要存在两个（困难）。一是过分强调问题导向和活动意识。为了活动而活动，没有真正提升学生的思维品质。二是文本的解读和作者真实想法之间的关系，有过度解读的现象。要尽量回归原生态的课堂，减少公开课中表演的成分。就是要回归在常规课当中最原始的生态。（另外，也需要）互相交流借鉴，取长补短，避免误读和过度解读的现象。

地理老师 A：其实我觉得现在的困难是两方面的，不是说我们教师主观上存在情绪，而是确实存在的呀。在教学设计方面，困难在于：由于处于职业初级教师阶段，我对教学设计中重难点的把握不够准确，导致对教学目标的落实不够。举措包括：请教有经验的老教师，主动学习分解课标和教学基本要求，制定符合学情的学习目标，围绕学习目标进行重点、难点的确定和分析。懂得了突破教学的重难点是为了落实课堂教学目标。

物理老师 A：在“创智课堂”的学生活动环节，表面上学生活动开展得很热烈，但实际上浮于表面，因为课堂的思维容量不够啊。现在很多“活力课堂”和“创智课堂”都会遇到这种困惑。我认为教师必须明确这节课的教学目标和任务，智慧地设计活动环节（将那些鸡肋活动坚决去除）；并设计一些“课堂留白”，让学生有充足的时间对问题进行深层思考，效果应该会更好。

思想政治老师 C：我觉得，其实现在学生的课前准备还是不够的，课堂参与度不高。但教师做充分准备还是能克服一些上述困难的。

由此可以发现，有效的“创智课堂”设计需要做出两方面的改进：一是教师自身要转变观念，认识到课堂活动服务于教学目的本身，而不能使课堂的教学形式流于表面，从而提高课堂教学的效率；二是学校方面可以针对新教师举办一些学习班，由专家型教师带领新手型教师进行学习，将一线教师的实践经验真正融入“创智课堂”中，实现“创智课堂”理念与实践经验的有效融合，打造有效的课堂设计。

二、课程实施效果不佳，学生积极性偏低

教学是教师与学生双主体共同参与的活动，但“创智课堂”中存在学生参与度偏低和积极性不高的问题。具体表现为“创智课堂”变成以教师为主体的课堂，学生无法发挥主观能动性，无法真正参与到课堂之中，违背了“创智课堂”的教学目的。

地理老师 A：在课堂实施方面，我面临的困难是如何调动学生的学习热情。课堂上只见教师的教，不见学生的学。我采取的举措是编制学案，让学生在课堂上留下学习痕迹。

此外，主动创造课堂演示活动，比如组织学生演示台风的形态，把抽象的知识具体化，这种做法具有一定的效果。

化学老师B：遇到的困难分别有：缺乏有效的课堂设计、学生缺乏积极的参与、课时不够、教学任务落实不好等等。我目前想到的克服困难的方法是钻研教材、多学、多看、多听这几种。

因此，在课堂实施方面，教师可以从两方面进行改进：第一，课程设计学生参与的环节，丰富学生参与课堂的形式，通过学生主动性的活动来提高学生的参与度，调动学生积极性；第二，开展教师交流会，互相借鉴有益经验。定期开展教师交流会，梳理教师在课程实施中出现的问题与困难，通过交流与沟通，打造"一堂好课"。

三、课程评价缺乏指标，教评一致性困难

"创智课堂"需要有效的评价指标，为教师提供反思依据。从访谈结果来看，老师们认为当前"创智课堂"存在评价指标单一和教评一致性困难等问题。部分受访老师认为，针对评价指标单一的问题，可以从评价主体与评价对象着手：在评价主体方面，扩充评价主体，实现教师、学生、家长的多方参与；在评价对象方面，摒除单一的成绩指标，注重学生的全面可持续发展，注重学生的过程性发展与多元发展，建立形成性评价标准。针对教学与评价一致性问题，可以邀请专家提供科学的指导和建议，提高教评一致性程度，从而进一步完善"创智课堂"设计，提高课堂教学成效。例如，部分受访教师指出：

英语老师B：要实现多元、有效的评价；参考课标，制定过程性评价标准，在实践操作中加强收集老师、同学的反馈，根据实际情况进行调整。

生物老师C：教评一致性的把握一直存在困难，要寻求专家的指导和建议。

四、缺乏教学硬件设备，需要学校提供保障

部分受访老师认为，一些"创智课堂"缺乏相关的教学硬件设备，技术条件无法得到满足。有教师反映学校的设备不完善，相关依赖技术的课堂活动难以开展。因此，有效的"创智课堂"不仅需要教师教和学生学这类"软件"，也需要电脑、投影仪等这类硬件设备。基于此，政府需要重视此类问题，给予相关财政支持或补贴，保障学校设备完善。学校也需要关注课堂硬件设备问题，并积极开展信息技术培训班，避免出现教师技术跟不上的局面，从而做到"硬件不落后，'软件'跟得上"，打造有效的"创智课堂"。

数学老师A：（我们学校）硬件设备不完善，需要通过学校向兄弟学校借设备。把握不准标准，（只好）向同行请教。

综上所述，现有的一些"创智课堂"存在设计、实施、评价、硬件四方面的问题。结合一线教师的实践经验，可以从以下三个方面着手：在课堂设计方面，一是教师自身需要转变活动至上的观念，二是学校要积极开展专家型教师帮扶新手型教师的活动，为新手型教师设计课程提供支持；在课堂实施方面，不仅需要教师丰富学生的参与形式，还需要积极与其他教师交流合作，

互相借鉴;在课堂评价方面,需要扩展评价主体与评价对象,建立统一的评价标准,达到教评一致性。

第九节　不同学科教师对"双新课堂"的认识

在访谈调查中,一线教师结合自身经验分享了对"双新课堂"的见解。通过分析发现,教师们基本达成如下共识:"双新课堂"应具备情境性、主体性、结构化,而且在设计或实施前,需要依托教师的集体合作来打造"双新课堂"。(问题:您认为有效的"双新课堂"应该是什么样的?如何设计和实施比较好的"双新课堂"?)

一、创建真实情境,引导学生参与课堂

情境性是课程实施的重要因素,有效的课堂应该搭建真实情境,引导学生从已有经验出发,积极参与课堂活动。在访谈调研中发现,一线教师都强调情境性对于"双新课堂"的重要性,通过巧妙的情境性设计,可以拓宽学生视野,提高他们解决实际问题的能力。正如部分学科教师所言:

语文老师 B: 其实吧,我觉得有效的"双新课堂"应该能够让学生融入设计的教学情境中,学生也能积极有效地投入并完成学习任务,有所收获。

英语老师 B: 开展情境化教学,要特别关注应用性、综合性、探究性和开放性问题,以培养学生关注现实世界、解决实际问题的能力,进行多维度、过程性评价,培养学生的学科核心素养。

思想政治老师 A: 在"双新课堂"中,要结合真实情境,组织序列化、结构化活动,培养学生核心素养。

化学老师 A: "双新课堂"应该倡导真实问题情境的创设,要开展以化学实验为主的多种探究活动。另外,也要重视教学内容的结构化设计,因为这可以培养学生的创新精神和实践能力。

二、发挥学生主体性,开展深度学习

"双新课堂"需要学生主动学习,主动思考,这意味着教师需要转变观念,不能将课堂拘泥于教,还需要关注到学生的学。充分发挥学生的主体性作用是教师们对"创智课堂"与"双新课堂"的共同认识,由此可见,有效的课堂必须要关注到学生的主体地位,给予学生学习与思考的时间,摆脱课堂"形式主义"的倾向。对此,一些受访老师认为:

物理老师 A: 我认为有效的"双新课堂"应该是能引领学生深度学习的课堂。在课堂上要有"留白",给学生充分的时间和空间来思考与表达。而且受众面要广,要全体学生共同参与课堂活动,不能让课堂只成为一部分学优生的展示舞台。课后要给学生留有"余味",引发他们进一步在课后继续探索的欲望。

地理老师 B：新课程、新教材背景下的课堂应该是情境化、问题化、知识素养化。课堂上教师的功能主要是大部分的引导和启发，少部分的讲授，学生借助学例（案例）经历独立思考、合作探索的学习过程。

三、注重课堂结构化，符合学生发展特征

学校在给学生传授知识的过程中要注重知识系统化。对于“双新课堂”，部分教师提出了“课堂结构化、知识结构化和教学结构具有逻辑性”的观点，其中，课堂结构化主要体现为课堂内容结构化与课堂教学结构化。对此，部分教师指出：

生物老师 C：“双新课堂”应该能够将真实情境、知识结构和任务活动有机融为一体，课堂上的问题能激发高阶思维、深度学习。

历史老师 A：在“双新课堂”中，（要注重）知识信息的丰富性、核心概念的聚焦性、教学结构的逻辑性、诠释论证的思辨性和过程方法的迁移性。在有限的课堂教学时空内，教师能够依据校情和学情，紧紧围绕课文的核心知识和关键问题，以丰富、典型的资料或案例勾勒出其复杂性和多面性，最大限度地向学生传递知识和信息。

数学老师 B：教师要遵循学生发展的需要来设计课堂教学，以组织者的身份来参与学生的学习，从单元教学出发来改变教学方式，注重引导学生分析知识形成的过程。

综上所述，教师们都认同有效的“双新课堂”应该是情境设计合理、学生积极参与和课堂结构清晰的课堂。具体来说，课堂中教师作为课堂的引导者要促进学生思维和实践能力的发展。但在课堂设计或者实施前，部分教师也指出“双新课堂”需要依托教师的集体合作来完成相关教学内容，通过教师合力来建设“双新课堂”。

第十节　“双新课堂”存在的主要问题

老师们认为，当前的“双新课堂”存在较大的改进空间。为了进一步了解当前“双新课堂”存在的主要问题，我们访谈收集了一线教师在“双新课堂”实践中遇到的困难，为下一步解决问题提供依据。（问题：您在“双新课堂”实践中遇到的主要困难是什么？）

一、学时缩短，对师生形成挑战

“双新课堂”实施后，学时缩短，对教师和学生都具有一定的挑战性。对教师来说，主要面临课堂中如何缩减内容，使学生在短时间内掌握应学内容，这对教师的教学能力提出挑战。对学生而言，主要面临快速掌握课堂内容的问题，这也对学生的学习能力提出了挑战。例如，有教师指出：

语文老师 B：大量的学习任务群不仅对老师的备课提出了很高的要求，也对学生的学习能力提出了高要求。

数学老师 A：在“双新课堂”中，学生的现状和要达到的要求相差太远，导致时间不够用。

二、教材陌生，转变观念困难

“双新课堂”要求课堂使用新教材，这需要教师转变已有的教学观念和教学方式。但在具体实践中，教师难以适应新教材，从而带来消极影响，既不利于“双新课堂”的有效实施，也不利于学生的积极学习。正如一些受访老师所说：

地理老师 B：主要困难有以下两个方面。一是学生进行研究性学习和探索的时间不够。有些课堂的学生活动是很好的，让学生进行一些尝试性的探究、讨论或者交流，但在课堂仅有的四十分钟里，学生很难完成一些活动，或者完成了活动，但其他的内容讲不完，而这些内容又有整体性，分开到下一课时又显得活生生被断开，而且要增加课时数。二是新课标、新教材对教师的思想、知识、能力等多方面都提出了更新、更高的要求。受传统固有教学思想的影响，很多教师习惯于运用传统教学模式，改革创新意识不强，缺乏实施新课程的主动性和积极性。这些都制约了新课程改革的顺利进行。

化学老师 B：遇到的困难分别有：如何尽快熟悉新教材的教学内容？如何通过核心素养导向性引导学生积极参与深度学习？教学课时不够怎么解决？等等。

三、评价指标单一，忽略学生学习过程

“双新课堂”注重多元评价，因而形成性评价的标准就十分重要。但在“双新课堂”开展过程中，尚未建立形成性评价的标准或相应的指标，使教师在评估学生学习过程时出现困难，甚至会忽略学生的形成性评价，从而造成评价指标单一、只注重结果的局面。此外，还有教师指出，不确定当前的评价指标是否客观、公正和正确，因而在制定“双新课堂”评价指标时，需要专家提供必要的支持与辅导，尽量建立统一的形成性评价标准和具体指标，避免出现评价指标单一和评价指标不正确等现象。一些受访老师就指出这些问题：

历史老师 A：对“双新课堂”的评价，内容主旨的把握是否恰当？是不是最符合出题者的意图？学业评价的方向把握是否准确？呈现出的试题是否符合“双新”考试的要求？这些都是要考虑的问题。

生物老师 A：第一，课时紧张，特别是实验课，对学生的要求较高，如何让每位学生达到实验课应有的教学目标是个挑战；第二，“双新课堂”注重多元评价，在教学中不能只看结果，也要重过程，要重视对学生的形成性评价。如何将形成性评价兼顾到每一位学生，也是挑战。

四、课时紧张，难以兼顾不同学生的学习需要

实施“双新课堂”可能会忽略学生的差异性问题，无法做到因材施教。从访谈结果来看，部分老师也确实担心“双新课堂”存在无法兼顾学习水平处于不同层次的学生这一问题。因此，在“双新课堂”中如何兼顾不同层次学生的学习需要和学习水平，就很值得引起教师们的关注。例如，有受访老师说：

物理老师 A：课时紧张，担心完不成任务；要兼顾学困生和学优生的不同要求，这是有

相当难度的。

英语老师C：对“双新课堂”的要求应该是要分层的，对不同学校和不同学生要有所不同。（制定）统一的标准也存在一定的困难。建议提供一些模板供不同学校参考。

五、跨学科储备知识不足，割裂知识完整性

相比其他学科，思想政治学科老师更加关注“双新课堂”设计的完整性和综合性，比较担心跨学科知识储备不足的问题，而这可能与思想政治课程内容有关。不同于其他学科，思想政治更强调学生对知识的综合性认识。

思想政治老师A：我觉得，在“双新课堂”中，序列化、结构化活动的组织如何设计存在难度。

思想政治老师C：问题有两方面吧，一个是在学科理论与跨学科理论方面尚存不足，（另一个是）在综合性活动的设计方面存在困难。

总之，“双新课堂”的实践困难主要体现在学时、教材、评价三方面。首先，无论是主科老师还是副科老师都提及“双新课堂”课时不够的问题，这在一些需要实验操作的课程（如生物课）中表现得更加明显。其次，教师对“双新”材料还不够熟悉，受传统课程或者教材的影响比较深。最后，“双新课堂”的评价指标单一，难以衡量学生是否达到“双新课堂”的目标，或者对课堂目标的实现程度如何难以把握，这也是践行“双新课堂”的主要困难。

第十一节　素养导向下的学业测试命题

对于在素养导向下教师如何考虑学业测试命题这一问题，一些教师认为，要提升学生的综合素质，需要在命题设置时考虑题目的情境性和题目的层次性。此外，由于不同学科具有不同的特点，教师的命题也会呈现出不同的取向特征。（问题：在素养导向下，您在学业测试命题时主要考虑哪些因素？）

一、情境性是学业测试命题的重要考虑因素

建构主义教学理论认为，学生的学习内容必须与其先前的学习经验和现实问题有关。随着这一理念在教学中的逐步深入，教师们也逐步认识到要想通过学业测试评价去提升学生的核心素养，就需要考虑学业测试命题的情境性。一些教师表示，测试题目与现实生活相联系，具有情境性，才能使学生获得综合能力的有效提升，包括锻炼学生的迁移能力、思维能力和解决问题的能力等。正如以下教师所指出的：

历史老师B：（测试）题目要体现情境性，材料丰富且史料价值高。

地理老师A：要加强（测试）题目与现实生活情境的关联，引导学生关注生活，提升迁移能力。

地理老师B：命题时要寻找学科知识和生活的连接点。每门学科都有其对应的现实世界和生活现象。各种与该学科相关、真实的现实生活情境提供了引发学生学科核心素养表现的可能性。教师需要在谙熟学科核心素养的内涵和表现特征的基础上，用一种学科专家的眼光审视和考查各种与该学科核心素养有关的现实生活情境，发现特定现实生活情境与所在学科（知识体系、思维方式、探究模式和价值观念）的关系，挖掘该情境用于考查学科核心素养不同水平的可能性。确定恰当的情境呈现方式。在选择或确定任务情境后，要明确学科核心素养与当前情境的内在关系，从问题解决过程的角度审视情境的呈现或表述方式，建立情境中的不同特征与学科核心素养表现的具体联系，考查学生能否根据研究问题和情境，运用学科符号系统、概念体系和思维方式，分析模糊的现实情境，从中提炼关键特征。

化学老师 B：在学业测试的命题时应主要注重问题情境的设置、重视核心知识和关键能力的考查。

由此可见，学业测试命题要想在测试中发挥最佳作用，需要巧妙设计命题的引入情境，使得测试命题源于真实生活。但需要注意的是，作为学业测试命题，不仅要有来源于真实生活的情境性，也要体现学科知识的结构化，应该把结构化的情境作为学业测试命题的背景，然后通过学生运用学科内容完成情境中的学科任务来诱发其预期的行为表现，这些行为表现反映了被评价者对学科任务的完成质量，从而也就显示出了学生学科核心素养的发展水平。在学业测试命题设置的时候，设置的情境性应该是诱发学生预期行为表现的“催化剂”，要能够使学生在所设置的情境中表现出真实的发展水平，运用自身的学科知识解决情境性的问题，从而反映出学生真实的学科核心素养和学业质量①。

二、层次性也是学业测试命题的重要考虑因素

层次性体现在，教师一方面要考虑不同层次学生的学情进行命题，另一方面题目本身应该具有层次性，既能体现基础知识和技能，也能体现对学生创新思维和发散思维的测试。对于测试命题的层次性问题，一些受访教师指出：

化学老师 A：命题应具有针对性与层次性，发挥试题在学生概念建构、知识迁移、问题解决等多方面的作用。

历史老师 A：在命题时我会考虑我们学校的校情，即对题目难度的把握和时间的控制。

生物老师 F：既要保证对大群体的基础考查，也要兼顾一部分拔尖学生思维亮点的体现。

语文老师 A：不同学段下的学情是我命题时考虑的一个问题。

① 陈友芳，朱明光.核心素养本位的思想政治学科学业质量评价的策略与指标[J].中国考试，2016(10)：32－37＋57.

有学者认为，基于学科素养导向的学业测试评价，在理念上和布鲁姆的目标分类学所指出的学业质量评价水平有所不同。布鲁姆目标分类学的学科测试评价提出“知道、理解、应用、分析、综合、评价”依次代表着学生水平的递增。但是，学科素养导向下的学业测试评价，强调的是被评价者能够在同一任务中完成学科核心素养的发展水平测试。因此，层次性更加强调的是基于学业质量的不同水平层级之间的质性差异。教师在命题时应该考虑学科任务完成质量的不同水平，进而为区分不同学生的学业质量水平提供一种可行的操作办法。

三、不同的学科特点，学业命题测试取向不同

除了共同需要考虑试题的情境性和层次性外，不同学科教师根据自身学科的特点，在命题时也有不同的考虑内容。例如英语教师会更多地考虑学生的语言能力和交际能力，通过听说读写等方式考查学生；而理科教师会更加注重考查学生的思维能力，重视考查学生对问题的分析能力和解决能力。

英语老师 A： 学生语言能力是我需要考虑的命题因素。语言能力培养可通过多种方式实现，包括听说读写等，它们属于核心素养的基础部分，是其他各方面能力培养的基础。

英语老师 C： 我会特别关注学生的语用能力和交际能力的考查。

物理老师 A： 我会考查学生分析问题、建立模型、对数学图像等工具的使用以及综合运用学科知识解决实际问题等能力。

数学老师 B： 命题时，我会考虑数学核心能力的析取与体现。

根据不同学科的性质和特点，教师可以从测试命题的目标、难度、复杂性、内容、功能等多个角度去考虑测试命题。在学业测试命题编制的过程中，也同样应该注意到学科核心素养不仅蕴含着本学科的特殊性，如内隐性、稳定性、持久性和跨学科、跨文化等特有的核心素养要求，而且也蕴含着本学科核心素养的普遍性或共性。因此，基于学科核心素养评价的命题测试，应该在传统考试的基础上，积极借鉴心理测量和问卷调查等方式，设计更加合理的命题。①

综上所述，关于素养导向下的学业测试命题，教师们认为：一是需要考虑命题的情境性，学业测试命题要与现实生活相联系，使学生获得综合能力的有效提升；二是需要考虑命题的层次性，命题时要考虑不同学生的学情和题目本身的难度梯度；三是要考虑不同的学科特点，根据学科自身的特点来设置考试题目，体现不同学科对不同能力的追求。

第十二节　学业评价如何改进

根据调查，老师们认为，当前的学业评价还存在着较大的改进空间。为了进一步了解教师们对当前学业评价状况的看法，本次调研询问了有关学业评价的改进之处。教师们根据自身

① 季成伟.学科核心素养评价的思考与实践[J].中学政治教学参考，2016(16)：61－63.

的教学经验，从评价的原则和方法等角度给出了反馈意见，这可能对“双新”课程改革具有现实指导作用。（问题：为了落实素养导向的学业评价，您认为当前学业评价需要做出哪些改进？）

一、明确评价的原则和方向，建立样板评价题库

教师们认为，要将学生素养导向的评价落到实处，在现实教育教学过程中应当有可以参照的标准和原则。另外，也有教师认为学校可以组织建立样题，供教师们进行学习和参考，以便更加有效地对学生进行素养导向性的学业评价。

> **历史老师A**：要落实素养导向的学业评价，需要明确考试的方向，尽快拿出样题。
>
> **语文老师B**：要落实素养导向的学业评价，需要明确考试与命题的指导性原则，应包括正确的国家观、民族观、文化观、历史观等。只要情境新颖合理，考核目标清晰透彻，价值观就会自然地表现出来。

对于大部分教师而言，素养导向的学业评价改革还属于探索中的事物。在探索的过程中，教师们既需要评价的原则和方向来指导素养导向的学业评价，也需要有一定的参照标准。因此，不少教师认为，需要建立学业评价的样板题库。要推动素养导向下的学业评价在实践教学中落地，学校和相关部门应该结合各个学科的特点，细化评价标准，发挥各方的合力，建立素养导向的学业评价样板试题库，为一线教师实施科学有效的学业评价提供可参考的试题资源。

在建立样板试题库时，应该由地方教育行政部门牵头，发挥专家、教研员和一线骨干教师的合力，构建科学的各学科、各学段、各水平的测试题库。与此同时，应当注意样板试题库只是进行学业评价测试的参照途径之一，不可唯题库至上而忽视教师本身的自主探索性。在实践教学中，根据素养导向学业评价的要求，教师们也应积极探索推动学业评价改革的有效措施。相关部门应加强对一线教师的学业评价培训，不仅要让教师们认识到素养导向学业评价的重要意义，也要让教师们在教学实践中学会正确地对学生学业进行评价。

二、采用多元的评价方法，重视过程性评价工具的开发

在改进当前的学业评价方面，教师们提到要建立过程性评价的考核方式，尽快提出过程性考核的工具和方法，否则过程性考核也只能沦为表面文章，致使学业评价依然以结果为导向。对此，教师们提到了档案袋评价法，以及针对自身学科的独特评价方法，如练习法、书评等。

> **英语老师A**：对学生学业的评价要注重活动本身的过程，既保证过程的完整性，又使活动结果更加客观公正。
>
> **物理老师A**：除了期中、期末阶段性学业评价外，还需要重视学习过程中的评价。
>
> **数学老师A**：评价需要从只注重结果性评价到关注发展性评价。
>
> **生物老师D**：对学习过程中的过程性评价重视不够或流于形式，但实践中开展的确也有一定的困难。
>
> **化学老师A**：注意发挥课堂练习和课后作业对于学生化学学科核心素养的诊断与发展功能，依据课程内容各主题的学业要求，精心编制或精选课堂练习和课后作业题。单元

与模块复习通过提问或绘制概念图等策略，诊断学生化学核心概念和观念的结构化水平。

生物老师C：开展校本训练体系的设计和应用，提升信息化工具辅助的效度。

物理老师A：除了单一地对学科知识掌握的情况做出评价外，物理作为一门实验学科，对学生物理操作的实验能力，对项目研究过程中的探究水平、表达交流等能力都应该有评价指标。

有学者指出，实施过程性评价是有效改进教学质量的重要举措①。实施过程性评价将关注教学结果转向教学过程本身。过程性评价意味着教师需要进一步细化自身的教学活动，对学生的学习状况有全过程的了解和掌握。因此，过程性评价有利于激励学生学习，引导教师改变教学方式，提高教学效果。

过程性评价也需要教师丰富自身的评价方式，不能仅依靠单一的考试性总结评价。教师在教学实践过程中要综合性地利用各种评价方式，并且根据评价反馈信息适时地调整自身的教学方式和内容。在实践中，部分教师对于如何开展过程性评价还存在很多困惑，相关部门可发挥合力作用，重视开发科学的过程性评价工具，为教师实施过程性评价提供抓手。

三、教学与测验做好衔接，普遍化和个性化相结合

教师的教学要与学生最终的评价融为一体，这也是不少教师提出的建议，即教师教什么，在测试的时候就要测试什么，避免教与测分离。此外，还要考虑测试的普遍性和特殊性，既要照顾大部分学生，也要考虑拔尖人才和后进生的情况，有针对性地进行学业测试评价。

语文老师B：测试应符合学生实际学情、贴合教学实际。

思想政治老师B：学生评价需要教师在素养的统领下，照顾好教学与考试这两个方面，进行更正确的学业评价，素养教育的目的才能真正实现。

思想政治老师C：平时的教学与测试要做好衔接，不能教管教、考管考。

英语老师A：教师在对学生学业评价的活动中要综合考量各种因素，并按相应的比例纳入评价结果中去，发挥每一位学生的学习特质和专长。

要实现最大限度的有效教学，使学生的学习达到最佳效果，教、学、评必须一体化。教、学、评一体化有利于深化教学改革，促进育人目标有效落实，引导教师从关注学习结果转向学习过程，有利于教师从教学设计入手，关注教什么、学什么和如何学的问题。具体而言，教师应该以教学目标为依托，有机整合课程内容，精心设计学习活动，推动新课程标准在教学实践中得到落实，促进学生学科核心素养的发展。②

从学生学习水平及实际情况出发，采取针对性的教学措施，促进不同层次的学生都能实现

---

① 张可新，韩现伟，汪来杰，刘辉，梁中桂.基于河南某高校课堂实施过程性学业评价的实践[J].汉字文化，2020(19)：155－156.

② 王蔷，李亮.推动核心素养背景下英语课堂教-学-评一体化：意义、理论与方法[J].课程·教材·教法，2019，39(05)：114－120.

个性化的发展，才符合当前素质教育中以生为本的教学理念，从而体现师者有教无类、因材施教的原则。但是，当前几十个人的班级使得完全个性化的教学难以开展，教师在学业评价的过程中要满足不同层次和水平学生的需求，需要普遍化和个性化相结合，从而有效地促进学生的发展。

综上所述，关于学科评价的改进，教师们认为：一是要明确评价的原则和方向，尽快建立样板评价题库，供教师们参考学习；二是要采用多元的评价方法，重视过程性评价工具的开发；三是要教学与测验相衔接，普遍化和个性化相结合，真正地做到有针对性和有效的评价。

第十三节　教师对当前学校研修工作的评价

教师研修是教师终身学习、实现专业发展的重要途径。在“双新”背景下，几乎所有学校都为教师提供了丰富的研修机会。为进一步提升教师研修的成效，本次调研询问了教师对当前学校研修工作的评价。具体而言，主要是调研教师对当前学校教师研修计划和安排是否满意以及对学校教师研修工作优劣的看法。（问题：您对当前学校的教师研修计划和安排是否满意？学校的教师研修工作哪些方面做得比较好，哪些方面做得不好？）

一、教师对研修的形式和主题较为满意

在被问及对当前学校教师研修计划和安排的评价时，大部分教师对学校安排的研修计划表示满意。具体而言，教师们认为线上与线下相结合、校内和校外相结合、讲座和研讨相结合的研修形式，能够为教师们提供了解和学习“双新”的丰富机会。在提到研修的主题或内容时，许多教师表示当前的研修安排能够有针对性地围绕“双新”主题展开，比较能够贴合教师的需求，给了他们很大的启发。对此，不少老师指出：

历史老师A：我对学校安排的研修基本满意，希望继续线上和线下相结合。

历史老师B：我对学校的研修安排满意。从全国性培训、市区培训到校本培训都紧扣“双新”主题，开展形式多样、线上线下的深度学习和单元设计培训，学校也针对“双新”背景下的单元教学设计开展了一系列教学评比和展示活动。

地理老师B：我对我校教师研修计划和安排很满意。根据新教材和新课程的要求，为了贯彻课程改革精神，更新教师教育理念，提升教师理论素养、专业水平和教学实践应用能力，加强教师之间相互合作、交流，探讨和解决教学中的实际问题，总结和推广先进教学经验，全面提高教学质量，我校制定了详细的课程计划和教师研修计划。

化学老师A：我对学校安排的研修满意。学校聚焦“素养导向下的深度学习”课程领导力项目带领教学研究，采用“专家解读、课堂交流、课题引领、成果辐射、资源共享”等手段，以及“定期例会、专题研讨、课堂观摩考核评价”等方式开展落实“双新”工作。

数学老师C：基本满意。学校将理论学习与实践相结合，充分提供实践平台。

一般而言，只有研修的目标明确，研修才能真正达到效果。学校在安排教师研修的时候既要重视研修的"量"，也要重视研修的"质"，尤其要有针对性地根据"双新"改革要求为教师提供相应的研修机会，如此才能更有效地提升研修的效果和教师们对研修的满意度。

二、教师对形式化的研修较为不满

尽管大多数教师们表示对学校目前的研修安排较为满意，但是也有部分教师反映当前仍旧存在很多形式化的研修任务，教师们为了完成这些研修任务不得不投入不少时间和精力，这在一定程度上给他们的教育教学工作增加了负担。

语文老师 C：（我）对形式化的研修不太满意。因为教学任务几乎挤满课表，所以我也不想提什么意见。任何加法都会让老师更加疲倦。要研修，先减负。

地理老师 A：有些网络教研如教师网的视频课程，就比较形式化，最后变成刷时长的工作。这方面有比较大的改进空间。

根据访谈调查，在部分学校，教师研修正在成为教师们无法承受之重。教师研修之所以成为负担，是因为教师在研修过程中始终处于被动地位，很多研修的内容和形式没有针对教师的需求，导致许多教师被裹挟在巨大的研修任务之中，疲于奔命。此外，随着网络信息技术的发展，网络研修也逐渐成为教师研修的重要途径。但是，由于网络研修并非面对面，也有不少教师把网络研修视作"任务"和"负担"。对此，学校应该有机整合网络研修资源和线下教师研修形式，使网络研修和线下研修相互配合，取长补短，同时取消部分无效的网络研修活动，提高研修的有效性，为教师研修"减负提效"。

综上所述，对于当前学校开展的研修工作，教师们认为，学校当前进行的研修主题和研究形式多数是好的，能够线上与线下相结合、校内和校外相结合、讲座和研讨形式相结合，为教师们提供了丰富的研修机会，研修的主题也和"双新"紧密结合。但是，也有部分教师认为一些研修流于形式的现象比较严重，这给教师们造成了很大的教学负担，需要改进。

第十四节　教师对研修工作的改进建议

为了更好地落实"双新"课改目标，本次调研进一步询问了教师对于学校教师研修工作的改进意见。教师们从研修内容、形式和任务量等方面对当前教师研修工作做了反馈。（问题：为了更好地落实"双新"课改目标，您认为学校的教师研修工作需要做出哪些改进？）

一、实行任务驱动式教师研修，避免研修形式化

为了更好地落实"双新"课改的目标，在学校研修方面，应该多注意采纳教师的意见。部分教师反映，希望研修可以不拘泥于讲座、报告等形式，更多地采用任务驱动式教师研修模式，这样能够避免研修流于形式。如果针对当前教师们在教育教学中面临的问题进行研修，可以更有效地提升研修的效果和质量，也能更加有针对性地解决教师在教育教学过程中遇到的问题。

历史老师 B：可以通过问卷等了解目前教师们普遍面临的教学困难和需求，并针对这些困难和需求开展多种形式的培训与交流。不要拘泥于讲座、报告等研修形式，可采用任务驱动形式推动教师深入研修和思考。

地理老师 C：教研活动以线上活动为主，建议在条件允许的情况下多开展一些有互动的线下教研活动，针对教师们提出的问题可以做深入探讨。

数学老师 C：建议以较少（或仅一个）较小的任务主题为切入点，围绕它深入开展持久性系列活动。

任务驱动式的研修即以"问题"为出发点，带着在教学中实际遇到的困惑形成研修主题，这样可以避免教师的研修流于形式。还有学者进一步指出，应该构建教师研修共同体，使得研修团队在研修的过程中有共同的价值和目标追求，只有共存的学习场域和紧密的联系才能够有效激发教师研修的动力。①

二、增加案例榜样式和专家实践答疑式的研修课程，提升研修实效性

一些教师认为，当前的研修还需要"去粗取精"。具体而言，他们指出，一方面需要针对教师的教育教学需求，增加榜样式的案例供教师们参考和模仿；另一方面，学校可以多聘请专家对教师们日常遇到的困惑进行解疑释惑，进而更有针对性地提升培训的实效，切实提升教师研修的质量。

历史老师 A：希望高质量、高效率的精品课能够更加丰富一些。去粗取精，能够直切要害，增加实践的指导性，减少纸上谈兵。

生物老师 A：希望从对"双新"理念的理论学习，逐渐转变为对更具有操作性、可借鉴的案例学习。

语文老师 A：希望能请一些有"双新"实践经验的教育教学专家来进行一两个单元的示范教学。

语文老师 B：可以为部分学科请一些外校专家来开讲座等。

思想政治老师 B：可以更多地邀请相关专家开展"双新"课改的答疑与讲座，为老师们答疑解惑。

总之，以典型"范例"为依托能够较为有效地提升研修的效率。根据教师的反馈，学校可以筛选出具有典型性的教学案例供教师们研修学习，以便教师们在"双新"课程改革过程中有所参照。此外，专家力量的加入对于提升教师研修质量也有着重要作用。受访教师大多希望邀请一些具有"双新"教学改革实践经验的专家进行范例式的教学示范。

三、减少形式化的研修，为教师减负

在有关改进教师研修质量方面，部分教师认为，当前应该做的是减少形式化的研修活动，给教师留出更多的时间去备课、研讨新教材、反思新教材，为教师减负，如此，教师才有更多的

---

① 李军.学习型组织：教师研修共同体的应然样态[J].北京教育学院学报，2021，35(05)：15－20.

时间去思考、反思和改进自身的教育教学问题。

化学老师A：无论是上级还是学校，最好让老师们少填表格，少些问卷，少些上级检查。面对新课程新教材，需要给教师多点时间和空间去备课、研讨，同时让教师能够有更多时间深入学生，倾听学生的学习感受，从而反思和改进自己的教学问题。

语文老师C：要研修，先减负。

看来，研修的质量比研修的数量更加重要。教师研修应该服务于教师的教学工作，学校在组织教师研修的过程中切忌“本末倒置”，不能因为过多的形式化研修而增加教师的教学负担。这些反馈意见，启示学校在组织研修活动时要重在提升研修质量，减少不必要的形式化的研修，给教师们留出更多的时间去关注学生的学习活动，这样才能真正有利于学生的成长。

综上所述，对于学校的研修工作，教师们建议：一是可以开展任务驱动式的教师研修活动；二是可以增加案例榜样式和专家实践答疑式的研修课程，提升研修的实效性；三是应该减少形式化的研修，为教师减负，留给教师更多的时间去反思教学问题。另外，教师研修需要优化学习目标，提高教师的学习兴趣，不断提升教师的研修实效。

第六章　研究报告的基本结论与若干建议

本书第四章根据问卷调查数据分析了与"双新"课程改革有关的各种专题信息、存在的问题及其可能的解决途径。综合实证研究结果，本章总结了若干基本结论和建议。有关线上访谈的结论和建议，请参见第五章，在此不再赘述。

第一节　基本结论

一、有关课程建设方面

当前，高中教师还相对缺乏跨学科课程建设的经验，同时他们在开发跨学科课程方面还面临不少困难，需要政府有关部门和学校提供相应的支持。具体而言，在开发跨学科课程时，教师们面临着相关专业知识和能力欠缺、材料资源匮乏、团队组建困难、专家专业支持力度不足、激励机制缺乏或不完善、时间精力有限等困难。其中，缺乏相关材料资源、时间精力有限、缺乏相关专业知识和能力是各学科教师进行跨学科课程开发的三大主要困难。在教师们看来，提供跨学科课程开发的技术、工具和样例等资源，组建专业的跨学科课程开发团队以及专家指导和专题培训等是跨学科课程开发所需的重要支持。

二、有关课堂实践方面

教师们对课堂教学核心素养均比较了解，但在具体开展课堂教学实践过程中仍面临一些困难。具体而言，教师们在开展教学实践中遇到的困难集中在缺乏可供参考的基于课程标准教学的实践样例、学生学情差异大、缺乏基于课程标准开展教学与评价的专业知识和能力、缺乏外部专家的引领等四个方面，但不同学科教师遇到的最大困难略有差别，如"语数外"组教师遇到的最大困难是缺乏可供参考的基于课程标准教学的实践样例，"物化生政史地"组教师与"技艺体"组教师遇到的最大困难为学生学情差异大。在课堂教学实践的支持方面，希望学校向教师提供相关的实践路径与样例受到的关注程度最高，而对开展素养导向课堂教学的校本研修的关注程度最低。这也说明，目前建设课堂实践相关的实践路径与样例是学校课堂教学建设的重要部分，但还存在实效性不足的问题。此外，针对"创智课堂"，教师们普遍希望明晰"创智课堂"与当前倡导素养导向的课堂之间的关系，而且部分教师还存在对信息技术在"创智课堂"中应用关注度不高的问题。

三、有关学业评价方面

不同学科教师对学生学业质量特征的关注点存在差异，而且他们对学生发展存在不同的学业评价实践。具体而言，在学业质量特征方面，"语数外"组教师更加注重学生在真实情境中的问题解决能力，"物化生政史地"组教师和"技艺体"组教师则更加关注学生完成任务或问题解决时的过程性表现，而且“技艺体”组教师还比较强调产品成果、方案导向的学业成就与跨学科知识的运用，注重学生的过程性表现。在改进课程评价方面，教师们大都能关注到过程性数据，能够认识到加强过程性评价、落实“教-学-评一致性”以及加强表现性评价的重要性，但对运用信息技术开展精准的学习诊断关注度较低。在作业设计改进方面，“物化生政史地”组教师更加关注学生的大单元作业，“语数外”组教师更加注重对学生作业的分层，而“技艺体”组教师则更加关注实践性作业与需要合作完成的作业。在测试命题变化方面，教师们都非常关注基于学业质量标准的命题，而且强调命题内容应该与学科素养目标一致，但对研制等级性评分标准关注较少。

四、有关研修机制方面

教师们认为校本研修应围绕“双新”展开，不同学科教师希望得到的支持重点存在差异，而且他们希望根据不同学校和不同学科的实际情况开展有针对性的区域研修指导。具体而言，校本研修主体应该围绕“双新”展开，加强针对性项目的研修以及强化校本研修的专家引领，但当前还存在对校本研修中的跨学科校本研修、线上线下相结合的研修新形式以及提供研修经验分享等关注不多的问题。“语数外”组教师与“物化生政史地”组教师最希望得到支持的是加强对不同类型高中的针对性指导，“技艺体”组教师最希望得到聚焦“双新”的专项培训。除此之外，与其他两大组学科教师相比，“技艺体”组教师更希望在扩大教研影响力和辐射范围、培育典型发挥示范引领作用以及发挥教研组织的协同功能和作用等方面得到支持。

五、有关学习空间方面

教师们普遍认为应该根据教学实际改造原有学习空间，开发和创新学习空间，并积极探索开发新的虚拟学习空间功能，而且不同学科教师对虚拟学习空间不同功能的关注点存在差异。具体而言，在如何改造学习空间上，教师们对改造空间、建设和开发创新实验室以及加强正式学习环境与非正式学习环境的衔接与整合等三个方面的关注度较高，而对学习共同体的建设及鼓励学生自主改造学习空间这两个方面的关注度较低。在虚拟空间的功能方面，教师们普遍关注虚拟空间是否拥有丰富的学科课程资源、是否具有综合课程平台以及课堂教学案例，较少关注到学生学习评价、在教学管理等方面的经验案例与学生个性化学习的功能。在如何建设和利用虚拟空间方面，教师们最关注的是加强学习资源建设和贡献。相比其他两组教师，“技艺体”组教师更加关注增进沉浸式学习环境的建设、增强虚拟学习空间的互动性、提高虚拟学习空间的自适应学习水平以及增强虚拟学习空间的及时反馈与激励功能等方面。相比“技艺体”组教师，“物化生政史地”组教师与“语数外”组教师更加关注学习软件 APP 的兼容和使用。

第二节　若干建议

一、搭建跨学科课程建设交流平台，为教师开发跨学科课程提供相关人员、资源和激励机制支持

跨学科课程融合了多重学科的元素，必须打破学科间的壁垒才能有效开发跨学科课程。

但当前区域内较大一部分教师表示，没有参与过跨学科课程开发的经验，这就需要区域内搭建跨学科课程建设交流平台，为教师们开发跨学科课程提供制度性的交流合作机会。此外，教师们在开发跨学科课程时，除了面临经验不足的问题外，还面临着缺乏相关资源支持的困境。不少教师表示，在开发跨学科课程时，一方面教师自身既缺乏相关能力，也缺乏专家支持，另一方面学校对此也缺少相应的激励机制，使得教师参与跨学科课程建设的积极性不高。这需要区域内有关部门进一步加大人力财力的支持，通过引入专家智力支持和建立跨学科课程开发相关激励机制，鼓励教师通过多学科对话开发跨学科课程。当前，协同教学、主题教学等都是跨学科课程开发的重要途径，在搭建跨学科课程交流平台时，政府和学校可以根据自身实际情况，构建主题式跨学科课程交流平台。在引入专家支持方面，可以将学科教师、课程专家和教育研究者组成研究团队，开展协同教学，发挥各自优势，设计高效的跨学科整合课程，同时强化专家在其中的引领作用，培养教师跨学科课程开发的能力。①

二、打造典型课堂实践教学样例，引入外部专家培养教师开展教学与评价的专业能力

"双新"课改对教师课堂教学实践提出了更高的要求，但还存在着不少教师不知如何改进教学的局面。打造典型教学样例是教师改进自身教学的重要学习参考。在改革的初期，要充分利用区域和学校内部力量，通过集体备课的方式集中力量打造示范性和典型性的课堂教学样例。教育行政部门还可以引导普通学校借助示范学校的示范力量，在区域内形成"连帮带"效应，实现不同学校的资源共建与共享。此外，不少教师表示在课堂教学实践过程中，还比较缺乏开展教学与评价的相关专业知识和能力。区域（如杨浦区）应该进一步有针对性地引入外部专家力量开展教学与评价的相关专业知识培训，为教师们在课堂教学过程中开展教学与评价增效赋能。在引入外部专家力量的过程中，有关部门可充分利用上海丰富的高校资源，邀请高校专家学者进行讲学，不断提升高中教师在教学与评价方面的专业能力。

三、持续推进过程性学生评价，充分利用信息技术开展学生学习的精准诊断和评价

当前，教师们已经形成过程性评价的学生评价理念，这对于推进"双新"课改政策的实施具有重要的意义。但是，这一方面也需要学校和教师进一步发展过程性的教育评价理念，将过程性的学生评价理念落实到教育教学评价中。此外，在开展学生过程性评价时，信息技术是助力教师精准诊断学生发展和学业质量的重要工具，但是，当前不少教师表示，他们对如何利用信息技术开展学生学习精准诊断还不太熟悉。这需要区域有关部门和学校一方面积极引进有利于学生评价的新技术平台，另一方面要指导教师如何恰当地使用新技术形成对学生学业有针对性的评价。具体而言，首先，教师可利用新技术开发个性化的教育教学资源，并为不同的学生提供个性化的教学资源；其次，利用新技术实现师生互动渠道的进一步拓展，以及利用新技术提升学生评价的有效反馈能力；再次，教师要紧紧把握在利用新技术进行学生学业评价时的

---

① 李学书.STEAM跨学科课程：整合理念、模式构建及问题反思[J].全球教育展望，2019，48(10)：59－72.

学生主体性原则;最后,教师也要围绕学生发展需求,学会利用教学评价的有关新技术。

四、聚焦"双新"开展专项研修培训,培育典型,强化校本研修的专家引领作用

对于教师而言,"双新"的实施是新事物,需要进行专项培训以提升教师对"双新"的认识、理解和应用水平。在开展专项培训时,应该注意两点:一是要紧紧聚焦"双新"的有关目标和内容,二是要把理论研修与教学研修、实践研修并重,切实将研修培训与教师改进教学相结合,不断提升教师的教学效果。针对"双新"的研修培训,不少教师表示,学校缺乏相关的校本研修计划,而且缺少专家对校本研修的引领作用。根据相关研究成果,校本研修不仅可以提升学校对"双新"的实施效果,而且通过校本研修还能够提升学校教师团队对"双新"的认识和把握程度。区域内高中学校可以通过培育典型、引入专家等方式开发校本研修课程,并在本区域学校内起到示范引领作用。

五、开发改造现有学习空间场所,积极探索虚拟学习空间的多元功能

学习空间涵盖校园内、校园外、正式和非正式的学习空间场所。"双新"课改政策强调全过程、全方位育人目标,学习空间的提出可以将育人空间进行极大的拓展,能够有效助力"双新"育人目标的实现。在学习空间的建设方面,针对不同学科教师的现实需求,学校应该在设法改造现有学习空间的同时,充分考虑不同学科和不同学段学生的学习特点与要求,有针对性地进行包括虚拟空间在内的新型学习空间的开发和建设。此外,网络信息技术的迅速发展和应用也为学习空间从线下拓展到线上提供了极大的便利条件。线上存在着丰富的学习资源和多种交互式的学习途径,学校应积极探索虚拟学习空间的多元功能,利用虚拟学习空间所具有的丰富的知识呈现方式,打破客观环境束缚,不断革新教育教学方法,提高教学效果。

第二部分

基于新课标的高中九门学科学业质量评价研究

第七章　基于新课标的高中语文学科命题评价研究*

《普通高中语文课程标准(2017 年版 2020 年修订)》(以下简称"《课程标准》")指出,"测评与考试是语文课程评价的重要组成部分,应真实反映学生语文学科核心素养的发展过程与现有水平,准确判断学生核心素养发展过程中的问题及其原因,对高中语文教学改革发挥积极的引领和导向作用"①。《课程标准》中的这段话有四层含义：一是测评与考试虽然不是语文课程评价的唯一方式,但却是非常重要的不可忽视也不可分割的一部分;二是测评与考试必须紧紧围绕对学生语文核心素养的考查;三是测评与考试的具体功能有诊断水平、判断问题、引领教学的作用;四是"真实反映""准确判断"对高中语文学科的命题提出了高要求。

那么,高中语文测评与考试题目应该如何命制？题目应该达到怎样的标准,才能做到"真实反映""准确判断"？

关于第一个问题,《课程标准》有三条建议,即"以具体情境为载体""设计典型任务""命题指向"。第二个问题则是本章探讨的问题。根据理论建立的命题评价体系能够客观反映题目质量,还能对今后的命题起到指导、引领的作用,其实评价标准正是命题需要达到的标准。需要说明的是,本章探讨的评价是高中语文学习中的终结性评价。

第一节　理论依据

一、高中语文核心素养是命题评价的根本依据

高中语文到底教什么、学什么、考什么,从 20 世纪前到现在共发生 5 次重大转折：20 世纪前至 1949 年是学习文选范例;1949 年后主要进行知识传授,重视"基础知识、基本技能";80 年代初至 90 年代末转向能力训练;21 世纪初转向语文素养养成;而现在从语文素养养成推进到学科核心素养。② 那么,什么是语文核心素养呢？

《课程标准》清晰地阐述了四个"高中语文核心素养"以及它们之间的关系:"语言建构与应用是语文学科核心素养的基础,在语文课程中,学生的思维发展与提升、审美鉴赏与创造、文化

---

* 本章作者为上海市杨浦区教育学院中学教研室金莉。

① 中华人民共和国教育部.普通高中语文课程标准(2017 年版 2020 年修订)[M].北京：人民教育出版社,2020：47.

② 普通高中语文课程标准修订组.普通高中语文课程标准(2017 年版 2020 年修订)解读[M].北京：高等教育出版社,2020：73.

传承与理解，都是以语言的建构与运用为基础。"①从这段话我们可以品读出对高中语文命题评价的两层含义：其一，命题要全面地反映或者或隐或显地反映出学生在语言、思维、审美、文化上的现有水平，因此评价标准也要突出四个核心素养；其二，语言是语文学科核心素养的基础，贯穿在所有题目中，因此评价标准中对于语言表达的评价是最基础的。但还有一点值得思考的是，思维这一核心素养也是基础性的，"语言是思维的外壳"，换句话说"思维是语言的内核"，语言与思维互为表里，思维也是审美与文化的基础。

二、学业质量标准是命题评价的重要维度

《课程标准》以核心素养及其表现水平为主要维度，对高中生语文学习的学业质量水平进行刻画，形成学业质量标准。学业质量标准将学业质量分为五个水平，并描述出不同水平学习结果的具体表现，"水平二是语文学科高中学业水平考试的依据，水平四是高校考试招生录取的依据"②。因此，学业质量标准是高中语文命题的具体依据。

三、《中国高考评价体系》是命题评价的直接依据

《中国高考评价体系》是考试命题评价重要的直接依据。它直接对接学业质量中的水平四，是对高利害考试命题的评价，其"一核、四层、四翼"的体系对高考命题具有直接的指导作用。同时，它将"学科素养"作为"考什么"的四层之一，增加了"核心价值""必备知识""关键能力"③。增加的三点有其独特价值。首先，"学科素养"要紧紧围绕"核心价值"，"素养"的形成要在价值观的引领之下；其次，语文教学是有知识的，但知识之间有所区别，作为高考命题，一定要考查学生的学科必备知识而非命题者随意选取的知识；第三，高考命题要通过学生答题中的语言运用，测评学生的关键能力，其中最重要的关键能力就是思维能力。

因此，本章旨在以《课程标准》、学业质量标准、《中国高考评价体系》为依据，制定体现"语文核心素养"的命题评价框架，然后进一步制定出符合高考命题格局的"阅读命题评价框架"和"写作命题评价框架"，细化命题评价框架中的构成要素，并辅以试题分析案例。

第二节　语文核心素养导向下的命题评价框架

一、评价框架呈现

素养导向下高中语文命题评价框架如图 7.1 所示。

① 中华人民共和国教育部.普通高中语文课程标准（2017 年版 2020 年修订）[M].北京：人民教育出版社，2020：5.

② 中华人民共和国教育部.普通高中语文课程标准（2017 年版 2020 年修订）[M].北京：人民教育出版社，2020：40.

③ 教育部考试中心.中国高考评价体系[M].北京：人民教育出版社，2019：6－7.

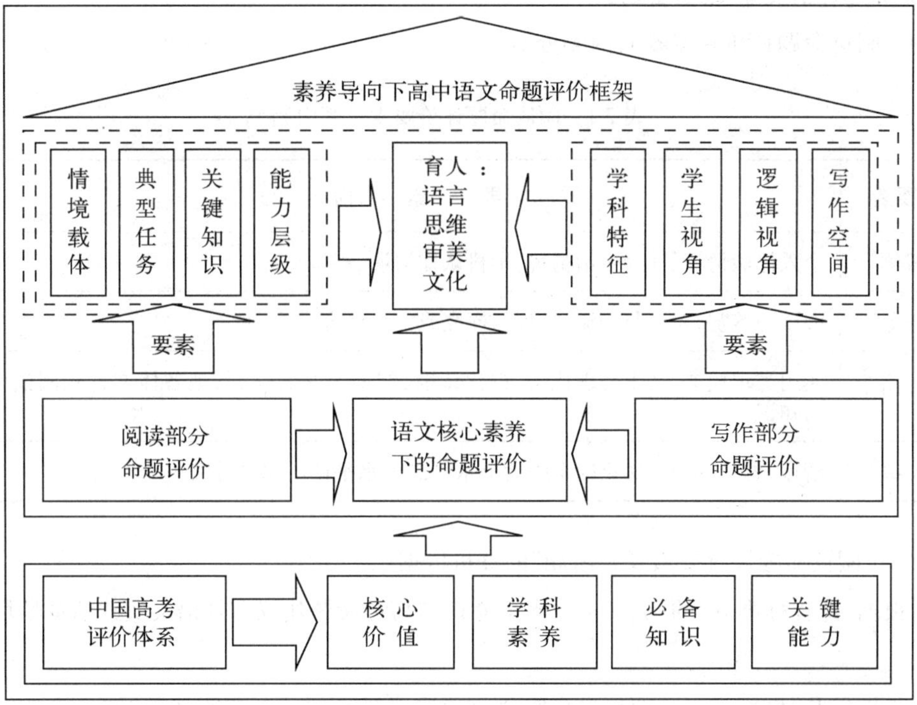

图 7.1　素养导向下高中语文命题评价框架

二、评价框架说明

如图 7.1 所示，素养导向下高中语文命题评价框架共分为三层，即理论基础层、评价操作层、要素分解层。理论基础层，即以覆盖全学科高考命题评价的《中国高考评价体系》为最底层、最直接的理论基础；评价操作层，即以近三年来上海语文高考试卷命题格局为样例，将素养导向下的高中语文命题评价分为阅读命题评价与写作命题评价；要素分析层，即将阅读命题评价要素分解为情境载体、典型任务、关键知识、能力层级，将写作命题评价要素分解为学科特征、学生视角、逻辑思辨、写作空间，而这些要素都紧紧围绕四个核心素养的内涵展开。

值得重点说明的是，高中语文核心素养从语言、思维、审美、文化凸显其学科的育人价值，在阅读命题评价与写作命题评价中都有“价值导向”的评价要素，那么为何要素分解中没有呢？原因有二：一是选择符合社会主义核心价值观的文本进行阅读命题，选择能够引导学生健康、积极地认知世界与自我的内容进行写作命题，是核心素养导向下命题的最根本要求，也是评价的底线，可以作为共同的要求；二是作为命题的价值导向，无法像其他要素一样进行等级划分，也不能够进行等级水平的质性描述。因此，评价框架将其放置在核心素养之上，表明阅读与写作命题的“育人价值”是统领语文核心素养的。

三、语文命题评价要素及其内涵分析

（一）阅读命题评价要素及其内涵分析

表 7.1　阅读命题评价要素及其内涵

评价要素	要　素　内　涵
情境载体①	个人体验情境、社会生活情境、学科认知情境
典型任务②	阅读与鉴赏、表达与交流、梳理与探究或三者整合
关键知识③	实用类现代文、文学类现代文、古代诗歌、纪传类文言文、其他各体文言文阅读时必备的知识
能力层级④	语言、思维、审美、文化四个维度上水平二～水平四的水平等级

表 7.1“阅读命题评价要素及其内涵”的分析依据：

① 根据《课程标准》中的“关于学业水平考试与高考命题建议”对“语文实践活动情境”的内涵分析。

② 根据《课程标准》中的“课程目标”或“教学建议”指出“语文实践活动”有三类活动，也可以将三者整合。

③ 根据《中国高考评价体系》对高考考查“四层”内容中“必备知识”的分析，“必备知识是指即将进入高等学校的学习者在面对与学科相关的生活实践或学习探索问题情境时，高质量地认识问题、分析问题、解决问题所必须具备的知识”[①]。涉及“学科基本事实、基本概念、基本技术和基本原理组成的基本知识体系”。因此这里的“关键知识”属于学科学习中必不可少的基础知识或核心知识。

同时，《课程标准》在谈及“设计依据”时提到“语文课程包含实用类、文学类、论述类等基本语篇类型”。此外，根据上海市高考语文近 5 年试卷格局，将关键知识确定为实用类现代文、文学类现代文、古代诗歌、纪传类文言文、其他各体文言文阅读时必备的知识。

④ 根据《课程标准》中关于“学业质量水平”对语言、思维、审美、文化四个核心素养各自五个等级的质量描述，从中抽取水平二、水平三、水平四中的相关内容，分别整合成三个等级。《课程标准》在“学业质量水平与考试评价的关系”中规定“水平二是语文学科高中学业水平考试的依据，水平四是高校考试招生录取的依据”。因为本章探讨的命题评价是接近高考水平的命题评价，因此选用水平二～水平四作为能力层级三个等级质量描述的依据。

① 教育部考试中心.中国高考评价体系[M].北京：人民教育出版社，2019：26.

（二）写作命题评价要素及其内涵分析

表 7.2　写作命题评价要素及其内涵

评价要素	要　素　内　涵
学科特征[⑤]	写作命题要具有人文性，以区别于政治学科与历史学科的论述题
学生视角[⑥]	写作命题基于学生学习生活，引导学生积极思考人与自然、人与社会、人与自我、人与文化、人与科技等关系
逻辑视角[⑦]	写作命题本身具有逻辑性，不出现逻辑矛盾
写作空间[⑧]	写作命题留给学生思辨、思考的空间

表 7.2“写作命题评价要素及其内涵”的分析依据：

⑤《课程标准》中的“课程性质”明确提出：工具性与人文性的统一，是语文课程的基本特点。由王宁、巢宗祺主编，普通高中语文课程标准修订组编写的《普通高中语文课程标准（2017年版 2020 年修订）解读》（以下简称“《课标解读》”）中提出“语文课程的目的是人的全面发展，语文课程应使全体学习者形成良好的思想道德修养和科学人文修养，为终身学习和个性发展奠定基础，为传承和发展中华文化、增强民族凝聚力和创造力发挥应有作用。这样的课程表述虽然有其工具性的一面，但内容已经远超工具性质而进入人文领域”①。因此，写作命题要具有人文性质，在以人为本的蓝图中命制出能够提升学生人文素养的命题，与此同时，与政治学科、历史学科的论述题形成鲜明的学科分野。

⑥《课标解读》指出，教学设计的思路是站在学生，“尤其是站在众多普通学生的立场，去思考什么样的学习更有效”②。同理，写作命题设计思路也是站在学生的立场，去思考什么样的题目更能促进学生语文素养的形成。因此，写作命题就是要基于学生真实的生活与学习状况，有助于引导学生积极思考人与自然、人与社会、人与自我、人与文化、人与科技等的关系，同时能够让学生有话可写，顺利表达。

⑦ 写作命题本身不仅要有正确积极的价值导向，题目本身的语言表述也不能存在逻辑错误，否则会对学生审题立意造成不必要的妨碍。写作命题本身是一种简短的阅读文本，因此逻辑畅达是基本表述要求。

⑧ 写作命题在一定的限制之外，要留给学生一定的思辨、思考的空间，“单个作文题内

---

① 普通高中语文课程标准修订组. 普通高中语文课程标准（2017 年版 2020 年修订）解读[M].北京：高等教育出版社，2020：72.

② 普通高中语文课程标准修订组.普通高中语文课程标准（2017 年版 2020 年修订）解读[M].北京：高等教育出版社，2020：195.

部的选择空间，是各类型作文题都要考虑的问题，也是写作命题中的基本问题、关键问题”。①

四、语文命题评价要素的水平描述

（一）阅读命题评价要素的水平描述

表 7.3　阅读命题评价要素的水平描述

评价要素	水平划分	水　平　描　述	赋值
情境载体	水平一	题目以个人体验情境/社会生活情境/学科认知情境为命题载体，但题目情境和文本类型不能完全相符合	1
	水平二	题目以个人体验情境/社会生活情境/学科认知情境为命题载体，但情境内容没有成为学生思考的条件，对题目的难易程度没有任何影响	2
	水平三	题目以个人体验情境/社会生活情境/学科认知情境为命题载体，情境内容成为学生思考问题的条件，对答题的内容也产生一定影响	3
	水平四	题目以个人体验情境/社会生活情境/学科认知情境为命题载体，情境内容成为学生思考问题的条件，不仅对答题的内容产生一定影响，而且影响学生答题时采用的语言表达方式，并在评分标准中体现出来	4
	水平五	题目以个人体验情境/社会生活情境/学科认知情境为命题载体，情境内容成为学生思考问题的条件，不仅影响学生答题时采用的语言表达方式，而且对答题的内容产生深刻影响，并在评分标准中多方面体现出来	5
典型任务	水平一	题目属于阅读与鉴赏、表达与交流、梳理与探究这三类典型语文活动中的一类，但题目仅涉及学生记忆，不涉及理解	1
	水平二	题目属于阅读与鉴赏、表达与交流、梳理与探究这三类典型语文活动中的一类，但题目仅涉及阅读中词语理解、内容初步梳理，题目内容浅显，表现形式单一，涉及思维复杂度不高	2
	水平三	题目属于阅读与鉴赏、表达与交流、梳理与探究这三类典型语文任务中的一类，题目涉及阅读与鉴赏的综合或表达流畅与交流对象的综合，题目体现一定的活动综合性	3
	水平四	题目属于阅读与鉴赏、表达与交流、梳理与探究这三类典型语文任务中的一类，题目涉及阅读与鉴赏的综合或表达流畅与交流对象的综合，题目体现比较高的活动综合性	4
	水平五	题目体现复杂的活动综合性，例如以表达交流为主，但要以阅读、梳理与探究为前提	5

① 叶丽新.读写测评：理论与工具[M].上海：上海教育出版社，2020：223.

续　表

评价要素	水平划分	水　平　描　述	赋值
关键知识	水平一	题目中涉及的知识只是记忆，题目形式为默写	1
	水平二	题目中涉及的知识点属于类型文本的关键知识，知识单一，测评该知识在文本中的简单运用	2
	水平三	题目中涉及的知识点属于类型文本的关键知识，知识数量多于一个，学生可以任选一个结合文本进行分析	3
	水平四	题目中涉及的知识点属于类型文本的关键知识，知识数量多于一个，而且知识在文本个性化情境中产生变化，学生不仅可以任选一个结合文本进行分析，还要将知识在情境中的变化分析出来	4
	水平五	题目中涉及的知识需要学生经过阅读梳理后自己寻找、提炼，并在答题中加以运用	5
能力层级	水平一	各方面能力层级只涉及简单记忆	1
	水平二	语言方面，题目要求结合语境理解词语的隐含意思，要求找出语言运用中的明显问题并予以纠正； 思维方面，题目要求区分主要信息和次要信息，要求概括文本段落或全文的主要内容、观点和情感倾向，要求对获得的信息及其表述逻辑进行评价； 审美方面，题目要求整体感受作品的语言、形象、情感，展开合理想象，对作品的内容和形式做出自己的评价； 文化方面，题目要求理解富于文化意蕴的语言材料和语言形式，能理解各类作品中涉及的文化现象和观念，能运用知识对文化现象发表自己的看法	2
	水平三	语言方面，题目要求运用已有的语言知识，结合具体情境分辨词语语义和情感上的细微差别，要求推断结构比较复杂的语句意思，体味句子在语言环境中的意义和作用； 思维方面，题目要求准确概括观点和情感，分析解释观点和材料之间的关系，要求比较两个文本或材料，找出各部分信息间的联系，分析信息间存在的复杂关系，对文本内容和形式提出质疑； 审美方面，题目要求对具体作品做出评论； 文化方面，题目要求能比较、分析古今中外各类作品反映的文化现象，对有关现象展开有依据、有逻辑的讨论	3
	水平四	语言方面，题目要求在梳理信息的基础上进行探究，发现语言规律并加以解释，根据文本或交流对象特征调整语言表达的内容或形式； 思维方面，题目要求对文本的内容或形式提出质疑，并找出相关材料支持自己的观点，题目要求比较多个文本，发现其内容、观点、情感、材料组织与使用等方面的异同，尝试提出需要深入探究的问题； 审美方面，题目要求结合作品的具体内容，阐释作品的情感、形式、主题与思想，对此评论，比较两个以上文学作品在主题、表现形式、作品风格上的异同，要求对同一文学作品的不同阐释提出自己的看法； 文化方面，题目要求结合具体作品分析、论述相关的文化现象和观念，比较、分析古今中外各类作品所反映的文化观念上的异同	4

续 表

评价要素	水平划分	水 平 描 述	赋值
能力层级	水平五	语言方面，题目要求根据具体语境组织表达内容、选择合适的表达方式，实现有效的口头和书面的交流与沟通；题目要求尝试用多种文体、语体、多种媒体多样地表达自己的思想和情感，追求表达的准确性、深刻性、灵活性、生动性； 思维方面，题目要求从多角度、多方面筛选信息，比较和分析其异同；题目要求从文本中事实、材料、观点、论证等方面分析推论的合理性或揭示矛盾；题目要求从多篇文本中发现新的关联； 鉴赏方面，题目要求从不同角度、层面鉴赏文学作品，能比较多个不同作品的异同，能对同一作品的不同阐释发表自己的观点； 文化方面，题目要求以文化批判和反思意识，结合具体作品，从多角度、多层面分析和论述相关文化现象；题目要求综合运用所学的知识，对生活中自己感兴趣的语言、文学、文化现象及社会热点问题进行专题研究，撰写调查报告	5

（二）写作命题评价要素的水平描述

表 7.4 写作命题评价要素的水平描述

评价要素	水平划分	水 平 描 述	赋值
学科特征	水平一	题目在学科领域的归属上有些含糊	1
	水平二	题目清晰地属于语文学科，但语句之间存在逻辑矛盾	2
	水平三	题目清晰地属于语文学科，引导学生从人文视角思考问题	3
	水平四	题目清晰地属于语文学科，不仅引导学生从人文视角思考问题，而且能够引导学生将平日积累的素材联系起来	4
	水平五	题目清晰地属于语文学科，不仅引导学生从人文视角思考问题，而且在一定时间范围内，题目引导学生思考的视角比较新颖，需要学生缜密思考论证逻辑，深入开拓论证层次	5
学生视角	水平一	题目清晰地属于语文学科，但没有考虑到学生的年龄、心理、学识等因素	1
	水平二	题目清晰地属于语文学科，考虑到学生的年龄、心理、学识等因素，但题目过于宏大、空洞，缺少必要的限制，增加学生套题的机会	2
	水平三	题目清晰地属于语文学科，考虑到学生的年龄、心理、学识等因素，引导学生在人与自然、人与社会、人与自我、人与文化、人与科技等关系中思考，具有可写性	3
	水平四	题目清晰地属于语文学科，考虑到学生的年龄、心理、学识等因素，引导学生在人与自然、人与社会、人与自我、人与文化、人与科技等关系中思考，具有可写性，而且在一定时间范围内，题目引导学生思考的视角比较新颖	4

续 表

评价要素	水平划分	水 平 描 述	赋值
学生视角	水平五	题目清晰地属于语文学科,考虑到学生的年龄、心理、学识等因素,引导学生在人与自然、人与社会、人与自我、人与文化、人与科技等关系中思考,题目不仅具有可写性、新颖性等特点,而且关键概念(事物)之间的关系较为复杂,需要学生在充分梳理的基础上进行严密论述	5
逻辑视角	水平一	题目属于语文学科领域,但题目本身在语言表述方面有逻辑问题	1
	水平二	题目属于语文学科领域,题目本身在语言表述方面没有逻辑问题	2
	水平三	题目属于语文学科领域,题目本身在语言表述方面没有逻辑问题,而且关键词之间的关系方面明显、简单	3
	水平四	题目属于语文学科领域,题目本身在语言表述方面没有逻辑问题,而且关键词之间的关系方面相对复杂,有利于学生确立不同观点	4
	水平五	题目属于语文学科领域,题目本身在语言表述方面没有逻辑问题,而且关键词之间的关系方面复杂,需要学生充分厘清关系后才能确立观点加以论述	5
写作空间	水平一	题目本身过于宏大、空洞,看似给学生留有空间,但实质上是套题的空间比较大	1
	水平二	题目本身观点鲜明,毋庸置疑,没有留给学生对观点进行思辨的空间	2
	水平三	题目本身虽然观点鲜明,但题目表述上鼓励学生大胆质疑,提出不同观点,进行论述	3
	水平四	题目清晰地呈现观点或现象,为学生从不同角度、不同层次引出不同观点提供广阔的空间	4
	水平五	题目虽然没有呈现观点或现象,但在关键概念(事物)之间留下非常充分的思考空间,有利于学生组合重构以后,提出鲜明观点,进行论述	5

(三) 有关命题评价水平描述的说明

1. 为什么每个要素划分为五个水平?

每个要素划分为五个水平,主要依据《课程标准》中"学业质量水平"的划分方法。

2. 水平描述是否有理论依据?

各个要素的水平描述,尽量寻找理论依据,可以举出 3 个例子。

【例 1】"情境载体"水平划分的理论依据①

根据《课标解读》中关于"情境创设的三个层次":(1) 设置情境让学生的情感与学习内容产生共鸣;(2) 营造真实的学习环境,将学生学习内容、学习方式与自我成长、社会发展进行紧密关联;(3) 情境可以将学科知识结构转化为学生的认知结构。这三个层次虽然是指

① 普通高中语文课程标准修订组.普通高中语文课程标准(2017 年版 2020 年修订)解读[M].北京:高等教育出版社,2020:200.

向情境在教学中的作用，但可以转换视角，转化为情境在试题中作为题目载体的作用。

【例 2】“能力层级”水平划分的理论依据

根据《课程标准》中“学业质量水平描述”改造而来。“学业质量水平描述”是对学生的语言、思维、审美、文化四个核心素养养成方面进行五个水平的描述，虽然描述视角是学生素养水平，但从中可以提炼与转化出对具体题目包含的能力层级的要求。

【例 3】“写作空间”水平划分的理论依据①

根据叶丽新的《读写测评：理论与工具》中关于题目开放度的讨论，结合命题经验划分出五个等级。

3. “能力层级”中含有四个评价能力层级的视角，如何综合看待？

采用平均数的方法，将语言、思维、审美、文化方面的赋值相加、平均后，即为该题目的能力层级水平。

第三节　语文核心素养导向下的命题评价样例

构建出语文核心素养导向下的命题评价框架、重要维度以及评价要素，将评价要素根据高考选拔要求分成五个等级，并赋以分值，将质性描述转化为量化数据，即可针对具体题目进行评价。本章以公开发表的全国、上海市高考语文试卷题目以及近年来杨浦区高三语文质量测评卷题目为试题样本，进行试评。

一、阅读命题评价

（一）论述类文本

【题目一】

1. 题目呈现

第①段的“上善若水”在文中的意思是 ____________。

（题目来源：杨浦区 2020 学年第二学期高三语文质量测评卷）

2. 题目分析

表 7.5　论述类文本评价要素及其表现分析（一）

评价要素	表　现　分　析	水平等级	赋值
情境载体	学科认知情境，“上善若水”的本义对语境义有影响	水平三	3
典型任务	属于典型的理解句子语境义	水平二	2

① 叶丽新.读写测评：理论与工具[M].上海：上海教育出版社，2020：221－226.

续 表

评价要素	表　现　分　析	水平等级	赋值
关键知识	题目涉及对文本观点的基本理解	水平二	2
能力层级	语言方面解释句子的语境义，思维方面要收集信息，理解喻体相对的语境本体，不涉及审美与文化	水平二	2

3. 题目评价

这是一道典型、常见的“理解词语/句子语境义”的题目，经过评价，题目赋值为 9/20，在满分 20 分中，这道题占 9 分，属于较容易的题目。作为现代文阅读题第一题，难度不高，能够与后面的高难度题形成难度梯度。

【题目二】

1. 题目呈现

作者一边认为“文体规则与创造性之间构成反比关系”，一边又在界定散文的边界，这是否矛盾？请结合全文具体分析。

（题目来源：杨浦区 2020 学年第二学期高三语文质量测评卷）

2. 题目分析

表 7.6　论述类文本评价要素及其表现分析（二）

评价要素	表　现　分　析	评价等级	赋值
情境载体	学科认知情境，题目提出矛盾的观点，需要学生根据文本语境思考，确立自己的观点，寻找支持观点的依据，情境对答题有深刻影响	水平四	4
典型任务	属于阅读、梳理、探究的综合任务，答案开放，需要学生梳理文本重要信息，探究答案	水平四	4
关键知识	题目涉及“概念同一性”知识，议论文的重要知识点，需要学生发现与辨析	水平四	5
能力层级	语言方面，梳理文本进行探究；思维方面，需要学生在矛盾中确立自己的观点，并寻找支持的论据	水平四	4

3. 题目评价

作为类似高考语文试卷现代论述类文本的最后一道题，这道题具有典型性，它需要学生对全文进行梳理，运用形式逻辑中“概念同一律”的知识，但 2020 届的学生并没有学习到这一知识，这就需要在充分梳理文章后自己去发现。题目赋值为 17/20，在满分 20 分中，这道题占 17 分，属于难度很高的题目。作为类似高考的现代文阅读题，难度对应学业质量水平四。

（二）文学类文本

【题目一】

1. 题目呈现

请任选一个角度，赏析小说第⑤段的场面描写。

（题目来源：杨浦区 2020 学年第一学期高三语文质量测评卷）

2. 题目分析

表 7.7　文学类文本评价要素及其表现分析（一）

评价要素	表　现　分　析	评价等级	赋值
情境载体	学科认知情境，在两种情境下，对词语内容的理解，情境对回答内容有影响	水平三	3
典型任务	典型的阅读任务，并且需要学生任选一个角度	水平三	3
关键知识	“场面描写”是微型小说中的重要知识，但学生更熟悉环境描写的分类	水平四	4
能力层级	语言方面，题目要求确立角度，寻找论据支撑；思维方面，题目要求从多个角度中进行遴选，并且根据角度选择依据；审美方面，这是一道赏析题，要针对艺术手法的效果进行分析；文化方面，这篇微型小说讲述的是北方濒临灭绝的一个职业，很有地方文化特色	水平四	4

3. 题目评价

近年来，上海高考语文卷在文学类现代文命题中难度提高明显，命题视角多从文本的个性入手，给学生造成陌生感。题目赋值为 14/20，在满分 20 分中，这道题占 14 分，属于难度比较高的题目。作为类似高考的现代文阅读题，难度对应学业质量水平三与水平四之间。

【题目二】

1. 题目呈现

小说的结尾没有交代是否能捕到大鱼，这样结尾有什么妙处？

（题目来源：杨浦区 2020 学年第一学期高三语文质量测评卷）

2. 题目分析

表 7.8　文学类文本评价要素及其表现分析（二）

评价要素	表　现　分　析	评价等级	赋值
情境载体	学科认知情境，情境所蕴含的丰富含义，是学生最难理解和表述的	水平五	5

续 表

评价要素	表　现　分　析	评价等级	赋值
典型任务	赏析结尾的妙处，这是微型小说赏析中的典型任务，需要整体把握文本内涵，才能对开放性结尾的多义性理解充分	水平四	4
关键知识	微型小说的情节视角的知识，是重要知识；但关键在于对文本的理解，而不是对知识的再发现	水平四	4
能力层级	语言方面，题目要求能够顺利地表达出含蓄文本中的意思；思维方面，开放式结尾意蕴丰富，需要联系全文加以理解；审美方面，到底封闭式结尾与开放性结尾有何差别，这需要深入赏析；文化方面，文本内容具有很强的文化特色，文本的多义性也在其中	水平四	4

3. 题目评价

题目赋值为 17/20，在满分 20 分中，这道题占 17 分，属于难度比较高的题目。作为类似高考的现代文阅读题，难度对应学业质量水平四与水平五之间。难度主要在于多义性。

（三）古诗词鉴赏

【题目一】

1. 题目呈现

本作品的词牌名是（　　）。（1 分）

A.《八声甘州》　　B.《水调歌头》　　C.《江城子》　　D.《水龙吟》

（题目来源：杨浦区 2020 学年第一学期高三语文质量测评卷）

2. 题目分析

表 7.9　古诗词鉴赏文本评价要素及其表现分析

评价要素	表　现　分　析	评价等级	赋值
情境载体	学科认知情境，但不仅是记忆，而是要和教材中同一个词牌名的词进行比较	水平二	2
典型任务	这是阅读中的简单任务，但需要比较	水平二	2
关键知识	词牌的字数是学习词的基本知识，但每首词的字数不能强背	水平二	2
能力层级	语言方面，选择题不涉及语言；思维方面，涉及比较；审美和文化方面没有涉及	水平二	2

3. 题目评价

这是一道典型的古诗词鉴赏的选择题，要求考查古诗词的基础常识，题目赋值为 8/20，在满分 20 分中，这道题占 8 分，属于难度比较低的题目。作为类似高考的古诗词阅读题，难度对应学业质量水平二。

（四）文言文阅读

【题目一】

1. 题目呈现

中国园林建筑博物馆要推介张南垣，请根据甲文、乙文，在人物展板的空档处填上适当的内容。

张涟，字南垣，清代人，祖居华亭，__（1）__。他的园林设计艺术具有__（2）__、__（3）__的特点，同时，在具体的建造过程中，也体现出__（4）__的个人特长。

（题目来源：杨浦区 2020 学年第二学期高三语文质量测评卷）

2. 题目分析

表 7.10 文言文阅读文本评价要素及其表现分析（一）

评价要素	表 现 分 析	评价等级	赋值
情境载体	社会生活情境与学科认知情境的混合，情境对空档处的内容有着重要影响	水平四	4
典型任务	阅读与梳理的综合，题目要求搜索到重要信息后加以概括	水平四	4
关键知识	社会生活情境中的知识，关于人物介绍展板的知识	水平三	3
能力层级	语言方面，在理解原文内容之后要概括，还要注意展板的要求；思维方面，难点在于是否想到展板情境对内容的限制；审美和文化方面没有涉及	水平三	3

3. 题目评价

这是一道突破学科认知情境走向社会生活情境的题目，题目赋值为 14/20，在满分 20 分中，这道题占 14 分，属于难度比较高的题目，难点在于对社会生活情境的理解。

【题目二】

1. 题目呈现

此阁以“远”命名，请分析“远”的含义。

（题目来源：杨浦区 2020 学年第一学期高三语文质量测评卷）

2. 题目分析

表 7.11 文言文阅读文本评价要素及其表现分析（二）

评价要素	表 现 分 析	评价等级	赋值
情境载体	题目情境在学科认知情境中进行了开拓，除去文本的情境外，还有注释带来的背景情境。情境比较复杂，对答题内容有深刻影响	水平四	4

续　表

评价要素	表　现　分　析	评价等级	赋值
典型任务	分析文本题目的含义是典型的阅读任务，文本题目的丰富性是难点	水平四	4
关键知识	文本题目对文本有提纲挈领的作用，意蕴深远的题目也使文本内涵得到含蓄地深化	水平四	4
能力层级	语言方面，要概括出题目的丰富含义；思维方面，要考虑到题目的含义受到文本情境和知识背景的影响；审美方面，恰恰题目含义有审美的意蕴；文化方面，还有中国历代文人不放弃的气节	水平四	4

3. 题目评价

文言文阅读的最后一题需要能够涵盖全文。题目赋值为 16/20，在满分 20 分中，这道题占 16 分，属于难度较高的题目，难点在于对文本多义性的理解。

二、写作命题评价

【题目一】

1. 题目呈现

有人说，经过时间的沉淀，事物的价值才能被人们认识；也有人认为不尽如此。你怎么看？请写一篇文章，谈谈你的思考。

（题目来源：2021 年普通高等学校招生全国统一考试上海语文试卷）

2. 题目分析

表 7.12　写作命题评价要素及其表现分析(一)

评价要素	表　现　分　析	评价等级	赋值
学科特征	具有非常清晰的语文学科特征，能从人文视角引导学生思考，而且在一定时间范围内有新颖性	水平四	4
学生视角	考虑到学生的年龄、心理状态，引领学生思考具有一定哲理高度的命题，思考自己与事物之间的关系	水平四	4
逻辑视角	题目本身不存在逻辑问题，题目中时间、价值、认识三个概念的关系相对复杂，有利于学生建立不同观点进行论述	水平四	4
写作空间	题目中时间、价值、认识三个概念自身有不同的内涵，也可以产生不同的关系，可以引导学生去深入思考	水平四	4

3. 题目评价

这道作文题给予学生很充分的写作空间，上海市嘉定区教育学院沈国全老师评价得很到位——首先“事物的价值”本身就值得追问：事物有无终极价值，这个价值由谁认定，特别是用在时间的维度上，将来、后来的价值认定能否改变或者等同于先前、从前的价值判断？其次是“时间的沉淀”，这涉及认识价值的方式。基于价值的恒定，“时间”可能会改变或优化我们认识事物价值的能力、方法、途径，而且这种认识本身也有可能逐渐丰富、结构化。价值的“时间性”到底怎么看待？再次，“认识”是一种主观判断，随着时间的推移，认识受到社会环境变化的影响，是否会再次改变？所以材料说“有人认为不尽如此”。这个材料提醒我们在讨论与决策的时候，要更加谨慎地考虑命题、观点、意见等成立的前提条件和适用范围。

【题目二】

1. 题目呈现

据近期一项对来华留学生的调查，他们较为关注的“中国关键词”有：“一带一路”、大熊猫、广场舞、中华美食、长城、共享单车、京剧、空气污染、美丽乡村、食品安全、高铁、移动支付。

请从中选择两三个关键词来呈现你所认识的中国，写一篇文章帮助外国青年读懂中国。要求选好关键词，使之形成有机的关联；选好角度，明确文体，自拟标题；不要套作，不得抄袭；不少于800字。

（题目来源：2017年普通高等学校全国统一考试语文）

2. 题目分析

表7.13　写作命题评价要素及其表现分析（二）

评价要素	表　现　分　析	评价等级	赋值
学科特征	题目以“关键词”呈现，反映当下中国现状，从政治、历史学科的角度也能写，但这道题不言自明地表明要从人文、文化的角度谈论两三个关键词，它们反映出怎样的中国样貌	水平四	4
学生视角	这道题充分考虑到学生的个性、知识面、生活的差异，在12个词语中选择两三个词语任意组合，完全尊重了学生的差异	水平四	4
逻辑视角	题目中的关键词采用并列的方式，都是现象，没有逻辑错误，而且如何组合，需要学生呈现逻辑能力	水平五	5
写作空间	留给学生的写作空间非常大，可能有常见组合，也会产生不常见组合，如何才能自圆其说，是对学生的最大考验	水平五	5

3. 题目评价

这是一道非常新颖的题目，在不出现逻辑错误的情况下并列关键词，然后给学生以最大的组合、重构的空间，这是不容易做到的。

第八章 基于新课标的高中数学学科学业质量评价研究*

第一节 研究背景

《普通高中数学课程标准(2017 年版 2020 年修订)》(以下简称"《课程标准》")研制了学业质量标准,并明确指出学业质量标准具有"为阶段性评价、学业水平考试和升学考试命题提供重要依据,促进教、学、考有机衔接,形成育人合力"①的重要意义。《课程标准》原则上对每个模块或主题都明确了"学业要求",并依据学业质量标准细化评价目标,增强对教学和评价的指导性,并且给出了学业水平考试与高考命题建议。

高中数学学业质量评价基于数学学科核心素养,在诊断学生学习中的"优势"与"不足"的同时,也起到重要的导向作用。建立一个科学的评价体系,对于检验和推进数学学科核心素养的落实具有积极意义。那么,如何命制可以正确评价学生学业水平的高中数学考试题目?如何通过命制高质量的考试题目来发挥评价的导向作用?如何构建一个指向数学学科核心素养的评价体系?为此,我们开展数学学科素养导向下的学业质量标准测试框架和命题的研究。

第二节 高中数学学业质量水平及其评价

一、高中数学学业质量水平描述②

在《课程标准》中,对数学学业质量水平进行了描述(参见表 8.1)。

数学学业质量水平是六个数学学科核心素养水平的综合表现。每一个数学学科核心素养划分为三个水平,每一个水平是通过数学学科核心素养的具体表现和体现数学学科核心素养的几个方面进行表述的。数学学科核心素养包括:数学抽象、逻辑推理、数学建模、直观想象、数学运算和数据分析。体现数学学科核心素养的四个方面如下:

(1) 情境与问题。情境主要是指现实情境、数学情境、科学情境。问题是指在情境中提出的数学问题。

---

* 本章作者为上海市杨浦区教育学院中学教研室浦静滢。

① 中华人民共和国教育部. 普通高中数学课程标准(2017 年版 2020 年修订)[M]. 北京:人民教育出版社,2020:5.

② 中华人民共和国教育部. 普通高中数学课程标准(2017 年版 2020 年修订)[M]. 北京:人民教育出版社,2020:74 - 78.

（2）知识与技能。主要是指能够帮助学生形成相应数学学科核心素养的知识与技能。

（3）思维与表达。主要是指数学活动过程中反映的思维品质、表述的严谨性和准确性。

（4）交流与反思。主要是指能够用数学语言直观地解释和交流数学的概念、结论、应用和思想方法，并能进行评价、总结与拓展。

表 8.1　高中数学学业质量水平及其描述

水 平	质 量 描 述
水平一	能够在熟悉的情境中，直接抽象出数学概念和规则；能够用归纳或类比的方法，发现数量或图形的性质、数量关系或图形关系，形成简单的数学命题；能够抽象出实物的几何图形，建立简单图形与实物之间的联系，体会图形与图形、图形与数量的关系；了解随机现象及简单的概率或统计问题；了解熟悉的数学模型的实际背景及其数学描述，了解数学模型中的参数、结论的实际含义，能够在熟悉的数学情境中了解运算对象，提出运算问题。 能够在熟悉的数学情境中，解释数学概念和规则的含义，了解数学命题的条件与结论之间的逻辑关系，抽象出数学问题；能够通过熟悉的例子理解归纳推理、类比推理和演绎推理的基本形式，识别归纳推理、类比推理、演绎推理；掌握一些基本命题与定理的证明，并有条理地表述论证过程；能够借助图形的性质和变换（平移、对称、旋转）发现数学规律；能够推述简单图形的位置关系和度量关系及其特有性质，能够了解运算法则及其适用范围，正确进行运算；能够根据问题的特征形成合适的运算思路；能够对熟悉的概率问题，选择合适的概率模型；能够对熟悉的统计问题，选择合适的抽样方法收集数据，掌握描述、刻画、分析数据的基本统计方法；能够解决简单的数学应用问题，知道数学建模的过程包括：提出问题、建立模型、求解模型、检验结果、完善模型，能够在熟悉的实际情境中，模仿学过的数学建模过程解决问题。 能够了解用数学语言表达的推理和论证；能够在解决相似的问题中感悟数学的通性通法；能够用图形描述和表达熟悉的数学问题、启迪解决这些问题的思路，体会数形结合；能够体会运算法则的意义和作用，运用运算验证简单的数学结论：能够用概率和统计的语言表达简单的随机现象；能够结合熟悉的实例，体会概率的意义，感悟统计方法的作用；对于学过的数学模型，能够举例说明数学建模的意义，体会其蕴含的数学思想。 能够在交流的过程中，结合实际情境解释相关的抽象概念；能够在日常生活中利用图形直观进行交流；能够用统计图表和简单概率模型解释熟悉的随机现象；能够用运算的结果、借助或引用已有数学建模的结果说明问题；能够明确所讨论问题的内涵，有条理地表达观点。
水平二	能够在关联的情境中，抽象出一般的数学概念和规则，确定运算对象和随机现象，发现问题并提出或转化为数学问题；能够想象并构建相应的几何图形，发现图形与图形、图形与数量的关系，探索图形的运动规律；能够理解归纳、类比是发现和提出数学命题的重要途径；能够将已知数学命题推广到更一般的情形；能够在新的情境中选择和运用数学方法解决问题。 能够用恰当的例子解释抽象的数学概念和规则；能够理解数学命题的条件与结论，通过分析相关数学命题的条件与结论，探索论证的思路，选择合适的论证方法予以证明；能够理解和构建相关数学知识之间的联系；能够通过举反例说明某些数学结论不成立；能够掌握研究图形与图形、图形与数量之间关系的基本方法，借助图形性质探索数学规律，解决实际问题或数学问题；能够针对运算问题，合理选择运算方法、设计运算程序，运算求解；能够选择合适的数学模型表达所要解决的数学问题，理解模型中参数的意义，知道如何确定参数，建立模型，求解模型，能够根据问题的实际意义检验结果，完善模型，解决问题；能够针对具体问题，选择离散型随机变量或连续型随机变量刻画随机现象，理解抽样方法的统计意义，运用适当的概率或统计模型解决问题。

续 表

水 平	质 量 描 述
水平二	能够理解用数学语言表达的概念、规则、推理和论证，理解相关概念、命题、定理之间的逻辑关系，提炼出解决一类问题的数学方法，理解其中的数学思想，初步建立网状的知识结构；能够用图形探索解决问题的思路，形成数形结合的思想；能够理解运算是一种演绎推理，在综合运用运算方法解决问题的过程中，形成规范化思考问题的品质；能够在关联的情境中，经历数学建模的过程，运用数学语言，表述数学建模过程中的问题以及解决问题的过程和结果，形成研究报告，展示研究成果；能够在运用统计方法解决问题的过程中，解释统计结果，感悟归纳推理的作用，能够用概率或统计模型表达随机现象的统计规律。 在交流的过程中，能够用一般的概念解释具体现象；能够利用直观想象、数学运算探讨数学问题；能够用数据呈现的规律解释随机现象；能够用模型的思想说明问题。能够在交流的过程中，围绕主题，观点明确，论述有理有据，并能用准确的数学语言表述论证过程。
水平三	能够在综合的情境中，发现其中蕴含的数学关系，用数学的眼光找到合适的研究对象，用恰当的数学语言予以表达，并运用数学思维进行分析，提出数学问题；能够借助图形探索解决问题的思路；能够在得到的数学结论基础上形成新命题。 能够通过数学对象、运算或关系理解数学的抽象结构；能够掌握不同的逻辑推理方法；能够对较复杂的数学问题，通过构建过渡性命题，探索论证的途径，解决问题；能够对较复杂的运算问题，设计算法，构造运算程序，解决问题；能够综合利用图形与图形、图形与数量的关系，理解数学各分支之间的联系；能够借助直观想象建立数学与其他学科的联系，并形成理论体系的直观模型，感悟高度概括、有序多级的数学知识体系；能够在现实世界中发现问题。运用数学建模的一般方法和相关知识，创造性地建立数学模型，解决问题；能够针对不同的问题，综合或创造性地运用概率统计知识，构造相应的概率或统计模型，解决问题。 在实际情境中，能够把握研究对象的数学特征，感悟通性通法的数学原理和其中蕴含的数学思想；能够运用数学语言，清晰、准确地表达数学论证和数学建模的过程和结果；能够理解建构数学体系的公理化思想；能够用程序思想理解与表达问题，理解程序思想与计算机解决问题的联系；能够通过想象对复杂的数学问题进行直观表达，抓住数学问题的本质，形成解决问题的思路，能够理解数据蕴含着信息，可以通过对信息的加工，得到数据所提供的知识和规律，理解数据分析在大数据时代的重要性。 在交流的过程中，能够用数学原理解释自然现象和社会现象；能够利用直观想象探讨问题的本质及其与数学的联系；能够用程序思想理解和解释问题；能够辨明随机现象，并运用恰当的数学语言进行表述；能够通过数学建模的结论和思想阐释科学规律和社会现象；能够合理地运用数学语言和思维进行跨学科的表达与交流。

二、学业质量水平与考试评价的关系

《课程标准》对高中数学学业质量水平与考试评价之间的关系做如下描述①：

数学学业质量水平一是高中毕业应当达到的要求，也是高中毕业的数学学业水平考试的命题依据。

数学学业质量水平二是高考的要求，也是数学高考的命题依据。

数学学业质量水平三是基于必修、选择性必修和选修课程的某些内容对数学学科核心素养的达成提出的要求，可以作为大学自主招生的参考。

① 中华人民共和国教育部. 普通高中数学课程标准(2017 年版 2020 年修订)[M]. 北京：人民教育出版社，2020：79.

《课程标准》对高中毕业的数学学业水平考试、数学高考的命题提出如下命题原则①：

命题应依据学业质量标准和课程内容，注重对学生数学学科核心素养的考查，处理好数学学科核心素养与知识技能的关系，要充分考虑对教学的积极引导作用。

考查内容应围绕数学内容主线，聚焦学生对重要数学概念、定理、方法、思想的理解和应用，强调基础性、综合性；注重数学本质、通性通法，淡化解题技巧；融入数学文化。

第三节　学业质量标准测试框架的研究

一、文献综述

《课程标准》中指出："高中数学学习评价关注学生知识技能的掌握，更关注数学学科核心素养的形成和发展，制定科学合理的学业质量要求，促进学生在不同学习阶段数学学科核心素养水平的达成。评价既要关注学生学习的结果，更要重视学生学习的过程。开发合理的评价工具，将知识技能的掌握与数学学科核心素养的达成有机结合，建立目标多元、方式多样、重视过程的评价体系。通过评价，提高学生学习兴趣，帮助学生认识自我，增强自信；帮助教师改进教学，提高质量。"②在明确高中数学学业质量水平的基础上，进行了三个水平的划分，并且对六大核心素养也进行了三个水平的划分。对高中毕业的数学学业水平考试、数学高考的命题，就命题原则提出"命题应依据学业质量标准和课程内容，注重对学生数学学科核心素养的考查，处理好数学学科核心素养与知识技能的关系，要充分考虑对教学的积极引导作用。在传统评分的基础上，可以根据解题情况对学生的数学学科核心素养水平的达成进行评价"，"考查内容应围绕数学内容主线，聚焦学生对重要数学概念、定理、方法、思想的理解和应用，强调基础性、综合性；注重数学本质、通性通法，淡化解题技巧；融入数学文化"③；就考试命题路径提出"构建数学学科核心素养的评价框架。依据数学学科核心素养的内涵、价值和行为表现的描述，参照学业质量的三个水平，构建基于数学学科核心素养测试的评价框架。评价框架包括三个维度：第一个维度是反映数学学科核心素养的四个方面，它们分别为情境与问题、知识与技能、思维与表达、交流与反思；第二个维度是四条内容主线，它们分别为函数、几何与代数、概率与统计、数学建模活动与数学探究活动；第三个维度是数学学科核心素养的三个水平"④。

---

① 中华人民共和国教育部. 普通高中数学课程标准(2017 年版 2020 年修订)[M]. 北京：人民教育出版社，2020：88.

② 中华人民共和国教育部. 普通高中数学课程标准(2017 年版 2020 年修订)[M]. 北京：人民教育出版社，2020：3.

③ 中华人民共和国教育部. 普通高中数学课程标准(2017 年版 2020 年修订)[M]. 北京：人民教育出版社，2020：88.

④ 中华人民共和国教育部. 普通高中数学课程标准(2017 年版 2020 年修订)[M]. 北京：人民教育出版社，2020：89.

《普通高中数学课程标准(2017 年版 2020 年修订)解读》中明确要重视评价的整体性与阶段性,并指出“既要关注数学知识与技能的达成,更要关注相关的数学学科核心素养的提升;应该依据必修和选修课程内容标准的主线和主题,整体把握学业质量中的数学学科核心素养水平”①。在对考试命题路径进行分析解读时,指出要依据数学学科核心素养的评价框架进行命题:“数学学科核心素养是在特定的、情境化的、综合的数学活动中形成与发展、表现与评价的,因此,依据数学学科核心素养的评价框架进行命题和评分,有利于形成统一的要求和命题的规律。命题时应统筹考虑三个维度上的不同要求,编制基于数学学科核心素养的试题,每道试题都有针对性的考查重点”,“在命题中,选择合适的情境与问题是考查数学学科核心素养的重要载体。情境包括现实情境、数学情境、科学情境,每种情境可以分为熟悉的、关联的、综合的;问题是指情境中的问题,从学生认识的角度分为简单的问题、较为复杂的问题、复杂的问题。这些层次是构成数学学科核心素养水平划分的基础,也是数学学科核心素养评价等级划分的基础”,“对于知识与技能,要关注能够承载相应数学学科核心素养的知识、技能,层次可以分为了解、理解、掌握、运用以及经历、体验、探索。在命题中需要突出内容主线和反映数学本质的核心概念、主要结论、通性通法、数学应用和实际应用”②。合理运用法则、公式,依据算理进行运算求解;并能根据问题条件,寻求合理的求解途径与方法。

在《教学与评价的风向标:上海中小学各学科核心素养研究》中,有关数学学科基于学科核心素养的评价指出:“解析内容标准,细化课程标准。依据课程标准要求和学生年龄特征,合理设计评价目标、评价内容与评价方式。要树立评价是为了改进学习的基本理念,强化评价的诊断、改进与激励功能,让评价有机地融入教学”③,并给出了“数学关键能力矩阵”(见表 8.2)。

表 8.2　数学关键能力及其描述④

关键能力	内　涵　描　述
运算求解	合理运用法则、公式,依据算理进行运算求解;并能根据问题条件,寻求合理的求解途径与方法。
推理论证	依据数学概念和原理创建或选择一系列推理方法,做出有根据的数学推断或进行数学论证。

---

① 普通高中数学课程标准修订组.普通高中数学课程标准(2017 年版 2020 年修订)解读[M].北京:高等教育出版社,2020:260.

② 普通高中数学课程标准修订组.普通高中数学课程标准(2017 年版 2020 年修订)解读[M].北京:高等教育出版社,2020:259 - 260.

③ 上海市教育委员会教学研究室.教学与评价的风向标:上海中小学各学科核心素养研究[M].上海:上海科技教育出版社,2018:30.

④ 上海市教育委员会教学研究室.教学与评价的风向标:上海中小学各学科核心素养研究[M].上海:上海科技教育出版社,2018:27.

续表

关键能力	内涵描述
空间想象	根据条件画出(或作出)图形;分析几何图形中的基本元素及其关系;能想象和描述图形的运动与变化,利用图形分析、揭示问题的本质。
数据处理	用基本的统计量、统计图表等来反映所收集数据的若干主要特征;能结合统计数据开展分析、决策;能理解随机现象,并通过统计信息预测事件发生的可能性。
数学表达	合理运用数学语言(包括文字语言、图形语言和符号语言)表达分析数学对象、解决数学问题的过程;能在交流中阐明自身数学观点、见解等。
数学建模	理解现实问题情境,抽象并结构化情境使之成为一个数学问题;运用数学模型解决数学问题,并根据具体的现实情境解读并检验数学结果。

《普通高中数学课程标准(2017年版2020年修订)教师指导(数学)》认为,数学学业质量的研制是《课程标准》的一个重大突破:“学业质量是学生自主学习与评价、教师教学活动与评价、教材编写的指导性要求,也是考试命题的依据”,“数学学业质量是学生在完成普通高中数学课程相应阶段学习之后,对数学学科核心素养表现的总体表述。它是数学学科核心素养水平与课程内容的有机结合”①。并明确指出:“确定数学学业质量标准的依据主要有:数学课程目标中的‘四基’‘四能’与课程内容要求(内容标准);六个数学学科核心素养的水平;体现数学学科核心素养的四个方面(情境与问题、知识与技能、思维与表达、交流与反思),以及情感、态度与价值观方面的表述。这三个依据也是刻画学业质量的三个维度。课程标准中基于这三个维度,分三个水平来描述学业质量水平。其中,水平一是高中毕业的要求,水平二是高考要求,水平三是拓展性要求,可以作为高校自主招生的依据。这三个水平的分析指标和案例可参看《课程标准》的附录1和附录2。需要注意的是,第三个维度体现了数学活动的四个基本环节:情境与问题、知识与技能、思维与表达、交流与反思”②。并引用PISA2012中强调的数学活动的三种过程③:

过程1:问题情境的数学化。具体包括:

- 确定现实情境中一个问题的数学特征及关键变量;
- 确认问题或情境中的数学结构(包括规律、关系和模式);
- 简化一个情境或问题,使其更有利于数学分析;

① 王尚志,吕世虎,胡凤娟.普通高中课程标准(2017年版2020年修订)教师指导(数学)[M].上海:上海教育出版社,2020:207.

② 王尚志,吕世虎,胡凤娟.普通高中课程标准(2017年版2020年修订)教师指导(数学)[M].上海:上海教育出版社,2020:208.

③ 王尚志,吕世虎,胡凤娟.普通高中课程标准(2017年版2020年修订)教师指导(数学)[M].上海:上海教育出版社,2020:217-218.

- 在建模过程中弄清各种限制和假设并逐步简化背景；
- 利用恰当的变量、符号、图表和标准模型对问题情境进行数学表征；
- 用不同的途径描述问题，包括数学概念和数学假设的利用；
- 理解和解释用于描述同一问题的现实情境语言和数学形式语言之间的关系；
- 把问题转译为数学语言或数学表征；
- 把问题化归为已知的问题或者数学概念、事实、程序；利用技术去凸显隐含在问题情境中的数学关系。

过程 2：运用数学概念、事实程序和推理。具体包括：

- 设计和实施各种解题策略去发现数学结论；
- 利用各种数学工具或技术去获得精确或近似的结果；
- 运用数学事实、规则、算法和结构去发现数学结果；
- 能够在解题过程中操作数字、图形、统计数据和信息、代数式和方程、几何表征；
- 能够制作数学图表、构造数学对象，并从中提取数学信息；
- 在解题过程中利用不同的表征并进行相互转化；
- 能够依据数学程序获得结果，并将结果一般化；
- 能够反思数学的论证过程，并解释和判断所得的结果。

过程 3：解释、应用和评价所得的数学结论。具体包括：

- 回到原来的现实背景解释数学结果；
- 依据现实背景评价数学结果的合理性；
- 理解现实情境是如何影响数学结果和过程的，以及如何依据实际情况进行调整和运用；
- 解释为什么所得的数学结果对于一个实际情境中的问题而言是有意义的或者无意义的；
- 理解数学概念和结果的适用范围与局限性；
- 在利用数学模型解决问题时能够评价和确定限制条件。

《普通高中课程标准（2017 年版 2020 年修订）教师指导（数学）》还指出，“虽然 OECD 对数学素养的界定与我国《课程标准》中的概念有一定的差异，但其命题路径是值得我们参考的”①。

二、基于核心素养的高中数学学科试题评价框架

基于核心素养的高中数学学科试题评价框架如图 8.1 所示。

三、评价框架说明

普通高中数学分必修、选择性必修和选修三类课程，其中必修课程除含有预备知识这个主

① 王尚志，吕世虎，胡凤娟．普通高中课程标准（2017 年版 2020 年修订）教师指导（数学）[M]．上海：上海教育出版社，2020：218.

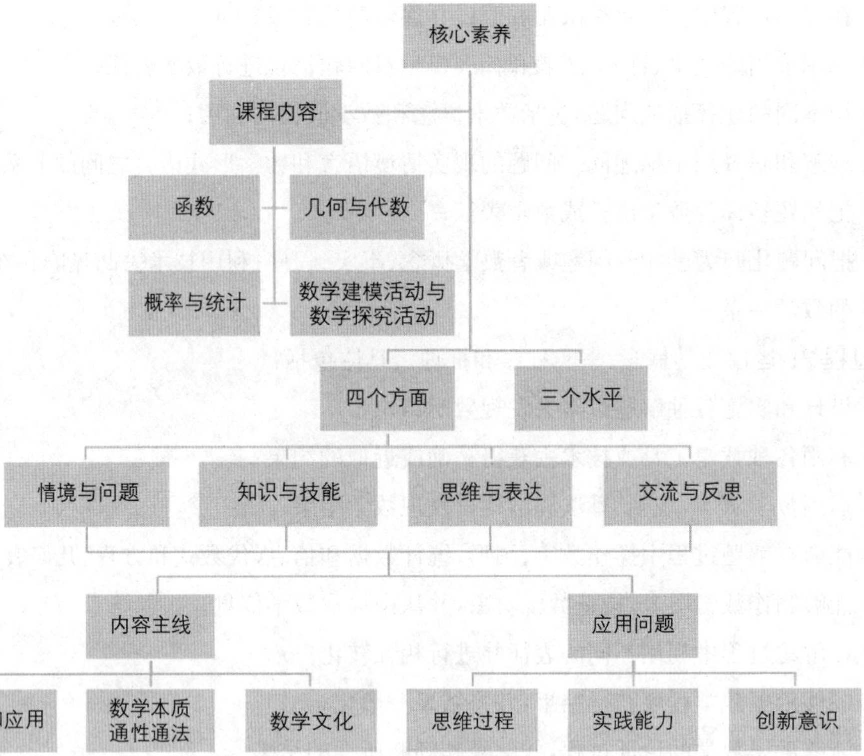

图 8.1　高中数学学科试题评价框架

题以外，和选择性必修课程含有四个共同的主题：函数、几何与代数、概率与统计、数学建模活动与数学探究活动。每个主题都有其重点提升的核心素养，如必修课程主题二“函数”重点提升数学抽象、数学建模、数学运算、直观想象和逻辑推理素养。在试题评价框架中，课程的知识主题板块和学科核心素养有机整合，体现在四个方面：情境与问题、知识与技能、思维与表达、交流与反思。并且划分三个水平：水平一——高中毕业的数学学业水平考试的命题依据；水平二——数学高考的命题依据；水平三——大学自主招生的参考。例如，“数学抽象”素养，就可以按照四个方面、三个水平做如下划分（表 8.3）。

表 8.3　高中数学学业水平及其素养内涵：数学抽象

水平	素养内涵：数学抽象
水平一	（1）能够在熟悉的情境中直接抽象出数学概念和规则，能够在特例的基础上归纳并形成简单的数学命题，能够模仿学过的数学方法解决简单问题。 （2）能够解释数学概念和规则的含义，了解数学命题的条件与结论，能够在熟悉的情境中抽象出数学问题。 （3）能够了解用数学语言表达的推理和论证；能够在解决相似的问题中感悟数学的通性通法，体会其中的数学思想。 （4）在交流的过程中，能够结合实际情境解释相关的抽象概念。

续 表

水平	素养内涵：数学抽象
水平二	(1) 能够在关联的情境中抽象出一般的数学概念和规则，能够将已知数学命题推广到更一般的情形，能够在新的情境中选择和运用数学方法解决问题。 (2) 能够用恰当的例子解释抽象的数学概念和规则；理解数学命题的条件与结论；能够理解和构建相关数学知识之间的联系。 (3) 能够理解用数学语言表达的概念、规则、推理和论证；能够提炼出解决一类问题的数学方法，理解其中的数学思想。 (4) 在交流的过程中，能够用一般的概念解释具体现象。
水平三	(1) 能够在综合的情境中抽象出数学问题，并用恰当的数学语言予以表达；能够在得到的数学结论基础上形成新命题；能够针对具体问题运用或创造数学方法解决问题。 (2) 能够通过数学对象、运算或关系理解数学的抽象结构，能够理解数学结论的一般性，能够感悟高度概括、有序多级的数学知识体系。 (3) 在现实问题中，能够把握研究对象的数学特征，并用准确的数学语言予以表达；能够感悟通性通法的数学原理和其中蕴含的数学思想。 (4) 在交流的过程中，能够用数学原理解释自然现象和社会现象。

基于核心素养的高中数学学科试题评价框架就是在如表 8.3 所示对于高中数学学科核心素养的划分的基础上构建的，在试题中可以具体从内容主线和应用问题两大主线、六个方面入手研究。

四、高中数学学科核心素养构成要素及其具体表现细化

在表 8.4 中，“课程内容”指试题对应的课程主题板块；“数学知识”指试题对应的具体的学科知识与技能；“核心素养”分为三个维度，其中“内容”是指“数学抽象、逻辑推理、数学运算、直观想象、数据分析、数学建模”，“水平”是指核心素养的细化水平，其中水平 A、B 为《课程标准》中水平一的细化，水平 C、D 为《课程标准》中水平二的细化，“方面”是指“情境与问题、知识与技能、思维与表达、交流与反思”；“学业质量水平”分为三项，即评价框架中说明的内容，水平一——高中毕业的数学学业水平考试的命题依据、水平二——数学高考的命题依据、水平三——大学自主招生的参考，值得注意的是，在高中数学学业质量标准命题上，水平三原则上不做要求，“质量描述”可根据课程标准中相应的表格内容进行填写。

表 8.4　高中数学核心素养构成要素及其学业质量水平

题号	课程内容	数学知识	核心素养			学业质量水平	
			内容	水平	方面	水平	质量描述
1							
2							
3							

五、基于核心素养试题评价框架的试题分析案例——2021 届杨浦区高中数学学科二模考试题举隅①

【试题一】

已知复数 z 满足 $z=2-\mathrm{i}$（i 为虚数单位），则 $z\cdot\bar{z}=$ ______.

表 8.5 高中数学核心素养及其学业质量水平(一)

题号	课程内容	数学知识	核心素养			学业质量水平	
			内容	水平	方面	水平	质量描述
1	几何与代数	复数的概念与运算	数学运算	A	知识与技能	一	能够了解运算法则及其适用范围，正确进行运算。

【试题二】

已知函数 $f(x)=\sqrt{2x-1}$ 的反函数为 $f^{-1}(x)$，则 $f^{-1}(3)=$ ______.

表 8.6 高中数学核心素养及其学业质量水平(二)

题号	课程内容	数学知识	核心素养			学业质量水平	
			内容	水平	方面	水平	质量描述
2	函数	反函数	逻辑推理； 数学运算		情境与问题； 知识与技能	二	能够用恰当的例子解释抽象的数学概念和规则； 能够针对运算问题，合理选择运算方法。

【试题三】

在 $(x-\sqrt{2})^8$ 的二项展开式中，x^6 项的系数是 ______.

表 8.7 高中数学核心素养及其学业质量水平(四)

题号	课程内容	数学知识	核心素养			学业质量水平	
			内容	水平	方面	水平	质量描述
4	概率与统计	二项式定理	数学运算	B	知识与技能	一	能够根据问题的特征形成合适的运算思路。

① “2021 届杨浦区高中数学学科二模考试题”的命制，是在新课程标准已经实施，但新教材尚未全面实施的情况下进行的。

【试题四】

方程 $\log_5(4^x-11)-1=\log_5(2^x-3)$ 的解为 $x=$__________.

表 8.8　高中数学核心素养及其学业质量水平(六)

题号	课程内容	数学知识	核心素养			学业质量水平	
			内　容	水平	方　面	水平	质量描述
6	函数	指数、对数方程	数学运算	B	知识与技能;思维与表达	一	能够了解运算的法则及其适用范围,正确进行计算;能够根据问题的特征形成合适的运算思路。

【试题五】

已知一组数据 a,3,-2,6 的中位数为 4,则其总体方差为__________.

表 8.9　高中数学核心素养及其学业质量水平(七)

题号	课程内容	数学知识	核心素养			学业质量水平	
			内　容	水平	方　面	水平	质量描述
7	概率与统计	统计基本概念	数据分析;数学运算	B;B	知识与技能	一	掌握描述、刻画、分析数据的基本统计方法;能够了解运算法则及其适用范围,正确进行运算。

【试题六】

已知函数 $f(x)=g(x)+|2x-1|$ 为奇函数,若 $g(-1)=7$,则 $g(1)=$__________.

表 8.10　高中数学核心素养及其学业质量水平(八)

题号	课程内容	数学知识	核心素养			学业质量水平	
			内　容	水平	方　面	水平	质量描述
8	函数	函数的奇偶性	数学运算	C	知识与技能	二	能够针对运算问题,合理选择运算方法,设计运算程序,运算求解。

【试题七】

直线 l:$(n+2)x-y+2n-1=0$(n 是正整数)被圆 C:$(x-1)^2+y^2=16$ 所截得的弦长为 d_n,则 $\lim\limits_{n\to+\infty}d_n=$__________.

表 8.11　高中数学核心素养及其学业质量水平(九)

题号	课程内容	数学知识	核心素养			学业质量水平	
			内容	水平	方面	水平	质量描述
9	几何与代数	解析几何	直观想象；数学运算	D；C	知识与技能；思维与表达	二	借助图形性质探索数学规律；综合运用运算方法解决问题。

【试题八】

非空集合 A 中所有元素乘积记为 $T(A)$. 已知集合 $M=\{1, 4, 5, 7, 8\}$，从集合 M 的所有非空子集中任选一个子集 A，则 $T(A)$ 为偶数的概率是________.（结果用最简分数表示）

表 8.12　高中数学核心素养及其学业质量水平(十)

题号	课程内容	数学知识	核心素养			学业质量水平	
			内容	水平	方面	水平	质量描述
10	预备知识；概率与统计	集合；概率	数学抽象；逻辑推理	D；D	情境与问题；知识与技能；思维与表达	二	能够在关联的情境中抽象出一般的数学概念和规则，确定运算对象；能够构建相关数学知识之间的联系；能够理解数学语言表达的概念、规则。

【试题九】

函数 $f(x)=\sin(\omega x)+\sqrt{3}\cos(\omega x)$ $(\omega>0)$，若有且仅有一个实数 m 满足：① $0\leqslant m\leqslant\frac{\pi}{2}$；② $x=m$ 是函数图象的对称轴，则 ω 的取值范围是________.

表 8.13　高中数学核心素养及其学业质量水平(十一)

题号	课程内容	数学知识	核心素养			学业质量水平	
			内容	水平	方面	水平	质量描述
11	函数	三角函数的性质	逻辑推理；直观想象；数学运算	D；D；D	知识与技能	二	能够理解和构建相关数学知识之间的联系；能够掌握研究图形与数量之间关系的基本方法；合理选择运算方法。

【试题十】

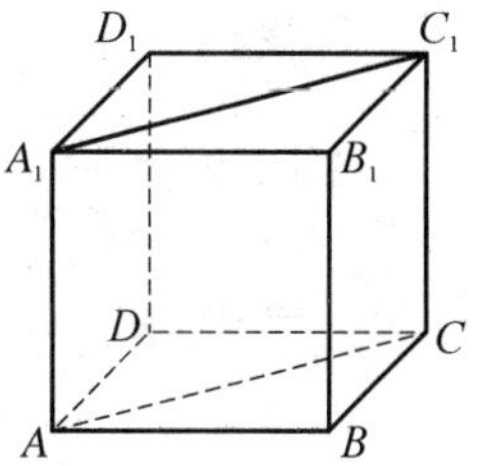

如图，在棱长为 2 的正方体 $ABCD-A_1B_1C_1D_1$ 中，点 P 是平面 ACC_1A_1 上一动点，且满足 $\overrightarrow{D_1P}\cdot\overrightarrow{CP}=0$，则满足条件的所有点 P 所围成的平面区域的面积是__________.

表 8.14 高中数学核心素养及其学业质量水平（十二）

题号	课程内容	数学知识	核心素养			学业质量水平	
			内　容	水平	方　面	水平	质量描述
12	几何与代数	立体几何；向量	逻辑推理；直观想象；数学运算	D；D；D	情境与问题；知识与技能；思维与表达	二	能够想象并构建相应的几何图象，发现图形与图形、图形与数量的关系；能够理解和构建相关数学知识之间的联系；合理选择运算方法。

【试题十一】

若 $m, n\in\mathrm{R}$，i 是虚数单位，则“$m=n$”是“$(m-n)+(m+n)\mathrm{i}$ 为纯虚数”的（　　）.

A. 充分不必要条件　　B. 必要不充分条件

C. 充要条件　　D. 既不充分也不必要条件

表 8.15 高中数学核心素养及其学业质量水平（十三）

题号	课程内容	数学知识	核心素养			学业质量水平	
			内　容	水平	方　面	水平	质量描述
13	几何与代数	复数；逻辑	逻辑推理	B	知识与技能；思维与表达	一	了解数学命题的条件与结构之间的逻辑关系。

【试题十二】

已知数列 $\{a_n\}$ 是无穷等比数列，若 $a_1<a_2<0$，则数列 $\{a_n\}$ 的前 n 项和 S_n（　　）.

A. 无最大值，有最小值　　B. 有最大值，有最小值

C. 有最大值，无最小值　　D. 无最大值，无最小值

表 8.16 高中数学核心素养及其学业质量水平（十四）

题号	课程内容	数学知识	核心素养			学业质量水平	
			内　容	水平	方　面	水平	质量描述
14	函数	数列的最值	逻辑推理	C	知识与技能；思维与表达	二	通过分析相关数学命题的条件与结论，探索论证的思路；初步建立网状的知识结构。

【试题十三】

在四边形 $ABCD$ 中，$\overrightarrow{AB}=\overrightarrow{DC}=(3,\sqrt{3})$，且满足 $\dfrac{\overrightarrow{AB}}{|\overrightarrow{AB}|}+\dfrac{\overrightarrow{AD}}{|\overrightarrow{AD}|}=\dfrac{\overrightarrow{AC}}{|\overrightarrow{AC}|}$，则 $|\overrightarrow{AC}|=$（　　）.

A. 2　　　　B. 6　　　　C. $\sqrt{3}$　　　　D. $2\sqrt{3}$

表 8.17　高中数学核心素养及其学业质量水平（十五）

题号	课程内容	数学知识	核心素养			学业质量水平	
			内容	水平	方面	水平	质量描述
15	几何与代数	向量	数学运算；直观想象	C；D	知识与技能；思维与表达	二	借助图形性质探索数学规律；形成数形结合的思想。

【试题十四】

已知函数 $f(x)$ 的定义域为 D，值域为 A，函数 $f(x)$ 具有下列性质：(1) 若 $x,y\in D$，则 $\dfrac{f(x)}{f(y)}\in A$；(2) 若 $x,y\in D$，则 $f(x)+f(y)\in A$. 下列结论正确是（　　）.

① 函数 $f(x)$ 可能是奇函数；　　② 函数 $f(x)$ 可能是周期函数；

③ 存在 $x\in D$，使得 $f(x)=\dfrac{2\,021}{2\,020}$；　　④ 对任意 $x\in D$，都有 $f^2(x)\in A$.

A. ①③④　　　　B. ②③④　　　　C. ②④　　　　D. ②③

表 8.18　高中数学核心素养及其学业质量水平（十六）

题号	课程内容	数学知识	核心素养			学业质量水平	
			内容	水平	方面	水平	质量描述
16	函数	函数的性质	数学抽象；逻辑推理	D；D	情境与问题；知识与技能；思维与表达	二	能够在关联情境中，抽象出一般的数学概念和规则，确定运算对象；能够探索论证的思路；理解相关概念、命题、定理之间的逻辑关系。

【试题十五】

如图，棱柱 $ABC\text{-}A_1B_1C_1$ 中，$AB=BC=AA_1=2$，$BB_1\perp$ 底面 ABC，$AB\perp BC$，D 是棱 AB 的中点.

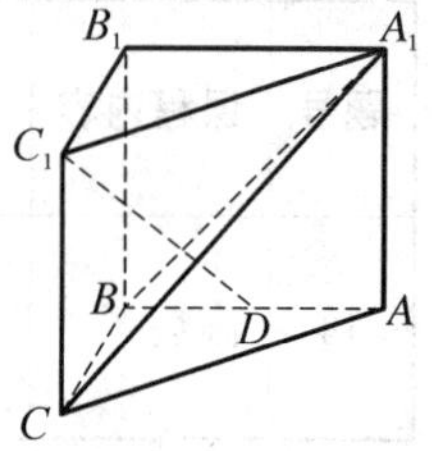

(1) 求证：直线 BC 与直线 DC_1 为异面直线；

(2) 求直线 DC_1 与平面 A_1BC 所成角的大小.

表 8.19　高中数学核心素养及其学业质量水平（十七）

题号	课程内容	数学知识	核心素养			学业质量水平	
			内　容	水平	方　面	水平	质量描述
17	几何与代数	立体几何	直观想象； 逻辑推理； 数学运算	C； C； C	知识与技能	二	能够掌握研究图形与图形、图形与数量之间关系的基本方法；探索论证思路，选择合适的论证方法予以证明；合理选择运算方法。

【试题十六】

已知 $f(x)=ax+\dfrac{x^2}{x^2+1}$，$a$ 为实常数.

（1）当 $a=1$ 时，求不等式 $f(x)+f\left(\dfrac{1}{x}\right)<x$ 的解集；

（2）若函数 $f(x)$ 在 $(0,+\infty)$ 中有零点，求 a 的取值范围.

表 8.20　高中数学核心素养及其学业质量水平（十八）

题号	课程内容	数学知识	核心素养			学业质量水平	
			内　容	水平	方　面	水平	质量描述
18	函数	不等式； 函数的性质	逻辑推理； 数学运算	C； C	知识与技能； 思维与表达	二	理解相关概念、命题、定理之间的逻辑关系，提炼出解决一类问题的数学方法；合理选择运算方法，设计运算程序，运算求解。

【试题十七】

如图，A、B、C 三地在以 O 为圆心的圆形区域边界上，$AB=30$ 公里，$AC=10$ 公里，$\angle BAC=60°$，D 是圆形区域外一景点，$\angle DBC=90°$，$\angle DCB=60°$.

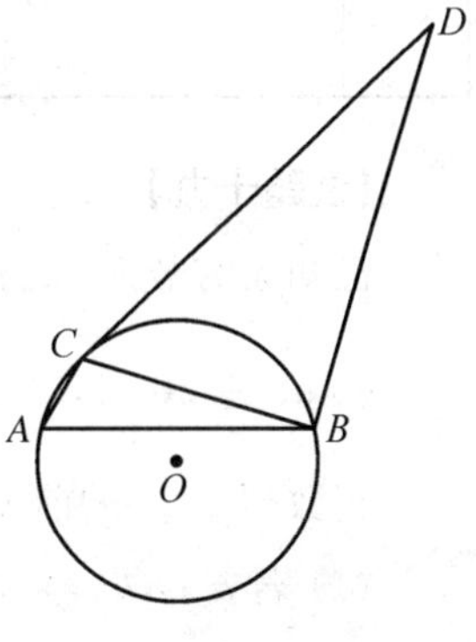

（1）O、A 相距多少公里？（精确到小数点后两位）

（2）若一汽车从 A 处出发，以每小时 50 公里的速度沿公路 AD 行驶到 D 处，需要多少小时？（精确到小数点后两位）

表 8.21　高中数学核心素养及其学业质量水平(十九)

题号	课程内容	数学知识	核心素养			学业质量水平	
			内　容	水平	方　面	水平	质量描述
19	几何与代数	解三角形	数学抽象； 数学运算； 数学建模	D； C； C	情境与问题； 知识与技能	二	能够在新的情境中选择和运用数学方法解决问题；综合运用运算方法解决问题；能够选择合适的数学模型表达所要解决的数学问题。

【试题十八】

焦点为 F 的抛物线 C_1：$y^2=4x$ 与圆 C_2：$(x-1)^2+y^2=16$ 交于 A，B 两点，其中 A 点横坐标为 x_A，方程 $\begin{cases} y^2=4x, & x\leqslant x_A \\ (x-1)^2+y^2=16, & x>x_A \end{cases}$ 的曲线记为 Γ，P 是曲线 Γ 上一动点.

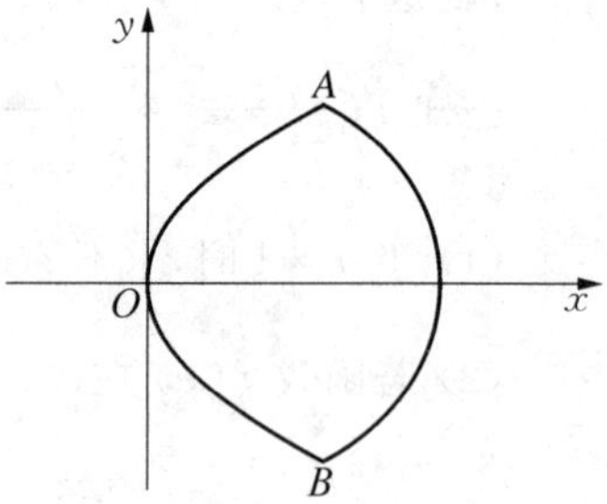

(1) 若 P 在抛物线上且满足 $|PF|=3$，求直线 PF 的斜率；

(2) $T(m, 0)$ 是 x 轴上一定点. 若动点 P 在 Γ 上满足 $x\leqslant x_A$ 的范围内运动时，$|PT|\leqslant|AT|$ 恒成立，求 m 的取值范围；

(3) Q 是曲线 Γ 上另一动点，且满足 $FP\perp FQ$，若 $\triangle PFQ$ 的面积为 4，求线段 PQ 的长.

表 8.22　高中数学核心素养及其学业质量水平(二十)

题号	课程内容	数学知识	核心素养			学业质量水平	
			内　容	水平	方　面	水平	质量描述
20	几何与代数	解析几何	逻辑推理； 数学运算； 直观想象	D； D； D	情境与问题； 知识与技能	二	能够在新的情境中选择和运用数学方法解决问题；合理选择运算方法；能够在关联的情境中，发现图形与数量的关系，能够借助图形探索数学规律。

【试题十九】

已知无穷数列 $\{a_n\}$ 与无穷数列 $\{b_n\}$ 满足下列条件：

① $a_n\in\{0, 1, 2\}$，$n\in\mathbf{N}^*$；② $\dfrac{b_{n+1}}{b_n}=(-1)^n\cdot\left|\dfrac{1}{2}a_n-\dfrac{1}{4}a_{n+1}\right|$，$n\in\mathbf{N}^*$.

记数列 $\{b_n\}$ 的前 n 项积为 T_n.

(1) 若 $a_1=b_1=1$，$a_2=0$，$a_3=2$，$a_4=1$，求 T_4；

(2) 是否存在 a_1, a_2, a_3, a_4,使得 b_1, b_2, b_3, b_4 成等差数列? 若存在,请写出一组 a_1, a_2, a_3, a_4; 若不存在,请说明理由;

(3) 若 $b_1=1$,求 T_{2021} 的最大值.

表 8.23 高中数学核心素养及其学业质量水平(二十一)

题号	课程内容	数学知识	核心素养			学业质量水平	
			内容	水平	方面	水平	质量描述
21	函数	数列	逻辑推理; 数学运算	D; D	知识与技能; 思维与表达	二	能够理解数学命题的条件与结论;能够通过举反例说明某些数学结论不成立;能够理解运算是一种演绎推理,综合运用运算方法解决问题。

第九章　基于新课标的高中英语学科学业质量评价研究*

第一节　引　　言

国务院于2014年颁布的《关于全面深化课程改革落实立德树人根本任务的意见》提出了三项新措施，其中包含：研制学生发展核心素养体系，明确学生应具备的适应终身发展和社会发展需要的必备品格和关键能力；研制学业质量标准，明确质量要求，完善现行课程标准，增强对教学和考试评价的指导性。根据教育部考试中心负责人的发言，2019年12月出版的《中国高考评价体系》在评价理念和评价模式上都进行了创新：在评价理念上，实现了高考向“价值引领、素养导向、能力为重、知识为基”综合评价的转变；在评价模式上，实现了高考向“考查内容、考查要求、考查载体”三位一体评价模式的转变。①

以上两个重要文件根据课程标准和学业质量标准的要求，通过教学与评价，在教学中充分发展学生的核心素养，在评价中以素养为导向考查学生的必备知识与关键能力。高考评价体系既是评价考生核心素养的理论体系，又是指导和评价高考命题的实践体系。在高中学段各年级的考试评价中，教师主要根据学情参照课标中的学业水平层次开展教学和命题，以检验学生的学业水平是否达到相应要求。由于学科素养是长期逐步发展形成的，所以在新高考背景下，对学科素养的考查也同时体现在非毕业班的学业水平考试中，因此，命题与评价除了依据学业质量水平划分，还得依据核心素养水平划分。本章通过梳理学业质量水平与核心素养水平的关系，找到核心素养在学业质量评价中的重要地位，结合高考评价体系要求，细化核心素养要素及其表现水平，探索建立基于标准的高中英语学科学业质量评价框架。

第二节　文献综述

根据《普通高中英语课程标准(2017年版2020年修订)》(以下简称“《课程标准》”)的要求，高中英语学业水平考试和英语高考主要考查学生在语言能力、文化意识、思维品质和学习能力等方面达到的水平。由此可见，高中英语学业水平考试和高考都是以这四个英语学科核心素养为导向的。

关于学业质量标准，《课程标准》的界定是：学业质量标准是以本学科核心素养及其表现水平为主要维度，结合课程内容，对学生学业成就表现的总体刻画。高中英语学业质量以学生的

---

* 本章作者为上海市复旦实验中学刘琼颖。

① 教育部.《中国高考评价体系》发布[EB/OL].(2020-01-08)[2021-05-03].http://www.moe.gov.cn/jyb_xwfb/s5147/202001/t20200108_414672.html.

四个核心素养为基础，结合课程内容以及学习进阶情况，重点描述了高中学生在特定问题情境中运用英语解决问题的能力和表现。① 高中英语学业质量标准（水平一～水平三）规定了学生通过必修课程、选择性必修课程和选修课程的学习应该形成的素养水平。学业质量标准把课程内容及学生的学习情况与核心素养联系起来，在一定程度上，学业质量标准是核心素养及其水平划分在实际操作中的具体化。《普通高中英语课程标准（2017 年版 2020 年修订）解读》（以下简称"《课标解读》"）认为，学业质量标准主要是指学生通过课程的学习达到的素养水平要求。②由此可见，学业质量标准指向核心素养。

关于考试评价，《课程标准》指出，虽然学业水平考试和高考在考试目的、内容和难度上有差异，但在命题要求上，有很多共性，应做到六点，其中非常重要的一点就是"全面考查英语学科核心素养"。《课标解读》在谈及高考考试内容改革的核心问题时指出，以评价学生发展核心素养状况为纲的高校英语入学考试命题，应该以课程标准设定的学科核心素养的内涵与水平划分为依据，从语言能力、文化意识、思维品质和学习能力诸方面考查学生。③且《课程标准》在"学业水平考试与高考命题建议"中提到，高中英语学业水平考试以课程标准规定的学业质量水平一为考查依据，学生需完成所有必修课程；高考考查难度以学业质量水平二为主要依据，学生需完成必修和选择性必修课程。因此，高考评价与学业水平评价要求是基本相同的，且都强调了命题要基于核心素养。

既然要通过核心素养对学业质量进行评价，就要明确素养水平与学业质量标准的关系。在《课程标准》中既有水平一～水平三的学业质量水平划分，也有英语学科核心素养一级～三级水平划分。学业质量水平划分可能受到教师更多的关注，因为它经常被用作考试和评价的主要依据；但核心素养是在学习过程中逐步形成的，它的水平划分也可以检测学生在各阶段素养发展的情况。《课标解读》对各地教育条件改善后，学业质量标准（水平二）对应的素养水平做了预估，可以用表 9.1④ 呈现。

表 9.1　对学业质量标准（水平二）对应的素养水平的预估

学业质量标准	素　养　水　平
水平二	语言能力（三级） 文化意识（二级） 思维品质（二级） 学习能力（三级）

① 中华人民共和国教育部. 普通高中英语课程标准（2017 年版 2020 年修订）[M].北京：人民教育出版社，2020：46.

② 普通高中英语课程标准修订组.普通高中英语课程标准（2017 年版 2020 年修订）解读 [M].北京：高等教育出版社 2020：169.

③ 普通高中英语课程标准修订组.普通高中英语课程标准（2017 年版 2020 年修订）解读 [M].北京：高等教育出版社 2020：25.

④ 普通高中英语课程标准修订组.普通高中英语课程标准（2017 年版 2020 年修订）解读 [M].北京：高等教育出版社 2020：171.

通过表 9.1，可以看到，虽然部分学生修完选择性必修教材并顺利通过学业质量水平二的测试，但他可能通过其他学习途径和方法掌握了更多的知识，具备了更强的能力，拥有了更高的素养，从核心素养的角度来说，部分素养水平可能达到三级了。从表 9.1 中还可以看出，不同学生的学业质量水平不一定和素养水平在同一级别上。换一个角度看，如果一份试卷是以素养水平为依据而命制的，学生的实际素养水平可以更加明显地得以区分，这类考试基本就是高考或各地的高考模拟考了，也可能是学业水平考试中综合性、应用性较强的试题。

从实际情况而言，几乎所有的高中生都会参加高考，所以对《中国高考评价系统》展开研究将更有利于学业质量评价方式的完善。高考评价体系主要由“一核”“四层”“四翼”三部分组成（“一核”，即立德树人、服务选才、引导教学；“四层”，即必备知识、关键能力、学科素养、核心价值；“四翼”，即基础性、综合性、应用性、创新性）。如图 9.1 所示，图中核心区域为高考的核心功能，“四层”为考查内容，其中的学科素养既是基础教育培育的目标，也是高校选拔人才的要求。学科素养融汇国家课程标准中的核心素养要求和高校选拔人才要求中的素养内涵。① 关键能力和必备知识的要求都是基于学科素养导向原则的。“四翼”为考查要求，一方面体现了高校在选拔人才中对学生素质进行评价的要求，另一方面也对普通高中学生学业质量达标水平、学生核心素养达成水平以及高中素质教育发展水平在高考评价中做出了解读。② 综上，高考评价体系的“四层”和“四翼”所代表的考查内容和考查要求都是紧紧围绕考查核心素养展开的。

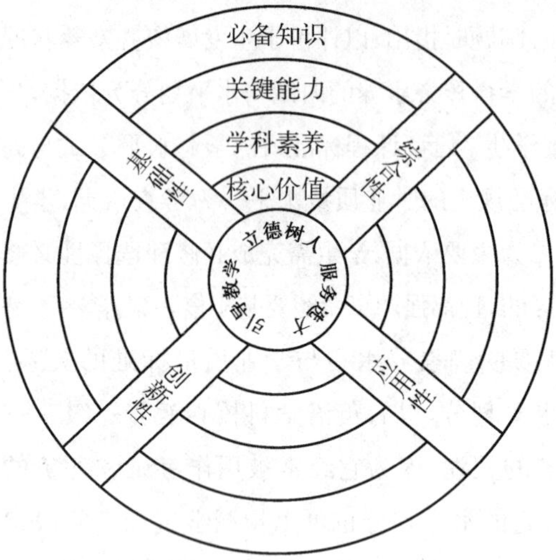

图 9.1　中国高考评价体系

虽然是以高考评价体系为参照设计测试框架，但不意味着高一、高二的考试不能参照使用，因为非毕业班年级的期末考试偏重于成绩考试（Achievement test），应选用与教材单元主题相一致的语篇或其他相关语法词汇知识等，检测学生对本学期学习任务的完成情况。高考外语考试是水平测试（Proficiency test），严格来讲它又属于成绩测试，因为它必须参考课程标准。③

综上所述，核心素养是高度提炼的、学生应具备的关键能力和必备品格。英语学业质量标准源于核心素养及其水平的划分，学业质量标准是将核心素养及其水平划分转化成可以作为

① 教育部考试中心.中国高考评价体系[M].北京：人民教育出版社，2019：18.
② 教育部考试中心.中国高考评价体系[M].北京：人民教育出版社，2019：28.
③ 朱长泉，董乐华.高考评价体系引领下的区域性教学测试英语科命题实践研究[J].中小学英语教学与研究，2021(09).

学业评价与考试依据的具体指标。学业质量标准规定了学生通过三类课程的学习应该达到的学习质量水平,而不是课程本身的学习内容。核心素养水平划分可以体现学业质量水平,并在高考评价中体现核心素养是否达成。因此,建立基于“核心素养”的试题评价框架,对评判试题能否实现检测核心素养的目标是可行的。

第三节　基于核心素养的试题评价框架

基于核心素养的试题评价框架应遵循以下原则:(1)评价框架在评价实践中建立体现学科核心素养的科学的工具系统,以实现核心素养要求和测量具体要求的互相适应与协调;(2)素养本位的评价框架清晰体现核心素养与学业质量标准的高度关联性;(3)评价框架应依据上位文件的指导,使框架、维度和指标具有逻辑性、关联性、指导性和可操作性。

试题评价框架建构的依据是《课程标准》中的“考试命题建议”(全面考查英语学科核心素养)和教育部发布的《中国高考评价体系》中“一核”“四层”“四翼”的要求等,图 9.2 为高中英语学科基于“核心素养”的试题评价框架。

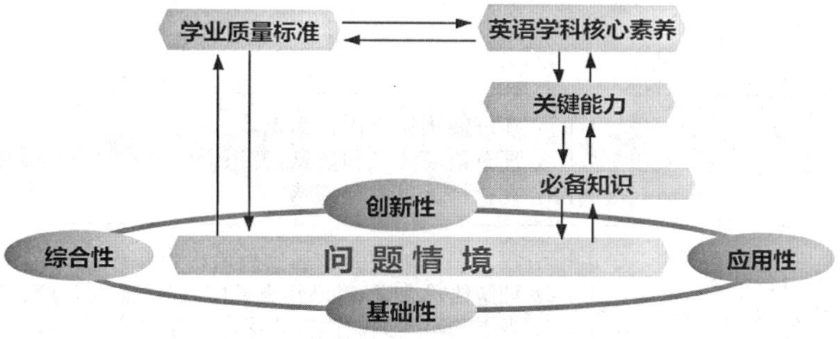

图 9.2　高中英语学科基于核心素养的试题评价框架

高考评价体系中的“情境”即“问题情境”,指的是真实的问题背景,是以问题或任务为中心构成的活动场域。

本评价框架体现了高考评价体系是以核心价值为引领,以学科核心素养为导向,以关键能力为重点,以必备知识为基础的特点,着重体现了情境在命题中的运用:基于“四层”考查内容与“四翼”考查要求的关系;同时,高考命题基于“情境”,设计具有基础性、综合性、应用性和创新性等四种类型的试题。情境正是实现这种“价值引领、素养导向、能力为重、知识为基”的综合考查的载体。

本评价框架还反映了学业质量标准和核心素养可以相互转化的关系:学业质量标准就是将核心素养转化成可以作为学业评价与考试依据的具体指标;同时,学业质量标准可以用来检验课程的学习情况,检验结果可用来判断课程的学习是否使学生形成了学科核心素养。

第四节　高中英语学科细化核心素养的构成要素和具体表现

从本章第一节文献综述的结论中可以清晰地看到，学业质量标准指向核心素养，且学业水平考试与高考命题都是围绕核心素养展开的。因此，核心素养的要素越清晰明了，越能体现各水平之间的递进关系，在进行评价时越方便对照与使用。本章在对英语学科各个核心素养进行要素提炼之后，再根据各素养要素的三级水平表现进行逐一提炼，以简洁且要点突出地呈现素养水平的具体表现。如，在语言能力这一核心素养中提炼了三个素养要素，分别是英语语言知识、语篇知识、个人见解和情感；再针对这三个素养要素在三级素养水平中的描述进行提炼，并使三级素养水平中的三个要素与之分别一一对应，体现出素养水平要素随着素养水平级别的上升，所需达到的素养要求也在相应上升。

表 9.2 中的 L、C、T、S 分别代表高中英语的四个"核心素养"："语言能力""文化意识""思维品质""学习能力"。

表 9.2　高中英语学科核心素养的要素及其具体表现

核心素养	素养要素	素养水平具体表现	
语言能力	L1：英语语言知识 L2：语篇知识 L3：个人见解和情感	一级	L1：熟练使用英语语言知识。 L2：理解语篇要义和信息，辨识语篇结构、文体，推断意义。 L3：表达个人见解和情感。
		二级	L1：较为熟练地整合性运用英语语言知识。 L2：理解语篇要义，推断作者意图，提炼主题，分析文本特征，厘清观点与事实间的逻辑关系，了解语篇恰当表意所采用的手段。 L3：表达个人见解、情感意图、态度和价值取向。
		三级	L1：熟练地整合性运用已有的英语语言知识。 L2：批判性地审视语篇的内容、观点、特征；赏析语篇中精彩语段的表意手段。 L3：准确、熟练和得体地表达个人见解、情感意图、态度和价值取向。
文化意识	C1：文化信息 C2：跨文化意识 C3：正确的价值观 C4：中外文化现象	一级	C1：找出文化信息。 C2：初步形成跨文化意识，通过中外文化对比，坚定文化自信。 C3：了解中外优秀文化，形成正确的价值观。 C4：能用所学的英语介绍中外文化现象。
		二级	C1：能用合适方式在课堂等现实情境中获取文化信息。 C2：提高跨文化意识，用跨文化交际策略，形成并具有国际视野，进一步坚定文化自信。 C3：感悟中外优秀文化的精神内涵，树立正确的价值观。 C4：能用所学的英语描述、比较中外文化现象。

续 表

核心素养	素 养 要 素		素养水平具体表现
文化意识	C1：文化信息 C2：跨文化意识 C3：正确的价值观 C4：中外文化现象	三级	C1：能用多种方式在真实生活情境中获取文化信息。 C2：具有跨文化意识，具有人类命运共同体的意识，自觉坚定文化自信。 C3：汲取优秀文化，具有正确的价值观。 C4：能用所学的英语讲述中国故事，描述、阐释中外文化现象。
思维品质	T1：观察语言和文化的各种现象 T2：客观分析各种信息间的关联和差异 T3：根据所获得的信息，建构新概念 T4：形成自己的看法/观点/独立思想	一级	T1：识别各种信息的异同。 T2：发现基本原因，推断信息间形成的简单逻辑关系。 T3：提取共同特征，形成新的简单概念，并用以解释新问题。 T4：针对所获取的信息，提出自己的看法，并通过简单的求证手段，判断信息的真实性，形成自己的看法。
		二级	T1：识别各种信息间的主次关系。 T2：发现各种原因，推断信息间形成的逻辑关系。 T3：归纳共同要素，建构新的概念，并用以处理新问题。 T4：针对所获取的各种观点，提出批判性问题，辨析、判断观点和思想的价值，并形成自己的观点。
		三级	T1：识别关键问题，把握全局。 T2：梳理产生矛盾的原因，推断信息间形成的各种逻辑关系。 T3：归纳、概括内在形成的规律，建构新的概念，并在实践中用于处理、解决新问题。 T4：针对各种观点和思想的假设前提，提出合理的质疑，通过辨析、判断其价值，做出正确的评价，以此形成自己独立的思想。
学习能力	S1：有目标和计划 S2：英语学习策略 S3：获得学习资源和渠道 S4：自主学习和合作精神	一级	S1：有学习动力，有学习计划。 S2：掌握英语学习的常用方法和策略。 S3：了解多种学习资源渠道。 S4：有较强的合作精神。
		二级	S1：有明确的学习目标，能制定并按需调整学习计划。 S2：能反思学习效果并据此优化学习策略和方法。 S3：能利用网络资源等扩充学习内容和信息渠道。 S4：开展自主学习和合作学习。
		三级	S1：有长远规划和明确的学习目标，按需制订、调整并优化学习计划。 S2：有强烈的学习动机，能举一反三。 S3：积极拓宽课外学习资源，通过网络等多种信息渠道获取最新知识，并按需加以取舍。 S4：善于自主学习和合作学习，积极争取和把握各种信息以及表现机会。

第五节　基于核心素养试题评价框架试题分析案例[①]

一、评价方案

（1）考试的性质与目的

英语高考是高等学校选拔学生的重要考试之一。高考以高校人才选拔要求和英语课程标准为依据，难度要求以学业质量水平二为主要依据。高考应对学生英语学业水平进行科学的比较和区分，试题设计要能体现考生在学习潜能上的差异和核心素养水平差异。作为区域性的高考模拟测试，本试卷也应严格基于以上原则进行命制。

（2）命题准备

英语高考参照课程标准规定的必修课程和选择性必修课程的主要内容，以及学业质量水平二的要求，既要注重试题的基础性，也要强调并提升综合性和应用性，并突出创新性。命题通过语言材料的选择、考查重点的设置、考试项目和考试形式的设计等，重点考查学生的语言能力，直接或间接地考查学生的文化意识、思维品质和学习能力，并着重考查学生在具体社会情境中运用英语理解和表达意义的能力，特别是听、说、读、看、写五项语言技能。

在选择语言素材时，尽量使用真实、地道、典型的当代英语素材，材料的题材和体裁要丰富多样，充分考虑英语语言在现实生活中的使用情况，设计试题时尽可能提供语义相对完整的语境，还应尽量使学生能够结合亲身经历或体验来答题。试题所选择的语言素材和所创设的语言运用情境要充分考虑高中生的生活经验及其所处社会环境。试题内容和载体的选择以及题型设计要与学生的认知水平相适应。

（3）试卷结构与考试题型

科学合理的试卷结构是考试具有较高信度和效度的保证。题型的丰富全面、题量的科学设置、答题时长的合理预估、语言材料的长度把握等都是试卷结构的重要组成因素。

阅卷的可操作性和考试结果的可靠性是命题中除了保证试题的科学性、公平性之外需要考虑的重要因素，笔试试题中客观性试题和主观性试题的比例要适当。所采用的题型应以综合性测试为主，分项测试为辅，以充分体现学生的素养水平。

（4）试题难度

试题要求学生做的事情应接近或类似现实生活中人们使用语言来完成的事情。为保证试题的区分度，筛选出有学习潜能的学生，应科学分配难、中、易题量和分值的比例，同时充分考虑核心素养、问题情境、必备知识等方面的水平要求，科学地设计试题的准度，并且保证试题的梯度和结构。

---

① 本节对 2021 年上海市杨浦区高考英语二模卷进行分析。

（5）试题分析维度

基于以上分析，按照高中英语学科基于“核心素养”的试题评价框架，对“2021 年上海市杨浦区高考英语二模卷”核心素养考查情况进行分析。所考查的“核心素养”用 Ln、Cn、Tn、Sn 分别代表“语言能力”“文化意识”“思维品质”“学习能力”，其中 n 表示各素养细化后的“素养要素”；“素养水平”用“水平一”至“水平三”表示。“学业水平描述”是指细化后的“学业质量水平”的“质量描述”。参见表 9.3。

表 9.3 试题分析表

题号	问题情境	必备知识	关键能力	核心素养	素养水平	学业水平描述

《课程标准》指出，英语学业水平考试和英语高考都应该在考查学生的英语语言运用能力的同时，渗透对文化意识、思维品质和学习能力的考查；而且语言能力是核心素养的首要维度和内容。鉴于以上两点，本测试框架中的“必备知识”主要指《课程标准》中语言知识所包含的语音、词汇、语法、语篇和语用知识。

该评价框架中的“关键能力”主要指《课程标准》“命题建议”中提到的高中学业水平考试和高考应重点考查学生的英语理解能力和表达能力。因此，评价框架中的“关键能力”由“英语理解能力”（用 A 表示）和“英语表达能力”（用 B 表示）组成。

二、对 2021 年杨浦区高考英语二模卷的分析

表 9.4 Listening Comprehension Part I

10. W：I ran all the way from the station to the office. I am breathless.
    M：I think it is a wake-up call for you to do some more exercise.
    Q：What does the man imply?（A）
    A. She needs to improve her fitness before it's too late.
    B. She shouldn't have run all the way to the office.
    C. He will monitor her fitness training from now on.
    D. He will wake her up to do exercise together.

题号	问题情境	必备知识	关键能力	核心素养	素养水平	学业水平描述
10	对话场景推理隐含意义：健身的必要性	语音和语用知识	A	L1	水平二	2－2 理解说话者选用的词汇、语法结构和语音手段所实现的特殊表达效果。

听力第10题是短对话题型，朗读者使用生动形象的语音和语调，展现了真实的对话内容和逼真语音的效果。听力音频素材对场景的生动再现能考查学生的语音及语用知识和理解能力。此题的问题情境创设得非常逼真，让人身临其境，能比较综合地考查应用能力，体现了语言能力素养水平二。用表9.2“核心素养”栏中的“L1”去参照表9.4中的“素养要素”一栏代码，即“L1：英语语言知识”，再对应到水平二的“素养水平具体表现”，即可找到其考查的素养要素(较为熟练地整合性运用英语语言知识)，对应学业质量水平二的第2条。

表9.5　Listening Comprehension Part II

16. What does the speaker mainly talk about? A. What it means to go green in our life. B. How data centers can be made sustainable. C. Why digital technology is not sustainable. D. Which personal activities cause digital pollution.						
题号	**问题情境**	**必备知识**	**关键能力**	**核心素养**	**素养水平**	**学业水平描述**
16	大数据处理中心的环保发展问题	语音和语篇知识	A	L2	水平二	2-1　在听的过程中，能抓住熟悉话题语篇的大意，获取其中的主要信息、观点和文化背景。

听力第16题是根据所听到的语篇选择合适的答案(参见表9.5)。这是一道主旨题。问题情境内容很真实，综合性也很强，表面上介绍大数据处理中心这一新兴事物，实际是在探讨由此带来的环保问题，所以该题体现了“四翼”的命题要求，且考查了学生的语言和语用知识、听力理解能力，达到了核心素养中语言能力水平二的素养要素L2(语篇知识：理解语篇要义，推断作者意图，提炼主题)，对应学业质量水平二的第1条。

表9.6　Grammar

In the majority of cases, (26) ________ most subjects assumed they would better understand those they were close to, they actually understood them no better than strangers. In some cases, they understood their close friends and spouses even less. (while/though/although)						
题号	**问题情境**	**必备知识**	**关键能力**	**核心素养**	**素养水平**	**学业水平描述**
26	亲密沟通造成偏见现象和分析	语法和语篇知识	A	L2	水平三	2-8　能判断和识别书面语篇的意图，获取其中的重要信息和观点；能识别语篇中的主要事实与观点之间的逻辑关系。

语法填空第26题建立在语篇所提供的真实情境中，考查学生在理解上下文的基础上，运用语法和语篇知识判断该空格的词性和语义，参见表9.6。此题考查了核心素养中语言能力水

平三的素养要素 L2（语篇知识：批判性地审视语篇的内容、观点、特征）。该题对应了学业质量水平二的第 8 条。

表 9.7　Vocabulary

The three pages of notes, which date from the 1680s, show Newton (31) ________ to work out the structure and exact measurements of ancient Egyptian pyramids. (H. attempting)						
题号	**问题情境**	**必备知识**	**关键能力**	**核心素养**	**素养水平**	**学业水平描述**
31	牛顿关于金字塔的笔记售出高价	词汇和语法知识	A	L1	水平三	2-11　能在语境中理解具体词语的功能、词语的内涵和外延以及使用者的意图和态度。

词汇十一选十题型，其问题情境也是真实事件，话题新鲜有趣，能激发学生的阅读兴趣。此题在理解上下文语境的基础上，运用词汇和语法知识，判断此处是动名词，且后面搭配不定式，再根据词汇知识进行选择，参见表 9.7。此题考查了核心素养中语言能力水平三的素养要素 L1（英语语言知识：熟练地整合性运用已有的英语语言知识），很好地体现了高考命题要求的“综合性”。该题对应了学业质量水平二的第 11 条。

表 9.8　Cloze

Different monkeys have different (48) ____(A)____, but professor Leca established these for individual animals by offering them choices between pairs of treats in an initial experiment. 48. A. preferences　B. potentials　C. performances　D. predictions						
题号	**问题情境**	**必备知识**	**关键能力**	**核心素养**	**素养水平**	**学业水平描述**
48	景区猴子会偷游客的高价物品以换取更多食物	词汇和语篇知识	A	L2	水平二	2-9　能识别语篇中的内容要点和相应支撑论据；能根据定义线索，理解概念性词汇或术语；能理解文本信息与非文本信息的关系。
To confirm which stealable objects are most (50) ____(B)____ by people, they divided them into six classes: empty containers, such as phone cases and camera bags; accessories such as key rings; hats and headgear; shoes; spectacles and sunglasses; and electronics and wallets. 50. A. identified　B. valued　C. exchanged　D. rewarded						
题号	**问题情境**	**必备知识**	**关键能力**	**核心素养**	**素养水平**	**学业水平描述**
50	景区猴子会偷游客的高价物品以换取更多食物	词汇和语篇知识	A	L2	水平二	2-9　能识别语篇中的内容要点和相应支撑论据；能根据定义线索，理解概念性词汇或术语；能理解文本信息与非文本信息的关系。

完形填空属于阅读理解题型，问题语境比较新颖，第 48 题和第 50 题都考查了学生的阅读理解能力，尤其通过理解下文的支撑论据来推理上文的恰当选词，参见表 9.8。这两道题都考查了核心素养中语言能力水平二的素养要素 L2(语篇知识：理解语篇要义，推断作者意图，厘清观点与事实间的逻辑关系)，都对应了学业质量水平二的第 9 条。

表 9.9 Reading A

<table>
<tr><td colspan="7">57. The underlined word “duck” in the second paragraph means ____(A)____.
A. hide B. hang C. drag D. mark</td></tr>
<tr><td>题号</td><td>问题情境</td><td>必备知识</td><td>关键能力</td><td>核心素养</td><td>素养水平</td><td>学业水平描述</td></tr>
<tr><td>57</td><td>回忆孩子与叔叔一起玩耍的童年趣事的记叙文</td><td>词汇和语篇知识</td><td>A</td><td>L1</td><td>水平三</td><td>2－11 能在语境中理解具体词语的功能、词语的内涵和外延以及使用者的意图和态度；能理解语篇中特定语言的使用意图以及语言在反映情感态度和价值观中所起的作用。</td></tr>
</table>

这是阅读理解第一篇。记叙文的理解难度相对说明文和议论文而言略低，这一题考查了核心素养中语言能力水平三的素养要素 L1(英语语言知识：熟练地整合性运用已有的英语语言知识)，体现了高考命题“综合性”和“应用性”的要求。该题对应了学业质量水平二的第 11 条。参见表 9.9。

表 9.10 Reading B

<table>
<tr><td colspan="7">62. The purpose of the advertisement is to____(B)____.
A. remind travelers of key information
B. promote the Panama & Canal Tour
C. advertise a series of Caravan Tours
D. describe the appeal of Panama City</td></tr>
<tr><td>题号</td><td>问题情境</td><td>必备知识</td><td>关键能力</td><td>核心素养</td><td>素养水平</td><td>学业水平描述</td></tr>
<tr><td>62</td><td>判断一则旅游产品广告的目的</td><td>词汇和语篇知识</td><td>A</td><td>L2</td><td>水平二</td><td>2－8 能判断和识别书面语篇的意图，获取其中的重要信息和观点；能识别语篇中的主要事实与观点之间的逻辑关系。</td></tr>
</table>

阅读理解 B 篇为非连续性文本，有一定的阅读理解难度，该题考查学生对语篇意图的判断。这一题考查了核心素养中语言能力水平二的素养要素 L2(语篇知识：理解语篇要义，推断作者意图，提炼主题)。该题对应了学业质量水平二的第 8 条。参见表 9.10。

表 9.11 Reading C

65. Why is the example of a graduate student mentioned in the 7th paragraph? (D)
A. To point out the omissions in the line of reasoning.
B. To highlight the contribution of a native community.
C. To argue against showing favor for a particular group.
D. To prove that not crediting citizen scientists is unfair.

题号	问题情境	必备知识	关键能力	核心素养	素养水平	学业水平描述
65	对论文最后不标注平民科学家所作贡献的质疑和讨论	语法、词汇和语篇知识	A	L2	水平二	2-9 能识别语篇中的内容要点和相应支撑论据；能根据定义线索，理解概念性词汇或术语；能理解文本信息与非文本信息的关系。
				T2	水平三	

该题考查学生在理解上下文的基础上，推理判断出文中一个事例的作用。这一题考查了核心素养中语言能力水平二的素养要素 L2(语篇知识：厘清观点与事实间的逻辑关系，了解语篇恰当表意所采用的手段)，还考查了核心素养中思维品质水平三的素养要素 T2(客观分析各种信息间的关联和差异：推断信息间形成的各种逻辑关系)。该题对应了学业质量水平二的第 9 条。参见表 9.11。

表 9.12 阅读-六选四

A. That was not very well captured by the mathematical modeling.
B. It is the most mathematical of the art forms we actually can deal with.
C. One may find it tempting to attach different labels to composers, like Beethoven as a heroic figure or Chopin as the poet of the piano.
D. They then compared each chord to the chord that came after it to determine how creative composers were at coming up with original *transitions* (变调).
E. He was an enthusiast and great admirer of Beethoven's music.
F. At least among the composers in this analysis, his influence was the largest.

If you're wondering how data analysis could determine something as abstract as cultural influence, there is something worth remembering about music. (67) ________ (B) __________ Because a lot of it is symbolic; it's closely related to time. The music is written in symbols that are connected in time!

题号	问题情境	必备知识	关键能力	核心素养	素养水平	学业水平描述
67	电脑通过数据分析音乐作品，确认贝多芬的影响力最大	语法、词汇和语篇知识	A	L1, L2	水平三	2-10 能识别语篇中新旧信息的布局及承接关系；能理解语篇成分之间的语义逻辑关系，如：次序关系、因果关系、概括与例证关系；能识别语篇中的时间顺序、空间顺序、过程顺序等。
				T2	水平三	

这个语篇的情境对学生而言稍显陌生，学生需要运用较强的上下文理解和推理能力排除干扰项，对六个选项进行正确选择。该题除了考查语言能力这一核心素养水平三之外，还考查了核心素养中思维品质水平三的素养要素 T2（客观分析各种信息间的关联和差异：推断信息间形成的各种逻辑关系）。该题对应了学业质量水平二的第 10 条。参见表 9.12。

表 9.13　概 要 写 作

<table>
<tr><td colspan="7">71. 参考答案：Filter bubble is a mental trap created when we read politically-biased news or make friends with like-minded people. Media algorithms with opinion — supporting content worsen the problem. The bubble leads to people having a partial view of reality and not accepting opposing opinions. Therefore, we must break/pop the bubble by developing relationships with people different from us and receiving balanced information.（60）</td></tr>
<tr><th>题号</th><th>问题情境</th><th>必备知识</th><th>关键能力</th><th>核心素养</th><th>素养水平</th><th>学业水平描述</th></tr>
<tr><td rowspan="2">71</td><td rowspan="2">过滤气泡这种思维陷阱让人被动接受推送信息后产生偏见的问题</td><td rowspan="2">语法、词汇和语篇知识</td><td rowspan="2">A&B</td><td>L1</td><td>水平三</td><td rowspan="2">2－8　能判断和识别书面语篇的意图，获取其中的重要信息和观点；能识别语篇中的主要事实与观点之间的逻辑关系。
2－10　能识别语篇中新旧信息的布局及承接关系；能理解语篇成分之间的语义逻辑关系。
2－13　能概述所读语篇的主要内容或续写语篇。
2－14　能在表达过程中有目的地选择词汇和语法结构。确切表达意思，体现意义的逻辑关联性。</td></tr>
<tr><td>T2</td><td>水平三</td></tr>
</table>

概要写作除了考查阅读理解能力还考查表达能力。该题语境是学生熟悉的，但由此引发的思考却是耐人寻味的。学生理解了现象及其产生的问题后，用简明扼要、重点突出的语言进行概括。该题除了考查语言能力这一核心素养水平三之外，还考查了核心素养中思维品质水平三的素养要素 T2——客观分析各种信息间的关联和差异。由于概要写作仅限于浓缩原文，不能添加自己的观点，所以思维品质的素养要素 T3 或 T4 与该题型要求不符。该题对应了学业质量水平二的第 8、10、13、14 条。参见表 9.13。

表 9.14　写　　作

你是明启中学高三学生李华，你的好友王磊因疫情导致留学英国的计划受到影响。他打算在间隔年（gap year）期间，去做志愿者或国内旅游，积累生活阅历。但是王磊父母不支持他的决定。请你写一封邮件给王磊，分享你的看法并说明理由。 注：间隔年常指升学或毕业之后、工作之前，做一次长期的旅行、实习或志愿者工作。

续　表

题号	问题情境	必备知识	关键能力	核心素养	素养水平	学业水平描述
76	为同学是否在毕业后选择间隔年的决定提看法	语法、词汇和语篇知识	B	T4	水平三	2-13　能在书面表达中有条理地描述自己或他人的经历，阐述观点，表达情感态度。 2-14　能在表达过程中有目的地选择词汇和语法结构。确切表达意思，体现意义的逻辑关联性。
				S1	水平三	

该作文题的情境设置很真实，且从考查核心素养的角度看，设置巧妙，很有“创新性”，因为它既要求学生在梳理信息后形成自己的观点，考查思维品质，还要求学生阐述计划打算，考查学习能力这一核心素养。所以该题很好地体现了“综合性”和“创新性”的高考命题要求。该题考查了核心素养中思维品质水平三的素养要素 T4(形成自己的看法：针对各种观点和思想的假设前提，提出合理的质疑，通过辨析、判断其价值，做出正确的评价，以此形成自己独立的思想)，还考查了核心素养中学习能力水平三的素养要素 S1(有长远规划和明确的学习目标，按需制订、调整并优化学习计划)。该题对应了学业质量水平二的第 13、14 条。参见表 9.14。

以上是使用评价框架对这套试卷部分试题的分析。可以看到，该试卷较全面地考查了核心价值、必备知识、关键能力和核心素养。其中对核心素养的考查主要集中在中等及以上的水平。有的试题考查了起码两个核心素养，或一个核心素养的几个素养要素。该试卷考查了几乎所有学业质量水平二的要求。评价体系所要求的“基础性、综合性、应用性、创新性”在各板块试题中都有所体现。所以，无论是情境创设，还是命题内容与命题要求，该试卷都较出色地达到了高考评价体系的标准。

第六节　结　　语

通过以上案例分析，可以看到本章建立的评价框架可以较客观、有效地测评学业质量水平考试和高考试题。虽然该评价框架在应用过程中还有待细化和完善，但是通过本章案例中使用该框架对样题进行综合评价后，可以较清晰地看到其对核心素养、学业质量标准、高考评价体系有机整合之后的测评效果，对基于课程标准的学业质量评价有较高的实用价值。

第十章 基于新课标的高中物理学科学业质量评价研究*

第一节 理论依据

一、新课标的基本要求

《普通高中课程方案》和《普通高中物理课程标准(2017年版2020年修订)》关于学科课程标准研制了学业质量标准,明确了学生完成物理学科的学习任务后,学科核心素养应该达到的水平,各水平的关键表现构成评价学业质量的标准;引导教学更加关注育人目的,更加注重培养学生核心素养,更强调提高学生综合运用知识解决实际问题的能力,帮助教师和学生把握教与学的深度和广度,为阶段性评价、学业水平考试和升学考试命题提供重要依据,促进教、学、考有机衔接,形成育人合力。

近年来上海市高中物理等级性考试试题,以及之前历年上海市物理高考试题,在命题中都做到强调联系生活、结合生产、渗透社会主义核心价值观、突出对各类能力的考查,对上海高中物理教学做出了较好的引导和指向。而《普通高中物理课程标准(2017年版2020年修订)》中设定的学业质量水平要求,对考试评价提出了新的命题依据。

(一) 学业质量内涵

学业质量是指学生在完成本学科课程学习后的学业成就表现。学业质量标准是以本学科核心素养及其表现水平为主要维度,结合课程内容,对学生学业成就表现的总体刻画。依据不同水平学业成就表现的关键特征,学业质量标准明确将学业质量划分为不同水平,并描述了不同水平学习结果的具体表现。高中物理学业质量是依据物理学科核心素养中的"物理观念""科学思维""科学探究""科学态度与责任"四个方面及其水平,结合课程内容的要求,依据不同水平学业成就表现的关键特征而制定的。

高中物理学业质量根据问题情境的复杂程度、知识和技能的结构化程度、思维方式或价值观念的综合程度等被划分为不同水平。每一级水平皆包含物理学科核心素养的四个方面,主要表现为学生在不同复杂程度情境中运用重要概念、思维、方法和观念等解决问题的关键特征。不同水平之间具有由低到高逐渐递进的关系。

(二) 学业质量水平与考试评价的关系

高中物理学业质量分五级水平,既是指导学生自主学习和评价、教师开展日常教学设计、命题和评价的重要依据,也是高中学业水平考试命题的重要依据。其中,学业质量水平2是高

---

* 本章作者为上海市杨浦区教育学院中学教研室周晓东。

中毕业生应达到的合格要求，是学业水平合格性考试的命题依据；学业质量水平 4 是用于高等院校招生录取的学业水平等级性考试的命题依据。

教师应把握学业质量要求，结合教学内容，合理设计教学目标，并通过实施教学，促进学生物理学科核心素养的提升及相关水平的达成。在教学评价中，要关注学生对具体内容的掌握情况以及学生物理学科核心素养的不同表现，要关注物理学科核心素养各要素的不同特征及要求，同时还要关注物理学科核心素养的整体性与综合性。

二、文献综述

评价的过程，从本质上讲，就是判断课程和教学计划在多大程度上实现教育目标的过程。而目标旨在让学生的行为模式产生期望中的变化，那么评价就是这样一种过程，即判断这些行为实际上产生了多大程度的变化①。

评价的根本目的是检验教学是否有效实施，并激励学生进一步发展。要结合教学的实际情况，以学生发展为本，基于物理学科核心素养进行评价。围绕物理学科核心素养的具体要求，应遵循一致性、发展性、科学性和多元化等原则。评价目标要与物理学科核心素养的培养目标一致。评价内容应以课程标准为基本依据，与促进学生核心素养的提升和学习能力的提高这一目标相一致。评价包含诊断和激励两个功能。评价要有利于学生的发展，通过评价发现和发展学生多方面的潜能，帮助学生认识自我，建立自信，提高学习能力。评价过程中所收集的数据和资料能真实反映学生的实际学习情况，评价工具要精心设计，有效诊断，确实指向学生的物理学科核心素养。评价主体要多元化，要发挥学校、教师和学生等不同角色在评价中的作用，特别要重视学生的自我评价和相互评价；评价方式要多样化，要根据评价目标和内容选用合适的评价方式②。

物理学业水平考试的设计应该根据课程标准规定的内容和教育测量的规律，考试内容和要求应该符合学生心理发展水平和认知规律，反映物理学科本质，密切联系社会、经济、科技、生产与生活实际，充分体现考试评价促进学生学习、甄别学生学业水平的功能。学业水平考试的目的包括两种：一种是用于学生高中毕业，另一种是用于学生进入高校的招生录取。

用于学生高中毕业的学业水平考试是面向全体学生的考试，其考查内容为高中物理课程标准规定的必修内容，所有学生在学完必修课程后都要参加。该学业水平考试主要体现物理内容的基础性和全面性，反映学业质量水平和物理学科核心素养的基本要求。

用于高校招生录取的学业水平考试是面向今后进入高校学习理工科的部分学生的考试，其考查内容为高中物理课程标准规定的必修和选择性必修两部分内容。该学业水平考试主要体现综合性和应用性，注重考查学生对重要物理概念与规律的深入理解及灵活应用情况；试题

---

① 拉尔夫·泰勒. 课程与教学的基本原理[M].罗康，张阅，译. 北京：中国轻工业出版社，2014.

② 上海市教育委员会教学研究室.中学物理单元教学设计指南[M].北京：人民教育出版社，2018.

的任务情境要与生产生活、科技事件等紧密联系，关注物理学前沿与成果应用；注重探索设计与现实相关的问题情境，加强对学生应用物理学知识综合解决实际问题能力的考查；强调创新精神和实践能力的考查，能较好地区分学生在核心素养上的不同水平。用于高校招生录取的学业水平考试同时具有一定的选拔功能，应该具有较好的区分度，有利于区分学生不同层次的学业水平，有利于不同层次高校人才的选拔①。

第二节 评价框架

教育部考试中心研制的《中国高考评价体系》指出，高考评价体系由“一核”“四层”“四翼”组成，其中：“一核”是高考的核心功能，即“立德树人、服务选才、引导教学”，回答“为什么考”的问题；“四层”为高考的考查内容，即“核心价值、学科素养、关键能力、必备知识”，回答“考什么”的问题；“四翼”为高考的考查要求，即“基础性、综合性、应用性、创新性”，回答“怎么考”的问题。其结构如图 9.1 所示。

学业质量水平考试是保障教育教学质量的一项重要制度，是根据课程标准和教育考试规定，以学业质量水平为依据的标准参照考试，主要测量学生是否达到课程标准规定的学业质量水平的要求。按照《国务院关于深化考试招生制度改革的实施意见》的要求，学业水平考试的考试成绩是学生高中毕业和升学的重要依据。实施学业水平考试，有利于落实发展学生核心素养的课程目标，有利于学校准确把握学生的学习情况，改进教学管理。高中物理学科的学业质量评价框架如图 10.1 所示。

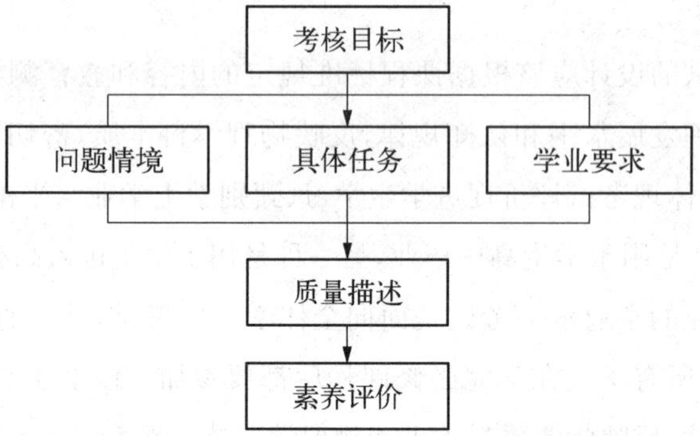

图 10.1　素养导向的高中物理学科评价框架

以学科素养为核心的学业质量评价应由“抽象知识”转向“具体情境”，由“知识中心”转向“素养培育”，测量学生的学科能力就是在一个具体的考核目标下测量学生适应学科问题情境

① 普通高中物理课程标准修订组.普通高中物理课程标准（2017 年版）解读[M].北京：高等教育出版社，2018.

的能力，在具体任务的解决过程中体现学生对学业要求的掌握程度，对学生能解决的问题层次进行质量描述，形成核心素养的测评。

第三节 实 施 路 径

基于学业质量水平评价的理论依据和评价框架，杨浦区高中物理学科针对学业质量水平采用现有的命题技术和测试数据分析技术进行了一些命题革新和尝试，初步实践了物理学科学业质量评价的探索研究。具体实施的研究路径分为五个主要步骤(参见图 10.2)。

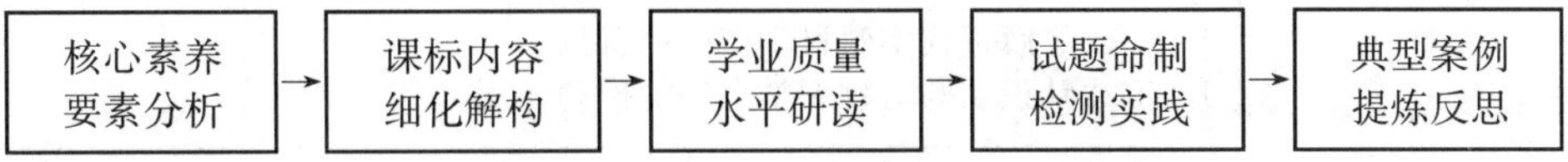

图 10.2　物理学科学业质量评价研究路径

一、核心素养要素分析

学科核心素养是学科育人价值的集中体现，是学生通过学科学习而逐步形成的正确价值观、必备品格和关键能力。物理学科核心素养主要包括“物理观念”“科学思维”“科学探究”“科学态度与责任”四个方面。“物理观念”主要包括物质观念、运动与相互作用观念、能量观念等要素。“科学思维”主要包括模型建构、科学推理、科学论证、质疑创新等要素。“科学探究”主要包括问题、证据、解释、交流等要素。“科学态度与责任”主要包括科学本质、科学态度、社会责任等要素。详见表 10.1。

表 10.1　核心素养构成要素

核心素养	构成要素	核心素养	构成要素
物理观念	物质观念	科学探究	问　题
	运动与相互作用观念		证　据
	能量观念		解　释
科学思维	模型建构		交　流
	科学推理	科学态度与责任	科学本质
	科学论证		科学态度
	质疑创新		社会责任

在针对学业质量水平评价进行试题命制的研究过程中，对于核心素养的每一个构成要素进行分析，析出其评价目标和诊断功能，能使研制的试题有效指向其对应的核心素养。

二、课标内容细化解构

通过对课程标准具体的学习内容的解构，将内容要求细化为小条目，并进行编码，同时特别注重析出每一内容要求的条目中的行为动词，能有效地对命制的试题进行内容要求的分类，制定对应的素养评价量表，以表 10.2 为例，说明如何对必修课程——必修 1 的内容进行细化解构。

表 10.2　必修课程——必修 1 的内容细化解构

课程	模块主题	内容要求
必修课程——必修 1	1.1　机械运动与物理模型	1.1.1① **了解**近代实验科学产生的背景。 1.1.1② **认识**实验对物理学发展的推动作用。
		1.1.2① **经历**质点模型的建构过程，**了解**质点的含义。 1.1.2② **知道**将物体抽象为质点的条件，**能**将特定实际情境中的物体**抽象**成质点。 1.1.2③ **体会**建构物理模型的思维方式，**认识**物理模型在探索自然规律中的作用。
		1.1.3① **理解**位移、速度和加速度。 1.1.3② **通过**实验，**探究**匀变速直线运动的特点。 1.1.3③ **能**用公式、图像等方法**描述**匀变速直线运动。 1.1.3④ **理解**匀变速直线运动的规律，**能**运用其**解决**实际问题。 1.1.3⑤ **体会**科学思维中的抽象方法和物理问题研究中的极限方法。
		1.1.4① **通过**实验，**认识**自由落体运动规律。 1.1.4② **结合**物理学史的相关内容，**认识**物理实验与科学推理在物理学研究中的作用。
	1.2　相互作用与运动定律	1.2.1① **认识**重力、弹力与摩擦力。 1.2.1② **通过**实验，**了解**胡克定律。 1.2.1③ **知道**滑动摩擦和静摩擦现象。 1.2.1④ **能**用动摩擦因数**计算**滑动摩擦力的大小。
		1.2.2① **通过**实验，**了解**力的合成与分解。 1.2.2② **知道**矢量和标量。 1.2.2③ **能**用共点力的平衡条件**分析**生产生活中的问题。
		1.2.3① **通过**实验，**探究**物体运动的加速度与物体受力、物体质量的关系。 1.2.3② **理解**牛顿运动定律。 1.2.3③ **能**用牛顿运动定律**解释**生产生活中的有关现象、**解决**有关问题。 1.2.3④ **通过**实验，**认识**超重和失重现象。
		1.2.4① **知道**国际单位制中的力学单位。 1.2.4② **了解**单位制在物理学中的重要意义。

三、学业质量水平研读

学业质量水平是学生学科核心素养的表现性评价依据，主要评价学生经过一段时间学习后应该或者必须达到的基本能力与品格。以学业质量水平 4 为例(学业质量水平 4 是用于高等院校招生录取的学业水平等级性考试的命题依据)，其质量描述参见表 10.3。

表 10.3　学业质量水平 4 研读

(1) 理解所学的物理概念和规律及其相互关系，能正确解释自然现象，综合应用所学的物理知识解决实际问题。 (2) 能将实际问题中的对象和过程转换成所学的物理模型；能对综合性物理问题进行分析和推理，获得结论并作出解释；能恰当使用证据证明物理结论；能对已有结论提出有依据的质疑，采用不同方式分析解决物理问题。 (3) 能分析相关事实或结论，提出并准确表述可探究的物理问题，作出有依据的假设；能制订科学探究方案，选用合适的器材获得数据；能分析数据，发现其中规律，形成合理的结论，用已有的物理知识进行解释；能撰写完整的实验报告，对科学探究过程与结果进行交流和反思。 (4) 认识到物理研究是一种对自然现象进行抽象的创造性工作；有学习和研究物理的内在动机，坚持实事求是，在合作中既能坚持观点又能修正错误；能依据普遍接受的道德与规范认识和评价物理研究与应用，具有保护环境、节约资源、促进可持续发展的责任感。

要以学科核心素养为基准，厘清学业质量水平的具体表述，建立正确的学业质量观，正确区分学业质量水平及划分方法，把握学业质量水平的描述，从能力及素养观出发，为测试提供监测标准。

四、试题命制检测实践

建立正确的学业质量观，要从“以知识为核心”转变为“以素养为核心”，测量方法主要以学生的学科能力表现为判断依据，侧重问题解决能力的评价。高中物理学科制定了下面这个评价量表来评估区域测试卷中的试题，表格内容按试题情境、实际问题、模块主题、内容要求、学业质量水平、考核目标和质量描述这 7 个维度呈现。该评价量表能较好地体现试题情境的复杂程度、内容要求的细化程度以及质量描述的综合性程度等。参见表 10.4。

表 10.4　试题素养评价量表

试题情境	实际问题	模块主题	内容要求	学业质量水平	考核目标	质量描述

核心素养四个方面所对应的试题命制检测实践研究，详见本章第四节。

五、典型案例提炼反思

在区域层面上进行学业质量评价的实践探索，通过具体的试题测试、师生问卷调研以及数据分析总结等，对其中典型的案例进行归纳提炼，思考实践中所遇到的问题，对问题进行归因分析，从中找出进一步研究的方向和改进措施，详见本章第五节。

第四节　案 例 实 践

根据上述路径，近年来杨浦区高中物理学科在试题命制、检测分析方面做了一些有效尝试，下面所举的案例都在区域检测中经过研究和实践，按物理学科核心素养的四个方面进行分类，表格内容按试题情境、实际问题、模块主题、内容要求、学业质量水平、考核目标和质量描述这 7 个维度呈现。

一、物理观念

【试题一】牛顿第一定律是(　　)。

A. 直接通过理论推导得到的

B. 实验定律，可以通过实验来验证

C. 描述惯性大小的，又叫惯性定律

D. 以实验为基础，通过推理、想象总结出来的

【参考答案】D

表 10.5　试题一的物理观念素养评价

试题情境	实际问题	模块主题	内容要求	学业质量水平	考核目标	质量描述
牛顿第一定律	牛顿第一定律的本质	必修 1——1.2 相互作用与运动定律	1.2.3② 理解牛顿运动定律	水平 2	物理观念中的“运动与相互作用观念”	了解所学的物理概念和规律

【试题二】某同学在 100 米短跑时采用蹲踞式起跑，发令枪响后，在向前加速的同时提升身体重心。设该同学质量为 m，在起跑前进的这段距离内重心上升高度为 h，获得速度为 v，克服阻力做功为 $W_{阻}$，重力加速度为 g。则在此过程中(　　)。

A. 该同学的重力势能减小量为 mgh

B. 该同学的动能增加量为 $\frac{1}{2}mv^2+mgh$

C. 该同学的机械能增加量为 $W_{阻}+mgh$

D. 该同学自身提供的能量至少为 $W_{阻}+mgh+\frac{1}{2}mv^2$

【参考答案】D

表 10.6　试题二的物理观念素养评价

试题情境	实际问题	模块主题	内容要求	学业质量水平	考核目标	质量描述
100 米短跑采用蹲踞式起跑，在向前加速的同时提升身体重心	各种能量变化的定量分析	必修 2——2.1 机械能及其守恒定律	2.1.4④ **能**用机械能守恒定律**分析**生产生活中的有关问题	水平 4	物理观念中的“能量观念”	理解所学的物理概念和规律及其相互关系，能正确解释自然现象，综合应用所学的物理知识解决实际问题

二、科学思维

【试题一】 2017 年，人类第一次直接探测到来自双中子星合并的引力波。两颗中子星合并前某时刻，相距约 400 km。在相互引力的作用下，分别围绕其连线上的某一点做周期相同的匀速圆周运动，每秒转动 12 圈。其转速为地球自转转速的________倍。将两颗中子星都看作是质量均匀分布的球体，可以估算出这一时刻两颗中子星的速率之和为________ m/s。

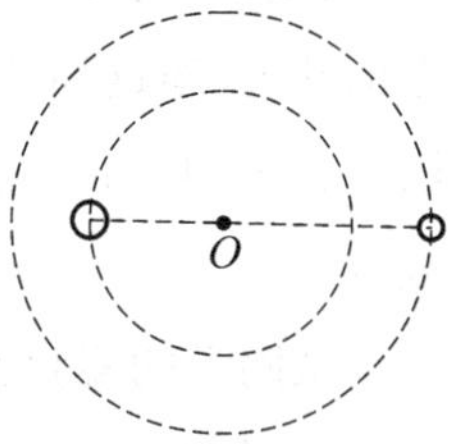

【参考答案】 $1.036\,8\times10^{6}$；$3.014\,4\times10^{7}$

表 10.7　试题一的科学思维素养评价

试题情境	实际问题	模块主题	内容要求	学业质量水平	考核目标	质量描述
双中子星合并的引力波	两颗中子星的转速和速率之和	必修 2——2.2 曲线运动与万有引力定律	2.2.4④ **认识**科学定律对人类探索未知世界的作用	水平 3	科学思维中的“模型建构”	能在熟悉的问题情境中根据需要选用所学的恰当的模型解决简单的物理问题

【试题二】 如图，一个有质量的小球用一细线悬于箱子顶上的 O 点，箱子沿某一方向做匀加速直线运动，细线与竖直方向的夹角 θ 始终不变，重力加速度为 g。小球受到的空气阻力不计。写出箱子可能的两种加速度情况：①________________；②________________。

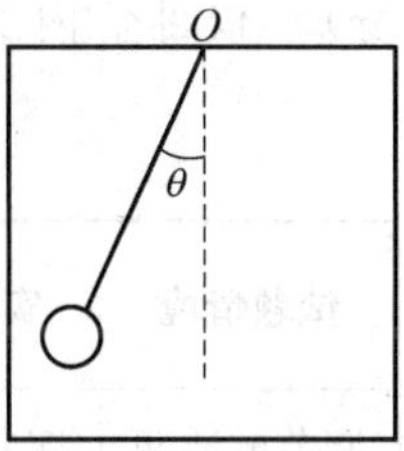

【参考答案】 ① 加速度水平向右，大小为 $g\tan\theta$；② 自由落体运动，加速度为 g；[③ 加速度斜向右上，与水平夹角为 α，大小 $a=\dfrac{g\sin\theta}{\cos(\theta+\alpha)}$；④ 加速度斜向右下，与水平夹角为 α，大小 $a=\dfrac{g\sin\theta}{\cos(\theta-\alpha)}$]

表 10.8　试题二的科学思维素养评价

试题情境	实际问题	模块主题	内容要求	学业质量水平	考核目标	质量描述
一小球用细线悬于箱子顶上 O 点，箱子沿某一方向做匀加速直线运动	写出箱子可能的两种加速度情况	必修 1——1.2 相互作用与运动定律	1.2.3③ 能用牛顿运动定律解释生产生活中的有关现象、解决有关问题	水平 4	科学思维中的“科学推理”	能对综合性物理问题进行分析和推理，获得结论并做出解释

三、科学探究

【试题一】如图是探究电源电动势和电源外电压、内电压关系的装置，通过调节电池两极之间的挡板高度来调节电池的内阻。图中“电压传感器 1”测量的是________电压（选填“外”或“内”）。

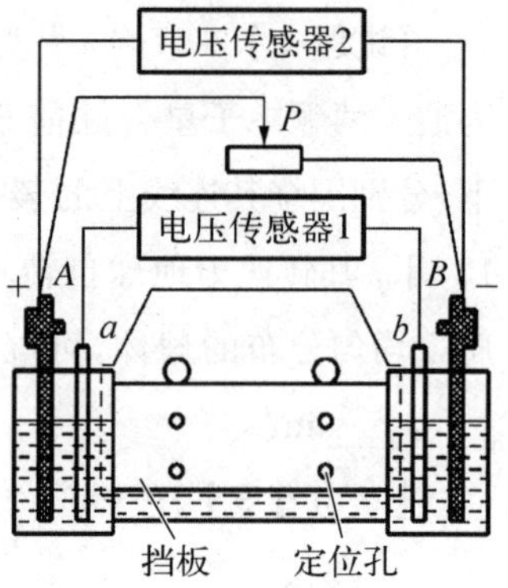

某同学的实验步骤如下：

① 先对电池充足电；

② 改变内、外电阻的阻值，记录两个电压传感器的读数，将测得的多组数据填入下表。

$U_{外}$/V	1.99	1.91	1.84	1.76	1.66	1.54
$U_{内}$/V	0.10	0.15	0.23	0.32	0.42	0.53

根据表格数据，可以得到的结论是：

________________________________。

【参考答案】第一空：内（2 分）；第二空：在误差允许范围内，内、外电压之和是一个恒量（2 分）。（仅回答“内、外电压之和等于电源电动势”，给 1 分；仅回答“外电压减小时内电压增大”，给 1 分）

表 10.9　试题一的科学探究素养评价

试题情境	实际问题	模块主题	内容要求	学业质量水平	考核目标	质量描述
调节电池两极之间的挡板高度来调节电池的内阻	探究电源电动势和电源外电压、内电压的关系	必修 3——3.2 电路及其应用	3.2.4① 理解闭合电路欧姆定律	水平 3	科学探究中的“证据”“解释”	能分析数据，发现特点，形成结论，尝试用已有的物理知识进行解释

【试题二】(10 分)在“用 DIS 研究温度不变时，一定质量的气体压强与体积的关系”实验中，某同学采用如图(a)所示的实验装置：一个带刻度的导热试管内封闭一定质量的气体，有一定厚度的活塞可在试管内无摩擦地滑动，试管的右端通过一个小软管与压强传感器相连。

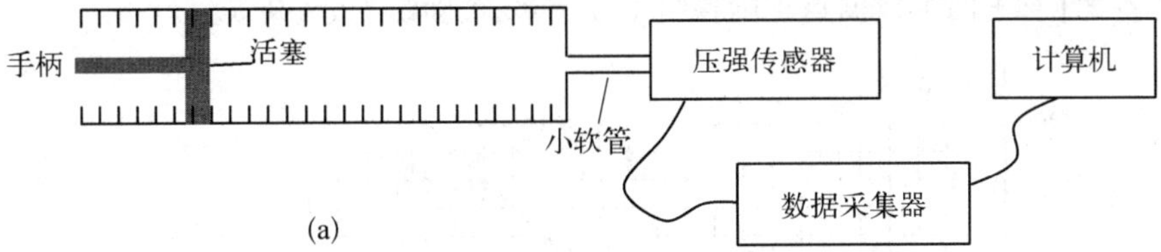

(a)

该同学向右缓慢推动活塞左侧的手柄，在这个过程中未用手接触试管，每次从活塞左边沿对应的试管刻度读取体积值，并输入计算机，同时由压强传感器测得对应的压强值。实验共测了 6 次，实验结果如右表所示。

序号	体积 V/mL	压强 p/ $\times 10^5$ Pa
1	200	1.011
2	180	1.123
3	160	1.264
4	140	1.444
5	120	1.685
6	100	2.022

(1) 在图(b)所示的坐标纸上已经标出 4 组数据点，请将余下的两组数据在坐标纸上标出，并作出对应的图像。

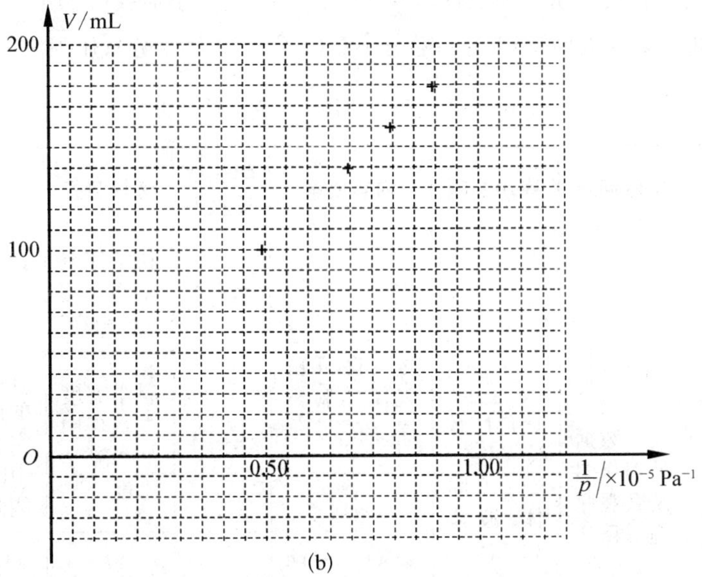

(b)

(2) 该同学经老师提醒后发现自己的体积数据记录有误，漏记了小软管内气体的体积。你认为他的体积数据记录还存在什么问题？__________________。结合图(b)中画出的图像，判断该同学________(选填“需要”或“不需要”)修正体积的数据记录。

(3) 该同学从分子动理论的角度分析实验过程：试管内封闭一定质量的气体，温度保持不变，气体分子的__________和__________一定。气体的体积减小时，单位时间内撞击单位面积的分子数________（选填“增大”“减小”或“不变”），宏观表现为气体的__________。

【参考答案】(1) 两个数据点正确各给 1 分，连线正确给 1 分，共 3 分。

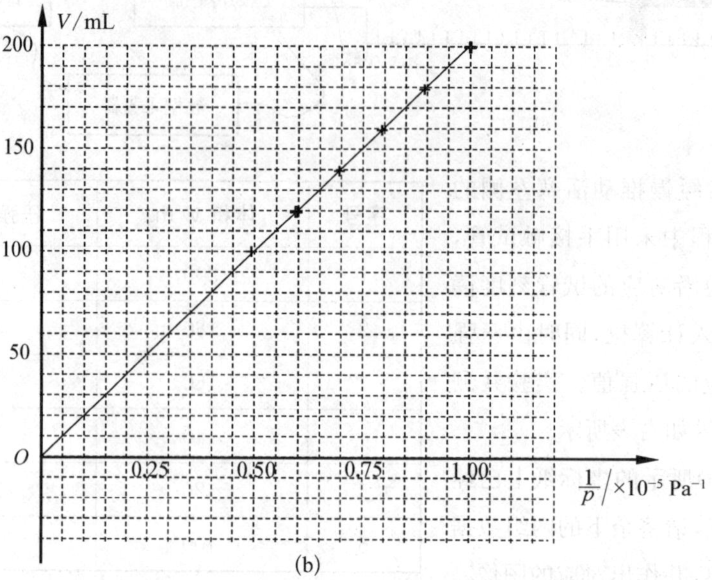

(b)

(2) 将有一定厚度的活塞体积也计入气体体积值(2 分)；不需要(1 分)。

(3) 平均动能(或平均速率)(1 分)；总分子数(1 分)；增大(1 分)；压强增大(1 分)。

表 10.10　试题二的科学探究素养评价

序号	试题情境	实际问题	模块主题	内容要求	学业质量水平	考核目标	质量描述
(1)	用 DIS 研究温度不变时，一定质量的气体压强与体积的关系	实验数据处理作图及微观原理解释	选择性必修 3——☆3.1 固体、液体和气体	☆3.1.6① **通过**实验，**了解**气体实验定律	水平 2	科学探究中的“证据”“解释”	能对数据进行整理，得到初步的结论
(2)					水平 4	科学态度与责任中的“科学态度”	有学习和研究物理的内在动机，坚持实事求是，在合作中既能坚持观点又能修正错误
(3)				☆3.1.6③ **能**用分子动理论和统计观点**解释**气体压强和气体实验定律	水平 3	物理观念中的“物质观念”	了解所学的物理概念和规律及其相互关系

四、科学态度与责任

【试题一】(16 分)如图(a),磁力刹车是为保证过山车在最后进站前的安全而设计的一种刹车形式。磁场很强的钕磁铁长条安装在轨道上,刹车金属片安装在过山车底部或两侧。简化为图(b)的模型,相距为 l、水平放置的导轨处于磁感应强度大小为 B、方向竖直的匀强磁场中,整个回路中的等效电阻为 R,将过山车上的刹车金属片等效为一根金属杆 MN,过山车的质量为 m。不计轨道摩擦和空气阻力。

图(a)

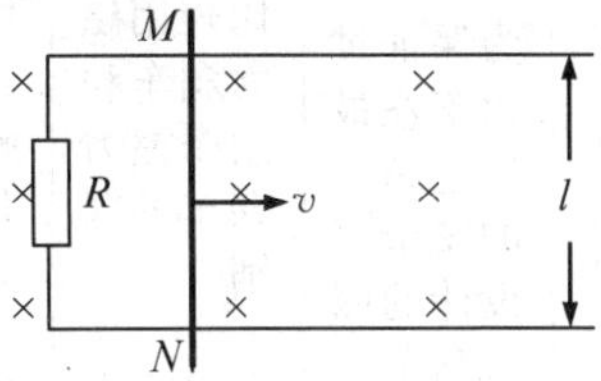

图(b)

(1) 求水平磁力刹车减速的加速度 a 大小随速度 v 变化的关系式;

(2) 试比较用磁力刹车和用摩擦力刹车的区别;

(3) 若过山车进入水平磁力刹车轨道开始减速时,速度为 30 m/s,刹车产生的加速度大小为 15 m/s^2。过山车的速度 v 随位移 x 的变化规律满足:$v=v_0-\frac{B^2l^2}{mR}x$(设水平轨道起点 $x=0$)。在图(c)中画出水平磁力刹车减速的加速度大小随速度变化的图线,并求出过山车在水平轨道上减速到 10 m/s时滑行的距离。

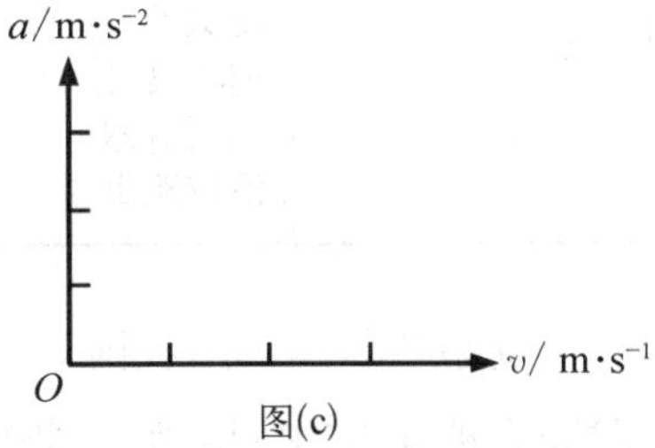

图(c)

【参考答案】(1) 金属杆 MN 在磁场中切割磁感线运动,产生感应电动势:$E=Blv$。(2 分)

根据牛顿第二定律:$\Sigma F=ma\Rightarrow a=\frac{F_{安}}{m}=\frac{BIl}{m}=\frac{B\frac{Blv}{R}l}{m}=\frac{B^2l^2}{mR}\cdot v$。(2 分)

(2) 磁力刹车:速度越大,减速的加速度越大。(2 分)【当速度减到一定程度时,加速度过小,不足以阻止列车。依赖于磁性的基本属性,除电磁铁外,使用永磁体的刹车不需要电力。】

摩擦力刹车:摩擦力恒定,与速度无关。存在不稳定性,比如下雨天刹车打滑等。(2 分)

(3) 水平磁力刹车减速的加速度大小随速度变化的图线如右图所示。(3 分)

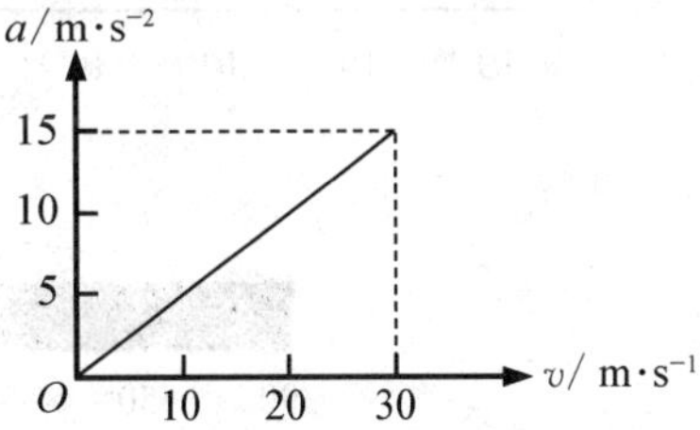

图(c)

由金属杆减速的加速度:$a=\frac{B^2l^2}{mR}\cdot v$,从图(c)中可得:

斜率 $k=\frac{B^2l^2}{mR}=0.5\ \mathrm{s^{-1}}$。(3 分)

代入 $v=v_0-\frac{B^2l^2}{mR}x$,得:$x=40$ m。(2 分)

表 10.11　试题一的科学态度与责任素养评价

序号	试题情境	实际问题	模块主题	内容要求	学业质量水平	考核目标	质量描述
(1)	为保证过山车在最后进站前的安全而设计的磁力刹车	磁力刹车加速度与速度的关系	选择性必修 2——☆2.2 电磁感应及其应用 必修 1——1.2 相互作用与运动定律	☆2.2.2 **通过**实验，**理解**法拉第电磁感应定律	水平 4	科学思维中的“模型建构”	能将实际问题中的对象和过程转换成所学的物理模型
(2)		比较用磁力刹车和用摩擦力刹车的区别		1.2.1③ **知道**滑动摩擦和静摩擦现象	水平 4	科学态度与责任中的“科学本质”	认识到物理研究是一种对自然现象进行抽象的创造性工作
(3)		画出磁力刹车加速度大小随速度变化图线并求滑行距离		1.2.3③ **能**用牛顿运动定律**解释**生产生活中的有关现象、**解决**有关问题	水平 4	物理观念中的“运动与相互作用观”	综合应用所学的物理知识解决实际问题

【试题二】(15 分)我国 500 m 口径球面射电望远镜(FAST)被誉为“中国天眼”，如图(a)所示。其主动反射面系统是一个球冠反射面，球冠直径为 500 m，由 4 450 块三角形的反射面单元拼接而成。它能探测到频率在 70 MHz～3 GHz之间的电磁脉冲信号(1 MHz$=10^6$ Hz，1 GHz$=10^9$ Hz)。

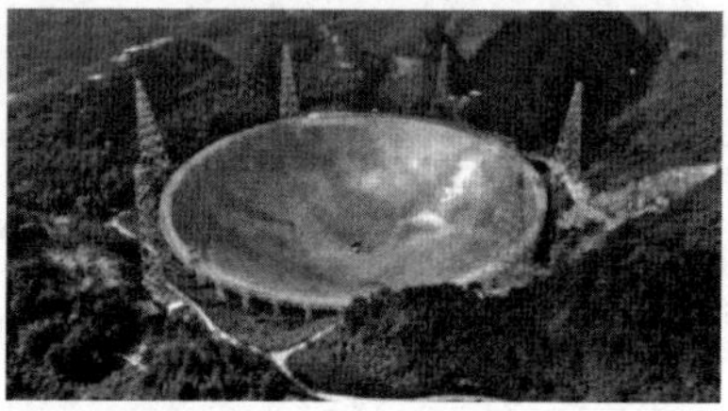

(a)

(1) 计算探测到的电磁脉冲信号的波长，并根据图(b)判断对应哪种电磁波；

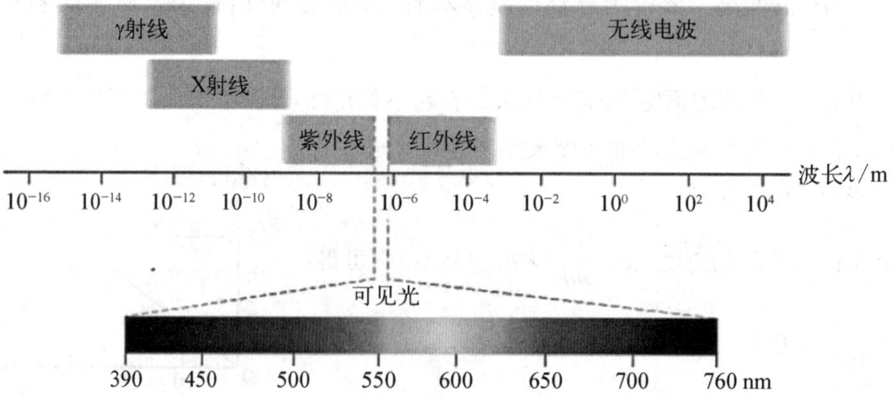

(b)

(2) 为了不损伤望远镜球面，在对“中国天眼”进行维护时，工作人员背上系着一个悬在空中的氦气球，氦气球对其有大小为人自身重力的$\frac{5}{6}$、方向竖直向上的拉力作用，如图(c)所示。若他在某处检查时不慎从距底部直线距离 20 m 处的望远镜球面上滑倒(球面半径 $R=300$ m)。

(c)

① 若不计人和氦气球受到的空气阻力，氦气球对人的竖直拉力保持不变，估算此人滑到底部所用的时间并写出你的估算依据；

② 真实情况下需要考虑人和氦气球受到的空气阻力，简单判断此人滑到底部所用的时间如何变化。

【参考答案】(1) 根据电磁波的波速与频率关系 $c=f\lambda$(2 分)，可得 $\lambda_1=\frac{c}{f_1}=\frac{3\times10^8}{70\times10^6}$ m$=4.286$ m(1 分)，$\lambda_2=\frac{c}{f_2}=\frac{3\times10^8}{3\times10^9}$ m$=0.1$ m(1 分)。

根据图(b)判断，此波段内的电磁脉冲信号对应无线电波(1 分)。

(2) ① 将此工作人员简化为质点(1 分)，多个单元拼接而成的反射面等效为一个光滑且平滑的球冠内部(1 分)，把他沿球面下滑的过程类比为单摆的摆动过程(1 分)。

摆角 $\theta=\frac{s}{R}=\frac{20\text{ m}}{300\text{ m}}=\frac{1}{15}$ rad$=3.82^\circ$，摆角小于 5°，沿球面下滑的过程可视为简谐振动(1 分)，摆长 l 为球面半径，$l=R=300$ m(1 分)。

等效重力加速度 $g'=\frac{mg-\frac{5}{6}mg}{m}=\frac{1}{6}g$(1 分)，$g$ 取 9.8 m/s^2(1 分)。

$$t=\frac{1}{4}T=\frac{1}{4}\times2\pi\times\sqrt{\frac{l}{g'}}=\frac{1}{4}\times2\pi\times\sqrt{\frac{300}{\frac{1}{6}\times9.8}}\text{ s}=21.28\text{ s}(2\text{ 分})。$$

说明：若学生用沿倾角 3.82°的光滑斜面静止下滑这一模型计算，$t=\sqrt{\frac{2s}{g'\sin1.91^\circ}}=27.1$ s。

② 考虑人和氦气球受到的空气阻力，对人的运动有阻碍作用，滑到底部所用的时间变长(1 分)。

表 10.12　试题二的科学态度与责任素养评价

序号	试题情境	实际问题	模块主题	内容要求	学业质量水平	考核目标	质量描述
(1)	我国 500 m 口径球面射电望远镜	计算电磁波长并判断对应哪种电磁波	选择性必修 2——☆ 2.3 电磁振荡与电磁波	☆2.3.4② 知道各个波段的电磁波的名称、特征和典型应用	水平 2	物理观念中的“物质观念”	了解所学的物理概念和规律，解决简单的实际问题

续 表

序号	试题情境	实际问题	模块主题	内容要求	学业质量水平	考核目标	质量描述
(2)①	我国500 m口径球面射电望远镜	估算人滑到底部所用的时间并写出估算依据	选择性必修1——☆1.2机械振动与机械波 必修1——1.2相互作用与运动定律	☆1.2.2② 知道单摆周期与摆长、重力加速度的关系	水平4	科学思维中的“模型建构”“科学论证”	能将实际问题中的对象和过程转换成所学的物理模型；能恰当使用证据证明物理结论
(2)②		真实情况下考虑受到的空气阻力，判断时间如何变化		1.2.3③ 能用牛顿运动定律解释生产生活中的有关现象、解决有关问题	水平4	科学态度与责任中的“科学本质”	认识到物理研究是一种对自然现象进行抽象的创造性工作

第五节 反思提炼

一、典型案例

科学推理、科学论证是物理学科核心素养中科学思维的主要要素。学生能对物理问题进行分析和推理，获得结论并作出解释，能恰当使用证据证明物理结论。这就提出一个问题：怎样的试题能够在某张考试卷上、在有限的考试时间内有效检测学生的科学推理和科学论证的学业质量水平所达到的程度呢？以往的物理学科考试题型中，选择题（客观题）和填空题较难呈现学生的思维过程和思维品质。选择题特别是单选题可以使用一些答题技巧，比如排除法、优选法等，甚至完全靠猜也有25%的概率（四选一的单选题）可以答对，所以不能有效检测。填空题给学生的发挥空间也很有限，一条横线，往往填写一个数据或者两三个文字，学生不能充分表述自己的观点。这就需要我们去思考新的命题思路、开发新的题型，给学生充分的空间和时间去推理和论证自己的观点。以下题为例。

在“研究磁通量变化时感应电流的方向”的实验中，下表为某同学记录的实验现象，有一组记录有误，请找出这组数据并加以分析说明：

____

____。

实验序号	线圈中磁场方向(俯视)	磁铁运动情况	指针偏转情况
1	向下	插入线圈	向左
2	向下	拔出线圈	向右
3	向上	插入线圈	向右
4	向上	拔出线圈	向右

【参考答案】

第4组记录有误。分析说明：第4组“磁铁拔出线圈”，向上的磁场减弱，相当于向下的磁场增强，指针应向左偏转，与第1组的记录矛盾。同时应分析：第2组“磁铁拔出线圈”，向下的磁场减弱，相当于向上的磁场增强，指针向右偏转，与第3组记录相符；第3组“向上的磁场增强”与第1组“向下的磁场增强”观察到的指针偏转方向应相反，符合第1、3组的记录，可以确定第1、2、3组记录无误，从而判断第4组记录有误。

【得分情况】

经阅卷系统统计，共有1 071份有效试卷，得分率为0.58，标准差为1.62。得满分的学生人数占比26.37％；能指出第4组实验记录有错误，但无法或者没有进行科学的文字表述的学生人数占比42.34％；得0分(完全答错或空白未作答)的学生人数占比31.01％。

【答题情况】

学生中能找出第4组的较多，主要失分在分析说明上。能答出第4组记录有错误的学生基本只说出第4组错在哪里，未考虑到其他组的正确性也要进行相互论证。或者表述颠倒混乱，词不达意，磁通量、磁场、磁铁混为一谈，电流、指针、感应电流混为一谈。比如：“拔出线圈，磁通量减小，感应电流同向，线圈内电流方向为逆时针，指针左偏”，这段话逻辑混乱，表述的对象混淆或缺失，让阅卷老师看得发晕。这说明学生缺乏较严密的科学推理和论证能力，更缺乏这方面的引导和培养。

【阅卷情况】

阅卷时，老师们对此题的创新命题给予了较好的评价。但阅卷时老师们适当放松了评分标准，只要文字表述有一定的科学性和逻辑性就给分；对联系其他组实验记录、综合进行分析、逻辑严密的表达要求有所降低，能适当关联就给分。这也是此题区分度不高的主要原因，难以甄别出思维和表述都非常严密的学生。刚开始阅卷时，阅卷教师反映此题非常难批改，评分标准难以把握，学生的回答五花八门，如何判断、归类、评分，教师觉得不好把控。此题阅卷组组长和阅卷教师经过反复讨论以及对学生试卷进行抽阅(只看不评分)，在大致了解归纳了学生答题的一些主要情况之后，才开始尝试阅卷。在阅卷的过程中遇到难以判断评分的试卷，阅卷组还会集体商议，这大大增加了阅卷时间和工作量，以至于此题阅卷组是各阅卷组中工作结束最晚的一个。

二、提炼总结

从上述这道典型例题的命题检测和测试数据分析来看，学生的科学推理和论证能力尚需要加以培养。命题时也要给予足够的空间和时间，让学生充分展开自己的表述，才能检测出学生的科学推理和论证能力。

我们的物理教学应该在高一起点年级就注意引导，做题时少用套路、少背所谓的“增反减同”之类的口诀，而是要从物理实验现象入手，思考其蕴含的物理原理，逐渐形成正确科学的物理观念，能运用科学思维进行科学推理和论证，能规范严谨地进行科学表述。

同时，在阅卷过程中我们也发现，高中物理教师在这方面的阅卷能力也需要引导和提升。这就提示我们应在今后的区域教研活动中对教师进行相关的培训和指导，逐步引导教师适应此类题型，能够理解和掌握命题的思路与答题逻辑，能在物理教学中对学生开展科学推理和论证的科学思维培养。

总之，对于科学推理论证类的题目命题，应从以下几方面综合考虑：(1) 题型不宜是选择、填空类；(2) 给予充足的时间和空间答题，整卷出现这样的试题一二题足矣；(3) 问题本身确实需要分几步进行科学逻辑推理，不是简单的是或非的判断；(4) 教师也要同步进行教研培训和学习。

第十一章　基于新课标的高中化学学科学业质量评价研究*

第一节　高中化学学科核心素养和学业质量

一、高中化学学科核心素养

化学学科核心素养包括“宏观辨识与微观探析”“变化观念与平衡思想”“证据推理与模型认知”“科学探究与创新意识”“科学态度与社会责任”5个方面。

素养1　宏观辨识与微观探析

能从不同层次认识物质的多样性，并对物质进行分类；能从元素和原子、分子水平认识物质的组成、结构、性质和变化，形成“结构决定性质”的观念。能从宏观和微观相结合的视角分析与解决实际问题。

素养2　变化观念与平衡思想

能认识物质是运动和变化的，知道化学变化需要一定的条件，并遵循一定规律；认识化学变化的本质特征是有新物质生成，并伴有能量转化；认识化学变化有一定限度、速率，是可以调控的。能多角度、动态地分析化学变化，运用化学反应原理解决简单的实际问题。

素养3　证据推理与模型认知

具有证据意识，能基于证据对物质组成、结构及其变化提出可能的假设，通过分析推理加以证实或证伪；建立观点、结论和证据之间的逻辑关系。知道可以通过分析、推理等方法认识研究对象的本质特征、构成要素及其相互关系，建立认知模型，并能运用模型解释化学现象，揭示现象的本质和规律。

素养4　科等探究与创新意识

认识科学探究是进行科学解释和发现、创造和应用的科学实践活动；能发现和提出有探究价值的问题；能从问题和假设出发，依据探究目的，设计探究方案，运用化学实验、调查等方法进行实验探究；勤于实践，善于合作，敢于质疑，勇于创新。

素养5　科学态度与社会责任

具有安全意识和严谨求实的科学态度，具有探索未知、崇尚真理的意识；深刻认识化学对创造更多物质财富和精神财富、满足人民日益增长的美好生活需要的重大贡献；具有节约资源、保护环境的可持续发展意识，从自身做起，形成简约适度、绿色低碳的生活方式；能对与化

---

* 本章作者为上海市复旦实验中学刘彩虹和上海市杨浦区教育学院刘丽君。

学有关的社会热点问题作出正确的价值判断,能参与有关化学问题的社会实践活动。

为便于在教学和评价中具体实施,化学学科核心素养的每个素养又划分出4级水平。

二、学业质量及其水平

(一) 学业质量

学业质量是学生在完成本学科课程学习后的学业成就表现。学业质量标准是以本学科核心素养及其表现水平为主要维度,结合课程内容,对学生学业成就表现的总体刻画。依据不同水平学业成就表现的关键特征,学业质量标准明确将学业质量划分为不同水平,并描述了不同水平学习结果的具体表现。

化学学业质量水平划分为4级。在每一级水平的描述中均包含化学学科核心素养的5个方面,依据侧重的内容将其划分为四个条目(每个条目编号中,前面的数字代表水平,后面的数字代表条目序号)。每个条目(按数字表示)分别对应于一定的化学学科核心素养。如序号1侧重对应“素养1宏观辨识与微观探析”和“素养3证据推理与模型认知”;序号2侧重对应“素养2变化观念与平衡思想”;序号3侧重对应“素养4科学探究与创新意识”;序号4侧重对应“素养5科学态度与社会责任”。

(二) 学业质量水平

表11.1 高中化学学业质量水平及其描述

质量水平	质量描述
水平1	1-1 能根据物质组成和性质对物质进行分类,形成物质是由元素组成和化学变化中元素不变的观点;能运用原子结构模型说明典型金属和非金属元素的性质;能对常见物质(包括简单的有机化合物)及其变化进行描述和符号表征;能认识离子反应和氧化还原反应的本质,能结合实例书写离子方程式和氧化还原反应化学方程式;能说明常见物质的性质与应用的关系。 1-2 认识化学变化是有条件的,能说明化学变化中的质量关系和能量转化,能从物质的组成、构成微粒、主要性质等方面解释或说明化学变化的本质特征;认识物质的量在化学定量研究中的重要作用,能结合实验或生产、生活中的实际数据,并应用物质的量计算物质的组成和物质转化过程中的质量关系。 1-3 能依据化学问题解决的需要,选择常见的实验仪器、装置和试剂,完成简单的物质性质、物质制备、物质检验等实验;能与同伴合作进行实验探究,如实观察、记录实验现象,能根据实验现象形成初步结论。 1-4 具有安全意识,能将化学知识与生产、生活实际结合,能主动关心并参与有关的社会性议题的讨论,赞赏化学对人类生活和生产所作的贡献;能运用所学的化学知识和方法分析讨论生产、生活中简单的化学问题(如酸雨防治、环境保护、食品安全等),认识化学科学对社会可持续发展的贡献。
水平2	2-1 能从不同视角对典型的物质及其主要变化进行分类;能从原子结构视角说明元素的性质递变规律;能从构成物质的微粒、化学键、官能团等方面说明常见物质的主要性质,能分析物质性质与用途的关系。

续表

质量水平	质量描述
水平2	2-2 能分析化学变化中能量吸收或释放的原因;认识化学变化的多样性和复杂性,能分析化学反应速率的主要影响因素;能设计物质转化的方案,能运用化学符号表征物质的变化,能说明化学变化的本质特征和变化规律;能应用质量守恒定律分析物质转化对资源利用的影响。 2-3 能通过实验探究物质的性质和变化规律,能提出有意义的实验探究问题,根据已有经验和资料作出预测和假设,能设计简单实验方案,能运用适当的方法控制反应条件并顺利完成实验;能收集和表述实验证据,基于实验事实得出结论。 2-4 能分析化学科学在开发利用自然资源、合成新物质、保护环境、保障人类健康、促进科技发展和社会文明等方面的价值和贡献;了解在化工生产中遵循"绿色化学"思想的重要性,能从化学视角理解食品安全、环境保护等法律法规,关注化学产品和技术在生产、生活中应用可能产生的负面影响。
水平3	3-1 能从组成、结构等方面认识无机化合物和有机化合物的多样性,能从物质的组成、性质、官能团、构成微粒和微粒间作用力等多个视角对物质进行分类;能说明物质的组成、官能团和微粒间作用力的差异对物质性质的影响;能从多个角度对化学反应进行分类,认识化学反应的本质;能采用模型、符号等多种方式对物质的结构及其变化进行综合表征。 3-2 能根据反应速率理论和化学平衡原理,说明影响化学反应速率和化学平衡的因素;能运用宏观、微观、符号等方式描述、说明物质转化的本质和规律;能定量分析化学变化的热效应,分析化学能与电能相互转化的原理及其在生产和生活中的应用。能根据解决问题的需要设计无机化合物转化与制备、典型有机化合物的组成结构检测与合成的方案;能分析评估物质转化过程对环境的影响。 3-3 能根据解决问题的需要提出实验探究课题;能设计实验方案探究物质和能量的转化、影响反应速率和化学平衡的因素、有机化合物的主要性质等;能选择合适的实验试剂和仪器装置,控制实验条件,安全、顺利地完成实验;能收集并用数据、图表等多种方式描述实验证据,能基于现象和数据进行分析推理得出合理结论。 3-4 能结合生产和生活实际问题情境说明化学变化中能量转化、调控反应条件等的重要应用,认识有机化合物转化和合成在社会经济可持续发展、提高生活质量等方面的重要贡献;能运用化学原理和方法解释或解决生产、生活中与化学相关的一些实际问题;具有对化学技术推广应用和化学品使用进行风险评估的意识,能分析化学品生产和应用过程中对社会和环境可能发生的影响,能提出降低其负面影响的建议。
水平4	4-1 能在物质及其变化的情境中,依据需要选择不同方法,从不同角度对物质及其变化进行分析和推断;能根据物质的类别、组成、微粒的结构、微粒间作用力等说明或预测物质的性质,评估所做说明或预测的合理性;能从宏观与微观、定性与定量等角度对物质变化中的能量转化进行分析和表征;能基于物质性质提出物质在生产、生活和科学技术等方面应用的建议和意见。 4-2 能从调控反应速率、提高反应转化率等方面综合分析反应的条件,提出有效控制反应条件的措施;能选择简明、合理的表征方式描述和说明化学变化的本质和规律,能根据化学反应原理预测物质转化的产物,确定检验所做预测的证据;能依据化学变化中能量转化的原理,提出利用化学变化实现能量储存和释放的有实用价值的建议;能基于"绿色化学"理念设计无机化合物制备和有机化合物合成的方案,并对方案进行评价和优化;能分析评估物质转化过程对环境和资源利用的影响。 4-3 能列举测定物质组成和结构的实验方法,能根据仪器分析的数据或图表推测简单物质的组成和结构;能在复杂的化学问题情境中提出有价值的实验探究课题,能设计有关物质转化、分离提纯、性质应用等的综合实验方案;能运用变量控制的方法探究并确定合

续 表

质量水平	质 量 描 述
水平 4	适的反应条件，安全、顺利地完成实验；能用数据、图表、符号等描述实验证据并据此进行分析推理形成结论；能对实验方案、实验过程和实验结论进行评价，提出进一步探究的设想。 4-4 能说明化学科学发展在自然资源利用、材料合成、环境保护、保障人类健康、促进科学技术发展等方面的重要作用；能运用化学原理和方法对解决生产和生活中的热点问题提出创造性的建议，能对化学技术推广应用和化学品使用进行分析和风险评估；能依据“绿色化学”思想分析某些化学产品生产和应用存在的问题，提出处理或解决化学问题的方案。

(三) 学业质量水平与考试评价的关系

学业质量水平是考试与评价的重要依据。学业质量水平 2 是高中毕业生在本学科应该达到的合格要求，是化学学业水平合格性考试的命题依据；学业质量水平 4 则是化学学业水平等级性考试的命题依据。

第二节 高中化学学科学业质量评价研究文献综述

一、研究背景与意义

随着《国务院办公厅关于新时代推进普通高中育人方式改革的指导意见》(国办发〔2019〕29 号)、《教育部关于做好普通高中新课程新教材实施工作的指导意见》(教基〔2018〕15 号)等系列政策文件的相继出台，当前我国普通高中课程改革已迈入新课程、新教材的“双新”时代。2017 年版 2020 年修订的普通高中课程方案和课程标准中，在中国学生发展核心素养的价值指引下，进一步凝练了学科核心素养，研制了学业质量标准，为学业水平合格性考试和等级性考试命题提供了重要依据。各学科明确学生在完成本学科学习任务后，学科核心素养应该达到的水平，各水平的关键表现构成学业质量标准①。

本次课改颁布的各学科课程标准较以往最明显的变动就是研制出了各学科的学业质量标准。学业质量标准将核心素养与课程内容有机统一，它可以直接用来对教育教学进行评价②。依据学科核心素养对考试进行评价，一方面可以改变传统单纯地依据考试说明(或者考试大纲)进行考试评价，完全忽视课程标准的局面；另一方面也可以打破学科之间的界限，实现跨学科的评价，使得核心素养能够平稳落地③。

① 中华人民共和国教育部.普通高中化学课程标准(2017 年版 2020 年修订)[M].北京：人民教育出版社，2020.
② 辛涛.学业质量标准：连接核心素养与课程标准、考试、评价的桥梁[J].人民教育，2016(19)：17-18.
③ 蒋霜霜.基于“素养为本”高中化学学业水平试题研究[D].华中师范大学，2019：2.

以核心素养为本的考试命题，既是当前基础教育课程改革实施核心素养教育的必然要求，也是依据学科核心素养进行高考改革的应然走向①。正如斯塔弗尔比姆所说“评价不是为了证明(prove)而是为了改进(improve)”一样②，新课程改革在学业评价方面提出了发展性评价的理念，使得学校学业质量评价的目的定位在帮助学校诊断教与学中存在的问题，引导学校向正确的方向发展，并以此促进学校学业质量的提高③。要客观评价学校学业质量并充分发挥评价功能，关键环节是构建科学合理的评价指标体系，这是实施评价的依据并决定评价的方向④。

2014 年，教育部颁布《关于全面深化课程改革落实立德树人根本任务的意见》，明确提出研究学生核心素养体系和研制学业质量标准，标志着高中课程领域深化改革的启动。同年，国务院《关于深化考试招生制度改革的实施意见》中提出要全面启动新一轮考试招生制度改革，完善高中学业水平考试，意味着考试招生领域也开启同步改革。2014 年 12 月，教育部发布的《关于普通高中学业水平考试的实施意见》(教基二〔2014〕10 号)指出：依据国家发布的普通高中课程方案与课程标准，规定及确定考试的范围与内容；考试的命题应该与社会实际或者学生自身的生活经验紧密相连，加强对学生的基础知识和能力的考查；学生可以自主选择计入高校招生录取总成绩的学科；学业水平考试成绩同时也是普通高中毕业及高中同等学力认定的主要依据。上海市和浙江省自 2014 年秋季入学的学生开始，率先实行新一轮考试试点的高考改革，2017 年在上海市和浙江省圆满完成首届新高考模式试点的基础上，北京等四省市加入新高考模式，2019 年全国所有的省市都步入了新高考模式。

化学学业水平考试的主要目的是评价学生化学学科核心素养的发展状况和学业质量标准的达成程度，这是区别于传统考试的重要特征。“化学学科核心素养”是指《普通高中化学课程标准(2017 年版 2020 年修订)》(以下简称“《课程标准》”)中提出的“宏观辨识与微观探析”“变化观念与平衡思想”“证据推理与模型认知”“科学探究与创新意识”“科学态度与社会责任”5 方面素养。其中前三项要求高中学生形成化学学科的思想和方法，“科学探究与创新意识”从实践层面激励学生勇于创新，“科学态度与社会责任”进一步揭示了化学学习更高层次的价值追求。在《课程标准》实施建议中明确指出：实施“教、学、评”一体化，有效开展可观察到学习结果的日常学习评价。要求教师树立“素养为本”的化学学习评价观，紧紧围绕化学学科核心素养的发展水平和化学学业质量标准来确定化学学习评价目标，特别注重过程性评价和结果性评价的有机结合。

学科核心素养是构建学业质量标准的根本，学业质量标准是学科核心素养在学业评价上

---

① 王霞，王后雄.基于学科核心素养的 2018 年高考全国卷化学试题评析[J].教育测量与评价，2018(11)：48-57.

② 陈玉琨，赵永年.教育学文集·教育评价[M].北京：人民教育出版社，1989：289.

③ 范艳红. 构建普通高中学校学业质量评价指标体系的实证研究[D].天津师范大学，2009：1.

④ 范艳红. 构建普通高中学校学业质量评价指标体系的实证研究[D].天津师范大学，2009：1.

的具体体现①。那么,如何命制指向学科核心素养的学业水平考试题目?目前学业水平考试的命题是否符合发展学生核心素养的理念?为此我们进行了基于高中化学核心素养的学业质量标准测试框架的研究和基于学业质量标准的命题研究。研究的开展有助于通过评价引导学生学会学习,自觉提升学科核心素养,通过评价,服务并促进教师教育教学行为的实践改进,促进学习方式和教学模式的变革。

二、概念界定

(一) 学业质量

学业质量是学生在完成本学科课程学习后的学业成就表现。学业成就是指学生在学校教育情境中获得的学习结果,是学生学习学校教育所提供的课程而取得的成就②。

学业质量和学业成就二者的共同点是都必须通过学生对学校课程学习之后才能获得,主要的区别在于学业成就重点在于学生目前取得的学习结果,而学业质量不仅包括目前取得的学习结果,还包括学习过程中的质量,因此学业质量的内涵更广,包含学业成就,学业成就是学业质量的内容之一③。

(二) 学业质量标准

学业质量标准是以本学科核心素养及其表现水平为主要维度,结合课程内容,对学生学业成就表现的总体刻画。依据不同水平学业成就表现的关键特征,学业质量标准明确将学业质量划分为不同水平,并描述了不同水平学习结果的具体表现。

高中化学新课标将化学学业质量水平划分为 4 级,学业质量水平 2 是高中毕业生在本学科应达到的合格要求,学业质量水平 4 则是化学学业水平等级性考试的命题依据。判断学生是否达到了高中阶段的化学学科核心素养要求需要一定的指标体系,而学业质量标准就可以用来检验学科核心素养是否达成以及达成程度④。

(三) 学业质量评价

学业质量评价是指对学生的学习进行综合性评价,了解学生对教学内容的掌握情况,包括对学生学习过程质量和学习结果质量的评价⑤。

(四) 基于课程标准的高中化学学科学业质量评价

基于课程标准的高中化学学业质量评价是指以化学学科学业质量标准为依据,教师运用恰当、有效的工具和途径,系统地收集学生在课程学习后的学习结果和学习品质的变化信息与实证数据,并对学生化学学业成就表现进行价值判断的过程。

---

① 顾佳磊. 高中化学学业质量标准的国际比较研究[D].华东师范大学,2019.

② 崔允漷,王少非,夏雪梅.基于标准的学生学业成就评价[M].上海:华东师范大学出版社,2008:11.

③ 范艳红. 构建普通高中学校学业质量评价指标体系的实证研究[D].天津师范大学,2009:3.

④ 中华人民共和国教育部.普通高中化学课程标准(2017 年版 2020 年修订)[M].北京:人民教育出版社,2020.

⑤ 王国炳.基于学业质量评价的高中化学课堂教学研究[J].科学咨询(科技·管理),2020(11):254.

三、国内外有关学业质量评价的部分研究

（一）国外研究现状

学业质量评价一直是社会各界关注的话题，也是学者们热衷研究的相关课题。国外有关学业质量评价从1930年前后开始，当时主要是以测验和测量的方式测定学生对知识的记忆状况或某项特质。20世纪30年代到50年代是以泰勒的“目标中心模式”为核心，这个时期的评价特点是评价不等于考试和测验而是与教育目标对照的过程。20世纪50年代到70年代，主要形成了布卢姆评价模式和斯塔弗尔比姆的CIPP模式，产生了“形成性评价”“目标游离评价”等新的评价理念。20世纪70年代后，学业质量评价受“多元主义”价值观支配，提出评价标准多元化。20世纪80年代后，过程性评价导向对学习过程的不断修正，成为促进学习和发展的媒介等。国外有关学业质量评价经历了由一元走向多元，从单纯以鉴定学生成绩为最终目的的评价转变为旨在促进学生全面发展的评价。评价内容由片面走向全面，从单纯的测量知识记忆为主转变为考查知识技能与解决问题的实际能力相结合的评价。评价方式也由单一走向多样，从以书面笔试为主的终结性定量评价转变为形成性与终结性评价相结合、定性评价与定量评价相结合的方式。评价过程由封闭走向开放，从只关注评价的最终结果转变为将评价结果与被评价者相关的背景因素、外部环境都考虑在内的综合性评价①。

（二）国内研究现状

自2017年我国研制颁布普通高中各学科学业质量标准开始，国内有关基础教育阶段学业质量标准方面的研究逐渐增多。各类研究的主题主要集中在以下方面：国外学业质量评价，例如，张向众的《美国的学生评价改革趋向：学生本位评价》、蔡敏的《美国基础教育学生评价改革述评》等；学业质量评价的理念和原则，例如蔡永红的《对多元化学生评价的理论基础的思考》，赵德成、李灵的《新课程实施中的学生评价改革》等；学业质量评价体系，例如高凌飚的《高中学业成绩评价体系的改革（上）》《高中学业成绩评价体系的改革（下）》和《新课程背景下高中学业成绩评价体系的初步设想》《普通高中学生学业评价体系的重构》等；学业质量评价模式，例如吴维宁、高凌飚的《学业评价模式的初步研究》，吴维宁的《学业评价模式初探》《略论学业评价模式》等；还有学业质量评价工具及方法、学业质量影响因素等方面。

我国新一轮高中课程标准修订的两个突出特色分别是以培养学生的学科核心素养作为课程目标，以学业质量标准来组织和优化评价方式。中国、澳大利亚和新西兰等国家的高中化学学业质量标准是在各国教育改革中应运而生的，在设计思路、框架结构和内容要素上都存在着共性和特性②。与其他国家相比，中国标准对学生的要求较高。例如，吴先强老师通过国际比较，从“内容设计”“水平划分”和“特征分析”等方面探讨与素养导向学科学业质量标准研制有

① 范艳红. 构建普通高中学校学业质量评价指标体系的实证研究[D].天津师范大学，2009：3.

② 顾佳磊. 高中化学学业质量标准的国际比较研究[D].华东师范大学，2019.

关的若干关键问题并进行了大量研究，认为涵盖了知识、能力和态度三个方面素养的学科核心素养被完整且有层次地融入我国高中化学学业质量标准之中①。相较而言，澳大利亚和新西兰的学业质量标准重点关注知识与能力两方面的素养，缺乏对“学科态度”的水平划分和具体要求说明，不利于全面测评和培养学生的学科核心素养。

自新课标明确提出试题命制应重视化学核心素养的落实，将学业质量水平作为各种形式考试命题的依据后，高考如何考查化学核心素养及其表现水平、考查什么知识、考查到学业质量水平的哪一层次，也有多位老师对这些问题进行了广泛的研究。例如，李兴月老师通过对2020年高考化学全国卷试题的分析，②就试题考查的知识、化学学科核心素养及其表现水平和学业质量水平进行研究，认为2020年高考化学全国卷试题考查的知识内容与《普通高中化学课程标准(2017年版)》的内容标准基本一致，试题命制重视化学核心素养的落实，在学业质量水平上主要考查水平3和水平4，2020年高考化学全国卷Ⅰ比卷Ⅱ、Ⅲ对学生的要求更高。

总体来说，上述研究为普通高中学校学业质量评价指标体系的构建起到了一定的促进作用，是我国学业质量评价体系研究的新进展。但以往的高中化学学科学业质量评价的研究工作多集中于学业质量标准的理论概念探讨、设计思路分析、框架结构研究，以及素养导向学科学业质量标准试题命制的研究等等，鲜有关注基于课程标准的高中化学学科学业质量评价的研究。

四、课题“基于新课标的高中化学学科学业质量评价研究”的研究方向

本课题是通过基于课程标准的学业质量评价研究，以区域高中化学学业质量标准测试框架研究和基于学业质量标准的命题研究为实践突破口，充分发挥评价的育人功能，基本建立基于学业质量标准的考试评价制度，促进教、学、考、评有机衔接，形成育人合力，实现育人目标的有效落实。

第三节　学业质量标准测试框架的研究

一、现有的考试测试框架

目前教育考试通常采用“双向细目表”形式的评价框架(表11.2)，该评价框架有两个维度，一个维度规定考试涉及的学科知识或技能，另一个维度刻画知识或技能上的不同掌握水平，往往用“知道”“理解”“运用”“综合”或“初步学会”“学会”“设计”③来界定，据此可确定不同内容的题目数量、难度以及题型等。这种评价框架的理论依据是布卢姆的教育目标分类学，也就是将学科知识体系分解为一系列的知识点，学生在这些知识点上的掌握程度成为学习预期目标，该框架也是目前我们教育命题的理论依据。

---

① 吴先强，顾佳磊，王祖浩.素养导向的高中化学学业质量标准比较研究[J].课程·教材·教法，2021，41(08)：118-124.

② 李兴月.素养导向的高考化学试题分析研究[D].曲阜师范大学，2021.

③ 上海市教育委员会教学研究室.上海市高中化学学科教学基本要求(试验本)[M].上海：华东师范大学出版社，2017.

表 11.2 “双向细目表”形式的评价框架

	知识点 1	知识点 2	知识点 3	……
知道				
理解				
运用				
综合				
……				

显然，这种评价框架指向的是以学科知识点为纲、以知识点掌握水平为质量水平的学业质量观。它关注学生在知识点上的认知，缺乏对事物或现象的整体认识和思考，缺少知识整合和综合运用，而普通高中化学学业水平考试是通过测试学生在经过高中阶段化学学科的学习之后，其化学学科素养的发展情况，评估其是否掌握了化学学科的必备知识和关键能力。新课程改革主要强调培养学生的核心素养，学业水平考试的主要目的是评价学生化学学科核心素养的发展状况和学业质量标准的达成程度，因此，“双向细目表”这种评价框架不适用于学科核心素养的测评。

二、探索形成学业质量标准测试框架

（一）学业水平考试的命题框架

学业质量是学生在完成本学科课程学习后的学业成就表现。学业质量标准是以本学科核心素养及其表现水平为主要维度，结合课程内容，对学生学业成就表现的总体刻画①。显然，对学业质量的评价需要整合多个维度，整体思考学科核心素养、任务情境和课程内容之间的关系。

《课程标准》明确指出，化学学业水平考试命题应以核心素养为测试宗旨，以真实的情境为测试载体、以实际问题作为测试任务、以化学知识作为解决问题的工具，“情境”“知识”既服务于“问题”的提出，又服务于“问题”的解决；情境的设计、知识的运用和问题的提出与解决均应有利于实现对学生核心素养的测试。命题框架如图 11.1②。

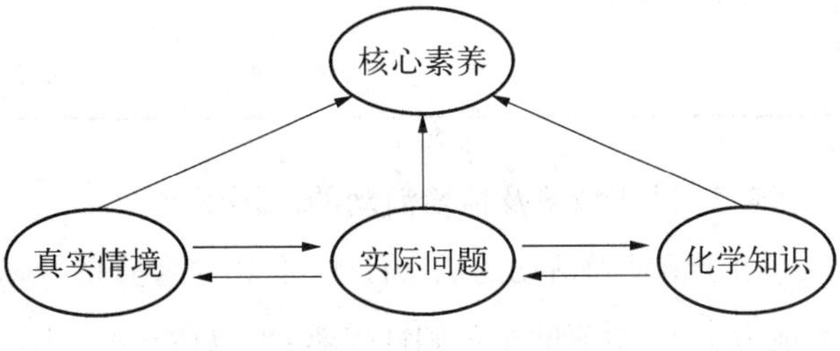

图 11.1 化学学业水平考试命题框架

① 中华人民共和国教育部.普通高中化学课程标准(2017 年版)[M].北京：人民教育出版社，2017.

② 王磊，支瑶.化学学科能力及其表现研究[J].教育学报，2016，12(04)：46－56.

（二）学科能力表现要素

学科能力表现是指学生在完成相应的学科认识活动和问题解决活动中的表现，主要包括学习理解、应用实践和迁移创新等能力。学习理解能力是指学生顺利进行知识和经验的输入以及加工活动的能力。应用实践能力是指学生能够进行知识经验的简单输出活动，完成特定学科活动以及应用学科核心知识经验分析和解决实际问题的能力。迁移创新能力是指学生能利用学科核心知识、活动经验等，解决陌生和高度不确定性问题以及发现新知识和新方法的能力①。

《教育部关于做好普通高中新课程新教材实施工作的指导意见》要求，要科学设计考试内容，优化高考选拔功能，强化能力立意与素养导向，助力推动中学素质教育②。为此，高考命题要增强基础性，考查学生必备知识和关键能力；要增强综合性，体现学生综合素质和学科素养；要加强应用性，注重理论密切联系实际；要增强探究性和开放性，考查学生的创新意识和创新能力。有必要从学科能力活动及其表现的角度，评价学业水平考试试题，参见表11.3③。

表11.3　学科能力表现要素与示例

学科能力要素		示例
学习理解能力	A1 辨识记忆	描述演示实验现象
	A2 概括关联	依据酸碱性对溶液进行分类
	A3 说明论证	解释物质分离方法的原理
应用实践能力	B1 分析解释	根据官能团类别解释有机物性质
	B2 预测推论	运用元素周期律预测未知物质性质
	B3 简单设计	利用简单定量方法分析有机物的组成
迁移创新能力	C1 复杂推理	依据官能团保护评价有机合成路线
	C2 系统探究	设计实验证明醋酸是弱电解质
	C3 创新思维	运用电化学装置比较物质的氧化性强弱

（三）基于情境及情境活动的命题要求

由于情境及活动的层次性不同，相应考查的要求也不同。简单的情境活动考查基本知识和能力水平，对应的是基础性要求，也包括一定程度的应用性和综合性要求。复杂的情境活动

① 中华人民共和国教育部．教育部关于做好普通高中新课程新教材实施工作的指导意见［EB/OL］．（2018-08-16）［2021-05-13］．http://www.moe.gov.cn/srcsite/A06/s3732/201808/t20180824_346056.html.

② 王磊，支瑶．化学学科能力及其表现研究［J］．教育学报，2016，12(04)：46-56.

③ 教育部考试中心．中国高考评价体系［M］．北京：人民教育出版社，2019.

主要考查学生在应对问题情境时的综合素质，即在核心价值引领下综合运用知识和水平的能力，体现考查的综合性、应用性和创新性，具体对应表 11.4①。

表 11.4　基于情境及情境活动的命题要求

<table>
<tr><th>考查要求</th><th colspan="2">基于情境活动的命题要求</th></tr>
<tr><td>基础性</td><td>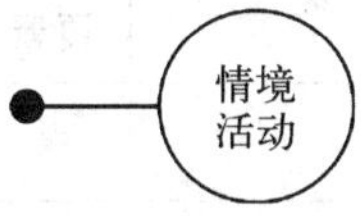
</td><td>要求学生调动单一的知识或技能解决问题</td></tr>
<tr><td>综合性</td><td>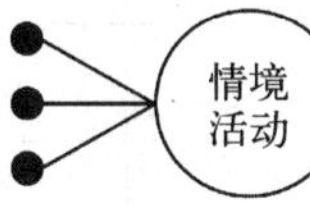
</td><td>要求学生在正确思想观念的引领下，综合运用多种知识或技能解决问题</td></tr>
<tr><td>应用性</td><td>
</td><td>要求学生在正确思想观念的引领下，综合运用多种知识或技能来解决生活实践中的应用性问题</td></tr>
<tr><td>创新性</td><td>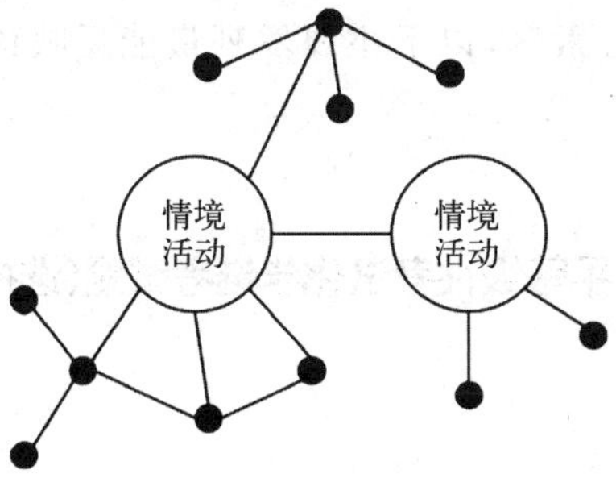
</td><td>要求学生在正确思想观念的引领下，在开放性的综合情境中创造性地解决问题，形成创造性的结果或结论</td></tr>
</table>

课标规定试题要有一定的情境性和综合性，为学生解决真实情境下不同复杂程度的化学问题提供素养表现的机会，因此，学业质量标准测试框架中应包含试题情境、实际问题、学业要求、学科核心素养水平以及学业质量水平；学生在完成相应的学科认识活动和问题解决活动中的表现可通过学科能力表现出来，因此，测试框架中要有学科能力的指标；高考评价体系中的“四翼”为考查要求，即“基础性、综合性、应用性、创新性”，是素质教育的评价维度在高考中的体现，是回答“怎么考”的问题。根据高考评价体系强调考试时要注意保证题目的“基础性、综

① 教育部考试中心. 中国高考评价体系[M].北京：人民教育出版社，2019.

合性、应用性、创新性”,因此学业质量标准测试框架中也应包含考查要求。综上所述,试题情境、实际问题、学业要求、学科核心素养水平、学业质量水平、学科能力表现以及考查要求应是构成基于课程标准的学业质量标准测试框架的维度,如表 11.5 所示。

表 11.5　基于核心素养的学业质量标准测试框架

题号	试题情境	实际问题	学业要求	能力要素	考查要求	质量水平	素养水平
1							
2							
3							
4							
……							

三、基于学业质量标准的命题研究

基于学业质量标准的命题研究,主要是对试题中考查的试题情境、学业要求、学科能力等进行综合分析,判断试题中所考查的核心素养及水平。下面按照表 11.5 所示的框架对浙江省 2020 年高考学业水平等级性考试化学选考试题核心素养的考查情况分别进行详细分析,题目中可能涉及多个维度的核心素养,以下主要罗列最能反映该试题所考查的核心素养。

第四节　浙江省 2020 年高考学业水平等级性考试化学选考试题(选择题)分析

【题目 1】

1. 题目呈现

1. 水溶液呈酸性的是(　　)。

A. NaCl　　B. $NaHSO_4$　　C. HCOONa　　D. $NaHCO_3$

本题答案是 B。

2. 题目分析

题号	试题情境	实际问题	学业要求	能力要素	考查要求	质量水平	素养水平
1	盐类物质水溶液的酸碱性	盐溶液酸碱性的判断	能根据物质组成和性质对物质分类	A1	基础性	1－1	水平 1

3. 题目评价

本题是对盐类物质水溶液酸碱性知识的考查，其中学科能力要素“A1”是指学习理解能力中的“辨识记忆”，具体要求是“在已知信息中提取有关知识”，要求学生能区分盐类组成类型不同在水中所呈现的酸碱性也不同；学科核心素养水平 1，具体要求是“能从物质的宏观特征入手对物质及其反应进行分类和表征”；学业质量水平“1－1”是指“能根据物质组成和性质对物质分类，形成物质是由元素组成和化学变化中元素不变的观点”。总体难度较基础。

【题目 2】

1. 题目呈现

2. 固液分离操作中，需要用到的仪器是（　　）。

A　　　　B　　　　C　　　　D

本题答案是 C。

2. 题目分析

题号	试题情境	实际问题	学业要求	能力要素	考查要求	质量水平	素养水平
2	固液分离需要用到的仪器	化学基本实验操作	能依据化学问题解决的需要，选择常见的实验仪器	A1	基础性	1－3	水平 1

3. 题目评价

本题是对固液分离需要用到的仪器的考查，其中学科能力要素“A1”是指学习理解能力中的“辨识记忆”，具体要求是“在已知信息中提取有关知识”，要求学生能依据化学问题解决的需要，选择常见的实验仪器；学科核心素养水平 1，具体要求是“能从物质的宏观特征入手对物质及其反应进行分类和表征”；学业质量水平“1－3”是指“能根据化学问题解决的需要，选择常见的实验仪器”。总体难度较基础。

【题目 3】

1. 题目呈现

3. 下列物质在熔融状态下不导电的是（　　）。

A. NaOH　　B. $CaCl_2$　　C. HCl　　D. K_2SO_4

本题答案是 C。

2. 题目分析

题号	试题情境	实际问题	学业要求	能力要素	考查要求	质量水平	素养水平
3	在熔融状态下不导电的化合物	区分离子化合物与分子化合物	能从构成物质的微粒、化学键、官能团等方面说明常见物质的主要性质	A2	基础性	2－1	水平 1

3. 题目评价

本题是对熔融状态下不导电的化合物知识的考查，其中学科能力要素“A2”是指学习理解能力中的“概括关联”，要求学生能依据化合物在熔融状态下是否导电来区分离子化合物和分子化合物；学科核心素养水平 1，具体要求是“能从物质的宏观特征入手对物质及其反应进行分类和表征”；学业质量水平“2－1”是指“能从不同视角对典型的物质及其主要变化进行分类”。总体难度较基础。

【题目 4】

1. 题目呈现

4. 下列物质对应的组成成分中不正确的是(　　)。

A. 干冰：CO_2　　B. 熟石灰：$CaSO_4 \cdot 2H_2O$

C. 胆矾：$CuSO_4 \cdot 5H_2O$　　D. 小苏打：$NaHCO_3$

本题答案是 B。

2. 题目分析

题号	试题情境	实际问题	学业要求	能力要素	考查要求	质量水平	素养水平
4	物质对应的组成成分	物质俗名与对应化学式的判断	能对常见物质(包括简单的有机化合物)及其变化进行描述和符号表征	A1	基础性	1－1	水平 1

3. 题目评价

本题是对物质对应的组成成分的考查，其中学科能力要素“A1”是指学习理解能力中的“辨识记忆”，具体要求是“在已知信息中提取有关知识”；学科核心素养水平 1，具体要求是“能从物质的宏观特征入手对物质及其反应进行分类和表征”；学业质量水平“1－1”是指“能对常见物质进行描述和符号表征”。总体难度较基础。

【题目 5】

1. 题目呈现

5. 下列表示中不正确的是(　　)。

A. 乙烯的结构式：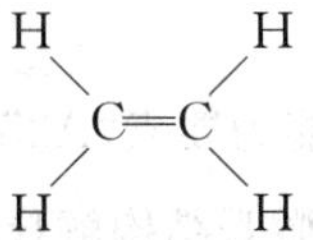　　B. 甲酸甲酯的结构简式：$C_2H_4O_2$

C. 2-甲基丁烷的键线式：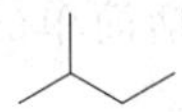　　D. 甲基的电子式：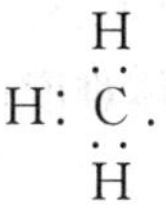

本题答案是 B。

2. 题目分析

题号	试题情境	实际问题	学 业 要 求	能力要素	考查要求	质量水平	素养水平
5	化学用语	常见有机化合物的相应符号表征	能对常见物质(包括简单的有机化合物)及其变化进行描述和符号表征	A1	基础性	1-1	水平 1

3. 题目评价

本题是对化学用语的考查，其中学科能力要素“A1”是指学习理解能力中的“辨识记忆”，具体要求是“在已知信息中提取有关知识”；学科核心素养水平 1，具体要求是“能从物质的宏观特征入手对物质及其反应进行分类和表征”；学业质量水平“1-1”是指“能对常见物质(包括简单的有机化合物)及其变化进行描述和符号表征”。总体难度较基础。

【题目 6】

1. 题目呈现

6. 下列说法中不正确的是(　　)。

A. 天然气是不可再生能源

B. 用水煤气可合成液态碳氢化合物和含氧有机物

C. 煤的液化属于物理变化

D. 火棉是含氮最高的硝化纤维

本题答案是 C。

2. 题目分析

题号	试题情境	实际问题	学 业 要 求	能力要素	考查要求	质量水平	素养水平
6	生活中的化学知识	常见物质及其变化的正确描述	能对常见物质(包括简单的有机化合物)及其变化进行描述和符号表征	A2	综合性	1-1	水平 2

3. 题目评价

本题是对生活中的化学知识的考查，其中学科能力要素“A2”是指学习理解能力中的“概念关联”；学科核心素养水平 2，具体要求是“从物质的微观结构解释物质的共性、差异性和变化规律”；学业质量水平“1 - 1”是指“能对常见物质（包括简单的有机化合物）及其变化进行描述和符号表征”。总体难度适中。

【题目 7】

1. 题目呈现

7. 下列说法中正确的是（　　）。

A. ^{35}Cl 和 ^{37}Cl 是两种不同的元素　　B. 单晶硅和石英互为同素异形体

C. HCOOH 和 $HOCH_2CHO$ 互为同系物　　D. H 与 Na 在元素周期表中处于同一主族

本题答案是 D。

2. 题目分析

题号	试题情境	实际问题	学 业 要 求	能力要素	考查要求	质量水平	素养水平
7	化学用语	同位素、同素异形体、同种元素、同一主族的概念辨析	能从物质的组成、性质、官能团、构成微粒和微粒间作用力等多个视角对物质进行分类	B1	基础性	3 - 1	水平 1

3. 题目评价

本题是对同位素、同素异形体、同种元素、同主族元素的概念辨析的考查，其中学科能力要素“B1”是指应用实践能力中的“分析解释”；学科核心素养水平 1，具体要求是“能从物质的宏观特征入手对物质及其反应进行分类和表征”；学业质量水平“3 - 1”是指“能从组成、结构等方面认识无机化合物和有机化合物的多样性”。总体难度较基础。

【题目 8】

1. 题目呈现

8. 下列说法中不正确的是（　　）。

A. Cl^- 会破坏铝表面的氧化膜

B. $NaHCO_3$ 的热稳定性比 Na_2CO_3 强

C. $KMnO_4$ 具有氧化性，其稀溶液可用于消毒

D. 钢铁在潮湿空气中生锈主要是发生了电化学腐蚀

本题答案是 B。

2. 题目分析

题号	试题情境	实际问题	学 业 要 求	能力要素	考查要求	质量水平	素养水平
8	生活中的化学知识	常见物质及其变化的正确描述	能说明常见物质的性质与应用的关系	A2	综合性	1-1	水平 4

3. 题目评价

本题是对生活中的化学知识的考查，其中学科能力要素“A2”是指学习理解能力中的“概括关联”；学科核心素养水平 4，具体要求是“根据宏观和微观结合对变化进行分类和表征”；学业质量水平“1-1”是指“能根据物质组成和性质对物质分类，形成物质是由元素组成和化学变化中元素不变的观点”。总体难度适中。

【题目 9】

1. 题目呈现

9. 下列说法中不正确的是(　　)。

A. 高压钠灯可用于道路照明

B. SiO_2可用来制造光导纤维

C. 工业上可采用高温冶炼黄铜矿的方法获取粗铜

D. $BaCO_3$不溶于水，可用作医疗上检验胃肠的钡餐

本题答案是 D。

2. 题目分析

题号	试题情境	实际问题	学 业 要 求	能力要素	考查要求	质量水平	素养水平
9	生活中的化学知识	常见物质及其变化的正确描述	能说明常见物质的性质与应用的关系	A2	综合性	1-1	水平 1

3. 题目评价

本题是对生活中的化学知识的考查，其中学科能力要素“A2”是指学习理解能力中的“概括关联”；学科核心素养水平 1，具体要求是“能从物质的宏观特征入手对物质及其反应进行分类和表征”；学业质量水平“1-1”是指“能根据物质组成和性质对物质分类，形成物质是由元素组成和化学变化中元素不变的观点”。总体难度适中。

【题目 10】

1. 题目呈现

10. 反应 $MnO_2 + 4HCl(浓) \xlongequal{\triangle} MnCl_2 + Cl_2\uparrow + 2H_2O$ 中，氧化产物与还原产物的物质

的量之比是(　　)。

A. 1∶2　　B. 1∶1　　C. 2∶1　　D. 4∶1

本题答案是 B。

2. 题目分析

题号	试题情境	实际问题	学 业 要 求	能力要素	考查要求	质量水平	素养水平
10	实验室制氯气中的氧化产物与还原产物	氧化还原反应中氧化产物与还原产物的辨析	能认识氧化还原反应的本质	A2	综合性	1-1	水平 3

3. 题目评价

本题是对实验室制氯气中的氧化产物与还原产物的判断考查，其中学科能力要素"A2"是指学习理解能力中的"概括关联"；学科核心素养水平 3，具体要求是"运用符号和计算等手段说明物质的变化"；学业质量水平"1－1"是指"能根据物质组成和性质对物质分类，形成物质是由元素组成和化学变化中元素不变的观点"。总体难度适中。

【题目 11】

1. 题目呈现

11. 下列有关实验的说法中不正确的是(　　)。

A. 萃取 Br_2 时，向盛有溴水的分液漏斗中加入 CCl_4，振荡、静置分层后，打开旋塞，先将水层放出

B. 做焰色反应前，铂丝用稀盐酸清洗并灼烧至火焰呈无色

C. 乙醇、苯等有机溶剂易被引燃，使用时须远离明火，用毕立即塞紧瓶塞

D. 可用 $AgNO_3$ 溶液和稀 HNO_3 区分 $NaCl$、$NaNO_2$ 和 $NaNO_3$

本题答案是 A。

2. 题目分析

题号	试题情境	实际问题	学 业 要 求	能力要素	考查要求	质量水平	素养水平
11	常见的实验操作与实验现象及结论	常见物质及其变化的正确描述	能依据化学问题解决的需要，选择常见的实验仪器、装置和试剂，完成简单的物质性质、物质制备、物质检验等实验	B1	综合性	1-3	水平 2

3. 题目评价

本题是对常见的实验操作与实验现象及结论的考查，其中学科能力要素“B1”是指应用实践能力中的“分析解释”；学科核心素养水平 2，具体要求是“从物质的微观结构解释物质的共性、差异性和变化规律”；学业质量水平“1－3”是指“能依据化学问题解决的需要，选择常见的实验仪器、装置和试剂，完成简单的物质性质、物质制备、物质检验等实验”。总体难度适中。

【题目 12】

1. 题目呈现

12. 下列说法正确的是(　　)。

A. Na_2O 在空气中加热可得固体 Na_2O_2

B. Mg 加入到过量 $FeCl_3$ 溶液中可得 Fe

C. FeS_2 在沸腾炉中与 O_2 反应主要生成 SO_3

D. H_2O_2 溶液中加入少量 MnO_2 粉末生成 H_2 和 O_2

本题答案是 A。

2. 题目分析

题号	试题情境	实际问题	学 业 要 求	能力要素	考查要求	质量水平	素养水平
12	常见的化学反应生成物判断	常见物质及其变化的正确描述	认识化学变化是有条件的，能说明化学变化中的质量关系和能量转化，能从物质的组成、构成微粒、主要性质等方面解释或说明化学变化的本质特征	A2	综合性	1－2	水平 1

3. 题目评价

本题是对常见物质及其变化描述的考查，其中学科能力要素“A2”是指学习理解能力中的“概括关联”；学科核心素养水平 1，具体要求是“能从物质的宏观特征入手对物质及其反应进行分类和表征”；学业质量水平“1－3”是指“能依据化学问题解决的需要，选择常见的实验仪器、装置和试剂，完成简单的物质性质、物质制备、物质检验等实验”。总体难度适中。

【题目 13】

1. 题目呈现

13. 能正确表示下列反应的离子方程式的是(　　)。

A. $(NH_4)_2Fe(SO_4)_2$溶液与少量 $Ba(OH)_2$溶液反应：$SO_4^{2-}+Ba^{2+}=\!=\!=BaSO_4\downarrow$

B. 电解 $MgCl_2$ 水溶液：$2Cl^-+2H_2O\xlongequal{通电}2OH^-+Cl_2\uparrow+H_2\uparrow$

C. 乙酸乙酯与 NaOH 溶液共热：$CH_3COOCH_2CH_3+OH^-\xrightarrow{\triangle}CH_3COO^-+CH_3CH_2OH$

D. $CuSO_4$溶液中滴加稀氨水：$Cu^{2+} + 2OH^- \xlongequal{} Cu(OH)_2\downarrow$

本题答案是 C。

2. 题目分析

题号	试题情境	实际问题	学 业 要 求	能力要素	考查要求	质量水平	素养水平
13	反应离子方程式的正误判断	化学反应离子方程式的正确书写	能认识离子反应和氧化还原反应的本质，能结合实例书写离子方程式和氧化还原反应化学方程式	B1	综合性	1-1	水平 1

3. 题目评价

本题是对化学反应离子方程式的正确书写考查，其中学科能力要素“B1”是指应用实践能力中的“分析解释”；学科核心素养水平 1，学业质量水平“1-1”是指“能认识离子反应和氧化还原反应的本质，能结合实例书写离子方程式和氧化还原反应化学方程式”。总体难度适中。

【题目 14】

1. 题目呈现

14. 下列说法中不正确的是(　　)。

A. 相同条件下等质量的甲烷、汽油、氢气完全燃烧，放出的热量依次增加

B. 油脂在碱性条件下水解生成的高级脂肪酸盐是肥皂的主要成分

C. 根据纤维在火焰上燃烧产生的气味，可以鉴别蚕丝与棉花

D. 淀粉、纤维素、蛋白质都属于高分子化合物

本题答案是 A。

2. 题目分析

题号	试题情境	实际问题	学 业 要 求	能力要素	考查要求	质量水平	素养水平
14	生活中的化学知识	常见物质及其变化的正确描述	能运用所学的化学知识和方法分析讨论生产、生活中简单的化学问题，认识化学科学对社会可持续发展的贡献	B1	综合性	1-4	水平 2

3. 题目评价

本题是对常见物质及其变化描述的考查，其中学科能力要素“B1”是指应用实践能力中的“分析解释”；学科核心素养水平 2，学业质量水平“1-4”是指“能运用所学的化学知识和方法分

析讨论生产、生活中简单的化学问题，认识化学科学对社会可持续发展的贡献”。总体难度适中。

【题目 15】

1. 题目呈现

15. 有关 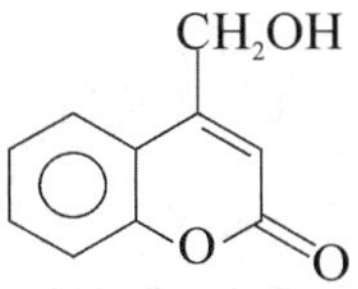 的说法中正确的是(　　)。

A. 可以与氢气发生加成反应

B. 不会使溴水褪色

C. 只含两种官能团

D. 1 mol 该物质与足量 NaOH 溶液反应，最多可消耗 1 mol NaOH

本题答案是 A。

2. 题目分析

题号	试题情境	实际问题	学 业 要 求	能力要素	考查要求	质量水平	素养水平
15	有机化合物相关性质的描述	对有机化合物官能团性质的正确理解	能从构成物质的微粒、化学键、官能团等方面说明常见物质的主要性质	B1	综合性	2-1	水平 2

3. 题目评价

本题是对有机化合物相关性质描述的考查，其中学科能力要素“B1”是指应用实践能力中的“分析解释”；学科核心素养水平 2，学业质量水平“2-1”是指“能从构成物质的微粒、化学键、官能团等方面说明常见物质的主要性质”。总体难度适中。

【题目 16】

1. 题目呈现

16. X、Y、Z、M、Q 五种短周期元素，原子序数依次增大。Y 元素的最高正价为+4 价，Y 元素与 Z、M 元素相邻，且与 M 元素同主族；化合物 Z_2X_4 的电子总数为 18 个；Q 元素的原子最外层电子数比次外层少一个电子。下列说法中不正确的是(　　)。

A. 原子半径：Z<Y<M

B. 最高价氧化物对应水化物的酸性：Z>Y>M

C. X_2Z-ZX_2 易溶于水，其水溶液呈碱性

D. X、Z 和 Q 三种元素形成的化合物一定是共价化合物

本题答案是 D。

2. 题目分析

题号	试题情境	实际问题	学 业 要 求	能力要素	考查要求	质量水平	素养水平
16	常见短周期元素原子及对应化合物性质的判断	原子结构、元素周期表、周期律的正确理解	能从原子结构视角说明元素的性质递变规律，能从构成物质的微粒、化学键、官能团等方面说明常见物质的主要性质	C1	应用性	2－1	水平 4

3. 题目评价

本题是对常见短周期元素原子及对应化合物性质判断的考查，其中学科能力要素“C1”是指迁移创新能力中的“复杂推理”；学科核心素养水平 4，学业质量水平“2－1”是指“能从构成物质的微粒、化学键、官能团等方面说明常见物质的主要性质”。总体难度较综合。

【题目 17】

1. 题目呈现

17. 下列说法中不正确的是(　　)。

A. $2.0\times10^{-7}\ mol\cdot L^{-1}$的盐酸中 $c(H^{+})=2.0\times10^{-7}\ mol\cdot L^{-1}$

B. 将 KCl 溶液从常温加热至 80℃，溶液的 pH 变小但仍保持中性

C. 常温下，NaCN 溶液呈碱性，说明 HCN 是弱电解质

D. 常温下，pH 为 3 的醋酸溶液中加入醋酸钠固体，溶液 pH 增大

本题答案是 A。

2. 题目分析

题号	试题情境	实际问题	学 业 要 求	能力要素	考查要求	质量水平	素养水平
17	电解质溶液	电解质溶液相关知识点的正确理解	能运用化学符号表征物质的转化，能说明化学变化的本质特征和变化规律	C1	应用性	2－2	水平 3

3. 题目评价

本题是对电解质溶液相关知识的考查，其中学科能力要素“C1”是指迁移创新能力中的“复杂推理”；学科核心素养水平 3，学业质量水平“2－2”是指“能运用化学符号表征物质的转化，能说明化学变化的本质特征和变化规律”。总体难度适中。

【题目 18】

1. 题目呈现

18. 5 mL 0.1 $mol\cdot L^{-1}$ KI 溶液与 1 mL 0.1 $mol\cdot L^{-1}$ $FeCl_3$溶液发生反应：

$2Fe^{3+}(aq)+2I^-(aq) \rightleftharpoons 2Fe^{2+}(aq)+2I_2(aq)$，达到平衡。下列说法中不正确的是(　　)。

A. 加入苯，振荡，平衡正向移动

B. 经苯2次萃取分离后，在水溶液中加入KSCN，溶液呈血红色，表明该化学反应存在限度

C. 加入固体$FeSO_4$，平衡逆向移动

D. 该反应的平衡常数$K=\frac{c^2(Fe^{2+})}{c^2(Fe^{3+})\times c^2(I^-)}$

本题答案是D。

2. 题目分析

题号	试题情境	实际问题	学 业 要 求	能力要素	考查要求	质量水平	素养水平
18	KI与$FeCl_3$溶液间的可逆反应	化学平衡移动及平衡常数相关知识点的正确理解	能根据反应速率理论和化学平衡原理，说明影响化学反应速率和化学平衡的因素	C1	综合性	3-2	水平3

3. 题目评价

本题是对化学平衡移动及平衡常数相关知识的考查，其中学科能力要素“C1”是指迁移创新能力中的“复杂推理”；学科核心素养水平3，学业质量水平“3-2”是指“能根据反应速率理论和化学平衡原理，说明影响化学反应速率和化学平衡的因素”。总体难度适中。

【题目19】

1. 题目呈现

19. N_A为阿伏伽德罗常数的值。下列说法中正确的是(　　)。

A. $4MnO_4^-+5HCHO+12H^+ = 4Mn^{2+}+5CO_2\uparrow+11H_2O$，1 mol[$4MnO_4^-+5HCHO$]完全反应转移的电子数为$20N_A$

B. 用电解粗铜的方法精炼铜，当电路中通过的电子数为N_A时，阳极应有32 g Cu转化为Cu^{2+}

C. 常温下，pH=9的CH_3COONa溶液中，水电离出的H^+数为$10^{-5}N_A$

D. 1 L浓度为0.100 mol·L^{-1}的Na_2CO_3溶液中，阴离子数为$0.100N_A$

本题答案是A。

2. 题目分析

题号	试题情境	实际问题	学业要求	能力要素	考查要求	质量水平	素养水平
19	阿伏伽德罗常数	阿伏伽德罗常数的相关知识	能从构成物质的微粒、化学键、官能团等方面说明常见物质的主要性质	C1	综合性	2-1	水平 3

本题答案是 A。

3. 题目评价

本题是对阿伏伽德罗常数相关知识的考查，其中学科能力要素“C1”是指迁移创新能力中的“复杂推理”；学科核心素养水平 3，学业质量水平“2-1”是指“能从构成物质的微粒、化学键、官能团等方面说明常见物质的主要性质”。总体难度较综合。

【题目 20】

1. 题目呈现

20. 一定条件下：$2NO_2(g) \rightleftharpoons N_2O_4(g) \quad \Delta H<0$。在测定 NO_2 相对分子质量时，下列条件中，测定结果误差最小的是（　　）。

A. 温度 0℃、压强 50 kPa

B. 温度 130℃、压强 300 kPa

C. 温度 25℃、压强 100 kPa

D. 温度 130℃、压强 50 kPa

本题答案是 D。

2. 题目分析

题号	试题情境	实际问题	学业要求	能力要素	考查要求	质量水平	素养水平
20	测定 NO_2 的相对分子质量	化学平衡的移动	能根据反应速率理论和化学平衡原理，说明影响化学反应速率和化学平衡的因素	B1	综合性	3-2	水平 2

3. 题目评价

本题是对化学平衡的移动相关知识的考查，其中学科能力要素“B1”是指应用实践能力中的“分析解释”；学科核心素养水平 2，学业质量水平“3-2”是指“能根据反应速率理论和化学平衡原理，说明影响化学反应速率和化学平衡的因素”。总体难度适中。

【题目 21】

1. 题目呈现

21. 电解高浓度 RCOONa(羧酸钠)的 NaOH 溶液，在阳极 $RCOO^-$ 放电可得到 R—R(烷烃)。下列说法中不正确的是(　　)。

A. 电解总反应方程式：$2RCOONa + 2H_2O \xlongequal{通电} R-R + 2CO_2\uparrow + H_2\uparrow + NaOH$

B. $RCOO^-$ 在阳极放电，发生氧化反应

C. 阴极的电极反应：$2H_2O + 2e^- \xlongequal{} 2OH^- + H_2\uparrow$

D. 电解 CH_3COONa、CH_3CH_2COONa 和 NaOH 溶液混合溶液可得到乙烷、丙烷和丁烷

本题答案是 A。

2. 题目分析

题号	试题情境	实际问题	学 业 要 求	能力要素	考查要求	质量水平	素养水平
21	电解高浓度的羧酸钠的 NaOH 溶液	电解原理	能运用宏观、微观、符号等方式描述、说明物质转化的本质和规律，能分析化学能与电能相互转化的原理及其在生产和生活中的应用	C1	综合性	3 - 2	水平 3

3. 题目评价

本题是对电解原理相关知识的考查，其中学科能力要素“C1”是指迁移创新能力中的“复杂推理”；学科核心素养水平 3，学业质量水平“3 - 2”是指“能运用宏观、微观、符号等方式描述、说明物质转化的本质和规律，能分析化学能与电能相互转化的原理及其在生产和生活中的应用”。总体难度较综合。

【题目 22】

1. 题目呈现

22. 关于下列 ΔH 的判断正确的是(　　)。

$CO_3^{2-}(aq) + H^+(aq) \xlongequal{} HCO_3^-(aq)$　ΔH_1

$CO_3^{2-}(aq) + H_2O\ (aq) \xlongequal{} HCO_3^-(aq) + OH^-(aq)$　ΔH_2

$OH^-(aq) + H^+(aq) \xlongequal{} H_2O\ (l)$　ΔH_3

$OH^-(aq) + CH_3COOH \xlongequal{} CH_3COO^-(aq) + H_2O\ (l)$　ΔH_4

A. $\Delta H_1 < 0$　$\Delta H_2 < 0$　　B. $\Delta H_1 < \Delta H_2$

C. $\Delta H_3 < 0$　$\Delta H_4 > 0$　　D. $\Delta H_3 > \Delta H_4$

本题答案是 B。

2. 题目分析

题号	试题情境	实际问题	学 业 要 求	能力要素	考查要求	质量水平	素养水平
22	关于 ΔH 的判断	关于 ΔH 的判断	能运用宏观、微观、符号等方式描述、说明物质转化的本质和规律，能定量分析化学变化的热效应	C1	综合性	3－2	水平 3

3. 题目评价

本题是对关于 ΔH 相关知识的考查，其中学科能力要素“C1”是指迁移创新能力中的“复杂推理”；学科核心素养水平 3，学业质量水平“3－2”是指“能运用宏观、微观、符号等方式描述、说明物质转化的本质和规律，能定量分析化学变化的热效应”。总体难度较综合。

【题目 23】

1. 题目呈现

23. 常温下 0.1 $mol \cdot L^{-1}$ 氨水滴定 10 mL 浓度为 0.1 $mol \cdot L^{-1}$ 的 HCl 和 CH_3COOH 的混合液，下列说法中不正确的是(　　)。

A. 在氨水滴定前，HCl 和 CH_3COOH 的混合液中 $c(Cl^-)>c(CH_3COO^-)$

B. 当滴入氨水 10 mL 时，$c(NH_4^+)+c(NH_3 \cdot H_2O)=c(CH_3COO^-)+c(CH_3COOH)$

C. 当滴入氨水 20 mL 时，$c(CH_3COOH)+c(H^+)=c(NH_3 \cdot H_2O)+c(OH^-)$

D. 当溶液呈中性时，氨水滴入量大于 20 mL，$c(NH_4^+)<c(Cl^-)$

本题答案是 D。

2. 题目分析

题号	试题情境	实际问题	学 业 要 求	能力要素	考查要求	质量水平	素养水平
23	氨水滴定 HCl 和 CH_3COOH 的混合液	酸碱中和滴定	能运用化学符号表征物质的转化，能说明化学变化的本质特征和变化规律	C1	应用性	2－2	水平 3

3. 题目评价

本题是对酸碱中和滴定相关知识的考查，其中学科能力要素“C1”是指迁移创新能力中的“复杂推理”；学科核心素养水平 3，学业质量水平“2－2”是指“能运用化学符号表征物质的转化，能说明化学变化的本质特征和变化规律”。总体难度较综合。

【题目 24】

1. 题目呈现

24. Ca_3SiO_5是硅酸盐水泥的重要成分之一，其相关性质的说法中不正确的是（　　）。

A. 可发生反应：$Ca_3SiO_5 \xlongequal{\triangle} CaSiO_3 + CaCl_2 + 4NH_3\uparrow + 2H_2O$

B. 具有吸水性，需要密闭保存

C. 能与 SO_2 反应生成新盐

D. 与足量盐酸作用，所得固体产物主要为 SiO_2

本题答案是 D。

2. 题目分析

题号	试题情境	实际问题	学 业 要 求	能力要素	考查要求	质量水平	素养水平
24	Ca_3SiO_5 是硅酸盐水泥的重要成分之一	Ca_3SiO_5 的性质辨别	能运用宏观、微观、符号等方式描述、说明物质转化的本质和规律	C1	综合性	3－2	水平 3

3. 题目评价

本题是对 Ca_3SiO_5的性质辨别的考查，其中学科能力要素“C1”是指迁移创新能力中的“复杂推理”；学科核心素养水平 3，学业质量水平“3－2”是指“能运用宏观、微观、符号等方式描述、说明物质转化的本质和规律”。总体难度较综合。

【题目 25】

1. 题目呈现

25. 黄色固体 X，可能含有漂白粉、$FeSO_4$、$Fe_2(SO_4)_3$、$CuCl_2$、KI 之中的几种或全部。将 X 与足量的水作用，得到深棕色固体混合物 Y 和无色碱性溶液 Z。下列结论中合理的是（　　）。

A. X 中含有 KI，可能含有 $CuCl_2$

B. X 中含有漂白粉和 $FeSO_4$

C. X 中含有 $CuCl_2$，Y 中含有 $Fe(OH)_3$

D. 用 H_2SO_4酸化溶液 Z，若有黄绿色气体放出，说明 X 中含有 $CuCl_2$

本题答案是 C。

2. 题目分析

题号	试题情境	实际问题	学 业 要 求	能力要素	考查要求	质量水平	素养水平
25	未知黄色固体 X 的鉴定	鉴定某黄色混合物成分	能运用宏观、微观、符号等方式描述、说明物质转化的本质和规律	C1	综合性	3－2	水平 3

3. 题目评价

本题是对未知固体的鉴定相关知识的考查，其中学科能力要素“C1”是指迁移创新能力中的“复杂推理”；学科核心素养水平 3，学业质量水平“3－2”是指“能运用宏观、微观、符号等方式描述、说明物质转化的本质和规律”。总体难度较综合。

第五节 结 语

新课程标准以核心素养培养为主轴，反思学科本质观和育人价值，用大观念统整课程内容，关注知识技能的结构化，凸显学科实践，强调思维方式和探究模式的渗透。如何在这种理念引领下，改变传统的以学科知识点为纲，以识记、理解和应用为质量水平的学业质量观，走向对基础教育阶段学生应该具备的核心素养及其不同表现水平的明确界定和描述的学业质量观的重塑，以及在“双新”背景下，如何超越传统的以“双向细目表”为命题框架的藩篱，研制出一套基于普通高中学业标准的分学科测试框架，为区域、学校及教师的学业测评实践提供操作性强的专业依据，等等，这些都将是新课程改革学业质量评价方面所面临的问题与挑战。因此，根据学业质量标准和学科测试框架，开展基于情境、体现学科核心素养、对应学业质量标准的试题研究，将有助于促进教、学、考、评有机衔接，形成育人合力，实现育人目标的有效落实。

第十二章　基于新课标的高中生物学学科学业质量评价研究*

第一节　指导思想

2014年4月，教育部颁布的《关于全面深化课程改革落实立德树人根本任务的意见》明确提出，将发展学生核心素养体系的研制与构建作为推进课程改革深化发展的关键环节。2014年12月，教育部颁布了《关于高中学业水平考试的实施意见》(教基二〔2014〕10号)，指出学业水平考试主要衡量学生达到国家规定学习要求的程度，是保障教育教学质量的一项重要制度。2016年2月公布的《中国学生发展核心素养(征求意见稿)》中提出，要发展学生的9大核心素养。生物学课程标准、生物学学业评价标准、生物学高考考试标准都需要基于生物学学科核心素养来设计和实施。从以上文件可以看出，考试评价改革已做出顶层设计和实现路径。《普通高中生物学课程标准(2017年版2020年修订)》(以下简称"新课标")提出评价建议，从评价原则、评价内容及评价方式、结果反馈等方面提出了具体的要求。新课标是高中生物学课程实施的依据，以发展学科核心素养为宗旨的学业质量评价亦成为教师主要研究和实践的方向，基于标准的学业质量评价与核心素养培育在实践水平上应该是高度统一的。

第二节　概念界定

一、生物学核心素养

学科核心素养是学科育人价值的集中体现，是学生通过学科学习而逐步形成的正确价值观、必备品格和关键能力。生物学学科核心素养包括生命观念、科学思维、科学探究和社会责任。

生命观念是指对观察到的生命现象及相互关系或特性进行解释后的抽象，是人们经过实证后的观点，是能够理解或解释生物学相关事件和现象的意识、观念和思想方法。学生应该在较好地理解生物学概念的基础上形成生命观念，如结构与功能观、进化与适应观、稳态与平衡观、物质与能量观等；能够用生命观念认识生物的多样性、统一性、独特性和复杂性，形成科学的自然观和世界观，并以此指导探究生命活动规律，解决实际问题。

科学思维是指尊重事实和证据，崇尚严谨和务实的求知态度，运用科学的思维方法认识事

---

* 本章作者为上海市民星中学桂俊、上海市控江中学吴巍和上海市杨浦区教育学院中学教研室李竹青。

物、解决实际问题的思维习惯和能力。学生应该在学习过程中逐步发展科学思维，如能够基于生物学事实和证据运用归纳与概括、演绎与推理、模型与建模、批判性思维、创造性思维等方法，探讨、阐释生命现象及规律，审视或论证生物学社会议题。

科学探究是指能够发现现实世界中的生物学问题，针对特定的生物学现象，进行观察、提问、实验设计、方案实施以及对结果的交流与讨论的能力。学生应在探究过程中，逐步增强对自然现象的好奇心和求知欲，掌握科学探究的基本思路和方法，提高实践能力；在探究中，乐于并善于团队合作，勇于创新。

社会责任是指基于生物学的认识，参与个人与社会事务的讨论，做出理性解释和判断，解决生产生活问题的担当和能力。学生应能够以造福人类的态度和价值观，积极运用生物学的知识和方法，关注社会议题，参与讨论并做出理性解释，辨别迷信与伪科学；结合本地资源开展科学实践，尝试解决现实生活问题；树立和践行"绿水青山就是金山银山"的理念，形成生态意识，参与环境保护实践；主动向他人宣传关爱生命的观念和知识，崇尚健康文明的生活方式，成为健康中国的促进者和实践者。

二、学业质量

学业质量是学生在完成本学科课程学习后的学业成就表现。学业质量标准是以本学科核心素养及其表现为主要维度，结合课程内容，对学生学业成就的总体刻画。高中生物学学业质量标准是依据生物学学科核心素养中的生命观念、科学思维、科学探究和社会责任四个维度及其划分的水平，结合课程的重要概念、方法等对学生学习相应的课程后所表现出的核心素养水平的描述①。

以生命观念为例，学生经历必修课程的学习后应该达到的质量标准，按水平表述如表 12.1 所示。

表 12.1　生物学学业质量水平及其描述(生命观念)

水平	质量描述
1	能初步以结构与功能观、物质与能量观等观念，**说出**生物体组成结构和功能之间的关系、光合作用和呼吸作用中的物质与能量转换、遗传与变异的物质基础和规律等；初步运用进化与适应观，**说出**生物的多样性和统一性；**在给定的问题情境中**，能以生命观念为指导，分析生命现象，探讨生命活动的规律，设计解决简单问题的方案。
2	能运用结构与功能观、物质与能量观等观念，**举例说明**生物体组成结构与功能之间的关系、光合作用和呼吸作用中的物质与能量转换、遗传与变异的物质基础和规律等；运用进化与适应观**举例说明**生物的多样性和统一性；**在特定的问题情境中**，能以生命观念为指导，分析生命现象，探讨生命活动的规律，设计方案解决简单问题。

① 中华人民共和国教育部.普通高中生物学课程标准(2017 年版 2020 年修订)[M].北京：人民教育出版社，2020.

续 表

水 平	质 量 描 述
3	能运用结构与功能观、物质与能量观、稳态与平衡观等观念，**举例说明**生物体组成结构与功能之间的关系、遗传与变异的物质基础、稳态的维持和调节机制、生态系统的平衡原理等；运用进化与适应观**举例说明**生物的多样性和统一性，以及与环境的关系；**在特定的问题情境中**，能以生命观念为指导，分析生命现象，探讨生命活动的规律；基于上述观念，能综合运用科学、技术、工程学和数学(STEM)知识和能力，设计方案，解决特定问题。
4	能运用结构与功能观、物质与能量观、稳态与平衡观等观念，**阐释**生物体组成结构和功能之间的关系、遗传与变异的物质和结构基础、稳态的维持和调节机制、生态系统的平衡原理等；运用进化与适应观**阐释**生物的多样性和统一性，以及与环境的关系；**在新的问题情境中**，能以生命观念为指导，解释生命现象，探讨生命活动的规律；基于上述观念，能够将科学、技术、工程学和数学(STEM)知识和能力综合运用在实践活动中，解决生活中的实际问题。

第三节　相关文献研究综述

在中国知网中以“生物学学科核心素养”为条件进行“主题”检索，发现自新课标发布以来，国内关于生物学学科核心素养的研究日益增多。将检索结果作为数据来源，通过中国知网计量可视化分析后，得到总体趋势图(见图 12.1)。

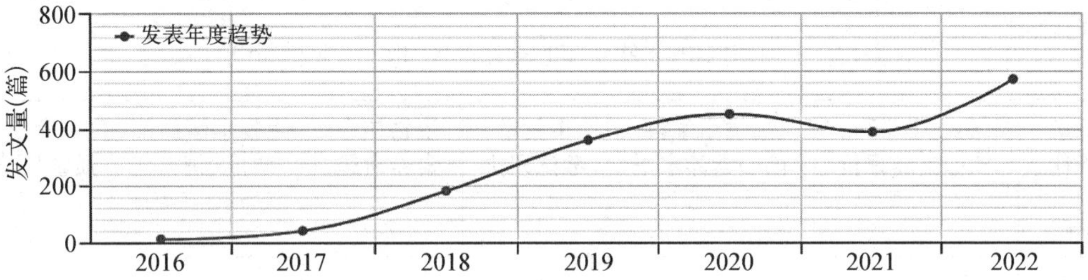

图 12.1　生物学学科核心素养计量可视化分析总体趋势

新课标对教学及评价都给出了指导性的建议，基于“教、学、评”一体的教学实施路径，新课标的实施必将带来中学生物教学及其评价的改革。在知网中分别以“生物核心素养教学设计”“生物核心素养教学策略”“生物核心素养教学评价”为关键词进行检索，结果如图 12.2。可见，与生物核心素养教学评价有关的研究较少。

通过对国内研究文献的检索梳理发现，聚焦生物学学科核心素养的高考试题研究较为丰富。逐一查找与试题分析相关的研究并一一查阅后发现，生物学学科核心素养与生物学高考试卷的相关研究主要集中在以下几个方面：基于核心素养理念下对高考试题进行剖析、基于核心素养指导下的高考试题命制策略、基于核心素养指导下的教学策略，而聚焦学业质量水平的研究较少。

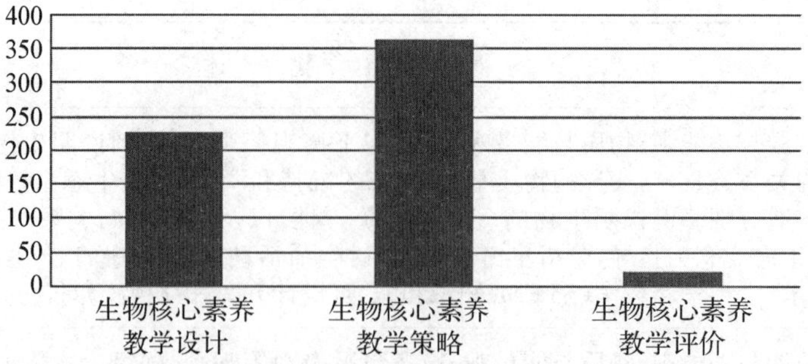

图 12.2　中国知网中“生物核心素养教学”相关文献数量统计表

再以“生物学学科核心素养评价”“生物核心素养命题”等为条件进行“主题”“篇名”的检索，结果汇总如表 12.2。可见在有关生物学学科核心素养评价的研究中，与学业质量水平有关的研究也相对较少。胡兴昌教授等人提出实施基于核心素养的教学，教师要以学业质量标准为依据，理解学科核心素养对学生终身发展的价值，掌握核心素养的内涵和行为特征，并将其融入教学的每个环节中去①。周炳渠以一道实测试题的评价目标、考试数据和学生答案为例，评析了基于课程标准的高中生物学学业质量评价的考试目标的设定、试题情境的编选、设问的形式和结构、测评的素养类型及其评定②。刘爱平从围绕核心素养补充评价标准、围绕育人目的丰富评价手段、根据课改要求丰富评价主体三个角度来分析教师应该如何优化学业质量评价结构③。

表 12.2　中国知网中“生物学核心素养评价”相关文献数量统计表

检索条件	生物学学科核心素养评价	生物学学科核心素养水平	生物学考试评价	生物核心素养命题	生物学学业质量水平	生物学学业质量评价
主题	133	120	44	35	17	3
篇名	9	7	17	13	4	1

第四节　评 价 框 架

一、评价框架的整体设计思路

新课标在评价原则中提出下列要求：应遵循立德树人的指导思想，重视学生爱国主义情操

① 胡兴昌，张葳，李新国，陈华. 把握学业质量标准，让学科核心素养落地[J]. 生物学教学，2018，43(8)：4.
② 周炳渠. 高中生物学学业质量评价的案例评析[J]. 生物学教学，2020，45(6)：4.
③ 刘爱平. 新课改下高中生物学业质量评价的优化[J]. 知识文库，2020(08)：160.

和社会责任的养成；评价应关注学生对生物学大概念的理解和融会贯通；应指向学生生物学学科核心素养的发展。新课标同时指出，评价是日常教学过程中不可或缺的重要环节，应以学生发展为本，以生物学课程内容、学业质量标准为依据，聚焦学科核心素养，促进教师的教和学生的学。评价内容应以课程目标、课程内容和学业质量标准为依据，结合具体的教学内容，以生物学大概念、重要概念等主干知识为依托，检测学生生物学学科核心素养的发展水平。

生物学学科核心素养是指在解决真实情境中的实际问题时所表现出来的价值观念、必备品格和关键能力，是学生知识、能力和情感态度价值观的综合体现。因此评价框架的整体设计，以生物学知识为载体，以生物学核心素养为立意，以开放性、真实性情境为导引，以学生在开放性、真实性情境下完成所给任务的关键表现为依据，评价学生达成生物学学科核心素养的水平。

生物学作为科学课程之一，其评价注重对科学思维的考查，而科学思维的重要表征是质疑、实证及逻辑，尊重事实和证据，以逻辑思维来认识事物的发展规律，即结论的获得是建立在事实和证据的基础上，以逻辑思维来获得相应的结论。因此，学习生物学和评价学习生物学的效果，应以建构概念、发展科学思维为重要方向，应在新的情境中考查概念的理解和应用。

二、评价框架图

普通高中生物学学业质量评价框架如图 12.3 所示。

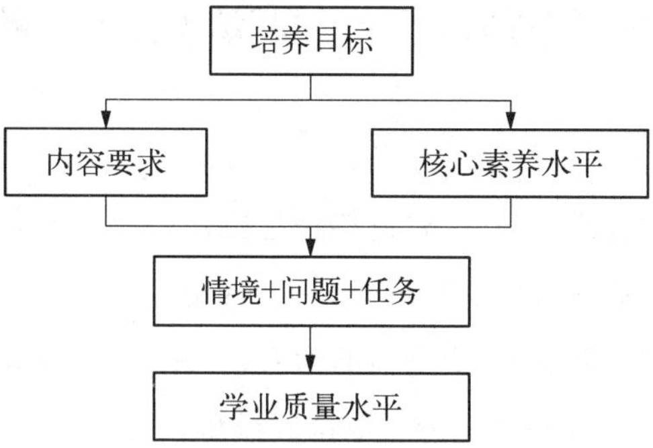

图 12.3　生物学学业质量评价框架

三、评价框架图的说明

评价框架中的培养目标是指国家基础教育阶段普通高中生物学学科教育的培养目标，即通过普通高中生物学课程的学习，着力发展生物学学科核心素养。生物学学科教育的培养目标既是学科教育的出发点，也是学科教育的归宿。因此，要评价学生是否达到教育要求，其出发点是普通高中培养目标，检测的依据是学业质量水平。

生物学课程内容是发展学生生物学学科核心素养的重要载体。因此，生物学学科课程内容是评价的主要源头。依据新课标的课程内容，分为必修“分子与细胞”“遗传与进化”与选择性必修“稳态与调节”“生物与环境”“生物技术与工程”等五个模块。各模块在新课标中均列出了具体的内容要求。

核心素养水平是学生在完成生物学课程学习后的学业表现，从生命观念、科学思维、科学探究和社会责任等四个维度，结合课程的大概念、重要概念等，对学生学习后在不同维度所表现出的正确价值观、必备品格及关键能力进行界定，它是评价的重要依据。

在分析和理解生物学学科核心素养及其表现形式的基础上，创设与各模块内容要求相关联的，符合高中生认知规律、生活经验和思维方式的开放性、真实性问题情境，作为评价框架的导引。在创设的情境下，为能揭示和收集学生的核心素养表现，需要设定出一个个具体、需要完成的任务或问题，从低水平向高水平递进，每个任务之间应该具有独立性，有清晰的层次和严谨的逻辑关系，指向核心素养的不同水平。一个开放、真实的问题情境，可以仅针对某个核心素养进行评价，所设定的任务可以是一个也可以是多个；同一个开放、真实的问题情境，也可以以综合的形式评价不同的核心素养、设定不同的任务，来评价不同核心素养的各级水平。

学业质量是学生在完成本学科课程学习后的学业成就表现。学业质量水平是以本学科核心素养及其表现水平为主要维度，结合课程内容，对学生学业成就表现的整体刻画。在评价框架中，根据学生完成任务的关键行为表现，参照预先设置好的核心素养等级水平以及描述性的语言定义不同的水平。

第五节　评价案例及分析——以“遗传的分子基础”单元为例

一、单元解读

本单元内容对应课程标准中概念3“遗传信息控制生物性状，并代代相传”中的重要概念“3.1　亲代传递给子代的遗传信息主要编码在DNA分子上”。教材内容分为3节，通过对细菌的转化实验、噬菌体侵染细菌等历史资料的学习，了解遗传物质的认识过程，阐述DNA是主要的遗传物质的事实；通过制作DNA分子双螺旋模型，帮助学生认识DNA分子与其编码、传递遗传信息相适应的结构特点；用相关的实验研究资料，阐明DNA分子复制模式；概述遗传信息如何通过RNA指导蛋白质合成，由蛋白质体现出生物的性状；通过具体实例概述细胞的分化是基因选择性表达的结果；介绍表观遗传现象以及该项研究取得的新进展。通过本单元的学习，学生能够从分子层面阐明遗传信息的本质、遗传信息的复制及表达等过程，对遗传和变异现象的本质形成深刻的认识，建立物质与能量观、结构与功能观。

课程标准对本单元提出的学业要求是：经过本单元的学习，学生应该能“结合DNA双螺旋结构模型，阐明DNA分子作为遗传物质所具有的特征，以及通过复制、转录、翻译等过程传递和表达遗传信息”。模型和建模作为科学思维的重要表现形式之一，对于理解遗传信息的本质及其功能具有非常重要的作用，因此在本单元作业及评价设计中，要突出模型与建模的能力培养及其在情境中的应用。

二、单元评价目标设计表

普通高中生物学单元评价目标如表 12.3 所示。

表 12.3　单元评价目标设计表

目标编码	目　标　描　述	学科核心素养水平	对应学业质量水平编码
1	初步认识 DNA 分子结构，能从分子层面认识 DNA 分子的结构和功能是相适应的	生命观念水平一	1－1
2	能运用结构与功能观，结合简单情境说明或解释和 DNA 分子结构、功能有关的生命现象	生命观念水平二	2－1
3	能运用结构与功能观，分析或解释较为复杂情境中和 DNA 分子结构、功能有关的生命现象	生命观念水平三	3－1
4	针对生物学相关问题，能运用科学的思维展开探讨	科学思维水平二	2－2
5	能使用常见的实验器具，基于给定的实验方案完成简单的实验，选用恰当的方法如实记录和分析实验数据，得出合理的结论	科学探究水平二	2－3
6	能与他人合作开展探究活动，在小组学习中能主动合作，推进探究实验和社会调查的实施，运用科学术语规范撰写和报告探究结果	科学探究水平三	3－3
7	知道社会热点中与 DNA 分子结构、表观遗传相关的生物学议题；认同健康文明的生活方式	社会责任水平一	1－4
8	关注并参与社会热点中生物学议题的讨论；关注生物学技术在生产生活中的应用	社会责任水平二	2－4

三、案例分析

第 1 单元　遗传的分子基础

（一）选择题（每题 5 分，共 50 分。每小题只有一个正确答案）

S0001：下列遗传物质的特点中，通过噬菌体侵染细菌实验能够证实的是（　　）。

① 分子结构具有相对稳定性 ② 能自我复制，前后代保持一定的连续性

③ 能指导蛋白质的合成　　④ 能产生可遗传的变异

A. ①②　　B. ①④　　C. ③④　　D. ②③

参考答案：D

对应目标编码	学科核心素养水平	题目类型	题目完成方式	题目难度	预计完成时间	题目来源	备注
2	生命观念水平二	选择	书面	较低	1 min	改编	

S0002：在“噬菌体侵染细菌”的实验过程中，赫尔希和蔡斯使用的实验材料是(　　)。

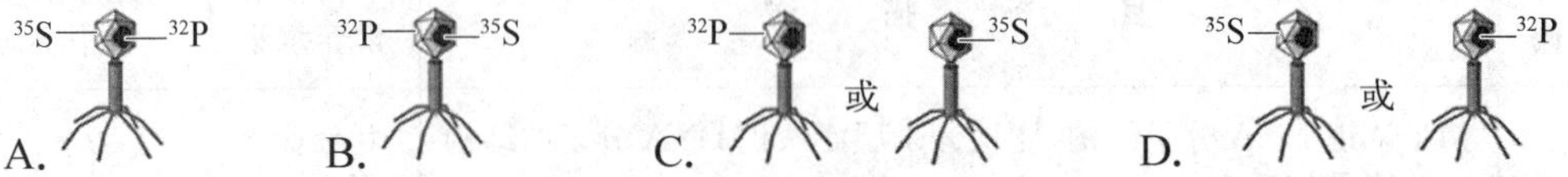

参考答案：D

对应目标编码	学科核心素养水平	题目类型	题目完成方式	题目难度	预计完成时间	题目来源	备注
2	生命观念水平二	选择	书面	中等	1 min	改编	

S0003：有四位同学尝试在人类X染色体DNA的部分序列上标识出了两个基因的位置，你认为标识正确的是(　　)。

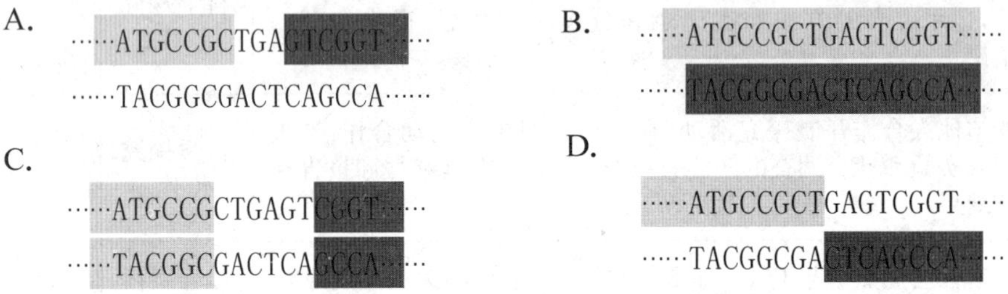

参考答案：C

对应目标编码	学科核心素养水平	题目类型	题目完成方式	题目难度	预计完成时间	题目来源	备注
1	生命观念水平一	选择	书面	较低	1 min	原创	

S0004：图1表示某DNA分子部分序列的平面结构模式图。根据所学知识，判断图中的错误有(　　)。

A. 1处

B. 2处

C. 3处

D. 4处

参考答案：C

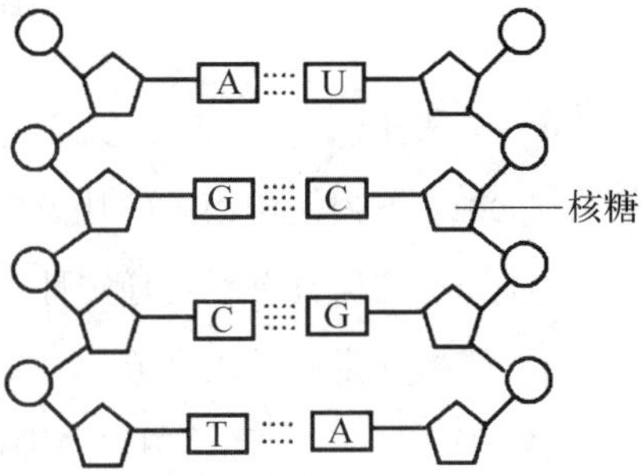

图1

对应目标编码	学科核心素养水平	题目类型	题目完成方式	题目难度	预计完成时间	题目来源	备注
1	生命观念水平一	选择	书面	较低	1 min	原创	

S0005：图 2 表示细胞内遗传信息传递和表达过程中的一个状态，数字①～④表示相关的生物大分子，则遗传信息和遗传密码分别在物质（　　）。

A. ①和②上

B. ②和④上

C. ①和③上

D. ②和③上

参考答案：A

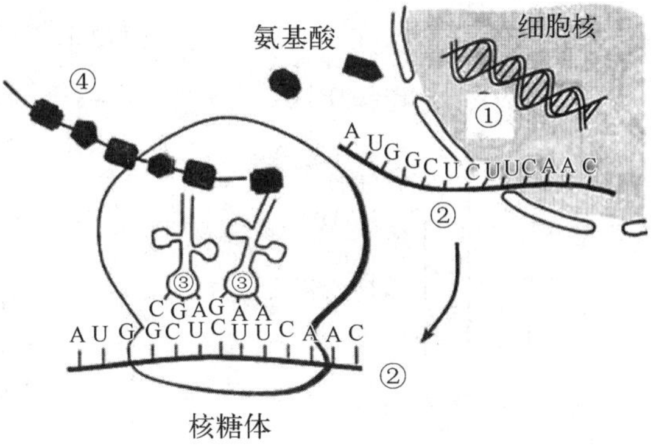

图 2

对应目标编码	学科核心素养水平	题目类型	题目完成方式	题目难度	预计完成时间	题目来源	备注
2	生命观念水平二	选择	书面	较低	2 min	改编	

S0006：图 3 表示细胞中出现的异常 mRNA 被 SURF 复合物识别而发生降解的过程，该过程被称为 NMD 作用，能阻止有害异常蛋白的产生（AUG、UAG 分别表示起始密码子和终止密码子），图中异常 mRNA 与正常 mRNA 长度相同。据图分析，下列相关叙述中正确的是（　　）。

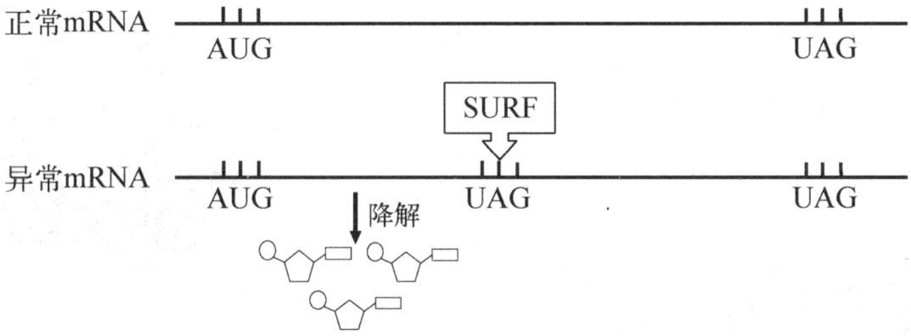

图 3

A. SURF 能识别所有 mRNA 的终止密码子

B. 异常 mRNA 产生的原因是发生了碱基增添或缺失

C. 异常 mRNA 由突变基因转录，其降解产物为脱氧核苷酸

D. NMD 作用失效，细胞内会产生肽链较短的异常蛋白质

参考答案：D

对应目标编码	学科核心素养水平	题目类型	题目完成方式	题目难度	预计完成时间	题目来源	备注
4	科学思维水平二	选择	书面	中等	2 min	引用	

S0007：科学家在实验室中尝试模拟中心法则的信息传递过程。图 4 所示的过程模拟的是图 5 生理过程是 a—e 中的（　　）。

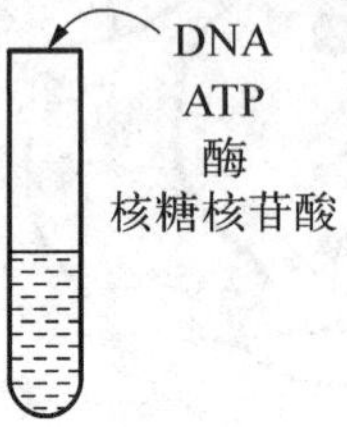

图 4

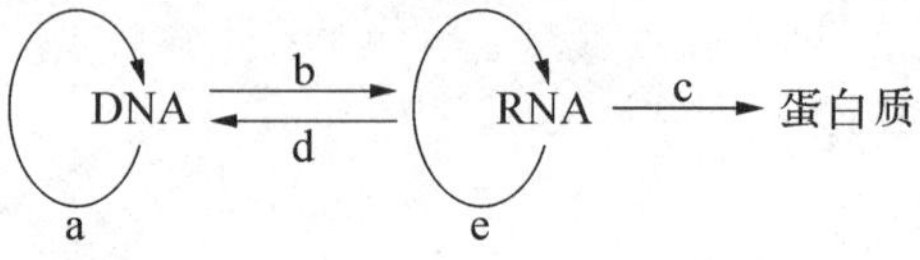

图 5

A. a　　B. b　　C. c　　D. d

参考答案：B

对应目标编码	学科核心素养水平	题目类型	题目完成方式	题目难度	预计完成时间	题目来源	备注
4	科学思维水平二	选择	书面	中等	2 min	原创	

S0008：图 6 为某细胞的细胞质中发生的生理过程。据图分析，缬氨酸的密码子是（　　）。

A. CAG

B. GUC

C. GTC

D. UAC

参考答案：B

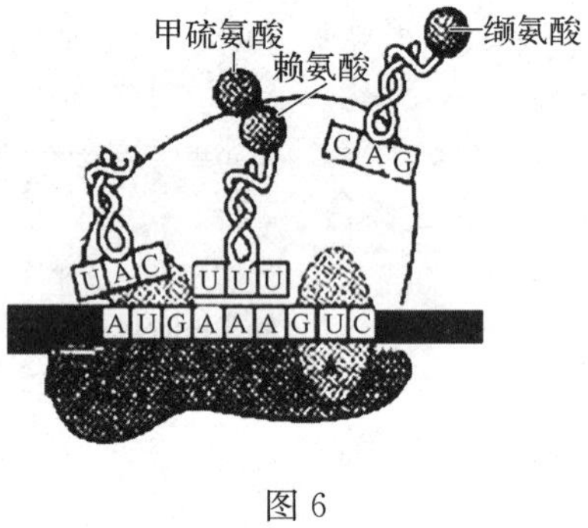

图 6

对应目标编码	学科核心素养水平	题目类型	题目完成方式	题目难度	预计完成时间	题目来源	备注
4	科学思维水平二	选择	书面	中等	1 min	引用	

S0009：亨廷顿舞蹈症是一种家族遗传型疾病。分析图 7 可知，该病的发病原因是（　　）。

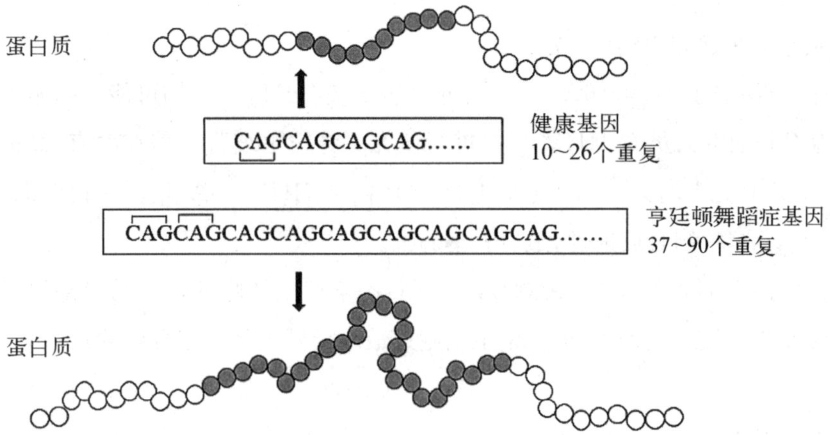

图 7

A. 基因碱基对替换　　B. 基因碱基对缺失

C. 基因碱基对重复　　D. 转录翻译过程出错

参考答案：C

对应目标编码	学科核心素养水平	题目类型	题目完成方式	题目难度	预计完成时间	题目来源	备注
4	科学思维水平二	选择	书面	中等	2 min	引用	

S0010：RNAi 是生物进化过程中形成的一种天然抗病毒机制，即利用 RNA 核酸酶酶切后形成的小片段 siRNA，结合于与 siRNA 互补的病毒 mRNA 上，导致病毒 mRNA 降解而起到保护作用。RNAi 机制的原理是阻碍了病毒繁殖过程中涉及图 8 的（　　）。

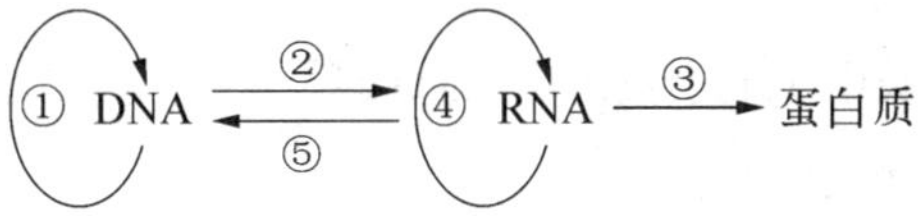

图 8

A. ②　　B. ③　　C. ④　　D. ⑤

参考答案：B

对应目标编码	学科核心素养水平	题目类型	题目完成方式	题目难度	预计完成时间	题目来源	备注
2	生命观念水平二	选择	书面	较低	2 min	引用	

(二) 综合题(共 50 分)

1. 遗传信息的传递和表达(20 分)

人类疱疹病毒 6A (HHV－6A) 和人类疱疹病毒 7 (HHV－7)均可能与阿尔茨海默病的发病有关。某高校研究人员对 HHV－6A 进行研究。将宿主细胞培养在含有^{32}P标记尿嘧啶(其余四种碱基的 P 元素均为^{31}P)的培养基中，之后接种 HHV－6A，培养一段时间后(侵染完毕)，离心，取上清液，检测其放射性，最后收集病毒。

S0011：(3 分)人类疱疹病毒 6A (HHV－6A)侵染宿主细胞的过程与噬菌体侵染细菌的过程存在类似环节。侵染过程中，进入宿主细胞并最终指导子代病毒合成的是(　　)。

A. 病毒的核酸　　B. 病毒的衣壳

C. 病毒的细胞核　　D. 完整病毒

参考答案：A

对应目标编码	学科核心素养水平	题目类型	题目完成方式	题目难度	预计完成时间	题目来源	备注
1	生命观念水平一	选择	书面	较低	2 min	改编	

S0012：(3 分)侵染过程中，为 HHV－6A 进行核酸复制提供原料的是________。(病毒自身/宿主细胞)

参考答案：宿主细胞

对应目标编码	学科核心素养水平	题目类型	题目完成方式	题目难度	预计完成时间	题目来源	备注
1	生命观念水平一	填空	书面	较低	2 min	改编	

S0013：(3 分)研究人员用^{32}P标记尿嘧啶的目的是(　　)。

A. 检测 HHV－6A 的物质组成

B. 判断 HHV－6A 的核酸类型

C. 判断 HHV－6A 的结构特点

D. 检验 HHV－6A 是否能独立代谢

参考答案：B

对应目标编码	学科核心素养水平	题目类型	题目完成方式	题目难度	预计完成时间	题目来源	备注
4	科学思维水平二	选择	书面	中等	2 min	改编	

S0014：(4 分)研究人员检测发现离心后提取的上清液中不含有放射性，由此得到的结论是__________。

参考答案：HHV－6A 是 DNA 病毒/HHV－6A 以 DNA 作为遗传物质/HHV－6A 的核酸种类是 DNA。

对应目标编码	学科核心素养水平	题目类型	题目完成方式	题目难度	预计完成时间	题目来源	备注
4	科学思维水平二	填空	书面	中等	3 min	改编	

S0015：(3 分)获得上述结论后，研究人员进一步对提取得到的 HHV－6A 核酸进行测序，最有可能的结果是(　　)。(图中仅示部分序列)

A.
ATTC
| | | |
TAAG

B.
ATAACG

C.
UAAG
| | | |
AUUC

D.
UAAGC

参考答案：A

对应目标编码	学科核心素养水平	题目类型	题目完成方式	题目难度	预计完成时间	题目来源	备注
2	生命观念水平二	选择	书面	较低	2 min	改编	

S0016：(4 分)实验室另一部分研究人员对病毒 HHV－7 展开研究，最终发现两者的核酸种类相同。你认为 HHV－7 和 HHV－6A 之间的差异可能表现在(　　)(多选)。

A. 碱基的配对方式

B. 分子的空间结构

C. 碱基的数量

D. 碱基的排列顺序

参考答案：C,D

对应目标编码	学科核心素养水平	题目类型	题目完成方式	题目难度	预计完成时间	题目来源	备注
2	生命观念水平二	选择	书面	较低	2 min	改编	

2. 铁蛋白是细胞内储存多余 Fe^{3+} 的蛋白，铁应答元件参与铁蛋白的合成，Fe^{3+} 浓度可影响铁蛋白的合成。铁蛋白合成调节过程如图 9 所示。(16 分)

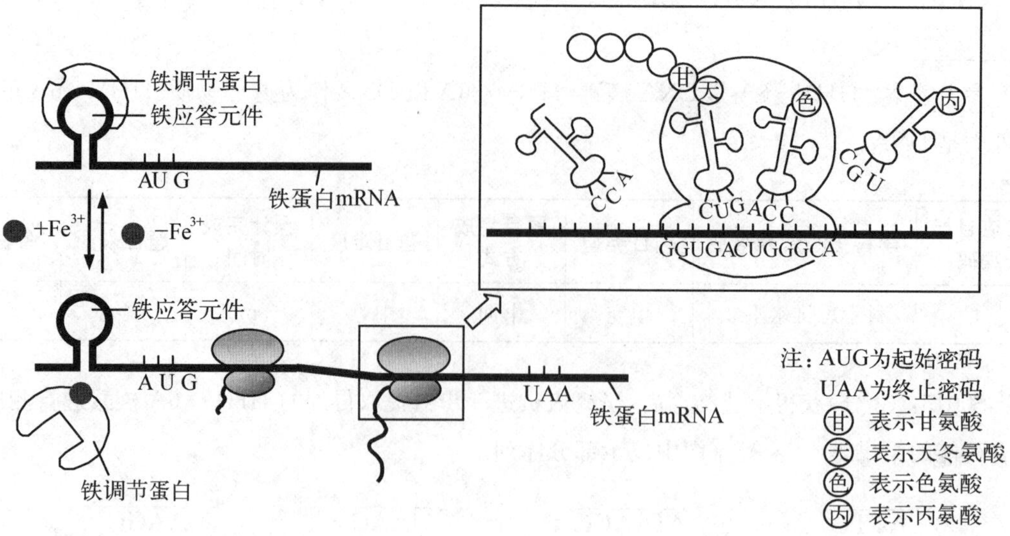

图 9

S0017：(4 分)据图 8 分析，甘氨酸的密码子是__________。铁蛋白基因中决定“…—甘—天—色—…”的基因片段碱基序列为____________。

参考答案：GGU，—GGTGACTGG—
—CCACTGACC—

对应目标编码	学科核心素养水平	题目类型	题目完成方式	题目难度	预计完成时间	题目来源	备注
4	科学思维水平二	填空	书面	中等	3 min	改编	

S0018：(3 分)图 8 中的铁应答元件的物质属性是(　　)。

A. mRNA 上的特异性序列　　B. 一种蛋白质

C. 一种辅酶　　D. 一种 tRNA

参考答案：A

对应目标编码	学科核心素养水平	题目类型	题目完成方式	题目难度	预计完成时间	题目来源	备注
1	生命观念水平一	选择	书面	较低	1 min	改编	

S0019：(3 分)铁调节蛋白只能与铁应答元件结合，而不能与 mRNA 的其余部分结合，其决定性的因素是铁调节蛋白的__________。

参考答案：空间结构

对应目标编码	学科核心素养水平	题目类型	题目完成方式	题目难度	预计完成时间	题目来源	备注
2	生命观念水平二	填空	书面	较低	1 min	改编	

S0020：(6 分)现发现铁蛋白分子中的色氨酸变成了亮氨酸(密码子为 UUA、UUG、CUU、CUC、CUA、CUG)，其实质是 DNA 模板链上的一个碱基发生了突变，突变的碱基是由________变为______。

参考答案：C 变为 A。

对应目标编码	学科核心素养水平	题目类型	题目完成方式	题目难度	预计完成时间	题目来源	备注
4	科学思维水平二	填空	书面	中等	3 min	改编	

3. 脊髓灰质炎又称小儿麻痹症，是由脊髓灰质炎病毒侵犯脊髓，造成肌肉麻痹引起的小儿急性传染病，轻者肢体发育不良，重者瘫痪甚至危及生命。引起脊髓灰质炎的病毒为**属于单正链 RNA 病毒**($^{+}$ssRNA)，该病毒进入靶细胞后，其核酸可直接翻译，合成的功能蛋白进入滑面内质网促进病毒自身的复制。脊髓灰质炎病毒入侵和增殖过程如图 10 所示。(14 分)

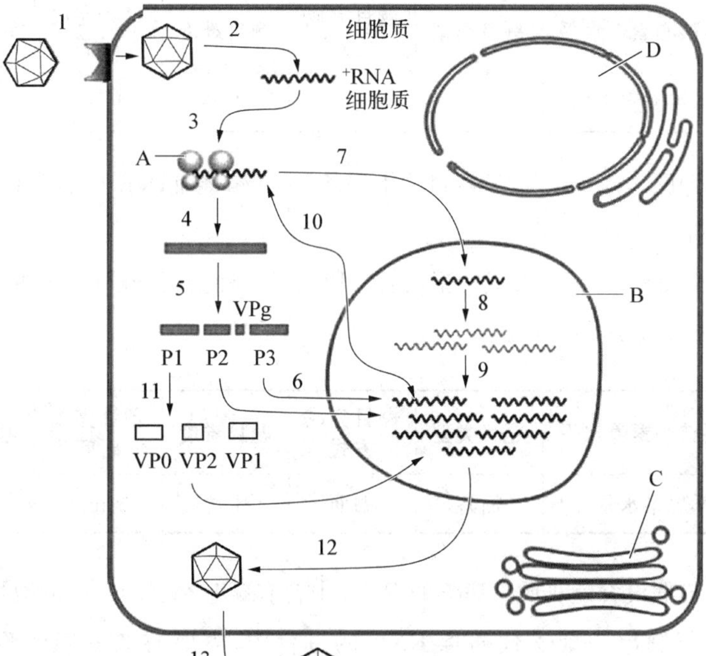

图 10

S0021：(4 分)图 10 中结构 A 表示________；参与过程“8”和过程“9”的酶是________。

参考答案：核糖体；RNA 聚合酶

对应目标编码	学科核心素养水平	题目类型	题目完成方式	题目难度	预计完成时间	题目来源	备注
2	生命观念水平二	填空	书面	较低	3 min	改编	

S0022：(2 分)脊髓灰质炎病毒能入侵特定的宿主细胞，是因为宿主细胞表面有相应的________。

参考答案：受体

对应目标编码	学科核心素养水平	题目类型	题目完成方式	题目难度	预计完成时间	题目来源	备注
1	生命观念水平一	填空	书面	较低	1 min	改编	

S0023：(2 分)如果用 ^{35}S 和 ^{32}P 标记脊髓灰质炎病毒，则该病毒入侵宿主细胞后，可在宿主细胞内测到的放射性元素是________。

参考答案：^{35}S 和 ^{32}P

对应目标编码	学科核心素养水平	题目类型	题目完成方式	题目难度	预计完成时间	题目来源	备注
5	科学探究水平二	填空	书面	中等	1 min	改编	

S0024：(2 分)图 10 中“4”和“5”两过程中一条 RNA 链能翻译成 P1、P2、P3 三种蛋白，据图分析可能的原因是____________。

参考答案：据图显示，翻译形成的蛋白被酶切割成三种蛋白分子(合成的原始蛋白被切割成三段，形成三种蛋白分子)结构。

对应目标编码	学科核心素养水平	题目类型	题目完成方式	题目难度	预计完成时间	题目来源	备注
4	科学思维水平二	简答	书面	中等	3 min	改编	

S0025：(2 分)假设脊髓灰质炎病毒的 RNA 中含有碱基 A、C、G、U 的数量分别为 a、b、c、d，则病毒 RNA 复制出一个子代病毒 RNA 的过程中，需要游离的腺嘌呤核苷酸数量为________。

参考答案：a+d

对应目标编码	学科核心素养水平	题目类型	题目完成方式	题目难度	预计完成时间	题目来源	备注
4	科学思维水平二	填空	书面	中等	3 min	改编	

S0026：（2 分）脊髓灰质炎病毒在入侵宿主细胞的过程中，其遗传信息传递途径是________。（不包括宿主细胞本身的遗传信息传递）

参考答案：$^{+}RNA \longrightarrow {}^{-}RNA \longrightarrow {}^{+}RNA(mRNA) \longrightarrow$ 蛋白质

对应目标编码	学科核心素养水平	题目类型	题目完成方式	题目难度	预计完成时间	题目来源	备注
1	生命观念水平一	填空	书面	较低	2 min	改编	

四、单元评价案例编制说明

本案例是必修 2《遗传与进化》（上海科学技术出版社）第 1 章的单元评价，是基于《普通高中生物学课程标准（2017 年版 2020 年修订）》中的内容要求、学业要求及学业质量水平而设计的。

本单元评价以填空题、选择题、简答题为主，针对普通高中学业水平合格性考试的学生，旨在对新授课的巩固与反思，在设计上突出基础知识和基本方法，注重科学思维过程，注重真实情境下问题的解决，题目设计难度以“较低”为主，少量为“中等难度”；作业及试卷中大部分题目为改编，有针对性地进行相应的修改以及结构重组，以更好地契合目标和设计难度。

（1）凸显学科核心素养的培育

生物学科的核心素养包括生命观念、科学思维、科学探究和社会责任，是学生经过学习之后逐步发展起来的，在解决真实情境中的实际问题时所表现出来的价值观、必备品格和关键能力。因此，该案例中的评价试题，均创设了真实情境，引导学生在问题解决中进一步发展学科核心素养。

此外，还可设计如“模拟转录翻译”等动手实践类作业，引导学生在动手搭建模型的过程中，探讨、阐释分子水平的生命现象及规律，培养学生模型与建模、演绎与推理的科学思维。

（2）聚焦大概念，夯实学科核心概念

本单元聚焦“亲代传递给子代的遗传信息主要编码在 DNA 分子上”这一重要概念，概念性的知识有：DNA 是主要遗传物质、DNA 分子结构、DNA 复制及表达、细胞分化及表观遗传等，作业设计时通过简单情境中的问题解决夯实了这些概念，而后进一步发展出相对复杂情境中的运用学科知识解决问题的能力。

如 S0003 和 S0004 考查学生在简单情境中的知识辨认，S0006 和 S0010 则考查学生基于所学知识解决问题的能力。如此进阶的作业设计，符合学生认识发展的规律，也满足不同层次学生的能力发展需求。

（3）构建多元化的作业体系，促进学生发展

作业除了承担巩固学科知识的功能之外，还具有促进学生认知及能力发展的功能，即“以评价促进学生的学习与发展，重视评价的诊断作用、激励作用和促进作用”。本单元作业设计旨在创建一个形式多元、方法多样的作业形式，帮助学生认识自我，建立自信，改进学习方式。

从题目完成方式看，有书面类和实践类；从题目类型看，有选择、填空与简答等；从完成时间看，有基础的“秒答题”（短作业），也有长作业，如：“检索资料并列举其他以 RNA 为遗传物质的生物，并通过合适的方式展示或汇报”。多元化的作业形式满足不同学生的学习风格。

评价方式也存在多元化的特点。评价是整个单元教学中的一个重要环节，对教学起到反馈和促进的作用。对于不同学习任务和不同的学生，采取的评价方式不能一成不变。本单元有多主体评价策略，除了常规的教师评价外，“模拟转录翻译”可采用学生自评与教师查评相结合的方式；“检索资料并列举其他以 RNA 为遗传物质的生物，并通过合适的方式展示或汇报”可采用小组互评方式进行。通过不同主体的评价，学生不断对照自我，反省在作业和评价中的表现，促使学生在进一步的学习中完善自我的知识体系。

第十三章　基于新课标的高中思想政治学科学业质量评价研究*

第一节　研究背景

核心素养视域下，高中思想政治学科旨在培养学生的政治认同感、科学精神、法治意识、公共参与意识，这四个要素相互联系、相互依存。那么，以核心素养为本的高中思想政治学业质量评价该如何从本学科的特点出发，准确、客观地测试学生思想政治学科核心素养的发展水平呢？毫无疑问，这是一项十分具有挑战性的时代课题。为此，上位文件提出了指导性意见：

> 深化考试命题改革。创新试题形式，加强情境设计，注重联系社会生活实际，增加综合性、开放性、应用性、探究性试题。科学设置试题难度，命题要符合相应学业质量标准，体现不同考试功能。
>
> ——国务院办公厅印发《关于新时代推进普通高中育人方式改革的指导意见》
>
> 坚持科学有效，改进结果评价，强化过程评价，探索增值评价，健全综合评价，充分利用信息技术，提高教育评价的科学性、专业性、客观性。
>
> 深化考试招生制度改革。稳步推进中高考改革，构建引导学生德智体美劳全面发展的考试内容体系，改变相对固化的试题形式，增强试题开放性，减少死记硬背和"机械刷题"现象。
>
> ——中共中央、国务院印发《深化新时代教育评价改革总体方案》
>
> 优化学业水平考试方案。完善与新课程改革相适应的考试评价制度，合理调整高中学业水平考试方案。
>
> 优化考试内容，突出育人导向，创新试题形式，增强试题开放性，减少死记硬背和"机械刷题"现象，重点考查学生运用所学知识分析和解决问题的能力。
>
> ——上海市政府办公厅印发《上海市新时代推进普通高中育人方式改革的实施意见》

据此，学业质量评价应当从准确客观的层面出发，多角度、多维度地对学生的高中思想政治学科水平进行测量，注重学科育人功能和学科核心素养特点。本章探究适合高中思想政治学科的核心素养培养与学业质量评价模式，以期推动教学质量测评的进步。

第二节　思想政治学科核心素养导向下的命题评价框架

一、命题评价框架

高中思想政治课程标准中的学业质量，是指以思想政治学科核心素养及其表现水平为主

* 本章作者为上海市控江中学徐莉娜和上海市杨浦区教育学院杨鹏。

要维度，结合课程内容，对学生学业成就表现的总体刻画。为此，学业质量标准要侧重考查学生能否综合运用相关学科内容，参与社会实际生活，在真实情境中提出问题、分析问题和解决问题；重点关注能否坚持正确的思想政治方向，形成正确的世界观、人生观、价值观，是否展现出了适应当代社会发展和终身发展所需要的、必备的思想政治学科核心素养。要实现这一目标，基于“素养为本”的试题评价框架应把握科学性、公正性和可操作性。

根据《普通高中思想政治课程标准(2017 年版 2020 年修订)》(以下简称“新课标”)的命题建议，结合“一核四层四翼”的高考评价体系，建构如图 13.1 所示的基于“素养为本”的试题评析框架。

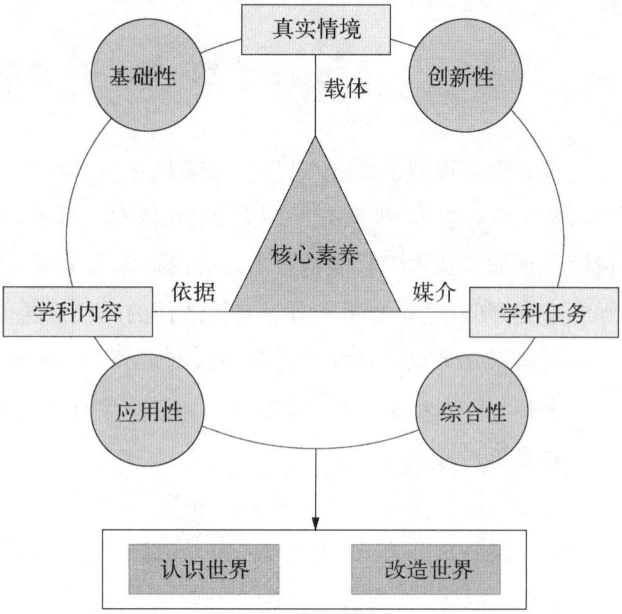

图 13.1　高中思想政治学科基于“素养为本”的试题评析框架

二、命题评价框架说明

本测评框架所倡导的是考试命题坚持以“政治认同、科学精神、法治意识和公共参与”四大核心素养为宗旨和导向，以真实情境作为学科素养表现载体，以执行学科任务作为内在学科核心素养外显的可观测行为表现媒介，以学科内容作为判断学科核心素养发展水平的根据，综合考查学生运用学科知识分析、解决真实情境问题的能力，以及对其表现出的价值观、品格和政治方向。基于思想政治学科素养的不可观测性，该框架通过真实情境、学科任务、学科内容诱导出思想政治学科素养的关键行为表现，再通过这些关键行为表现推断学科素养的发展水平。

真实情境主要从三个方面进行描述和定位：情境的复杂情况、情境的新颖程度、情境结构的完整性。学生越能够应对复杂的问题情境、越能够应对新颖的问题情境、越能够应对结构不完整的情境，表明其思想政治学科素养的发展水平越高。该维度可以满足测试对基础性、综合性、应用性和创新性的要求。

学科内容主要从学科知识的整合能力、学科语言的表达能力、学科思维方法的运用能力三个递进的层次进行考查。学科内容的三个层次同样可以满足测试对基础性、综合性、应用性和创新性的要求。

学科任务的分类，主要基于新课标，分为描述与分类、解释与论证、预测与选择、辨析与评价，对应着认识世界、改造世界这一社会生活的基本任务。参见表 13.1。

表 13.1　思想政治学科任务的分类

分 类	具　体　要　求
描述与分类	要求被评价者能够按照某个维度对真实社会生活情境中事物或问题的性质、特征、表现进行描述、比较和分类。它回答"是什么"的问题。在这一任务中，影响任务难度的因素主要有：学生对情境及其分析的维度是否熟悉，情境本身的复杂程度与不确定程度，是否要求学生以多种维度展开分析。
解释与论证	要求被评价者能够对真实社会生活情境中的事物或问题，运用学科技能与方法分析原因，探究不同变量之间的关系；运用理论和实证材料对探究结论进行合乎逻辑与科学要求的论证和检验。它回答"为什么"的问题。影响这一任务难度的主要因素有：学生对情境是否熟悉，情境本身的复杂程度与不确定程度，要求学生解释的材料和数据的类型，学生对学科方法的掌握程度，情境中变量的多少，以及学生对论证与检验方式的掌握程度。
预测与选择	要求被评价者能够结合具体的社会生活情境，运用科学的方法和原理对行为、问题的结果或影响进行分析与预测；根据约束条件和决策目标设计出合理可行的方案；比较不同方案的优劣利弊并进行合理选择。它回答"怎样做"的问题。影响这一任务难度的主要因素有：学生对情境是否熟悉，情境本身的复杂程度与不确定程度，决策目标的复杂程度与相互关系（如目标之间的冲突程度），决策面临的约束条件的多少，学生对分析方法的掌握程度。
辨析与评价	要求被评价者能够结合具体的社会生活情境，根据某个维度对事物的作用、价值与功能进行分析和评价，辨识事物之间的关系；合理运用相关理论和方法，对不同观点与立场、不同利益诉求进行辨析、辩护与辩驳。它告诉我们"应该怎样做"。影响这一任务难度的因素主要有：学生对情境是否熟悉，情境本身的复杂程度与不确定程度；矛盾与冲突的复杂程度，是否要求学生从多种维度展开分析。

第三节　高中思想政治学科细化核心素养构成要素和具体表现

学科核心素养是学科育人价值的集中体现，是学生通过学科学习而逐步形成的正确价值观、必备品格和关键能力。① 与其他学科核心素养一样，政治学科核心素养同样是不可直接观测的变量。构建高中思想政治学业质量评价体系时，应围绕着思想政治学科的核心素养，并根据每个子维度描述其关键的行为表现。

思想政治学科核心素养，主要包括政治认同、科学精神、法治意识和公共参与。

一、政治认同

我国公民的政治认同，就是拥护中国共产党的领导，坚持和发展中国特色社会主义，认同中华人民共和国、中华民族、中华文化，弘扬和践行社会主义核心价值观。参见表 13.2。

---

① 中华人民共和国教育部.普通高中思想政治课程标准（2017 年版 2020 年修订）[M].北京：人民教育出版社，2020.

表 13.2　思想政治学科核心素养之政治认同的具体表现

素养 水平	素养 1: 政治认同
水平 1	能够面对简单情境问题，引证走中国特色社会主义道路的成功事例；表述马克思列宁主义、毛泽东思想、邓小平理论、“三个代表”重要思想、科学发展观、习近平新时代中国特色社会主义思想是中国共产党的行动指南；叙述宪法对我国根本制度的规定；认同中国共产党是中国特色社会主义事业的领导核心，认同伟大祖国、中华民族、中华文化、中国共产党和中国特色社会主义；解释国家层面的价值目标。
水平 2	能够面对一般情境问题，用中国近现代史证实只有社会主义才能救中国；明确马克思主义中国化的最新成果；分析具体事例表明中国特色社会主义制度的显著优势；运用具体事例展现中国共产党依宪执政、依法执政的方式；结合奋斗历程，解释中国特色社会主义道路、理论、制度、文化的价值表达。
水平 3	能够面对复杂情境问题，比较世界各国发展道路，论证只有中国特色社会主义才能发展中国；结合改革开放的实践，阐述马克思主义中国化最新成果的时代特征；对照西方主要国家说明中国绝不能照搬其政治制度模式；着眼于中国共产党的先进性和纯洁性，阐述全面从严治党的意义；论述社会主义核心价值观体现文化自信的意义。
水平 4	能够面对具有挑战性的复杂情境问题，回应各种封闭僵化或改旗易帜的主张，阐述走中国特色社会主义道路的坚定信念；辨析各种错误思潮的影响，阐述马克思主义中国化最新成果；跟进全面深化改革的进程，坚持中国特色社会主义制度不动摇；立足新时代、新征程，阐述中国共产党是最高政治领导力量；洞察不同价值观的影响，揭示其根源，阐明社会主义核心价值观是当代中国精神的集中体现，凝结着全体人民共同的价值追求。

二、科学精神

我国公民的科学精神，就是在认识世界和改造世界的过程中表现出来的一种精神取向，即坚持马克思主义的科学世界观和方法论，能够对个人成长、社会进步、国家发展和人类文明做出正确的价值判断和行为选择。参见表 13.3。

表 13.3　思想政治学科核心素养之科学精神的具体表现

素养 水平	素养 2: 科学精神
水平 1	能够面对简单情境问题，懂得用马克思主义哲学的基本原理，观察和理解经济、政治、文化、社会和生态等现象，解释当前的发展理念；用相关学科方法，说明有关制度运行的意义和基本原则；意识到个人在社会生活中的角色，冷静面对各式各样的矛盾争端；识别当前各种文化现象，进行恰当的文化选择。
水平 2	能够面对一般情境问题，运用辩证唯物主义基本观点和方法，解释当前社会现象中的突出问题，并对相关信息和推理进行检验和评价；理性评估个人成长或社会发展面临的各种问题，阐述承担社会责任、促进社会和谐的意义；立足于中华优秀传统文化，理解并理性对待存在于区域、民族和国家间的文化差异。

续 表

素养 水平	素养 2：科学精神
水平 3	能够面对复杂情境问题，坚持历史唯物主义的基本观点，阐释社会变迁的原因，把握社会发展的趋势；用开放而敏锐的眼光，辨识和分析不同信息和观点；在公共生活和私人生活领域辨识各种限制性条件，进行有理有据的研判，作出正确抉择，提出实现目标的合理方案；着眼于中华优秀传统文化的创造性转化、创新性发展，表达传承和弘扬中华文化的积极态度。
水平 4	能够面对具有挑战性的复杂情境问题，把握社会历史发展的阶段性特征；用辩证思维与历史思维独立思考，以建设性批判的态度，回应社会转型的复杂变化，有所作为；针对突发事件，理性澄清有关信息和观点，回应各种不确定性，创造性地提出解决方案；在全球视野下，针对各种思想文化的交流交融交锋，表现强大的文化理解力和国际传播力。

三、法治意识

我国公民的法治意识，就是尊法学法守法用法，自觉参加社会主义法治国家建设。建设社会主义法治国家，是推进国家治理体系和治理能力现代化的必然要求。增强青少年法治意识，有助于他们在生活中依法行使权利、履行义务，严守道德底线，维护公平正义，做社会主义法治的忠实崇尚者、自觉遵守者、坚定捍卫者。参见表 13.4。

表 13.4　思想政治学科核心素养之法治意识的具体表现

素养 水平	素养 3：法治意识
水平 1	能够面对简单情境问题，讲述法治使社会更和谐的故事，表达法治是先进的国家治理方式；列举科学立法、严格执法、公正司法、全民守法的事例，描述社会主义法治国家的图景；采用生活中的实例，警示法律是不可逾越的红线；秉持自由、平等、公正、法治的价值取向，解释依法行使权利、依法履行义务的行为；引用自身的经验，表达法律的温情与威严。
水平 2	能够面对一般情境问题，着眼于人类文明演进的历程，说明法治是先进的国家治理方式；阐明宪法法律至上、法律面前人人平等的法治理念；剖析多个实例，阐释权利与义务相一致的道理；联系依法治理的实际，表达法治使生活更美好的感悟；比较不同的行为方式，证实依法办事、依法维权、依法解决纠纷的好处。
水平 3	能够面对复杂情境问题，列举现实生活中的多种实例，阐述依法治国，建设社会主义法治国家的基本方式；阐述宪法法律至上的道理、法律面前人人平等的意义；剖析公共参与活动中的不当行为，阐释行使权利、履行义务的正确方式；针对经济、政治、文化和社会生活中的错误行为，澄清法律规范与自由的关系、法治保障与生活品质的关系。
水平 4	能够面对具有挑战性的复杂情境问题，结合中国特色社会主义的实践，阐释全面依法治国对国家治理体系和治理能力现代化的意义；选用立法、执法、司法和守法的实例阐述法治思维的表现；结合法治国家、法治政府、法治社会一体建设的经验，阐明建设中国特色社会主义法治体系的总目标；以维护公平正义和法律尊严的自觉行动，投身于法治中国建设。

四、公共参与

我国公民的公共参与，就是有序参与公共事务，勇于承担社会责任，积极行使人民当家作主的政治权利。培养青少年公共参与素养，有益于他们了解民主管理的程序、体验民主决策的价值、感受民主监督的作用，增强公德意识和参与能力，追求更高的道德境界。参见表 13.5。

表 13.5 思想政治学科核心素养之公共参与的具体表现

素养 水平	素养 4：公共参与
水平 1	能够面对简单情境问题，识别不同领域、不同层面的公共事务；运用实例说明通过民主协商解决问题的好处；描述自己所在社区公共事务管理的经验，表现村民自治或居民自治的方式；引用经过核实的报道，表达民主决策、民主管理、民主监督的好处；基于爱国、敬业、诚信、友善的价值准则，表达乐于参与公益活动的态度。
水平 2	能够面对一般情境问题，举例说明公民与各领域、各层面公共机构的关系；针对受到关注的公共事务，说明政府所持有的观点；识别政府的职能和权力，解释社会治理的方式，阐述公民直接行使民主权利的意义；从国家治理和社会治理两个层面，说明协商民主的特点和优点；分享自己公共参与的经历，表达关注公共利益的感受，展示公共精神的美好。
水平 3	能够面对复杂情境问题，剖析若干实例，阐释公民参与公共事务的意义和价值，解析公民参与国家立法、政府决策、社会治理、公共服务的途径和方式；针对公共利益与私人利益发生的矛盾，阐述协商民主的意义和价值；比较公民政治参与和社会参与的角色行为，展现公共参与的理性行动能力；着眼于人民当家作主的意义，论述公共参与的责任担当精神。
水平 4	能够面对具有挑战性的复杂情境问题，回应各种指向公共机构的质疑，解释公民在公共参与过程中与各领域、各层面公共机构的相互作用，阐述公民有序参与的意义和价值；回应社会上各种冷漠的表现和议论，剖析导致冷漠的思想根源；回应不同群体之间的利益冲突，揭示其历史和现实根源，并提出管控冲突、解决矛盾的办法或方案。

第四节　高中思想政治学科细化学业质量水平及质量描述

新课标为学业质量标准拟定了三个关键概念："成就""刻画"和"表现"。

"成就"是借助学科任务完成学业质量而呈现的成绩。学生的学业成就是一种逐步形成可获得的成绩，是学生学科核心素养的一种外在显示。在这一过程中逐步获得的不同程度的成绩水平，就是我们所熟知的 4 级学业质量水平。

"刻画"是以学科内容作为载体，借助各种教学方式方法对核心素养水平进行多维度的展示。而这一过程的展示离不开科学公正的刻画工具——考试。考什么、怎么考、怎么评，需要研读和分析学科核心素养和学业质量水平。

"表现"是学生内在核心素养在情境中的外在显现，这一表现过程是学生在自身的学科核心素养下把握不同复杂程度情境的过程，即学生运用学科核心素养对具体情境进行选择、加工、判断、整合，最后外现为具体行为的过程。

“成就”“刻画”“表现”都是学生的行为外现，是学生内在的学科核心素养基于学科任务的驱动下，在学科评价情境中运用学科内容提出问题、分析问题和解决问题的行为展现。重新厘清学业质量标准的定义，是科学运用学业质量标准测试学生学科核心素养的前提。① 参见表13.6。

表13.6 思想政治学科学业质量水平具体表现

水平	质量描述
1	1-1 引用典型事例，证实选择中国特色社会主义道路的正确性；回顾改革开放的发展历程，表明中国特色社会主义理论体系是指导党和人民沿着中国特色社会主义道路实现中华民族伟大复兴的正确理论，习近平新时代中国特色社会主义思想是马克思主义中国化最新成果；引述宪法对我国根本制度的规定，了解社会主义制度的特征；结合典型事例，说明中国共产党是中国特色社会主义事业的领导核心；描绘全面建成小康社会的图景，解释国家富强民主文明和谐美丽的价值目标，表达中国特色社会主义是全国各族人民的共同理想。 1-2 依据马克思主义哲学基本原理，观察并解释经济、政治、文化、社会和生态等现象，阐释创新、协调、绿色、开放、共享的新发展理念；运用相关学科的方法，表述相关体制运行的意义，在实践中识别决策目标和主要限制性条件，确认合理的选择方案；面对各种矛盾争端，把握个人在社会生活中的角色，评价既遵守规范、遵循程序，又不盲从、敢于质疑的行为；识别当前各种文化现象，理解存在于区域、民族和国家间的文化差异，表明认同中华文化、尊重域外文化、选择先进文化的态度。 1-3 讲述法治使国家更强大的典型事例，表明法治是先进的国家治理方式；列举科学立法、严格执法、公正司法、全民守法的事例，描绘社会主义法治国家的图景；列举实例，说明任何组织或者个人都没有超越宪法和法律的特权；秉持自由、平等、公正、法治的价值取向，解释公民依法行使权利、依法履行义务的行为；引用自身的经验，推荐依法办事、依法维权、依法解决纠纷的案例，表明法治让社会更和谐。 1-4 引用主流媒体的报道，确认公民参与国家立法、政府决策、社会治理、公共服务的途径、方式和规则；引用经过核实的报道，解释公民参与民主决策、民主管理、民主监督的必要条件和重要意义；阐述爱国、敬业、诚信、友善的价值准则，表明参加公益活动、践行公共道德的积极态度；结合各层面、各领域公民参与的情境，表明公共参与是体现人民主体地位的应有之义。
2	2-1 通过对中国近现代史的回顾，依循历史逻辑证实走中国特色社会主义道路是历史和人民的选择；叙述马克思主义“一脉相承、与时俱进”的发展，明确习近平新时代中国特色社会主义思想是对马克思列宁主义、毛泽东思想、邓小平理论、“三个代表”重要思想、科学发展观的继承和发展，是马克思主义中国化最新成果；分析具体事例，归纳中国特色社会主义政治制度、经济制度的特点和优点；运用具体事例，展示中国共产党依法执政的方式，说明加强和改善党的领导的意义；结合为实现中华民族伟大复兴中国梦而奋斗的历程，解释社会主义核心价值观是中国特色社会主义道路、理论、制度和文化的价值表达。 2-2 运用辩证唯物主义基本观点和方法，回应当前经济、政治、文化、社会和生态文明建设中的突出问题，并对相关信息或推理进行检验和评价；运用相关学科的方法，在实践中反思各领域既有政策和体制、机制方面的限制性条件，解放思想，评估其对国家和社会发展的影响；关注当前热点问题和事件，科学论证选择方案，既表达担当社会责任的态度，又表现促

① 何颖贤，刘劲宇.成就·表现·刻画：学业质量标准的三重解读：以《普通高中思想政治课程标准》为例[J].广东教育(综合版).2019(03)：38-39.

续 表

水平	质量描述
2	进社会和谐的智慧；辨析继承中华优秀传统文化、不同文化交流互鉴、践行与传播先进文化的行为，表达文化创新的意义，揭示事物的文化价值以及各种文化现象背后的重要影响因素。 2-3 描述法治国家、法治政府、法治社会的基本表征，说明依法治国是党领导人民治理国家的基本方式；归纳违法犯罪的主要种类及其成因，阐明宪法法律至上、法律面前人人平等的法治理念；剖析实例，比较不同的涉法行为，预测其后果，阐释权利与义务的关系；联系依法治理的实际，证实依法办事、依法维权、依法解决纠纷的好处，表达法治让生活更美好的感悟。 2-4 举例说明各领域、各层级公共机构与公民生活的关系，并表达对这些机构的工作方式和规则的期望；针对人们当前关注的公共事务，评议政府履行职责的行为；解释基层群众自治的价值，阐述公民有序参与、直接行使民主权利的意义；分享公共参与的体验，表达参与公益事业的幸福感和成就感；评析公共参与的实例，展现我国人民的主人翁意识和社会责任感。
3	3-1 选择恰当论据，在全球视野中比较各国发展道路，论证只有中国特色社会主义才能发展中国；结合改革开放的实践，阐述习近平新时代中国特色社会主义思想的精神实质；对照西方主要国家的政治制度，阐述人民代表大会制度的组织和活动原则，说明绝不能照搬西方政治制度模式的道理；阐明党的执政理念和全面从严治党的意志，阐述中国共产党永远保持先进性和纯洁性的意义；论证社会主义核心价值观既体现了社会主义本质要求，继承了中华优秀传统文化，也吸收了世界文明有益成果，体现了时代精神。 3-2 运用历史唯物主义基本观点和方法，阐释社会发展的基本规律和趋势，用历史思维评价不同信息和观点，辨明事实真伪；针对经济、政治、社会活动中的重要议题，运用相关学科原理辨识各种选择方案，预测未来发展的走向，作出恰当的研判；针对生活实践中各种不确定的具体问题，用矛盾分析的方法权衡利弊，作出正确的价值判断和行为选择；在积极开展国际文化交往的过程中，对如何继承中华优秀传统文化和革命文化、发展中国特色社会主义文化等议题，发表持之有故、言之成理的见解，并提出可行的建议。 3-3 列举生活中立法、执法、司法和守法的实例，阐述全面依法治国的总目标；基于法律的本质和功能，选择恰当的论据和论证方式，阐释宪法法律至上、法律面前人人平等的含义；针对民事活动与公共参与过程中的不当行为，解释相关权利和义务的法律意义，明辨依法行使权利、履行义务的正确方式；针对经济、政治、文化、社会生活中的行为误区，辨析法律与自由的关系，阐明法治保障对提高生活品质的作用。 3-4 剖析公共机构制定公共政策的实例，阐释公民有序参与不同领域、不同层级公共事务的意义和价值；列举公共利益与私人利益发生矛盾的实例，阐述协商民主的意义和价值，评估合理解决矛盾的方案；列举不同情境下的各种冷漠表现和议论，剖析导致冷漠的思想根源，彰显践行公共道德的勇气；抨击漠视、损害公共利益的行为，表达公共参与的强烈意愿，提出率先垂范的行动方案。
4	4-1 综合运用各种论据，辨析各种错误思潮，有创见地批驳封闭僵化或改旗易帜的主张，阐明走中国特色社会主义道路的坚定信念；阐述习近平新时代中国特色社会主义思想的丰富内涵，表达坚守本色、保持特色、锐意进取的意志；跟进全面深化改革的进程，论证坚持中国特色社会主义制度不动摇的理由；引用全面从严治党的各种数据，评析中国共产党领导全国各族人民长期奋斗、不忘初心、继续前进的业绩；论证中国特色社会主义文化源于中华优秀传统文化，熔铸于革命文化和社会主义先进文化，植根于中国特色社会主义伟大实践，阐明道路自信、理论自信、制度自信都是文化自信的表现。

续 表

水 平	质　　量　　描　　述
4	4－2　运用辩证唯物主义和历史唯物主义原理，揭示社会变革的原因，把握历史发展的阶段性特征，论述因势而谋、应势而动、顺势而为的意义；直面经济、政治、文化、社会和生态文明建设中的各种问题和挑战，秉持建设性批判的态度，解放思想、实事求是，采用相关学科的探究方法进行正确判断和选择；应对成长过程中遭遇的复杂情境和突发事件，运用辩证思维，掌控分歧及各种不确定性，澄清有关信息和观点的误导，提出有创见的解决方案；响应各种思想文化交流交融交锋的态势，在全球视野下表现文化理解力和传播力，对创造性转化与创新性发展中华优秀传统文化、坚持中国特色社会主义文化发展道路发表见解。 4－3　反思历史经验，立足于发展中国特色社会主义的实践，阐释全面依法治国对推进国家治理体系和治理能力现代化的意义；选用立法、执法、司法和守法中体现法律面前人人平等的实例，阐述运用法治思维的意义，论证尊崇宪法和法律在治国理政中的作用和价值；了解生活中主要民事法律规范，列举解决纠纷的有效途径和方式，论证依法行使权利、依法履行义务、依法办事的意义；描绘法治中国的蓝图，阐述法治信仰的价值，提出维护公平正义和法律尊严的行动方案。 4－4　评析各种指向公共机构的质疑，解释公民在公共参与过程中与各领域、各层级公共机构的互动关系，系统归纳参与国家立法、政府决策、社会治理的途径和方式；列举不同群体间利益冲突的实例，揭示其历史和现实根源，并提出管控冲突、化解矛盾的方法；评述有序政治参与的过程，既解释公民行使权利、履行义务的意义，又强调人民主体地位的保障；全面阐述公共参与对公民直接行使民主权利的意义，论证公共参与是人民当家作主的必然表现和重要标志，是当代中国公民责任担当的宝贵品格和关键能力。

第五节　思想政治学科核心素养导向下的命题评价样例

一、学业质量标准测试框架

根据新课标，参照《关于深化新时代学校思想政治理论课改革创新的若干意见》和《中国高考评价体系》等文件，命题需要在明确学业水平考试性质与功能的基础上，引导教学从实际需要出发，落实素质教育目标和新课程理念要求。

因此，在考试与评价的实施过程中，通过横向对比核心素养水平与质量水平的异同（详见表13.7），并引入和应用"一核四层四翼"的总体要求，从而更好地发挥考改引导教改的"指挥棒"作用，促进"招—考—教—学"流程各个环节无缝衔接、良性互动。

表13.7　核心素养水平与质量水平的对比

水 平	思想政治学科核心素养水平划分	思想政治学业质量水平标准
水平1	能够面对简单情境问题，懂得用马克思主义哲学的基本原理，观察和理解经济、政治、文化、社会和生态等现象，解释当前的发展理念。	依据马克思主义哲学基本原理，观察并解释经济、政治、文化、社会和生态等现象，阐释创新、协调、绿色、开放、共享的新发展理念。

续 表

水 平	思想政治学科核心素养水平划分	思想政治学业质量水平标准
水平 2	能够面对一般情境问题，运用辩证唯物主义基本观点和方法，解释当前社会现象中的突出问题，并对相关信息和推理进行检验和评价。	运用辩证唯物主义基本观点和方法，回应当前经济、政治、文化、社会和生态文明建设中的突出问题，并对相关信息或推理进行检验和评价。
水平 3	能够面对复杂情境问题，坚持历史唯物主义的基本观点，阐释社会变迁的原因，把握社会发展的趋势。	运用历史唯物主义基本观点和方法，阐释社会发展的基本规律和趋势，用历史思维评价不同信息和观点，辨明事实真伪。
水平 4	能够面对具有挑战性的复杂情境问题，把握社会历史发展的阶段性特征。	运用辩证唯物主义和历史唯物主义原理，解释社会变革的原因，把握历史发展的阶段性特征，论述因势而谋、应势而动、顺势而为的意义。

基于以上分析，制定如下学业质量标准测试框架，包含试题情境、学科任务、题目难度、学业质量水平以及学科核心素养水平。参见表 13.8。

表 13.8　高中思想政治学科学业质量标准测试框架

题号	题型	试 题 情 境	学 科 任 务	题目难度	学业质量水平	素养水平
1						
2						
3						
4						
……						

二、评价样例——上海市杨浦区 2022 学年度第二学期等级考模拟卷分析

一、团结奋斗　创造历史伟业

新时代十年来，以习近平同志为核心的党中央坚持以人民为中心的发展思想，交出了一份人民满意、世界瞩目、可以载入史册的发展答卷。(共 32 分)

1. 党的十八大以来，以习近平同志为核心的党中央团结带领 14 亿多中国人民，统筹国内国际两个大局，统筹疫情防控和经济社会发展，统筹发展和安全，续写了经济快速发展和社会长期稳定两大奇迹。“三个统筹”体现了“一分为二”看问题的________思维方法。(单选)(3 分)

A. 系统　　B. 精准　　C. 辩证　　D. 底线

题号	题型	试题情境	学科任务	题目难度	学业质量水平	素养水平
1	单选题	一般情境 “三个统筹”体现的辩证唯物主义的基本观点和方法	描述与分类 运用辩证唯物主义的基本观点和方法，回应当前经济、政治和社会建设中的突出问题。	较低	2-2	2-2

2. 仓廪实，天下安。我国用占世界9%的耕地、6%的淡水资源，解决了世界约20%人口的吃饭问题。迈步新征程，要把粮食安全的主动权牢牢掌握在自己手中，我们必须________。(多选)(4分)

A. 推进种源核心技术攻关

B. 建立现代粮食产业体系

C. 取消市场价格形成机制

D. 全面削减粮食关税到零

题号	题型	试题情境	学科任务	题目难度	学业质量水平	素养水平
2	多选题	复杂情境 新征程我们要牢牢掌握粮食安全的主动权。	预测与选择 在公共生活领域，辨识各种限制性条件，进行有理有据的研判，作出正确抉择，提出实现目标的合理方案。	一般	3-2	2-3

3. 我们打赢了人类历史上规模最大的脱贫攻坚战，创造了彪炳史册的人间奇迹。为了进一步巩固拓展脱贫攻坚成果同乡村振兴有效衔接，一系列举措陆续出台，社会主义新农村的画卷正徐徐铺展。

(1) 以下最能阐明“脱贫攻坚”和“乡村振兴”有效衔接的马克思主义哲学依据是________。(单选)(3分)

A. 规律性认识在实践中不断变为现实

B. 新事物一经产生便伴随旧事物灭亡

C. 上层建筑一定要适合经济基础状况

D. 飞跃性的产生有赖于渐进性的积累

(2) 随着乡村振兴战略持续推进，人才的重要性也愈发凸显。为更好地培育农村人才，助推乡村振兴，全国政协委员刘某某在今年的“两会”上提交了《关于培养造就建设农业强国的青年人才生力军建议》的提案。这是她在履行________的职能。(单选)(3分)

A. 政治协商

B. 民主监督

C. 参政议政

题号	题型	试题情境	学科任务	题目难度	学业质量水平	素养水平
3(1)	单选题	一般情境 “脱贫攻坚”和“乡村振兴”有效衔接的马克思主义哲学依据	描述与分类 运用辩证唯物主义的基本观点和方法，回应当前经济、政治和社会建设中的突出问题。	一般	2-2	2-2
3(2)	单选题	一般情境 全国政协委员在“两会”上的提案所履行的职能	描述与分类 分析具体事例表明中国特色社会主义制度的显著优势。	一般	2-1	1-2

4. 神舟十三号、十四号、十五号接力腾飞，中国空间站全面建成；首架C919大飞机正式交付，白鹤滩水电站全面投产；第三艘航母“福建号”下水；北京冬奥会、冬残奥会成功举办，北京成为全球第一个“双奥之城”……这一系列梦想的实现，一个重要原因在于我们始终在探索创新中奋勇前进。

(1) 某高中研究小组对“《必修1中国特色社会主义》综合探究二”开展探究。他们查阅了孙中山的《建国方略》，并讨论了今天中国能够实现并超越孙中山当年所提出“建设蓝图”的诸多原因。依据探究内容，可以确定的议题有________。(多选)(4分)

A. 中国特色社会主义是科学社会主义理论逻辑和中国社会发展历史逻辑的统一。

B. 中国共产党为什么能，中国特色社会主义为什么好？

C. 如何推进马克思主义理论中国化时代化大众化？

D. 方向为何决定道路，道路如何决定命运。

(2) 该研究小组深入研究后，提出观点：我们靠拼搏奋斗成就了今日之中国，我们也必将靠拼搏奋斗创造更加美好的明日之中国。综合所学内容，从“人民群众是历史的创造者”角度，分析说明该观点。(12分)

(3) 该研究小组在汇报演讲中说到：在亿万新时代追梦者艰苦卓绝的努力下，我们战胜了前所未有的困难和挑战，实现了一个又一个美好梦想。因此，____________。请根据行文推断，该演讲合适的结尾句是________。(单选)(3分)

A. 只有亿万追梦者心往一处想，才能把梦想变为美好现实

B. 只要梦想没有变为美好现实，就是因为追梦者未尽全力

C. 不经战胜困难的美好梦想，方可证明追梦者的艰苦卓绝

D. 追梦者的拼搏，或为克服困难挑战，或为实现美好梦想

题号	题型	试题情境	学科任务	题目难度	学业质量水平	素养水平
4(1)	多选题	复杂情境 某高中研究小组讨论今天中国能够实现并超越孙中山当年所提出“建设蓝图”的诸多原因	解释与论证 论证只有中国特色社会主义才能发展中国。	适中	3-1	1-3
4(2)	分析说明题	复杂情境 分析说明：我们靠拼搏奋斗成就了今日之中国，我们也必将靠拼搏奋斗创造更加美好的明日之中国	解释与论证 坚持历史唯物主义的基本观点，阐释社会变迁的原因，把握社会发展的趋势。	较高	3-2	3-3
4(3)	单选题	复杂情境 该研究小组的汇报演讲	预测与选择 作出正确抉择，提出实现目标的合理方案。	适中	3-2	2-3

二、以科技之力　创码头智慧之先

全球首个江海铁多式联运全自动化码头在广州港南沙港区建成。自动化码头利用北斗、激光和视觉导航定位技术，可在码头堆场间自由穿梭，精准抵达每一个箱位。在自动化码头作业，码头工人只要轻点鼠标即完成昼夜吞吐量和单机产量“双突破”，整个过程行云流水，作业区内却“空无一人”。业内戏称“魔鬼码头”——又名智慧港口，智慧码头。（共 36 分）

5. 智慧码头可通过“人工智能大脑”自主思考精准调配角色，即合理计划、优化调度、统筹安排，实现码头有条不紊作业。由此可见，“人工智能大脑”________。（单选）（3 分）

A. 已成为意识的实践表征

B. 将实现世界本质的迭代

C. 是人类智慧的能动表现

题号	题型	试题情境	学科任务	题目难度	学业质量水平	素养水平
5	单选题	一般情境 智慧码头的“人工智能大脑”	描述与分类 “人工智能大脑”进行描述。	一般	2-2	2-2

6. 中国智慧港口的发展历程（如下图所示），给我们的启示是________。（多选）（4 分）

中国智慧港口产业发展历程

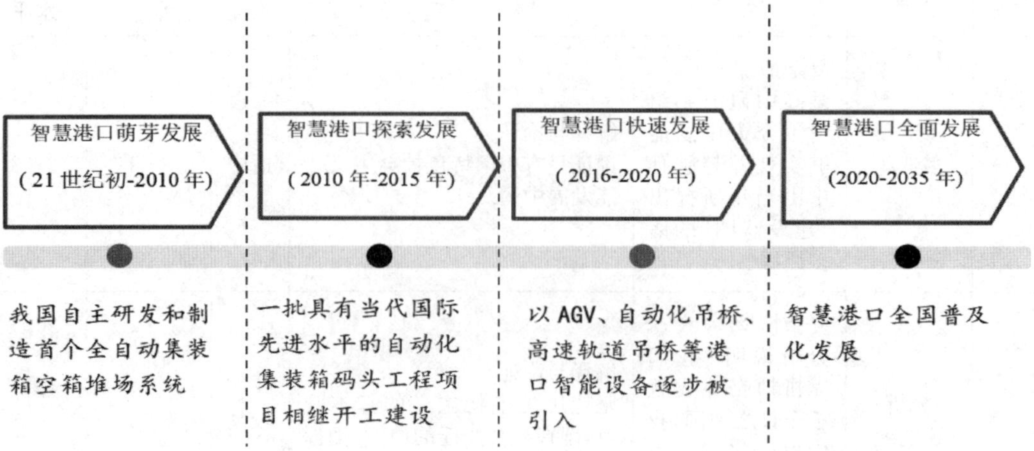

A. 提升产业能级是最高价值追求

B. 事物的发展是不断完善的过程

C. 实践是认识的发展动力和源泉

题号	题型	试题情境	学科任务	题目难度	学业质量水平	素养水平
6	多选题	一般情境 中国智慧港口的发展历程	解释与论证 中国智慧港口的发展历程蕴含的辩证唯物主义的基本观点和方法。	一般	2－2	2－2

7. 随着我国经济由规模增长转向高质量增长，对港口基本能力的需求增长放缓，取而代之的是对服务质量的需求加速，建设安全、便捷、绿色、高效、经济的世界一流强港，是新时期港口发展的新要求。打造智慧、绿色港口成为新热点，智慧、绿色港口发展趋势将从东部沿海地区全面展开。

上海智慧港口建设融入海关创新模式，洋山四期自动化码头开启“5G 智慧监管”

天津港打造全球首个“零碳”码头，码头所有设施设备全部利用风能、太阳能替代火电，由“风光储荷一体化”系统实现绿电自主供应，实现全程零碳排放。

厦门远海码头通过码头覆盖的 5G 信号，落成中国首个 5G+全场景应用智慧港口，从自动化向智能化发展，推动集装箱码头核心技术迭代。

对此，业内专家认为：智慧港口高质量发展是建设世界一流强港的必由之路。结合材料，综合所学内容对该观点加以说明。(10分)

题号	题型	试题情境	学科任务	题目难度	学业质量水平	素养水平
7	分析说明题	复杂情境 智慧港口的高质量发展	辨析与评价 综合所学内容对专家观点加以说明。	较高	3-2	2-3

8. 当前，智慧港口建设也遇到一些技术难题，诸如：网络带宽不够高，常受到病毒侵害，运营管理能力有待提高等。为应对挑战推动智慧港口跨越式发展，可以________。(多选)(4分)

A. 加快5G研发重视网络安全　　B. 培养复合型创新专业人才

C. 加大全生产要素量的投入　　D. 提升码头通讯设备的性能

题号	题型	试题情境	学科任务	题目难度	学业质量水平	素养水平
8	多选题	复杂情境 智慧港口建设的路径或方法	预测与选择 运用科学的方法和原理对行为、问题的结果或影响进行分析与预测，根据约束条件和决策目标合理选择方法。	中等	3-2	2-3

9. 为顺应全球港口国际化、智慧化、绿色化发展的大趋势，我国制定《关于建设世界一流港口的指导意见》(以下简称《意见》)。

(1)《意见》指出：到2050年，全面建成世界一流港口，形成若干个世界级港口群，发展水平位居世界前列。这启示我们________。(多选)(4分)

A. 运用创新思维要以真理作为基础　　B. 善于联想超越陈规勇于突破规律

C. 先进的社会意识能推动社会发展　　D. 利用超前思维抓住有利发展机遇

(2)《意见》进一步要求，开展从业人员素质提升行动，强化技能等级评价、岗位练兵、技能竞赛，建设知识型、创新型港口劳动者大军。这体现企业应维护劳动者________的权利。(单选)(3分)

A. 获得劳动安全保护　　B. 平等就业选择职业

C. 享受社会保险福利　　D. 接受职业技能培训

(3) 码头工人老王前不久因病去世。留下60万积蓄、欠G银行的100万债务以及所在企业给予的丧葬费5万元。在得知老王去世后，该银行向老王的儿子小王发出催收信，要求小王偿还老王生前所欠贷款。小王明确表示，老王拖欠的款项与自己无关，拒绝偿还债务。G银行通过法律程序向小王提出索赔要求。

小王应当承担法律责任吗？综合所学内容，说明你的判断及理由。（8 分）

题号	题型	试题情境	学科任务	题目难度	学业质量水平	素养水平
9(1)	多选题	复杂情境 智慧港口建设运用的思维方法	预测与选择 运用科学的方法和原理对行为、问题的结果或影响进行分析与预测。	中等	4-2	2-3
9(2)	单选题	一般情境 码头工人享有的权利	描述与分类 按照题目情境的描述对码头工人享有的权利进行分类。	较低	2-3	3-1
9(3)	主观题	挑战性情境 产权继承和继承权的法律问题解决	辨析与评价 结合情境，对小王是否能继承遗产等进行分析和评价，辨识事物之间的关系；合理运用相关理论和方法，对不同立场、不同利益诉求进行辨析。	较难	1-3 4-1	3-4

三、激活基层治理“动力源” 打造人民城市“样板间”

基层治理是“人民城市”建设的重要内容，是城市治理综合实力的重要标志。“三微治理”是Y区近年来重点打造的基层治理品牌，充分发挥“先进典型示范引领作用，进一步激活基层治理“动力源”，助力打造人民城市“样板间”。

近年来，Y区依托区校联建、区域化党建联盟等平台载体，充实和完善“三师三顾问”，将智力资源优势切实转化为基层治理效能。为加强基层治理工作，提升社区党员干部的工作能力，Y区依托居委会示范实训基地，通过聘请“1+1”双导师入驻，以集体授课、实训带教、主题工作坊，线上线下融合等多种形式开展实训。

面对老小区停车难的顽疾，居民区党总支部引导居民成立自治团队，调研居民需求，引领居民成立自治队，制定改造方案，通过“兼容激励”方式撬动多方出资100万，增设车位160余个，有效缓解停车难的问题。还动员青年居民参与到公共空间管理、制定公共秩序维护规则和程序。同时，面对楼栋居民老龄化程度高、楼栋没有公共活动场所的难题，居民区党组织在充分征询居民意见的基础上，组织开展底楼大厅改造项目。召开多次居民会议，反复协商，建立志愿者队伍对大厅墙面进行设计美化，成为居民休闲、娱乐、学习、交流的大客厅。（共32分）

10. 基层治理是国家治理的基石。基层治理中也蕴藏着中华优秀传统文化思想，以下与基层治理内涵相吻合的有________。（单选）（3 分）

A. 和平发展　　B. 自强不息　　C. 天人合一　　D. 民为邦本

题号	题型	试题情境	学科任务	题目难度	学业质量水平	素养水平
10	单选题	一般情境 基层治理体现的中华优秀文化思想	描述与分类 对真实社会生活情境中事物或问题的性质、特征、表现进行描述、比较和分类。	较低	2－2	2－1

11. 近年来，为了有效破解基层治理难题，各地从本地区社会治理的痛点、难点中探寻治理发力点，探索出多种治理模式和路径，取得良好效果。这其中运用的方法论是________。(单选)(3分)

A. 一切从实际出发，实事求是　　B. 一切要以时间地点条件为转移

C. 上层建筑必须适应经济基础　　D. 生产关系适应生产力的发展

题号	题型	试题情境	学科任务	题目难度	学业质量水平	素养水平
11	多选题	复杂情境 基层治理运用的方法论	解释与论证 运用学科技能与方法分析探究基层治理取得实效的原因。	中等	2－2	2－2

12. 新一代信息技术已广泛应用到基层治理中。通过大数据平台，能及时精准发现困难群众，实现了从"人找政策"到"政策找人"的转变。从完善社会保障体系的角度来看，属于完善________。(单选)(3分)

A. 社会福利体系

B. 社会救助机制

C. 社会保险流程

题号	题型	试题情境	学科任务	题目难度	学业质量水平	素养水平
12	单选题	一般情境 基层治理数字化转型效果	描述与分类 按照题目情境中事物或问题的性质、特征、表现进行描述、比较和分类。	较低	2－2	1－2

13. 基层治理关键在人。越来越多的社区居民由社区治理的旁观者变成热心的参与者。对此有人作出如下推理：社区志愿者是社区治理的参与者，我不是社区志愿者，所以我不是社区治理的参与者。该推理犯的错误是________。(单选)(3分)

A. 中项没有周延　　B. 大项不当扩大　　C. 小项不当扩大

题号	题型	试题情境	学科任务	题目难度	学业质量水平	素养水平
12	单选题	复杂情境 是否需要参与社区志愿活动	解释与论证 根据三段论推理的规则对是否需要参与社区志愿活动功能进行分析和评价，辨析选项。	中等	4-2	2-4

14. 结合材料，从制度优势与党的先进性的角度，论述如何共建共治共享基层治理新格局。（20分）

要求：

（1）综合所学内容，概括共建共治共享基层治理新格局的经验和做法；

（2）理论论证中论题、总论点、分论点逻辑一致，论述逻辑准确、连贯、完整：

（3）概括地引用上述材料进行事实论证，以支持论点；

（4）准确使用思想政治的学科术语；

（5）建议论述篇幅400字左右。

题号	题型	试题情境	学科任务	题目难度	学业质量水平	素养水平
14	论述题	挑战性情境	面对基层治理复杂情境，综合运用所学知识，准确概括材料，联系论题，形成总论点；分论点紧扣论题、总论点；论述逻辑准确、连贯、完整，并概括地引用案例材料进行事实论证；准确地使用思想政治学科术语。	较难	1-4 2-4 3-4 4-4	1-4 2-3 3-4 4-3

第六节　结　语

高中思想政治课程评价体系的形成，需要各方面的努力以及配合，在培养学生学科核心素养的前提下，对高中思想政治课程的评价体系进行创新研究，是新时代发展下有效提高高中思想政治教学质量水平的有力途径。通过策略的完善，从而提高高中思想政治学科教学水平，进而有效地提升高中生的政治认同感、科学精神、法治意识和公共参与意识。

本章尝试在学科核心素养本位的基础上，根据学科性质、特点和内容等要素，对学业质量评价进行框架设计，并构建了度量每个学科任务完成质量的评价指标体系，以期将抽象的学科核心素养通过具象的指标进行分解测量，推动“考改”促“教改”，推动核心素养的测评与落地。

第十四章　基于新课标的高中历史学科学业质量评价研究*

第一节　引　言

2017 年 12 月，教育部颁布了普通高中各科课程标准，正式拉开了高中新课改的大幕。2019 年秋季，依据新课标编写的高中历史教材正式投入使用。2021 年 6 月，上海教育考试院组织的新模式合格考试卷正式对学生进行考查；2022 年 6 月，上海教育考试院组织的新模式等级考试卷正式对学生进行考查。基于学校教学与质量评估的迫切需要，制定一份基于新课标的高中历史学业质量评价方案就显得尤为重要。

第二节　高中历史核心素养与学业质量评价

《普通高中历史课程标准(2017 年版 2020 年修订)》(以下简称“新课标”)提出历史学科核心素养这一根本性的概念，并认为历史学科核心素养包括唯物史观、时空观念、史料实证、历史解释、家国情怀五个方面：“唯物史观是揭示人类社会历史客观基础及发展规律的科学的历史观和方法论；时空观念是在特定的时间联系和空间联系中对事物进行观察、分析的意识和思维方式；史料实证是指对获取的史料进行辨析，并运用可信的史料努力重现历史真实的态度与方法；历史解释是指以史料为依据，对历史事物进行理性分析和客观评判的态度、能力与方法；家国情怀是学习和探究历史应具有的人文追求，体现了对国家富强、人民幸福的情感，以及对国家的高度认同感、归属感、责任感和使命感。”①

历史学科核心素养的五个方面是有机联系、密不可分的。②“唯物史观是诸素养得以达成的理论保证；时空观念是诸素养中学科本质的体现；史料实证是诸素养得以达成的必要途径；历史解释是诸素养中对历史思维与表达能力的要求；家国情怀是诸素养中价值追求的目标。通过诸素养的培育，达到立德树人的要求。”③

---

* 本章作者为上海市杨浦区教育学院叶朝良。

① 中华人民共和国教育部.普通高中历史课程标准(2017 年版 2020 年修订)[M].北京：人民教育出版社，2020：4 - 5.

② 关于历史学科核心素养有机联系、密不可分的关系在《普通高中历史课程标准(2017 年版 2020 年修订)》中没有明确表述，但在《义务教育历史课程标准(2022 年版)》(教育部制定，北京师范大学出版社，2022 年)第 6 页中有明确表述：“上述五个方面是不可分割的有机整体。”

③ 中华人民共和国教育部.普通高中历史课程标准(2017 年版 2020 年修订)[M].北京：人民教育出版社，2020：4.

中学课堂教学和质量评估都必须基于历史学科核心素养的要求，体现历史学科核心素养的五个方面。但在具体的教学和质量评估中，某一堂课或某一道题可以侧重反映历史学科核心素养的某个方面或某几个方面，而不需要也不可能面面俱到、平均分配。

"学业质量是学生在完成本学科课程学习后的学业成就表现。学业质量标准是以本学科核心素养及其表现水平为主要维度，结合课程内容，对学生学业成就表现的总体刻画。"①新课标对学业质量划分了4个水平，其中在唯物史观、家国情怀这两个方面的水平1和水平2相同、水平3和水平4相同，在另外三个方面，时空观念、史料实证、历史解释的4个水平都不相同。水平1、水平2对应的是合格考试要求，水平3和水平4对应的是等级考试要求。当然，根据高水平覆盖低水平的原则，等级考试中可以出现水平1、水平2要求的题目。

新课标对学业水平考试命题的要求和建议是："以历史课程标准为依据""以考查历史学科核心素养的具备程度为目的"②。在题目设置上，《普通高中课程方案》规定："考试命题应注重紧密联系社会实际与学生生活经验，强调综合运用知识分析解决实际问题能力的考查，要有利于促进学生核心素养的发展"，③具体地说就是要"以新情境下的问题解决为重心"，新情境包括"学习情境，指在历史学习中遇到的问题，如史料、图表、历史叙述、史论等问题；生活情境，指在个人生活、家庭生活、社区生活中遇到的与历史有关的问题，如在倾听长辈的回忆、观看影视剧、游览名胜古迹时遇到的问题；社会情境，指对社会问题的历史考察，如某种社会风俗的来源、某一国际争端中的历史背景问题；学术情境，指历史学术研究中的问题，如历史学家对某一历史问题有多种看法等"。④ 情境化命题思路不仅是历史学科的要求，也是所有学科的要求。

根据上海教育考试院最新的方案，学业水平考试分为合格性考试和等级性考试两种，时间均为60分钟，闭卷考试，试题都是由若干道综合题组成，每道综合题中包括选择、填空、配伍、简答等小题。⑤

第三节　文献综述

在中国知网上，以"高中历史学业质量标准"为关键词进行查询，查到的数据是零。以"高

① 中华人民共和国教育部.普通高中历史课程标准（2017年版2020年修订）[M].北京：人民教育出版社，2020：41.

② 中华人民共和国教育部.普通高中历史课程标准（2017年版2020年修订）[M].北京：人民教育出版社，2020：59.

③ 中华人民共和国教育部.普通高中课程方案（2017年版）[M].北京：人民教育出版社，2020：12.

④ 中华人民共和国教育部.普通高中历史课程标准（2017年版2020年修订）[M].北京：人民教育出版社，2020：59.

⑤ 目前高中历史水平考试中的合格考和等级考基本上固定为4道综合题，等级考最后一道题为作文题，合格考则没有作文题。

中历史学业质量标准”为主题词进行查询，查到的数据是14篇。其中《〈普通高中历史课程标准(2017年版)〉学业质量标准研究》这篇教育专业硕士学位论文的论述最为详尽：“与旧课标相比，学业质量的要求设计和等级设计，提升了课程标准的指导性和可操作性，突出了高中历史教学核心素养导向的培养目标，同时，学业质量标准的提出，实现了与各类考试评价的高度契合。为了能够体现学业质量要求，真正贯彻落实历史学科核心素养的培养，在教学中应该做到：紧扣课程标准要求，确定教学中的学业质量等级；围绕教学目标等级设置，设计探究问题；以学业质量标准为导向，整合教学资源；依据学业质量标准，设计历史作业。”①

《新课标背景下学业质量标准有效达成的教学思考》一文比较具有实践性：“教学评价要同时关注到学生在学习过程中的表现和学习完成后所达到的历史学科核心素养水平，为了评价真实、客观和全面，教师、学生、家长等应积极成为评价的主体：教师可以通过课堂提问、课中课后测试和实践活动等给予评价；学生可以通过自我反思和同伴互评给予评价；家长可以通过关注孩子能力是否提升等给予评价。这样就可以多视角、多维度对学生的学习效果做出准确的判断，多方式、多渠道地评价学生学科核心素养发展水平，以促成学业质量标准的达成。”②

《指向学业质量标准的高中历史作业设计》一文也相对具有一定的实践指导意义：“新课标背景下历史作业应围绕培养和发展学生的核心素养的目标来设计，学科核心素养的表现水平依靠学业质量来描述，作业设计应以学业质量标准为依据，以学生的知识水平为主体，更好地发挥作业的功能。设计问卷对当前高中历史作业的情况进行分析，结合教学案例探讨指向学业质量标准的历史作业设计的方法，做到课前结合教学目标和教学实际，细化作业；课堂上突破重难点，生成新问题，拓展学生思维；课后巩固提高，精选精练，分层设计。”③

《基于学业质量标准的高中历史发展性学业评价研究》一文认为：“发展性评价作为一种新的评价理念，其核心是促进学生的发展，适应了新课标背景下学业评价改革的需要”，“基于学业质量标准进行发展性学业评价，要注重质性评价与量化评价相结合。质性评价的方式多种多样，应当根据学业质量标准的要求选取合适的方式评价学生核心素养的发展；量化评价主要指的是传统的纸笔考试，应以学业质量标准为依据，选取其中适合纸笔测量的核心素养内容进行测量，并体现考试的层次性。基于学业质量标准以质性评价和量化评价相结合的方式进行学生学业成就评价，才能更加全面地评价学生历史学科核心素养的水平，促进学生核心素养的发展”。④

此外，《一道好题的三个表征——以高中历史选择题为例》一文从理论上论述了选择题出题的原则。⑤《“学业质量”是对教和学两个主体的共同要求》一文从理论上阐述了“学业质量”不

---

① 易运梅.《普通高中历史课程标准(2017年版)》学业质量标准研究[D].贵州师范大学，2020.

② 刘宏法.新课标背景下学业质量标准有效达成的教学思考[J].历史教学问题，2019(04)：119-122.

③ 陈凯丽.指向学业质量标准的高中历史作业设计[D].温州大学，2019.

④ 洪丹青.基于学业质量标准的高中历史发展性学业评价研究[D].温州大学，2019.

⑤ 苗颖.一道好题的三个表征——以高中历史选择题为例[J].中学历史教学参考，2019(03)：23-28.作者认为好的选择题应该具备三个表征：本体论视角，情境精当；价值论视角，主旨高远；认识论视角，逻辑顺畅。

仅仅是学生的学业成绩表现，而且也是对教师课堂教学和课后指导的要求。①

总的来说，新课标颁布时间尚短，专门基于新课标指导下的高中历史学科学业质量评价的研究还不多，本章有一定的填补空白的价值。

第四节　高中历史学科基于“素养为本”的试题评价框架

新课标指出：“高中历史学习的评价应以课程目标为依据，以学生历史学科核心素养的整体发展为着眼点，将评价贯穿于历史学习的整个过程”，“对学段、模块或主题、单元和课的评价目标进行整体规划和设计，注重对学生历史学科核心素养五个方面的发展状况进行综合评价”，“注重课堂学习评价和实践活动评价的有机结合”，“评价反馈是评价的重要组成部分”。②

高中历史学科基于“素养为本”的教学和试题评价框架，是基础教育课程体系的一部分，承载着党的教育方针和教育思想，在立德树人中发挥关键作用。在这一方针的指导下，以培养学生唯物史观、时空观念、史料实证、历史解释、家国情怀等历史学科核心素养的五个方面为总目标，在教学实践中渗透全过程、多角度评价，在试题命制中贯彻情境问题创设和解决等评价思想和方法。

一、高中历史学科基于“素养为本”的教学评价框架

在教与学的具体实践中必须要预先设计好整个教学评价流程，从课前的准备，课堂的观察与记录，课后的学生访谈与调查问卷的完成等，要设计全过程的评价体系；同时，要从教师（授课教师、听课教师等）、学生、家长等所有参与教学的对象，多角度地评价教学过程和效果。

教师根据学情设计或完善评价项目，并把评估数据作为优化教学的重要参考。学生是重要的评价主体，他们对自己的学习兴趣、学习能力有真实的感受与评价，他们的学业水平、学习能力直接体现教学的成效；而家长或专业同行从学生的成长变化、知识能力等方面对教学成效做评价。三类评价主体因身份的不同带来评价角度的不一致，但其构成了对教学有效性的整体反馈。③

多个评价主体参与的评价模式，贯穿在教学的全过程，正反映了课程标准要求的“完善综合素质评价制度”：“教师要充分利用写实记录材料，对学生成长过程进行科学分析，加强对学生成长的指导”。④ 参见图 14.1。

---

① 吴伟. “学业质量”是对教和学两个主体的共同要求[J].课程教材教学研究（中教研究），2019(Z1).

② 中华人民共和国教育部.普通高中历史课程标准（2017 年版 2020 年修订）[M].北京：人民教育出版社，2020：56－58.

③ 本段文字出自李峻的《聚焦判断力的高中历史教学评估研究》（《中学历史教学参考》，2020 年第 8 期），有改动，包括下文的“图 14.1　高中历史学科基于‘素养为本’的教学评价与反馈模型”也出自此篇文章。

④ 中华人民共和国教育部.普通高中课程方案（2017 年版）[M].北京：人民教育出版社，2020：12.

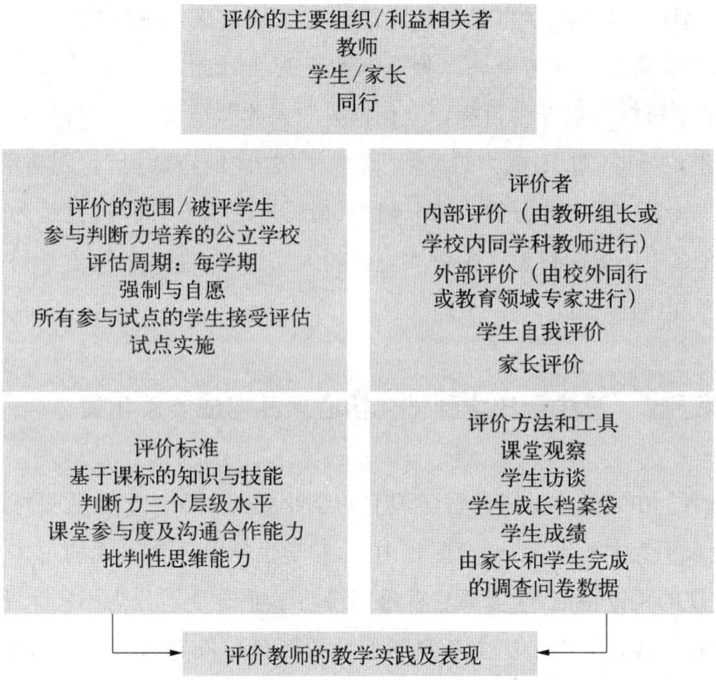

图 14.1　高中历史学科基于“素养为本”的教学评价与反馈模型

二、高中历史学科基于“素养为本”的试题评价框架

基于“素养为本”的试题评价框架应遵循以下三个原则：一是考试框架是对学生学业考试表现水平进行科学、客观的评价，因此本身要具备科学性和严谨性；二是课程标准是考试评价的依据，必须确保评价框架和课程标准的一致性；三是评价框架中制定的相关维度和指标具备可操作、可测量、可评价等特点。

依据课标命题建议，以落实立德树人为根本宗旨，以核心素养为测试目标，以真实情境为测试载体，以创新情境为测试任务，以学生习得的历史知识、能力、情感为解决问题的工具，建构如图 14.2 的基于“素养为本”的试题评析框架。

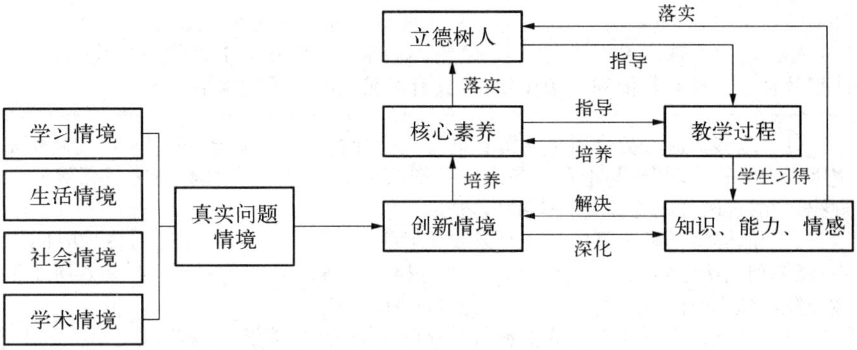

图 14.2　高中历史学科基于“素养为本”的试题评价模型

本测评框架倡导注重考查学生灵活运用结构化知识解决实际问题的能力，同时兼顾对历史学科关键能力和学科观念的考查。该测评框架表明，学业水平考试以落实立德树人为根本宗旨，以测试历史学科核心素养为目标，“立德树人”“素养”“情境”和“习得(知识、能力、情感)”4个要素相互联系，“习得(知识、能力、情感)”是为了解决“创新情境”；“创新情境”的设计既是为了检测学生在“教学过程”中“习得(知识、能力、情感)”的水平，同时，也是为培养“素养”服务的，最终是为了在高中历史学科教育中落实立德树人宗旨，即在高中历史学科教育中体现国家意志。“教学过程”也同样如此。

第五节　高中历史学科细化核心素养构成要素和具体表现

学业质量是学生在完成本学科课程学习后的学业成就表现。学业质量标准是以本学科核心素养及其表现水平为主要维度，结合课程内容，对学生学业成就表现的总体刻画。依据不同水平学业成就表现的关键特征，学业质量标准明确将学业质量划分为不同水平，并描述了不同水平学习结果的具体表现。高中历史学科学业质量评价标准和水平划分依据，可参考表14.1的说明。

表14.1　高中历史学科学业质量评价标准及其水平描述

水平	质量描述
1	1-1　能够知道人类物质生活资料的生产是社会生活的基础，知道生产力是历史发展的决定因素，知道经济基础与上层建筑之间的辩证关系，了解人类社会形态从低级到高级发展的规律；能够理解唯物史观是科学的历史观。 1-2　能够了解所学内容的历史分期方式，理解历史时期是按时序划分的；能够知道认识史事要考虑到历史地理的状况；能够识别历史地图中的相关信息，知道古今地名的区别。 1-3　能够知道史料分为文献史料、图像史料、实物史料、口述史料等多种类型；能够在解答某一历史问题时，尝试从多种渠道获取与其有关的材料；能够从所获得的史料中提取有关的信息。 1-4　能够有条理地讲述历史上的事情，概述历史发展的基本进程；能够说出重要历史事件的经过及结果、重要历史人物的事略、重要历史现象的基本状况。 1-5　能够发现历史上认同家乡、民族、国家的事例，知道中外优秀文化遗产的主要内容，认识社会主义核心价值观的历史依据，具有对祖国和人民的深情大爱。
2	2-1　能够知道人类物质生活资料的生产是社会生活的基础，知道生产力是历史发展的决定因素，知道经济基础与上层建筑之间的辩证关系，了解人类社会形态从低级到高级发展的规律；能够理解唯物史观是科学的历史观。 2-2　能够将某一史事定位在特定的时间和空间框架下；能够运用各种时间术语描述过去；能够利用历史年表、历史地图等方式对相关史事加以描述；能够认识事物发生的来龙去脉，理解空间和环境因素对认识历史与现实的重要性。 2-3　能够认识不同类型的史料所具有的不同价值；能够掌握获取史料的基本方法；能够在对史事与现实问题进行论述的过程中，尝试运用史料作为证据论证自己的观点。

续 表

水 平	质 量 描 述
2	2-4 能够分析有关的历史结论；能够区分历史叙述中的史事与解释；能够在叙述历史时把握历史发展的各种联系，如古今联系、中外联系等，并将历史知识与其他相关学科如地理、语文、艺术等知识加以联系；能够选择、组织和运用相关材料并使用相关历史术语，对具体史事作出解释；能够尝试从历史的角度解释现实问题。 2-5 能够发现历史上认同家乡、民族、国家的事例，知道中外优秀文化遗产的主要内容，认识社会主义核心价值观的历史依据，具有对祖国和人民的深情大爱。
3	3-1 能够从生产力与生产关系、经济基础与上层建筑的辩证关系来理解历史上的发展变化和社会形态的演变过程，理解阶级斗争是推动阶级社会发展的直接动力；理解人民群众在历史发展中的重要作用；能够史论结合、实事求是地论述历史与现实问题。 3-2 能够把握相关史事的时间、空间联系，运用特定的时间和空间术语对较长时段（如古代、近现代）、较大范围（如跨国家、跨地区）的史事加以概括和说明。 3-3 能够在探究特定历史问题时，自主地搜集有关史料；能够对史料进行整理和辨析，并判断其价值；能够利用不同类型史料的长处，对所探究的问题进行互证。 3-4 能够分辨不同的历史解释，尝试从来源、性质和目的等多方面，说明导致这些不同解释的原因并加以评析；能够选择、组织和运用相关材料并使用相关历史术语，在正确的历史观和方法论的指导下，对系列史事作出解释。 3-5 能够把握中华民族多元一体的发展趋势，以及世界历史发展的进步历程，形成正确的世界观、人生观、价值观和历史观；能够表现出对历史的反思，从历史中汲取经验教训，更全面、客观地认识历史和现实社会问题；能够将历史学习所得与家乡、民族和国家的发展繁荣结合起来，立志为新时代中国特色社会主义建设、中华民族伟大复兴作出自己的贡献。
4	4-1 能够从生产力与生产关系、经济基础与上层建筑的辩证关系来理解历史上的发展变化和社会形态的演变过程，理解阶级斗争是推动阶级社会发展的直接动力；理解人民群众在历史发展中的重要作用；能够史论结合、实事求是地论述历史与现实问题。 4-2 在对历史和现实问题进行独立探究的过程中，能够将其置于具体的时空框架下；能够选择恰当的时空尺度对其进行分析、综合、比较，在此基础上作出合理的论述；能够根据需要并运用相关材料和正确方法，独立绘制相关图表，并加以说明。 4-3 能够比较、分析不同来源、不同观点的史料；能够在辨别史料作者意图的基础上利用史料；在评述历史时，能够对材料进行适当的取舍；在对历史和现实问题进行探究的过程中，能够恰当地运用史料对所探究问题进行论述；能够符合规范地引用史料。 4-4 能够在独立探究历史问题时，在尽可能占有史料的基础上，尝试验证以往的说法或提出新的解释；能够在正确的历史观和方法论的指导下，全面、客观地论述历史和现实问题。 4-5 能够把握中华民族多元一体的发展趋势，以及世界历史发展的进步历程，形成正确的世界观、人生观、价值观和历史观；能够表现出对历史的反思，从历史中汲取经验教训，更全面、客观地认识历史和现实社会问题；能够将历史学习所得与家乡、民族和国家的发展繁荣结合起来，立志为新时代中国特色社会主义建设、中华民族伟大复兴作出自己的贡献。

说明：表 14.1 出自《普通高中历史课程标准》第 41—44 页，水平 1 的“1-1”“1-2”“1-3”“1-4”“1-5”中“-”后面的 1、2、3、4、5 分别是唯物史观、时空观念、史料实证、历史解释、家国情怀五个方面，其他编码依此类推。

第六节　基于试题评析框架反思 2021 届杨浦区模拟考试卷

一、测评方案

(1) 考试目的

高中历史学业水平考试的主要目的是评价学生历史学科核心素养的发展状况和学业质量标准的达成程度，这是区别于传统考试的重要特征。

(2) 命题准备

命题者应牢牢把握学业水平考试的目的，开展基于历史学科核心素养和学业质量标准的命题研究，努力提高命题质量，体现核心素养的试题是开展科学的高中生学业水平评价的基础和基本路径。

首先应深入学习研究高中历史课程标准，理解测评框架和评价维度中各素养的表现及水平，能够将历史知识和核心素养要求联系起来，通过合适的内容及题型准确反映测评目标；要了解高中学生学习的实际情况，准确把握学生在高中各个学习阶段学科核心素养应达到的水平。

(3) 试卷结构

科学合理的试卷结构，是考试具有较高信度和效度的保证，才能较好地实现考试的目标。根据不同考试的作用，需合理确定考试时间、试卷长度、试题类型、试题数量、内容结构、难度结构等。

为了能反映学生的学习内容和水平，考查内容需要一定的覆盖面，比例恰当且结构合理。全卷结构除关注知识内容的覆盖比例外，还需关注唯物史观、时空观念、史料实证、历史解释、家国情怀等历史学科核心素养的五个方面在整卷中的考查比例。

学业水平考试的题型结构，需根据考试目的和成绩的用途，选择符合测试要求和特点的题型结构，并保持不同题型的适当比例，并兼顾核心素养考查目标的全面性、核心素养水平的层次性以及考试时间等多方面的要求。

(4) 问题载体

学业水平考试的评价目标是评估学生应用所学知识分析问题、解决问题的能力。基于核心素养评价，应更多地通过学生在应对比较复杂的实际问题和真实情境中进行推断。因此，要评价学生的核心素养，就需要创设类型多样、具有一定复杂程度、开放的真实情境作为试题的任务情境。这些真实情境要具有一定的问题性、现实性、探究性或开放性。试题情境需要涵盖学生的知识范围和问题认知水平的真实情境，如生活、自然、科学研究、科学技术等。

(5) 试题难度

试题太难或太易都不能很好地实现测评目标。试卷中易、中、难的试题数量要有合理的结构，要根据考试的目的和性质确定。可从核心素养、试题情境、实际问题和知识内容的要求等方面来科学合理地设计试题准度。可从核心素养的水平层次、试题情境的复杂性或新颖性、知识要求的深度或广度等角度进行整体把握，保证试卷合理的梯度和结构，合理把握试题的难度和区分识别度。

（6）试题分析维度

基于以上分析，按照高中历史学科基于“素养为本”的试题评价框架，依据课标学业质量水平划分，对杨浦区2021届等级考模拟历史试卷核心素养的考查情况进行详细分析，其中考查的“核心素养”用1-N、2-N 、3-N、4-N、5-N表示，分别代表“唯物史观”“时空观念”“史料实证”“历史解释”“家国情怀”，其中N为“1-4”中的某一个数，表示素养水平，即“1-1”表示唯物史观水平1，“3-2”代表史料实证水平2，依此类推。“学业质量水平描述”是用文字来描述的“学业质量水平”，亦即历史核心素养水平在学业质量中的表现。

试题所考查到的学科能力采用的是上海市教育考试院等级考的能力考查维度：“历史基础知识”“历史基本技能”“历史思维”3个分项，分别用A、B、C表示。如表14.2所示。

表14.2　高中历史学科学业质量及其水平描述

题号	真实问题情境	创新情境	历史知识	学科能力	核心素养	素养水平	学业质量水平描述

二、对杨浦区2021届等级考模拟历史试卷（一模）分析（试题例举）

1. 大方无隅、大器晚成、大音希声，大象无形、大直若屈、大巧若拙……这些词含有（　　）。

A. 道家思想　　B. 儒家思想　　C. 法家思想　　D. 理学思想

表14.3　高中历史学科学业质量及其水平描述（一）

真实问题情境	创新情境	历史知识	学科能力	核心素养	素养水平	学业质量水平描述
学习情境	根据已有历史知识，处理历史学习中遇到的陌生史料	百家争鸣	C	史料实证	3-2	3-2　能够在对史事与现实问题进行论述的过程中，尝试运用史料来论证自己的观点。
				历史解释	4-2	4-2　能够选择、组织、运用相关材料并使用相关历史术语，对具体史事作出解释。

2. 历史教材中经常出现“西方列强”“东方国家”和“南北对话”等涉及方位的概念，包含的不仅是地域位置，更含有深刻的政治、经济内涵。就20世纪下半叶而言，“东方”“西方”主要是指(　　)。

A. 宗主国、殖民地半殖民地　　　　B. 工业化国家、非工业化国家

C. 发展中国家、发达国家　　　　D. 社会主义国家、资本主义国家

表14.4　高中历史学科学业质量及其水平描述(二)

真实问题情境	创新情境	历史知识	学科能力	核心素养	素养水平	学业质量水平描述
学术情境	辨析历史研究中对某一问题的多种看法	雅尔塔体系	C	时空观念	2-3	2-3　能够把握相关史事的时间、空间联系，并用特定的时间和空间术语对较长时段、较大范围的史事加以概括和说明。
				史料实证	3-2	3-2　能够在对史事与现实问题进行论述的过程中，尝试运用史料来论证自己的观点。
				历史解释	4-3	4-3　能够分辨不同的历史解释，尝试从来源、性质和目的等多方面，说明导致这些不同解释的原因并加以评析。

3. 时人眼中的“国共两党”

从国共内战全面爆发到1949年10月1日中华人民共和国成立，时隔仅有三年零三个月。这样的转变发生得如此之快，无论是共产党、国民党，还是国际社会都没有预料到。中国共产党为什么能够如此迅速地以弱胜强战胜国民党？各方都在寻找令人信服的答案。

材料一　抗战胜利初期，中国共产党努力创造的多党制民主蓝图，在内战的隆隆炮声中化为乌有。后来曾任美国驻华大使的司徒雷登反省说：“从国民党犯有过错而受到谴责来看，一党制应予摒弃”，“唯一的拯救办法是，更广泛地讲民主，给老百姓以做人的权利”。

材料二　1947年在晋冀鲁豫解放区华北大学任教的美国人韩丁，在观察了土改后的农村社会后说：“中国革命创造了一整套新的词汇，其中一个重要的词就是‘翻身’。……对于全国几亿无地和少地的农民来说，这意味着站起来，打碎地主的枷锁，获得土地、牲畜、农具和房屋，但它的意义远不止于此。它还意味着破除迷信，学习科学；意味着扫除文盲，读书识字，意味着不再把妇女视为男人的财产，而建立男女平等关系；意味着破除委派村吏，代之以选举产生的乡村政权机构。总之，它意味着进入一个新世界。”

材料三　美国学者易劳逸在分析了国共两党的农村政策后讲：“国民党在农村的失败——当局无能力保证农民的土地、安全和食物——极大地削弱了农民对政府的尊敬。这就意味着政府正失去合法性。沉重而频繁征收的苛捐杂税、腐败、绝大部分官员所显示出来的倾向地主阶级反对佃农的偏见，所有这些都削弱了政府的权威和主张合法行动的传统的社会价值。结

果，农民们不是非难，就是躲避征税和征兵官员。”

材料四 解放战争期间流行于解放区的民谣：“最后一碗米饭用来做军粮，最后一尺布用来缝制军装，最后的老棉被盖在担架上，最后的亲骨肉送到战场上。”

抗战胜利以后流行于国统区的民谣：“盼中央，望中央，中央来了更遭殃；想老蒋，盼老蒋，老蒋来了米面涨。”

（以上材料一、二、三、四选自谢春涛《历史的轨迹——中国共产党为什么能》）

材料五 “今天是中华民国诞生三十八年纪念日，又是元旦，我们住在首都南京，已临着兵火的边缘。……上年十一月末起，长春、沈阳相继沦陷，徐蚌会战失败，黄百韬将军……殉国，我军全部撤离徐州。十二月下旬，行政院长及各政务委员，又因币值改革失败而总辞，全国杌陧不安。共军除军事威胁外，更扩大其心战与传统之攻势。一般丧失斗志的将领及寡廉鲜耻的官僚政客，或准备逃亡避祸，或准备靠拢投降，或传播共党‘和谈’烟幕。”

——《蒋经国自述》

依据上述材料及所学知识，回答问题：

（1）材料五中“首都南京”为什么会“已临着兵火的边缘”？（5 分）

表 14.5 高中历史学科学业质量及其水平描述（三）

真实问题情境	创新情境	历史知识	学科能力	核心素养	素养水平	学业质量水平描述
学习情境	根据已有历史知识，处理历史学习中的历史叙述	解放战争	C	时空观念 史料实证	2 - 2 3 - 2	2 - 2 能够将某一史事定位在特定的时间和空间框架下。 3 - 2 能够在对史事与现实问题进行论述的过程中，尝试运用史料作为证据论证自己的观点。

（2）以上材料的史料价值如何？（5 分）

表 14.6 高中历史学科学业质量及其水平描述（四）

真实问题情境	创新情境	历史知识	学科能力	核心素养	素养水平	学业质量水平描述
学习情境	根据已有知识和能力，辨析学习中不同史料的价值	解放战争	C	史料实证	3 - 4	3 - 4 能够比较、分析不同来源、不同观点的史料。

（3）谈谈你对“中国共产党为什么能建立新中国”的认识。（15 分）

表 14.7　高中历史学科学业质量及其水平描述(五)

真实问题情境	创新情境	历史知识	学科能力	核心素养	素养水平	学业质量水平描述
学术情境	根据已有知识和能力，辨析、论证学习中的史论	解放战争	C	唯物史观 时空观念 史料实证 历史解释 家国情怀	1-4 2-4 3-4 4-4 5-4	1-4　能够从生产力与生产关系、经济基础与上层建筑的辩证关系来理解历史上的发展变化和社会形态的演变过程，理解阶级斗争是推动阶级社会发展的直接动力；理解人民群众在历史发展中的重要作用；能够史论结合、实事求是地论述历史与现实问题。 2-4　能够选择恰当的时空尺度对其进行分析、综合、比较，在此基础上作出合理的论述。 3-4　在评述历史时，能够对材料进行适当的取舍；在对历史和现实问题进行探究的过程中，能够恰当地运用史料对所探究问题进行论述；能够符合规范地引用史料。 4-4　能够在正确的历史观和方法论的指导下，全面、客观地论述历史和现实问题。 5-4　能够表现出对历史的反思，从历史中汲取经验教训，更全面、客观地认识历史和现实社会问题；能够将历史学习所得与家乡、民族和国家的发展繁荣结合起来，立志为新时代中国特色社会主义建设、中华民族伟大复兴作出自己的贡献。

第七节　结　语

“基于新课标的高中历史学科学业质量评价研究”是一项关于一线具体教学和质量评估的实践研究，必须遵循教育部新课程标准关于学业质量水平划分的要求，并在这一要求的基础上，经过细化，使之能够符合一线教学和质量评估的具体情况。同时，要把学业质量水平划分与上海教育考试院的命题模式结合起来，并且要与各高中学校办学能力、学生基础差异极大等现实条件相适应，才能制定出适合基层学校使用的学业质量评价方案。本研究方案只是一次有益的探索，还有很多不足，需要在实践中继续完善，使之更加符合现实需求。

第十五章　基于新课标的高中地理学科学业质量评价研究*

第一节　引　言

2014年9月，国务院发布《关于深化考试招生制度改革的实施意见》，这标志着中国高考招生制度开始了新的一轮改革。2019年国务院办公厅发布《关于新时代推进普通高中育人方式改革的指导意见》，2021年上海市人民政府办公厅印发《关于本市新时代推进普通高中育人方式改革的实施意见》，两份文件中均指出："普通高中学业水平考试主要检验学生达到国家规定学习要求的程度，考试成绩是学生毕业和升学的重要依据；高校招生录取所需学业水平考试学科实行选择性考试，命题要以普通高中课程标准和高校人才选拔要求为依据。"①

《普通高中地理课程标准(2017年版2020年修订)》(以下简称"《地理课程标准》")为深化地理学科考试内容改革、完善考试评价形式指明了方向。《地理课程标准》明确提出，高中地理课程的总目标是通过地理学科核心素养的培养，从地理教育的角度落实立德树人根本任务②。建立基于地理学科核心素养发展的学习评价体系的基本理念是，以学业质量标准为依据，形成过程性评价与终结性评价相结合的学习评价体系，科学测评学生的认知水平，以及价值判断能力、思维能力、实践能力等的水平，全面反映学生地理学科核心素养的发展状况③。

由此可见，"双新"背景下的学业水平考试实现了价值取向的转变，注重评价学生地理学科核心素养的发展状况。那么如何命制指向学科核心素养的试题？目前的学业水平考试命题是否符合对学生核心素养的评价？为此，我们进行基于高中地理学科核心素养的学业质量标准测试框架的研究和基于学业质量标准的命题研究。

第二节　地理学科核心素养及学业质量评价内涵理解

一、地理学科核心素养的内涵

学科核心素养，是学科育人价值的集中体现，是学生通过学科学习而逐步形成的正确价值

---

* 本章作者为上海市杨浦区教育学院刘宇桦。

① 国务院办公厅关于新时代推进普通高中育人方式改革的指导意见[EB/OL].(2019-06-11)[2019-10-29].http://www.moe.gov.cn/jyb_xxgk/moe_1777/moe_1778/201906/t20190619_386539.html.

② 中华人民共和国教育部.普通高中地理课程标准(2017年版2020年修订)[M].北京：人民教育出版社，2020.

③ 中华人民共和国教育部.普通高中地理课程标准(2017年版2020年修订)[M].北京：人民教育出版社，2020.

观、必备品格和关键能力。《普通高中地理课程标准(2017年版2020年修订)》指出,地理学科核心素养主要包括人地协调观、综合思维、区域认知和地理实践力,它们是相互联系的有机整体。

人地协调观是指人们对人类与地理环境之间关系秉持的正确的价值观。人地关系是地理学研究的核心主题。面对不断出现的人口、资源、环境和发展问题,人们越来越深刻地认识到,人类社会要更好地发展,必须尊重自然规律,协调好人类活动与地理环境的关系。"人地协调观"素养有助于人们更好地分析、认识和解决人地关系问题,成为和谐世界的建设者。

综合思维是指人们运用综合的观点认识地理环境的思维方式和能力。人类生存的地理环境是一个综合体,在不同时空组合条件下,地理要素相互作用,综合决定着地理环境的形成和发展。"综合思维"素养有助于人们从整体的角度,全面、系统、动态地分析和认识地理环境,以及它与人类活动的关系。

区域认知是指人们运用空间-区域的观点认识地理环境的思维方式和能力。人类生存的地理环境多种多样,将其划分成不同尺度、不同类型的区域加以认识,是人们认识地理环境复杂性的基本方法。"区域认知"素养有助于人们从区域的角度,分析和认识地理环境,以及它与人类活动的关系。

地理实践力是指人们在考察、实验和调查等地理实践活动中所具备的意志品质和行动能力。考察、实验、调查等是地理学重要的研究方法,也是地理课程重要的学习方式。"地理实践力"素养有助于提升人们的行动意识和行动能力,更好地在真实情境中观察和感悟地理环境及其与人类活动的关系,增强社会责任感。

二、地理学科学业质量评价的内涵

学业质量是学生在完成本学科课程学习后的学业成就表现,学业质量标准是以本学科核心素养及其表现水平为主要维度,结合课程内容,对学生学业成就表现的总体刻画。高中地理学业质量标准从问题情境、知识和技能、思维方式、实践活动和价值观念等维度进行描述。

地理学业质量水平分为四级。每一级水平主要表现为学生整合不同的地理学科核心素养,在不同复杂程度的情境中运用各种重要概念、思维、方法和观念解决问题的关键特征。水平1至水平4具有由低到高逐渐递进的关系。参见表15.1。

表15.1 高中地理学科学业质量水平描述

水 平	质 量 描 述
1	1-1 在简单、熟悉的情境中,能够辨识地貌、大气、水、土壤、植被等自然地理要素,简单分析其中少数几个要素的相互作用,及其与人类活动的相互影响;能够辨识人口、城乡、产业、文化等人文地理事象的地理特点,简单分析其中两者之间的相互作用,及其与自然环境的相互影响。(人地协调观、综合思维)

续　表

水平	质　量　描　述
1	1-2　根据提示，能够辨识日常生活区域的某些自然地理要素特征；能够简单辨析日常生活区域内某产业的部分区位因素和特点。（区域认知） 1-3　借助他人的帮助，能够使用遥感影像等地理信息技术手段和其他地理工具，对地貌、土壤、植被等自然要素和相关自然现象进行初步观察，并设计简单的实验；能够收集人口、城乡、产业、文化等方面的人文地理信息，开展社会调查；能够在地理实践中理解和接受不同的想法，表现出合作的意识、求真的态度与应用知识的能力。（地理实践力）
2	2-1　对于给定的简单地理事象，能够简单分析地貌、大气、水、土壤、植被等自然地理要素中多个要素之间的关系，解释地球演化、热力环流、水循环等的时空变化过程，辨识某些自然地理要素与人类活动相互作用的主要方式和结果；能够简单分析人口、城乡、产业、文化等人文地理事象之间，以及它们与自然要素之间的关系，解释人口分布、城乡内部空间结构、城镇化、产业区位等的时空变化过程，结合某国家发展战略，简单分析其地理背景，辨识人类活动影响地理环境的主要方式，以及出现的人地关系问题，说明人地协调发展和走可持续发展之路的重要性。（人地协调观、综合思维） 2-2　能够归纳某些自然地理要素的空间分布特征，自主辨识给定区域的某些自然要素特征；能够自主辨识给定区域内某产业的区位因素。（区域认知） 2-3　与他人合作，能够使用遥感图像等地理信息技术手段和其他地理工具，对地貌、土壤、植被等自然要素和相关自然现象进行深入观察，并设计实验，作出简要解释；能够对人口、城乡、产业、文化等方面的人文地理事象，设计和实施社会调查，作出简要的解释；能够在地理实践中表现出独立思考的意识、求真求实的科学态度，以及灵活运用知识的能力。（地理实践力）
3	3-1　对于给定的复杂地理事象，能够说明自然环境对人类活动的影响，分析人类活动对自然环境影响的强度与方式，具备尊重自然规律、科学适应和利用自然的意识；对于给定的区域发展案例，能够说明自然资源、环境满足人们需要的潜力及有限性，分析区域环境治理和保护措施；能够说明资源和环境是影响国家安全的重要因素，理解个人、社会和国家在保护自然资源和环境中应担当的责任。（人地协调观） 3-2　能够说明地球运动与昼夜更替、四季变化等自然现象的关系，说明岩石、地貌、大气、水的运动与变化规律；能够分析不同区域发展中出现问题的原因，并对解决问题的对策作出解释；能够分析战略性矿产资源、耕地资源、海洋空间资源等与国家安全的关系，说明生态破坏、环境污染等问题产生的原因，并构想解决这些问题的主要途径。（综合思维） 3-3　能够从空间格局的角度，解释自然环境的整体性与差异性；能够根据不同类型区域的发展条件和现状，分类思考和分析区域发展问题及原因；能够筛选恰当资料，对某区域资源开发和环境保护决策是否合理进行论证。（区域认知） 3-4　能够与他人合作，设计和实施较复杂的地理模拟实验和考察方案，并独立、熟练地运用地理信息技术分析相关自然地理事象；能够搜寻不同类型区域的统计信息，收集相关区域发展规划，参与区域发展问题的调查；能够查阅相关政策法规文献，尝试运用所学知识，对某区域的资源合理化利用和生态环境保护提出构想；能够在地理实践中主动发现问题、探索问题，保持求真、求实的科学态度。（地理实践力）
4	4-1　结合现实中的自然环境问题，能够从人地关系系统的角度，分析自然环境对人类活动的影响和作用，归纳人类活动遵循自然规律、与自然和谐相处的必要性和路径；结合现实中的区域发展情境，能够说明区域在开放的条件下，该地自然资源、环境满足人们需要的潜力变化，归纳该类区域不同发展阶段可能遇到的人地关系问题，分析区域特有的环境治理和保护措施；结合区域自然资源开发和环境保护实例，能够从国家安全的高度，理解资源和环境安全对于人地协调发展的重要性，增强国际合作意识，建立和谐发展的观念。（人地协调观）

续 表

水平	质量描述
4	4-2 能够运用地球运动规律，解释昼夜更替、四季变化等自然现象产生的原因，从自然环境各要素的物质运动和能量交换的角度，分析岩石、地貌、大气、水的运动与变化规律，以及各要素之间的相互影响；能够在认识某类区域特征的基础上，从促进区域科学发展的角度，对其发展的条件、过程、问题及决策等进行系统的综合分析、评价；能够从全球化的视角，综合分析人类开发利用矿产资源、耕地资源、海洋空间资源等的条件、方式及潜力，以及产生的资源、环境问题对国家安全的影响，并从国际合作的视角理解解决全球性环境问题的重要性。(综合思维) 4-3 能够运用空间分析方法，解释自然环境的整体性与差异性，并能够分析特定区域的自然地理特征与环境演变过程，评估其发展问题，提出科学决策的依据；能够比较全面地评价区域决策的得与失，并提出较为可行的改进建议；能够收集世界、全国或区域的资源、环境信息，并利用信息解释资源、环境问题及其成因，从维护国家安全的高度尝试提出解决问题的建议。(区域认知) 4-4 能够独立设计科学的地理模拟实验和考察方案，利用地理信息技术及相关工具、材料，分析与处理相关数据与信息，对地理事象进行科学解释与评价；能够搜寻不同类型区域的统计信息，收集相关区域发展规划，设计区域发展问题的调查方案；能够有针对性地开展野外资源、环境调查，描述某区域存在的资源和环境问题，并结合已有资料，对解决区域资源和环境问题提出建议；能够在地理实践中表现出较强的行动能力。(地理实践力)

高中学业质量标准是学业水平考试命题的依据。学业水平考试分为合格性考试和等级性考试。学业质量水平 2 是高中毕业生在本学科应该达到的合格要求，在学业水平合格性考试命题中要重点理解和把握；学业质量水平 4 是选择地理作为学业水平等级性考试学科的学生应该达到的要求，在学业水平等级性考试命题中要重点理解和把握。学业质量水平 1 和水平 3 可作为教学过程中阶段性评价的依据。

第三节　地理学科核心素养及学业质量评价的文献综述

一、我国关于地理学科核心素养的研究

(一) 我国关于核心素养的研究

核心素养一词最早于 2003 年在经合组织(OECD)出版的报告《核心素养促进成功的生活和健全的社会》中被首次使用。两年后，OECD 又公布了一份报告《核心素养的界定与遴选：行动纲要》，明确了核心素养实践应用的可能性。OECD 认为核心素养不仅仅包括知识与技能，还包括使用技能和表现态度的能力①。随着国际教育评价改革研究的发展，众多国际组织和国家机构对核心素养的关注引起了我国教育学者的注意。

2014 年，《教育部关于全面深化课程改革落实立德树人根本任务的意见》颁布，这是我国首

① 杨向东.从核心素养看批判性思维的培养[J].教育测量与评价，2018(01)：1.

次将核心素养置于我国重要的教育文件当中，在深化课程改革、落实立德树人的根本任务中处于首要位置。

2015 年 4 月和 2016 年初，核心素养研究课题组两次呈请教育部将核心素养初稿及研究报告送教育部征求意见，核心素养研究得到了进一步的发展，全面深化了教育改革。

2016 年 9 月，中国学生发展核心素养研究成果正式发布，确定了核心素养的基本框架，并明确界定核心素养为“学生应具备的，能够适应终身发展和社会发展需要的必备品格和关键能力”①。

（二）我国关于地理学科核心素养的研究

学科素养的培养是学生发展的载体，学生发展核心素养离不开学科核心素养的培育。查阅相关文献，笔者发现，我国关于地理学科核心素养的提出，经历了一个较为漫长的过程。

研究地理核心素养，首先是从研究地理素养开始的。东北师范大学王向东、袁孝亭教授在《地理素养的核心构成和主要特点》一文中对地理素养做出定义，认为地理素养是“个体的一种修养、一种气质”，是指学习者经过地理学习后所养成的比较稳定的心理品格，由地理科学素养、地理人文素养和地理技术素养三部分组成②。

2014 年，教育部开始修订高中地理课程标准，标志着地理学科核心素养体系的制定进入实质研究和建构阶段。2015 年，李家清教授在《核心素养：深化地理课程改革的新指向》中指出，可以通过“深度分析国际地理教育的发展态势、着力挖掘现代社会发展对地理人的素养需求、客观梳理地理课程目标的嬗变、紧密结合地理学的学科特性等”为思考方向构建地理核心素养体系③。

2016 年，首都师范大学林培英教授在论及高中地理核心素养的提出时认为，学科核心素养更加侧重综合开放的地理教学实践，强调基础知识、方法技能对学生的综合作用。此外，地理学科核心素养并不是真正基于核心素养总体框架而产生的，而我国地理学科教育日益精细化、专业化，因此还需要关注核心素养总体框架以及综合课程建设④。同时，东北师范大学的朱承熙和袁孝亭在《地理核心素养的“变”与“不变”》中又对地理核心素养的研究做了阶段性的思考，对核心素养的历史进行剖析，倡导吸取优点，改革教学⑤。

2017 年，教育部颁布了《普通高中地理课程标准（2017 年版）》，提出了地理学科核心素养的内涵及构成。2018 年，韦志榕在《普通高中地理课程标准（2017 年版）解读》中对课程标准内容进行了详细解读，提供了许多实践指导和案例分析，指出学业质量水平标准是对核心素养表现水平标准划分的完美依据，核心素养的水平标准必须从学业质量标准中来才具有效果⑥。

---

① 核心素养研究课题组.中国学生发展核心素养[J].中国教育学刊，2016(10)：1－3.

② 王向东，袁孝亭.地理素养的核心构成和主要特点[J].课程.教材.教法，2004(12)：64－67.

③ 李家清，常珊珊.核心素养：深化地理课程改革的新指向[J].地理教育，2015(04)：4－6.

④ 林培英，张冬梅.漫谈高中地理核心素养的提出[J].地理教育，2016(03)：4－6.

⑤ 朱承熙，袁孝亭.地理核心素养的“变”与“不变”[J].地理教育，2016(01)：4－6.

⑥ 普通高中地理课程标准修订组.普通高中地理课程标准(2017 年版)解读[M].北京：高等教育出版社，2018.

综上所述,我国地理学科核心素养的研究经历了从地理学者的重视上升到国家层面的重视,由不完善走向完善的过程,最终由国家颁布的地理课程标准将地理核心素养的内涵与构成确定下来,这样有利于统一地理核心素养的内涵,进而促进地理核心素养更好地在地理教学与评价中得到落实,切实提升学生的地理核心素养,促进学生核心素养的发展。

利用中国知网,以"地理"与"核心素养"为主题和关键词进行搜索,分别得到如下数据(见表 15.2 和表 15.3)。

表 15.2 "地理核心素养"期刊文献检索结果汇总

年　份	主题搜索(篇)	关键词搜索(篇)
2021 年	409	88
2020 年	468	92
2019 年	499	150
2018 年	369	102
2017 年	267	87
2016 年	77	22
2015 年	21	7
2010 年	1	0

表 15.3 "地理核心素养"硕博士学位论文检索结果汇总

年　份	主题搜索(篇)	关键词搜索(篇)
2021 年	746	14
2020 年	984	50
2019 年	730	81
2018 年	506	65
2017 年	216	38
2016 年	33	6
2015 年	2	0

由表 15.2 和表 15.3 可见,在 2017 年之前,针对"地理核心素养"的研究较少。直到 2017 年,教育部制定颁布了《普通高中地理课程标准(2017 年版)》,正式将人地协调观、区域认知、综合思

维和地理实践力作为地理学科四大核心素养之后，关于地理学科的核心素养研究成果开始迅速增多。这说明我国关于地理学科核心素养的研究尚处于起步阶段，有待进一步发展与实践。

二、我国关于基于地理学科核心素养评价试题的研究

关于高中生学业评价测试试题的研究一直在进行，早在2004年王向东与袁孝亭发表《地理素养的核心构成和主要特点》之前，体现地理学科核心素养的试题就已经在地理高考试题中得到体现。2014年，耿夫相的《我国高中地理学业水平测试与PISA测试的比较》，指出我国存在的问题，并依据PISA测试的方式尝试进行地理学业水平测试命题，从单一的对知识、能力的考查转向对学科素养的综合评价，PISA测试的理念、方法、题目设计、评分设计等都对我国学科核心素养评价有重要的参考价值[①]。

通过中国知网，笔者以“地理核心素养”和“命题”为关键词进行搜索，发现大部分文献都是基于核心素养对近几年高考试题进行分析。如虞文君等对2016年全国文综Ⅰ、Ⅱ、Ⅲ卷中闪耀着核心素养考查光芒的高考地理试题进行了评析并提出了一些教学启示；庞前从地理核心素养的四个维度分析了2016年高考地理江苏卷，认为2016年江苏卷以能力立意突出对学生核心素养的考查，发挥了较好的导向作用[②]；郭芳英从核心素养视角评析了2016年高考地理试题；翟军基于地理核心素养对高考“美食”地理试题进行了分析。

此外，还有研究者从地理核心素养的视角对高考地理试题的命制进行研究。如杨二俊根据地理核心素养的内涵，将地理核心素养分成三个层面：核心知识素养、核心能力素养、核心品格素养，以一道原创综合题的演变为例，对基于核心素养的试题命制展开论述[③]。张铁牛等结合近些年地理高考试题命制的理念，试题的结构、样式等与核心素养的有机结合，探究了地理高考试题在命制与评价方面的新视角[④]。

综上，笔者发现，如今关于地理学科核心素养试题的研究，大多集中于对试题本身的研究，其目的主要是为了备战高考，而弱化了对试题本身是否具有学业质量评价价值的研究。尽管已经有少数研究者对基于核心素养的评价进行了研究和阐述，但大多只是泛泛而谈，没有系统地围绕地理学科核心素养的水平层次评价进行研究。

地理试题是学业质量水平外显评价必不可少的环节。学业质量又是本次新课程标准提出的一大亮点。学业质量标准明确将学业质量划分为不同的水平层次，是学业水平考试命题的重要依据。而目前几乎没有对于地理学科基于学业质量水平划分进行的命题研究，这也为本章研究提供了空间和可能性。

---

① 耿夫相.我国高中地理学业水平测试与PISA测试的比较[J].地理教学，2014(10)：57-61.

② 庞前.核心素养在江苏卷地理试题中的体现[J].中学地理教学参考，2016(08)：6-7.

③ 杨二俊.基于地理核心素养评价的试题命制研究：以一道原创综合题的演变为例[J].中学地理教学参考，2016(15)：57-59.

④ 张铁牛，朱锦伟.高考地理试题命制与评价新视角：核心素养[J].当代教育理论与实践，2017(02)：1-4.

第四节　地理学科基于“素养为本”的试题评价框架研究

《地理课程标准》指出：“构建能够科学测评地理学科核心素养发展水平的框架，核心是确定测评地理学科核心素养及其表现水平。除地理学科核心素养这一关键维度外，还应从测试内容、具体任务、试题情境三个方面考虑测试的具体设计。”也就是说，考查学生地理学科核心素养的形成状况，其测评框架要以地理学科核心素养、地理学科内容、具体任务、情境四个关键维度来构架。

一、地理学科基于“素养为本”的试题评价框架

依据教育部印发的《中国高考评价体系》中“一核”“四层”“四翼”（“一核”，即立德树人、服务选才、引导教学；“四层”，即必备知识、关键能力、学科素养、核心价值；“四翼”，即基础性、综合性、应用性、创新性）的要求和《地理课程标准》中的“学业水平考试命题建议”，形成地理学科基于“素养为本”的试题评价框架，如图 15.1 所示。

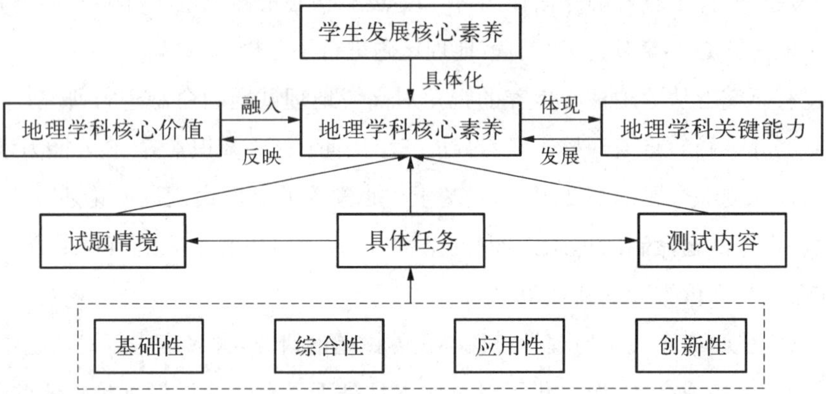

图 15.1　高中地理学科基于“素养为本”的试题评价框架

二、地理学科基于“素养为本”的试题评价框架内涵

首先，地理学科的核心素养并不是孤立存在的，它是中国学生发展核心素养的下位概念。中国学生发展核心素养包括 3 个方面、6 大素养、18 个基本要点，地理学科核心素养就是中国学生发展核心素养的具体化，是地理学科对学生发展核心素养的具体贡献。

高考评价体系提出的“核心价值”，是指即将进入高等学校的学习者应当具备的良好政治素质、道德品质和科学思想方法的综合，是能够通过学科教育教学和社会实践途径培养使学生建立起来的思想观念体系。地理学科考查的核心价值主要体现为人们对人类与地理环境之间关系秉持的正确的价值观，与“人地协调观”核心素养一致，因此，地理学科核心价值是融入在地理学科核心素养之中的，而地理学科核心素养中的“人地协调观”又反映了地理学科的核心价值。

“关键能力”是指即将进入高等学校的学习者在面对与学科相关的生活实践或学习探索问题情境时，高质量地认识问题、分析问题、解决问题所必须具备的能力，是学习者适应时代要求并支撑其终身发展的能力，是培育核心价值、发展学科素养所必须具备的能力基础。地理学科所考查的关键能力应包括获取和解读地理信息、描述和阐释地理事物、论证和探讨地理问题。其中，获取和解读地理信息是指发现材料中文字、图表、数据等蕴含的地理信息，判断地理信息的重要程度，进而加工地理信息，解读相关地理信息的含义，准确、快速、全面地理解并整合所获取的地理信息。描述地理事物是指描述地理事物的特征、过程与联系，阐释地理事物是指对地理事物的特征、过程与联系能够说明和解释。论证和探讨地理问题是指综合运用已有地理知识和方法，根据试题的情境材料论证地理问题，对地理现象与问题形成自己的判断与观点。

地理学科核心素养中的“综合思维”和“区域认知”是地理学习的基本思想和方法，这两种思想和方法正体现了地理学科的关键能力。例如学生通过给定的经纬网判读一个地区在世界的大致位置，这种获取和解读信息的能力正体现了“区域认知”的核心素养；对某一区域未来的发展方向进行探讨，则要结合该地区的自然、社会经济条件综合考虑，这又对应了“综合思维”的核心素养。因此，地理核心素养体现在地理关键能力的学习中，而地理关键能力的掌握又能更好地发展地理核心素养。

测试内容、具体任务和试题情境是考虑试题具体设计的三个方面。测试内容主要规定的是试题所涉及的内容主题。课程标准规定：学业水平合格性考试以必修地理 1 和地理 2 要求为准，学业水平等级性考试以选择性必修的要求为准；具体任务主要规定试题设问部分对学生在答题过程中需要完成的任务要求；试题情境则是推断学生核心素养水平的重要载体，只有通过观察学生在一定复杂程度情境下的表现，才能间接推断出学生的素养水平。

“基础性、综合性、应用性和创新性”则是高考评价体系提出的考查要求。“基础性”强调对基本概念、基本规律的考查，立足于地理学科领域的基础知识，对地理问题进行铺垫性设计和引导性探索。“综合性”不仅指知识内容的综合，更强调各种地理能力、素养的综合。地理试题应加强多维信息的有机整合，引导学生运用地理学科必备知识，对地理事物和现象进行综合分析。“应用性”则强调学以致用，地理学科聚焦当今社会面临的人口、资源、环境和发展问题，鼓励学生主动观察现象、灵活应用所学知识分析和解决实际问题。“创新性”强调创新意识和创新思维。地理试题选材与设计既要增强学生对地理事物和现象的好奇心，又要增强试题的开放性和探究性，引导学生发现地理问题，提出解决问题的设想或表达独特的见解。这四项考查要求均需要落实于具体的试题设计中。

第五节　高中地理学科核心素养构成要素及具体表现

地理学科核心素养是学生通过地理课程学习逐步形成的，具有发展的连续性和阶段性，因此可以实现水平划分。地理学科核心素养的学科表现，在不同的阶段表现出不同的水平，是地理学科核心素养不同等级的“标志”。《地理课程标准》依据“情境”和“深广度”两个维度，将学科素养水平划分为四级。本节从地理学科核心素养的视角出发，通过对地理核心素养的解读和水平划分，构建地理试题学业质量水平评价体系，以此完善地理试题学业质量评价的参照标准。

一、人地协调观的内涵解读与水平划分

（一）人地协调观的内涵解读

人地关系是指人类及其各种社会活动与地理环境的关系。《地理课程标准》将人地协调观的内涵定义为“人们对人类与地理环境之间关系秉持的正确的价值观”。在面对不断出现的人口、资源、环境和发展问题，人们越来越深刻地认识到，人类社会要更好地发展，必须正视人类活动与自然环境之间的关系，遵循自然规律，树立正确的人口、资源、环境和发展观念。

“人地协调观”作为核心素养之一，是学习地理学的核心线索和基本价值观念。从人地关系的角度看，可以将“人地协调观”概括为“地理环境对人类的影响”“人类对地理环境的作用”和“协调人类与地理环境的关系”三个方面。

1. 地理环境对人类的影响

自然地理环境是由地貌、气候、水文、土壤、生物等地理要素共同构成的，各要素相互影响、相互作用，构成地理环境整体性和差异性的特点。人类生活在大气圈、水圈、岩石圈交界处的生物圈中，必然要了解地理环境的演化过程和发展规律，承认其决定作用，并对自然界表示感激与尊重。

在地理试题中，主要考查学生是否理解自然环境提供人类生存发展的物质基础，能否理性对待地理环境影响人类活动的方式、程度和结果。

2. 人类对地理环境的作用

人类活动已经影响到整个地球表面的变化，其影响的方式、强度和后果各有不同。人类在利用自然时，必须遵循自然规律，人类可以利用自然、改造自然，但是不能改变自然规律。如果人类活动违背自然规律，将会受到大自然的惩罚。

在地理试题中，要求学生能够分析人类活动对地理环境产生了哪些积极或消极影响，为采取恰当的预防或治理措施做准备。

3. 协调人类与地理环境的关系

人与自然的互动是人地关系的关键问题，互动是否良性、科学是人地关系是否和谐的重要评判依据。从价值观的层面看，以往人类活动，以损害自然价值的方式实现文化价值，从而使人类走到不可持续发展的地步。如今我们要以不损害自然价值的方式实现文化价值，实现人与自然的“双赢”，是协调人地关系最重要的目标。

在地理试题中，要考查学生在面对复杂的人地关系时，能否作出科学的分析评价，进一步

提出协调人地关系的措施与政策，树立人地协调观念和可持续发展观念。

（二）人地协调观的水平划分

人地协调观作为一种意识层面的培养目标，在不同阶段表现出不同的学业质量水平。北京师范大学王民教授从“影响的方向和强度”“人地相互作用的因果关系”和“人地协调发展观点的深化”三个角度进行了水平的划分①；詹秀娣在“地对人”“人对地”和“人地协调”的维度上进一步阐述需把握的方向和基本内容，在内涵研究上提出独到的见解②。《地理课程标准》将人地协调观核心素养的水平划分为四级（表 15.4），水平 1 到水平 4 为由低到高逐渐递进的关系。

表 15.4 《地理课程标准》关于人地协调观的水平划分

水 平	人　地　协　调　观
水平 1	能够结合**简单、熟悉的地理事象**，认识人类活动要在一定的地理环境中开展；能够简单辨识人们生产活动和生活习惯与地理环境之间的联系，说明人类对环境施加影响的方式及其带来的影响。
水平 2	能够结合**给定的简单地理事象**，理解人类影响地理环境的主要方式，阐述人类活动对地理环境的积极与消极影响；认识人类活动要遵循自然规律，与自然和谐相处，理解人地协调发展的重要性。
水平 3	能够结合**给定的复杂地理事象**，认识地理环境对人类活动的影响以及人类活动影响环境的方式和强度；理解自然资源和地理环境满足人类需要的潜力及有限性。
水平 4	能够通过对**现实中人地关系地域系统**的简要分析，理解区域中人口、资源、环境、发展之间的相互关系，理解人地关系是对立统一的；评价分析人地关系中存在的问题。

依据《地理课程标准》对人地协调观的水平划分，并结合人地协调观的内涵解读，将人地协调观相关要素的学业质量水平进行划分，如表 15.5 所示。

表 15.5 人地协调观相关要素学业质量水平划分表

内涵视角	要素名称	水平层级			
		水平 1	水平 2	水平 3	水平 4
地理环境对人类的影响	影响结果	片面简单说明	全面具体说明	具体分析	综合分析
	影响的因果关系	直接因果	间接因果	多个因果	复杂因果

① 王民，韩琦，蔚东英，黄劲松. 高中地理核心素养水平划分标准研究（连载一）“人地协调观”水平划分标准及案例研究[J]. 中学地理教学参考，2017(11)：22－25.

② 詹秀娣，袁孝亭. 高中地理教科书“正确阐明人地关系”的视角及其运用[J]. 课程·教材·教法，2012，32(04)：60－65.

续 表

内涵视角	要素名称	水平层级			
		水平 1	水平 2	水平 3	水平 4
人类对地理环境的作用	影响结果	片面简单说明	全面具体说明	具体分析	综合分析
	影响的因果关系	直接因果	间接因果	多个因果	复杂因果
协调人类与地理环境的关系	观念深化	模糊认识	认识	分析	综合评价

二、综合思维的内涵解读与水平划分

（一）综合思维的内涵解读

地理环境是自然现象和人文现象组成的一个综合体，是自然历史发展的结果。《地理课程标准》将综合思维的内涵定义为“人们运用综合的观点认识地理环境的思维方式和能力”。这意味着地理学研究地理环境，不仅限于研究各个组成要素，更重要的是把地理环境作为统一的整体，综合研究各要素之间的相互作用、相互关系，以及地理环境的特征和时空变化规律。

“综合思维”作为核心素养之一，是地理学认识地理环境整体性的基本思想和方法，是区域认知和地理实践力的基础，也是理解人地协调观的重要思维工具，其内涵解读可以从“要素综合”“时空综合”和“地方综合”三个维度出发。

1. 要素综合

地理环境是由自然地理要素和人文地理要素共同构成的。认识一个区域的自然地理环境，需要综合研究其组成要素及各要素的空间组合，以分析其整体性；对一个地区人类活动进行评价时，也需要综合研究各人文地理要素，从而给出全面、准确的评价。

在地理试题中，主要考查学生通过整理地理各要素对问题进行全面分析的思维方式，从而培养其地理要素综合的能力。

2. 时空综合

地理事物和现象的发生一定是在特定的时空框架中的。在研究区域时，需要将其发展状况和所处的时间阶段联系在一起，有时也需要将区域与其他区域进行类比，考虑区域的特性。基于时空的综合分析，才能对该区域给出完整且准确的评价。

在地理试题中，主要考查学生对区域时间和空间尺度变化的关注，时间和空间往往是交织的，需要学生综合思维的能力。

3. 地方综合

“地方”是指具有独特特征，区别于其他场所的场所。相对于“空间”，“地方”是杂乱的，具体而贴近生活的。从地方或区域综合的角度对地方地理环境要素及时空变化进行分析，可以获得人地关系地域系统的地方性解释。

在地理试题中，主要考查学生在探究区域人地关系存在的问题时，能否关注到区域内外的区际关系，探讨区域可持续发展的方向。

（二）综合思维的水平划分

综合思维作为一种认识地理环境整体性的思维方式和能力，学业质量水平可从多个视角出发。王民等人从要素数目、认知程度、综合程度进行划分①；郑曦提出要从全面和关联分析的视角、静态和动态结合的视角、区内和区外综合的视角进行考察②。《地理课程标准》将综合思维核心素养的水平划分为四级（表 15.6），水平 1 到水平 4 为由低到高逐渐递进的关系。

表 15.6 《地理课程标准》关于综合思维的水平划分

水平	综合思维
水平 1	能够说出**简单、熟悉的地理事象**所包含的相关要素，并能从两个地理要素相互作用的角度进行分析。
水平 2	能够对**给定的简单地理事象**，从多个地理要素相互影响、相互制约的角度进行分析；能够结合时空变化，对其发生、发展进行分析，给出简要的地域性解释。
水平 3	能够结合**给定的复杂地理事象**，综合各要素，系统分析其相互影响、相互制约的关系，从时空综合维度对其发生、发展和演化进行分析，给出合理的地域性解释。
水平 4	能够对**现实中地理事象**，如自然环境的变化、区域发展、资源环境与国家安全问题等，运用要素综合、时空综合、地方综合的分析思路，对其进行系统性、地域性的解释。

依据《地理课程标准》对综合思维的水平划分，并结合综合思维的内涵解读，将综合思维相关要素的学业质量水平进行划分，如表 15.7 所示。

表 15.7 综合思维相关要素学业质量水平划分表

内涵视角	要素名称	水平层级			
		水平 1	水平 2	水平 3	水平 4
要素综合	要素数目	两个	多个	多个	多个
	综合程度	简单了解要素间关系	简要解释要素间关系	具体解释要素间关系	综合各要素做出评价

① 王民，张元元，蔚东英，韩琦.高中地理核心素养水平划分标准研究（连载二）“综合思维”水平划分标准及案例研究[J].中学地理教学参考，2017(13)：28－31.

② 郑曦.地理水平考试综合思维的培养[J].福建基础教育研究，2018(11)：90—92.

续 表

内涵视角	要素名称	水平层级			
		水平 1	水平 2	水平 3	水平 4
时空综合	时空维度	定时间/定区域	跨区域/跨时间	跨区域/跨时间	跨区域/跨时间
	认知程度	了解	简要解释	合理解释	系统解释
地方综合	尺度转化	一种尺度	给定不同尺度	不同尺度灵活转化	自主选择不同尺度

三、区域认知的内涵解读与水平划分

（一）区域认知的内涵解读

我们身处的地理环境纷繁复杂，如何将这看似“杂乱无章”的地球理出头绪，需要有一种地理学特有的思维方式。《地理课程标准》将区域认知的内涵定义为：“人们运用空间-区域的观点认识地理环境的思维方式和能力。”可见，地理学从空间和区域的视角出发，对地理事象的位置、分布、特征、联系等做出描述和解释。

“区域认知”作为核心素养之一，是地理学认识地球表面复杂性的基本思想和方法。其基本内涵可以从“具备区域意识”“运用区域方法”和“开展区域评价”三个维度出发。

1. 具备区域意识

地理学家提出，地球表面虽然没有两个地方是完全相同的，但是整个世界的组成部分某些重要特性有其内在的相似性，又有不同于周围地区的独特性。因此，地理学需要培养能够将地球表面复杂的现实状况分类成可以处理的各个部分来分别加以认识的意识。

在地理试题中，通过问题情境的创设，考查学生能否在不同尺度的区域中对地理事象加以认识的意识。

2. 运用区域方法

区域认知不仅包括对区域本身的认识，还包括认识区域的视角和方法。区域认知的方法包括区域定位能力、区域归纳能力、区域比较能力、区域联系能力等，每种方法和区域认识的内容对应。在实际操作中，选择认识区域的方法和工具也有一定的“要领”和“技术路线”。

在地理试题中，通过真实的区域问题情境的创设，考查学生能否采用正确的方法和工具来认识区域，从而解决问题。

3. 开展区域评价

对人们所提出的区域开发利用的措施、对策等，能够秉持正确的地理观念及一定的评价依据，对其合理性或不足做出自己的价值判断，是区域认知包含的价值判断意涵，也将区域内容的学习由指向“认知”层面提升到“素养”层面。

在地理试题中，通过创设针对区域发展的条件、问题与发展方向的区域开发利用的对策、措施的情境，考查学生能否就这些措施的合理性与不足做出评价，进而提出进一步优化区域发展的策略。

（二）区域认知的水平划分

相比其他三大核心素养，学者们对于“区域认知”的水平划分角度分歧更多。北京师范大学王民教授从区域认知程度、区域材料的详略程度和认知难易度对区域认知进行了水平划分①；夏玉玲基于学习进阶提出区域认知培养途径②。《地理课程标准》将区域认知核心素养的水平划分为四级（表 15.8），水平 1 到水平 4 为由低到高逐渐递进的关系。

表 15.8 《地理课程标准》关于区域认知的水平划分

水 平	区 域 认 知
水平 1	能够根据提示，将**简单、熟悉的地理事象**置于特定区域中加以认识；能够认识和归纳区域特征。
水平 2	能够从区域的视角认识**给定简单地理事象**，收集整理区域重要的信息；能够简单解释区域开发利用方面决策的得失。
水平 3	能够结合**给定的复杂地理事象**，从空间-区域尺度、区域特征、区域联系等认识区域；能够为赞同或质疑某一区域决策提出相关论据。
水平 4	能够对**现实中的区域地理问题**，运用认识区域的方法和工具进行分析；能够较全面地评析某一区域决策的得失，提出较为可行的改进建议。

依据《地理课程标准》对区域认知的水平划分，并结合区域认知的内涵解读，将区域认知相关要素的学业质量水平进行划分，如表 15.9 所示。

表 15.9 区域认知相关要素学业质量水平划分表

内涵视角	要素名称	水 平 层 级			
		水平 1	水平 2	水平 3	水平 4
具备区域意识	区域划分	了解	有意识	会划分	灵活划分
	区域特征	认识	大致描述	具体描述	系统描述
	区域差异	知道	说明	分析	系统分析
	区域发展	认识	大致描述	具体描述	系统描述

① 王民，邱怡宁，蔚东英.高中地理核心素养水平划分标准研究（连载三）“区域认知”水平划分标准与案例研究[J].中学地理教学参考，2017(15)：31－34.

② 夏玲玉，廉丽姝，王芯芯.基于学习进阶的地理区域认知能力培养[J].地理教学，2019(01)：14－19.

续　表

内涵视角	要素名称	水　平　层　级			
		水平 1	水平 2	水平 3	水平 4
运用区域方法	区域定位	了解	粗略定位	多角度定位	灵活定位
	区域归纳	认识	粗略归纳	具体描述	系统归纳
	区域比较	发现区别	说明差异	具体比较	系统比较
	区域联系	认识	说明联系	具体说明	系统说明
开展区域评价	认知程度	有想法	简要解释决策得失	评价区域决策	评价并改进区域决策

四、地理实践力的内涵解读与水平划分

（一）地理实践力的内涵解读

地理实践力是一种行动意识和能力，是在行动中表现出的行为品质，是一种应对复杂世界的独立生存本领。《地理课程标准》将地理实践力的内涵定义为："人们在考察、实验和调查等地理实践活动中所具备的意志品质和行动能力。"可见，地理实践力包含两层含义：一是地理实践活动的技能和方法，二是地理实践活动中表现出来的科学精神和意识品质。

"地理实践力"作为核心素养之一，既内化为隐性的素质，又外显为具体的行为。其基本内涵可以从"显性外在层面——实践技能"和"隐性内在层面——实践品质"两方面进行解读。

1. 实践技能

实践技能是外显的行动能力，它既包括学生运用所学的地理知识应用于实际情境中解决问题的能力，也包括学生收集、处理地理信息，使用地理工具解决问题、将实践方案实地操作完成的行动能力。

在地理试题中，通常通过实际问题情境的创设，考查学生运用地理知识解决问题的能力，而对于学生在地理实践活动中的行动能力，在传统的纸笔测验中，则较难体现。

2. 实践品质

实践品质是隐性内在的素养，包括学生在面对司空见惯的生活现象和复杂变化的现实世界时，是否具有问题意识和信息意识；在地理实践活动中，是否具有团结协作、坚忍不拔的精神等。

在地理试题中，已经开始出现通过问题情境的创设，让学生提出问题，或撰写简单的研学设计等小任务，这样的题型有助于提升学生的实践品质。

（二）地理实践力的水平划分

关于地理实践力的水平划分，学者们也是各有见解。王民教授从观察（调查）水平、实用工

具的水平、实践想法的创新程度三个维度对学业质量水平进行划分①；任银凤按场所、时间、类别、内容对地理实践力进行划分②；盛芸菲从"意志品质"和"行动能力"两个层次出发构建地理实践力评价指标体系③。《地理课程标准》将地理实践力核心素养的水平划分为四级(表 15.10)，水平 1 到水平 4 为由低到高逐渐递进的关系。

表 15.10 《地理课程标准》关于地理实践力的水平划分

水平	地理实践力
水平 1	能够进行**初步的观察和调查**，获取和处理简单信息，有探索问题的兴趣；能够借助他人的帮助使用地理工具，设计和实施地理实践活动，从体验和反思中学习；能够理解和接受不同的想法，有克服困难的勇气并寻找方法。
水平 2	能够进行**细微观察和调查**，获取和处理信息，有探索问题的兴趣；能够与他人合作使用地理工具，设计和实施较复杂的地理实践活动，主动从体验和反思中学习；能够有自己的想法，有克服困难的勇气和方法。
水平 3	能够进行**分类观察和调查**，获取和处理较复杂的信息，主动发现和探索问题；能够与他人合作设计和实施较复杂的地理实践活动，主动从体验和反思中学习；能够有自己的想法，有克服困难的勇气和方法。
水平 4	能够进行**较系统的观察和调查**，获取和处理复杂的信息，主动发现和探索问题；能够独立设计和实施地理实践活动，主动从体验和反思中学习；能够提出有创造性的想法，有克服困难的勇气和方法。

依据《地理课程标准》对地理实践力的水平划分，并结合地理实践力的内涵解读，将地理实践力相关要素的学业质量水平进行划分，如表 15.11 所示。

表 15.11 地理实践力相关要素学业质量水平划分表

内涵视角	要素名称	水平层级			
		水平 1	水平 2	水平 3	水平 4
实践技能	观察调查	初步	细微	分类	较系统
	处理信息	简单信息	较复杂信息	较复杂信息	复杂信息
	使用工具	他人帮助	简单操作	熟练运用	灵活运用

① 王民，黄劲松，蔚东英."地理实践力"水平划分标准与案例研究[J].中学地理教学参考，2017(17)：19－22.
② 任银凤.地理实践力视域下的 2017 年地理高考卷分析[J].基础教育研究，2018(04)：46－48.
③ 盛芸菲，吕宜平.高中地理实践力评价指标体系构建[J].教学与管理，2019(04)：48－51.

续 表

内涵视角	要素名称	水平层级			
		水平 1	水平 2	水平 3	水平 4
实践品质	探究意识	有兴趣	有兴趣	主动探索	主动探索
	协作态度	尝试	能合作	能合作	积极合作
	创新意识	有想法	有自己的想法	创造性想法	有可行性的创造性想法
	坚韧精神	有	有	有并实践	有并实践

第六节　基于“素养为本”的试题评价框架及试题分析

一、试题评价框架设计

地理试题围绕试题情境、测试内容、具体任务开展设计。因此，地理试题的学业质量水平评价也从这三个角度出发，具体思路如图 15.2 所示。

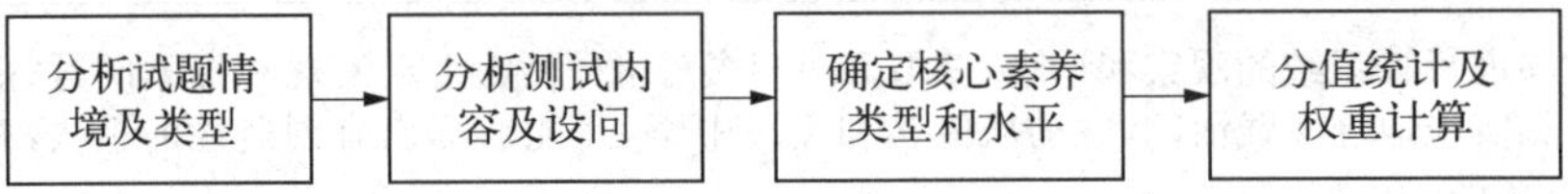

图 15.2　地理试题学业质量水平评价实施路径

根据上文构建的地理试题学业质量水平评价参照体系，将核心素养类型和学业质量水平以代码“N-(1～4)”进行记录，其中 N 对应核心素养类型(A-人地协调观、B-综合思维、C-区域认知、D-地理实践力)，学业质量水平 1～4 对应数字 1～4。基于此框架，设计试题分析记录表(表 15.12)，便于记录统计。

表 15.12　地理试题学业质量水平分析记录表

试题编号	试题情境	具体任务	测评内容	内涵视角	考查要素	水平代码	学业质量水平描述	所设分值

二、基于评价框架的试题分析：以 2021 年上海市杨浦区地理二模试卷为例

【一】选择题

1. 2020 年 4 月 24 日，中国行星探测工程图形标识“揽星九天”正式发布(如右图)，从图中

可以看出太阳系八大行星(　　)。

A. 公转周期相同

B. 质量体积相似

C. 轨道有共面性

D. 公转方向相同

试题编号	试题情境	具体任务	测评内容	内涵视角	考查要素	水平代码	学业质量水平描述	所设分值
1	中国行星探测工程	据图描述八大行星公转运动特征	太阳系	具备区域意识	区域特征	C-2	能够从区域的视角认识给定的简单地理事象,并从位置、距离、大小、形状等角度描述区域特征	2

2. 下列传统节日中,日、地、月三者位置大致成一直线且月球居中的是(　　)。

A. 元宵节　　B. 端午节　　C. 中秋节　　D. 除夕

试题编号	试题情境	具体任务	测评内容	内涵视角	考查要素	水平代码	学业质量水平描述	所设分值
2	中国传统节日	判断日地月成一直线且月球居中的传统节日	月相	时空的综合	时空维度	B-2	能够对给定的简单地理事象,结合时空变化,对其发生、发展进行分析,给出简要的地域性解释	2

3. 右图为地球某日光照图,阴影部分代表黑夜,箭头表示地球自转方向。此时北京时间是(　　)。

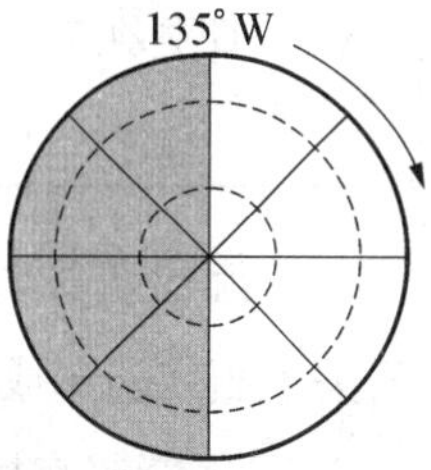

A. 11 时

B. 23 时

C. 21 时

D. 9 时

试题编号	试题情境	具体任务	测评内容	内涵视角	考查要素	水平代码	学业质量水平描述	所设分值
3	太阳光照图	时间换算	地球自转的地理意义	时空的综合	时空维度	B-3	能够对给定的复杂地理事象,从时空综合维度对其发生、发展和演化过程进行分析,并给出合理的地域性解释	2

4.“数九”是中国民间一种计算寒天与春暖花开日期的方法。一般从冬至那天开始，到 3 月 12 日前后结束，经历九九八十一天，春天便翩然而至。这段时间(　　)。

A. 上海昼短夜长且昼渐长　　　　B. 太阳直射点先向南后向北移动

C. 地球公转速度逐渐加快　　　　D. 北京正午太阳高度逐渐变小

试题编号	试题情境	具体任务	测评内容	内涵视角	考查要素	水平代码	学业质量水平描述	所设分值
4	民间“数九”方法	推测 12.22～3.12 地球公转的意义	地球公转的地理意义	时空的综合	时空维度	B-4	能够对现实中地理事象，如自然环境的变化，运用时空综合的分析思路，对其进行系统性、地域性的解释	2

5. 北京时间 2021 年 2 月 13 日 22 时 7 分，在日本福岛东部海域发生 7.3 级强震，东京有震感。下图中能够正确反映福岛、东京震级与烈度关系的是(　　)。

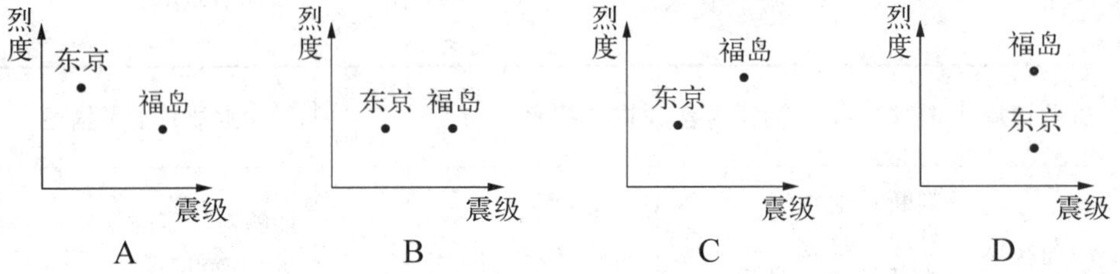

试题编号	试题情境	具体任务	测评内容	内涵视角	考查要素	水平代码	学业质量水平描述	所设分值
5	日本地震	说明地震震级与烈度的关系	震级与烈度	地理环境对人类的影响	影响结果	A-2	能够结合给定的简单地理事象，具体说明自然环境对人类活动的消极影响	2

6. 缅甸翡翠主要产于缅甸北部，是由含钠长石的岩浆岩侵入体在高压条件下形成的。下列关于缅甸翡翠成因的说法，正确的是(　　)。

A. 由岩浆直接冷却凝固形成　　　　B. 由花岗岩经变质作用形成

C. 由玄武岩经变质作用形成　　　　D. 由花岗岩经外力作用形成

试题编号	试题情境	具体任务	测评内容	内涵视角	考查要素	水平代码	学业质量水平描述	所设分值
6	缅甸翡翠	推测缅甸翡翠成因	岩浆岩、变质岩	要素的综合	综合程度	B-2	能够对给定的简单地理事象，从多个地理要素相互影响、相互制约的角度进行分析	2

7. 某同学利用水盆、沙子、小旗子等实验器材开展“河流曲流形成”的模拟实验(如右图)。据此,可以推断(　　)。

A. 甲处是凹岸,旗子会倒

B. 甲处是凸岸,旗子会倒

C. 乙处是凹岸,旗子会倒

D. 乙处是凸岸,旗子会倒

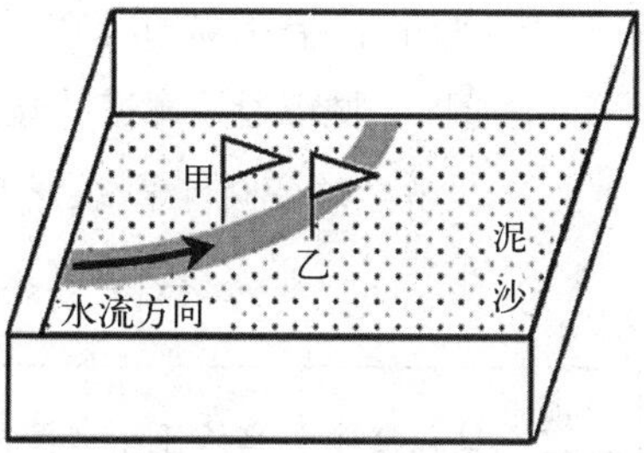

试题编号	试题情境	具体任务	测评内容	内涵视角	考查要素	水平代码	学业质量水平描述	所设分值
7	曲流形成实验	推测曲流流向	主要地貌类型	实践技能	观察调查	D-2	能够进行细微观察和调查,获取和处理信息,有探索问题的兴趣	2

8. 据美国 NASA 最新数据显示,地球大气中间层的温度正异常降低。中间层气温随高度升高而降低,其层顶温度达到大气层中的最低温。造成这一现象的主要原因是该层随高度升高(　　)。

A. 吸收地面辐射减少　　B. 大气越来越稀薄

C. 臭氧浓度逐渐减少　　D. 固体尘埃含量稀少

试题编号	试题情境	具体任务	测评内容	内涵视角	考查要素	水平代码	学业质量水平描述	所设分值
8	地球大气	分析中间层气温变化原因	大气垂直分层	运用区域方法	区域归纳	C-4	能够对现实中的地理事象,在一定空间内推理,归纳出区域特征	2

9. 右图所示某城市气温降水量柱状图。该城市可能是(　　)。

A. 南非开普敦(34°S,18°E)

B. 中国上海(31°N,121°E)

C. 意大利罗马(42°N,12°E)

D. 澳大利亚悉尼(33°S,151°E)

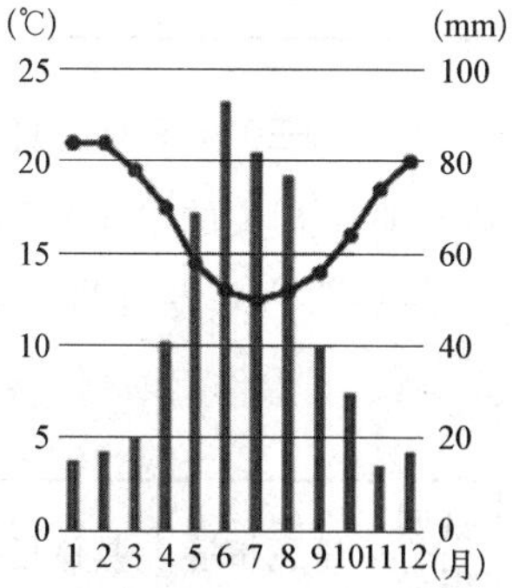

试题编号	试题情境	具体任务	测评内容	内涵视角	考查要素	水平代码	学业质量水平描述	所设分值
9	气候类型	气温降水量柱状图判读	世界主要气候类型	运用区域方法	区域定位	C-2	依据气温、降水量特点,对区域进行粗略定位	2

10. 近年来,各大城市都在积极构建城市通风廊道系统,以减少城市对于风的阻挡,增强空气的流通性。城市通风廊道的建设将有助于(　　)。

① 缓解全球变暖　② 缓解热岛效应　③ 减轻大气污染　④ 减少风沙危害

A. ①②　　B. ②③　　C. ②④　　D. ③④

试题编号	试题情境	具体任务	测评内容	内涵视角	考查要素	水平代码	学业质量水平描述	所设分值
10	城市通风廊道	推测城市通风廊道作用	人类活动与气候	协调人类与地理环境的关系	观念深化	A-2	结合给定的简单地理事象,认识人类活动要遵循自然规律,理解人地协调发展的重要性	2

11. 右图为某地海平面等压线示意图,箭头表示风向,甲乙代表锋面。下列叙述正确的是(　　)。

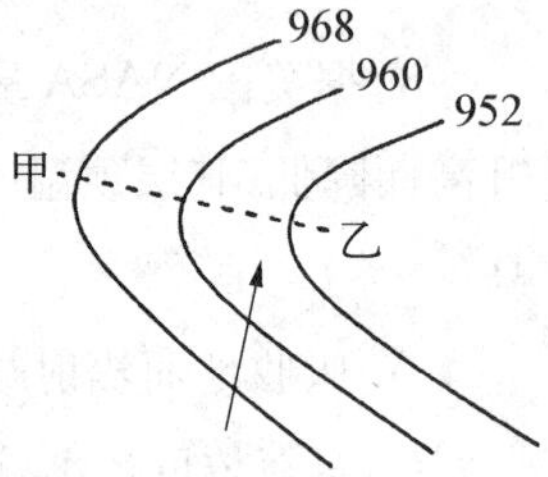

A. 该地位于北半球,甲乙为冷锋

B. 该地位于南半球,甲乙为冷锋

C. 该地位于北半球,甲乙为暖锋

D. 该地位于南半球,甲乙为暖锋

试题编号	试题情境	具体任务	测评内容	内涵视角	考查要素	水平代码	学业质量水平描述	所设分值
11	海平面等压线图	据图判读天气系统	常见的天气系统	要素的综合	要素数目	B-2	能够对给定的简单地理事象,从多个地理要素相互影响、相互制约的角度进行分析	2

12. 2020年7月7日,安徽省黄山市歙县因严重的县城内涝而导致高考延期。下列与县城内涝直接相关的水循环环节是(　　)。

A. 水汽蒸发减弱　　B. 水汽输送增强

C. 下渗作用增强　　D. 地表径流增强

试题编号	试题情境	具体任务	测评内容	内涵视角	考查要素	水平代码	学业质量水平描述	所设分值
12	安徽城市内涝	判断与城市内涝直接相关的水循环环节	水循环的类型及其意义	地理环境对人类的影响	影响的因果关系	A-2	能够结合给定的简单地理事象,具体阐述自然灾害对人类活动的影响	2

13. 右图所示洋流分布图中，洋流①的流向和性质为(　　)。

A. 向南流　寒流

B. 向北流　寒流

C. 向南流　暖流

D. 向北流　暖流

试题编号	试题情境	具体任务	测评内容	内涵视角	考查要素	水平代码	学业质量水平描述	所设分值
13	洋流模式	判读洋流的流向和性质	洋流	运用区域方法	区域联系	C-2	给定简单、熟悉的地理事象，能够借助区域的知识、工具和方法，推测洋流流向和性质	2

14. 宁夏西海固地区自然条件恶劣，是我国六个集中连片特殊困难地区之一。20世纪80年代以来，宁夏对西海固地区贫困人口先后实施了一系列移民工程。这种迁移方式属于(　　)。

A. 劳务迁移　　B. 难民迁移　　C. 生态移民　　D. 智力迁移

试题编号	试题情境	具体任务	测评内容	内涵视角	考查要素	水平代码	学业质量水平描述	所设分值
14	宁夏西海固脱贫致富	推测宁夏移民工程所属的迁移形式	人口迁移	人类对地理环境的作用	影响结果	A-2	能够结合简单、熟悉的地理事象，简单辨识人类生产活动和生活习惯与地理环境之间的联系	2

15. 影响北京市道路网络布局的主要因素有(　　)。

A. 地表形态、经济水平　　B. 地表形态、环境质量

C. 环境质量、产业布局　　D. 经济水平、产业布局

试题编号	试题情境	具体任务	测评内容	内涵视角	考查要素	水平代码	学业质量水平描述	所设分值
15	北京道路网络布局	判断影响北京道路布局的因素	城市空间形态	协调人类与地理环境的关系	观念深化	A-4	通过现实中的人地关系地域系统，关注地理环境与人类活动的相互影响	2

16. 厄瓜多尔是世界最大的香蕉生产国和出口国之一，其香蕉总产量的85%销往世界各地。该地的农业生产特点是(　　)。

① 机械化水平高　② 商品化程度高　③ 大种植园农场　④ 精耕细作

A. ①②　　B. ②③　　C. ③④　　D. ①③

试题编号	试题情境	具体任务	测评内容	内涵视角	考查要素	水平代码	学业质量水平描述	所设分值
16	厄瓜多尔农业	判断厄瓜多尔农业生产特点	主要农业地域类型	具备区域意识	区域特征	C-2	给定简单、熟悉的地理事象，能够借助区域的知识、工具和方法，归纳并描述区域特征	2

17. 巴西柑橘产量位居世界前列，其柑橘果酱主要用于出口，生产厂大多集中于大型港口附近。影响该国果酱生产厂布局的主导因素是(　　)。

A. 原料　　B. 市场　　C. 交通　　D. 技术

试题编号	试题情境	具体任务	测评内容	内涵视角	考查要素	水平代码	学业质量水平描述	所设分值
17	巴西果酱生产	判断巴西果酱生产厂布局主导因素	工业区位	运用区域方法	区域归纳	C-2	能够根据一定的原则和标准，对区域开发利用方面决策做出判断	2

18. 截至2020年底，我国高铁运营里程达3.79万公里，稳居世界第一。高铁的建成对沿线城市的积极影响有(　　)。

① 提高沿线地区货运能力　② 促进沿线地区文化交流

③ 促进沿线地区资源调配　④ 推动沿线地区经济发展

A. ①③　　B. ①④　　C. ②③　　D. ②④

试题编号	试题情境	具体任务	测评内容	内涵视角	考查要素	水平代码	学业质量水平描述	所设分值
18	中国高铁建设	判断高铁建成对沿线的积极影响	交通运输业	开展区域决策	认知程度	C-4	能够根据一定的原则和标准，对区域开发利用方面决策的得失进行估量和评价	2

19. 2021年春晚节目《节日》汇聚了五大洲特色歌舞，其中埃及的藤杖舞和阿根廷的探戈舞分别属于(　　)。

A. 非洲文化圈、太平洋文化圈　　B. 伊斯兰文化圈、太平洋文化圈

C. 非洲文化圈、拉丁美洲文化圈　　D. 伊斯兰文化圈、拉丁美洲文化圈

试题编号	试题情境	具体任务	测评内容	内涵视角	考查要素	水平代码	学业质量水平描述	所设分值
19	春晚歌舞表演	判断埃及、阿根廷所属文化区	世界文化圈	运用区域方法	区域定位	C-2	对于简单、熟悉的地方或区域情境，定位出文化所属的区域	2

20. 2020 年 5 月 27 日，我国珠峰高程测量登山队成功登顶，开展对珠峰高程的新一轮测量。我国北斗卫星导航系统在此次测量任务中可以发挥的作用有(　　)。

① 发送登顶精确时间　② 测量珠峰海拔高度

③ 规划登顶珠峰路线　④ 预报珠峰天气变化

A. ①②　　B. ②③　　C. ③④　　D. ①④

试题编号	试题情境	具体任务	测评内容	内涵视角	考查要素	水平代码	学业质量水平描述	所设分值
20	北斗导航系统	判断北斗卫星导航系统作用	地理信息技术的应用	实践技能	使用工具	D-4	能够灵活选择适合的工具，发挥适合的作用	2

【二】综合分析题

(一) 吉林省地处我国东北地区，近年来借助 2022 年北京冬奥会的契机，正在大力发展以“冰雪”为轴心的关联产业。读图文资料，回答问题。(20 分)

材料：吉林省是中国降雪最多的地区之一。近年来其冰雪产业不断拓展，包括冰雪旅游、冰雪赛事、冰雪运动培训、冰雪营销、冰雪装备制造。随着冰雪运动人数超千万，冰雪旅游人数达 1 亿人次，对滑雪服、冰刀鞋、滑雪板等冰雪轻装备的需求量不断攀升。同时，冰雪场馆的建设也带动了造雪机、压雪车、雪地摩托、浇冰车、制冷设备等重型冰雪装备器材的需求大爆发。

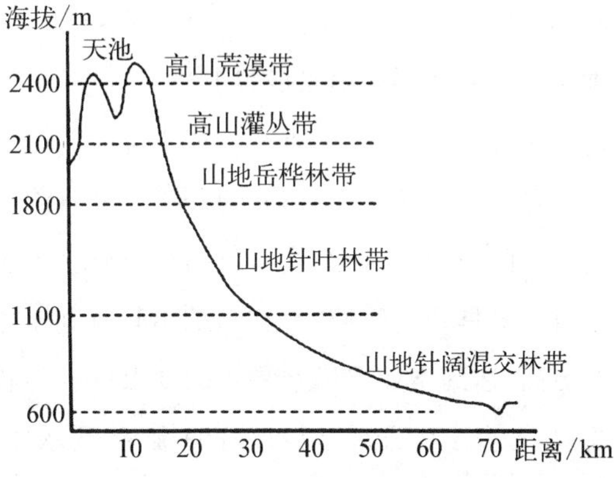

图 1　长白山北坡垂直带谱分布图

21. 长白山北坡海拔 600～1 100 米的山麓地带是山地针阔混交林带，说明其形成原因。(4 分)

22. 分析吉林省长白山地区适宜建设滑雪基地的优势自然条件。(6 分)

23. 近年来，吉林省积极打造冰雪装备制造产业体系，使之成为全省新的支柱产业，分析该支柱产业的区位优势。(6 分)

24. 简述吉林省进一步发展冰雪相关产业链的合理化建议。(4 分)

试题编号	试题情境	具体任务	测评内容	内涵视角	考查要素	水平代码	学业质量水平描述	所设分值
21	吉林省冰雪产业	判断山地针阔混交林带原因	地域分异规律	时空的综合	时空维度	B-4	能够对现实中地理事象,如自然环境的变化,运用时空综合的分析思路,对其进行系统性、地域性的解释	4
22		分析建设滑雪场优势区位	区域开发	要素的综合	综合程度	B-2	给定简单、熟悉的地理事象,能够通过多个要素综合,做出决策	6
23		分析吉林打造冰雪装备制造业的优势	区域开发	要素的综合	综合程度	B-4	能够对现实中地理事象,运用要素综合的分析思路,对其进行系统性、地域性的解释	6
24		简述吉林发展冰雪产业的合理化建议	区域开发	开展区域评价	认知程度	C-4	能够根据给定的标准或规范,对现实的区域地理问题进行全面的分析、评估和评价,并能提出可行的改进建议	4

本题以吉林省冰雪产业发展作为主线,考查学生通过提取图表信息,分析吉林省冰雪产业发展的条件和前景。第一问说明长白山北坡海拔 600～1 100 米山麓地带山地针阔混交林带的原因,考查学生时空维度的综合思维,需要考虑 600～1 100 米以下和以上植被类型情况,从而推出山地针阔混交林带的过渡性,达到学业质量水平 4 的要求;第二问分析长白山建设滑雪基地的优势自然条件,考查学生要素综合的维度,由于仅仅考虑自然条件,涉及要素不多,列为学业质量水平 2 的要求;第三问分析吉林省将冰雪装备制造产业体系作为其主导产业的原因,考查学生区域特征认知及要素综合的维度,不仅要考虑冰雪装备制造业需要的条件,还要考虑吉林省本身具备的区域特征,归纳出其有利于冰雪制造产业发展的优势区位条件,对学生的挑战性更高,达到学业质量水平 4 的要求;第四问简述吉林省进一步发展冰雪相关产业链的合理化建议,考查学生开展区域评价的维度,要求学生基于吉林省发展冰雪产业的现状,就其进一步发展提出合理化建议,是学业质量水平 4 的要求。因此,本题对于区域认知和综合思维的考查较为具体和全面,注重对学生该素养的培养。

(二) 2018 年 7 月,中国与圭亚那签署"一带一路"合作文件,开启中圭关系发展新篇章。读以下资料,回答问题。(20 分)

材料一:圭亚那大部分地区属热带雨林气候,西南部圭亚那高原属热带稀树草原气候。境内矿产、森林资源丰富，农业盛产甘蔗、水稻、咖啡等，以出口蔗糖、木材、稻米等初级产品作为其主要的经济支柱。缺乏配套基础设施，每年到访游客十分稀少。近几年，能源领域成为圭亚那重点投资领域。政府计划到2025年，实现可再生能源全面替代传统能源，并实现电力出口。

材料二：中国某公司在圭亚那承建的斯凯尔顿糖厂，每日产生蔗渣约3 000吨，为了有效利用产生的蔗渣及避免产生污染，该公司建了一个生物质电站，以蔗渣为原料进行发电。电站产生的电量，除满足制糖厂的全部自用外，向区域电网每年输送一定的电量，替代了部分小柴油发电机组的高成本电。生物质电站中锅炉产生的废气通过净化后含有余热的气体输送至制糖车间作为热源进行循环使用。同时，制糖工艺产生的滤泥被榨干燃烧后作为肥料还田，既降低了“废渣”的产量，又为当地农田提供了肥料。

25. 简述圭亚那热带稀树草原气候的成因。(4分)

26. 圭亚那政府计划到2025年实现可再生能源全面替代传统能源。推测该国可开发的可再生能源，并说明理由。(4分)

27. 中国某公司在圭亚那投资建设现代化制糖厂，并以蔗渣为原料进行发电，评价该公司做法的意义。(6分)

28. 为促进圭亚那经济的进一步发展，简述我国与圭亚那在经济合作方面可投资的领域，并说明理由。(6分)

试题编号	试题情境	具体任务	测评内容	内涵视角	考查要素	水平代码	学业质量水平描述	所设分值
25	中圭经济合作	简述圭亚那热带稀树草原气候成因	世界主要气候类型	运用区域方法	区域归纳	C-2	能够根据圭亚那具体的地理位置，运用区域归纳的方法阐述其热带稀树草原气候形成的地域性解释	4
26		推测圭亚那可开发能源	自然资源	地理环境对人类的影响	影响结果	A-2	能够综合分析圭亚那的区域特征，基于其区域特征分析其地理环境可以供人类开发的能源	4
27		评价公司以蔗渣为原料发电的意义	区域开发	协调人类与地理环境的关系	观念深化	A-4	能够基于公司蔗渣发电的行为，从人地协调的观念出发，评价其意义，树立人地协调的观念	6
28		简述我国与圭亚那经济合作可投资的领域	区域开发	开展区域评价	评价并改进区域决策	C-4	能够根据给定的标准或规范，对现实的区域地理问题进行全面的分析、评估和评价，并能提出可行的改进建议	6

本题基于“一带一路”倡议背景，以中国和圭亚那经贸合作为主线，考查学生有关自然资源和区域开发的主要内容。第一问简述圭亚那热带稀树草原气候成因，考查区域归纳能力，结合区域的特殊性，给出地域性的解释，达到学业质量水平 2 的要求；第二问推测圭亚那可开发的能源，依然要求学生结合圭亚那的区域特征，但本题更重要的是想要落实地理环境对人类活动影响的观念，引导学生关注区域自然环境，认识到自然地理环境对人类活动的影响，仅仅需要具体认知，无过多系统性，因此达到学业质量水平 2 的要求；第三问评价某公司以蔗渣为原料发电的意义，是从协调人地关系的角度出发，引导学生认识到公司的蔗渣发电行为，对于当地环境的有利影响，同时兼顾了经济、社会和生态三效益的发展，实现了可持续发展的理念；第四问简述我国与圭亚那经济合作可投资领域，考查学生基于中圭经济合作的现状，对未来的合作做出决策，即在区域认知的基础上，做出区域决策，达到学业质量水平 4 的要求。可见，本题通过中圭经贸合作，关注了合作过程中人地协调观的体现，也培养了学生对于世界地理的区域认知素养。

（三）土地利用变化影响区域的气候、生态环境、生物多样性等，对人类与自然环境的关系起到重要作用，是目前全球共同关注的热点问题。读图文资料，回答问题。（20 分）

材料一：渭干河流域是新疆阿克苏地区最大灌溉区，其南部主要为绿洲。2000 年以后，该流域人口数量大幅增加，外加国内粮食和棉花价格的持续攀升，造成该流域人工绿洲面积不断扩张。

材料二：人工绿洲景观包括渭干河流域内人工经营的一切土地类型，主要为耕地、园地、人工林地、人工草地、居民与工矿用地、交通用地以及渠道等。

1980～2001 年渭干河平原绿洲景观变化及其转移矩阵（转移百分比）

2001							
1980	天然绿洲	人工绿洲	荒地	荒漠	水域	1980 年（km^2）	2001 年（km^2）
天然绿洲	55.2	31.8	9.9	2.2	0.9	516.1	426.3
人工绿洲	1.5	67.3	20.1	10.4	0.7	1 252.6	1 614.2
荒　地	9.5	35.1	38.8	14.8	1.8	1 389.3	1 013.5
荒　漠	——	4.3	18.5	77.2	——	878.4	969.9
水　域	9.0	11.5	14.8	——	64.7	97.6	110.1

（数据说明：以天然绿洲为例，31.8%转化为人工绿洲，9.9%转化为荒地，2.2%转化为荒漠，0.9%转化为水域）

29. 概述渭干河流域的地理位置。（4 分）

30. 描述 1980—2001 年间渭干河平原人工绿洲景观变化，并分析造成该景观变化的主要驱动因素。（6 分）

31. 概述地理环境整体性的原理，并分析渭干河流域盲目扩展人工绿洲对当地自然地理环

境的不利影响。(6 分)

32. 从可持续发展角度,为渭干河流域的治理提出合理化建议。(4 分)

试题编号	试题情境	具体任务	测评内容	内涵视角	考查要素	水平代码	学业质量水平描述	所设分值
29	渭干河流域治理	概述渭干河流域地理位置	地理位置	运用区域方法	区域定位	C－2	能够从区域的视角认识给定的简单地理事象,并从位置、距离、大小、形状等角度描述区域特征	4
30		描述人工绿洲景观变化,分析原因	区域开发	时空综合	时空维度	B－4	能够对给定的简单地理事象,结合时空变化,对其发生、发展进行分析,给出简要的地域性解释	6
31		分析人工绿洲对自然环境的不利影响	区域开发	人类对地理环境的作用	影响结果	A－4	对现实人地关系地域系统进行简要分析,评价分析人地关系中存在的问题,理解协调人地关系的措施与政策	6
32		为渭干河流域治理提出合理化建议	区域开发	开展区域评价	评价并改进区域决策	C－4	能够根据给定的标准或规范,对现实的区域地理问题进行全面的分析、评估和评价,并能提出可行的改进建议	4

本题以渭干河流域治理为主线,考查学生基于人地协调观对区域开发的认知。第一问概述渭干河流域地理位置,要求学生灵活变换区域尺度,在半球、国家、图上相对位置等多个尺度认知渭干河流域的地理位置,达到了学业质量水平 2 的要求。第二问描述人工绿洲景观变化,并分析原因。既关注了在时间尺度上空间景观的变化,也关注了在空间尺度上随时间景观的变化,要求学生灵活转换时空维度,达到了学业质量水平 4 的要求。第三问分析人工绿洲对自然环境的不利影响,引导学生关注人类活动对地理环境产生的不利影响,从而培养人地协调观的理念,此处需要考虑地理环境的整体性,结合多要素作答,达到了学业质量水平 4 的要求。第四问为渭干河流域治理提出合理化建议,既考查学生对于地方的综合分析,也培养了学生人地协调观的素养,达到了学业质量水平 4 的要求。可见,本题是对人地协调观、区域认知、综合思维素养的综合考查和培育。

第七节　结论与不足

《地理课程标准》特别以凝练地理学科核心素养和提出学业质量水平划分为变化亮点,为推动普通高中地理课程改革作出了新的贡献。地理学业水平考试作为地理学业水平质量检测的外显形式，能否与《地理课程标准》中提出的核心素养培育及学业水平质量划分标准一致，决定了其检测结果反馈的有效性。因此，对地理学业质量评价的重要载体——地理试题开展研究，有较强的必要性。

本章以“学业质量水平”研究为核心，通过深度解读“人地协调观”“综合思维”“区域认知”和“地理实践力”四大核心素养的内涵和学业质量水平划分，构建出地理试题学业质量水平评价框架，并尝试对2021年上海市杨浦区地理二模试卷进行了试题分析，得出主要结论如下。

第一，本章通过对地理学科四大核心素养的内涵解读，划定了四大核心素养的内涵视角：“人地协调观”体现在“地对人”“人对地”以及“人地协调”三个维度；“综合思维”体现在“要素综合”“时空综合”和“地方综合”三个维度；“区域认知”体现在“具备区域意识”“运用区域方法”和“开展区域评价”三个维度；“地理实践力”则体现在内隐的“实践品质”和外显的“实践技能”两个维度。每个内涵视角又可细分出考查要素，以便更好地对应试题。

第二，基于2021年上海市杨浦区地理二模试卷的试题分析和统计，最终得到所有试题中，人地协调观占26%，综合思维占32%，区域认知占38%，地理实践力占4%。通过上述数据可以发现，试题中对于人地协调观的考查显然不足，只能通过部分选择题，通过实验情境的模拟或实际问题的操作做一些简单考查，在综合分析题中比较难以考查。具体到各素养的内涵视角，对于综合思维中的“地方综合”和区域认知中的“区域差异和联系”考查较少，说明本次考查缺乏区域对比和联系相关试题的考查，对于这方面的素养和能力考查不够。

当然，由于学业质量水平是《地理课程标准》的新亮点，基于学业质量水平的研究尚处在起步阶段，可供参考的文献资料较少，因此本章提出的地理试题学业质量水平框架和试题分析仅仅是笔者个人的理解与尝试，有待于今后在实践中，随着对地理核心素养内涵解读和水平划分认识的不断深入，不断进行完善与改进。

第三部分

基于新课标的高中九门学科优秀作业及试卷案例

第十六章　2021 年上海市高中语文优秀作业及试卷参评案例*

一、单元信息

<table>
<tr><td rowspan="2">基本信息</td><td>学科</td><td>年级</td><td>学期</td><td>教材版本</td><td>章</td><td>起止节</td><td>单元名称</td></tr>
<tr><td>高中语文</td><td>高一</td><td>第一学期</td><td>统编教材</td><td>第五单元</td><td>《乡土中国》第一节至第八节</td><td>整本书阅读与研讨</td></tr>
<tr><td rowspan="9">课时信息</td><td>序　号</td><td colspan="3">课 时 名 称</td><td colspan="3">对应教材内容</td></tr>
<tr><td>1</td><td colspan="3">《乡土中国》①</td><td colspan="3">《乡土中国》</td></tr>
<tr><td>2</td><td colspan="3">《乡土中国》②</td><td colspan="3">《乡土中国》</td></tr>
<tr><td>3</td><td colspan="3">《乡土中国》③</td><td colspan="3">《乡土中国》</td></tr>
<tr><td>4</td><td colspan="3">《乡土中国》④</td><td colspan="3">《乡土中国》</td></tr>
<tr><td>5</td><td colspan="3">《乡土中国》⑤</td><td colspan="3">《乡土中国》</td></tr>
<tr><td>6</td><td colspan="3">《乡土中国》⑥</td><td colspan="3">《乡土中国》</td></tr>
<tr><td>7</td><td colspan="3">第五单元梳理①</td><td colspan="3">《乡土中国》</td></tr>
<tr><td>8</td><td colspan="3">第五单元写作②</td><td colspan="3">《乡土中国》</td></tr>
<tr><td rowspan="7">单元作业目标</td><td>编　码</td><td colspan="3">目 标 描 述</td><td>学习水平</td><td>其他要求</td><td>编题建议</td></tr>
<tr><td>YW10105001</td><td colspan="3">了解作者及其学术成就</td><td>A1</td><td>1－1</td><td></td></tr>
<tr><td>YW10105002</td><td colspan="3">理解学术著作中的核心概念</td><td>A2</td><td>1－2</td><td></td></tr>
<tr><td>YW10105003</td><td colspan="3">概括段落或篇章内容</td><td>A2</td><td>1－3</td><td>编制作业题</td></tr>
<tr><td>YW10105004</td><td colspan="3">把握全书的知识体系</td><td>A2</td><td>1－3</td><td></td></tr>
<tr><td>YW10105005</td><td colspan="3">概括结论形成的过程</td><td>A2</td><td>2－2</td><td>编制作业题</td></tr>
<tr><td>YW10105006</td><td colspan="3">把握篇章以及全书的逻辑思路</td><td>A2</td><td>2－2</td><td>编制作业题</td></tr>
</table>

* 本章作者为上海理工大学附属中学王建业、黄卉、鲁璐，上海市杨浦高级中学李琳。

续 表

	编　码	目 标 描 述	学习水平	其他要求	编题建议
单元作业目标	YW10105007	阐释作者所用论述方法的作用	A3	2-3	
	YW10105008	阐释作者所用材料对观点的支撑作用	A3	2-2	
	YW10105009	阐释学术著作及作者的语言运用特点	A3	2-2	
	YW10105010	阐释作者在表达观点时的价值取向	A3	2-2	
	YW10105011	评价乡土文化的现代意义与历史局限	A4	2-3	编制练习题
	YW10105012	运用著作中的理论分析社会现象	A4	2-4	编制练习题

说明：

1. 编码规则：依照"学科＋年级＋学期＋单元＋目标序号"进行编码，例如 YW10105001，YW 表示语文学科，10 表示高一年级，1 表示第一学期，05 表示第五单元，001 表示第一条目标。其他编码，依此类推。
2. 学习水平与其他要求："学习水平"依据《上海市高中语文学科教学基本要求》界定，维度 A 用于反映能力层面要求，A1 表示知道，A2 表示理解，A3 表示应用，A4 表示综合。"其他要求"则对应《普通高中语文课程标准(2017 年版 2020 年修订)》中的"学业质量水平"，例如 1-1 对应水平一的第一项，其他依此类推。

二、高中语文单元作业目标分工表

	序号	课 时 名 称	对应教材内容
课时信息	1	《乡土中国》①	《乡土中国》费孝通其人其书【乡土本色】
	2	《乡土中国》②	《乡土中国》【文字下乡】【再论文字下乡】
	3	《乡土中国》③	《乡土中国》大格局：【差序格局】【系围着私人的道德】家族：【家族】夫妻：【男女有别】
	4	《乡土中国》④	《乡土中国》维护制度：【礼治秩序】【无讼】权力 1. 同意权力与横暴权力：【无为政治】2. 教化权力：【长老统治】
	5	《乡土中国》⑤	《乡土中国》四、割裂：【血缘和地缘】【名实的分离】
	6	《乡土中国》⑥	《乡土中国》五、适应：【从欲望到需要】
	7	第五单元梳理①	《乡土中国》
	8	第五单元写作②	《乡土中国》

三、案例正文

（一）课时作业

【第 1 课时】

A. 提炼与概括（课前）

学校图书馆需要制作新学期书目推荐海报，请你向全体师生推荐《乡土中国》（中华书局出版社）。请查阅“重刊序言”和材料 1、2，准确摘录信息，并编写成推荐语，包含：作者身份职业、作品创作背景、作品主要内容等。（200 字左右）

材料 1：费孝通，江苏吴江人，著名社会学家、人类学家、民族学家、社会活动家，中国社会学和人类学的奠基人之一，他从事社会学、人类学研究，写下了数百万字的著作。费孝通在其导师马林诺夫斯基指导下完成了博士论文《江村经济》，该书被誉为“人类学实地调查和理论工作发展中的一个里程碑”，成为国际人类学界的经典之作。

材料 2：《乡土中国》是当代社会学家费孝通创作的社会学著作，首次出版于 1947 年。在《乡土中国》中，作者用通俗、简洁的语言对中国的基层社会的主要特征进行了概述和分析，全面展现了中国基层社会的面貌。全书主要探讨了差序格局、男女有别、家族、血缘和地缘等。《乡土中国》是学界公认的中国乡土社会传统文化和社会结构理论研究的重要代表作之一。

Z1001：摘录：

____

____

____

____

答案示例：

摘录：

① 这里收集的是我在四十年代后期，根据我在西南联大和云南大学所讲“乡村社会学”一课的内容。

② 我借“乡村社会学”这讲台来追究中国乡村社会的特点。我是一面探索一面讲的，所讲的观点完全是讨论性的，所提出的概念一般都没有经过琢磨，大胆朴素，因而离开所想反映的实际，常常不免有相当大的距离，不是失之片面，就是走了样。

③ 尝试回答我自己提出的“作为中国基层社会的乡土社会究竟是个什么样的社会”这个问题。

④ 我这种尝试，在具体现象中提炼出认识现象的概念。

单元作业属性表												
题目编码	所属课时	对应目标编码 A	对应学习水平 A	对应目标编码 B	对应学习水平 B	题目类型	题目完成方式	题目难度	预计完成时间	题目来源	是否为某一大题拆分	备注栏
Z1001	01	YW10105001	A1			简答题	书面	较低	6 min	创编	否	

海报样例：

中国在梁庄
《中国在梁庄（新版）》2014年由中信出版股份有限公司出版,是中国人民大学教授人文学者梁鸿出版的一本社会科学类著作。该书记述了河南穰县（邓州市，古称穰城）梁庄近30年来的变迁，以近似纪实手法呈现了梁庄在城市化进程中出现的问题：农村留守儿童的无望，农民养老、教育、医疗的缺失，农村自然环境的破坏，农村家庭的裂变，新农村建设的困境。在书中，梁鸿通过口述实录、现场调查等方式讲述了一个个具有典型性的人和人生故事，他们的情感和所面临的问题传达出了乡村内在的生存状态，还原了一个乡村的变迁史。2010年，其作品《中国在梁庄》获得“人民文学奖”。
推荐人：＿＿＿＿＿＿

编写推荐语：

推荐书目：《乡土中国》
推荐人：＿＿＿＿＿

答案示例：

推荐语：《乡土中国》首次出版于 1947 年，是社会学家费孝通创作的社会学著作。本书以回答“作为中国基层社会的乡土社会究竟是个什么样的社会”为创作目的，运用在具体现象中提炼出认识现象的概念的学术研究方法，重点探讨了差序格局、男女有别、家族、血缘和地缘等社会学概念。这些概念是带有探索性的，是可以讨论的。此书被誉为“人类学实地调查和理论工作发展中的一个里程碑”，是学界公认的中国乡土社会传统文化和社会结构理论研究的重要代表作之一。

设计说明：这道题目以海报设计为形式，首先可以很好地激发起学生的兴趣和创造力。海报上面所呈现的字数是有限的，这就可以很好地考查学生选择信息、概括信息的能力，这是阅读社科类作品的基本能力。

单元作业属性表												
题目编码	所属课时	对应目标编码 A	对应学习水平 A	对应目标编码 B	对应学习水平 B	题目类型	题目完成方式	题目难度	预计完成时间	题目来源	是否为某一大题拆分	备注栏
Z1002	01	YW10105003	A2			判断题	书面	较低	6 min	创编	是	

区分观点和论据是把握核心内容的重要方法。阅读《乡土中国》的《乡土本色》一章的第 2～5 节，回答问题。

Z1002：用“________”划出表达作者观点的句子，用“(　　)”画出证明观点的材料。

答案示例：

(1) <u>我们说乡下人土气，虽则似乎带着几分藐视的意味，但这个土字却用得很好。土字的基本意义是指泥土。乡下人离不了泥土，因为在乡下住，种地是最普通的谋生办法。</u>(在我们这片远东大陆上，可能在很古的时候住过些还不知道种地的原始人，那些人的生活怎样，对于我们至多只有一些好奇的兴趣罢了。以现在的情形来说，这片大陆上绝大多数的人是拖泥带水下田讨生活的了。我们不妨缩小一些范围来看，三条大河的流域已经全是农业区。而且，据说凡是从这个农业老家里迁移到四围边地上去的子弟，也总是很忠实地守着这直接向土里去讨生活的传统。最近我遇着一位到内蒙古旅行回来的美国朋友，他很奇怪地问我：你们中原去的人，到了这最适宜于放牧的草原上，依旧锄地播种，一家家划着小小的一方地，种植起来：真像是向土里一钻，看不到其他利用这片地的方法了。我记得我的老师史禄国先生也告诉过我，远在西伯利亚，中国人住下了，不管天气如何，还是要下些种子，试试看能不能种地。——这样说来，我们的民族确是和泥土分不开了。从土里长出过光荣的历史，自然也会受到土的束缚，现在很有些飞不上天的样子。)

<u>靠种地谋生的人才明白泥土的可贵。</u>(城里人可以用土气来藐视乡下人，但是乡下，“土”

是他们的命根。在数量上占着最高地位的神，无疑的是“土地”。“土地”这位最近于人性的神，老夫老妻白首偕老的一对，管着乡间一切的闲事。他们象征着可贵的泥土。我初次出国时，我的奶妈偷偷地把一包用红纸裹着的东西，塞在我箱子底下。后来，她又避了人和我说，假如水土不服，老是想家时，可以把红纸包裹的东西煮一点汤吃。这是一包灶上的泥土。——我在《一曲难忘》的电影里看到了东欧农业国家的波兰也有着类似的风俗，使我更领略了“土”在我们这种文化里所应当占的地位了。）

农业和游牧或工业不同，它是直接取资于土地的。（游人可以逐水草而居，飘忽无定；做工业的人可以择地而居，迁移无碍；而种地的人却搬不动地，长在土里的庄稼行动不得，侍候庄稼的老农也因之像是半身插入了土里，）土气是因为不流动而发生的。

直接靠农业来谋生的人是黏着在土地上的。（我遇见过一位在张北一带研究语言的朋友。我问他说在这一带的语言中有没有受蒙古话的影响。他摇了摇头，不但语言上看不出什么影响，其他方面也很少。他接着说：“村子里几百年来老是这几个姓，我从墓碑上去重构每家的家谱，清清楚楚的，一直到现在还是那些人。乡村里的人口似乎是附着在土上的，一代一代的下去，不太有变动。”——这结论自然应当加以条件的，但是大体上说，这是乡土社会的特性之一。我们很可以相信，以农为生的人，世代定居是常态，迁移是变态。大旱大水，连年兵乱，可以使一部分农民抛乡离井；即使像抗战这样大事件所引起基层人口的流动，我相信还是微乎其微的。）

Z1003：概括第一段、第三段的观点。

①______

② 靠种地谋生的人才明白泥土的可贵。

③______

④ 直接靠农业来谋生的人是黏着在土地上的。

用一句话概括这四段的观点。

______

答案示例：

① 乡下人土气；③ 农业是直接取资于土地的。

因为土地为乡下人提供生活资源，所以乡下人是离不开土的。

单元作业属性表												
题目编码	所属课时	对应目标编码A	对应学习水平A	对应目标编码B	对应学习水平B	题目类型	题目完成方式	题目难度	预计完成时间	题目来源	是否为某一大题拆分	备注栏
Z1003	01	YW10105003	A2			简答题	书面	中等	2 min	创编	是	

B. 理解与运用(课后)

Z1004：阅读第一章《乡土本色》,简要概括并梳理第一章内容。

问　　题	回　　答
中国的基层社会是由什么人组成的?	
乡下人的土气是怎么来的?	
中国人的乡土本色都有哪些典型的表现?	
乡下人生活的常态和变态分别指什么?	
中国乡下最常见的社区单位是什么?	
中国乡下村落的特点有哪些?	
作者用了哪些概念来指称这样的乡下社会?	
作者还提到了哪些社会概念?	

答案示例:

问　　题	回　　答
中国的基层社会是由什么人组成的?	乡下人
乡下人的土气是怎么来的?	离不了泥土,种地是最普通的谋生办法 不流动
中国人的乡土本色都有哪些典型的表现?	守着向土里去讨生活的传统、世代以农为生 依赖和崇拜土地(供奉土地神、保有用红纸包土当药的风俗)
乡下人生活的常态和变态分别指什么?	世代定居是常态,迁移是变态
中国乡下最常见的社区单位是什么?	村落
中国乡下村落的特点有哪些?	村间隔膜,村内熟悉
作者用了哪些概念来指称这样的乡下社会?	熟人社会、乡土社会
作者还提到了哪些社会概念?	礼俗社会、法理社会、现代社会

单元作业属性表												
题目编码	所属课时	对应目标编码A	对应学习水平A	对应目标编码B	对应学习水平B	题目类型	题目完成方式	题目难度	预计完成时间	题目来源	是否为某一大题拆分	备注栏
Z1004	01	YW10105003	A2			简答题	书面	中等	3 min	改编	否	

Z1005：阅读第一章《乡土本色》，根据提示，完成表格。

段落号	论据的复述或概述	所证明的观点
3	我的奶妈让我在水土不服或者想家时，用家乡的土煮汤喝。	土是乡下人的命根，具有至高地位。
4	张北一带的语言及各方面都不受蒙古影响。	
6	广西靠近瑶山的区域里看见老树上吹出来的种子，拼命垦地。	
13	论语中"习"和"悦"的意义。	在熟悉社会中，我们会学会从礼俗中学会规矩，社会信用是一种对行为的规矩熟悉到的不假思索的可靠性。
16	论语中，"孝"归结为"心安"，子女懂得在日常生活中摸熟父母的性格然后去承欢，做到心安。	

答案示例：

段落号	论据的复述或概述	所证明的观点
3	我的奶妈让我在水土不服或者想家时，用家乡的土煮汤喝。	土是乡下人的命根，具有至高地位。
4	张北一带的语言及各方面都不受蒙古影响。	靠农业为生的人是依附于土地的。
6	广西靠近瑶山的区域里看见老树上吹出来的种子，拼命垦地。	乡村人口饱和后，会分离一部分，但是主体部分不动。
13	论语中"习"和"悦"的意义。	在熟悉社会中，我们学会从礼俗中学会规矩，社会信用是一种对行为的规矩熟悉到的不假思索的可靠性。
16	论语中，"孝"归结为"心安"，子女懂得在日常生活中摸熟父母的性格然后去承欢，做到心安。	乡土社会中，人不追求普遍真理，只要掌握接触范围中手段到目的的个别关联。

单元作业属性表												
题目编码	所属课时	对应目标编码A	对应学习水平A	对应目标编码B	对应学习水平B	题目类型	题目完成方式	题目难度	预计完成时间	题目来源	是否为某一大题拆分	备注栏
Z1005	01	YW10105008	A3			简答题	书面	中等	2 min	改编	否	

Z1006:“告老还乡”“乞骸骨”“衣锦还乡”等词语,说明了古人对乡土怎样的情感和乡土社会的什么特征? 你还能想到哪些类似的成语或俗语吗?

____

____

____

答案示例: 古人对故乡的深深眷恋之情。从时间角度说明了乡土社会安土重迁,即使离乡,最终也要回来的社会特征。“叶落归根”“月是故乡明”“富贵不还乡如锦衣夜行”等。

单元作业属性表												
题目编码	所属课时	对应目标编码A	对应学习水平A	对应目标编码B	对应学习水平B	题目类型	题目完成方式	题目难度	预计完成时间	题目来源	是否为某一大题拆分	备注栏
Z1006	01	YW10105011	A4			简答题	书面	中等	8 min	创编	否	

Z1007:阅读下面这则新闻,对这些家长的种菜行为,作为中国网友会如何回答,在美国网友会如何发帖,耶鲁校方会如何回应呢?

中国留学生家长耶鲁种菜　荒地变菜园

图:《华商报》2015 - 07 - 09

美国耶鲁大学北部一处杂草丛生的荒地,如今却长满了韭菜、香菜等美国百姓闻所未闻的蔬菜。美联社报道称,爱子心切的中国留学生父母们来到美国照顾孩子。这些老人来自中国不同的城乡地区,却有着共同的爱好:种菜。当孩子们在耶鲁大学里为自己的学业打拼时,家长们通过这些菜园结识朋友,并吃到新鲜而且熟悉的蔬菜。菜园所在地属于耶鲁大学所有,曾经长满杂草。(来源:中国新闻网 2015 - 07 - 09 13:20)

① 具有乡土情结的中国网友说：____

____

② 受西方文化浸润的美国网友说：____

____

③ 拥有这片土地的耶鲁校方回应：____

____

【评价量表】

评价等第	评　　价　　标　　准
优　良	在答案示例中能很好体现自身对"乡土本色"的综合理解；能够基于现实情况，合理地推断出、分析出中美双方各自的迥异的各种反应。
合　格	能基本体现自身对"乡土本色"的综合理解；能够基于现实情况，大致地推断出、分析出中美各方的反应。
不合格	不能很好体现自身对"乡土本色"的综合理解；不能基于现实情况，合理地推断出、分析出中美双方各自的反应；不能自圆其说，前后矛盾。

答案示例：

① 中国网友说：这样做给外国人留下的印象不好，虽然能够理解，但是在外国文化中，一般荒地可以开辟种鲜花，不应该种菜，这样做不符合"入乡随俗"的礼节。中国文化中的勤劳、自给自足在他们身上得到了体现，虽然孩子就读名校，但是也能够将勤俭持家的优良家风传播出去，只要不妨碍学生生活，这是值得提倡的。乡土本色就是这样深入血液，在他们身上体现的。

② 有美国网友说，爱吃菜是个好习惯，还是中国人饮食习惯健康，只是愿意种菜的家长，都得自觉遵守一些不成文的规定，比如：可以施肥，但是不能用杀虫剂；和邻居分享自己收获的蔬菜，哪怕对方不种地；外出时各家会互相帮忙照应菜地等。而若有人家要搬走了，他们还需负责找到下家，保证他们那块菜地还有人照料。

③ 耶鲁校方回应：耶鲁校方也支持这些中国家长们在那里种菜，并为他们提供化肥。如今，这片"耶鲁菜地"也随着越来越多留学生父母的到来发展壮大，并吸引了当地媒体和民众的目光，受到美国网友的称赞。

设计说明：这道题目取材于网络探讨的热点。题目材料新奇有趣，富有强烈的时代气息，与本章内容又有异常紧密的联系，充分体现了我们在作业设计当中学以致用，以用促学的理念，也能让学生充分感受到《乡土中国》这本书的生命力，拉近与这本书的距离。

单元作业属性表												
题目编码	所属课时	对应目标编码A	对应学习水平A	对应目标编码B	对应学习水平B	题目类型	题目完成方式	题目难度	预计完成时间	题目来源	是否为某一大题拆分	备注栏
Z1007	01	YW10105012	A4			简答题	书面	较高	6 min	创编	否	

C. 拓展与探究(课外)

Z1008：中国人自古安土重迁，如今“北漂”“南漂”多了起来，但相比前些年每逢春节上海犹如一座“空城”的景象，现在有人选择留在上海，有人拖家带口也要回故乡吃年夜饭。请结合《乡土本色》中有关观点，加以阐释。(字数300字以内)

答案示例：有人拖家带口也要回故乡吃年夜饭，对故土的情结，让我们更能体会到《乡土本色》中论述乡土社会最大的两个特点是“土气”和“聚居”。土地是不流动的，因此，靠土地谋生的人也是黏着在土地上的，人们聚村而居，“像是半身插入了土里”。虽然成长后离开故乡，流动必不可免，但是对故乡的情感、乡土情结是不会轻易去除的。

选择留在上海，更多的是，现代社会商业发达，土地对人的束缚力变弱，甚至很多农村人也不再以土地为谋生的主要手段，选择进城打工，人口的流动性也随之增强。此外，在上海这座移民大都市常听说的“来了就是上海人”“上海暂住证”“上海引进人才”“985、211毕业生可以直接落户”等说法做法也可以被引用来印证文中的观点。

单元作业属性表												
题目编码	所属课时	对应目标编码A	对应学习水平A	对应目标编码B	对应学习水平B	题目类型	题目完成方式	题目难度	预计完成时间	题目来源	是否为某一大题拆分	备注栏
Z1008	01	YW10105012	A4			简答题	书面	较高	16 min	创编	否	

Z1009：本书是“学术性著作”，请为“学术性著作”下一个定义。

在阅读《旧著〈乡土中国〉重刊序言》《乡土本色》《后记》后，我们可借助KWL表格①对阅读“学术性著作”做预判：你已知道哪些信息；你认为这本书将包含哪些信息；你还想了解哪些信息。

① KWL表格(KWL table)：美国中小学阅读教学里最常用的一种表格，也是学校鼓励并要求教师经常使用的表格。K指what I know(自己知道的信息)；W指what I want to know(自己想要知道的信息)；L指what I have learned(认为自己知道的信息)。

(1) 学术性著作：________________

(2) 完成 KWL 表格，记录内容。

附：

书目：		
确信自己知道的信息	**认为自己可能知道的信息**	**自己想要知道的信息**

答案示例： 略

单元作业属性表												
题目编码	所属课时	对应目标编码 A	对应学习水平 A	对应目标编码 B	对应学习水平 B	题目类型	题目完成方式	题目难度	预计完成时间	题目来源	是否为某一大题拆分	备注栏
Z1009	01	YW10105006	A2	YW10105004	A2	书面开放题	书面	中等	12 min	创编	否	

【第 2 课时】

A. 提炼与概括(课前)

Z2001：根据第 1～3 章内容，请借助图示，结合《再论文字下乡》一章最后一句话“我同时也等于说，如果中国社会乡土性的基层发生了变化，也只有发生了变化之后，文字才能下乡”回答：乡下人为什么不用识字？(150 字左右)

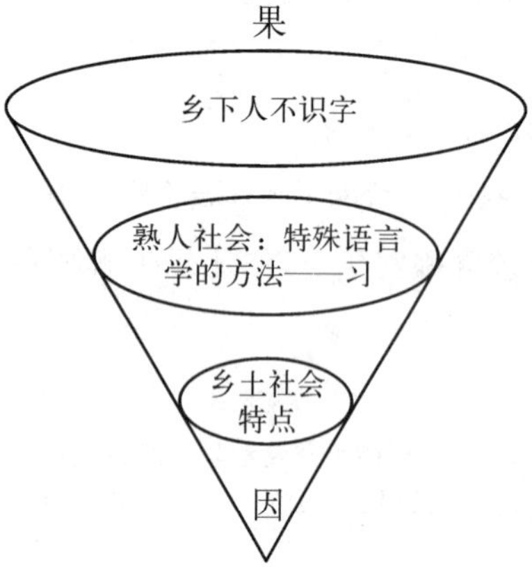

____

答案示例： 中国基层乡土社会具有稳定性、土气的、封闭的等特点，所以人和人之间很熟悉，形成了熟人社会。在这个社会中，人们通过特殊的语言交流，学的方法是"习"，也即口耳相传，所以乡下人没有识字的必要。

单元作业属性表												
题目编码	所属课时	对应目标编码A	对应学习水平A	对应目标编码B	对应学习水平B	题目类型	题目完成方式	题目难度	预计完成时间	题目来源	是否为某一大题拆分	备注栏
Z2001	02	YW10105004	A2			简答题	书面	中等	6 min	创编	否	

B. 理解与运用（课后）

Z2002：阅读《文字下乡》第1段～第5段，针对很多人认为乡下人"愚"的观点，作者是如何反驳的？找出相关语句并填写。

- 界定"愚"的评判标准，标准是______而不是____________________；
- 驳斥______方面不及人，论据：乡下人没见过城里世面、城里人没见过乡下世面；
- 驳斥识字方面不及人，论据：____________________；
- 结论____________________________________；
- 论证方式：驳论法。

答案示例：

界定"愚"的评判标准，标准是　智力　而不是　识不识字、见没见过世面　；

驳斥　见世面　方面不及人，论据：　乡下人没见过城里世面、城里人没见过从乡下世面　；

驳斥　识字　方面不及人，论据：　乡下人没有机会学习　；

结论　乡下人在城市生活所需的知识上不及城市里人多　；

论证方式：驳论法。

单元作业属性表												
题目编码	所属课时	对应目标编码A	对应学习水平A	对应目标编码B	对应学习水平B	题目类型	题目完成方式	题目难度	预计完成时间	题目来源	是否为某一大题拆分	备注栏
Z2002	02	YW10105006	A2			填空题	书面	中等	6 min	改编	否	

Z2003：结合生活经验，细读《再论文字下乡》，探究城乡两地的人们对文字的不同需求，填写下表。

	城　市　社　会	乡　土　社　会
生活的差异	陌生人社会，生活节奏快	
对文字的需求		指石为证，不需要文字

答案示例：

	城 市 社 会	乡 土 社 会
生活的差异	陌生人社会，生活节奏快	熟人社会，面对面社群
对文字的需求	交流沟通，需要文字	指石为证，不需要文字

单元作业属性表

题目编码	所属课时	对应目标编码A	对应学习水平A	对应目标编码B	对应学习水平B	题目类型	题目完成方式	题目难度	预计完成时间	题目来源	是否为某一大题拆分	备注栏
Z2003	02	YW10105002	A2	YW10105003	A2	填空题	书面	中等	4 min	创编	否	

Z2004：结合《文字下乡》和《再论文字下乡》，将乡土社会传播文化的方式和产生条件补充完整：

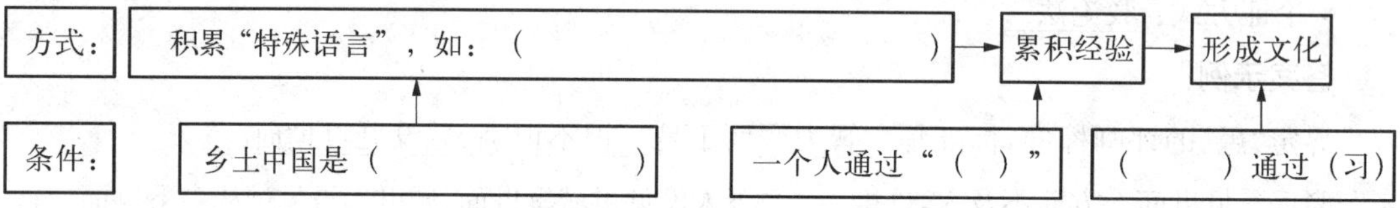

答案示例：

在《文字下乡》《再论文字下乡》两章，费老反驳城里人认为乡下人“愚”这个偏见时，举了一个生活实例，即“乡下孩子在教室里认字认不过教授们的孩子，教授们的孩子在田野里捉蚱蜢捉不过乡下孩子”。

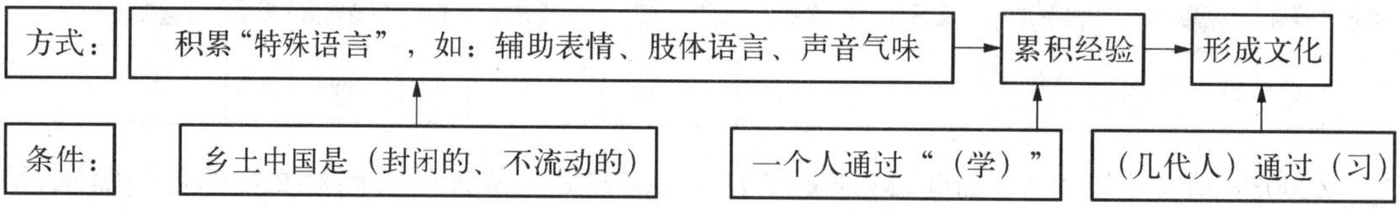

单元作业属性表

题目编码	所属课时	对应目标编码A	对应学习水平A	对应目标编码B	对应学习水平B	题目类型	题目完成方式	题目难度	预计完成时间	题目来源	是否为某一大题拆分	备注栏
Z2004	02	YW10105006	A2	YW10105004	A2	填空题	书面	中等	4 min	创编	否	

Z2005：请用鲁迅《故乡》里闰土和迅哥儿的故事，说明：乡下人不识字，但是并不“愚”。

____

____

____

答案示例：乡下孩子闰土对文字并没有迫切的来自生活上的需求；农家子弟闰土捕鸟厉害而不识字，乡镇的读书人家的孩子迅哥儿识字厉害而不会捕鸟；迅哥儿识字并不能说明他比闰土就更聪明，生活环境的不同决定他们所需要的生活知识不同。从而说明了乡下人不识字，但是并不“愚”的观点。

设计说明：这道题目结合同学们在初中学过的鲁迅经典小说《故乡》。社科类作品和小说作品比照阅读，能够让学生体会到小说情节的那种“源于生活而高于生活”的真实感，更能够让社科作品里的理论变得鲜活、真实、立体，让学生不再感到理论的抽象与艰涩。

单元作业属性表												
题目编码	所属课时	对应目标编码A	对应学习水平A	对应目标编码B	对应学习水平B	题目类型	题目完成方式	题目难度	预计完成时间	题目来源	是否为某一大题拆分	备注栏
Z2005	02	YW10105012	A4			简答题	书面	中等	6 min	创编	是	

Z2006：请设想闰土之子水生与迅哥儿侄子宏儿这两个孩子的“未来”。思考乡土社会是否真的不需要文字，说明原因。（后半题选做）

____

____

____

答案示例：水生与宏儿，似乎是迅哥儿与闰土当年关系的再现。“我”担心的是生活在最底层的水生也会像他父亲闰土一样，不识字，没知识，渐渐被苦难的生活所折磨压垮；而宏儿则如“我”一般，识文断字，走向另一条小知识分子之路。两个孩子长大以后也会如成年后的我们，还是存在明显的阶级差异以及情感的隔阂。这显然不是作者鲁迅愿意看到的。

乡土社会是否需要文字要结合具体情境来谈。在传统而保守的乡土社会，人们彼此熟悉，文字不是必要的交流工具。当社会处于从定型向不定型转换的过程中，乡土社会中传统的经验传递方式必将发生变化，社会生活的个体化的经验知识已不足以应对现代化的生产生活。而文字能够克服时空阻碍，将人类在生产生活中积累的宝贵经验和最新的科研成果记录下来并传承下去。农民通过识字学习，进而可以阅读书籍，掌握相关知识技术，实现由传统农民向现代职业农民的转变。

“如果中国社会乡土性的基层发生了变化，也只有在发生了变化之后，文字才能下乡”，费老所言的这个本来让学生很费解的结论，也变得容易理解了。

设计说明：这道题目体现了我们在阅读《乡土中国》这本书时，可以用一种思辨的态度、发展的眼光面对书中的观点。学生不仅要读懂费孝通的观点，更要在读懂费孝通观点的基础上，有自己的思考和态度。

单元作业属性表												
题目编码	所属课时	对应目标编码A	对应学习水平A	对应目标编码B	对应学习水平B	题目类型	题目完成方式	题目难度	预计完成时间	题目来源	是否为某一大题拆分	备注栏
Z2006	02	YW10105012	A4			书面开放题	书面	较高	8 min	创编	是	

C. 拓展与探究(课外)

Z2007：结合“家乡文化生活”单元，小组合作调查村落文化：

(1) 通过访谈、资料收集等方式，调查当地风俗文化，形成调查报告。

(2) 在班中开展“调查报告宣讲会”，交流点评。

【采访准备】

● 确定调查重点：查阅相关资料，如地方志、档案馆等，确定有意义、有可行性的调查主题，如：当地居民受教育程度的变化、当地文化的“特殊语言”、文化传播的多种方式等。

● 拟定访谈提纲：确定采访对象年龄层，最好能考虑到年龄跨度和性别差异；确定采访问题，采访问题基于史料，具体明确；预计访谈时间，并提前告知受访对象。

● 准备采访工具：录音笔、照相机工具，以便记录语音资料。

● 整理资料写作：结合资料、采访信息、音频和照片，形成调查报告。

附 1：访谈记录表①

<table>
<tr><td>对　象</td><td></td><td>性　别</td><td></td><td>年　龄</td><td></td></tr>
<tr><td>访谈成员</td><td colspan="2"></td><td>访谈时间</td><td colspan="2"></td></tr>
<tr><td>访谈提纲</td><td colspan="2">1. ____________
2. ____________
3. ____________
……</td><td>访谈记录</td><td colspan="2">____________
____
____
____________</td></tr>
</table>

① 可参考部编本语文必修上“家乡文化生活”单元相关表格。

附 2：特殊语言登记表

特殊语言含义	
特殊语言传播方式	
特殊语言传播范围	
信息来源(采访者姓名)	
价值描述	
音频	

附 3：调查报告结构表

标题	
摘要	
目录	
调查背景与目标	
调查步骤与方法	
调查内容与分析	
结论	
建议	
参考资料	

【评价量表】

评价等第	评　价　标　准
优　良	采访前做好详尽的调查，并聚焦一个问题展开采访；亲自参与访问，采集影像资料，编写成调查报告；调查报告基于事实和资料，得到相应结论，结构完整。
合　格	采访前做好详尽的调查，并聚焦一个问题展开采访；亲自参与访问，采集影像资料，编写成调查报告；调查报告只能基于事实或资料，得到结论，结构不完整。
不合格	未完成采访，或不能编写成文。

答案示例：略

单元作业属性表												
题目编码	所属课时	对应目标编码A	对应学习水平A	对应目标编码B	对应学习水平B	题目类型	题目完成方式	题目难度	预计完成时间	题目来源	是否为某一大题拆分	备注栏
Z2007	02	YW10105012	A4			书面开放题	综合实践类	较高	25 min	改编	否	

【第3课时】

A. 提炼与概括(课前)

Z3001：根据文本内容填空：

(1) 中国乡土社会是“______”的社会，其社会结构是“________”。中国乡土社会中的基本社群是“_____”。家族在结构上包括家庭，最小的家族也可以等于家庭。我们的家是个“绵续性的________社群”，它的主轴在____之间、在 ____之间，是纵的，不是横的，稳定社会靠的不是感情，而是了解，中国乡土社会的文化模式是“______”的。乡土社会为求稳定，认定________，只在行为上按着一定的规则经营分工合作的“________和 ________事业”。

答案示例：熟人；差序格局；小家族；事业；父子；婆媳；阿波罗式；男女间不必求同；经济；生育

单元作业属性表												
题目编码	所属课时	对应目标编码A	对应学习水平A	对应目标编码B	对应学习水平B	题目类型	题目完成方式	题目难度	预计完成时间	题目来源	是否为某一大题拆分	备注栏
Z3001	03	YW10105003	A2			填空题	书面	较低	5 min	改编	否	

Z3002：阅读《后记》选段，划出“社区分析”的两个方法，以帮助阅读第4～7章内容。

社区分析的初步工作是在一定时空坐落中去描画出一地方人民所赖以生活的社会结构。在这一层上可以说是和历史学的工作相通的。社区分析在目前虽则常以当前的社区作研究对象，但这只是为了方便的原因，如果历史材料充分的话，任何时代的社区都同样可作分析对象。

社区分析的第二步是比较研究，在比较不同社区的社会结构时，常会发现每个社会结构都有它配合的原则，原则不同，表现出来结构的形式也不一样。于是产生了“格式”的概念。在英美人类学中这种研究的趋势已经十分明显，好像 Pattern，Configuration，Integration 一类名词都是针对着这种结构方面的研究，我们不妨称之作“结构论”(Structuralism)，它是“功能论”(Functionalism)的延续。但是在什么决定“格式”的问题上却还没有一致的意见。在这里不免又卷起“边缘科学”的余波，有些注重地理因素，有些注重心理因素。但这余波和早年分派互讦的情形不完全相同，因为社区结构研究中对象是具体的；有这个综合的中心，各种影响这中心的因素都不致成为抽象的理论，而是可以观察、衡量的作用。

答案示例：社区分析的初步工作是在一定时空坐落中去描画出一地方人民所赖以生活的社会结构。

社区分析的第二步是比较研究，在比较不同社区的社会结构时，常会发现每个社会结构都有它配合的原则，原则不同，表现出来结构的形式也不一样。

设计说明：本题由社区分析方法，提示学生《乡土中国》的概念是从何而来的，同时也能帮助学生思考阅读文本的切入点。

单元作业属性表												
题目编码	所属课时	对应目标编码A	对应学习水平A	对应目标编码B	对应学习水平B	题目类型	题目完成方式	题目难度	预计完成时间	题目来源	是否为某一大题拆分	备注栏
Z3002	03	YW10105007	A3			判断题	书面	较低	2 min	创编	否	

B. 理解与运用（课后）

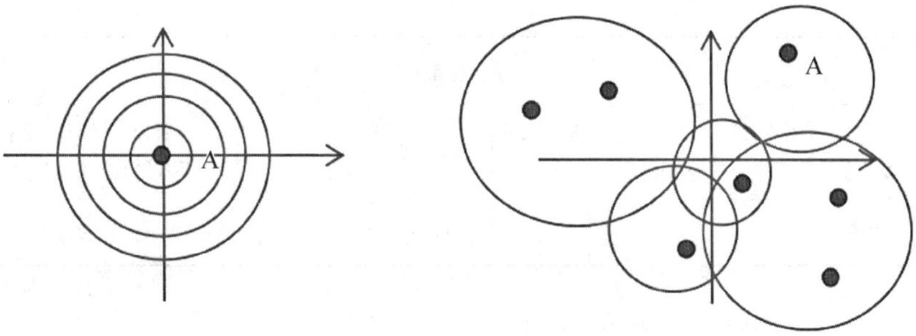

Z3003：通过对比，梳理“差序格局”和“团体格局”概念的异同。

（1）______格局　　　　（2）______格局

对比点	差　序　格　局	团　体　格　局
人际关系	（3）______	团体界限分明
家庭成员	（4）______	夫妻及未成年的孩子
家庭功能	由单系亲属所组成的绵续性的事业社群（家族），赋有除生育以外的政治、经济、宗教等功能。	夫妇是家庭主轴，共同经营生育事务。
价值体系	主张（5）______	主张（6）______
道德标准	以“己”为中心，以（7）____为差序	（8）______
行为规范	（9）______	（10）______

答案示例：

（1）__差序__格局；（2）__团体__格局

对比点	差　序　格　局	团　体　格　局
人际关系	（3）群己关系是相对的，具有伸缩性	团体界限分明
家庭成员	（4）自家人的范围含糊，有伸缩性	夫妻及未成年的孩子
家庭功能	由单系亲属所组成的绵续性的事业社群（家族），赋有除生育以外的政治、经济、宗教等功能	夫妇是家庭主轴，共同经营生育事务
价值体系	主张（5）自我主义	主张（6）个人主义
道德标准	以“己”为中心，以（7）“人伦”为差序	（8）人人平等，一视同仁
行为规范	（9）遵循私人（人伦）关系的道德要素	（10）依据宪法，拥有权利、履行义务

单元作业属性表												
题目编码	所属课时	对应目标编码A	对应学习水平A	对应目标编码B	对应学习水平B	题目类型	题目完成方式	题目难度	预计完成时间	题目来源	是否为某一大题拆分	备注栏
Z3003	03	YW10105002	A2			填空题	书面	中等	20 min	改编	否	

阅读以下《红楼梦》节选，回答相关问题。

赵姨娘气的问道：“谁叫你拉扯别人去了？你不当家我也不来问你。你如今现说一是一，说二是二。如今你舅舅死了，你多给了二三十两银子，难道太太就不依你？分明太太是好太太，都是你们尖酸刻薄，可惜太太有恩无处使。姑娘放心，这也使不着你的银子。明儿等出了阁，我还想你额外照看赵家呢。如今没有长羽毛，就忘了根本，只拣高枝儿飞去了！”探春没听完，已气的脸白气噎，抽抽咽咽的一面哭，一面问道：“谁是我舅舅？我舅舅年下才升了九省检点，那里又跑出一个舅舅来？我倒素习按理尊敬，越发敬出这些亲戚来了。既这么说，环儿出去为什么赵国基又站起来，又跟他上学？为什么不拿出舅舅的款来？何苦来，谁不知道我是姨娘养的，必要过两三个月寻出由头来，彻底来翻腾一阵，生怕人不知道，故意的表白表白。也不知谁给谁没脸？幸亏我还明白，但凡糊涂不知理的，早急了。”李纨急的只管劝，赵姨娘只管还唠叨。

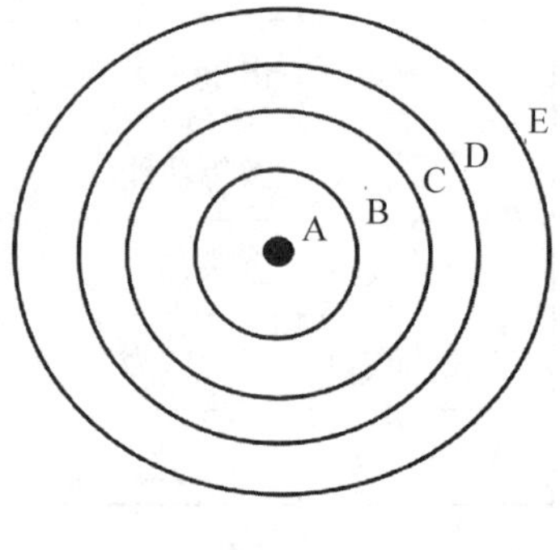

Z3004：请以贾政为圆心，以亲属关系为判断依据，为赵姨娘、探春、赵国基和王夫人排序：

贾政(A);赵姨娘(　　);探春(　　);赵国基(　　);王夫人(　　)

答案示例: (1) A,D,C,E,B

单元作业属性表												
题目编码	所属课时	对应目标编码A	对应学习水平A	对应目标编码B	对应学习水平B	题目类型	题目完成方式	题目难度	预计完成时间	题目来源	是否为某一大题拆分	备注栏
Z3004	03	YW10105002	A2			填空题	书面	中等	6 min	创编	是	

Z3005:有人认为探春的这一行为是不守“孝”道的,结合《差序格局》和《维系着私人的道德》,说说你的判断。

____

____

____

答案示例:

王夫人是探春名义上的母亲,而赵姨娘只是她生物学角度上的母亲,探春既服“伦理”,就要以尊重爱戴王夫人为先,同时,探春的行为也符合她的性格,她做事不徇“私”,亲舅舅赵国基死了,她坚持原则按例给二十两银子的丧礼钱,甚至母亲赵姨娘求情也不给面子。虽然是一介闺阁,却比男性办事果决。

单元作业属性表												
题目编码	所属课时	对应目标编码A	对应学习水平A	对应目标编码B	对应学习水平B	题目类型	题目完成方式	题目难度	预计完成时间	题目来源	是否为某一大题拆分	备注栏
Z3005	03	YW10105002	A2			简答题	书面	中等	6 min	改编	是	

Z3006:阅读诗歌,回答问题:

钗头凤

(宋)陆　游

红酥手。黄縢酒。满城春色宫墙柳。东风恶。欢情薄。一怀愁绪,几年离索。错错错。

春如旧。人空瘦。泪痕红浥鲛绡透。桃花落。闲池阁。山盟虽在,锦书难托。莫莫莫。

陆游和唐婉是一对情投意合的恩爱夫妻。而陆母恐陆游儿女情长,时迁怒唐婉,不到三年,棒打鸳鸯。二人终于在母命难违的逼迫下,被迫分离。多年后陆游又见唐婉,写下《钗头凤》。

请联系《男女有别》,说明陆母不能接受二人琴瑟和鸣婚姻状态的原因。

____

____

____

答案示例：乡土社会是阿波罗式的社会，它强调纪律而排斥私情，感情的淡漠是稳定的社会关系的一种表示，在家庭中，夫妻之间更应该呈现出一种相敬如宾的关系，所以陆母不希望他们之间发生激动性的感情。

设计说明：学术性著作所阐述的中国基层特点，能够帮助学生更靠近文本的写作背景，了解文本的深层内涵。

单元作业属性表												
题目编码	所属课时	对应目标编码A	对应学习水平A	对应目标编码B	对应学习水平B	题目类型	题目完成方式	题目难度	预计完成时间	题目来源	是否为某一大题拆分	备注栏
Z3006	03	YW10105002	A2			简答题	书面	中等	6 min	创编	否	

B. 合作探究(课外)

Z3007：结合材料与《差序格局》中对于“伦”的解释，思考：为何在差序格局下，乡土社会相对稳定？

材料1：

伦

lún

会意字。从人（亻），篆书形体像站着的一个人；从侖（仑），仑指条理、次序，表示人与人之间的条理、次序即人伦；仑(lún)兼表声。倫简化为伦。本义是人伦。

① 人与人之间的关系：～理｜～常｜人～。② 同等；同类：不～不类｜无与～比。③ 条理；次序：语无～次。

～比　～次　绝～　乱～　天～　荒谬绝～　拟于不～

材料2：

“夫祭有十伦焉：见事鬼神之道焉，见君臣之义焉，见父子之伦焉，见贵贱之等焉，见亲疏之杀焉，见爵赏之施焉，见夫妇之别焉，见政事之均焉，见长幼之序焉，见上下之际焉。此之谓十伦。”——《礼记·祭统》

材料3：

“人之有道也，饱食暖衣，逸居而无教，则近于禽兽，圣人(舜)有忧之，使契为司徒，教以人伦：父子有亲，君臣有义，夫妇有别，长幼有序，朋友有信。”——《孟子·滕文公上》

答案示例：

参看《差序格局》：

在这里我们遇到了中国社会结构的基本特性。我们儒家最考究的是人伦，伦是什么呢？我的解释就是从自己推出去的和自己发生社会关系的那一群人里所发生的一轮轮波纹的差序。“释名”于沦字下也说“伦也，水文相次有伦理也”。潘光旦先生曾说：凡是有“仑”作公分母的意义都相同，“共同表示的是条理，类别，秩序的一番意思”。（见潘光旦《说伦字》，《社会研究》第十九期）

费孝通对“伦”的解释就是从自己推出去的和自己发生社会关系的那一群人里所发生的一轮轮波纹的差序，从“伦”的字形看，它的原义就是：人与人之间的条理、次序。这种次序体现在方方面面，比如：君臣、父子、贵贱等。有了这种顺序，人和人之间的关系能够长久而和谐，继而生活在乡土社会就会是一个相对稳定的群体。

单元作业属性表

题目编码	所属课时	对应目标编码A	对应学习水平A	对应目标编码B	对应学习水平B	题目类型	题目完成方式	题目难度	预计完成时间	题目来源	是否为某一大题拆分	备注栏
Z3007	03	YW10105004	A2	YW10105006	A2	简答题	书面	较高	15 min	创编	否	

Z3008：人们历来对“差序格局”中的“差”字的读音颇有争议，有人认为应读：[chā]，有人认为读[cī]，你认为应该如何读？请选择运用下列材料，阐述你的判断。

材料1：“及宗族尊卑，各有差序，足相臣服。”——《三国志·魏志·东夷传》

“若夫尊贵差序，则肃以节文。”——《文心雕龙·书记》

材料2：

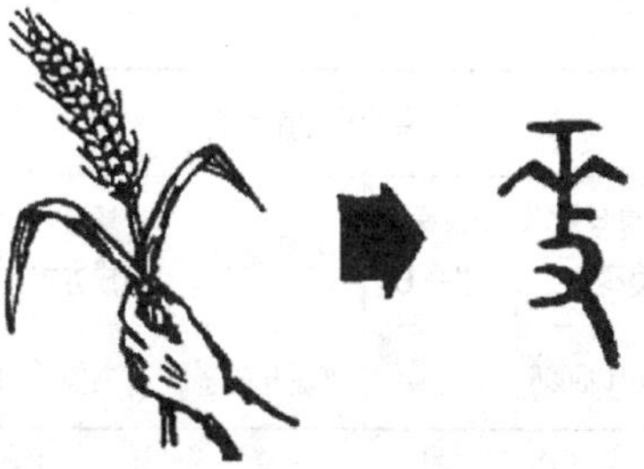

金文“差”字的上部是一棵麦子，下面是手（“又”）。本义是“搓麦”或“磋磨”。《广雅》：“差，磨也。”后来“又”讹变为“左”或“右”，就不好解了。楷书旧字体10画（差），现为9画（差）。

“差”原义表示用手搓麦，搓后又磨制、精

材料3：[chā]：差别——工种不同；差异——岗位相异。

[cī]：参差不齐——长短、高低不齐，形容水平不一或很不整齐；差互——指的是错过时机，出差错的意思；差肩——比肩，肩挨肩。

____

____

____

【评价量表】

评价标准	评　价　等　第
优　良	能查阅资料，根据“差”字形字义、词语出处等探寻问题答案。
合　格	有自己的判断和理由，但是没有联系材料合理证明观点。
不合格	引用的材料和论点之间联系错误。

答案示例：只要自圆其说。

①[chā]：“差”有差别、差异的含义，指乡土中国人际交往关系是因为亲疏远近而产生差别的，所以读“chā”。

②[cī]：“差”有参差的含义，“差”字原义就是给麦子分级，“参差”就是指水平的高低不齐，差序格局是一个以“己”为圆心的参差向外扩展的“水波纹”形式的人际关系，这里的“差序”有等级之意，所以应读“cī”。

设计说明：“差序格局”是一个重要的学术概念，理解新型的概念，往往需要有追根溯源的精神，以探索字词含义的源流演变，帮助反观字义。

单元作业属性表												
题目编码	所属课时	对应目标编码A	对应学习水平A	对应目标编码B	对应学习水平B	题目类型	题目完成方式	题目难度	预计完成时间	题目来源	是否为某一大题拆分	备注栏
Z3008	03	YW10105004	A2	YW10105006	A2	书面开放题	书面	较高	0	创编	否	

【第4课时】

A. 提炼与概括(课前)

阅读《礼治秩序》《无讼》《无为政治》《长老统治》四章节，回答以下问题：

Z4001：请对应文中空格，对下列句子序号进行排列。

乡土社会是“礼治”的社会。______。____。______。乡土社会中，守不守礼是个道德问题，维持礼治秩序的理想手段是教化。______。______。

① 在变迁很快的时代，礼治社会是不会出现的。

② 调解的教化过程，最终是为了无讼。

③ “礼”通过教化进入人们内心，使人养成敬畏的习惯，从而主动服从于传统。

④ 在人们思想观念还未改变的情况下，推行现代司法制度在乡间会产生副作用。

⑤ “礼”是社会公认的行为规范，依靠传统来维持。

答案：⑤③①②④

单元作业属性表												
题目编码	所属课时	对应目标编码A	对应学习水平A	对应目标编码B	对应学习水平B	题目类型	题目完成方式	题目难度	预计完成时间	题目来源	是否为某一大题拆分	备注栏
Z4001	04	YW10105003	A2			填空题	书面	较低	4 min	创编	是	

Z4002：在文中横线处填入下列语句，衔接最恰当的一项是（　　）。

作者从社会冲突和社会合作两个方面，分别揭示了两种不同的权力类型，即“横暴权力”和“同意权力”产生的背景。____，在乡土社会中的影响并不明显，______。____，在稳定的乡土社会中扎根下来，逐渐被人们承认，被整个社会接受，____。______，长幼有序的原则逐渐弱化，教化权力必然缩小，新的社会离乡土性也就渐行渐远了。

① 社会继替过程中产生的文化

② 传统的方法不足以应付当前的生活

③ 在乡土人民的实际生活中是“松弛和微弱的，是挂名的，是无为的”

④ 横暴权力由于经济条件的拘束

⑤ 无形中就形成了一种教化的力量，即“长老权力”

A. ①⑤④③②　　B. ④③⑤②①　　C. ④③①⑤②　　D. ⑤②①③④

答案：C

单元作业属性表												
题目编码	所属课时	对应目标编码A	对应学习水平A	对应目标编码B	对应学习水平B	题目类型	题目完成方式	题目难度	预计完成时间	题目来源	是否为某一大题拆分	备注栏
Z4002	04	YW10105003	A2			选择题	书面	较低	4 min	创编	是	

Z4003：抓住核心概念并通过对比理解概念的异同，是阅读学术著作的重要方法。阅读《礼治秩序》等章节，完成以下题目：

要求：① 从“差序格局”“团体格局”“礼治”“法治”“法”“礼”“传统”“法律”“权力”“良心”找出两个核心概念，在横线处为对比思维导图命名。

② 将其余概念，填入空格内。

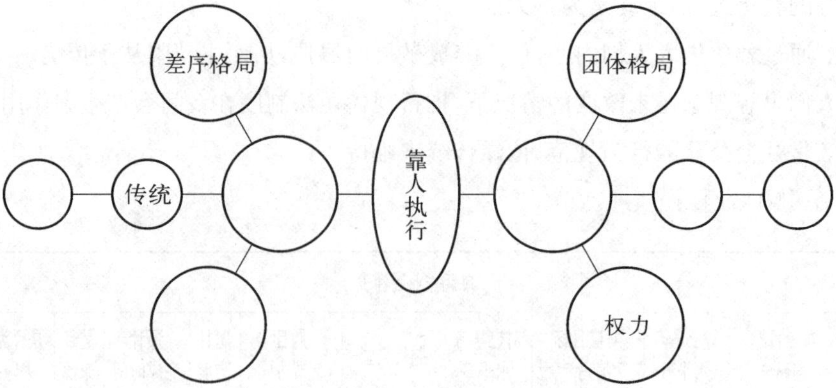

________ 和 ________ 对比思维导图

答案：

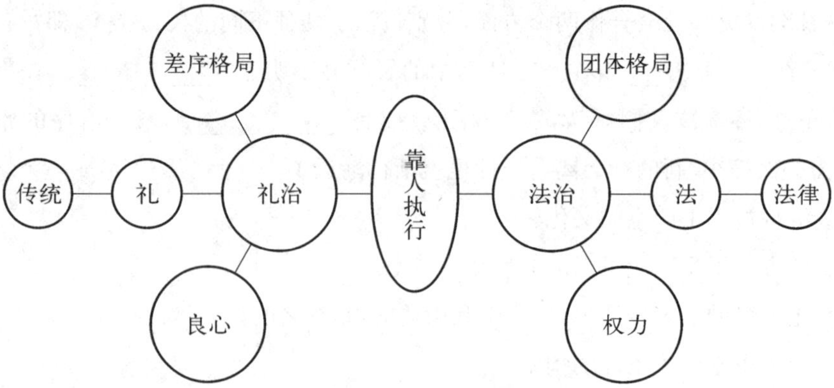

<u>礼治</u> 和 <u>法治</u> 对比思维导图

设计说明：抓住核心概念是阅读学术著作的重要方法。本题旨在以思维导图的形式搭建学习支架，引导学生快速提取文本的核心概念，通过对比理解概念异同，把握四章节的主要内容及其之间的逻辑关系，培养学生阅读学术著作的方法与能力。

单元作业属性表												
题目编码	所属课时	对应目标编码A	对应学习水平A	对应目标编码B	对应学习水平B	题目类型	题目完成方式	题目难度	预计完成时间	题目来源	是否为某一大题拆分	备注栏
Z4003	04	YW10105006	A2			填空题	书面	中等	8 min	创编	否	

Z4004：浏览《无为政治》《长老统治》两章，借助表格搜检信息，比较“横暴权力”“同意权力”“教化权力”的区别。

	横 暴 权 力	同 意 权 力	教 化 权 力
权力产生的背景	社会冲突	社会合作	
权力实施的目的	剥削被统治者以获得经济利益		既为了社会，也为了被教化者
权力的特点		民主	
权力的范畴	政治	政治	

答案：

	横 暴 权 力	同 意 权 力	教 化 权 力
权力产生的背景	社会冲突	社会合作	社会继替
权力实施的目的	剥削被统治者以获得经济利益	在社会契约下彰显个人自由意志	既为了社会，也为了被教化者
权力的特点	专制	民主	强制
权力的范畴	政治	政治	文化

单元作业属性表												
题目编码	所属课时	对应目标编码A	对应学习水平A	对应目标编码B	对应学习水平B	题目类型	题目完成方式	题目难度	预计完成时间	题目来源	是否为某一大题拆分	备注栏
Z4004	04	YW10105002	A2			填空题	书面	较低	6 min	改编	否	

B. 理解与运用（课后）

Z4005：《无讼》一章中用“殴伤奸夫案”来阐释“乡间能推行法治要在社会结构和思想观念上进行变革”这一观点，请分析作者运用这一材料的作用。

____

____。

答案：“殴伤奸夫案”中通奸无罪且无证据，而殴伤却有罪，这一例子作为事实材料，论证了现行司法制度在乡间发生了很特殊的副作用，它破坏了原有的礼治秩序，但并不能有效地建立起法治秩序，从而得出要把法律和法庭推行下乡，在社会结构和思想观念上进行改革这一结论。

单元作业属性表												
题目编码	所属课时	对应目标编码A	对应学习水平A	对应目标编码B	对应学习水平B	题目类型	题目完成方式	题目难度	预计完成时间	题目来源	是否为某一大题拆分	备注栏
Z4005	04	YW10105008	A3			简答题	书面	较低	6 min	创编	否	

材料分析题(二选一)

根据《无讼》一章,以陈寔为例,理解礼治在构建无讼社会中的作用。

寔在乡闾,平心率物。其有争讼,辄求判正,晓譬曲直,退无怨者。至乃叹曰:“宁为刑罚所加,不为陈君所短。”时岁荒民俭,有盗夜入其室,止于梁上。寔阴见,乃起自整拂,呼命子孙,正色训之曰:“夫人不可不自勉。不善之人未必本恶,习以性成,遂至于此。梁上君子者是矣!”盗大惊,自投于地,稽颡归罪。寔徐譬之曰:“视君状貌,不似恶人,宜深克己反善。然此当由贫困。”令遗绢二匹。自是一县无复盗窃。

——《后汉书·陈寔传》

Z4006:关注陈寔处理盗窃事件的言行,分析礼治在构建无讼社会中起到的作用。

____

____

____。

答案: 百姓称“宁为刑罚所加,不为陈君所短”体现了陈寔作为地方长官,严格实践着儒家“为国以礼”“为政以德”的思想。“法”作为外力压迫并不能让百姓“有耻且格”,而教化却可以让人“明礼知耻”。“呼命子孙”“徐譬之”说明陈寔一开始就不想把事情放到法律层面解决,而是倾向于教化,陈寔对盗者说“宜深克己反善”更是体现对教化的高度重视,礼治可以激发人的向善上进之心,内化为人的自觉行动,构建“无讼”社会。

设计说明: 史传中的材料能印证乡土社会是礼治社会,重视对人的教化等观点。本题旨在培养学生在读懂史料的基础上能运用史料印证并理解书中观点。

单元作业属性表												
题目编码	所属课时	对应目标编码A	对应学习水平A	对应目标编码B	对应学习水平B	题目类型	题目完成方式	题目难度	预计完成时间	题目来源	是否为某一大题拆分	备注栏
Z4006	04	YW10105010	A3			简答题	书面	中等	8 min	创编	否	

请结合《礼治秩序》《无讼》两章,分析材料,回答问题。

“娘舅”,原为舅舅的意思。在吴语地区人们常把那些有威望、讲公道的年长者称作“老娘舅”。自2012年起,新娱乐和上海市司法局联合制作推出《新老娘舅》栏目,节目以调解百姓纠纷、营造和谐社会为宗旨,用老百姓喜闻乐见的形式,潜移默化地宣传国家的政策法规,节目播出后,受到了一部分观众的欢迎,但也遭到了不少民众的质疑。

在一期关于家庭遗产分配纠纷的节目中,老人去世后,遗嘱里写了给某一个孩子,其他几个孩子都想要拿,于是矛盾产生。节目组请来的一位“老娘舅”在最后说,大家本都是兄弟姐妹,本来就应该平分的,她让那个单独拿到遗产的子女把遗产让出来。她的调解方式引起了网民们的热议。

网友 1：法律在她的眼中就是一个没必要的东西，只是抱着对所谓家家“美满”的期望，希望“和稀泥”而非解决问题。如果要建设法治社会，我们应该是不需要她的。

网友 2：她很好地融合了理智与情感两个向度，调解不是法庭，调解的目的就是让你们不要吵了，谁对谁错不重要，在这一点上她就深得民心。

Z4007：根据以上材料，你认为“无讼”的调解方式是否还适用于现代社会？请简述理由。

____

____

____。

答案：从“礼”角度：以道德教化的方式劝和双方，有利于家庭和谐，社会稳定。从“法”角度：将“情”凌驾于“法”上，“家和万事兴”的传统观念不能解决生活实际问题，且法律知识淡薄，无法保障现代社会的公平与正义。现代社会是法治社会，纠纷调解应当以法律为依据，以保障规范公平。值得思考的是，构建和谐社会需要将礼治与法治相互平衡。

【评价量表】

评价等第	评　价　标　准
优　良	能从“礼”与“法”两个角度辩证看到调解的作用与局限；观点清晰，语言简洁。
合　格	只能从“礼”与“法”单一角度分析“无讼”的调解方式；观点清晰，语言通顺。
不合格	不能从“礼”“法”角度分析“无讼”的调解方式；观点模糊，有语病。

设计说明：本题旨在引导学生学以致用，将乡土社会的特征放到现代社会的具体情境中进行探究，以思辨的目光审视乡土社会的特征在当代社会的意义与局限。

单元作业属性表

题目编码	所属课时	对应目标编码 A	对应学习水平 A	对应目标编码 B	对应学习水平 B	题目类型	题目完成方式	题目难度	预计完成时间	题目来源	是否为某一大题拆分	备注栏
Z4007	04	YW10105011	A4			简答题	书面	中等	14 min	创编	否	

C. 拓展与探究(课外)

Z4008：观看影视剧《平凡的世界》第二十七集，阅读文学作品《白鹿原》(作家出版社 2017 年版)第四章，尝试回答以下问题：大队书记田福堂为什么无法制止孙少安带领村民推行农村生产责任制？为什么白鹿原上白、鹿两家的纠纷，不用打官司就解决了？

请在《平凡的世界》和《白鹿原》中任选一部作品，用《无为政治》或《长老统治》中的观点对相应问题加以说明。

答案：费孝通认为，在乡土社会中，由于经济条件的拘束，横暴权力的影响并不明显，因此它是无为的。《平凡的世界》中双水村非常贫困，这种经济条件的限制，就迫使作为大队书记的田福堂并不能用自己手中的权力，制止孙少安带领村民推行农村生产责任制，他以大队书记身份实施的横暴权力，也注定是无为的。乡土社会中人们在发生纠纷时不主张利用诉讼法律来解决问题，而是利用传统的伦理道德观念来调解协商，这就是“无讼”。白鹿原上，白、鹿两家的矛盾最后依靠具有权威地位的长老人物——朱先生的一首《致嘉轩弟》巧妙地平息了两家矛盾，化干戈为玉帛，正说明了乡土社会是“无讼”社会。

设计说明：《平凡的世界》与《白鹿原》是两部经典的具有乡土元素的文学作品，小说生动描绘中国农村生活面貌，反映中国农村经历的社会变革与变迁，可以说是《乡土中国》的小说版。将两部作品以电视剧和书籍形式推荐给学生观看与欣赏，一方面开拓其阅读视野，提升对文学作品的审美鉴赏能力，另一方面两部小说能与学术论著《乡土中国》互为印证，能帮助学生更好地理解《乡土中国》中的观点，同时培养学生用书中观点分析文学作品的能力。

单元作业属性表												
题目编码	所属课时	对应目标编码A	对应学习水平A	对应目标编码B	对应学习水平B	题目类型	题目完成方式	题目难度	预计完成时间	题目来源	是否为某一大题拆分	备注栏
Z4008	01	YW10105012	A4			书面开放题	综合实践类	较高	0	创编	否	

Z4009：费孝通说“乡土社会是‘礼治’的社会。”有学生用“商鞅变法”批驳了费孝通的观点。而秦晖在《传统中国社会的再认识》一文中提出了更为准确的事实判断——“儒表法里说”，即表面上用儒家思想教化民众，实际上是用法家思想巩固统治。请查阅相关资料，结合历史事实，谈谈你认为乡土社会到底是“礼治”还是“法治”。

答案：先秦时期“法家”思想流派兴起，且提出了一整套理论和方法，为后来建立的中央集权的秦朝提供了有效的理论依据，法家的产生也正说明了乡土社会单靠人内心对“礼”的服膺是无法长期维持稳定的，还必须依靠法律法规来对人加以约束，从而规范他们的言行，达到统治的目的。“商鞅变法”将温情脉脉的儒家“礼法”变成了严酷冷血的“刑法”。汉武帝时期“罢黜百家，独尊儒术”只是给“刑法”披上了“礼法”的外衣，也就是秦晖所说的“儒表法里”。由此可见，费孝通的“礼治秩序说”只是停留在中国传统社会的“表面上”，未能从“实质上”对中国传统社会的统治秩序做出正确的判断。

【评价量表】

评价等第	评　价　标　准
优　良	对中国传统社会的“礼治”与“法治”概念有深刻准确的认识，客观评价作者的局限；论证过程中查阅到的资料与历史事实翔实；语言简洁，表述清晰，逻辑严密。

续　表

评价等第	评　价　标　准
合　格	对中国传统社会的“礼治”与“法治”概念有基本正确的认识；能查阅资料，结合历史事实展开分析；语言通顺，表述清楚，逻辑较为严密。
不合格	对中国传统社会的“礼治”与“法治”概念没有正确的认识；没有查阅资料和结合历史事实展开分析；语言冗长，表述不够清晰，逻辑不够严密。

设计说明：该题旨在考查学生对书中观点的辩证性认识，培养学生的批判性阅读能力，思辨性阅读能力，考查其对资料信息的收集与处理，对所述观点运用足够有效的论据进行支撑，逻辑严密，表述准确，能够以批判性思维来客观理性地看待《乡土中国》这本书，看到费孝通对乡土社会特征认识上的局限性。

单元作业属性表

题目编码	所属课时	对应目标编码A	对应学习水平A	对应目标编码B	对应学习水平B	题目类型	题目完成方式	题目难度	预计完成时间	题目来源	是否为某一大题拆分	备注栏
Z4009	04	YW10105011	A4	YW10105012	A4	书面开放题	跨学科运用类	较高	0	创编	否	

【第5课时】

A. 提炼与概括（课前）

Z5001：阅读《血缘和地缘》《名实的分离》这两章的内容，完成以下填空。请在“（　　）”选择关联词，在“____”填写主要概念，使之符合文本的逻辑。

（　　）乡土社会是一个______，而它（　　）具有稳定性（　　）其所决定的社会地位也不容个人选择，（　　），其中的统治者________——辈分或年龄长的人，具有实际的统治权力。（　　）人终究不是植物，还是要流动的，（　　）离开家乡的人聚集在一起，他们就会形成______。在这一关系中，产生了新的统治者________——他提得出办法，有组织能力，拥有______。

- 以下关联词语供你选择：A. 因为　　B. 所以　　C. 不但　　D. 而且

答案：A；C；D；B；C

血缘社会；长老；地缘关系；文化英雄；时势权力

单元作业属性表

题目编码	所属课时	对应目标编码A	对应学习水平A	对应目标编码B	对应学习水平B	题目类型	题目完成方式	题目难度	预计完成时间	题目来源	是否为某一大题拆分	备注栏
Z5001	05	YW10105002	A2			填空题	书面	较低	6 min	创编	否	

Z5002：在血缘社会中，人口也会因繁殖而流动，这样的流动会使血缘社会转变为地缘社会吗？作者用哪两类现象回答了这个问题？

____

____

____

答案：不会。首先，作者指出，分出去的村落和原来的村落保持血缘联系，甚至使用原来的地名，那么说明这种流动否定了空间的分离，并没有改变血缘社会的性质。其次，作者介绍了“籍贯”的作用，因为流动与旧乡村已经没有地缘关系的人依靠籍贯，维持着血缘联系。

单元作业属性表												
题目编码	所属课时	对应目标编码A	对应学习水平A	对应目标编码B	对应学习水平B	题目类型	题目完成方式	题目难度	预计完成时间	题目来源	是否为某一大题拆分	备注栏
Z5002	05	YW10105003	A2			简答题	书面	较低	6 min	创编	否	

Z5003：《名实的分离》这一章最重要的结论是长老权力下的乡土社会容易发生名与实的分离。请根据本章内容填补下列论证链。

- 旧有社会结构不能应付新问题新环境，造成社会变迁——①__________——社会变迁速度慢，被吸收在社会继替中时，社会安定，时势权力不能发达。
- 长老权力下的乡土社会变迁速率缓慢，环境固定，不容易发生“反对”。——②______——注释的变动，使教条和命令适应社会变动，但也引起名实之间的分离。

答案：① 社会变迁中，产生第四种权力——时势权力；② “反对”在乡土社会中被时间冲淡，变为对教条和命令的“注释”。

单元作业属性表												
题目编码	所属课时	对应目标编码A	对应学习水平A	对应目标编码B	对应学习水平B	题目类型	题目完成方式	题目难度	预计完成时间	题目来源	是否为某一大题拆分	备注栏
Z5003	05	YW10105005	A2			填空题	书面	较低	8 min	创编	否	

B. 理解与运用(课后)

Z5004：来自农村的小明同学读完《血缘和地缘》后，觉得“在亲密的血缘社会中商业是不能存在的”这一观点值得商榷，农村里每月固定的赶集活动不就是商业行为吗？你是否同意他的观点？请你根据本章观点，写一段话回应小明同学的困惑。

____

____。

答案： 小明同学，你所例举的赶集活动恰恰说明这个观点是正确的。因为亲密社群互欠人情，以此维护亲密与团结，因此无法"清算"。只能以相互馈赠的方式互通有无。所以，赶集的场所并不在村子里，而在一片空场上，各地的人在这里，是以"无情"的身份交易的，这样才能当场算清。因此赶集活动恰恰说明亲密的血缘社会中商业不能存在。

设计说明：《乡土中国》作为一本提炼社会现象背后规律的社科作品，读者在阅读时难免会将书中的讲法与现实生活中的现象相照应，或赞同，或质疑。"与现实照应并思考"是阅读社科类作品的重要方法，这道题目设计了一个辨析的场域，让学生通过为小明答疑解惑，更深入地理解生活现象，并在阅读《乡土中国》时，形成"抽象理论"与"现实依据"共生互证的意识。

单元作业属性表												
题目编码	所属课时	对应目标编码 A	对应学习水平 A	对应目标编码 B	对应学习水平 B	题目类型	题目完成方式	题目难度	预计完成时间	题目来源	是否为某一大题拆分	备注栏
Z5004	05	YW10105002	A2	YW10105008		简答题	书面	中等	10 min	创编	否	

Z5005：历史上常常出现"名""实"分离的现象，如：曹操挟汉天子以令诸侯。请用《名实的分离》这一章的理论，解释这个现象。

辅助材料：东汉末年，天子汉献帝成了西北军阀的人质，几经磨难，落魄流亡。曹操将其迎至许昌，以此功封为丞相，汉献帝变身为傀儡。从此，曹操的政令均以天子颁诏形式发出，各地诸侯陷入两难境地：服从则于己不利，尤其是讨伐其他诸侯，让曹操坐收渔人之利；不服，则违抗天子，大逆不道。曹操以此政治优势，加以军事实力，统一了北方。

答案： 以曹操挟天子以令诸侯为例，他用汉献帝之"名"以行"令诸侯"之实，是因为汉献帝这一类似长老权力的传统势力不能掌控当时急剧动荡的社会现实。但是当时的社会还需要维护这一权力的形式，即维持皇帝之"名"，但需要改变其"实"，即曹操掌握实权，以应对社会变革，从而导致汉献帝之"名"与曹操行权之"实"趋向分离。

设计说明： 这道题目具有跨学科性质，且考查学生在"情境"中理解和运用知识的能力，有助于学生更好地"透过现象看本质"，领悟到《乡土中国》具有生命力和影响力的重要原因在于其理论背后有坚实的依据；在阅读社科类作品的同时，培养学生的探究"社科现象"意识。

单元作业属性表												
题目编码	所属课时	对应目标编码 A	对应学习水平 A	对应目标编码 B	对应学习水平 B	题目类型	题目完成方式	题目难度	预计完成时间	题目来源	是否为某一大题拆分	备注栏
Z5005	05	YW10105012	A4			简答题	跨学科运用类	中等	12 min	改编	否	

【评价量表】

评价等第	评 价 标 准
优 良	对史实中的“名”是什么，“实”是什么，阐释清楚，区别明显；能够运用《名实的分离》中的理论，分析具体史实中名实分离产生的原因和影响；语言简洁，答案呈现出清晰的演绎论证的逻辑。
合 格	对史实中的“名”是什么，“实”是什么，阐释得基本准确；能够运用《名实的分离》中的理论，分析具体史实中名实分离产生的原因和影响，但是理论和史实结合得不够紧密；语言通顺，条理清楚。
不合格	对史实中的“名”是什么，“实”是什么，阐释得笼统含糊；无法运用《名实的分离》中的理论，分析具体史实中名实分离产生的原因和影响；语言不通顺，答案无逻辑。

C. 拓展与探究（课外）

Z5006：在我们的社会生活中常常出现一些言与行的矛盾，例如有人说“熟人是宝”，又有人说“熟人生意难做”，还有人靠“杀熟”赚钱。请你利用在阅读《血缘和地缘》《名实的分离》中获得的信息，对这些现象做简要的归因分析。

注释：“杀熟”是指做生意时，利用熟人对自己的信任，采取不正当手段赚取熟人的钱财。例如，同样的商品或服务，老客户看到的价格反而比新客户要贵出许多的现象。

答案：“熟人是宝”看重的是“血缘是种稳定的力量”。有血缘关系的人之间的权利和义务相较于“陌生人”之间更亲密而稳固，更容易结成互助联盟。

“熟人生意难做”是因为在以人情来维持社会关系的血缘社会中，商业是难以存在的。在熟人那里做生意是很难不欠人情的，由于长时间欠人情，商业难以发展，所以商业是在血缘外发展的。人们需要在血缘关系之外建立商业基础。这就是为什么熟人的生意难做。

杀熟现象的出现代表着社会性质从血缘结合转变为地缘结合，地缘是从商业里发展出来的社会关系，并不崇尚血缘结合的行事方式，所以在现代社会中，所谓的“熟人”只是保持着乡土生活中“熟”之名，并无“熟”之实，“杀熟”现象也就不难解释。

设计说明：《乡土中国》的经典意义并不仅仅在于其描绘了 20 世纪 40 年代的中国社会特点，而在于它总结出的中国社会的特殊性和国民性具有普遍意义和长久的生命力。这道题目，就是在“复活”《乡土中国》的生命力，以任务的形式推动学生用书中的观点“观照”现实中依然存在的现象，使得学生对《乡土中国》的理解更真切、更具象。

单元作业属性表												
题目编码	所属课时	对应目标编码 A	对应学习水平 A	对应目标编码 B	对应学习水平 B	题目类型	题目完成方式	题目难度	预计完成时间	题目来源	是否为某一大题拆分	备注栏
Z5006	05	YW10105011	A4	YW10105012		书面开放题	跨学科运用类	较高	18 min	创编	否	

【评价量表】

评价等第	评　价　标　准
优　良	能够为题干中提到的三个现象找到准确的理论依据；能够解释清楚这些看似矛盾的现象背后为什么并不矛盾；语言简洁，一针见血。
合　格	能够为题干中提到的三个现象中的两个现象找到准确的理论依据；能够基本解释清楚这些看似矛盾的现象背后为什么并不矛盾；语言通顺。
不合格	只能够为题干中提到的现象之一找到理论依据或完全找不到理论依据；无法解释清楚这些看似矛盾的现象背后为什么并不矛盾；语言不通顺，答案无逻辑。

【第6课时】

A. 提炼与概述（课前）

Z6001：阅读《从欲望到需要》这一章，提取文中信息，完成以下填空。

在乡土社会中人们依靠欲望行事，欲望是________，即__________；欲望经______陶冶，可以作为__________，使个人欲望符合__________；现代社会中人们靠需要行事，产生________，需要是__________，有别于欲望。

答案：<u>文化事实</u>，<u>人造下来教人这样想</u>；<u>文化</u>，<u>行为的指导</u>，<u>人类生存条件</u>；<u>计划</u>，<u>自觉的生存条件</u>

单元作业属性表												
题目编码	所属课时	对应目标编码A	对应学习水平A	对应目标编码B	对应学习水平B	题目类型	题目完成方式	题目难度	预计完成时间	题目来源	是否为某一大题拆分	备注栏
Z6001	06	YW10105002	A2			填空题	书面	较低	10 min	创编	否	

Z6002：A、B两句话是对文章内容的概括。请仔细与原文比对，找出它们的错误并仿照示例加以改正。

概　括	错　误　原　因	改　正
为了说明现代社会的特征，作者把乡土社会和现代社会对照起来论述。如，乡土社会变动慢、小，现代社会变动更快、更大。	“为了说明现代社会的特征，作者把乡土社会和现代社会对照起来论述”错误，概括句搞错了作者的写作目的。	“为了说明现代社会的特征”改为“为了说明<u>乡土社会</u>的特征”。
A 功能是从客观地位去看一项行为对于个人生存和社会完整上所发生的作用。功能并不是行为者所自觉的，而是分析的结果。		

续 表

概　　括	错 误 原 因	改　　正
B 在乡土社会中欲望可以作为行为的指导，结果是印合于生存的条件；而在现代社会中欲望不作为人们行为的指导。		

答案：

概　　括	错 误 原 因	改　　正
为了说明现代社会的特征，作者把乡土社会和现代社会对照起来论述。如，乡土社会变动慢、小，现代社会变动更快、更大。	"为了说明现代社会的特征，作者把乡土社会和现代社会对照起来论述"错误，概括句搞错了作者的写作目的。	"为了说明现代社会的特征"改为"为了说明乡土社会的特征"。
A 功能是从客观地位去看一项行为对于个人生存和社会完整上所发生的作用。功能并不是行为者所自觉的，而是分析的结果。	"功能并不是行为者所自觉的"错误。原文是"功能并不一定是行为者所自觉的，而是分析的结果"，概括句用错了一个关键修饰词。	"功能并不是行为者所自觉的"改为"功能并不一定是行为者所自觉的，而是分析的结果"。
B 在乡土社会中欲望可以作为行为的指导，结果是印合于生存的条件；而在现代社会中欲望不作为人们行为的指导。	"在乡土社会中欲望可以作为行为的指导"说法过于绝对，忽视了前文中对"欲望"的限定。	"在乡土社会中欲望可以作为行为的指导"改为"在乡土社会中欲望经过文化的陶冶可以作为行为的指导"。

设计说明：《乡土中国》作为一部社科类经典著作，语言使用的精准和逻辑的严密是其重要特征。这道改错题的设计目的在于：推动学生深入文本，细读文本，比较用词细微的差别，感受到文本的严密精准。

单元作业属性表												
题目编码	所属课时	对应目标编码 A	对应学习水平 A	对应目标编码 B	对应学习水平 B	题目类型	题目完成方式	题目难度	预计完成时间	题目来源	是否为某一大题拆分	备注栏
Z6002	06	YW10105009	A3			简答题	书面	较低	12 min	创编	否	

B. 理解与运用（课后）

Z6003：请你将教材中的课文《哦，香雪》与本章结合起来做互文比读。寻找小说中的哪些情节与这一章的核心思想能够相互印证，仿照示例在表格内完成一处"情节概述"和"相互印证"的理由说明。

《哦,香雪》·情节概述	《从欲望到需要》·相互印证
香雪怀着对爹娘的愧疚,冒险跳上火车,用40个鸡蛋换一个代表着“现代文明”“城市文明”的铅笔盒,想要把它理直气壮地带去学校,摆在台子上。	《从欲望到需要》中写道:在乡土社会中人可以靠欲望去行事,而在现代社会中欲望并不能作为人们行为的指导了,发生“需要”,因之有“计划”。香雪对铅笔盒的执着追求,背后是她渴望尊严,渴望家乡走向富裕文明的心理,从物质的欲望上升到了精神的需要,并且是有“计划”地行事。

答案:

《哦,香雪》·情节概述	《从欲望到需要》·相互印证
香雪怀着对爹娘的愧疚,冒险跳上火车,用40个鸡蛋换一个代表着“现代文明”“城市文明”的铅笔盒,想要把它理直气壮地带去学校,摆在台子上。	《从欲望到需要》中写道:在乡土社会中人可以靠欲望去行事,而在现代社会中欲望并不能作为人们行为的指导了,发生“需要”,因之有“计划”。香雪对铅笔盒的执着追求,背后是她渴望尊严,渴望家乡走向富裕文明的心理,从物质的欲望上升到了精神的需要,并且是有“计划”地行事。
在“看火车”的过程中,以凤娇为代表的姑娘们关注的是“爱情”“好吃食物”之类的当下肉体食色欲望需求。香雪关注的是精神意义上的需求,如皮书包、配乐诗朗诵、自动合上的铅笔盒。	这种差别因为凤娇们将自己定位在乡土社会,而接触了现代文明的香雪眼界已经在向现代社会靠拢。所以,凤娇她们的关注点更偏向于乡土社会中生存的“欲望”;而香雪则聚焦于现代社会中生存的“需要”。

设计说明:《哦,香雪》是学生在阅读《乡土中国》之前就已经熟悉的课文。从《乡土中国》的视角再次反观《哦,香雪》,使得学生得到一种“陌生化”的阅读体验,既加深了对两个文本的理解,又充分体会到社科类作品与文学类作品在反映社会特点上的共性与差异。

单元作业属性表												
题目编码	所属课时	对应目标编码A	对应学习水平A	对应目标编码B	对应学习水平B	题目类型	题目完成方式	题目难度	预计完成时间	题目来源	是否为某一大题拆分	备注栏
Z6003	06	YW10105002	A2	YW10105012		简答题	书面	中等	18 min	创编	否	

【评价量表】

评价等第	评　价　标　准
优　良	能够准确寻找到小说中与本章核心观点相印证的情节；能够利用本章的核心观点合理地分析小说人物的行为和心理；语言简洁，条分缕析，答案的主张和论据之间的契合度高。
合　格	寻找到小说情节与本章核心观点基本能够相印证；能够利用本章的核心观点简单地分析小说人物的行为和心理；语言通顺，答案逻辑清晰。
不合格	未能寻找到与本章核心观点相印证的小说情节；无法构建起本章核心观点与小说人物行为和心理之间的关系；语言不通顺，答案无逻辑。

C. 拓展与探究(课外)

Z6004：日本“黑船事件”爆发不久，明治维新开始；晚清“甲午海战”爆发不久，发生了戊戌维新运动。请你运用《从欲望到需要》中的理论，选择两组事件中的一组，对事件中前者与后者的因果关系进行简要分析。有兴趣的同学可以查阅更多资料来支撑自己的分析结论。

材料一：黑船事件是指1853年美国以炮舰威逼日本打开国门的事件。日本嘉永六年美国海军驶入江户湾浦贺海面，双方于次年(1854年)签定《日美亲善条约》。德川幕府在二百多年之间，从来不准天皇参与政治，但是这次为了减低各藩的反对声音，于是想以天皇的名义缔约，并且破例邀请各大名、藩士、学者甚至平民，针对开国之事提出意见。天皇及其朝臣、大名及其家臣纷纷举起了救国的旗帜，趁机跃上政治舞台。

材料二：甲午海战是指1894年9月17日中国和日本发生在黄海北部东港市大东沟海域的一次海战。该次海战以中国失败而告终，导致清政府被迫签订《中日马关条约》。《中日马关条约》的签订，中国再次遭受割地、赔款，以及大量主权进一步丧失的厄运。甲午战争的惨败更加速了中国社会半殖民地化的进程。

答案：(1) 黑船事件前的日本与中日甲午海战前的中国从社会构成上，基本都属于乡土社会，以传统文化塑造人们的欲望，维持社会安定。

(2) 但当西方文化对日本传统文化造成冲击，日本现代化文化对中国传统文化造成冲击，社会变迁被迫加速。

(3) 日本和中国的传统文化经验都无法应对生存危机，社会开始自觉维新与改革，即文中所说的“注意生存条件”，明确“需要”。

(4) 日本的以坂本龙马、大久保利通为首的改革派，中国的以康有为、梁启超等为首的维新派等，接受了新思潮的“时势权力”，发动明治维新和戊戌变法，对旧势力(日本幕府/清王朝)、旧文化构成了巨大冲击。

设计说明：“学以致用”是阅读社科类文本的一个重要目的，也是检验学生是否理解文本核心观点的一个有效手段。通过这个任务的实践，学生不但从更纵深的历史层面能领会到"从欲望到需要"的实际意义，更模拟了一次从材料收集、分析到理论推演的过程，真正地进行了一次微型的社科研究。

单元作业属性表												
题目编码	所属课时	对应目标编码A	对应学习水平A	对应目标编码B	对应学习水平B	题目类型	题目完成方式	题目难度	预计完成时间	题目来源	是否为某一大题拆分	备注栏
Z6004	06	YW10105012	A4			书面开放题	跨学科运用类	较高	20 min	改编	否	

【评价量表】

评价等第	评　价　标　准
优　良	能够准确揭示一组事件中前后两件事的因果关系；能够利用本章的核心观点合理地对这种因果关系加以解释；语言简洁，条分缕析，逻辑清晰。
合　格	能够比较准确地揭示一组事件中前后两件事的因果关系；能够利用本章的观点对这种因果关系加以解释；语言通顺，条理清楚。
不合格	未能揭示一组事件中前后两件事的因果关系；无法利用本章的观点对这种因果关系加以解释；语言不通顺，答案无逻辑。

【第7课时】

A. 提炼与概括（课前）

Z7001：阅读《乡土中国》全书，按照要求填写下面表格。

指称乡土社会的概念	指称其他社会的对应概念
礼俗社会	（　　　）
（　　　）	借助文字的社会
差序格局	（　　　）
维系着私人的道德	（　　　）
（　　　）	家庭
男女有别	（　　　）
礼治秩序	（　　　）

续 表

指称乡土社会的概念	指称其他社会的对应概念
(　　　)	司法诉讼体系
(　　　)	有为政治
(　　　)	同意的权力、横暴的权力
血缘社会	(　　　)

答案:

指称乡土社会的概念	指称其他社会的对应概念
礼俗社会	(法理社会)
(借助语言的社会)	借助文字的社会
差序格局	(团体格局)
维系着私人的道德	(维系着人民的宪法)
(小家族)	家庭
男女有别	(男女求同)
礼治秩序、道德秩序	(法治秩序、道德秩序)
(调解体系)	司法诉讼体系
(无为政治)	有为政治
(教化的权力、横暴的权力、同意的权力)	同意的权力、横暴的权力
血缘社会	(地缘社会)

单元作业属性表

题目编码	所属课时	对应目标编码A	对应学习水平A	对应目标编码B	对应学习水平B	题目类型	题目完成方式	题目难度	预计完成时间	题目来源	是否为某一大题拆分	备注栏
Z7001	07	YW10105003	A2			填空题	书面	较低	10 min	选编	否	

Z7002:抓住《乡土中国》每篇的重要观点和概念,在给出的“乡土社会”结构图的基础上,完成整个结构图具体内容的填写。

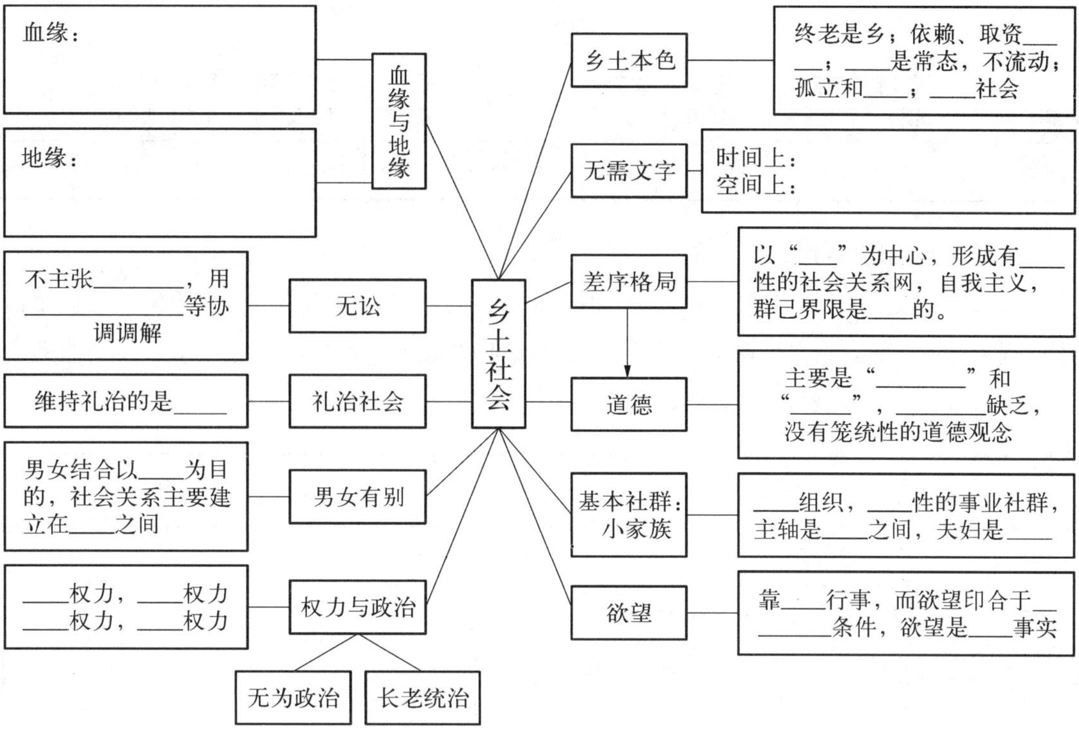

血缘：
地缘：
血缘与地缘
乡土本色
终老是乡；依赖、取资_____；____是常态，不流动；孤立和____；____社会
无需文字
时间上：
空间上：
差序格局
以“__”为中心，形成有____性的社会关系网，自我主义，群己界限是____的。
道德
主要是“________”和“______”，________缺乏，没有笼统性的道德观念
基本社群：小家族
____组织，____性的事业社群，主轴是____之间，夫妇是____
欲望
靠____行事，而欲望印合于_________条件，欲望是____事实
乡土社会
不主张________，用______________等协调调解
无讼
维持礼治的是_____
礼治社会
男女结合以____为目的，社会关系主要建立在____之间
男女有别
____权力，____权力
____权力，____权力
权力与政治
无为政治
长老统治

答案：

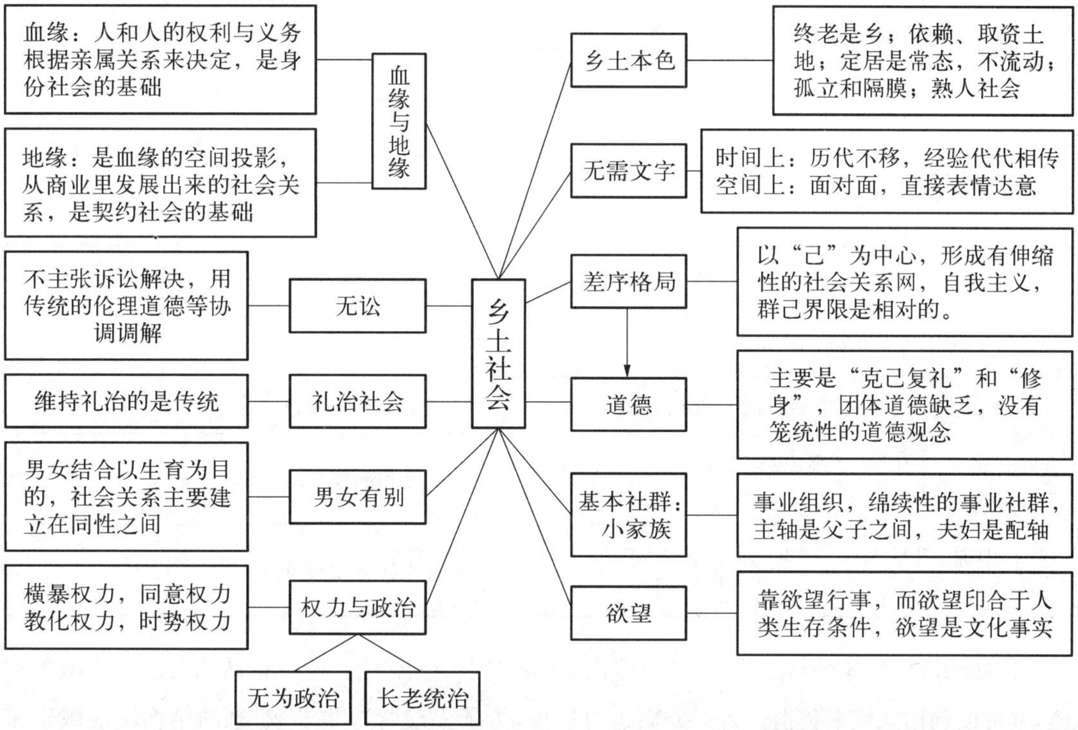

血缘：人和人的权利与义务根据亲属关系来决定，是身份社会的基础
地缘：是血缘的空间投影，从商业里发展出来的社会关系，是契约社会的基础
血缘与地缘
乡土本色
终老是乡；依赖、取资土地；定居是常态，不流动；孤立和隔膜；熟人社会
无需文字
时间上：历代不移，经验代代相传
空间上：面对面，直接表情达意
差序格局
以“己”为中心，形成有伸缩性的社会关系网，自我主义，群己界限是相对的。
道德
主要是“克己复礼”和“修身”，团体道德缺乏，没有笼统性的道德观念
基本社群：小家族
事业组织，绵续性的事业社群，主轴是父子之间，夫妇是配轴
欲望
靠欲望行事，而欲望印合于人类生存条件，欲望是文化事实
乡土社会
不主张诉讼解决，用传统的伦理道德等协调调解
无讼
维持礼治的是传统
礼治社会
男女结合以生育为目的，社会关系主要建立在同性之间
男女有别
横暴权力，同意权力
教化权力，时势权力
权力与政治
无为政治
长老统治

单元作业属性表												
题目编码	所属课时	对应目标编码A	对应学习水平A	对应目标编码B	对应学习水平B	题目类型	题目完成方式	题目难度	预计完成时间	题目来源	是否为某一大题拆分	备注栏
Z7002	07	YW10105004	A2			填空题	书面	中等	10 min	改编	否	

B. 理解与运用(课后)

Z7003：通过对《乡土中国》整本书的阅读，你是否能够熟练运用书中的理论解读我们生活中的现象？下面的表格中呈现了一些生活现象，请你在现象后面填写你想用来解读它们的章节名称，并选择一个现象做详细解读。

现　　象	章　　节
中国人自古有安土重迁的传统	
农村文盲多，新中国成立后广泛开展扫盲运动	
在中国的乡村有很多“高家村”“刘家沟”“李崮寨”等以姓氏命名的村庄	
申通、中通、圆通、韵达，这四家公司，以及汇通、天天等快递公司都发源于浙江桐庐县夏塘村同一家人	

详细解读：______________________________

____

____

答案示例：

现　　象	章　　节
中国人自古有安土重迁的传统	《乡土本色》
农村文盲多，新中国成立后广泛开展扫盲运动	《文字下乡》《再论文字下乡》
在中国的乡村有很多“高家村”“刘家沟”“李崮寨”等以姓氏命名的村庄	《血缘和地缘》
申通、中通、圆通、韵达，这四家公司，以及汇通、天天等快递公司都发源于浙江桐庐县夏塘村同一家人	《家族》《男女有别》

详细解读：“快递公司是一家人”一方面说明在中国乡土社会中，无论政治、经济、宗教等功能，都可以利用家族来负担。另一方面也可以说，为了要经营这些事业，家的结构不能限于亲

子的小组合，必须加以扩大。中国的家庭是一个事业组织，家的大小是依着事业的大小而决定。

单元作业属性表												
题目编码	所属课时	对应目标编码A	对应学习水平A	对应目标编码B	对应学习水平B	题目类型	题目完成方式	题目难度	预计完成时间	题目来源	是否为某一大题拆分	备注栏
Z7003	07	YW10105012	A4			简答题	书面	中等	20 min	创编	否	

C. 拓展与探究(课外)

Z7004：回顾整本书的阅读学习过程，结合自己的阅读经验，按照“阅读”“理解”“思辨”三个部分，总结学术性著作阅读方法。

【思路提示】

阅读方法： 你可以思考当你阅读《乡土中国》每一章的时候，你是如何寻找并确定每一篇观点句的？一个章节如果有几句观点句，你是怎样厘清它们之间关系的？作者是如何来论证自己观点的？各个章节之间的逻辑关系你是如何理顺的？

理解抽象理论的方法：当你读到书中的概念和理论的时候，你是用什么样的方法来理解它们的？

思辨与重构的方法：你在阅读《乡土中国》的时候，对费孝通的某些讲法有没有产生过质疑？你是如何解决这些质疑的？

答案示例： 略

设计说明： 阅读《乡土中国》的一个重要的目的是积累阅读社科类作品的经验与方法，这道题目的设计是促使学生回顾整个阅读的过程，对自己的阅读经验和方法加以提炼总结，为未来更多、更深入的社科类作品的阅读打好基础。

单元作业属性表												
题目编码	所属课时	对应目标编码 A	对应学习水平 A	对应目标编码 B	对应学习水平 B	题目类型	题目完成方式	题目难度	预计完成时间	题目来源	是否为某一大题拆分	备注栏
Z7004	07	YW10105001	A1			书面开放题	书面	中等	20 min	创编	否	

【第 8 课时】

A. 练笔（必做）

Z8001：大妈们跳广场舞为场地之争早已屡见不鲜，江苏连云港圩丰镇的公园里，广场舞大妈不但占用了篮球场地跳舞，还用高分贝音响播放歌曲。她们认为：年轻人应该懂得尊老；在公共场所播放音乐是她们的自由。请结合你阅读《乡土中国》后领悟的“国民性”和“社会特点”，以青少年的身份写一封“劝说信”，表明自己的立场和态度，提出可能的解决方案。（300 字左右）

【写作提示】

① 理解：从读者角度思考，运用《差序格局》理论，理解大妈的观点：年轻人应该懂得尊老。

② 批驳：结合《礼治秩序》章节与法治社会所属权力性质，批驳大妈的观点：在公共场所播放音乐是她们的自由。

③ 沟通：结合“礼治”和“法治”，提出解决方案，与大妈商量合法合“礼”的规则，并提出找“第三方”监督执行的建议。

答案示例： 略

【评价量表】

评价等第	评　价　标　准
优　秀	能运用《乡土中国》中的观点，解决实际问题；找到合适的第三方，如：居委会、篮球场管理员等帮助调解；行文流畅自然，符合实用性文本写作规范。
合　格	只能运用《乡土中国》中的一个理论证明观点，行文流畅，符合实用性文本写作规范。
不合格	不能运用《乡土中国》中的相关章节解决实际问题，不符合实用性文本写作规范。

设计说明： 阅读《乡土中国》后的写作训练可以有很多形式，但最基础的一种便是以阅读所得为“刃”，分析“解剖”新现象。这种写作题指向明确，结构简单，既能检验学生对《乡土中国》核心思想的把握情况，又能很好地考查学生实用性文本的写作能力。

单元作业属性表												
题目编码	所属课时	对应目标编码A	对应学习水平A	对应目标编码B	对应学习水平B	题目类型	题目完成方式	题目难度	预计完成时间	题目来源	是否为某一大题拆分	备注栏
Z8001	08	YW10105012	A4			书面	书面	中等	20 min	创编	否	

B. 写作(选做)

Z8002：阅读《差序格局》《维系着私人的道德》《礼治秩序》，结合材料分析，“共享单车”乱象产生的原因是什么？如何解决这一问题才能真正实现“共享经济”？请以《共享经济，共创美好未来》为题，写一篇不少于800字的议论文，谈谈你的观点。

材料一：共享单车的出现对于出行是一件极为便捷的事情。随着共享单车的逐步普及化，破坏共享单车的乱象屡见不鲜。记者走访发现，并非所有共享单车都“共享”了，除被破坏之外，一些共享单车甚至变成了“私家车”。乱停乱放、占为己有、恶意破坏、改装兜售，“共”享单车，谁在“私”享？

材料二：近日，有市民向《北京青年报》记者反映称，在大兴区西红门镇荟聚购物中心附近，发现一辆黄色的OFO共享单车被挂在树上。该共享单车已经被挂在树上超过一周。

对此，法律界人士称，将共享单车挂到树上的行为人或将涉嫌触犯《治安管理处罚法》中关于故意毁坏财物的规定，应承担相应法律责任。

【写作提示】

①《差序格局》《维系着私人的道德》两个章节中，可以寻找到“共享单车乱象”背后的国民心理原因，例如：“中国人最大的毛病是‘私’。”“‘私’是个群己、人我的界线怎样划分的问题。”“不但在我们传统道德系统中没有一个像基督教里那种‘爱’的观念——不分差序的兼爱，而且我们也很不容易找到个人对于团体的道德要素。”

②《礼治秩序》中的某些观点可以启发我们，除了法律之外，还有哪些有“乡土中国”特色的方式方法可以改变这一乱象？例如：“礼是社会公认合式的行为规范。合于礼的就是说这些行

为是做得对的,对是合式的意思。""礼并不是靠一个外在的权力来推行的,而是从教化中养成了个人的敬畏之感,使人服膺;人服礼是主动的。"

答案示例:略。

【评价量表】

评价等第	评　价　标　准
优　秀	能运用这三章的观点,分析乱象产生的原因;能提出合适的、有创意的解决方案;语言有个性,符合议论文写作规范。
合　格	能分析乱象产生的原因,但与这三章的观点结合不够紧密;能提出合适的解决方案;语言流畅自然,基本符合议论文写作规范。
不合格	不能分析乱象产生的原因或与这三章的观点完全脱离;不能提出合适的解决方案;有语病,不符合议论文写作规范。

设计说明:《乡土中国》这部作品存在的重要价值有二:一是揭示乡土社会的某些特点,二是引发思考和改进。这道题目其实是在通过写作这一方式,"润物细无声"地让学生体验《乡土中国》的价值所在,通过"阅读—提炼—运用—创造"的整个过程深入理解《乡土中国》,理解费孝通的良苦用心。

单元作业属性表												
题目编码	所属课时	对应目标编码A	对应学习水平A	对应目标编码B	对应学习水平B	题目类型	题目完成方式	题目难度	预计完成时间	题目来源	是否为某一大题拆分	备注栏
Z8002	08	YW10105012	A4			书面	非书面其他	较高	40 min	创编	否	

Z8003:费孝通在《乡土中国》中说:"从基层上看去,中国社会是乡土性的。"而中国乡土社区的单位就是村落。但近年来,随着人口流失和生活方式转变,村庄正在消失,民俗、手工艺也濒临失传。著名作家冯骥才感叹:"每座古村落都是一部厚重的书,不能没等我们去认真翻阅,就让这些古村落在城镇化的大潮中消失不见。"

假设你是某中学志愿者协会的负责人,请你以协会的名义写一份倡议书,号召志愿者们开展"重新发现乡土"的主题活动。(注意格式;字数不少于800字)

写作示例:

亲爱的志愿者们:

你们好!

一砖一瓦皆是史,一草一木皆含情;想起乡土,内心便满是温柔,感受乡土文化,如饮美酒醇厚悠长。可近年来,人口的流失和生活方式的转变,让乡土文化趋于解体,乡村的一切与我们渐行渐远。所以，我在此倡议：留一片乡土去品味，勿让古村落成为历史。

乡土文化解体，究其根本，是人口流失与生活方式转变的必然。

费孝通在《乡土中国》中说："从基层上看去，中国社会是乡土性的。"而中国乡土社区的单元就是村落。可以说，村落承载着无法言喻的情谊与韵味，乡村的生活自然、恬淡。可我们所处的是一个快速发展与进步的时代，这个时代不断有新的事物、新的契机涌现。大量的乡村人民为了追求更美好的高品质生活，迁徙到了城镇，生活方式的转变让他们无法慢下来……凡此种种，让我也依稀体会到了余光中先生口中乡愁的韵味；乡愁是邮票，是思念，甜蜜中充满着苦涩。如此，怎能不让人感慨、叹息？如何才能留一片乡土去品味？

同学们，我们要读好古村落这本书，让乡土文化在现代生根发芽。

著名作家冯骥才感叹："每座古村落都是一部厚重的书，不能没等我们去认真翻阅，就让这些古村落在城镇化的大潮中消失不见。"每个古村落都有其独特的历史，当我们真正了解这些历史时，我们就会明白保护古村落的重要性。古村落的民风民俗、房屋建筑、手工艺都是我国乡土文化的重要组成部分，为了不让这些乡土文化失传，我们应当重新拾起它们，传承并使其发扬光大。乡土文化的没落，古村落的现状都不容乐观，对于这样的现实，我们需要重视。

同学们，让我们走进古村落，让乡土文化的生机再次焕发。

保护乡土文化应从根本上出发，只有这样，才可能从根本上解决问题。我们可以定期或不定期举行活动，组织大家去古村落参观，去学习濒临失传的手工艺，去了解流传千百年的民风民俗，去查看整理无人问津的县志、村志等乡土文献等等，为乡土文化的传承贡献自己的一份力量。

乡土文化源远流长，想要留住它们绝非易事。保护乡土文化，避免它们的消失，需要每个人的努力与同心。涓涓细流，汇成大海；一片乡土，凝聚无数希望，让我们停下快速的步伐，留一片耐心来呵护我们的乡土，用丰富的思想装点乡土村落，以细腻的心去珍惜乡土文化，让乡土文化永不落幕。

因此，我再次发出倡议："留一片乡土去品味，勿让古村落成为历史！"

倡议人：××中学志愿者协会

【评价量表】

评价等第	评　价　标　准
优　秀	对今日中国乡村的观察基于现实；有独到的发现和个性化的思考；能提出具体的倡议，并有可操作性；语言有感染力，符合倡议书写作格式。
合　格	对今日中国乡村的观察基本符合现实；有发现和思考；能提出具体的倡议，并有一定的可操作性；语言流畅自然，基本符合倡议书写作格式。
不合格	对今日中国乡村的观察脱离现实；没有发现和思考，人云亦云；不能提出具体的倡议或倡议不具备可操作性；有语病，不符合倡议书写作格式。

设计说明：《乡土中国》首版于20世纪40年代，时代在发展变化，中国乡村的情况也在发展变化。以21世纪青年人的眼光，比照书中的“乡土中国”和现实的“中国乡土”，会生发怎样的思考和感慨？这道题目的设计“一石三鸟”：一是把书读“活”，以现实观照书本；二是读出社科类作品背后的爱国爱民的深情，并以倡议书的形式表达出来；三是以思辨的态度读书，读完之后能写出自己的思考和发现。

单元作业属性表												
题目编码	所属课时	对应目标编码A	对应学习水平A	对应目标编码B	对应学习水平B	题目类型	题目完成方式	题目难度	预计完成时间	题目来源	是否为某一大题拆分	备注栏
Z8003	08	YW10105011	A4	YW10105012		书面	非书面其他	较高	0	创编	否	

C. 理解与运用(课后)

Z8004：中国具有乡土元素的文学作品浩如烟海，请从中选择至少一部作品，通过小组合作研读，完成以“乡土中国基层样貌一瞥”为主题的论文。(1 500字左右)

【写作步骤提示】

• 选择与确定：选择一个写作角度，如：社会格局、维系格局的价值体系、统治方式、变迁痕迹……做文本摘抄。

• 交流与讨论：依据某一标准，如：地域、历史时间段等将摘抄内容进行分类后再交流，小组共同总结村镇特征。以《乡土中国》中的相关理论，解释某些典型村镇，如：鲁镇、未庄、梁庄等的特征及形成的原因。

• 探索与创作：记录无法解释的乡镇特征，反思《乡土中国》写作的方法和科学性。整理材料并总结成文，提出质疑，思考解决问题的途径。

附1：书目推荐

书　名	性　质	作者	内　　容
《呐喊》	短篇小说集	鲁迅	作品真实地描绘了从1912—1919年间的社会生活，如：《孔乙己》《阿Q正传》《药》《社戏》等，揭示了以鲁镇和鲁镇人为代表的中国底层乡土社会人们的故步自封和艰难前行的现状。
《边城》	中篇小说	沈从文	作品以20世纪20年代川湘交界的边城小镇茶峒为背景，描绘了湘西地区特有的风土人情，借船家少女翠翠的爱情悲剧，凸显了人性的善良美好与心灵的澄澈纯净。
《小二黑结婚》	短篇小说	赵树理	小说描写了抗战时期解放区一对青年男女为追求婚姻自由，冲破封建传统和守旧家长的阻挠，最终结为夫妻的故事，揭示了当时农村中旧习俗的封建残余势力对人们思想行为的束缚，以及新老两代人的意识冲突与变迁。

续 表

书 名	性 质	作 者	内 容
《白洋淀纪事》	小说散文集	孙犁	小说主要反映抗日战争、解放战争和中华人民共和国成立初期，冀中平原和冀西山区一带人民帮助抗战、土地改革、劳动生产、互助合作以及移风易俗的乡村生活情景。
《爸爸爸》	中篇小说	韩少功	《爸爸爸》以一种象征、寓言的方式，描写出一个原始部落鸡头寨的历史变迁。作品以丙崽为主人公，他是一个只会反复说“爸爸爸”的少年，但这样一个缺少理性、语言不清、思维混乱的人物却得到了鸡头寨全体村民的顶礼膜拜。作者通过对他的刻画，表达出对传统文化的深刻反思与批判。
《秦腔》	长篇小说	贾平凹	作者以家乡陕西省丹凤县棣花镇为背景，集中表现了改革开放年代乡村的价值观念、人际关系在传统格局中的深刻变化，字里行间倾注了对故乡的一腔深情和对社会转型期农村现状的思考。
《平凡的世界》	长篇小说	路遥	该书以中国20世纪70年代中期到80年代中期十年间为背景，通过复杂的矛盾纠葛，以孙少安和孙少平两兄弟为中心，刻画了当时社会各阶层众多普通人的形象，深刻地展示了普通人在大时代历史进程中所走过的艰难曲折的道路。
《中国在梁庄》《出梁庄记》	社科类著作	梁鸿	《中国在梁庄》主要描写了梁庄人留守梁庄的故事；而《出梁庄记》则写了进城的梁庄农民。两者聚焦于城市化进程中，中国农村的现状和农民自我转型与城市交融的生存情况，启发读者思考中国农村当下和未来何去何从。
《一个村庄里的中国》	纪实文学	熊培云	本书以作者故乡村庄为立足点，考察百年来中国乡村的命运，乡村的沦陷与希望。其中有作者三十年生活的阅历与见证，六十年中国农村建设的荣辱与沉浮，并由此折射反映出近代百年中国历史的若干重要问题与玄机。
《寻路中国——从乡村到工厂的自驾之旅》	纪实文学	［美］彼得·海斯勒	本书叙述了三条路线，首先由北京沿着长城一路向西，横跨中国北方的万里行程；另一条线索集中讲述了一个因中国汽车业的高速发展而发生巨变的乡村，在这里，作者特写了长城脚下一个农民家庭由农而商、实现发家致富梦的变化经历；最后，则是中国沿海东南部经济发展最活跃的金(华)丽(水)温(州)地区一个工业小镇打工者的城市生活场景。书中所描述的这种由农而工而商、乡村变身城市的发展，正是1978年改革开放以来中国所发生巨变的缩影。

【评价量表】

评价等第	评 价 标 准
优 秀	能够借助《乡土中国》中的理论，理解作家作品中的乡土社会，对乡村变化、乡土文化等有准确的描绘或概括，对其特征的形成有深入的分析；对其价值能做出评判，能反思《乡土中国》观点的局限性。(能对作家通过作品传达的观点提出质疑)

续 表

评价等第	评　价　标　准
合　格	能够借助《乡土中国》中的理论，理解作家作品中的乡土社会，对乡村变化、乡土文化等有描绘或概括，对其特征的形成有分析；对其价值能做出阐述，能理解作家通过作品传达的观点，能指出《乡土中国》观点的局限性。
不合格	对作家作品中乡土社会的理解与《乡土中国》脱钩，不能准确地概括或描绘作品中乡土社会的特征，无分析其特征形成原因的意识，对作品价值和作家观点的认识模糊，看不出《乡土中国》观点的局限性。

答案示例：略

设计说明：本题希望学生通过学习《乡土中国》，推动学生自主阅读相关书目，获得更丰富的阅读体验，同时通过写作和反思的方式，对费孝通写作的局限等有进一步思考。

单元作业属性表												
题目编码	所属课时	对应目标编码A	对应学习水平A	对应目标编码B	对应学习水平B	题目类型	题目完成方式	题目难度	预计完成时间	题目来源	是否为某一大题拆分	备注栏
Z8004	08	YW10105011	A4	YW10105012	A4	书面开放题	书面	较高	0	创编	否	

Z8005：费孝通在《重刊序言》中强调，这本理论著作是“一面探索一面讲的，所讲的观点完全是讨论性的”，在城市化高度发展的今天，“中国的基层社会是乡土性的”这一理论是否已经过时？请撰写辩论稿，展开辩论。

- 辩题：
- 正方：今天，中国的基层社会是乡土性的 VS 反方：今天，中国的基层社会不是乡土性的
- 要求：结合《乡土中国》有关理论、书籍和生活中的实例，从乡土社会特点、格局和变迁等角度，探讨费孝通乡土社会理论的跨时空性和历史局限性。

【评价量表】

评价等第	评　价　标　准
优　秀	能根据自己的观点，联系实际生活，分析生活现象； 也能根据书本理论对对手的观点，进行有效批驳； 辩论时逻辑清晰，耐心听取对方发言。
合　格	能够清晰表达自己的观点；联系实际生活，分析生活现象； 辩论时逻辑清晰，耐心听取对方发言； 但对于对方的观点，不能进行有效批驳。

续 表

评价等第	评　价　标　准
不合格	表述观点时，不能联系《乡土中国》的理论和具体事例，泛泛而谈。 不能批驳他人的观点。 立场摇摆不定。

答案示例： 略

设计说明： 通过辩论的方式，帮助学生融会贯通，理解《乡土中国》和社会时代的关系，培养学生的思辨能力，在“辩”中，重新思考乡土中国理论是否仍成立。

单元作业属性表

题目编码	所属课时	对应目标编码A	对应学习水平A	对应目标编码B	对应学习水平B	题目类型	题目完成方式	题目难度	预计完成时间	题目来源	是否为某一大题拆分	备注栏
Z8005	08	YW10105010	A3	YW10105011	A4	书面开放题	非书面其他	较高	0	创编	否	

单元作业属性统计表

不同目标编码题量分布		不同课时题量分布		不同目标维度与学习水平题量分布		不同类型题量分布		不同完成方式题量分布		不同难度题量分布		总时间（分钟）	不同来源题量分布	
YW10105001	2	01	9	A1	2	选择题	1	听说类	0	较低	14	470分钟	选编	1
YW10105002	10	02	7	A2	32	填空题	14	操作类	0	中等	24		改编	10
YW10105003	9	03	8	A3	6	简答题	21	综合实践类	2	较高	14		创编	41
YW10105004	6	04	9	A4	20	作图题	0	合作类	0					
YW10105005	1	05	6	A5	0	实验题	0	跨学科运用类	4					
YW10105006	6	06	4	B	0	应用题	0	非书面其他	3					
YW10105007	1	07	4	B1	0	证明题	0	书面	43					
YW10105008	3	08	5	B2	0	完形填空	0							
YW10105009	1			B3	0	判断题	2							
YW10105010	2			B4	0	书面开放题	11							
YW10105011	7			B5	0	书面其他	0							
YW10105012	16			C	0	非书面	0							

（二）单元练习

1. 选择题

L0001：下列选项中，对乡土社会的特征表述不准确的一项是（　　）。

A. 黏着在土地上　　B. 世代定居于此

C. 完全孤立隔膜　　D. 熟人礼俗社会

答案示例：C

单元练习属性表									
题目编码	对应目标编码A	对应学习水平	对应目标编码B	对应学习水平	题目类型	预计完成时间	题目来源	是否为某一大题拆分	备注栏
L0001	YW10105002	A2			选择题	4 min	改编	否	

L0002：以下选项，不能用乡土中国家庭的构成特点解释的是（　　）。

A. 刘二十八即刘禹锡，刘十九是其堂兄刘禹铜。

B. 传统中国女子必须遵守“三从四德”。

C. 魏晋时期通过“九品中正制”选取人才。

D. 妻子继承丈夫的遗产。

答案示例：D

单元练习属性表									
题目编码	对应目标编码A	对应学习水平	对应目标编码B	对应学习水平	题目类型	预计完成时间	题目来源	是否为某一大题拆分	备注栏
L0002	YW10105002	A2			选择题	4 min	改编	否	

L0003：以下哪一句话不符合差序格局中的道德体系？（　　）。

A. “修身齐家治国平天下”

B. “兼爱非攻”

C. “老吾老，以及人之老；幼吾幼，以及人之幼”

D. “人道亲亲也，亲亲故尊祖，尊祖故敬宗，敬宗故收族，收族故宗庙言，宗庙言故重社稷，重社稷故爱百姓。”

答案示例：B

设计说明：聚焦于儒、法、道等各家观点，以考查学生对差序格局“仁”和“伦”的规范的了解。

单元练习属性表									
题目编码	对应目标编码 A	对应学习水平	对应目标编码 B	对应学习水平	题目类型	预计完成时间	题目来源	是否为某一大题拆分	备注栏
L0003	YW10105002	A2	YW10105012	A4	选择题	4 min	改编	否	

L0004：以下哪个现象不符合“伦”的概念？（　　）。

A. 吃饭时，长辈先动筷，晚辈才能动筷

B. 婚宴上，男女方直系亲属坐主桌

C. 公交车设定老、弱、病、残、孕专座

D. 外交活动中，外国领导人参访，中国必须派同级别领导人接待

答案示例：C

设计说明：本题聚焦于现代社会关心弱势群体和伦理顺序概念的区别，旨在帮助学生区分，《乡土中国》中所强调的排序标准是：长幼、君臣、远近……而不是强弱。

单元练习属性表									
题目编码	对应目标编码 A	对应学习水平	对应目标编码 B	对应学习水平	题目类型	预计完成时间	题目来源	是否为某一大题拆分	备注栏
L0004	YW10105003	A2	YW10105012	A4	选择题	4 min	改编	否	

2. 材料分析题（四选二）

（1）阅读《胡同文化》，回答问题。

四合院是一个盒子。北京人理想的住家是“独门独院”。北京人也很讲究“处街坊”。“远亲不如近邻”。“街坊里道”的，谁家有点事，婚丧嫁娶，都得“随”一点“份子”，道个喜或道个恼，不这样就不合“礼数”。但是平常日子，过往不多，除了有的街坊是棋友，“杀”一盘；有的是酒友，到“大酒缸”（过去山西人开的酒铺，都没有桌子，在酒缸上放一块规成圆形的厚板以代酒桌）喝两“个”（大酒缸二两一杯，叫做“一个”）；或是鸟友，不约而同，各晃着鸟笼，到天坛城根、玉渊潭去“会鸟”（会鸟是把鸟笼挂在一处，既可让鸟互相学叫，也互相比赛），此外，“各人自扫门前雪，休管他人瓦上霜”。

L0005：既然北京人最理想的住家方式是“独门独院”的，又为何要“处街坊”？

答案示例：乡土中国的关系由亲属和地缘关系构成，这个团体是生活上互助的机构，有势力人家的街坊可以遍布全村，“处街坊”即维系这样的道德体系。

单元练习属性表									
题目编码	对应目标编码 A	对应学习水平	对应目标编码 B	对应学习水平	题目类型	预计完成时间	题目来源	是否为某一大题拆分	备注栏
L0005	YW10105004	A2	YW10105006	A2	简答题	30 min	创编	是	

L0006:“各人自扫门前雪,休管他人瓦上霜”反映了怎样的乡土社会特点?

____

____

____

答案示例: 反映了乡土社会的人们“私”的特点,也即乡土社会差序格局的结构,人与人之间是以己为中心,自由伸缩的团体结构。走亲访友可扩大家族的范围,但是由于乡土中国具有封闭的、不流动的、土气等特点,人们是安土重迁的,也是相对封闭的。

单元练习属性表									
题目编码	对应目标编码 A	对应学习水平	对应目标编码 B	对应学习水平	题目类型	预计完成时间	题目来源	是否为某一大题拆分	备注栏
L0006	YW10105002	A2	YW10105012	A4	简答题	7.5 min	创编	是	

(2) 费孝通在《重刊序言》里说道:“这本小册子和我所写的《江村经济》《禄村农田》等调查报告性质不同。它不是一个具体社会的描写,而是从具体社会里提炼出的一些概念。”阅读以下《江村经济》对于“开弦弓村”的调查,回答问题。

人们并不认为所有住在村里的人一律都是本村人。如果问本村居民,哪些人是本村的,我们就会发现当地对于本村人和外来人有着明显的区别。但这种区别并不是法律上的;从法律观点看,一个人只要在某地居住三年以上,他就成为当地社区的一名成员。可是在人们的眼里,这样的人并不是真正的本村人。为说明这种区别,不妨举一些具体的例子:那些被当作外来户的村里人,这样的外来户共有10家,其职业和本籍分述如下:

理发匠	2 镇江(江苏)
磨工兼鞋匠	1 丹阳(江苏)
杂货商	1 横蝙(同区一村庄)
纺织工	1 吴家村(同区一村庄)
和尚	1 震泽
水泵操作者	1 宁波(浙江)
银匠	1 绍兴(浙江)

篾匠　　　　　　　　　　　　　　　　　　　　　1 金华(浙江)

药商　　　　　　　　　　　　　　　　　　　　　1 郭镇(浙江)

他们的共同特点是：(1) 都是移民；(2) 从事某种特殊职业。

我未听说一个外来人究竟需要在本村住多久才能算作本村人，但是我却听说过：外来人的孩子，虽生于本村，仍像其父母一样，被视作外来人。由此看来，并非完全根据居住期的长短来确定这种区别的。

另一方面，值得研究的是这样一个事实：凡是外来户都不是农民。虽然并非所有特殊的职业都是外来人干的，但他们仍构成了这类人的三分之一(第八章第 2 节)，从事特殊职业使他们不会很快被同化。

作为一个群体，本村人具有一定的文化特色。一个提供资料的本地人向我提到过三个显著特点：(1) 本村人说话时，吐字趋于腭音化，例如"讲""究"等等；(2) 妇女不下田干活；(3) 妇女总是穿裙子，甚至在炎热的夏天也穿着。在这几方面，本村人甚至与最近的震泽镇人都不相同。

那些被视为外来户的人，在生活上一直未被同化。我注意到他们的非本地口音及非本地穿着方式，例如，药店里的妇女不穿裙子。

只要外来户保留着他们自己的语言和文化差别，而且本村人注意到这些差别，那么，在这个社区内，外来户总是过着多少有所见外的生活。对本村人及外来户作出区别是颇有意义的，因为这种区别已经具有广泛的社会意义。外来户全部从事特殊职业，没有土地，仅这一事实就足以说明，区别是有其深远的经济后果的。

L0007：(1) 结合《血缘和地缘》一章说明，为什么"开弦弓村"不完全根据居住期的长短来确定是否为本村人？

____

____

____

答案示例：

参看《血缘和地缘》：我在江村和禄村调查时都注意过这个问题："怎样才能成为村子里的人？"大体上说有几个条件：第一是要生根在土里，在村子有土地。第二是要从婚姻中进入当地的亲属圈子。这几个条并不是容易的，因为在中国乡土社会中土地并不充分自由买卖。在差序格局中，乡土社会的人际关系是以"己"为中心的，在亲疏之别的问题上，血缘和地缘都是判定亲属的标准，但是"血缘"是稳定的力量，是不容个人选择的，而地缘是会变化的，所以与"开弦弓村"没有血缘的外乡人，不能因为居住时间的长短，判定他是否为本村人。

单元练习属性表

题目编码	对应目标编码 A	对应学习水平	对应目标编码 B	对应学习水平	题目类型	预计完成时间	题目来源	是否为某一大题拆分	备注栏
L0007	YW10105004	A2	YW10105012	A4	简答题	7.5 min	创编	是	

L0008：(2) 如果一个外来户要融入“开弦弓村”，男性或女性分别需要具备哪些条件？

答案示例：

如果一个外来人要融入“开弦弓村”则要与当地人结婚。《男女有别》一章强调，夫妻是副轴，而父子是一个家庭的主轴，所以该外村人如是女子，最好能养育一子；如果是男子，最好能通过结义等方式，与当地人成为异姓兄弟。

单元练习属性表

题目编码	对应目标编码 A	对应学习水平	对应目标编码 B	对应学习水平	题目类型	预计完成时间	题目来源	是否为某一大题拆分	备注栏
L0008	YW10105004	A2	YW10105012	A4	简答题	7.5 min	创编	是	

(3) 阅读下列文言文语段，回答问题。

汉五年，已并天下，诸侯共尊汉王为皇帝于定陶。高帝悉去秦苛仪法，为简易。群臣饮酒争功，醉或妄呼，拔剑击柱，高帝患之。叔孙通知上益厌之也，说上曰：“夫儒者难与进取，可与守成。臣愿征鲁诸生，与臣弟子共起朝仪。”高帝曰：“得无难乎？”叔孙通曰：“臣愿颇采古礼与秦仪杂就之。”上曰：“可试为之，令易知，度吾所能行为之。”

遂与所征三十人西，及上左右为学者与其弟子百馀人习之月馀，叔孙通曰：“上可试观。”上既观，使行礼，曰：“吾能为此。”乃令群臣习肄①。汉七年，长乐宫成，诸侯群臣皆朝。仪：先平明，谒者②治礼，引以次入殿门。廷中陈车骑步卒卫宫，设兵张旗志，传言“趋”。殿下郎中夹陛，陛数百人。功臣列侯诸将军军吏以次陈西方，东乡；文官丞相以下陈东方，西乡。大行设九宾，胪传。

于是皇帝辇出房，百官执职传警。引诸侯王以下至吏六百石以次奉贺。自诸侯王以下莫不振恐肃敬。至礼毕，复置法酒。诸侍坐殿上皆伏抑首，以尊卑次起上寿。觞九行，谒者言“罢酒”。御史执法，举不如仪者，辄引去。竟朝置酒，无敢喧哗失礼者。于是高帝曰：“吾乃今日知为皇帝之贵也。”乃拜叔孙通为太常，赐金五百斤。

（选自《史记·叔孙通列传》）

【注】① 肄：学习、练习　② 谒者：官名，掌接待宾客及赞礼。

L0009：叔孙通是如何推广礼教的？

答案示例：杂糅古礼和秦仪，再让多人学习几个月，设置掌管礼仪的官员，经过几年，扩大礼仪的范围和行礼的内容，最终从上至下，由朝廷到百官都奉行礼教。

单元练习属性表									
题目编码	对应目标编码 A	对应学习水平	对应目标编码 B	对应学习水平	题目类型	预计完成时间	题目来源	是否为某一大题拆分	备注栏
L0009	YW10105012	A4			简答题	7.5 min	创编	是	

L0010：叔孙通推广礼教后，全国上下无不按“次”执行命令。文本中“次”一词应该如何翻译？请说明你的判断依据。

答案示例：“次”的意思是次序。在“礼治”社会中，是保障差序格局的秩序法度，叔孙通实质上是在以“君君、臣臣、父父、子子”的孔子思想教化官员，所以无论是入殿门、陈列队伍、敬酒，都应按照尊卑依次执行，以巩固君主的权力。所以这里“次”与“差序格局”里的“差”是一个意思，都翻译为：次序。

单元练习属性表									
题目编码	对应目标编码 A	对应学习水平	对应目标编码 B	对应学习水平	题目类型	预计完成时间	题目来源	是否为某一大题拆分	备注栏
L0010	YW10105002	A2	YW10105012	A4	简答题	0	创编	是	

（4）结合以下材料，回答问题。

材料 1：

咏　史

［魏晋］左思

郁郁涧底松，离离山上苗。

以彼径寸茎，荫此百尺条。

世胄蹑高位，英俊沉下僚。

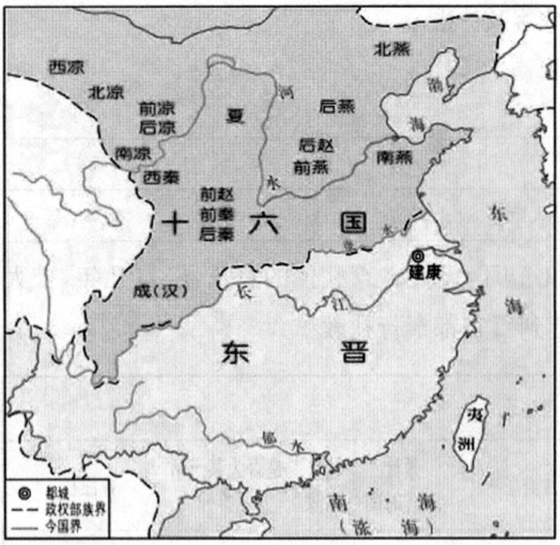

▲东晋十六国形势图

地势使之然，由来非一朝。

金张藉旧业，七叶珥汉貂。

冯公岂不伟，白首不见招。

材料 2：

266 年，司马昭之子司马炎代魏称帝，国号晋，史称西晋。280 年，西晋灭吴，完成统一。自东汉以来，西、北边陲的一些少数民族不断向内地迁，主要有匈奴羌鲜卑等。他们受到官府和汉族地主豪强的剥削压迫。316 年，西晋被内迁匈奴贵族所灭。自此，中国历史又进入一个比较长的分裂时期，起初是东晋十六国的割据，后来演变为南北朝的对峙。

317 年，西晋宗室司马容在建康重建晋朝，史称东晋。自三国、西晋以来，一些声名显赫的士大夫家族世代把持官位，享受政治经济等方面特权，形成一个特殊的社会阶层，称为“士族”。逃到南方的几家北方高门士族先后执掌朝政，成为东晋政权的主要支柱。他们争权夺利，势力逐渐衰弱。420 年，出身低级士族的武将刘裕篡夺皇位，国号宋。此后 170 年间，南方先后经历了宋齐梁陈 4 个王朝，合称“南朝”。4 个王朝均定都建康，加上先前在此定都的吴和东晋，又统称为“六朝”。

——《中外历史纲要(上) 第二单元》(有删改)

L0011：请运用《差序格局》《血缘和地缘》《无讼》章节内容，解读两晋南北朝是如何通过“九品中正制”巩固封建君主的横暴权力和教化权力的？

____

____

____

答案示例：“九品中正制”是一个主要以“家世”为依据选拔人才的方式。《咏史》中即言：世胄蹑高位，英俊沉下僚。材料 2 中也提到士大夫家族世代把握官位的现象。君主为了巩固“横暴权力”和“教化权力”，以亲缘关系为依据，注重了“私”的风气，也使以君主为中心，以心腹或血缘为纽带的中央集权格局更为牢固。

单元练习属性表									
题目编码	对应目标编码 A	对应学习水平	对应目标编码 B	对应学习水平	题目类型	预计完成时间	题目来源	是否为某一大题拆分	备注栏
L0011	YW10105012	A4	YW10105004	A2	简答题	0	创编	否	

3. 合作与探究

L0012：费孝通在八十华诞之际，总结出了“各美其美，美人之美，美美与共，天下大同”的十六字“箴言”，《乡土中国》的理论宝库是否可以与世界分享？请你为来访的外国友人介绍《乡土中国》。你觉得选择哪一个核心概念最合适？

答案示例：向外国友人介绍说明何为“礼”。

“礼是社会公认合式的行为规范。合于礼的就是说这些行为是做得对的，对是合式的意思。如果单从行为规范一点说，本和法律无异，法律也是一种行为规范。礼和法不相同的地方是维持规范的力量。法律是靠国家的权力来推行的。‘国家’是指政治的权力，在现代国家没有形成前，部落也是政治权力。而礼却不需要这有形的权力机构来维持。维持礼这种规范的是传统。”

单元练习属性表											
题目编码	对应目标编码 A	对应学习水平 A	对应目标编码 B	对应学习水平	题目类型	题目完成方式	题目难度	预计完成时间	题目来源	是否为某一大题拆分	备注栏
L0012	YW10105011	A4			书面开放题	书面	中等	14 min	创编	否	

L0013：如果要撰写《城市中国》这本书，你会如何入手？参考《从欲望到需要》一课预习题1，尝试理出《城市中国》的目录，并用一句话概括每一章的写作内容。

思路提示：可以从“论城、市、镇”“城市精神”“新新城市人”“现代工业技术”“城市人的精神困局”“现代人的人际交往”等角度入手。

单元练习属性表											
题目编码	对应目标编码 A	对应学习水平 A	对应目标编码 B	对应学习水平	题目类型	题目完成方式	题目难度	预计完成时间	题目来源	是否为某一大题拆分	备注栏
L0013	YW10105006	A2	YW10105004	A2	书面开放题	书面	较高	20 min	创编	否	

单元练习属性统计表												
不同目标编码题量分布		不同目标维度与学习水平题量分布		不同题目类型题量分布		不同完成方式题量分布		不同难度题量分布		总时间（分钟）	不同来源题量分布	
YW10105001	0	A1	0	选择题	4	听说类	0	较低	2	220 分钟	选编	0
YW10105002	5	A2	13	填空题	0	操作类	0	中等	7		改编	3
YW10105003	1	A3	0	简答题	7	综合实践类	0	较高	4		创编	10

续 表

单元练习属性统计表												
不同目标编码题量分布		不同目标维度与学习水平题量分布		不同题目类型题量分布		不同完成方式题量分布		不同难度题量分布		总时间（分钟）	不同来源题量分布	
YW10105004	5	A4	9	作图题	0	合作类	0					
YW10105005	0	A5	0	实验题	0	跨学科运用类	1					
YW10105006	2	B	0	应用题	0	非书面其他	0					
YW10105007	0	B1	0	证明题	0	书面	12					
YW10105008	0	B2	0	完形填空	0							
YW10105009	0	B3	0	判断题	0							
YW10105010	0	B4	0	书面开放题	2							
YW10105011	1	B5	0	书面其他	0							
YW10105012	8	C	0	非书面	0							

四、作业案例编制特色说明

我们编制的作业案例——“双新”“双减”背景下的《乡土中国》单元作业设计，是落实语文核心素养的载体，也是课堂教学的有效延伸、拓展与深化。要在 2021 年“双新”“双减”背景下完成作业设计，更是一个挑战。一份高效的作业，在一定的时间内，既能检测课堂教学的有效性，也能巩固学生课堂学习的所得，更应该激发学生学习的主动性。

在编制作业案例过程中，我们团队关注学情、聚焦单元、集思广益，作业设计呈现以下特色。

(1) 作业凸显语文学科核心素养

我们的作业设计坚持素养导向，涵泳语文本色，关注语文课整本书阅读的意义，聚焦语文学科的核心素养。例如 Z3008 让学生探讨“差序格局”中的“差”的读音。通过对这道题目答案的探究，学生的“语言建构与运用”能力得到训练，“思维”得到发展和提升。

再如 Z8003 设计了写倡议书的任务，号召志愿者们开展“重新发现乡土”的主题活动。学生在构思这份“倡议书”的时候，需要用自己“审美鉴赏与创造”的能力实现“文化传承与理解”。

(2) 作业目标明确化、形式多样化、评价多元化，单元练习在课时作业的基础上提升能力要求

我们的作业设计以《普通高中语文课程标准(2017 年版 2020 年修订)》中“学习任务群 1 整本书阅读与研讨”设定的学习目标为导向，帮助学生在做作业的过程中，探索阅读整本书的门

径，形成和积累自己阅读整本书的经验。作业全面涵盖“勾画圈点”“梳理纲目”“内容提要”“了解学术思想及学术价值”“探究语言特点和论述逻辑”等目标要求。

我们的作业设计呈现出丰富新颖的样态。比如Z1001和Z1007两道题都使用了图文结合的形式，前者设计“海报制作”的任务，后者创设“网络发帖”的情境，让学生见之“可亲”，对学术类著作不产生畏惧感，在饶有兴味的做题过程中夯实知识，生成素养，表现创造力。

我们特别注重题目的原创和改编。原创题整合学生的知识储备和日常生活中的现象，创设情境，用任务推动他们利用经验去观察思考、分析鉴别、审美创造。例如Z8002，是让学生结合材料和《礼治秩序》，分析“共享单车”乱象产生的原因。此类原创题意在引导学生把《乡土中国》由“文本”读成“现实”；在费孝通的“思考”的基础上生成学生自己独到的思考。改编题是在“慧眼识珠”，取“他山之石”的基础上，去芜存菁，使题目更严谨科学、更切合学生的学情，从而具有更强的可操作性。

我们团队注重题目的原创和改编，是因为作业是为学生服务的，学生是鲜活而充满个性的，有些“现成”的作业恐怕无法回应他们的需求。我们了解学生在阅读时的困惑和疑问，在学习时的难点和疑点，在做作业时的兴趣或畏惧，我们将这些“元素”体现在我们的作业设计中，与学生切实、多变的需求“无缝贴合”。作业不仅是检验学生学习水平的工具，更是带有“温度”的，充满关切与引领意识的“纸上导师”。

对于部分具有开放性和合作性的题目，我们提供了评价量表。评价量表分为“优秀”“合格”“不合格”三个层级，根据题目的不同类型，从答案的针对性、内容的科学性、表述的完整性三个层面给出相应的评价标准。评价量表供学生自评互评，激发学生学习热情。

我们的课时作业和单元练习在内容上有关联性，在能力要求上呈递进性。例如“Z3003：通过对比，梳理‘差序格局’和‘团体格局’概念的异同”和“L0005：既然北京人最理想的住家方式是‘独门独院的’，又为何要‘处街坊’？”这两道题在内容上都聚焦“差序格局”。前者是课时作业，能力要求在“知道”层面，后者为单元练习，能力要求上升为“分析”，呈现内容关联但能力要求递增的特点。

(3) 作业设计分层分类，呼应“双新”“双减”要求

整本书阅读单元有其特殊性，内容多、难度大，学生的阅读过程个性化，作业设计可以考量的角度多。如何既保障作业丰富多元又控制好时间，我们做出以下尝试。

作业分为课前预习作业、课后作业和课外拓展探究作业，课前预习作业和课外拓展作业供学生和教师选用，不计入课时作业时间。这样的设计既覆盖学前、学中、学后各阶段，又控制了作业时间总量。我们还将短期作业和长期作业相结合，必做题和选做题相结合，书面表达题和非书面表达题相结合，增加作业的选择性，灵活地满足不同能力层次学生的需要。

每一课时的作业都包含“记忆”“理解”“应用”“评价”“鉴赏”等维度，且按梯度排序。预习作业和课后作业聚焦基本学习内容的检测和反馈，题型以填空、简答为主，面向全体学生；一些

综合性较高的合作探究作业，形式包括调查报告、思维导图制作、跨学科探究等等，满足部分学生深度学习的需求。

这些设计理念让我们的作业设计在丰富多元和精简适度间取得平衡。

（4）作业强调学以致用，创设真实情境，解决现实问题

我们力图用情境激发学生学习兴趣，真实情境能够引导学生主动参与，我们根据网络热议的《中国留学生家长耶鲁种菜 荒地变菜园》设计了 Z1007，让学生以发帖的形式回应热点，"反刍"阅读所得。因为广场舞大妈扰民事件时有发生，我们设计了 Z8001，让学生写一封"劝说信"，活用阅读所得。

我们引入这些热点新闻，设计这些与现实密切相关的综合应用类的情境题，引发学生用理论观点与当下社会热点勾连，学以致用，用以促学，丰富学生思考维度，激发学生深度参与。

（5）利用作业设计构建语文学科的统整性、结构性

我们用《乡土中国》为经纬，梳理贯穿初高中已学过的课文，将学术著作的理性和文学作品的形象性有机对接，做到语文学习的大贯通，夯实学生的能力和语文学科的核心素养。

我们设计了 Z2005、Z2006 等一系列题目，将学生初高中学习过的鲁迅作品融会贯通，将《乡土中国》中的相关知识概念以文学为载体而具体化，生动化。

我们设计了跨单元作业，结合必修上册第四单元"家乡文化生活"，激发学生在实践调查、调研中加深对"乡土中国"变迁的认识。例如 Z2007，是结合"家乡文化生活"单元，调查当地风俗文化，进行"调查报告宣讲会"，互相交流点评。

（6）作业设计充分关注学生的学习经历和能力生成

我们的作业设计了"面对现实""面向未来"的题目，例如"L0013：如果要撰写《城市中国》这本书，你会如何入手？"这样的作业设计力图借阅读《乡土中国》之力，由点及面，引领学生由书本到现实，由过去到未来，引导学生养成自觉阅读、深度思考的习惯。这些应是学生通过《乡土中国》整本书阅读后获得的宝贵财富。

我们在作业设计中不是一味地求新求异，我们充分地考虑了学生的认知水平和题目的可操作度，对能力要求较高的题目，如表格题、材料分析题，我们提供答题示例或者辅助材料，起到"脚手架"的作用，防止题目要求过度超越学生能力。

针对题型相似的题目，我们在前几课时提供"脚手架"，后面逐步取消，学生可以凭借前几课时积累的经验来构建新的思路与表达，语文核心素养中的"语言的建构和运用""思维的发展和提升"在完成作业的过程中得到生成和提高。

（7）作业设计体现跨学科的创新思维

我们的作业设计在跨学科领域进行了多样化的尝试。

有学术类整本书阅读与历史的结合。例如 Z5005，用《名实的分离》这一章的理论，解释"挟天子以令诸侯"这个现象。

有学术类整本书阅读和社会心理学的结合。例如 Z5006，用阅读《血缘和地缘》《名实的分离》获得的信息，对“杀熟”现象做简要的归因分析。

还有“文史哲”熔铸于一炉的题型，例如单元练习中 L0011，将诗歌、史料等一起呈现，考查学生综合运用的能力。

我们的作业设计，充分考虑到在“双新”“双减”背景下，如何既能控制作业时长，又使得题型丰富多样，有坡度，有深度。作业设计体现课时作业和单元作业的序列性，为师生提供精准的评价标准，培养学生自主学习的能力。这份作业设计体现了我们的思考，相信经由不断的实践和反思，我们编制的这份作业会继续“成长”，不断完善。

第十七章　2020年上海市高中数学单元作业及试卷设计案例*

本单元主要学习内容包含两个部分，一是简单的分式不等式和简单的含绝对值不等式的解法，二是平均值不等式、三角不等式等基本不等式，这些内容为进一步学习函数和其他知识提供了必要基础，起到承上启下的作用.

本单元作业设计的主要目标是在**实际情境和数学情境**中，掌握分式不等式和简单的含绝对值不等式的**基本解法**，能运用基本不等式解决一些简单的**证明不等式、大小比较和最值问题**，并能有**条理地表达解题过程，形成一定的规范化、一般化思考问题的品质**.同时，在学习不等式的解法过程中，**体验等价转化和分类讨论等数学思想**，在学习基本不等式的过程中，**感悟代换的数学思想**.本单元作业设计，还贯穿了学习证明不等式的基本方法这条线索，以培养**学生代数证明的基本能力.**

我校是市级实验性示范性高中，共12个班，其中10个平行班，2个是创新班.各个平行班之间的中考数学均分基本相同，创新班之间也类似，但这两种类型班级的学生均分差异还是比较明显的.从开学后的情况看，即使中考分数非常接近的学生，他们在学习习惯、学习态度和学习能力方面也存在明显的差异.因而，在教学中教师一定要关注到这种**差异性**，作业设计上要**紧扣目标**，切忌盲目拔高，要体现**层次和循序渐进**，**注重学科核心素养**的培养，给予不同层次的学生**最适合的作业**.

总之，本单元以“解不等式与基本不等式”作为载体，主要的目标是培养学生的数学运算、逻辑推理和数学建模等数学学科核心素养.

一、单元信息

<table>
<tr><td rowspan="2">基本信息</td><td>学科</td><td>年级</td><td>学期</td><td>教材版本</td><td>章</td><td>起止节</td><td>单元名称</td></tr>
<tr><td>数学</td><td>高一</td><td>第1学期</td><td>上教社2020年版</td><td>必修第2章</td><td>2.2～2.3</td><td>3. 解不等式与基本不等式</td></tr>
<tr><td rowspan="3">课时信息</td><td>序　号</td><td colspan="3">课 时 名 称</td><td colspan="3">对应教材内容</td></tr>
<tr><td>1</td><td colspan="3">2.2　不等式的求解(4)</td><td colspan="3">2.2－3　分式不等式的求解</td></tr>
<tr><td>2</td><td colspan="3">2.2　不等式的求解(5)</td><td colspan="3">2.2－4　含绝对值不等式的求解</td></tr>
</table>

*　本章作者为上海市控江中学设计团队，团队成员是朱敏慧、孙雷鸣、吴惠群、王慎有、柳敏、余利成。

续 表

课时信息	序 号	课 时 名 称	对应教材内容		
	3	2.3 基本不等式及其应用(1)	2.3-1 平均值不等式及其应用		
	4	2.3 基本不等式及其应用(2)	2.3-1 平均值不等式及其应用		
	5	2.3 基本不等式及其应用(3)	2.3-2 三角不等式		
	6	单元复习课	第3单元 解不等式与基本不等式		
作业、试卷的单元目标	编 码	目 标 描 述	学习水平1	学习水平2	编题建议
	SX10102201	会求解分式不等式.	A3	E51	
	SX10102202	会求解较简单的含有绝对值符号的不等式.	A3	E51	
	SX10102203	懂得平均值不等式,能指出其中等号成立的条件.	A2	E22	
	SX10102204	能运用平均值不等式比较大小、求解一些简单的最大值或最小值问题,以及证明一些简单的不等式.	A3	E22	
	SX10102205	能运用三角不等式比较大小、求解一些简单的最大值或最小值问题,以及证明一些简单的不等式.	A3	E22	
	SX10102206	能结合实际情境,建立合适的不等式模型,能借助建模的结果说明问题,感受用不等式解决实际问题的意义.	A3	E32,E51	
	SX10102207	在运用平均值不等式、三角不等式解决具体问题的过程中,能阐述问题的内涵,有条理地表达解题过程,形成规范化、一般化思考问题的品质,体会等价转化、整体代换等思想.	A3	E12,E22,E51	

二、案例正文

(一) 课时作业

【第1课时】

在进行高一年级上半学期《第三单元 解不等式与基本不等式》这一单元教学时,我校高一数学备课组为该单元6个课时中的每一课时都准备了五个或六个课后作业(含跨课时作业).

本课时为其中第 1 节《不等式的求解(4)》.本课时的目标是通过一些实际情境和数学情境,掌握分式不等式的求解方法,能熟练求解分式不等式,对一些简单的含参数问题能运用分类讨论的思想方法分析问题,有条理地表达分类过程,并能感悟在解分式不等式过程中的等价转化.基于以上的目标,特制订如下课时作业设计.

课时作业目标编码	课时作业目标描述	对应单元目标编码
Z101	在简单的数学情境中,能熟练掌握分式不等式的求解,并能选择合适的运算思路,正确表述解题过程,并在解决问题过程中感悟不等式的等价变形.	SX10102201
Z102	在一些熟悉的数学情境中,能够理解知识间的关联,能把分式不等式的问题转化为其他不等式的问题,并能够正确进行运算,正确表述运算过程.	SX10102201
Z103	在一些关联的情境中,抽象出需要解决的数学问题,结合之前的学习经验,分析并给出解决问题的思路,掌握分式不等式中的逆向问题的求解,并能够解释计算的结果.	SX10102201 SX10102206
Z104	在学生熟悉的生活场景中,抽象出数学模型,能够针对这个模型选择合适的求解方法,在交流的过程中,能够用模型的思想说明问题,并能解释建模的结果.	SX10102201 SX10102206
Z105	在分式不等式的情境中,加入参数问题.理解模型中参数的意义,能够运用数学语言表达运算结果,有条理地表述分类过程,感悟分类讨论的思想方法.	SX10102201 SX10102206

题目编码	对应课时作业目标(填相关目标编码)	题目难度			预计完成时间单位	题目来源		
		较低	中等	较高		选编	改编	创编
Z1001	SX10102201	√			3	√		
Z1002	SX10102201	√			3	√		
Z1003	SX10102201 SX10102206		√		5		√	
Z1004	SX10102201 SX10102206		√		8		√	
Z1005	SX10102201 SX10102206			√	8		√	

Z1001:不等式 $\dfrac{2x+1}{x-1}\geqslant 3$ 在整数集中的解集是__________.

答案: 移项并整理,可将原不等式转化为 $\dfrac{-x+4}{x-1}\geqslant 0$,即 $\dfrac{x-4}{x-1}\leqslant 0$.

另外，要使不等式左边的分式有意义，要求 $x-1\neq 0$. 于是，原不等式可等价转化为 $\begin{cases}(x-1)(x-4)\leqslant 0,\\ x-1\neq 0,\end{cases}$ 即 $\begin{cases}1\leqslant x\leqslant 4,\\ x\neq 1.\end{cases}$ 所以原不等式的解集为 $(1,\ 4]$，可得在整数集中的解集为 $\{2,\ 3,\ 4\}$.

设计说明：在学生熟悉的情境中，帮助学生熟练掌握求解分式不等式的基本方法，培养学生正确表述解题过程，在解决问题的过程中感悟不等式的等价变形.在作业的评价中建议关注学生是否考虑到分母不为 0.

作业题目属性汇总表												
题目编码	所属课时	对应目标编码 A	对应学习水平 A	对应目标编码 B	对应学习水平 B	题目类型	题目完成方式	题目难度	预计完成时间	题目来源	是否为某一大题拆分	备注栏
Z1001	01	SX10102201	A3			填空题	书面	较低	3 min	选编	否	

Z1002：如果关于 x 的不等式 $\dfrac{2x^2+kx+k}{x^2+x+1}<1$ 的解集是 $\varnothing$，则实数 k 的取值范围是________.

答案：$x^2+x+1=\left(x+\dfrac{1}{2}\right)^2+\dfrac{3}{4}>0$ 对任意 $x\in\mathbf{R}$ 恒成立，于是 $2x^2+kx+k<x^2+x+1$，即 $x^2+(k-1)x+k-1<0$ 的解集是 $\varnothing$，则判别式 $\Delta=(k-1)^2-4(k-1)\leqslant 0$，所以 k 的取值范围是 $[1,\ 5]$.

设计说明：在学生熟悉的情境中，敏锐感知到分母恒正，能根据不等式的具体形式正确转化为一元二次不等式问题，培养学生对代数式的感知力，在解决问题的过程中感悟不等式的等价变形.在作业的评价中建议关注学生在不等式等价转化上的表达，以及一元二次不等式解的情况问题.

作业题目属性汇总表												
题目编码	所属课时	对应目标编码 A	对应学习水平 A	对应目标编码 B	对应学习水平 B	题目类型	题目完成方式	题目难度	预计完成时间	题目来源	是否为某一大题拆分	备注栏
Z1002	01	SX10102201	A3			填空题	书面	较低	3 min	选编	否	

Z1003：设常数 a，$b\in\mathbf{R}$，已知关于 x 的不等式 $\dfrac{x-a}{x-b}>a$ 的解集为 $(2,\ 3)$，求 a，b 的值.

答案：移项并整理，可将原不等式化为 $\dfrac{(1-a)x+ab-a}{x-b}>0$. 原不等式可以转化为 $[(1-a)x+ab-a](x-b)>0(*)$. 因为原不等式的解集为 $(2,\ 3)$，可得 $1-a<0$，即 $a>1$，

进而(*)式等价于 $\left(x-\dfrac{ab-a}{a-1}\right)(x-b)<0$. 可知一元二次方程 $\left(x-\dfrac{ab-a}{a-1}\right)(x-b)=0$ 的两个根是2和3,所以 $\begin{cases}\dfrac{ab-a}{a-1}=2\\ b=3\end{cases}$ 或 $\begin{cases}\dfrac{ab-a}{a-1}=3\\ b=2\end{cases}$,解得无解或 $\begin{cases}a=\dfrac{3}{2}\\ b=2\end{cases}$. $a=\dfrac{3}{2}>1$ 符合题意.所以 a, b 的值分别为 $\dfrac{3}{2}$ 和 2.

设计说明:在学生熟悉的分式不等式情境中,能够把分式不等式的问题转化为二次不等式的问题,理解参数与二次不等式解集之间的关系,体会参数的意义. 在作业的评价中建议关注学生是否能够熟练求解分式不等式,以及一元二次不等式解集与对应方程的根的关系.

作业题目属性汇总表												
题目编码	所属课时	对应目标编码A	对应学习水平A	对应目标编码B	对应学习水平B	题目类型	题目完成方式	题目难度	预计完成时间	题目来源	是否为某一大题拆分	备注栏
Z1003	01	SX10102201	A3	SX10102206	A3	简答题	书面	中等	5 min	改编	否	

Z1004:王老师在国庆期间计划到外地走亲访友,准备要去超市采购一些礼品,正好遇到某大型超市在搞大促销.促销规定:超市内所有商品按标价的85%出售;同时,当顾客在该超市内消费满一定金额后,按如下方案获得相应金额的奖券:

消费金额(元)的范围	[100, 300)	[300, 500)	[500, 700)	[700, 900)	…
获得奖券的金额(元)	10	40	80	110	…

根据上述促销方法,顾客在该超市购物可以获得双重优惠.例如:购买总金额为400元,则消费金额为 $400\times85\%=340$ 元,获得的优惠额为 $400\times0.15+40=100$ 元.

设购买优惠率=(购买商品获得的优惠额)÷(购买总金额).试问:

(1) 购买总金额为800元的商品,王老师得到的优惠率是多少?

(2) 对于购买总金额在[300, 550](元)内的商品,王老师购买多少元的总商品,可得到不小于 $\dfrac{1}{4}$ 的优惠率?(结果四舍五入近似到1元)

答案:(1) 购买总金额为800元的商品其消费金额为680元,可获得奖券80元,优惠率为 $\dfrac{800\times0.15+80}{800}=25\%$.

(2) 设商品总价为 x 元,则消费额为 $255\leqslant0.85x\leqslant467.5$,于是有 $\begin{cases}\dfrac{0.15x+10}{x}\geqslant\dfrac{1}{4}\\ 255\leqslant0.85x<300\end{cases}$ 或

$\begin{cases}\dfrac{0.15x+40}{x}\geqslant\dfrac{1}{4}\\300\leqslant 0.85x\leqslant 467.5\end{cases}$，解得 $\dfrac{6\,000}{17}\leqslant x\leqslant 400$，即王老师为了得到不少于 $\dfrac{1}{4}$ 的优惠率，必须购买总金额不小于 353 元且不大于 400 元的商品.

设计说明：在学生熟悉的生活场景中，培养阅读文字，理解实际问题的能力.通过将实际问题抽象为数学模型，培养数学建模这个核心素养.在建模后，培养学生解决问题的能力，并能解释建模的结果.在作业的评价中建议分开评价学生将实际问题数学化的能力和论证过程的逻辑表述能力.

作业题目属性汇总表												
题目编码	所属课时	对应目标编码 A	对应学习水平 A	对应目标编码 B	对应学习水平 B	题目类型	题目完成方式	题目难度	预计完成时间	题目来源	是否为某一大题拆分	备注栏
Z1004	01	SX10102201	A3	SX10102206	A3	应用题	书面	中等	8 min	改编	否	

Z1005：设 $a\in\mathbf{R}$，解关于 x 的不等式 $\dfrac{a(x+2)}{x+4}>2$.

答案：由 $\dfrac{a(x+2)}{x+4}>2$ 得 $\dfrac{(a-2)x+2a-8}{x+4}>0$.

(1) 当 $a=2$ 时，则此不等式的解集为 $(-\infty,-4)$；

(2) 当 $a>2$ 时，则 $\dfrac{x+\dfrac{2a-8}{a-2}}{x+4}>0$，此时 $-\dfrac{2a-8}{a-2}-(-4)=\dfrac{2a}{a-2}>0$，即 $-\dfrac{2a-8}{a-2}>-4$，此时原不等式的解集为 $(-\infty,-4)\cup\left(-\dfrac{2a-8}{a-2},+\infty\right)$；

(3) 当 $a<2$ 时，则 $\dfrac{x+\dfrac{2a-8}{a-2}}{x+4}<0$，

① 当 $0<a<2$ 时，此时 $-\dfrac{2a-8}{a-2}-(-4)=\dfrac{2a}{a-2}<0$，即 $-\dfrac{2a-8}{a-2}<-4$，此时原不等式的解集为 $\left(-\dfrac{2a-8}{a-2},-4\right)$；② 当 $a=0$ 时，此时原不等式的解集为 $\varnothing$；③ 当 $a<0$ 时，则 $-\dfrac{2a-8}{a-2}-(-4)=\dfrac{2a}{a-2}>0$，即 $-\dfrac{2a-8}{a-2}>-4$，此时不等式的解是 $\left(-4,-\dfrac{2a-8}{a-2}\right)$.

综上所述，当 $a=2$ 时，原不等式的解集为 $(-\infty,-4)$；

当 $a>2$ 时，原不等式的解集为 $(-\infty,-4)\cup\left(-\dfrac{2a-8}{a-2},+\infty\right)$；

当 $0<a<2$ 时，原不等式的解集为 $\left(-\dfrac{2a-8}{a-2},-4\right)$；

当 $a=0$ 时，原不等式的解集为 $\varnothing$；

当 $a<0$ 时，原不等式的解是 $\left(-4,-\dfrac{2a-8}{a-2}\right)$.

设计说明：在分式不等式情境中，加入了参数问题，帮助学生熟练掌握分式不等式的基本方法，培养学生正确表述解题过程，在解决问题的过程中感悟分式不等式的等价变形，并体会一元二次不等式求解的注意点.在作业的评价中建议关注学生在不等式等价转化上的表达，以及关注学生对参数进行分类讨论的表达.

作业题目属性汇总表												
题目编码	所属课时	对应目标编码 A	对应学习水平 A	对应目标编码 B	对应学习水平 B	题目类型	题目完成方式	题目难度	预计完成时间	题目来源	是否为某一大题拆分	备注栏
Z1005	01	SX10102201	A3	SX10102206	A3	简答题	书面	较高	8 min	改编	否	

四个方面	情境与问题			知识与技能			思维与表达			交流与反思		
三个水平	1	2	3	1	2	3	1	2	3	1	2	3
Z1001	√			√			√			√		
Z1002	√			√			√			√		
Z1003		√			√			√			√	
Z1004		√			√			√			√	
Z1005		√			√			√			√	
合计	2	3	0	2	3	0	2	3	0	2	3	0
	5			5			5			5		

核心素养	数学抽象			逻辑推理			数学建模			直观想象			数学运算			数据分析		
素养水平	1	2	3	1	2	3	1	2	3	1	2	3	1	2	3	1	2	3
Z1001													√					
Z1002													√					
Z1003								√					√					

续 表

核心素养	数学抽象			逻辑推理			数学建模			直观想象			数学运算			数据分析		
素养水平	1	2	3	1	2	3	1	2	3	1	2	3	1	2	3	1	2	3
Z1004								√					√					
Z1005								√					√					
合计	0	0	0	0	0	0	0	3	0	0	0	0	5	0	0	0	0	0
	0			0			3			0			5			0		

题目与解答要点：

题目：设常数 a，$b \in \mathbf{R}$，已知关于 x 的不等式 $\frac{x-a}{x-b}>a$ 的解集为 $(2, 3)$，求 a，b 的值.

解答要点：略.

题目编码	Z1003	
所属课时	第 1 课时	
目标编码	SX10102201，SX10102206	
所涉目标的各维度学习水平	知识与技能	A3
	核心素养	E32，E51
	其他	
题目类型	□选择题 □填空题 □判断题 ■简答题 □应用题 □证明题 □书面开放题 □书面其他 □非书面	
完成方式	■书面 □非书面其他 □操作类 □综合实践类 □听说类 □合作类 □跨学科运用类	
题目难度	□较低 ■中等 □较高	
预计完成时间单位	□跨课时作业 ______天 ■课时作业 ___5___分钟	
题目来源	■改编 □创编 □摘编 ____________	
编写思路与设计意图	在学生熟悉的分式不等式情境中，能够把分式不等式的问题转化为二次不等式的问题，理解参数与二次不等式解集之间的关系，体会参数的意义. 在作业的评价中建议关注学生是否能够熟练求解分式不等式，以及一元二次不等式解集与对应方程的根的关系.	

题目与解答要点：

题目：王老师在国庆期间计划到外地走亲访友，准备要去超市采购一些礼品，正好遇到某大型超市在搞大促销.促销规定：超市内所有商品按标价的 85% 出售；同时，当顾客在该超市内消费满一定金额后，按如下方案获得相应金额的奖券：

消费金额(元)的范围	[100, 300)	[300, 500)	[500, 700)	[700, 900)	…
获得奖券的金额(元)	10	40	80	110	…

根据上述促销方法，顾客在该超市购物可以获得双重优惠.例如：购买总金额为 400 元，则消费金额为 $400\times85\%=340$ 元，获得的优惠额为 $400\times0.15+40=100$ 元.

设购买优惠率=(购买商品获得的优惠额)÷(购买总金额).试问：

(1) 购买总金额为 800 元的商品，王老师得到的优惠率是多少？

(2) 对于购买总金额在 [300, 550] (元)内的商品，王老师购买多少元的总商品，可得到不小于 $\frac{1}{4}$ 的优惠率？(结果四舍五入近似到 1 元)

解答要点：略.

题目编码	Z1004	
所属课时	第 1 课时	
目标编码	SX10102201，SX10102206	
所涉目标的各维度学习水平	知识与技能	A3
	核心素养	E32，E51
	其他	
题目类型	□选择题 □填空题 □判断题 □简答题 ■应用题 □证明题 □书面开放题 □书面其他 □非书面	
完成方式	■书面 □非书面其他 □操作类 □综合实践类 □听说类 □合作类 □跨学科运用类	
题目难度	□较低 ■中等 □较高	
预计完成时间单位	□跨课时作业 ______天 ■课时作业 __8__分钟	
题目来源	■改编 □创编 □摘编 ______	
编写思路与设计意图	在学生熟悉的生活场景中，培养阅读文字，理解实际问题的能力.通过将实际问题抽象为数学模型，培养数学建模这个核心素养.在建模后，培养学生解决问题的能力，并能解释建模的结果.在作业的评价中建议分开评价学生将实际问题数学化的能力和论证过程的逻辑表述能力.	

题目与解答要点：

题目：设 $a\in\mathbf{R}$，解关于 x 的不等式 $\frac{a(x+2)}{x+4}>2$.

解答要点：略.

续 表

题目编码	Z1005	
所属课时	第 1 课时	
目标编码	SX10102201,SX10102206	
所涉目标的各维度学习水平	知识与技能	A3
	核心素养	E32,E51
	其他	
题目类型	□选择题 □填空题 □判断题 ■简答题 □应用题 □证明题 □书面开放题 □书面其他 □非书面	
完成方式	■书面 □非书面其他 □操作类 □综合实践类 □听说类 □合作类 □跨学科运用类	
题目难度	□较低 □中等 ■较高	
预计完成时间单位	□跨课时作业 ______天 ■课时作业 __8__分钟	
题目来源	■改编 □创编 □摘编 ____________	
编写思路与设计意图	在分式不等式情境中,加入了参数问题,帮助学生熟练掌握分式不等式的基本方法,培养学生正确表述解题过程,在解决问题的过程中感悟分式不等式的等价变形,并体会一元二次不等式求解的注意点.在作业的评价中建议关注学生在不等式等价转化上的表达,以及关注学生对参数进行分类讨论的表达.	

【第 2 课时】

在进行高一年级上半学期《第三单元 解不等式与基本不等式》这一单元教学时,我校高一数学备课组为该单元 6 个课时中的每一课时都准备了五个或六个课后作业(含跨课时作业).

本课时为其中第 2 节《不等式的求解(5)》。本课时的目标是通过一些数学情境和实际情境,让学生熟悉各种类型的含有绝对值的不等式,合理选择方法,进行正确运算,并能对分类讨论思想形成一定的感悟和反思.基于以上的目标,特制订如下课时作业设计.

课时作业目标编码	课时作业目标描述	对应单元目标编码
Z201	在熟悉的数学情境中,合理利用数学概念和规则的含义,能够利用数轴,体会绝对值所蕴含的数学意义,通过运算,得到正确的运算结果.	SX10102202
Z202	在熟悉的数学情境中,正确理解知识间的关联,合理选择运算方法,正确、有序地进行分类讨论,并能正确进行运算过程,正确表达运算结果.	SX10102202

续　表

课时作业目标编码	课时作业目标描述	对应单元目标编码
Z203	在熟悉的数学情境中，在解决相似的问题中感悟数学的通性通法，针对运算问题，合理选择运算方法，正确有序地进行分类，得到正确的运算结果.	SX10102202
Z204	在综合的情境中，发现其中蕴含的数学关系，用数学的眼光找到合适的研究对象，用恰当的数学语言予以表达，并运用逻辑推理进行分析.	SX10102202
Z205	在学生熟悉的生活场景中，抽象出数学模型，能够针对这个模型选择合适的方法，抓住数学问题的本质，形成解决问题的思路，并能得到正确结论.	SX10102202 SX10102206

题目编码	对应课时作业目标（填相关目标编码）	题目难度			预计完成时间单位	题目来源		
		较低	中等	较高		选编	改编	创编
Z2001	SX10102202	√			4	√		
Z2002	SX10102202	√			6	√		
Z2003	SX10102202		√		6	√		
Z2004	SX10102202		√		6		√	
Z2005	SX10102202 SX10102206			√	8		√	

Z2001：(1) 不等式 $|2x-3|\leqslant 1$ 的解集是____________；

(2) 不等式 $1<|2-5x|\leqslant 3$ 的解集是____________；

(3) 不等式 $\dfrac{2}{|x-3|}\leqslant 1$ 的解集是____________；

(4) 不等式 $|x^2-x-1|<1$ 的解集是____________.

答案：(1) 由绝对值的几何意义知：$-1\leqslant 2x-3\leqslant 1$，得不等式的解集是 $[1, 2]$.

(2) 由绝对值的几何意义知：$-3\leqslant 2-5x<-1$ 或 $1<2-5x\leqslant 3$，

得不等式的解集是 $\left[-\dfrac{1}{5}, \dfrac{1}{5}\right)\cup\left(\dfrac{3}{5}, 1\right]$.

(3) 等价于 $\begin{cases}|x-3|\geqslant 2\\ x\neq 3\end{cases}$，即 $\begin{cases}x-3\geqslant 2 \text{ 或 } x-3\leqslant -2\\ x\neq 3\end{cases}$，

得不等式的解集是 $x\in(-\infty, 1]\cup[5, +\infty)$.

(4) 由绝对值的定义知：$-1<x^2-x-1<1$，即 $\begin{cases}x^2-x>0\\ x^2-x-2<0\end{cases}$，

得不等式的解集是 $(-1, 0)\cup(1, 2)$.

设计说明：在学生熟悉的数学情境中，合理利用数学概念和规则的含义，利用数轴，帮助学生理解绝对值所蕴含的数学意义，培养学生不等式的计算能力.在作业评价中，建议关注学生是否能正确求出结果并正确表达结论.

作业题目属性汇总表												
题目编码	所属课时	对应目标编码A	对应学习水平A	对应目标编码B	对应学习水平B	题目类型	题目完成方式	题目难度	预计完成时间	题目来源	是否为某一大题拆分	备注栏
Z2001	02	SX10102202	A3			填空题	书面	较低	4 min	选编	否	

Z2002：(1) 不等式 $|x-1|>|2x+5|$ 的解集是____________；

(2) 不等式 $|x-3|+|2x+7|>8$ 的解集是____________；

(3) 不等式 $|2x-3|-|2x+1|\leqslant 3$ 的解集是____________.

答案：(1) 所求等价于 $(x-1)^2>(2x+5)^2$，即 $3x^2+22x+24<0$，

不等式的解集是 $\left(-6,-\frac{4}{3}\right)$.

(2) 分类讨论：① $\begin{cases}x\leqslant -\frac{7}{2}\\ -(x-3)-(2x+7)>8,\text{即 }3x<-12\end{cases}$，得 $x\in(-\infty,-4)$；

② $\begin{cases}-\frac{7}{2}<x\leqslant 3\\ -(x-3)+(2x+7)>8,\text{即 }x>-2\end{cases}$，得 $x\in(-2,3]$；

③ $\begin{cases}x>3\\ (x-3)+(2x+7)>8,\text{即 }3x>4\end{cases}$，得 $x\in(3,+\infty)$

不等式的解集是 $(-\infty,-4)\cup(-2,+\infty)$.

(3) 分类讨论：① $\begin{cases}x\leqslant -\frac{1}{2}\\ -(2x-3)+(2x+1)\leqslant 3,\text{即 }4\leqslant 3\end{cases}$，得 $x\in\varnothing$；

② $\begin{cases}-\frac{1}{2}<x\leqslant \frac{3}{2}\\ -(2x-3)-(2x+1)\leqslant 3,\text{即 }-4x\leqslant 1\end{cases}$，得 $x\in\left[-\frac{1}{4},\frac{3}{2}\right]$；

③ $\begin{cases}x>\frac{3}{2}\\ (2x-3)-(2x+1)\leqslant 3,\text{即 }-4\leqslant 3\end{cases}$，得 $x\in\left(\frac{3}{2},+\infty\right)$

得不等式的解集是 $\left[-\frac{1}{4},+\infty\right)$.

设计说明：在学生熟悉的数学情境中，引导学生在一组类似的问题中合理选择方法，正确、有序地进行分类讨论，并能正确进行运算，规范表达运算过程，并计算出正确结果.在作业的评价中建议关注学生对分类讨论的严密、有序.

作业题目属性汇总表												
题目编码	所属课时	对应目标编码A	对应学习水平A	对应目标编码B	对应学习水平B	题目类型	题目完成方式	题目难度	预计完成时间	题目来源	是否为某一大题拆分	备注栏
Z2002	02	SX10102202	A3			填空题	书面	较低	6 min	选编	否	

Z2003：(1) 不等式 $|2x-3|<x+1$ 的解集是____________；

(2) 不等式 $|4-3x|\geqslant\frac{1}{2}x+2$ 的解集是____________；

(3) 不等式 $\left|\frac{x-1}{2x+1}\right|\leqslant\frac{x-1}{2x+1}$ 的解集是____________.

答案：(1) 分类讨论：① $\begin{cases}x\leqslant\frac{3}{2}\\-(2x-3)<x+1,\text{即 }3x>2\end{cases}$，得 $x\in\left(\frac{2}{3},\frac{3}{2}\right]$；

② $\begin{cases}x>\frac{3}{2}\\(2x-3)<x+1,\text{即 }x<4\end{cases}$，得 $x\in\left(\frac{3}{2},4\right)$；

不等式的解集是 $x\in\left(\frac{2}{3},4\right)$.

(2) 分类讨论：① $\begin{cases}x\leqslant\frac{4}{3}\\(4-3x)\geqslant\frac{1}{2}x+2,\text{即}\frac{7}{2}x\leqslant 2\end{cases}$，得 $x\in\left(-\infty,\frac{4}{7}\right]$；

② $\begin{cases}x>\frac{4}{3}\\3x-4\geqslant\frac{1}{2}x+2,\text{即}\frac{5}{2}x\geqslant 6\end{cases}$，得 $x\in\left[\frac{12}{5},+\infty\right)$；

不等式的解集是 $\left(-\infty,\frac{4}{7}\right]\cup\left[\frac{12}{5},+\infty\right)$.

(3) 由绝对值的定义可知：$\frac{x-1}{2x+1}\geqslant 0$，

不等式的解集是 $\left(-\infty,-\frac{1}{2}\right)\cup[1,+\infty)$.

设计说明：在学生熟悉的数学情境中，引导学生在解决相似的问题中感悟数学的通性通法，针对运算问题，合理选择运算方法，正确有序地进行分类，得到正确的运算结果.在作业评价中建议关注学生解题方法的整合与梳理，以及表达的完整性与合理性.

作业题目属性汇总表												
题目编码	所属课时	对应目标编码A	对应学习水平A	对应目标编码B	对应学习水平B	题目类型	题目完成方式	题目难度	预计完成时间	题目来源	是否为某一大题拆分	备注栏
Z2003	02	SX10102202	A3			简答题	书面	中等	6 min	选编	否	

Z2004：设 $a\in\mathbf{R}$，已知集合 $A=\{x \mid |3x-1|\leqslant a\}$，且 $A\cap\mathbf{Z}$ 是一个含有三个元素的集合，求 a 的取值范围.

答案：分类讨论：① $a<0$ 时，$A=\varnothing$，从而 $A\cap\mathbf{Z}=\varnothing$（舍）；

② $a=0$ 时，$A=\left\{\dfrac{1}{3}\right\}$，从而 $A\cap\mathbf{Z}=\varnothing$（舍）；

③ $a>0$ 时，$A=\left[\dfrac{1-a}{3},\ \dfrac{1+a}{3}\right]$，

考虑到区间 A 的中点对应的数是 $\dfrac{1}{3}$，故 $A\cap\mathbf{Z}=\{0,\ 1,\ -1\}$

所以，$\begin{cases}-2<\dfrac{1-a}{3}\leqslant-1,\text{即 }4\leqslant a<7\\[2ex]1\leqslant\dfrac{1+a}{3}<2,\text{即 }2\leqslant a<5\end{cases}$，得 $a\in[4,\ 5)$.

因此，a 的取值范围是 $[4,\ 5)$.

设计说明：在综合的情境中，培养学生发现其中蕴含的数学关系，能够用数学的眼光敏锐地找到合适的研究对象，用恰当的数学语言予以表达，并运用逻辑推理进行分析.再次渗透分类讨论思想.在作业评价中建议关注学生的逻辑推理能力.

作业题目属性汇总表												
题目编码	所属课时	对应目标编码A	对应学习水平A	对应目标编码B	对应学习水平B	题目类型	题目完成方式	题目难度	预计完成时间	题目来源	是否为某一大题拆分	备注栏
Z2004	02	SX10102202	A3			简答题	书面	中等	6 min	改编	否	

Z2005：高铁出行快速便捷、节能环保，是我们提倡的一种出行方式.王老师国庆期间打算乘坐高铁从A站到C站去走亲访友.出发前他查了一下列车时刻表，已知从A到C的

高速铁路线上有 A，B，C 三座车站，AB＝109 千米，BC＝42 千米，在高铁运行时刻表上，规定列车 5:48 从 A 站发车，6:15 到达 B 站，并在 B 站停留 2 分钟，6:32 到达 C 站.在实际运行中，假设列车从 A 站正点发车，在 B 站停留 2 分钟，并在行驶时以同一速度 v 千米/小时匀速行驶，列车从 A 站到达某站的时间与时刻表上相应时间之差的绝对值称为列车在该站的运行误差.

(1) 分别写出列车在 B、C 两站的运行误差；

(2) 若要求列车在 B、C 两站的运行误差之和不超过 5 分钟，求 v 的取值范围.(结果精确到 1 千米)

答案：(1) 按时刻表，列车从 A 到 B 运行的时间是 27 分钟，从 A 到 C 运行时间为 42 分钟(在 B 站停留时间为 2 分钟).列车运行的速度为 $\frac{v}{60}$ 千米/分钟.因此，列车在 B、C 两站的运行误差(单位：分钟)分别是

$$\left|\frac{6\,540}{v}-27\right| 和 \left|\frac{9\,060}{v}-42\right|;$$

(2) 由题意得，所求 v 的取值范围应是 $\left|\frac{6\,540}{v}-27\right|+\left|\frac{9\,060}{v}-42\right|\leqslant 5$ 的解集.

分类讨论：

① $\begin{cases}0<v\leqslant\frac{1\,510}{7}\\ \left(\frac{6\,540}{v}-27\right)+\left(\frac{9\,060}{v}-42\right)\leqslant 5，即\frac{15\,600}{v}\leqslant 74\end{cases}$，得 $v\in\left[\frac{7\,800}{37},\frac{1\,510}{7}\right]$；

② $\begin{cases}\frac{1\,510}{7}<v\leqslant\frac{2\,180}{9}\\ \left(\frac{6\,540}{v}-27\right)-\left(\frac{9\,060}{v}-42\right)\leqslant 5，即\frac{2\,520}{v}\geqslant 10\end{cases}$，得 $v\in\left(\frac{1\,510}{7},\frac{2\,180}{9}\right]$；

③ $\begin{cases}v>\frac{1\,510}{7}\\ -\left(\frac{6\,540}{v}-27\right)-\left(\frac{9\,060}{v}-42\right)\leqslant 5，即\frac{15\,600}{v}\geqslant 64\end{cases}$，得 $v\in\left(\frac{1\,510}{7},\frac{975}{4}\right]$；

综上：v 的取值范围是 $\left[\frac{7\,800}{37},\frac{975}{4}\right]$.

答：列车在 B、C 两站的运行误差之和不超过 5 分钟，v 的取值范围是 $[211,243]$ 千米/小时之间.

设计说明：在学生熟悉的生活场景中，培养学生数学建模能力，并能够针对这个模型选择

合适的方法，抓住数学问题的本质，形成解决问题的思路，并能通过正确运算，顺利解决问题. 在作业的评价中，建议关注学生的计算能力.

作业题目属性汇总表												
题目编码	所属课时	对应目标编码 A	对应学习水平 A	对应目标编码 B	对应学习水平 B	题目类型	题目完成方式	题目难度	预计完成时间	题目来源	是否为某一大题拆分	备注栏
Z2005	02	SX10102202	A3	SX10102206	A3	应用题	书面	较高	8 min	改编	否	

四个方面	情境与问题			知识与技能			思维与表达			交流与反思		
三个水平	1	2	3	1	2	3	1	2	3	1	2	3
Z2001	√			√			√			√		
Z2002	√			√			√			√		
Z2003	√				√		√			√		
Z2004	√				√			√			√	
Z2005		√			√			√			√	
合计	4	1	0	2	3	0	3	2	0	3	2	0
	5			5			5			5		

核心素养	数学抽象			逻辑推理			数学建模			直观想象			数学运算			数据分析		
素养水平	1	2	3	1	2	3	1	2	3	1	2	3	1	2	3	1	2	3
Z2001													√					
Z2002													√					
Z2003													√					
Z2004													√					
Z2005								√					√					
合计	0	0	0	0	0	0	0	1	0	0	0	0	5	0	0	0	0	0
	0			0			1			0			5			0		

题目与解答要点： 题目：设 $a \in \mathbf{R}$，已知集合 $A=\{x \mid \|3x-1\| \leqslant a\}$，且 $A \cap \mathbf{Z}$ 是一个含有三个元素的集合，求 a 的取值范围. 解答要点：略.		
题目编码	Z2004	
所属课时	第 2 课时	
目标编码	SX10102202	
所涉目标的各维度学习水平	知识与技能	A3
	核心素养	E51
	其他	
题目类型	□选择题 □填空题 □判断题 ■简答题 □应用题 □证明题 □书面开放题 □书面其他 □非书面	
完成方式	■书面 □非书面其他 □操作类 □综合实践类 □听说类 □合作类 □跨学科运用类	
题目难度	□较低 □ 中等 ■较高	
预计完成时间单位	□跨课时作业 ________ 天 ■课时作业 ___6___ 分钟	
题目来源	■改编 □创编 □摘编 ____________________（出处）	
编写思路与设计意图	在综合的情境中，培养学生发现其中蕴含的数学关系，能够用数学的眼光敏锐地找到合适的研究对象，用恰当的数学语言予以表达，并运用逻辑推理进行分析.再次渗透分类讨论思想.在作业评价中建议关注学生的逻辑推理能力.	

题目与解答要点：

题目：高铁出行快速便捷、节能环保，是我们提倡的一种出行方式.王老师国庆期间打算乘坐高铁从 A 站到 C 站去走亲访友.出发前他查了一下列车时刻表，已知从 A 到 C 的高速铁路线上有 A, B, C 三座车站，AB=109 千米，BC=42 千米，在高铁运行时刻表上，规定列车 5:48 从 A 站发车，6:15 到达 B 站，并在 B 站停留 2 分钟，6:32 到达 C 站.在实际运行中，假设列车从 A 站正点发车，在 B 站停留 2 分钟，并在行驶时以同一速度 v 千米/小时匀速行驶，列车从 A 站到达某站的时间与时刻表上相应时间之差的绝对值称为列车在该站的运行误差.

(1) 分别写出列车在 B、C 两站的运行误差；

(2) 若要求列车在 B、C 两站的运行误差之和不超过 5 分钟，求 v 的取值范围.(结果精确到 1 千米)

解答要点：略.

题目编码	Z2005	
所属课时	第 2 课时	
目标编码	SX10102202　　SX10102206	
所涉目标的各维度学习水平	知识与技能	A3
	核心素养	E32　E51
	其他	
题目类型	□选择题　□填空题　□判断题　□简答题　■应用题　□证明题 □书面开放题　□书面其他　□非书面	
完成方式	■书面　□非书面其他　□操作类　□综合实践类　□听说类 □合作类　□跨学科运用类	
题目难度	□较低　□中等　■较高	
预计完成时间单位	□跨课时作业　______天 ■课时作业　___8___分钟	
题目来源	■改编　□创编　□摘编 ________________（出处）	
编写思路与设计意图	在学生熟悉的生活场景中，培养学生数学建模能力，并能够针对这个模型选择合适的方法，抓住数学问题的本质，形成解决问题的思路，并能通过正确运算，顺利解决问题. 在作业的评价中，建议关注学生的计算能力.	

【第 3 课时】

在进行高一年级上学期《第三单元 解不等式与基本不等式》这一单元教学时，我校高一数学备课组为该单元 6 个课时中的每一课时都准备了五个或六个课后作业（含跨课时作业）.

本课时为其中第 3 节《基本不等式及其应用（1）》. 本课时在学习了不等式性质的基础上，介绍了后续学习中具有重要作用的平均值不等式和常用不等式，再利用它们去证明一些简单的其他不等式，并能解决一些简单的最值问题. 基于以上的目标，特制订如下课时作业设计.

课时作业目标编码	课时作业目标描述	对应单元目标编码
Z301	在熟悉的数学情境中，能把一些具体的问题，转化为借助平均值不等式求最值的问题，并能选择合适的思路，正确表述解题过程，解释运算结果.	SX10102203 SX10102204
Z302	在一些常见的数学情境中，能够合理地进行代数变形，将问题转化为可以利用平均值不等式的情形，并能正确表述运算过程.	SX10102203 SX10102204

续 表

课时作业目标编码	课时作业目标描述	对应单元目标编码
Z303	在一些关联的情境中,能够识别出需要解决的数学问题,结合前面例题的学习经验,分析并给出解决问题的思路,体会数学中将陌生问题转化为熟悉问题的转化与化归思想.	SX10102203 SX10102204
Z304	在一些关联的(但更加隐蔽的)情境中,发现问题并转化为熟悉的数学问题,能够把原代数式中在多个方向上不具备的条件,通过适当的代数变形,转化为可以直接应用平均值不等式的情形,锻炼代数变形能力和规范的书面表达能力.	SX10102203 SX10102204
Z305	在一些关联的情境中,能敏锐地观察到代数式的结构特征,进行合理分解或转化,并能清晰地表述整个过程,体会在解决问题中蕴含的代换、等价转化等思想方法.	SX10102204 SX10102207

题目编码	对应课时作业目标(填相关目标编码)	题目难度			预计完成时间单位	题目来源		
		较低	中等	较高		选编	改编	创编
Z3001	SX10102203 SX10102204	√			3		√	
Z3002	SX10102203 SX10102204	√			5	√		
Z3003	SX10102203 SX10102204		√		5	√		
Z3004	SX10102203 SX10102204		√		7	√		
Z3005	SX10102204 SX10102207			√	10			√

Z3001：若对任意的 a、b 满足 a、b 均为正数且 $ab=2$，都有 $a+b\geqslant m$ 成立,则 m 的最大值为________.

答案：由题，m 的最大值即为 $a+b$ 的最小值.由平均值不等式，$a+b\geqslant 2\sqrt{ab}=2\sqrt{2}$，等号成立当且仅当 $a=b=\sqrt{2}$. 所以 m 的最大值为 $2\sqrt{2}$.

设计说明：在包含全称量词的情境中,抽象出需要解决的数学问题,即抽象出一个借助平均值不等式求代数式的最值问题,分析并给出解决问题的思路.本题帮助学生掌握用平均值不等式求最值的基本方法,并培养学生正确转化问题的能力,使学生在解决问题的过程中感悟数学问题的等价转化.在作业评价中,建议关注学生对问题的转化能力及应用平均值不等式求最值的意识.

作业题目属性汇总表												
题目编码	所属课时	对应目标编码 A	对应学习水平 A	对应目标编码 B	对应学习水平 B	题目类型	题目完成方式	题目难度	预计完成时间	题目来源	是否为某一大题拆分	备注栏
Z3001	03	SX10102203	A2	SX10102204	A3	填空题	书面	较低	3 min	改编	否	

Z3002:已知 $x>\dfrac{1}{5}$,求 $x+\dfrac{1}{5x-1}$ 的最小值.

答案: 因为 $x>\dfrac{1}{5}$,所以 $5x-1>0$. 从而 $x+\dfrac{1}{5x-1}=\dfrac{5x-1}{5}+\dfrac{1}{5x-1}+\dfrac{1}{5}\geqslant\dfrac{2\sqrt{5}+1}{5}$,等号成立当且仅当 $x=\dfrac{1+\sqrt{5}}{5}$. 所以 $x+\dfrac{1}{5x-1}$ 的最小值为 $\dfrac{2\sqrt{5}+1}{5}$.

设计说明: 本题旨在帮助学生掌握当所求问题中没有明显的定值时,如何去构造出一个合适的定值的方法.并进一步帮助学生形成运用平均值不等式解决最值问题的规范化表达. 在作业的评价中建议关注学生是否先凑出定值,再去求最值.

作业题目属性汇总表												
题目编码	所属课时	对应目标编码 A	对应学习水平 A	对应目标编码 B	对应学习水平 B	题目类型	题目完成方式	题目难度	预计完成时间	题目来源	是否为某一大题拆分	备注栏
Z3002	03	SX10102203	A2	SX10102204	A3	简答题	书面	较低	5 min	选编	否	

Z3003:已知 $x>1$,求 $\dfrac{x^2-3x+4}{x-1}$ 的最小值.

答案: 因为 $x>1$,所以 $x-1>0$. 从而

$$\frac{x^2-3x+4}{x-1}=x-2+\frac{2}{x-1}=x-1+\frac{2}{x-1}-1\geqslant 2\sqrt{2}-1.$$

等号成立当且仅当 $x=1+\sqrt{2}$. 所以 $\dfrac{x^2-3x+4}{x-1}$ 的最小值为 $2\sqrt{2}-1$.

设计说明: 本题是前面一题的进阶版本.本题中的定值比上一题更加隐蔽,需要学生先经过适当的变形,转化为上一题的形式,再借助上题的方法去凑出定值. 在作业的评价中建议关注学生是否有将此问题转化为上一题的意识,以及是否会做出这种转化.

作业题目属性汇总表												
题目编码	所属课时	对应目标编码 A	对应学习水平 A	对应目标编码 B	对应学习水平 B	题目类型	题目完成方式	题目难度	预计完成时间	题目来源	是否为某一大题拆分	备注栏
Z3003	03	SX10102203	A2	SX10102204	A3	简答题	书面	中等	5 min	选编	否	

Z3004：已知 $x<5$，求 $x+\frac{1}{x-5}$ 的最大值.

答案：因为 $x<5$，所以 $5-x>0$. 从而 $5-x+\frac{1}{5-x}\geqslant 2$. 所以

$$x+\frac{1}{x-5}=x-5+\frac{1}{x-5}+5=-\left(5-x+\frac{1}{5-x}\right)+5\leqslant -2+5=3.$$

等号成立当且仅当 $x=4$. 所以 $x+\frac{1}{x-5}$ 的最大值为 3.

设计说明：本题是 Z3002 的另一个方向的"升级版".它既不具备应用平均值不等式求最值的"定值"条件，也不具备"非负"条件，所以需要对它做两次变形，分别凑出上述两个条件.所以本题能有效地帮助学生掌握在求最值的过程中，如何把不具备各种条件的代数式通过适当的变形转化为可以直接应用平均值不等式的情形.引导学生体会解决问题中蕴含的代数变形、等价转化等思想方法.在作业的评价中建议关注学生是否掌握通过合适的代数变形，将问题转化为熟悉的已经解决的问题.

作业题目属性汇总表												
题目编码	所属课时	对应目标编码 A	对应学习水平 A	对应目标编码 B	对应学习水平 B	题目类型	题目完成方式	题目难度	预计完成时间	题目来源	是否为某一大题拆分	备注栏
Z3004	03	SX10102203	A2	SX10102204	A3	简答题	书面	中等	7 min	选编	否	

Z3005：已知 a, b, c, d 均为非负数，

求证：$a+b+c+d\geqslant\frac{2}{3}(\sqrt{ab}+\sqrt{ac}+\sqrt{ad}+\sqrt{bc}+\sqrt{bd}+\sqrt{cd})$，

并指出等号成立的条件.

答案：由平均值不等式，$a+b\geqslant 2\sqrt{ab}$，$a+c\geqslant 2\sqrt{ac}$，$a+d\geqslant 2\sqrt{ad}$，$b+c\geqslant 2\sqrt{bc}$，$b+d\geqslant 2\sqrt{bd}$，$c+d\geqslant 2\sqrt{cd}$，

所以 $3(a+b+c+d)\geqslant 2(\sqrt{ab}+\sqrt{ac}+\sqrt{ad}+\sqrt{bc}+\sqrt{bd}+\sqrt{cd})$，从而 $a+b+c+d\geqslant\frac{2}{3}(\sqrt{ab}+\sqrt{ac}+\sqrt{ad}+\sqrt{bc}+\sqrt{bd}+\sqrt{cd})$，

等号成立当且仅当 $a=b=c=d\geqslant 0$.

设计说明：由于从四个数中任选两个有六种情况，所以需要一个系数协调一下才能使得要证的不等式是成立的.本题旨在帮助学生掌握借助基本不等式证明其他不等式时，如何恰当地选择解题思路，并关注多个不等式等号同时成立的条件.在作业的评价中建议关注学生是否能将要证明的不等式进行合理的分解或转化.

作业题目属性汇总表												
题目编码	所属课时	对应目标编码 A	对应学习水平 A	对应目标编码 B	对应学习水平 B	题目类型	题目完成方式	题目难度	预计完成时间	题目来源	是否为某一大题拆分	备注栏
Z3005	03	SX10102204	A2	SX10102207	A3	证明题	书面	较高	10 min	创编	否	

四个方面	情境与问题			知识与技能			思维与表达			交流与反思		
三个水平	1	2	3	1	2	3	1	2	3	1	2	3
Z3001	√				√		√			√		
Z3002	√				√		√			√		
Z3003		√			√			√			√	
Z3004		√			√			√			√	
Z3005		√			√			√			√	
合计	2	3	0	0	5	0	2	3	0	2	3	0
	5			5			5			5		

核心素养	数学抽象			逻辑推理			数学建模			直观想象			数学运算			数据分析		
素养水平	1	2	3	1	2	3	1	2	3	1	2	3	1	2	3	1	2	3
Z3001	√			√									√					
Z3002				√									√					
Z3003					√									√				
Z3004					√								√					
Z3005					√								√					
合计	1	0	0	2	3	0	0	0	0	0	0	0	4	1	0	0	0	0
	1			5			0			0			5			0		

<table>
<tr><td colspan="3">题目与解答要点：
题目：若对任意的 a、b 满足 a、b 均为正数且 $ab=2$，都有 $a+b\geqslant m$ 成立，则 m 的最大值为________.
解答要点：略.</td></tr>
<tr><td>题目编码</td><td colspan="2">Z3001</td></tr>
<tr><td>所属课时</td><td colspan="2">第 3 课时</td></tr>
<tr><td>目标编码</td><td colspan="2">SX10102203　　SX10102204</td></tr>
<tr><td rowspan="3">所涉目标的各维度学习水平</td><td>知识与技能</td><td>A3</td></tr>
<tr><td>核心素养</td><td>E11　E21　E51</td></tr>
<tr><td>其他</td><td></td></tr>
<tr><td>题目类型</td><td colspan="2">□选择题　■填空题　□判断题　□简答题　□应用题　□证明题
□书面开放题　□书面其他　□非书面</td></tr>
<tr><td>完成方式</td><td colspan="2">■书面　□非书面其他　□操作类　□综合实践类　□听说类
□合作类　□跨学科运用类</td></tr>
<tr><td>题目难度</td><td colspan="2">■较低　□中等　□较高</td></tr>
<tr><td>预计完成时间单位</td><td colspan="2">□跨课时作业　________天
■课时作业　___3___分钟</td></tr>
<tr><td>题目来源</td><td colspan="2">■改编　□创编　□摘编　________（出处）</td></tr>
<tr><td>编写思路与设计意图</td><td colspan="2">在包含全称量词的情境中，抽象出需要解决的数学问题，即抽象出一个借助平均值不等式求代数式的最值问题，分析并给出解决问题的思路.本题帮助学生掌握用平均值不等式求最值的基本方法，并培养学生正确转化问题的能力，使学生在解决问题的过程中感悟数学问题的等价转化.在作业评价中，建议关注学生对问题的转化能力及应用平均值不等式求最值的意识.</td></tr>
</table>

<table>
<tr><td colspan="2">题目与解答要点：
题目：已知 a，b，c，d 均为非负数，
求证：$a+b+c+d\geqslant\frac{2}{3}(\sqrt{ab}+\sqrt{ac}+\sqrt{ad}+\sqrt{bc}+\sqrt{bd}+\sqrt{cd})$，
并指出等号成立的条件.
解答要点：略.</td></tr>
<tr><td>题目编码</td><td>Z3005</td></tr>
<tr><td>所属课时</td><td>第 3 课时</td></tr>
<tr><td>目标编码</td><td>SX10102204　　SX10102207</td></tr>
</table>

所涉目标的各维度学习水平	知识与技能	A3
	核心素养	E22　E51
	其他	
题目类型	□选择题　□填空题　□判断题　□简答题　□应用题　■证明题 □书面开放题　□书面其他　□非书面	
完成方式	■书面　□非书面其他　□操作类　□综合实践类　□听说类 □合作类　□跨学科运用类	
题目难度	□较低　□中等　■较高	
预计完成时间单位	□跨课时作业　______天 ■课时作业　__10__分钟	
题目来源	□改编　■创编　□摘编　________(出处)	
编写思路与设计意图	由于从四个数中任选两个有六种情况,所以需要一个系数协调一下才能使得要证的不等式是成立的.本题旨在帮助学生掌握借助基本不等式证明其他不等式时,如何恰当地选择解题思路,并关注多个不等式等号同时成立的条件.在作业的评价中建议关注学生是否能将要证明的不等式进行合理的分解或转化.	

【第 4 课时】

在进行高一年级上半学期《第三单元 解不等式与基本不等式》这一单元教学时,我校高一数学备课组为该单元 6 个课时中的每一课时都准备了五个或六个课后作业(含跨课时作业).

本课时为其中第 4 节《基本不等式及其应用(2)》.本课时在学习了不等式性质、平均值不等式和常用不等式的基础上,再利用它们去证明一些其他不等式,并求一些代数式的最值. 基于以上的目标,特制订如下课时作业设计.

课时作业目标编码	课时作业目标描述	对应单元目标编码
Z401	在一些熟悉的数学情境中,理解知识间的关联,能把一些具体的问题,转化为基本不等式的求最值问题,并能选择适合的运算思路,并进行运算,准确表述和解释最终结果.	SX10102203 SX10102204
Z402	在学生熟悉的数学情境中,抽象出问题模型.能够针对这个模型的特点选择合适的基本不等式进行计算或者求证,并能给出最终结果的实际意义.	SX10102204 SX10102206
Z403	在实际的生产生活情境中,抽象出数学模型.能够针对这个模型的特点选择合适的基本不等式进行计算或者求证,并能给出最终结果的实际意义.	SX10102204 SX10102206

续　表

课时作业目标编码	课时作业目标描述	对应单元目标编码
Z404	在一些关联的情境中，抽象出需要解决的数学问题，结合之前的学习经验，分析并给出解决问题的思路，形成运用平均值不等式解决最值问题的规范化表达，体会在解决问题中蕴含的代换、等价转化等思想方法.	SX10102204 SX10102207
Z405	在一些熟悉的数学情境中，提炼出题目的条件，进而将问题转化为熟悉的数学问题.能够通过敏锐的观察，发现条件中“隐秘的角落”里的暗示，并在此基础上合理推理转化，将问题变成已经掌握的可以用基本不等式解决的题目，并能简洁、清楚地表达整个过程.	SX10102204 SX10102207

题目编码	对应课时作业目标（填相关目标编码）	题目难度			预计完成时间单位	题目来源		
		较低	中等	较高		选编	改编	创编
Z4001	SX10102203 SX10102204	√			5		√	
Z4002	SX10102204 SX10102206	√			5		√	
Z4003	SX10102204 SX10102206		√		6		√	
Z4004	SX10102204 SX10102207		√		7		√	
Z4005	SX10102204 SX10102207			√	7			√

Z4001：(1) 已知 $0<x<\frac{\sqrt{5}}{5}$，比较 $x\sqrt{1-5x^2}$ 的值与 $\frac{\sqrt{5}}{10}$ 的大小.

(2) 已知集合 $A=\{y \mid y=(2x-1)(4-3x),\ x\in\mathbf{R}\}$，$B=\left(-\infty,\frac{25}{24}\right]$，证明：$A\subseteq B$.

答案：(1) $x\sqrt{1-5x^2}=\frac{1}{\sqrt{5}}\sqrt{5}x\sqrt{1-5x^2}\leqslant\frac{1}{\sqrt{5}}\frac{5x^2+(1-5x^2)}{2}=\frac{\sqrt{5}}{10}$，

等号成立当且仅当 $x=\frac{\sqrt{10}}{10}$.

所以当 $x=\frac{\sqrt{10}}{10}$ 时，$x\sqrt{1-5x^2}=\frac{\sqrt{5}}{10}$；而在其他情形，均有 $x\sqrt{1-5x^2}<\frac{\sqrt{5}}{10}$.

(2) $(2x-1)(4-3x)=6\left(x-\frac{1}{2}\right)\left(\frac{4}{3}-x\right)\leqslant 6\left(\frac{x-\frac{1}{2}+\frac{4}{3}-x}{2}\right)^2=\frac{25}{24}$,

所以，任取 $y\in A$，均有 $y\leqslant\frac{25}{24}$. 即 $A\subseteq B$.

设计说明： 本题第一小问在学生熟悉的比较大小的情境中，抽象出需要解决的数学问题，即抽象出一个借助平均值不等式估计代数式的取值边界的问题，分析并给出解决问题的思路.本题旨在培养学生正确转化问题的能力，并在此过程中帮助学生掌握用基本不等式求最值的基本方法，使学生在解决问题的过程中感悟数学问题的等价转化思想.在作业评价中，建议关注学生对问题的转化能力及借助基本不等式比较大小的表达规范.

本题第二小问本质上与第一小问相同，都是比较大小的问题，只是第二小问中把第一单元学习的集合间的关系作为新问题的情境，建立新旧知识间的关联，学生需要在上述情境中抽象出一个借助基本不等式比较大小或者求最值的问题.另外，本题中通过代数变形构造定值的方法也是上一节以及本节前面几个题中没有出现过的. 在作业的评价中建议关注学生是否能转化为基本不等式的应用问题以及是否掌握新的凑定值的方式.

作业题目属性汇总表												
题目编码	所属课时	对应目标编码A	对应学习水平A	对应目标编码B	对应学习水平B	题目类型	题目完成方式	题目难度	预计完成时间	题目来源	是否为某一大题拆分	备注栏
Z4001	04	SX10102203	A2	SX10102204	A3	简答题	书面	较低	5 min	改编	否	

Z4002：用一根长为 l（定值）的铁丝制成一个直角三角形框架.求此框架面积的最大值及此时它的两条直角边的长度.

答案： 设框架的两条直角边长度分别为 a，b，则斜边的长度为 $\sqrt{a^2+b^2}$. 所以 $l=a+b+\sqrt{a^2+b^2}\geqslant 2\sqrt{ab}+\sqrt{2ab}$，从而 $\sqrt{ab}\leqslant\frac{l}{2+\sqrt{2}}=\frac{2-\sqrt{2}}{2}l$.

所以框架的面积 $S=\frac{1}{2}ab\leqslant\frac{3-\sqrt{2}}{4}l^2$. 等号成立当且仅当 $a=b=\frac{2-\sqrt{2}}{2}l$.

答：框架面积的最大值为 $\frac{3-\sqrt{2}}{4}l^2$，此时它的两条直角边的长度相等，均为 $\frac{2-\sqrt{2}}{2}l$.

设计说明： 在学生熟悉的情境中，设置问题，培养学生阅读、理解实际问题的能力.通过将实际问题抽象为数学模型，渗透数学建模这个核心素养.想要解决这个问题，在建立借助基本不等式求最值的模型后，还需根据题目的条件选择合适的基本不等式解决问题，并能对最后的结果给出实际问题中的解释. 在作业的评价中建议分开评价学生实际问题数学化的能力和应用基本不等式求最值的能力.

作业题目属性汇总表												
题目编码	所属课时	对应目标编码A	对应学习水平A	对应目标编码B	对应学习水平B	题目类型	题目完成方式	题目难度	预计完成时间	题目来源	是否为某一大题拆分	备注栏
Z4002	04	SX10102204	A3	SX10102206	A3	应用题	书面	中等	5 min	改编	否	

Z4003：王老师在火车上偶遇了一位同去C地的老朋友徐厂长，徐厂长正在为一个成本控制问题思考对策.问题如下：

工厂需生产1 000件特殊产品，为此需租用一套特殊设备辅助完成生产任务.已知该设备的最大生产速度为100件/天.每天的生产成本由特殊设备的租赁费用和运行费用(人工、材料等其他费用的统称)构成.其中每天的运行费用与生产速度的平方成正比(比例系数为0.2)，每天的租赁费用为1 280元(若租赁时间和运行时间不足一天，则按实际时长占比支付相应费用).请问该设备的生产速度为多少时，整个生产成本最低?

得知这个问题，王老师立即帮徐厂长一起想这个问题怎么解决，聪明的同学你能解决这个问题吗?

答案：设该设备以x件/天的速度生产，则每天的运行费用为$0.2x^2$，全程所用时间为$\frac{1\,000}{x}$天.从而生产成本$y=0.2x^2\cdot\frac{1\,000}{x}+1\,280\cdot\frac{1\,000}{x}=1\,000\left(0.2x+\frac{1\,280}{x}\right)\geqslant 2\,000\sqrt{0.2x\cdot\frac{1\,280}{x}}=32\,000$.

等号成立当且仅当$0.2x=\frac{1\,280}{x}$，即$x=80\in(0,\ 100]$.

所以设备的生产速度为80件/天时，整个生产成本最低.

设计说明：在学生熟悉的生产生活情境中，设置问题，培养学生阅读、理解实际问题的能力.本题与上一题的区别主要在于本题中设置的情境更加贴近生活，相比而言上一题的情境更贴近数学。所以在本题中通过将实际问题抽象为数学模型，能够更好地渗透数学建模的核心素养.本题在建立基本不等式求最值的模型时比上一题更加困难，之后同样需根据题目的条件选择合适的基本不等式解决问题，并能对最后的结果给出实际问题中的解释.在作业的评价中，建议分开评价学生建立数学模型的能力和应用基本不等式求最值的能力.

作业题目属性汇总表												
题目编码	所属课时	对应目标编码A	对应学习水平A	对应目标编码B	对应学习水平B	题目类型	题目完成方式	题目难度	预计完成时间	题目来源	是否为某一大题拆分	备注栏
Z4003	04	SX10102204	A3	SX10102206	A3	应用题	书面	中等	6 min	改编	否	

Z4004：已知 a，b 均为正数且 $a+2b=5$. 求 $\frac{a^2+5b}{ab}$ 的最小值.

答案：$\frac{a^2+5b}{ab}=\frac{a^2+(a+2b)b}{ab}=\frac{a^2+ab+2b^2}{ab}=\frac{a}{b}+\frac{2b}{a}+1\geqslant 2\sqrt{2}+1$，

等号成立当且仅当 $a=5\sqrt{2}-5$ 且 $b=\frac{10-5\sqrt{2}}{2}$. 所以 $\frac{a^2+5b}{ab}$ 的最小值为 $2\sqrt{2}+1$.

设计说明：本题是对基本不等式中常见的借助“1”的整体代换求最值的题型而改编，它使得能用基本不等式的地方变得更加隐蔽.学生需要认真观察上述求最值分式的结构特点，才能发现本题所做代数变形的关键一步.这种变形手段是前面的题中没有出现过的，而且不是把代数式中的“1”全部代换掉，而是有选择地选取其中需要代换的一部分，这对学生的观察能力、代数变形能力都提出了更高的要求.在作业的评价中，建议重点关注学生是否具备通过合适的代数变形，将陌生问题转化为熟悉问题的能力.

作业题目属性汇总表

题目编码	所属课时	对应目标编码 A	对应学习水平 A	对应目标编码 B	对应学习水平 B	题目类型	题目完成方式	题目难度	预计完成时间	题目来源	是否为某一大题拆分	备注栏
Z4004	04	SX10102204	A3	SX10102207	A3	简答题	书面	中等	7 min	改编	否	

Z4005：已知 $A=\{(x,\ y)\mid 3x+y=xy+1,\ x>1,\ y>3\}$ 且 $(a,\ b)\in A$.

求证：$a+b\geqslant 4+2\sqrt{2}$，并指出等号成立的条件.

答案：由 $(a,\ b)\in A$，得 $3a+b=ab+1$，所以 $ab-3a-b+3=2$，从而 $(a-1)(b-3)=2$. 又因为 $a>1$，$b>3$，所以 $a-1>0$，$b-3>0$. 所以 $(a-1)+(b-3)\geqslant 2\sqrt{2}$，即 $a+b\geqslant 4+2\sqrt{2}$，等号成立当且仅当 $a=1+\sqrt{2}$ 且 $b=3+\sqrt{2}$.

设计说明：学生需要读懂问题中的数学情境(集合的描述法)，才能得到 a，b 满足的条件，进而将问题转化为借助基本不等式，证明其他不等式的题目.但要将本题的条件转化为能直接用基本不等式的形式，对初学者来言是很有挑战性的，需要学生具有敏锐的观察能力，善于发现题目中隐秘的角落里的暗示.本题对培养学生的数学直觉以及有条理地表达解题过程有较大的帮助.

作业题目属性汇总表

题目编码	所属课时	对应目标编码 A	对应学习水平 A	对应目标编码 B	对应学习水平 B	题目类型	题目完成方式	题目难度	预计完成时间	题目来源	是否为某一大题拆分	备注栏
Z4005	04	SX10102204	A3	SX10102207	A3	证明题	书面	较高	7 min	创编	否	

四个方面	情境与问题			知识与技能			思维与表达			交流与反思		
三个水平	1	2	3	1	2	3	1	2	3	1	2	3
Z4001	√				√		√			√		
Z4002		√			√			√			√	
Z4003		√			√			√			√	
Z4004		√			√			√			√	
Z4005		√			√			√			√	
合计	1	4	0	0	5	0	1	4	0	1	4	0
	5			5			5			5		

核心素养	数学抽象			逻辑推理			数学建模			直观想象			数学运算			数据分析		
素养水平	1	2	3	1	2	3	1	2	3	1	2	3	1	2	3	1	2	3
Z4001	√			√			√						√					
Z4002					√			√					√					
Z4003					√			√					√					
Z4004					√			√					√					
Z4005					√								√					
合计	1	0	0	1	4	0	1	3	0	0	0	0	5	0	0	0	0	0
	1			5			4			0			5			0		

题目与解答要点：
题目：

(1) 已知 $0 < x < \frac{\sqrt{5}}{5}$，比较 $x\sqrt{1-5x^2}$ 的值与 $\frac{\sqrt{5}}{10}$ 的大小.

(2) 已知集合 $A=\{y \mid y=(2x-1)(4-3x),\ x\in \mathbf{R}\}$，$B=\left(-\infty,\ \frac{25}{24}\right]$，证明：$A\subseteq B$.

解答要点：略.

题目编码	Z4001
所属课时	第 4 课时

目标编码	SX10102203　SX10102204	
所涉目标的各维度学习水平	知识与技能	A3
	核心素养	E11　E21　E31　E51
	其他	
题目类型	□选择题　□填空题　□判断题　■简答题　□应用题　□证明题 □书面开放题　□书面其他　□非书面	
完成方式	■书面　□非书面其他　□操作类　□综合实践类　□听说类 □合作类　□跨学科运用类	
题目难度	■较低　□中等　□较高	
预计完成时间单位	□跨课时作业　______天 ■课时作业　__5__分钟	
题目来源	■改编　□创编　□摘编 ______(出处)	
编写思路与设计意图	本题第一小问在学生熟悉的比较大小的情境中,抽象出需要解决的数学问题,即抽象出一个借助平均值不等式估计代数式的取值边界的问题,分析并给出解决问题的思路.本题旨在培养学生正确转化问题的能力,并在此过程中帮助学生掌握用基本不等式求最值的基本方法,使学生在解决问题的过程中感悟数学问题的等价转化.在作业评价中,建议关注学生对问题的转化能力及借助基本不等式比较大小的表达规范. 本题第二小问本质上与第一小问相同,都是比较大小的问题,只是第二小问中把第一单元学习的集合间的关系作为新问题的情境,建立新旧知识间的关联,学生需要在上述情境中抽象出一个借助基本不等式比较大小或者求最值的问题.另外,本题中通过代数变形构造定值的方法也是上一节以及本节前面几个题中没有出现过的.在作业的评价中,建议关注学生是否能转化为基本不等式的应用问题以及是否掌握新的凑定值的方式.	

题目与解答要点: 题目:用一根长为 l(定值)的铁丝制成一个直角三角形框架.求此框架面积的最大值及此时它的两条直角边的长度. 解答要点:略.		
题目编码	Z4002	
所属课时	第 4 课时	
目标编码	SX10102204　SX10102206	
所涉目标的各维度学习水平	知识与技能	A3
	核心素养	E22　E32　E51
	其他	

续　表

题目类型	□选择题 □填空题 □判断题 □简答题 ■应用题 □证明题 □书面开放题 □书面其他 □非书面
完成方式	■书面 □非书面其他 □操作类 □综合实践类 □听说类 □合作类 □跨学科运用类
题目难度	□较低 ■中等 □较高
预计完成时间单位	□跨课时作业 ______天 ■课时作业 ___5___分钟
题目来源	■改编 □创编 □摘编 ________(出处)
编写思路与设计意图	在学生熟悉的情境中,设置问题,培养学生阅读、理解实际问题的能力.通过将实际问题抽象为数学模型,渗透数学建模这个核心素养.想要解决这个问题,在建立借助基本不等式求最值的模型后,还需根据题目的条件选择合适的基本不等式解决问题,并能对最后的结果给出实际问题中的解释. 在作业的评价中建议分开评价学生实际问题数学化的能力和应用基本不等式求最值的能力.

题目与解答要点:

题目:王老师在火车上偶遇了一位同去C地的老朋友徐厂长,徐厂长正在为一个成本控制问题思考对策.问题如下:

工厂需生产1 000件特殊产品,为此需租用一套特殊设备辅助完成生产任务.已知该设备的最大生产速度为100件/天.每天的生产成本由特殊设备的租赁费用和运行费用(人工、材料等其他费用的统称)构成.其中每天的运行费用与生产速度的平方成正比(比例系数为0.2),每天的租赁费用为1 280元(若租赁时间和运行时间不足一天,则按实际时长占比支付相应费用).请问该设备的生产速度为多少时,整个生产成本最低?

得知这个问题,王老师立即帮徐厂长一起想这个问题怎么解决,聪明的同学你能解决这个问题吗?

解答要点:略

题目编码	Z4003	
所属课时	第4课时	
目标编码	SX10102203　SX10102204　SX10102206	
所涉目标的各维度学习水平	知识与技能	A3
	核心素养	E22　E32　E51
	其他	
题目类型	□选择题 □填空题 □判断题 ■简答题 □应用题 □证明题 □书面开放题 □书面其他 □非书面	
完成方式	■书面 □非书面其他 □操作类 □综合实践类 □听说类 □合作类 □跨学科运用类	

续 表

题目难度	□较低 ■中等 □较高
预计完成时间单位	□跨课时作业 ________天 ■课时作业 ___6___分钟
题目来源	□改编 ■创编 □摘编 ____________(出处)
编写思路与设计意图	在学生熟悉的生产生活情境中,设置问题,培养学生阅读、理解实际问题的能力.本题与上一题的区别主要在于本题中设置的情境更加贴近生活,相比而言上一题的情境更贴近数学。所以在本题中通过将实际问题抽象为数学模型,能够更好地渗透数学建模的核心素养.本题在建立基本不等式求最值的模型时比上一题更加困难,之后同样需根据题目的条件选择合适的基本不等式解决问题,并能对最后的结果给出实际问题中的解释.在作业的评价中,建议分开评价学生建立数学模型的能力和应用基本不等式求最值的能力.

题目与解答要点:

题目:已知 a,b 均为正数且 $a+2b=5$.求 $\dfrac{a^2+5b}{ab}$ 的最小值.

解答要点:略.

题目编码	Z4004	
所属课时	第 4 课时	
目标编码	SX10102204　　SX10102207	
所涉目标的各维度学习水平	知识与技能	A3
	核心素养	E22　E32　E51
	其他	
题目类型	□选择题 □填空题 □判断题 ■简答题 □应用题 □证明题 □书面开放题 □书面其他 □非书面	
完成方式	■书面 □非书面其他 □操作类 □综合实践类 □听说类 □合作类 □跨学科运用类	
题目难度	□较低 ■中等 □较高	
预计完成时间单位	□跨课时作业 ________天 ■课时作业 ___7___分钟	
题目来源	■改编 □创编 □摘编 ______________(出处)	
编写思路与设计意图	本题是对基本不等式中常见的借助"1"的整体代换求最值的题型而改编,它使得能用基本不等式的地方变得更加隐蔽.学生需要认真观察上述求最值分式的结构特点,才能发现本题所做代数变形的关键一步.这种变形手段是前面的题中没有出现过的,而且不是把代数式中的"1"全部代换掉,而是有选择地选取其中需要代换的一部分,这对学生的观察能力、代数变形能力都提出了更高的要求.在作业的评价中,建议重点关注学生是否具备通过合适的代数变形,将陌生问题转化为熟悉问题的能力.	

<table>
<tr><td colspan="3">题目与解答要点：
题目：已知 $A=\{(x,y)\mid 3x+y=xy+1,x>1,y>3\}$ 且 $(a,b)\in A$. 求证：$a+b\geqslant 4+2\sqrt{2}$，并指出等号成立的条件.
解答要点：略.</td></tr>
<tr><td>题目编码</td><td colspan="2">Z4005</td></tr>
<tr><td>所属课时</td><td colspan="2">第 4 课时</td></tr>
<tr><td>目标编码</td><td colspan="2">SX10102204　　SX10102207</td></tr>
<tr><td rowspan="3">所涉目标的各维度学习水平</td><td>知识与技能</td><td>A3</td></tr>
<tr><td>核心素养</td><td>E22　　E51</td></tr>
<tr><td>其他</td><td></td></tr>
<tr><td>题目类型</td><td colspan="2">□选择题　□填空题　□判断题　□简答题　□应用题　■证明题
□书面开放题　□书面其他　□非书面</td></tr>
<tr><td>完成方式</td><td colspan="2">■书面　□非书面其他　□操作类　□综合实践类　□听说类
□合作类　□跨学科运用类</td></tr>
<tr><td>题目难度</td><td colspan="2">□较低　□中等　■较高</td></tr>
<tr><td>预计完成时间单位</td><td colspan="2">□跨课时作业　________天
■课时作业　____7____分钟</td></tr>
<tr><td>题目来源</td><td colspan="2">□改编　■创编　□摘编　__________(出处)</td></tr>
<tr><td>编写思路与设计意图</td><td colspan="2">学生需要读懂问题中的数学情境(集合的描述法)，才能得到 a，b 满足的条件，进而将问题转化为借助基本不等式，证明其他不等式的题目.但要将本题的条件转化为能直接用基本不等式的形式，对初学者来言是很有挑战性的，需要学生具有敏锐的观察能力，善于发现题目中隐秘的角落里的暗示.本题对培养学生的数学直觉以及有条理地表达解题过程有较大的帮助.</td></tr>
</table>

【第 5 课时】

在进行高一年级上学期《第三单元 解不等式与基本不等式》这一单元教学时，我校高一数学备课组为该单元 6 个课时中的每一课时都准备了五个或六个课后作业(含跨课时作业).

本课时为其中第 5 节《三角不等式》.本课时的目标是学习三角不等式，并能运用三角不等式比较实数的大小、求解一些简单的最大值或最小值问题，以及证明一些简单的不等式.使学生能够初步运用数学语言表达解不等式、证明不等式的推理过程，并对本单元学习中涉及的代换、等价转化等数学思想方法形成一定的感悟和反思.基于以上的目标，特制订如下课时作业设计.

课时作业目标编码	课时作业目标描述	对应单元目标编码
Z501	在简单的数学情境中，能应用三角不等式证明一些简单的不等式，能正确表述论证过程，并在解决问题过程中感悟不等式的等价变形以及整体代换的思想.	SX10102205
Z502	在一些熟悉的数学情境中，能应用三角不等式将原有问题进行等价转化，培养学生能够针对具体问题运用或创造解决问题的数学方法.	SX10102205 SX10102207
Z503	把以往在学习过程中积累的学习经验作为解决新问题的生长点，分析并给出解决问题的思路，形成运用三角不等式解决最值问题的规范化表达，并在此基础上合理推理，表述推理过程，培养逻辑推理能力.体会解决问题中蕴含的代换、等价转化等思想方法.	SX10102205 SX10102207
Z504	在两元的三角不等式的基础上，自然得到三元的不等式.体会对性质的应用和推广，同时在包含全称量词的情境中，抽象出需要解决的数学问题，分析并给出解决问题的思路，形成运用三角不等式解决最值问题的规范化表达，并在此基础上合理推理，表述推理过程，培养逻辑推理能力.体会解决问题中蕴含的代换、等价转化等思想方法.	SX10102205 SX10102207
Z505	在一些关联的情境中，通过利用三角不等式经过合理推理分析并给出解决问题的思路，并正确表述推理过程，培养逻辑推理能力.体会解决问题中蕴含的代换、等价转化等思想方法.	SX10102202 SX10102205 SX10102207

题目编码	对应课时作业目标（填相关目标编码）	题目难度			预计完成时间单位	题目来源		
		较低	中等	较高		选编	改编	创编
Z5001	SX10102205	√			3	√		
Z5002	SX10102205 SX10102207		√		5	√		
Z5003	SX10102205 SX10102207		√		5		√	
Z5004	SX10102205 SX10102207		√		7			√
Z5005	SX10102202 SX10102205 SX10102207			√	8			√

Z5001：已知 a，b 是实数，求证：$|a|-|b|\leqslant|a+b|$，并指出等号成立的条件.

答案： $|a|-|b|\leqslant|a+b|$ 等价于 $|a|\leqslant|a+b|+|b|$.

由三角不等式有 $|a+b|+|b|=|a+b|+|-b|\geqslant|(a+b)+(-b)|=|a|$，

所以 $|a|-|b|\leqslant|a+b|$，且等号当且仅当 $(a+b)(-b)\geqslant 0$，即 $ab+b^2\leqslant 0$ 时成立.

设计说明：在学生熟悉的情境(不等式证明)中，帮助学生能够对已学过的知识(三角不等式)有关联的数学命题，通过对其条件与结论的分析，探索论证的思路，选择合适的论证方法予以证明，并培养学生正确表述论证过程.在作业的评价中，建议关注学生在不等式等价转化上的表达，是否正确应用三角不等式以及等号成立的条件.

作业题目属性汇总表												
题目编码	所属课时	对应目标编码A	对应学习水平A	对应目标编码B	对应学习水平B	题目类型	题目完成方式	题目难度	预计完成时间	题目来源	是否为某一大题拆分	备注栏
Z5001	05	SX10102205	A3			证明题	书面	较低	3 min	选编	否	

Z5002：解不等式 $|x+4|-|2x+3|<|x-1|$.

答案：$|x+4|-|2x+3|<|x-1|$ 等价于 $|x+4|<|2x+3|+|x-1|$，

因为 $x+4=(2x+3)-(x-1)$，所以 $|x+4|=|(2x+3)-(x-1)|\leqslant|2x+3|+|x-1|$，当且仅当 $-(2x+3)(x-1)\geqslant 0$，即 $(2x+3)(x-1)\leqslant 0$ 时等号成立.

所以 $|x+4|<|2x+3|+|x-1|$ 即 $(2x+3)(x-1)>0$，

所以原不等式的解集为 $\left(-\infty,-\dfrac{3}{2}\right)\cup(1,+\infty)$.

设计说明：在学生熟悉的情境(解不等式)中，帮助学生通过观察建立新旧知识间的关联，应用三角不等式将原有问题进行等价转化，培养学生能够针对具体问题运用或创造解决问题的数学方法.在作业的评价中，建议关注学生对三角不等式中等号成立的条件的正确理解.

作业题目属性汇总表												
题目编码	所属课时	对应目标编码A	对应学习水平A	对应目标编码B	对应学习水平B	题目类型	题目完成方式	题目难度	预计完成时间	题目来源	是否为某一大题拆分	备注栏
Z5002	05	SX10102205	A3	SX10102207	A3	简答题	书面	中等	5 min	选编	否	

Z5003：设 $a\in\mathbf{R}$，若存在实数 x，使得 $|2x+a|+|x-1|$ 的最小值为 2，求 a 的值.

答案：$|2x+a|+|x-1|=\left|x+\dfrac{a}{2}\right|+\left|x+\dfrac{a}{2}\right|+|x-1|\geqslant 0+\left|\dfrac{a}{2}+1\right|$，

当且仅当 $\left(x+\dfrac{a}{2}\right)(x-1)\leqslant 0$ 且 $x+\dfrac{a}{2}=0$，即 $x=-\dfrac{a}{2}$ 时等号成立，所以 $\left|\dfrac{a}{2}+1\right|=2$，得 $a=2$ 或 -6.

设计说明：把以往在学习过程中积累的学习经验作为解决新问题的生长点，分析并给出解决问题的思路，形成运用三角不等式解决最值问题的规范化表达，并在此基础上合理推理，表述推理过程，培养逻辑推理能力.体会解决问题中蕴含的代换、等价转化等思想方法. 在作业的评价中，建议关注学生对三角不等式的正确应用以及取到等号条件的正确判断.

作业题目属性汇总表

题目编码	所属课时	对应目标编码A	对应学习水平A	对应目标编码B	对应学习水平B	题目类型	题目完成方式	题目难度	预计完成时间	题目来源	是否为某一大题拆分	备注栏
Z5003	05	SX10102205	A3	SX10102207	A3	简答题	书面	中等	5 min	改编	否	

Z5004：

(1) 已知 a、b、c 是实数，求证：$|a+b+c| \leqslant |a|+|b|+|c|$；

(2) 利用(1)的结论试解答以下问题：设 $m \in \mathbf{R}$，若 $|x-1|+|2x-1|+|3x-1| \geqslant m$ 对一切实数 x 恒成立，求 m 的取值范围；

(3) 你能否把(1)中的结论进一步地推广到 n 个实数的情况？(不用证明)

(4) 如果不运用(1)的结论，同学们是否还有其他的方法来解决第(2)题？

请你给出解答.

答案：(1) $|a+b+c| \leqslant |a+b|+|c|$，当且仅当 $(a+b)c \geqslant 0$ 时等号成立，

又 $|a+b| \leqslant |a|+|b|$，当且仅当 $ab \geqslant 0$ 时等号成立，

所以，$|a+b+c| \leqslant |a+b|+|c| \leqslant |a|+|b|+|c|$，当且仅当 $\begin{cases}(a+b)c \geqslant 0 \\ ab \geqslant 0\end{cases}$ 时等号成立；

(2) $|x-1|+|2x-1|+|3x-1| \geqslant |(x-1)+(2x-1)-(3x-1)|=1$，

当且仅当 $\begin{cases}(x-1+2x-1)(3x-1) \leqslant 0 \\ (x-1)(2x-1) \geqslant 0\end{cases}$，即 $\dfrac{1}{3} \leqslant x \leqslant \dfrac{1}{2}$ 时等号成立，

所以，m 的取值范围是 $(-\infty, 1]$.

(3) 设 $x_1, x_2, \cdots, x_n \in \mathbf{R}$，则 $|x_1+x_2+\cdots+x_n| \leqslant |x_1|+|x_2|+\cdots+|x_n|$，且等号当且仅当 $x_1, x_2, \cdots, x_n$ 都非正或都非负时成立.

(4) 可以引导同学们主动发现不同的视角去看待同一问题.它可以与后续函数的学习联系起来，也可以和绝对值的几何意义联系起来，本题可以作为跨课时作业进行布置，完成时间可不计算在本课时的作业总时间内.

设计说明：在两元的三角不等式的基础上，自然得到三元的不等式.体会对性质的应用和推广，同时在包含全称量词的情境中，抽象出需要解决的数学问题，把以往在学习过程中积累的学习经验作为解决新问题的生长点，分析并给出解决问题的思路，形成运用三角不等式解决最值问题的规范化表达，并在此基础上合理推理，表述推理过程，培养逻辑推理能力.体会解决

问题中蕴含的代换、等价转化等思想方法.在作业的评价中，建议关注学生对三角不等式取到等号条件是否有检验的意识.

作业题目属性汇总表												
题目编码	所属课时	对应目标编码A	对应学习水平A	对应目标编码B	对应学习水平B	题目类型	题目完成方式	题目难度	预计完成时间	题目来源	是否为某一大题拆分	备注栏
Z5004	05	SX10102205	A3	SX10102207	A3	简答题	书面	中等	7 min	创编	否	

Z5005：设 a、$b \in \mathbf{R}$，已知 $|3a+2b| \leqslant 3$，$|2a-b| \leqslant 2$，$|a| \geqslant 1$，求 a、b 的值.

答案： 因为 $|7a|=|(3a+2b)+2(2a-b)| \leqslant |3a+2b|+2|2a-b| \leqslant 7$，所以 $|a| \leqslant 1$，

又因为 $|a| \geqslant 1$，所以 $|a|=1$，即 $a=\pm 1$.

又由 $7 \leqslant 7|a| \leqslant |3a+2b|+2|2a-b| \leqslant 7$ 得 $|3a+2b|+2|2a-b|=7$

且 $|3a+2b| \leqslant 3$，$|2a-b| \leqslant 2$，因此 $|3a+2b|=3$，$|2a-b|=2$

当 $a=1$ 时，$\begin{cases}|3+2b|=3\\|2-b|=2\end{cases}$，解得 $b=0$；

当 $a=-1$ 时，$\begin{cases}|-3+2b|=3\\|-2-b|=2\end{cases}$，解得 $b=0$；

综上，$\begin{cases}a=1\\b=0\end{cases}$ 或 $\begin{cases}a=-1\\b=0\end{cases}$.

设计说明： 在一些关联的情境中，通过利用三角不等式经过合理推理分析并给出解决问题的思路，并正确表述推理过程，培养逻辑推理能力.体会解决问题中蕴含的代换、等价转化等思想方法.在作业的评价中，建议关注学生运用三角不等式的正确推理分析过程以及正确的计算.

作业题目属性汇总表												
题目编码	所属课时	对应目标编码A	对应学习水平A	对应目标编码B	对应学习水平B	题目类型	题目完成方式	题目难度	预计完成时间	题目来源	是否为某一大题拆分	备注栏
Z5005	05	SX10102205	A3	SX10102207	A3	简答题	书面	较高	8 min	创编	否	

四个方面	情境与问题			知识与技能			思维与表达			交流与反思		
三个水平	1	2	3	1	2	3	1	2	3	1	2	3
Z5001	√			√				√		√		
Z5002		√		√				√		√		

续 表

四个方面	情境与问题			知识与技能			思维与表达			交流与反思		
三个水平	1	2	3	1	2	3	1	2	3	1	2	3
Z5003		√			√			√			√	
Z5004		√			√			√			√	
Z5005		√			√			√			√	
合计	1	4	0	2	3	0	0	5	0	2	3	0
	5			5			5			5		

核心素养	数学抽象			逻辑推理			数学建模			直观想象			数学运算			数据分析		
素养水平	1	2	3	1	2	3	1	2	3	1	2	3	1	2	3	1	2	3
Z5001					√													
Z5002		√			√								√					
Z5003		√			√								√					
Z5004		√			√								√					
Z5005		√			√									√				
合计	0	4	0	0	5	0	0	0	0	0	0	0	3	1	0	0	0	0
	4			5			0			0			4			0		

题目与解答要点： 题目：设 $a \in \mathbf{R}$，若存在实数 x，使得 $\|2x+a\|+\|x-1\|$ 的最小值为 2，求 a 的值. 解答要点：略.		
题目编码	Z5003	
所属课时	第 5 课时	
目标编码	SX10102205　　SX10102207	
所涉目标的各维度学习水平	知识与技能	A3
	核心素养	E12　E22　E51
	其他	

题目类型	□选择题 □填空题 □判断题 ■简答题 □应用题 □证明题 □书面开放题 □书面其他 □非书面
完成方式	■书面 □非书面其他 □操作类 □综合实践类 □听说类 □合作类 □跨学科运用类
题目难度	□较低 ■中等 □较高
预计完成时间单位	□跨课时作业 ______天 ■课时作业 __5__分钟
题目来源	■改编 □创编 □摘编 ______(出处)
编写思路与设计意图	把以往在学习过程中积累的学习经验作为解决新问题的生长点,分析并给出解决问题的思路,形成运用三角不等式解决最值问题的规范化表达,并在此基础上合理推理,表述推理过程,培养逻辑推理能力.体会解决问题中蕴含的代换、等价转化等思想方法.在作业的评价中,建议关注学生对三角不等式的正确应用以及取到等号条件的正确判断.

题目与解答要点:

题目:

(1) 已知 a、b、c 是实数,求证:$|a+b+c| \leqslant |a|+|b|+|c|$;

(2) 利用(1)的结论试解答以下问题:设 $m \in \mathbf{R}$,若 $|x-1|+|2x-1|+|3x-1| \geqslant m$ 对一切实数 x 恒成立,求 m 的取值范围;

(3) 你能否把(1)中的结论进一步地推广到 n 个实数的情况?(不用证明)

(4) 如果不运用(1)的结论,同学们是否还有其他的方法来解决第(2)题?

请你给出解答.

解答要点:略.

题目编码	Z5004	
所属课时	第 5 课时	
目标编码	SX10102205 SX10102207	
所涉目标的各维度学习水平	知识与技能	A3
	核心素养	E12 E22 E51
	其他	
题目类型	□选择题 □填空题 □判断题 ■简答题 □应用题 □证明题 □书面开放题 □书面其他 □非书面	
完成方式	■书面 □非书面其他 □操作类 □综合实践类 □听说类 □合作类 □跨学科运用类	
题目难度	□较低 ■中等 □较高	

预计完成时间单位	□跨课时作业 ________天 ■课时作业 ___7___分钟
题目来源	□改编 ■创编 □摘编 ____________________(出处)
编写思路与设计意图	在两元三角不等式的基础上,自然得到三元的不等式.体会对性质的应用和推广,同时在包含全称量词的情境中,抽象出需要解决的数学问题,把以往在学习过程中积累的学习经验作为解决新问题的生长点,分析并给出解决问题的思路,形成运用三角不等式解决最值问题的规范化表达,并在此基础上合理推理,表述推理过程,培养逻辑推理能力.体会解决问题中蕴含的代换、等价转化等思想方法.在作业的评价中建议关注学生对三角不等式取到等号条件是否有检验的意识.

题目与解答要点:
题目:设 a、$b\in\mathbf{R}$,已知 $|3a+2b|\leqslant 3$,$|2a-b|\leqslant 2$,$|a|\geqslant 1$,求 a、b 的值.
解答要点:略.

题目编码	Z5005	
所属课时	第 5 课时	
目标编码	SX10102205　SX10102207　SX10102202	
所涉目标的各维度学习水平	知识与技能	A3
	核心素养	E12　E22　E52
	其他	
题目类型	□选择题 □填空题 □判断题 ■简答题 □应用题 □证明题 □书面开放题 □书面其他 □非书面	
完成方式	■书面 □非书面其他 □操作类 □综合实践类 □听说类 □合作类 □跨学科运用类	
题目难度	□较低 □中等 ■较高	
预计完成时间单位	□跨课时作业 ________天 ■课时作业 ___8___分钟	
题目来源	□改编 ■创编 □摘编 ____________________(出处)	
编写思路与设计意图	在一些关联的情境中,通过利用三角不等式经过合理推理分析并给出解决问题的思路,并正确表述推理过程,培养逻辑推理能力.体会解决问题中蕴含的代换、等价转化等思想方法.在作业的评价中,建议关注学生运用三角不等式的正确推理分析过程以及正确的计算.	

【第 6 课时】

在进行高一年级上学期《第三单元 解不等式与基本不等式》这一单元教学时,我校高一数学备课组为该单元6个课时中的每一课时都准备了五个或六个课后作业(含跨课时作业).

本课时为其中第6节《单元复习课》.本课时的目标是通过一些实际情境和数学情境,复习本单元主要的知识和技能,梳理单元各个知识间的关联,能够初步运用数学语言表达解不等式、证明不等式的过程,并对本单元学习中涉及的数学思想方法形成一定的感悟和反思.基于以上的目标,特制订如下单元作业设计.

课时作业目标编码	课时作业目标描述	对应单元目标编码
Z601	在简单的数学情境中,能把一些具体的问题,转化为对分式不等式的求解,并能选择合适的运算思路,正确表述解题过程,并在解决问题过程中感悟不等式的等价变形.	SX10102201
Z602	在一些熟悉的数学情境中,能够理解知识间的关联,了解各种不等式的解法,能够正确进行运算,并能正确表述运算过程,解释运算结果,感悟分类讨论的思想方法.	SX10102201 SX10102202
Z603	在一些数学的情境中,能够正确地选择证明方法,并在论证的过程,能用数学语言进行规范化表达,感受其中蕴含的逻辑关系,并能在一定程度上迁移到其他的问题情境中.	SX10102204 SX10102207
Z604	在学生熟悉的生活场景中,抽象出数学模型,能够针对这个模型选择合适的论证方法予以证明,能在运用平均值不等式论证的过程中理解其内在的逻辑关系,并能解释建模的结果.	SX10102204 SX10102206
Z605	在一些关联的情境中,发现问题并转化为数学问题,能利用三角不等式判断一些简单问题的最值,并在此基础上合理推理,并清晰地表述推理过程,体会在解决问题中蕴含的代换、等价转化等思想方法.	SX10102205 SX10102207
Z606	在教材提供的某些情境中,理解推广推理和类比推理等思想方法,启迪学生提出新问题,自主探究解决问题的方法,激发学生内在学习动机,并能用准确的数学语言表达自己的发现.	SX10102204 SX10102207

题目编码	对应课时作业目标(填相关目标编码)	题目难度			预计完成时间单位	题目来源		
		较低	中等	较高		选编	改编	创编
Z6001	SX10102201 SX10102206	√			3	√		
Z6002	SX10102201 SX10102202	√			5	√		
Z6003	SX10102203 SX10102204		√		7		√	

续 表

题目编码	对应课时作业目标（填相关目标编码）	题目难度			预计完成时间单位	题目来源		
		较低	中等	较高		选编	改编	创编
Z6004	SX10102203 SX10102204 SX10102206		√		7		√	
Z6005	SX10102205 SX10102207			√	8			√
Z6006	SX10102204 SX10102207			√			√	

Z6001：设 $m \in \mathbf{R}$，已知关于 x 的方程 $x(m^2-m)=3(m+2)-2x$ 的解为正数，则 m 的取值范围是________.

答案： $x(m^2-m)=3(m+2)-2x$ 即 $x(m^2-m+2)=3(m+2)$

因为对于任意 $m \in \mathbf{R}$，都有 $m^2-m+2>0$，所以 $x=\dfrac{3(m+2)}{m^2-m+2}$，又这个方程的解 x 是正数，因此 $\dfrac{3(m+2)}{m^2-m+2}>0$，由于 $m^2-m+2>0$，解得 $m>-2$，

因此，m 的取值范围是 $(-2, +\infty)$.

设计说明： 在学生熟悉的情境（解方程）中，抽象出一个分式不等式问题，帮助学生复习解分式不等式的基本方法，培养学生正确表述解题过程，在解决问题的过程中感悟不等式的等价变形.在作业的评价中，建议关注学生在不等式等价转化上的表达.

作业题目属性汇总表												
题目编码	所属课时	对应目标编码A	对应学习水平A	对应目标编码B	对应学习水平B	题目类型	题目完成方式	题目难度	预计完成时间	题目来源	是否为某一大题拆分	备注栏
Z6001	06	SX10102201	A3			填空题	书面	较低	3 min	选编	否	

Z6002：(1) 设 $a \in \mathbf{R}$，已知集合 $A=\left\{x \left| \dfrac{2x-3}{x-2} \leqslant 1\right.\right\}$，$B=\{x \mid |2x-3|<a\}$，若 $B \subseteq A$，求 a 的取值范围.

(2) 通过(1)的解答，你能否说说分式不等式和绝对值不等式的解法中所蕴含的数学思想是什么？

答案： (1) 由 $\dfrac{2x-3}{x-2} \leqslant 1$ 解得 $x \in [1, 2)$，从而 $A=[1, 2)$. 下面考虑集合 B，

当 $a \leqslant 0$ 时，可知 $B=\varnothing$；当 $a>0$ 时，$B=\left(\frac{3-a}{2}, \frac{3+a}{2}\right)$.

因此，当 $a \leqslant 0$ 时，满足 $B \subseteq A$，

当 $a>0$ 时，$B \subseteq A$ 当且仅当 $\begin{cases}\frac{3-a}{2} \geqslant 1 \\ \frac{3+a}{2} \leqslant 2\end{cases}$，解得 $a \in (0, 1]$

综上：a 的取值范围是 $(-\infty, 1]$.

(2) 第(1)小题，主要是对两个不等式的正确求解，解题中特别是体验不等式的等价变形，如果学生在回答问题中，能给出一些算法类的解题步骤，教师需要追问这些解题步骤的原理是什么，刺激学生高阶思维的发展.

设计说明：把第一单元学习的子集的概念作为新问题的情境，建立新旧知识间的关联，渗透分类讨论的数学思想，帮助学生复习分式不等式、含绝对值不等式的基本解法，培养学生正确进行运算，恰当表述运算过程，解释运算结果的能力.在作业的评价中，建议关注学生对参数进行分类讨论的严密程度.

作业题目属性汇总表

题目编码	所属课时	对应目标编码 A	对应学习水平 A	对应目标编码 B	对应学习水平 B	题目类型	题目完成方式	题目难度	预计完成时间	题目来源	是否为某一大题拆分	备注栏
Z6002	06	SX10102201	A3	SX10102202	A3	简答题	书面	较低	5 min	选编	否	

Z6003：设 a_1、a_2、a_3 都是正数，

(1) 求证：$a_1^3+a_2^3 \geqslant a_1^2a_2+a_1a_2^2$；

(2) 求证：$|a_1-a_2|+\left|\frac{1}{a_1}-\frac{1}{a_2}\right|+|a_1+a_2|+\left|\frac{1}{a_1}+\frac{1}{a_2}\right| \geqslant 4$；

(3) 若 $(1+a_1)(1+a_2)(1+a_3)<8$. 求证：a_1、a_2、a_3 中至少有一个小于 1；

(4) 通过上述三道题目的证明，你能否总结出证明过程中所蕴含的证明方法和数学思想？

答案：(1) $a_1^3+a_2^3-a_1^2a_2-a_1a_2^2=a_1^2(a_1-a_2)+a_2^2(a_2-a_1)$

$$=(a_1-a_2)^2(a_1+a_2)$$

因为 a_1、a_2 都是正数，所以 $a_1+a_2>0$，且 $(a_1-a_2)^2 \geqslant 0$，

因此 $a_1^3+a_2^3-a_1^2a_2-a_1a_2^2 \geqslant 0$，即 $a_1^3+a_2^3 \geqslant a_1^2a_2+a_1a_2^2$，当且仅当 $a_1=a_2$ 时等号成立.

(2) 由三角不等式得 $|a_1-a_2|+|a_1+a_2| \geqslant 2|a_1|$，$\left|\frac{1}{a_1}-\frac{1}{a_2}\right|+\left|\frac{1}{a_1}+\frac{1}{a_2}\right| \geqslant \frac{2}{|a_1|}$，

因此 $|a_1-a_2|+\left|\frac{1}{a_1}-\frac{1}{a_2}\right|+|a_1+a_2|+\left|\frac{1}{a_1}+\frac{1}{a_2}\right|\geqslant 2\left(|a_1|+\frac{1}{|a_1|}\right)\geqslant 2\times 2=4$

当且仅当 $a_1=a_2=1$ 时等号成立.

(3) 假设 a_1、a_2、a_3 均大于等于1,即 $a_1\geqslant 1$, $a_2\geqslant 1$, $a_3\geqslant 1$,可得 $a_1a_2a_3\geqslant 1$①,又由平均值不等式得 $1+a_1\geqslant 2\sqrt{a_1}$, $1+a_2\geqslant 2\sqrt{a_2}$, $1+a_3\geqslant 2\sqrt{a_3}$.

因此 $(1+a_1)(1+a_2)(1+a_3)\geqslant 8\sqrt{a_1a_2a_3}$,且 $(1+a_1)(1+a_2)(1+a_3)<8$,从而得 $8\sqrt{a_1a_2a_3}<8$,得 $a_1a_2a_3<1$ 与①矛盾.因此,假设不成立,从而 a_1、a_2、a_3 中至少有一个小于1.

(4) 本题的目的是引发学生基于整个单元在不等式证明方法上的总结与反思. 这里蕴含的方法是比较法、放缩法和反证法,数学思想是代换的思想.

设计说明: 在本单元的学习内容中,始终贯穿了一条"隐形"的线索——不等式证明,并在不同的情境中渗透了证明方法(比较法、放缩法、反证法)的学习.这对培养学生逻辑推理能力起到很好的作用,同时在论证的过程中学习如何运用数学语言规范化表达,反思其中蕴含的方法,并能迁移到其他的问题情境中.在作业的评价中,建议关注学生在论证过程中可能表现的逻辑错误,以及表达的规范性,这些都要在作业讲评中及时纠正.

作业题目属性汇总表												
题目编码	所属课时	对应目标编码A	对应学习水平A	对应目标编码B	对应学习水平B	题目类型	题目完成方式	题目难度	预计完成时间	题目来源	是否为某一大题拆分	备注栏
Z6003	06	SX10102204	A3	SX10102207	A3	简答题	书面	中等	7 min	改编	否	

Z6004:同学们都在运动场上玩过折返跑的游戏.我们知道室外有时没风,有时有风,如果某位同学在这两种天气下各进行了一次100米(即起点到终点再回起点共100米)的折返跑测试,请问所用的时间是否一样呢?(假设风速方向不变且与跑动的方向同向或反向;这位同学两次测试时,跑步的速度一样)

(1) 同学们可以在体育课上,通过实验来实际测试一下结果;

(2) 同学能否运用我们学过的知识证明自己的结论.

答案: (1) 学生可以选择一个有风的日子,在体育馆和操场上分别进行两次折返跑,分别测试所需时间.

(2) 设这位同学的跑步速度为 v 米/秒,风速对跑步速度的影响为 m 米/秒 $(0<m<v)$.

在有风的情况下:顺风时的速度为 $v_1=v+m$,逆风时的速度为 $v_2=v-m$,则有风时这位同学用的时间为 $\frac{50}{v_1}+\frac{50}{v_2}$;

在没有风的情况下：这位学生所用的时间是 $\frac{100}{v}$ 即 $\frac{100}{\frac{v_1+v_2}{2}}$.

要比较两次时间的大小，就是比较 $\frac{2}{\frac{1}{v_1}+\frac{1}{v_2}}$ 和 $\frac{v_1+v_2}{2}$ 的大小.

设 v_1、$v_2>0$，证明：$\frac{v_1+v_2}{2}\geqslant\frac{2}{\frac{1}{v_1}+\frac{1}{v_2}}$，当且仅当 $v_1=v_2$ 时等号成立.

证明：因为 v_1、$v_2>0$，所以 $v_1^2+v_2^2\geqslant 2v_1v_2$，得 $v_1^2+v_2^2+2v_1v_2\geqslant 2v_1v_2+2v_1v_2$，得 $(v_1+v_2)^2\geqslant 4v_1v_2$，得 $\frac{v_1+v_2}{2}\geqslant\frac{2v_1v_2}{v_1+v_2}$，得 $\frac{v_1+v_2}{2}\geqslant\frac{2}{\frac{1}{v_1}+\frac{1}{v_2}}$，

又由 $v_1^2+v_2^2\geqslant 2v_1v_2$ 等号成立的条件，知 $\frac{v_1+v_2}{2}\geqslant\frac{2}{\frac{1}{v_1}+\frac{1}{v_2}}$ 当且仅当 $v_1=v_2$ 时等号成立.

在本题中，由于 $m>0$，所以 $\frac{v_1+v_2}{2}>\frac{2}{\frac{1}{v_1}+\frac{1}{v_2}}$，因此在无风的情况下所用的时间更少.

设计说明：在熟悉的生活场景中，培养学生阅读文字理解实际问题的能力，培养学生通过实验提出猜想的能力.通过将实际问题抽象为数学模型，培养数学建模这个核心素养.在建模后，培养学生选择合适的论证方法予以证明的逻辑推理能力，能在运用平均值不等式论证的过程中正确表述证明过程，并能解释建模的结果.在作业的评价中，建议分别评价学生实际问题数学化的能力和论证过程的逻辑表述能力.

作业题目属性汇总表

题目编码	所属课时	对应目标编码 A	对应学习水平 A	对应目标编码 B	对应学习水平 B	题目类型	题目完成方式	题目难度	预计完成时间	题目来源	是否为某一大题拆分	备注栏
Z6004	06	SX10102204	A3	SX10102206	A3	应用题	书面	中等	7 min	改编	否	

Z6005：(1) 设 $a\in\mathbf{R}$，若“$0\leqslant x\leqslant 2$”是“$|x-2|+|x-a|=2$”的充分条件，求 a 的取值范围.

(2) 设 $a\in\mathbf{R}$，若“$0\leqslant x\leqslant 2$”是“$|x-2|+|x-a|=2$”的必要条件，求 a 的取值范围.

答案：(1) 当 $a=0$ 时，由三角不等式可得 $|x-2|+|x-a|\geqslant|(x-2)+(a-x)|=|a-2|=2$.

当且仅当 $x(x-2)\leqslant 0$ 即 $x\in[0, 2]$ 时等号成立.因此 $a=0$ 时，满足题目要求.

当 $a\neq 0$ 时，取 $x=0$，此时 $|x-2|+|x-a|=2+|a|>2$，因此 $a\neq 0$ 时，均不满足题目要求.所以 a 的取值范围是 $\{0\}$.

(2) ① 当 $a=0$ 时，由三角不等式可得 $|x-2|+|x-a|\geqslant|(x-2)+(a-x)|=|a-2|=2$

当且仅当 $x(x-2)\leqslant 0$ 即 $x\in[0, 2]$ 时等号成立.因此 $a=0$ 时，满足题目要求.

② $a\in(0, 4]$ 时，$|x-2|+|x-a|=2$ 有一解为 $2+\dfrac{a}{2}\notin[0, 2]$，不满足题目要求.

③ $a\in(-\infty, 0)\cup(4, +\infty)$ 时，

由三角不等式可得 $|x-2|+|x-a|\geqslant|(x-2)+(a-x)|=|a-2|=\begin{cases}a-2, & a>4\\ 2-a, & a<0\end{cases}$

从而得 $|x-2|+|x-a|\geqslant|a-2|>2$，

所以 $|x-2|+|x-a|=2$ 无解，满足题目要求.

因此 a 的取值范围是 $(-\infty, 0]\cup(4, +\infty)$.

设计说明：在一些关联的情境中，把充分条件、必要条件的关系转化为子集关系，通过利用三角不等式判断一些简单代数式的最值(理解最值成立的条件)，并在此基础上合理推理，表述推理过程，培养逻辑推理能力.体会解决问题中蕴含的代换、等价转化等思想方法.在作业的评价中，建议关注学生通过三角不等式求得最值的说理过程，以及对“反例”的构造.

作业题目属性汇总表												
题目编码	所属课时	对应目标编码 A	对应学习水平 A	对应目标编码 B	对应学习水平 B	题目类型	题目完成方式	题目难度	预计完成时间	题目来源	是否为某一大题拆分	备注栏
Z6005	06	SX10102205	A3	SX10102207	A3	简答题	书面	较高	8 min	创编	否	

Z6006：在我们教材的探究与实践中给出下面这个命题：

对于非负实数 a、b、c，有 $a^3+b^3+c^3\geqslant 3abc$，且等号当且仅当 $a=b=c$ 时成立.同时教材中也给出了一种证明的方法[参见数学必修(第一册)第 52 页].这个命题是对二元平均值不等式在三元中的推广.请同学们发挥自己的聪明才智，想一想是否还有不同的证明方法？你的证明思路有没有可能推广到 n 元的情形？

答案：本题是个开放性问题，考虑到学生的现有知识储备和能力程度，本题并未把问题直接推广到 n 元平均值不等式的证明，而是希望学生在三元均值不等式的其他解法中先做出一定的探究，再考虑是否可能推广到更一般的情形.体验做数学研究的一种思维方式.实际中，给

予学生一定的时间思考，或查阅资料，对学生在学习习惯、学习意愿等非智力因素方面的培养也是大有益处的.

下面给出除教材方法外的另外两种思路.

思路一：由作差法易证 $a^3+b^3\geqslant a^2b+ab^2$ ①（注：Z6003 中给出了证明）

$$b^3+c^3\geqslant b^2c+bc^2 ②$$

$$c^3+a^3\geqslant c^2a+ca^2 ③$$

三式相加得 $2(a^3+b^3+c^3)\geqslant(a^2b+bc^2)+(ab^2+ac^2)+(b^2c+ca^2)$

$\geqslant 2abc+2abc+2abc=6abc$（因为二元平均值不等式）

即 $a^3+b^3+c^3\geqslant 3abc$，且等号当且仅当 $a=b=c$ 时成立（因为二元平均值不等式）.

思路二：先证四元平均值不等式：

非负实数 x_1、x_2、x_3、x_4，有 $x_1^4+x_2^4+x_3^4+x_4^4\geqslant 4x_1x_2x_3x_4$，

且等号当且仅当 $x_1=x_2=x_3=x_4$ 时成立.证明略（可以用两次二元均值不等式证明）

考虑 $a^3+b^3+c^3+abc\geqslant 4\sqrt[4]{a^3b^3c^3abc}=4abc$（因为上面的四元平均值不等式）

可得 $a^3+b^3+c^3\geqslant 3abc$，且等号当且仅当 $a=b=c$ 时成立.

事实上，n 元均值不等式的证明方法有很多种，如：运用“思路二”所呈现的方法就可以推广到更一般的情况，这个问题的主要目的是要激发学生的主动思考，培养学生发现问题，自主探究的高阶思维.本题可作为跨课时作业，学生以“小论文”的形式提交作业.

设计说明：在教材提供的某些情境中，帮助学生理解推广推理和类比推理在发现数学问题中的重要性.启迪学生自主探究、提出新问题、分析问题、解决问题的高阶思维，激发学生的求知欲，提升学生内在学习动机，并能用准确的数学语言进行交流.在作业的评价中，建议关注学生在解决问题中的思维品质，主要对学生的解题逻辑和路径作出评价，对论证表述的要求可以稍降低.

作业题目属性汇总表

题目编码	所属课时	对应目标编码 A	对应学习水平 A	对应目标编码 B	对应学习水平 B	题目类型	题目完成方式	题目难度	预计完成时间	题目来源	是否为某一大题拆分	备注栏
Z6006	06	SX10102204	A3	SX10102207	A3	书面开放题	书面	较高		改编	否	跨课时作业

四个方面	情境与问题			知识与技能			思维与表达			交流与反思		
三个水平	1	2	3	1	2	3	1	2	3	1	2	3
Z6001	√			√			√			√		
Z6002	√				√		√			√		

四个方面	情境与问题			知识与技能			思维与表达			交流与反思		
三个水平	1	2	3	1	2	3	1	2	3	1	2	3
Z6003		√			√			√			√	
Z6004		√			√			√			√	
Z6005		√			√			√			√	
Z6006	√				√			√			√	
合计	3	3	0	1	5	0	2	4	0	2	6	0
	6			6			6			6		

核心素养	数学抽象			逻辑推理			数学建模			直观想象			数学运算			数据分析		
素养水平	1	2	3	1	2	3	1	2	3	1	2	3	1	2	3	1	2	3
Z6001													√					
Z6002				√									√					
Z6003					√								√					
Z6004					√			√					√					
Z6005	√				√								√					
Z6006	√				√								√					
合计	2	0	0	1	4	0	0	1	0	0	0	0	6	0	0	0	0	0
	2			5			1			0			6			0		

题目与解答要点： 题目：设 a_1、a_2、a_3 都是正数， (1) 求证：$a_1^3+a_2^3 \geqslant a_1^2a_2+a_1a_2^2$； (2) 求证：$\|a_1-a_2\|+\left\|\frac{1}{a_1}-\frac{1}{a_2}\right\|+\|a_1+a_2\|+\left\|\frac{1}{a_1}+\frac{1}{a_2}\right\| \geqslant 4$； (3) 若 $(1+a_1)(1+a_2)(1+a_3)<8$. 求证：a_1、a_2、a_3 中至少有一个小于 1； (4) 通过上述三道题目的证明，你能否总结出证明过程中所蕴含的证明方法和数学思想？ 解答要点：略.	
题目编码	Z6003

<table>
<tr><td>所属课时</td><td colspan="2">第 6 课时</td></tr>
<tr><td>目标编码</td><td colspan="2">SX10102204　SX10102207</td></tr>
<tr><td rowspan="3">所涉目标的各维度学习水平</td><td>知识与技能</td><td>A3</td></tr>
<tr><td>核心素养</td><td>E12　E22　E51</td></tr>
<tr><td>其他</td><td></td></tr>
<tr><td>题目类型</td><td colspan="2">□选择题 □填空题 □判断题 ■简答题 □应用题 □证明题
□书面开放题 □书面其他 □非书面</td></tr>
<tr><td>完成方式</td><td colspan="2">■书面 □非书面其他 □操作类 □综合实践类 □听说类
□合作类 □跨学科运用类</td></tr>
<tr><td>题目难度</td><td colspan="2">□较低 ■中等 □较高</td></tr>
<tr><td>预计完成时间单位</td><td colspan="2">□跨课时作业 ________天
■课时作业 ___7___分钟</td></tr>
<tr><td>题目来源</td><td colspan="2">■改编 □创编 □摘编 ________________________(出处)</td></tr>
<tr><td>编写思路与设计意图</td><td colspan="2">在本单元的学习内容中,始终贯穿了一条“隐形”的线索——不等式证明,并在不同的情境中渗透了证明方法(比较法、放缩法、反证法)的学习.这对培养学生逻辑推理能力起到很好的作用,同时在论证的过程中学习如何运用数学语言规范化表达,反思其中蕴含的方法,并能迁移到其他的问题情境中.在作业的评价中,建议关注学生在论证过程中可能表现的逻辑错误,以及表达的规范性,这些都要在作业讲评中及时纠正.</td></tr>
</table>

<table>
<tr><td colspan="3">题目与解答要点:
题目:同学们都在运动场上玩过折返跑的游戏.我们知道室外有时没风,有时有风,如果某位同学在这两种天气下各进行了一次 100 米(即起点到终点再回起点共 100 米)的折返跑测试,请问所用的时间是否一样呢?(假设风速方向不变且与跑动的方向同向或反向;这位同学两次测试时,跑步的速度一样)
(1) 同学们可以在体育课上,通过实验来实际测试一下结果;
(2) 同学能否运用我们学过的知识证明自己的结论.
解答要点:略.</td></tr>
<tr><td>题目编码</td><td colspan="2">Z6004</td></tr>
<tr><td>所属课时</td><td colspan="2">第 6 课时</td></tr>
<tr><td>目标编码</td><td colspan="2">SX10102204　SX10102206</td></tr>
<tr><td rowspan="3">所涉目标的各维度学习水平</td><td>知识与技能</td><td>A3</td></tr>
<tr><td>核心素养</td><td>E22　E32　E51</td></tr>
<tr><td>其他</td><td></td></tr>
</table>

题目类型	□选择题 □填空题 □判断题 ■简答题 □应用题 □证明题 □书面开放题 □书面其他 □非书面
完成方式	□书面 □非书面其他 □操作类 ■综合实践类 □听说类 □合作类 □跨学科运用类
题目难度	□较低 ■中等 □较高
预计完成时间单位	□跨课时作业 ________天 ■课时作业 ___7___分钟
题目来源	■改编 □创编 □摘编 ________________(出处)
编写思路与设计意图	在熟悉的生活场景中,培养学生阅读文字,理解实际问题的能力.通过将实际问题抽象为数学模型,培养数学建模这个核心素养.在建模后,培养学生选择合适的论证方法予以证明的逻辑推理能力,能在运用平均值不等式论证的过程中正确表述证明过程,并能解释建模的结果.在作业的评价中,建议分别评价学生实际问题数学化的能力和论证过程的逻辑表述能力.

题目与解答要点:

题目:

(1) 设 $a \in \mathbf{R}$,若“$0 \leqslant x \leqslant 2$”是“$|x-2|+|x-a|=2$”的充分条件,求 a 的取值范围.

(2) 设 $a \in \mathbf{R}$,若“$0 \leqslant x \leqslant 2$”是“$|x-2|+|x-a|=2$”的必要条件,求 a 的取值范围.

解答要点:略.

题目编码	Z6005	
所属课时	第 6 课时	
目标编码	SX10102205 SX10102207	
所涉目标的各维度学习水平	知识与技能	A3
	核心素养	E12 E22 E51
	其他	
题目类型	□选择题 □填空题 □判断题 ■简答题 □应用题 □证明题 □书面开放题 □书面其他 □非书面	
完成方式	■书面 □非书面其他 □操作类 □综合实践类 □听说类 □合作类 □跨学科运用类	
题目难度	□较低 □中等 ■较高	
预计完成时间单位	□跨课时作业 ________天 ■课时作业 ___8___分钟	

题目来源	□改编 ■创编 □摘编 ____________(出处)
编写思路与设计意图	在一些关联的情境中，把充分条件、必要条件的关系转化为子集关系，通过利用三角不等式判断一些简单代数式的最值(理解最值成立的条件)，并在此基础上合理推理，表述推理过程，培养逻辑推理能力.体会解决问题中蕴含的代换、等价转化等思想方法.在作业的评价中，建议关注学生通过三角不等式求得最值的说理过程，以及对"反例"的构造.

<table>
<tr><td colspan="3">题目与解答要点：
题目：
在我们教材的探究与实践中给出下面这个命题：
对于非负实数 a、b、c，有 $a^3+b^3+c^3\geqslant 3abc$，且等号当且仅当 $a=b=c$ 时成立.同时教材中也给出了一种证明的方法[参见数学必修(第一册)第 52 页].这个命题是对二元平均值不等式在三元中的推广.请同学们发挥自己的聪明才智，想一想是否还有不同的证明方法？你的证明思路有没有可能推广到 n 元的情形？
解答要点：略.</td></tr>
<tr><td>题目编码</td><td colspan="2">Z6006</td></tr>
<tr><td>所属课时</td><td colspan="2">第六课时</td></tr>
<tr><td>目标编码</td><td colspan="2">SX10102204　SX10102207</td></tr>
<tr><td rowspan="3">所涉目标的各维度学习水平</td><td>知识与技能</td><td>A3</td></tr>
<tr><td>核心素养</td><td>E12　E22　E51</td></tr>
<tr><td>其他</td><td></td></tr>
<tr><td>题目类型</td><td colspan="2">□选择题 □填空题 □判断题 □简答题 □应用题 □证明题
■书面开放题 □书面其他 □非书面</td></tr>
<tr><td>完成方式</td><td colspan="2">■书面 □非书面其他 □操作类 □综合实践类 □听说类
□合作类 □跨学科运用类</td></tr>
<tr><td>题目难度</td><td colspan="2">□较低 □中等 ■较高</td></tr>
<tr><td>预计完成时间单位</td><td colspan="2">■跨课时作业 ___7___ 天
□课时作业 ________ 分钟</td></tr>
<tr><td>题目来源</td><td colspan="2">■改编 □创编 □摘编 ____________(出处)</td></tr>
<tr><td>编写思路与设计意图</td><td colspan="2">在教材提供的某些情境中，帮助学生理解推广推理和类比推理在发现数学问题中的重要性.启迪学生自主探究、提出新问题、分析问题、解决问题的高阶思维，激发学生的求知欲，提升学生内在学习动机，并能用准确的数学语言进行交流.
在作业的评价中，建议关注学生在解决问题中的思维品质，主要对学生的解题逻辑和路径作出评价，对论证表述的要求可以稍降低.</td></tr>
</table>

（二）单元测试卷

【命题说明】

1. 命题指导思想：本次单元测试卷的命题以《普通高中数学课程标准》为依据，结合新教材对我校 2023 届高一学生进行命题，体现课程标准的基本理念.

2. 命题思路：

（1）依据《考试大纲》和《考试说明》，旨在考查学生对该单元的学习效果；

（2）考查的重点为本单元教学中着重培养的学生数学学科核心素养，如：数学计算、逻辑推理、数学建模等，如解答题第二题，通过实际生活的问题情境（方舱医院），培养学生阅读文字、理解实际问题的能力，通过对实际问题抽象为数学模型培养学生数学建模的核心素养.针对本单元学习内容与学习过程，通过一些数学情境和实际情境，用以检测该单元的学习效果，考查本单元主要的知识和技能，能够初步运用数学语言表达解不等式、证明不等式的推理过程，并对本单元学习中涉及的数学思想方法形成一定的感悟和反思；

（3）注重教学与评价一致，合理设置题目梯度，如该试卷解答题第一题第一小问帮助学生想到使用三角不等式解决问题，对于第二小问也提供了解题思路；

（4）重视问题情境的设置，比如填空题第七题，在学生较为陌生的数学情境（邻域的概念）中，抽象出数学概念和规则，帮助学生复习含绝对值的不等式以及平均值不等式，体现对数学运算等核心素养的考查；

（5）渗透数学思想的感悟过程，比如在分式不等式、绝对值不等式的求解过程中渗透等价变形的数学思想，再比如解答题第三题在第一小问的基础上，考虑第二小问时渗透了代换的数学思想.

测试卷目标编码	测试卷目标描述	对应单元目标编码
S001	在熟悉的数学情境中，了解运算对象，会求解简单的分式不等式，培养理解运算对象，依据运算法则解决数学问题的素养.	SX10102201
S002	在熟悉的数学情境中，了解运算对象，会求解简单的含有绝对值符号的不等式，培养理解运算对象，依据运算法则解决数学问题的素养.	SX10102202
S003	在熟悉的数学情境中，能运用平均值不等式求解一些简单的最大值或最小值问题，发现数量性质与关系，培养解决数学问题的素养.	SX10102204
S004	在简单的数学情境中，能把一些具体的问题，转化为对分式不等式的求解，并能选择合适的运算思路，正确表述解题过程，并在解决问题的过程中感悟不等式的等价变形.	SX10102201 SX10102206
S005	在一些关联的数学情境中，能利用三角不等式证明一些不等式，并指出等号成立的条件，并在此基础上合理推理，体会在解决问题中蕴含的等价转化等思想方法.	SX10102205 SX10102207

续 表

测试卷目标编码	测试卷目标描述	对应单元目标编码
S006	在一些熟悉的数学情境中，利用绝对值不等式的解集问题求参数，进而求分式不等式的解集，帮助学生提高数学运算能力，根据问题的特征形成合适的运算思路.	SX10102201 SX10102202
S007	在一些关联的数学情境中，抽象出数学概念和规则，能够理解用数学语言表达的概念、规则，发现数量关系及性质，培养理解运算对象，依据运算法则解决数学问题的素养.	SX10102202 SX10102203 SX10102204
S008	在包含特称量词的数学情境中，理解存在量词在情境中的含义，并利用平均值不等式转化为绝对值不等式的求解问题，体会分类讨论的思想，培养能够了解运算法则及其应用范围，正确进行运算的能力.	SX10102202 SX10102204
S009	在一些关联的情境中，把绝对值不等式的解集关系转化为充分条件、必要条件的关系，也可以通过利用三角不等式判断一些简单代数式的最值，并在此基础上合理推理，表述推理过程，培养逻辑推理能力.体会解决问题中蕴含的代换、等价转化等思想方法.	SX10102202 SX10102205
S010	在熟悉的数学情境中，抽象出需要解决的数学问题，分析并给出解决问题的思路，形成运用平均值不等式解决最值问题的方法，并能够解释运算或论证的结果与要解决的问题之间的关系.	SX10102203 SX10102204
S011	在包含全称量词的情境中，抽象出需要解决的数学问题，把以往在学习过程中积累的学习经验作为解决新问题的生长点，分析并给出解决问题的思路，形成运用三角不等式解决最值问题的规范化表达，并能够解释运算或论证的结果与要解决的问题之间的关系.	SX10102205 SX10102207
S012	在比较热门的问题情境中，培养阅读文字，理解实际问题的能力.通过对实际问题抽象为数学模型，培养数学建模这个核心素养.在建模后，培养学生选择合适的论证方法予以证明的逻辑推理能力，能在运用平均值不等式论证的过程中正确表述证明过程，并能解释建模的结果.	SX10102204 SX10102206 SX10102207
S013	在熟悉的数学情境中，抽象出需要解决的数学问题，分析并给出解决问题的思路，形成运用平均值不等式解决最值问题的方法，能阐述问题的内涵，有条理地表达解题过程，形成规范化、一般化思考问题的品质，体会整体代换等思想.	SX10102203 SX10102204 SX10102207

题目编码	对应单元测试卷目标（填相关目标编码）	题目难度			预计完成时间单位	题目来源		
		较低	中等	较高		选编	改编	创编
S0001	SX10102201	√			1		√	
S0002	SX10102202	√			1		√	
S0003	SX10102204	√			1		√	

续 表

题目编码	对应单元测试卷目标（填相关目标编码）	题目难度			预计完成时间单位	题目来源		
		较低	中等	较高		选编	改编	创编
S0004	SX10102201 SX10102206	√			1		√	
S0005	SX10102205 SX10102207		√		2		√	
S0006	SX10102201 SX10102202		√		3	√		
S0007	SX10102202 SX10102203 SX10102204		√		3		√	
S0008	SX10102202 SX10102204			√	3			√
S0009	SX10102202 SX10102205	√			1		√	
S0010	SX10102203 SX10102204			√	3	√		
S0011	SX10102205 SX10102207	√			6			√
S0012	SX10102204 SX10102206 SX10102207		√		7		√	
S0013	SX10102203 SX10102204 SX10102207			√	8		√	

S0001：不等式 $\frac{x-1}{x-3}<0$ 的解集为______________.

答案：(1，3)

设计说明：考查简单的分式不等式的求解问题，检测理解运算对象，依据运算法则解决数学问题的素养水平.

试卷题目属性汇总表											
题目编码	对应目标编码A	对应学习水平A	对应目标编码B	对应学习水平B	题目类型	题目完成方式	题目难度	预计完成时间	题目来源	是否为某一大题拆分	备注栏
S0001	SX10102201	A3			填空题	书面	较低	1 min	改编	否	

S0002：不等式 $|2x-1|>x$ 的解集为________.

答案：$\left(-\infty,\ \frac{1}{3}\right)\cup(1,\ +\infty)$

设计说明：考查简单的含有绝对值符号的不等式的求解问题，检测理解运算对象，依据运算法则解决数学问题的素养水平.

试卷题目属性汇总表											
题目编码	对应目标编码A	对应学习水平A	对应目标编码B	对应学习水平B	题目类型	题目完成方式	题目难度	预计完成时间	题目来源	是否为某一大题拆分	备注栏
S0002	SX10102202	A3			填空题	书面	较低	1 min	改编	否	

S0003：设常数 a，$b\in\mathbf{R}$，且 $2a+b=1$，则 ab 的最大值是________.

答案：$\frac{1}{8}$

设计说明：考查运用平均值不等式求解一些简单的最大值或最小值问题，发现数量性质与关系，检测逻辑推理的素养水平.

试卷题目属性汇总表											
题目编码	对应目标编码A	对应学习水平A	对应目标编码B	对应学习水平B	题目类型	题目完成方式	题目难度	预计完成时间	题目来源	是否为某一大题拆分	备注栏
S0003	SX10102204	A3			填空题	书面	较低	1 min	改编	否	

S0004：设常数 $a\in\mathbf{R}$，若关于 x 的方程 $ax+1=2x$ 的解不小于1，则实数 a 的取值范围是________.

答案：$[1,\ 2)$

设计说明：会在方程的背景中提炼出简单的分式不等式问题，考查简单的分式不等式的求解问题，检测理解运算对象，依据运算法则解决数学问题的素养水平，并在解决问题过程中感悟不等式的等价变形.

试卷题目属性汇总表											
题目编码	对应目标编码A	对应学习水平A	对应目标编码B	对应学习水平B	题目类型	题目完成方式	题目难度	预计完成时间	题目来源	是否为某一大题拆分	备注栏
S0004	SX10102201	A3	SX10102206	A3	填空题	书面	较低	1 min	改编	否	

S0005：设常数 a，$b \in \mathbf{R}$，写出等式 $|a|-|b|=|a-b|$ 成立的一个充分非必要条件是________.

答案： $ab>b^2$（答案不唯一，充要条件是 $ab \geqslant b^2$）

设计说明： 在等式的情境中，考查利用三角不等式证明一些不等式，并能指出等号成立的条件，同时考查对充分条件、必要条件的理解.

试卷题目属性汇总表											
题目编码	对应目标编码 A	对应学习水平 A	对应目标编码 B	对应学习水平 B	题目类型	题目完成方式	题目难度	预计完成时间	题目来源	是否为某一大题拆分	备注栏
S0005	SX10102205	A3	SX10102207	A3	填空题	书面	中等	2 min	改编	否	

S0006：设常数 $a \in \mathbf{R}$，若关于 x 的不等式 $|ax+2|<6$ 的解集为 $(-2,4)$，则关于 x 的不等式 $\dfrac{x+1}{ax+2} \leqslant 1$ 的解集为____________.

答案： 若关于 x 的不等式 $|ax+2|<6$ 的解集为 $(-2,4)$，

即关于 x 的不等式 $-6<ax+2<6$ 的解集为 $(-2,4)$，

即关于 x 的不等式 $-8<ax<4$ 的解集为 $(-2,4)$.

当 $a=0$ 时，关于 x 的不等式 $-8<ax<4$ 的解集为 $\mathbf{R}$；

当 $a>0$ 时，关于 x 的不等式 $-8<ax<4$ 的解集为 $\left(\dfrac{-8}{a},\dfrac{4}{a}\right)$，此时 $\begin{cases}\dfrac{-8}{a}=-2,\\ \dfrac{4}{a}=4\end{cases}$，无解，舍去；当 $a<0$ 时，关于 x 的不等式 $-8<ax<4$ 的解集为 $\left(\dfrac{4}{a},\dfrac{-8}{a}\right)$，此时 $\begin{cases}\dfrac{4}{a}=-2,\\ \dfrac{-8}{a}=4\end{cases}$，$a=-2$.

综上所述，$a=-2$.

此时关于 x 的不等式 $\dfrac{x+1}{ax+2} \leqslant 1$ 即 $\dfrac{x+1}{-2x+2} \leqslant 1$，即 $\dfrac{x+1-(-2x+2)}{-2x+2} \leqslant 0$，即 $\dfrac{3x-1}{-2x+2} \leqslant 0$，即 $\dfrac{3x-1}{2x-2} \geqslant 0$，解集为 $\left(-\infty,\dfrac{1}{3}\right] \cup (1,+\infty)$.

设计说明： 利用绝对值不等式的解集问题反求参数，渗透分类讨论的数学思想，进而求分式不等式的解集，根据问题的特征形成合适的运算思路.考查解绝对值不等式和分式不等式的基本方法，培养学生正确表述解题过程，在解决问题的过程中感悟不等式的等价变形.

试卷题目属性汇总表											
题目编码	对应目标编码A	对应学习水平A	对应目标编码B	对应学习水平B	题目类型	题目完成方式	题目难度	预计完成时间	题目来源	是否为某一大题拆分	备注栏
S0006	SX10102201	A3	SX10102202	A3	填空题	书面	中等	3 min	选编	否	

S0007：设 a，$\delta \in \mathbf{R}$，且 $\delta > 0$，我们称集合 $A=\{x \mid |x-a|<\delta\}$ 为 a 的 δ 邻域.已知 $m>0$ 且 $n>0$，若 $m+n$ 的 $m+n+1$ 邻域为区间 $(-1, 3)$，则 m^2+n^2 的最小值是__________.

答案：由题意知，$|x-(m+n)|<m+n+1$，即 $-(m+n+1)<x-(m+n)<m+n+1$，即 $-1<x<2m+2n+1$，故 $2m+2n+1=3$，即 $m+n=1$，从而 $m^2+n^2 \geqslant \frac{(m+n)^2}{2}=\frac{1}{2}$，当且仅当 $m=n=\frac{1}{2}$ 时等号成立，即 m^2+n^2 的最小值是 $\frac{1}{2}$.

设计说明：在一个新的数学情境中，抽象出数学概念和规则，能够理解用数学语言表达的概念、规则，发现数量关系及性质，培养理解运算对象，依据运算法则解决数学问题的素养.考查含绝对值不等式、平均值不等式的基本解法，检验学生正确进行运算和解释运算结果的能力.

试卷题目属性汇总表											
题目编码	对应目标编码A	对应学习水平A	对应目标编码B	对应学习水平B	题目类型	题目完成方式	题目难度	预计完成时间	题目来源	是否为某一大题拆分	备注栏
S0007	SX10102202	A3	SX10102204	A3	填空题	书面	中等	3 min	改编	否	

S0008：设 $x \in \mathbf{R}$，若存在 $a \in (0, +\infty)$，使得不等式 $|x^2-3|+|x-1| \geqslant a+\frac{1}{a}$ 成立，则 x 的取值范围是______________.

答案：首先，由 $a \in (0, +\infty)$ 及平均值不等式知 $a+\frac{1}{a} \geqslant 2\sqrt{a \cdot \frac{1}{a}}=2$ 当且仅当 $a=1$ 时等号成立.由题意知，$|x^2-3|+|x-1| \geqslant 2$.

当 $x \geqslant \sqrt{3}$ 时，$|x^2-3|+|x-1|=x^2-3+x-1 \geqslant 2$，即 $x^2+x-6 \geqslant 0$，结合 $x \geqslant \sqrt{3}$ 知 $x \geqslant 2$；

当 $1 \leqslant x < \sqrt{3}$ 时，$|x^2-3|+|x-1|=3-x^2+x-1 \geqslant 2$，即 $x^2-x \leqslant 0$，结合 $1 \leqslant x < \sqrt{3}$ 知 $x=1$；

当 $-\sqrt{3} \leqslant x < 1$ 时，$|x^2-3|+|x-1|=3-x^2+1-x \geqslant 2$，即 $x^2+x-2 \leqslant 0$，结合 $-\sqrt{3} \leqslant x < 1$ 知 $-\sqrt{3} \leqslant x < 1$；

当 $x<-\sqrt{3}$ 时，$|x^2-3|+|x-1|=x^2-3+1-x\geqslant 2$，即 $x^2-x-4\leqslant 0$，结合 $x<-\sqrt{3}$ 知 $x<-\sqrt{3}$.

综上，x 的取值范围是 $(-\infty,\ 1]\cup[2,\ +\infty)$.

设计说明： 考查理解存在量词在数学情境中的含义，并利用平均值不等式求得最值，转化为仅绝对值不等式的求解问题，体会分类讨论的思想，检验能够了解运算法则及其应用范围，正确进行运算的能力.

试卷题目属性汇总表											
题目编码	对应目标编码A	对应学习水平A	对应目标编码B	对应学习水平B	题目类型	题目完成方式	题目难度	预计完成时间	题目来源	是否为某一大题拆分	备注栏
S0008	SX10102202	A3	SX10102204	A3	填空题	书面	较高	3 min	创编	否	

S0009：设常数 $a,\ b\in\mathbf{R}$，则“$|a|<1$ 且 $|b|<1$”是“$|a+b|<2$”的(　　).

(A) 充分非必要条件　　(B) 必要非充分条件

(C) 充要条件　　(D) 既不充分也不必要条件

答案： A

设计说明： 考查把绝对值不等式的解集关系转化为充分条件、必要条件的关系，也可以通过利用三角不等式判断一些简单代数式的最值，检验逻辑推理的素养水平.

试卷题目属性汇总表											
题目编码	对应目标编码A	对应学习水平A	对应目标编码B	对应学习水平B	题目类型	题目完成方式	题目难度	预计完成时间	题目来源	是否为某一大题拆分	备注栏
S0009	SX10102202	A3	SX10102205	A3	选择题	书面	较低	1 min	改编	否	

S0010：设 $a,\ b,\ c$ 均为正数，若 $x=a+\dfrac{1}{b},\ y=b+\dfrac{1}{c},\ z=c+\dfrac{1}{a}$，则 $x,\ y,\ z$ 三数(　　).

(A) 至少有一个不大于 2　　(B) 至少有一个不小于 2

(C) 都大于 2　　(D) 都小于 2

答案： 由 $x=a+\dfrac{1}{b},\ y=b+\dfrac{1}{c},\ z=c+\dfrac{1}{a}$ 且 $a,\ b,\ c$ 均为正数，知

$$x+y+z=a+\frac{1}{b}+b+\frac{1}{c}+c+\frac{1}{a}$$

$$=a+\frac{1}{a}+b+\frac{1}{b}+c+\frac{1}{c}\geqslant 2\sqrt{a\cdot\frac{1}{a}}+2\sqrt{b\cdot\frac{1}{b}}+2\sqrt{c\cdot\frac{1}{c}}=6.$$

选项 A 中错误,反例：取 $a=b=c=2$，则 $x=y=z=\frac{5}{2}$,x，y，z 三数均大于 2；

选项 B 正确,用反证法证明.假设 x，y，z 三数都小于 2,即 $x<2$，$y<2$，$z<2$，则 $x+y+z<6$，这与 $x+y+z\geqslant 6$ 矛盾,所以假设不成立,即 x，y，z 三数至少有一个不小于 2；

选项 C 错误,反例：取 $a=b=1$，$c=2$，则 $x=2$；

选项 D 错误,反例：取 $a=b=c=2$，则 $x=y=z=\frac{5}{2}$，x，y，z 三数均大于 2.

设计说明：考查运用平均值不等式解决问题的能力,并考查学生对“至多”“至少”“不大于”“不小于”这类词语的理解,根据选项抽象出需要解决的数学问题,分析并给出解决问题的思路,并能够解释运算或论证的结果与要解决的问题之间的关系.

试卷题目属性汇总表

题目编码	对应目标编码 A	对应学习水平 A	对应目标编码 B	对应学习水平 B	题目类型	题目完成方式	题目难度	预计完成时间	题目来源	是否为某一大题拆分	备注栏
S0010	SX10102203	A2	SX10102204	A3	选择题	书面	较高	3 min	选编	否	

S0011：

(1) 证明：$|x-1|+|x-4|\geqslant 3$ 对所有实数 x 恒成立,并求等号成立时 x 的取值范围；

(2) 已知常数 $a\in\mathbf{R}$. 若关于 x 的不等式 $|x-1|+|x-2|+|x-3|+|x-4|\geqslant a$ 对一切实数 x 恒成立,求常数 a 的取值范围.

答案：(1) 证明：由三角不等式知

$|x-1|+|x-4|=|x-1|+|4-x|\geqslant|(x-1)+(4-x)|=3$， ………… 3 分

当且仅当 $(x-1)(4-x)\geqslant 0$ 即 $1\leqslant x\leqslant 4$ 时等号成立. ………………………… 5 分

故 $|x-1|+|x-4|\geqslant 3$ 对所有实数 x 恒成立，

且等号成立时 x 的取值范围是 $[1,4]$. ………………………………………… 6 分

(2) 由三角不等式知

$|x-1|+|x-2|+|x-3|+|x-4|$

$=(|x-1|+|4-x|)+(|x-2|+|3-x|)\geqslant 4\geqslant a$ ………………………… 10 分

当且仅当 $\begin{cases}(x-1)(4-x)\geqslant 0,\\(x-2)(3-x)\geqslant 0\end{cases}$ 即 $2\leqslant x\leqslant 3$ 时等号成立. ………………………… 12 分

从而当 $a\leqslant 4$ 时，$|x-1|+|x-2|+|x-3|+|x-4|\geqslant 4\geqslant a$ 恒成立；

当 $a>4$ 时,取 $x=2$,则 $|x-1|+|x-2|+|x-3|+|x-4|=4<a$,舍去. …… 14 分

综上所述，常数 a 的取值范围是 $(-\infty, 4]$. ………………………………… 16 分

【评分说明】 第一小问三角不等式等号成立的条件 2 分，表述结论方面 1 分，旨在考查学生表达的完整性；第二小问同样关注三角不等式等号成立的条件，对于"从而当 $a \leqslant 4$ 时，$|x-1|+|x-2|+|x-3|+|x-4| \geqslant 4 \geqslant a$ 恒成立；当 $a>4$ 时，取 $x=2$，则 $|x-1|+|x-2|+|x-3|+|x-4|=4<a$，舍去."这样的讨论，对学生要求较高，可视情况酌情扣分.另外对于本题，若使用了分类讨论去绝对值的方式去做也可以，这里不再赘述.

设计说明：在包含全称量词的情境中，第一小问考查简单的三角不等式的证明，并会指出等号成立的条件.第二小问在第一小问的基础上，考查四个含绝对值符号的不等式问题，抽象出需要解决的数学问题，分析并给出解决问题的思路，形成运用三角不等式解决最值问题的规范化表达，并能够解释运算或论证的结果与要解决的问题之间的关系.

试卷题目属性汇总表											
题目编码	对应目标编码 A	对应学习水平 A	对应目标编码 B	对应学习水平 B	题目类型	题目完成方式	题目难度	预计完成时间	题目来源	是否为某一大题拆分	备注栏
S0011	SX10102205	A3	SX10102207	A3	简答题	书面	较低	6 min	创编	否	

S0012：2020 年 2 月，为了应对武汉发生的新型冠状病毒感染疫情，国家卫健委及相关单位在武汉建立了火神山医院、雷神山医院，以及方舱医院.从 2 月 5 日武汉的方舱医院开始收治患者到 3 月 10 日最后一家方舱医院休舱，这一段时间 16 家方舱医院共收治患者 1.2 万余人，实现了"零感染、零死亡、零回头".现欲在某足够大的广场建造一方舱医院，设计要求病区是面积为 4 000 m^2 的矩形，且病区四周是通道，其中西、南两侧的通道宽为 3 m，东、北两侧的通道宽为 2 m.如图所示，问如何设计病区的边长，才能使通道的占地面积最小.

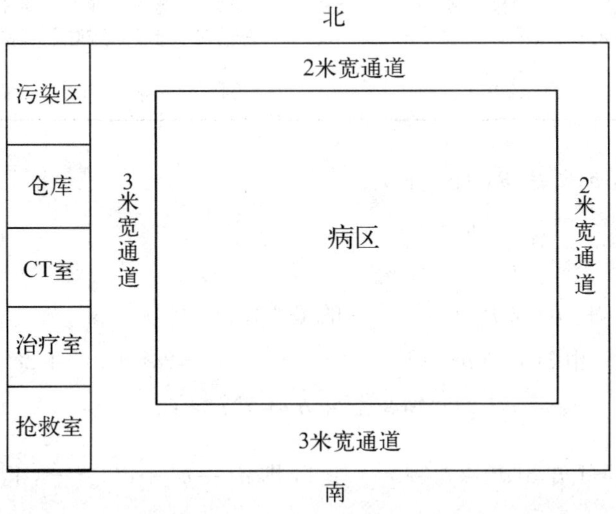

答案： 设矩形病区的南、北侧边长为 x m，则其东、西侧边长为 $\frac{4\,000}{x}$ m，通道的占地面积(记为 S (m^2))为 $(x+5)\left(\frac{4\,000}{x}+5\right)-4\,000$，即

$S=5x+\frac{20\,000}{x}+25$. ………………………………………………………………… 6 分

利用平均值不等式，有

$5x+\frac{20\,000}{x}+25\geqslant 2\sqrt{5x\cdot\frac{20\,000}{x}}+25=200\sqrt{10}+25$， ……………………… 10 分

当且仅当 $5x=\frac{20\,000}{x}$，即 $x=20\sqrt{10}\approx 63.2$(m)时 S 取到最小值 $200\sqrt{10}+25$(m^2)，

此时 $\frac{4\,000}{x}\approx 63.2$(m). ……………………………………………………………………… 14 分

所以，当设计病区的南、北侧及东、北侧边长均约为 63.2 m 时，通道的占地面积最小.

…………………………………………………………………………………………………… 16 分

【评分说明】本题旨在考查学生数学建模的能力，可以视学生的表达情况酌情扣分，若指出了等号成立的条件但没有求出通道占地面积 S 的最小值，不扣分.

设计说明： 在实际问题情境中，考查学生阅读文字，理解实际问题的能力.通过对实际问题抽象为数学模型，考查数学建模这个核心素养的水平.在建模后，检验学生选择合适的论证方法予以证明的逻辑推理能力，能在运用平均值不等式论证的过程中正确表述证明过程，并能解释建模的结果.

试卷题目属性汇总表

题目编码	对应目标编码 A	对应学习水平 A	对应目标编码 B	对应学习水平 B	题目类型	题目完成方式	题目难度	预计完成时间	题目来源	是否为某一大题拆分	备注栏
S0012	SX10102204	A3	SX10102206	A3	应用题	书面	中等	7 min	改编	否	

S0013：已知 $a, b, c\in\mathbf{R}$，且 $a+b+c=1$.

(1) 证明：$a^2+b^2+c^2\geqslant\frac{1}{3}$；

(2) 求 $(a+1)^2+(b+2)^2+(c+3)^2$ 的最小值.

答案： (1) 证明：由 $3(a^2+b^2+c^2)-(a+b+c)^2=2a^2+2b^2+2c^2-2ab-2bc-2ca=(a-b)^2+(b-c)^2+(c-a)^2\geqslant 0$ 知 $3(a^2+b^2+c^2)\geqslant(a+b+c)^2$， ……………… 6 分

又由 $a+b+c=1$ 知 $3(a^2+b^2+c^2)\geqslant 1$，即 $a^2+b^2+c^2\geqslant\frac{1}{3}$，得证. ………… 8 分

(2) 由 $a+b+c=1$ 知 $(a+1)+(b+2)+(c+3)=7$， ······························ 10 分

由(1)知 $3[(a+1)^2+(b+2)^2+(c+3)^2]\geqslant[(a+1)+(b+2)+(c+3)]^2=49$，

·· 14 分

故 $(a+1)^2+(b+2)^2+(c+3)^2\geqslant\frac{49}{3}$， ······································ 16 分

当 $a+1=b+2=c+3=\frac{7}{3}$ 时，即 $a=\frac{4}{3}$，$b=\frac{1}{3}$，$c=-\frac{2}{3}$ 时取等号.

故 $(a+1)^2+(b+2)^2+(c+3)^2$ 的最小值为 $\frac{49}{3}$. ······························ 18 分

【评分说明】本题第一小问若没指出等号成立的条件不扣分；第二小问若没有指出等号成立的条件可酌情扣分，若没有说明当且仅当 $a=\frac{4}{3}$，$b=\frac{1}{3}$，$c=-\frac{2}{3}$ 时等号成立不扣分，只要说明等号可取到即可.

设计说明：考查学生运用平均值不等式解决最值问题的方法，并能够有条理地表达解题过程，检验学生逻辑推理的素养水平，体会整体代换等思想.

试卷题目属性汇总表											
题目编码	对应目标编码A	对应学习水平A	对应目标编码B	对应学习水平B	题目类型	题目完成方式	题目难度	预计完成时间	题目来源	是否为某一大题拆分	备注栏
S0013	SX10102204	A3	SX10102207	A3	证明题	书面	较高	8 min	改编	否	

四个方面	情境与问题			知识与技能			思维与表达			交流与反思		
三个水平	1	2	3	1	2	3	1	2	3	1	2	3
S0001	√			√			√			√		
S0002	√			√			√			√		
S0003	√			√			√				√	
S0004		√		√			√				√	
S0005		√			√		√				√	
S0006			√			√		√			√	
S0007			√			√			√			√
S0008			√			√			√			√
S0009	√			√			√				√	

续　表

四个方面	情境与问题			知识与技能			思维与表达			交流与反思		
三个水平	1	2	3	1	2	3	1	2	3	1	2	3
S0010			√			√			√			√
S0011		√		√				√				√
S0012		√			√				√		√	
S0013	√					√			√			√
合计	5	4	4	6	2	5	6	2	5	2	6	5
	13			13			13			13		

核心素养	数学抽象			逻辑推理			数学建模			直观想象			数学运算			数据分析		
素养水平	1	2	3	1	2	3	1	2	3	1	2	3	1	2	3	1	2	3
S0001													√					
S0002													√					
S0003													√					
S0004													√					
S0005					√								√					
S0006													√					
S0007	√												√					
S0008					√								√					
S0009					√								√					
S0010	√				√											√		
S0011	√				√								√					
S0012					√		√						√					
S0013	√				√								√			√		
合计	4	0	0	0	7	0	1	0	0	0	0	0	12	0	0	2	0	0
	4			7			1			0			12			2		

题目与解答要点：		
题目：设 $x \in \mathbf{R}$，若存在 $a \in (0, +\infty)$，使得不等式 $\lvert x^2-3\rvert+\lvert x-1\rvert > a+\dfrac{1}{a}$ 成立，则 x 的取值范围是____________. 解答要点：略.		
题目编码	S0008	
所属课时		
目标编码	SX10102202　SX10102204	
所涉目标的各维度学习水平	知识与技能	A3
	核心素养	E22　E51
	其他	
题目类型	□选择题 ■填空题 □判断题 □简答题 □应用题 □证明题 □书面开放题 □书面其他 □非书面	
完成方式	■书面 □非书面其他 □操作类 □综合实践类 □听说类 □合作类 □跨学科运用类	
题目难度	□较低 □中等 ■较高	
预计完成时间单位	□跨课时作业 ______天 □课时作业 ______分钟	
题目来源	□改编 ■创编 □摘编 ____________（出处）	
编写思路与设计意图	考查理解存在量词在数学情境中的含义，并利用平均值不等式求得最值，转化为仅绝对值不等式的求解问题，体会分类讨论的思想，检验能够了解运算法则及其应用范围，正确进行运算的能力.	

题目与解答要点：		
题目：(1) 证明：$\lvert x-1\rvert+\lvert x-4\rvert \geqslant 3$ 对所有实数 x 恒成立，并求等号成立时 x 的取值范围； (2) 已知常数 $a \in \mathbf{R}$. 若关于 x 的不等式 $\lvert x-1\rvert+\lvert x-2\rvert+\lvert x-3\rvert+\lvert x-4\rvert \geqslant a$ 对一切实数 x 恒成立，求常数 a 的取值范围. 解答要点：略.		
题目编码	S0011	
所属课时		
目标编码	SX10102205　SX10102207	
所涉目标的各维度学习水平	知识与技能	A3
	核心素养	E12　E22　E51
	其他	

题目类型	□选择题 □填空题 □判断题 ■简答题 □应用题 □证明题 □书面开放题 □书面其他 □非书面
完成方式	■书面 □非书面其他 □操作类 □综合实践类 □听说类 □合作类 □跨学科运用类
题目难度	■较低 □中等 □较高
预计完成时间单位	□跨课时作业 ________天 □课时作业 ________分钟
题目来源	□改编 ■创编 □摘编 ____________________(出处)
编写思路与设计意图	在包含全称量词的情境中,第一小问考查简单的三角不等式的证明,并会指出等号成立的条件,第二小问在第一小问的基础上,考查四个含绝对值符号的不等式问题,抽象出需要解决的数学问题,分析并给出解决问题的思路,形成运用三角不等式解决最值问题的规范化表达,并能够解释运算或论证的结果与要解决的问题之间的关系.

题目与解答要点:

题目:2020 年 2 月,为了应对武汉发生的新型冠状病毒感染疫情,国家卫健委及相关单位在武汉建立了火神山医院、雷神山医院,以及方舱医院.从 2 月 5 日武汉的方舱医院开始收治患者到 3 月 10 日最后一家方舱医院休舱,这一段时间 16 家方舱医院共收治患者 1.2 万余人,实现了"零感染、零死亡、零回头".现欲在某足够大的广场建造一方舱医院,设计要求病区是面积为 4 000 m^2 的矩形,且病区四周是通道,其中西、南两侧的通道宽为 3 m,东、北两侧的通道宽为 2 m.如图所示,问如何设计病区的边长,才能使通道的占地面积最小.

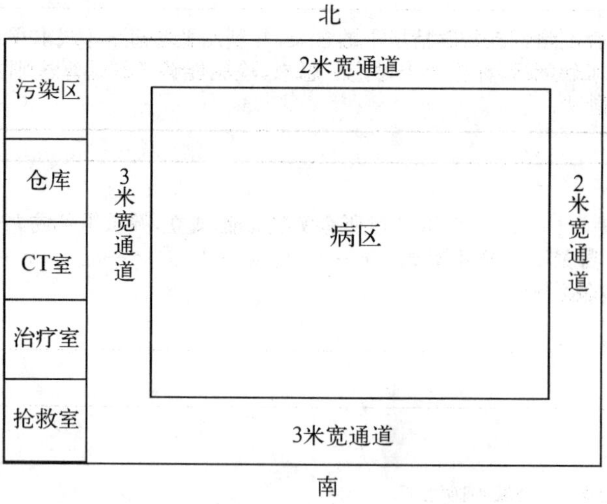

解答要点:略.

题目编码	S0012
所属课时	

目标编码	SX10102204　SX10102206	
所涉目标的各维度学习水平	知识与技能	A3
	核心素养	E22　E32　E51
	其他	
题目类型	□选择题 □填空题 □判断题 □简答题 ■应用题 □证明题 □书面开放题 □书面其他 □非书面	
完成方式	■书面 □非书面其他 □操作类 □综合实践类 □听说类 □合作类 □跨学科运用类	
题目难度	□较低 ■中等 □较高	
预计完成时间单位	□跨课时作业 ________天 □课时作业 ________分钟	
题目来源	■改编 □创编 □摘编 ________________________(出处)	
编写思路与设计意图	在实际问题情境中,考查学生阅读文字,理解实际问题的能力.通过对实际问题抽象为数学模型,考查数学建模这个核心素养的水平.在建模后,检验学生选择合适的论证方法予以证明的逻辑推理能力,能在运用平均值不等式论证的过程中正确表述证明过程,并能解释建模的结果.	

题目与解答要点：

题目：已知 $a, b, c \in \mathbf{R}$，且 $a+b+c=1$.

(1) 证明：$a^2+b^2+c^2 \geqslant \frac{1}{3}$；

(2) 求 $(a+1)^2+(b+2)^2+(c+3)^2$ 的最小值.

解答要点：略.

题目编码	S0013	
所属课时		
目标编码	SX10102204　SX10102207	
所涉目标的各维度学习水平	知识与技能	A3
	核心素养	E12　E22　E51
	其他	
题目类型	□选择题 □填空题 □判断题 □简答题 □应用题 ■证明题 □书面开放题 □书面其他 □非书面	

续 表

完成方式	■书面 □非书面其他 □操作类 □综合实践类 □听说类 □合作类 □跨学科运用类
题目难度	□较低 □中等 ■较高
预计完成时间单位	□跨课时作业 ________天 □课时作业 ________分钟
题目来源	■改编 □创编 □摘编 ________________（出处）
编写思路与设计意图	考查学生运用平均值不等式解决最值问题的方法，并能够有条理地表达解题过程，检验学生逻辑推理的素养水平，体会整体代换等思想.

【单元测试卷】

第三单元 测试卷

姓名________ 班级________ 学号________ 成绩________

一、填空题（本大题共有 8 题，满分 40 分，每题 5 分）

1. 不等式 $\dfrac{x-1}{x-3}<0$ 的解集为________________.

2. 不等式 $|2x-1|>x$ 的解集为________________.

3. 设常数 a，$b\in\mathbf{R}$，且 $2a+b=1$，则 ab 的最大值是________________.

4. 设常数 $a\in\mathbf{R}$，若关于 x 的方程 $ax+1=2x$ 的解不小于 1，则实数 a 的取值范围是________________.

5. 设常数 a，$b\in\mathbf{R}$，写出等式 $|a|-|b|=|a-b|$ 成立的一个充分非必要条件是________________.

6. 设常数 $a\in\mathbf{R}$，若关于 x 的不等式 $|ax+2|<6$ 的解集为 $(-2,4)$，则关于 x 的不等式 $\dfrac{x+1}{ax+2}\leqslant 1$ 的解集为________________.

7. 设 a，$\delta\in\mathbf{R}$，且 $\delta>0$，我们称集合 $A=\{x\,|\,|x-a|<\delta\}$ 为 a 的 δ 邻域. 已知 $m>0$ 且 $n>0$，若 $m+n$ 的 $m+n+1$ 邻域为区间 $(-1,3)$，则 m^2+n^2 的最小值是________________.

8. 设 $x\in\mathbf{R}$，若存在 $a\in(0,+\infty)$，使得不等式 $|x^2-3|+|x-1|\geqslant a+\dfrac{1}{a}$ 成立，则 x 的取值范围是________________.

二、选择题（本大题共有 2 题，满分 10 分，每题 5 分）

9. 设常数 a，$b\in\mathbf{R}$，则“$|a|<1$ 且 $|b|<1$”是“$|a+b|<2$”的（　　）.

(A) 充分非必要条件

(B) 必要非充分条件

(C) 充要条件

(D) 既不充分也不必要条件

10. 设 a, b, c 均为正数，若 $x=a+\frac{1}{b}$, $y=b+\frac{1}{c}$, $z=c+\frac{1}{a}$，则 x, y, z 三数(　　).

(A) 至少有一个不大于 2　　(B) 至少有一个不小于 2

(C) 都大于 2　　(D) 都小于 2

三、解答题(本题共有 3 题，满分 50 分)解答下列各题，需写出必要的步骤.

11.（本题满分 16 分，第 1 小题满分 6 分，第 2 小题满分 10 分）

(1) 证明：$|x-1|+|x-4|\geqslant 3$ 对所有实数 x 恒成立，并求等号成立时 x 的取值范围；

(2) 已知常数 $a\in\mathbf{R}$. 若关于 x 的不等式 $|x-1|+|x-2|+|x-3|+|x-4|\geqslant a$ 对一切实数 x 恒成立，求常数 a 的取值范围.

12.（本题满分 16 分）

2020 年 2 月，为了应对武汉发生的新型冠状病毒疫情，国家卫健委及相关单位在武汉建立了火神山医院、雷神山医院，以及方舱医院.从 2 月 5 日武汉的方舱医院开始收治患者到 3 月 10 日最后一家方舱医院休舱，这一段时间 16 家方舱医院共收治患者 1.2 万余人，实现了“零感染、零死亡、零回头”.现欲在某足够大的广场建造一方舱医院，设计要求病区是面积为 4 000 m^2 的矩形，且病区四周是通道，其中西南两侧的通道宽为 3 m，东北两侧的通道宽为 2 m.如图所示，问如何设计病区的边长，才能使通道的占地面积最小.

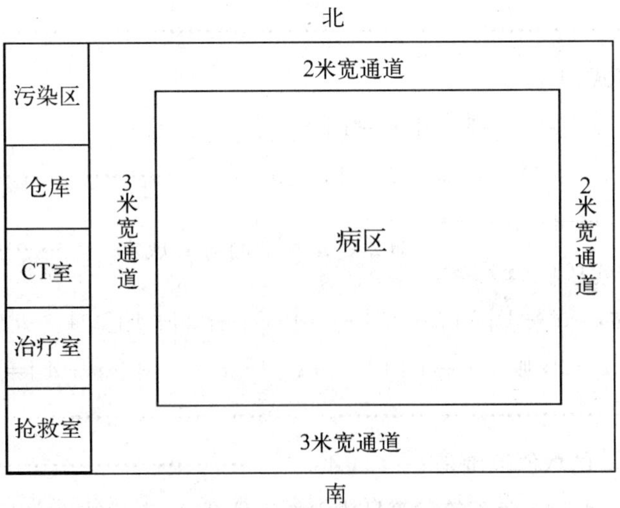

13.（本题满分 18 分，第 1 小题满分 8 分，第 2 小题满分 10 分）

已知 a, b, $c\in\mathbf{R}$, 且 $a+b+c=1$.

(1) 证明：$a^2+b^2+c^2 \geqslant \frac{1}{3}$；

(2) 求 $(a+1)^2+(b+2)^2+(c+3)^2$ 的最小值.

【参考答案和评分说明】

参考答案及评分说明

一、填空题(本大题共有 8 题,满分 40 分,每题 5 分)

1. $(1, 3)$ 2. $\left(-\infty, \frac{1}{3}\right) \cup (1, +\infty)$ 3. $\frac{1}{8}$ 4. $[1, 2)$ 5. $ab > b^2$(答案不唯一,充要条件是 $ab \geqslant b^2$) 6. $\left(-\infty, \frac{1}{3}\right] \cup (1, +\infty)$ 7. $\frac{1}{2}$ 8. $(-\infty, 1] \cup [2, +\infty)$

二、选择题(本大题共有 2 题,满分 10 分,每题 5 分)

题号	9	10
选项	A	B

三、解答题(本题共有 3 题,满分 50 分)

11. (本题满分 16 分,第 1 小题满分 6 分,第 2 小题满分 10 分)

(1) 证明：由三角不等式知

$|x-1|+|x-4|=|x-1|+|4-x| \geqslant |(x-1)+(4-x)| \geqslant 3$, ………… 3 分

当且仅当 $(x-1)(4-x) \geqslant 0$ 即 $1 \leqslant x \leqslant 4$ 时等号成立. ………… 5 分

故 $|x-1|+|x-4| \geqslant 3$ 对所有实数 x 恒成立,且等号成立时 x 的取值范围是 $[1, 4]$.

………… 6 分

(2) 由三角不等式知

$|x-1|+|x-2|+|x-3|+|x-4|$

$=(|x-1|+|4-x|)+(|x-2|+|3-x|)$. ………… 10 分

当且仅当 $\begin{cases}(x-1)(4-x) \geqslant 0, \\ (x-2)(3-x) \geqslant 0\end{cases}$ 即 $2 \leqslant x \leqslant 3$ 时等号成立. ………… 12 分

从而当 $a \leqslant 4$ 时,$|x-1|+|x-2|+|x-3|+|x-4| \geqslant 4 \geqslant a$ 恒成立；

当 $a > 4$ 时,取 $x=2$,则 $|x-1|+|x-2|+|x-3|+|x-4|=4<a$,舍去.

………… 14 分

综上所述,常数 a 的取值范围是 $(-\infty, 4]$. ………… 16 分

【评分说明】第一小问三角不等式等号成立的条件 2 分,表述结论方面 1 分,旨在考查学生表达的完整性；第二小问同样关注三角不等式等号成立的条件,对于“从而当 $a \leqslant 4$ 时,$|x-1|+|x-2|+|x-3|+|x-4| \geqslant 4 \geqslant a$ 恒成立；当 $a>4$ 时,取 $x=2$,则 $|x-1|+$

$|x-2|+|x-3|+|x-4|=4<a$，舍去."这样的讨论，对学生要求较高，可视情况酌情扣分.另外对于本题，若使用了分类讨论去绝对值的方式去做也可以，这里不再赘述.

12.（本题满分 16 分）

解：设矩形病区的南北侧边长为 x m，则其东西侧边长为 $\frac{4\,000}{x}$ m，通道的占地面积（记为 S）为 $(x+5)\left(\frac{4\,000}{x}+5\right)-4\,000(\mathrm{m}^2)$，即 $S=5x+\frac{20\,000}{x}+25$. …………………… 6 分

利用平均值不等式，有

$5x+\frac{20\,000}{x}+25\geqslant 2\sqrt{5x\cdot\frac{20\,000}{x}}+25=200\sqrt{10}+25$， ………………………… 10 分

当且仅当 $5x=\frac{20\,000}{x}$，即 $x=20\sqrt{10}\approx 63.2(\mathrm{m})$ 时 S 取到最小值 $200\sqrt{10}+25(\mathrm{m}^2)$，

此时 $\frac{4\,000}{x}\approx 63.2(\mathrm{m})$. ………………………………………………………………… 14 分

所以，当设计病区的南北侧及东北侧边长均约为 63.2 m 时，通道的占地面积最小. …… 16 分

【评分说明】本题旨在考查学生数学建模的能力，可以视学生的表达情况酌情扣分，若指出了等号成立的条件但没有求出通道占地面积 S 的最小值，不扣分.

13.（本题满分 18 分，第 1 小题满分 8 分，第 2 小题满分 10 分）

(1) 证明：由 $3(a^2+b^2+c^2)-(a+b+c)^2=2a^2+2b^2+2c^2-2ab-2bc-2ca$

$=(a-b)^2+(b-c)^2+(c-a)^2\geqslant 0$ 知 $3(a^2+b^2+c^2)\geqslant(a+b+c)^2$， ……… 6 分

又由 $a+b+c=1$ 知 $3(a^2+b^2+c^2)\geqslant 1$，即 $a^2+b^2+c^2\geqslant\frac{1}{3}$，得证. ………… 8 分

(2) 由 $a+b+c=1$ 知 $(a+1)+(b+2)+(c+3)=7$， ……………………… 10 分

由(1)知 $3[(a+1)^2+(b+2)^2+(c+3)^2]\geqslant[(a+1)+(b+2)+(c+3)]^2=49$，

……………………………………………………………………………………………… 14 分

故 $(a+1)^2+(b+2)^2+(c+3)^2\geqslant\frac{49}{3}$， …………………………………………… 16 分

当 $a+1=b+2=c+3=\frac{7}{3}$ 时，即 $a=\frac{4}{3}$，$b=\frac{1}{3}$，$c=-\frac{2}{3}$ 时取等号.

故 $(a+1)^2+(b+2)^2+(c+3)^2$ 的最小值为 $\frac{49}{3}$. ……………………………… 18 分

【评分说明】本题第一小问若没指出等号成立的条件不扣分；第二小问若没有指出等号成立的条件可酌情扣分，若没有说明当且仅当 $a=\frac{4}{3}$，$b=\frac{1}{3}$，$c=-\frac{2}{3}$ 时等号成立不扣分，只要说明等号可取到即可.

【测验估分与实际得分】

题　号	满　分	估　分	实际得分	题目难度
1	5分	4.9分	待填	较低
2	5分	4.5分	待填	较低
3	5分	4.5分	待填	较低
4	5分	4.3分	待填	较低
5	5分	4.0分	待填	中等
6	5分	4.0分	待填	中等
7	5分	3.5分	待填	中等
8	5分	1.2分	待填	较高
9	5分	4.5分	待填	较低
10	5分	3.0分	待填	较高
11(1)	6分	5分	待填	较低
11(2)	10分	6.5分	待填	中等
12	16分	12.5分	待填	中等
13(1)	8分	6.0分	待填	中等
13(2)	10分	5.5分	待填	较高
总分	100分	74.4分	待填	

三、作业、试卷题目属性统计表

(一) 作业题目属性统计表

基于我校实际生源情况(我校是市级实验性示范性高中,共12个班,其中10个平行班,2个是创新班)和本单元对学生数学核心素养的培养目标,在单元作业设计中有以下考虑.

(1) 难度"中等"的题目占比相对高一些(达45%),考虑到创新班学生的需求,难度"较高"的占比为23%,同时考虑夯实基础,难度"较低"的占比为32%.

(2) 关注学生运用数学语言的表达和交流能力,其中非"填空题"占比达81%.

(3) 注重在数学问题中融入一定的情境(实际情境和数学情境等),在作业设计中仅"应用题"的设计就达到16%(含一个综合实践类问题),力求在每个教学内容中都能凸显情境,培养学生数学建模的核心素养.

（4）重视对题目的改编与创编，通过精细的设计，为精准达到培养学生数学核心素养的目标服务，作业设计中的“改编”和“创编”率达到 61%.

作业题目属性统计表

不同目标编码题量分布		不同课时题量分布		不同目标维度与学习水平题量分布		不同类型题量分布		不同完成方式题量分布		不同难度题量分布		总时间（分钟）	不同来源题量分布	
SX10102201	7	01	5	A1 知道	0	选择题	0	听说类	0	较低	10	175 分钟	选编	12
SX10102202	6	02	5	A2 理解	0	填空题	6	操作类	0	中等	14		改编	14
SX10102203	6	03	5	A3 应用	0	简答题	16	综合实践类	1	较高	7		创编	5
SX10102204	12	04	5	A4 综合	0	应用题	5	合作类	0					
SX10102205	6	05	5	B1	0	证明题	3	跨学科运用类	0					
SX10102206	7	06	6	B2	0	完形填空	0	非书面其他	0					
SX10102207	10	07	0	B3	0	判断题	0	书面	30					
0	0	08	0	C1	0	实验题	0							
0	0			C2	0	书面开放题	1							
0	0			C3	0	书面其他	0							
0	0			D1	0	非书面	0							
0	0			D2	0									
0	0			D3	0									

类型分布

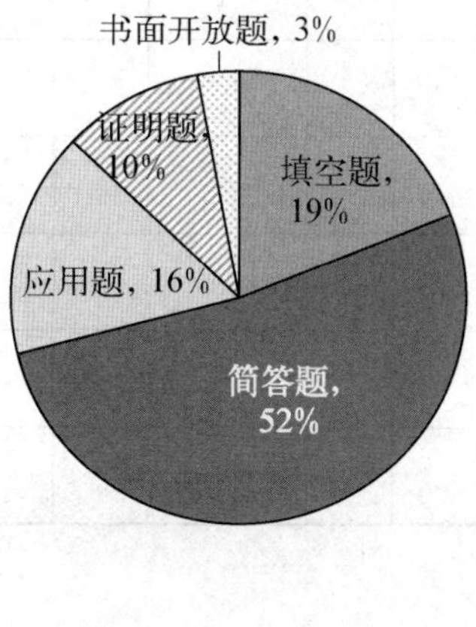

难度分布

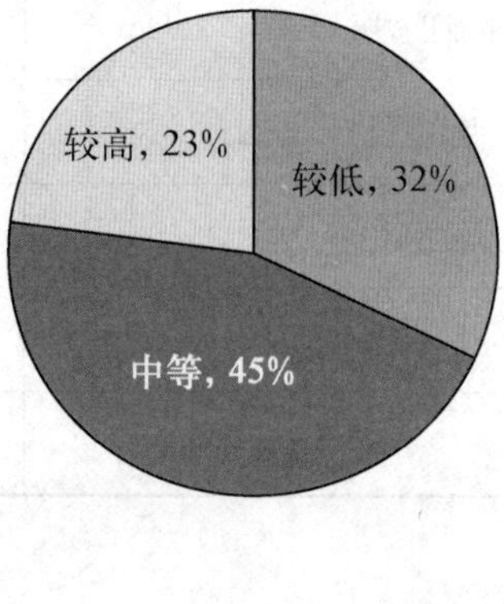

来源分布

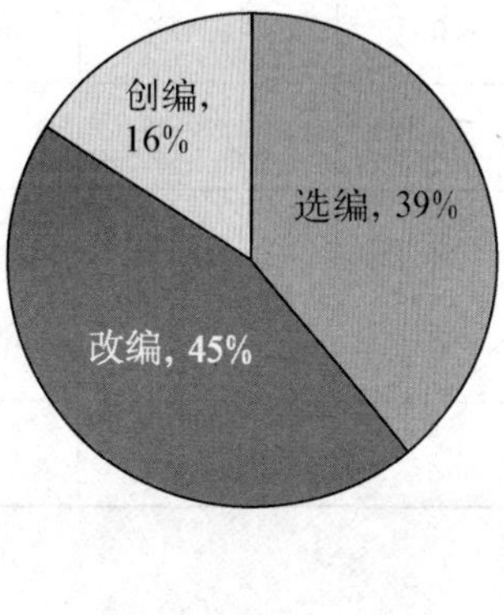

（二）试卷题目属性统计表

试卷命题以《普通高中数学课程标准（2017 年版 2020 年修订）》为依据，结合新教材对我校 2023 届高一学生进行命题，需体现课程标准的基本理念.在试题编制中有以下考虑.

（1）考试评价必须与日常教学相统一，也就是教师在教学中追求的培养目标也应该体现在评价中.如对学生逻辑推理的培养目标可以运用一些简单的证明题作为其载体，对数学建模的培养目标可以通过学生是否能在较熟悉的情境中，抽象出一个较简单的数学问题来考查.

（2）试题的设计注重难度梯度和单元目标的分布，如难度“较低”的占 46%，“中等”的占 31%，“较高”的占 23%；试题在单元目标分布较为均衡，分别为 3、5、1、6、3、2、3.

（3）试题设计中注重改编与创编，单元试题设计中“改编”和“创编”的比例达到 84%.在改编与创编中注重试题表述的严谨性和科学性.

试卷题目属性统计表

不同目标编码题量分布		不同目标维度与学习水平题量分布		不同题目类型题量分布		不同完成方式题量分布		不同难度题量分布		总时间（分钟）	不同来源题量分布	
SX10102201	3	A1 知道	0	选择题	2	听说类	0	较低	6	40 分钟	选编	2
SX10102202	5	A2 理解	0	填空题	8	操作类	0	中等	4		改编	9
SX10102203	1	A3 应用	0	简答题	1	综合实践类	0	较高	3		创编	2
SX10102204	6	A4 综合	0	应用题	1	合作类	0					
SX10102205	3	B1	0	证明题	1	跨学科运用类	0					
SX10102206	2	B2	0	完形填空	0	非书面其他	0					
SX10102207	3	B3	0	判断题	0	书面	13					
0	0	C1	0	实验题	0							
0	0	C2	0	书面开放题	0							
0	0	C3	0	书面其他	0							
0	0	D1	0	非书面	0							
0	0	D2	0									
0	0	D3	0									

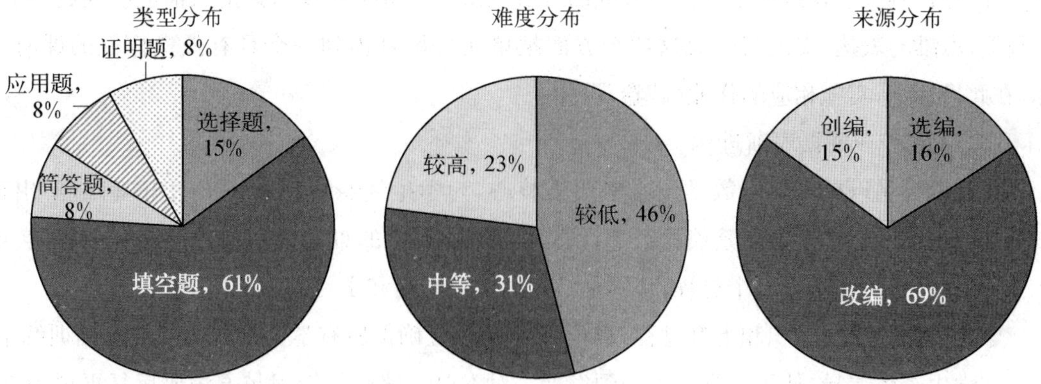

四、作业、试卷案例编制说明

随着上海市对高中育人方式改革的推进，优化课程体系的实施势在必行.2020 年又是上海市高中数学新课程和新教材启动的元年，如何让培养学生“数学核心素养”的目标落地是我们每个一线教师都必须研究的课题.

现今，无论是学习内容还是学习要求，对学生的时间、精力都是极大的挑战.它们可以被视作为学生最宝贵的资源，十分需要合理规划和提高效能.同时作为学生保持学习内驱力的基础——兴趣，更是值得珍惜的东西.这就需要我们教师在深化课堂教学改革，切实减轻学生的课业负担上多动脑筋.本章以《第三单元 解不等式和基本不等式》作业（试卷）设计为例，针对提高作业设计的质量，谈谈我们的一些做法.

（1）关注学生的学习基础

学生的学习基础是教师在教学过程实施前必须了解的，只有这样教师才能明确定位核心素养的现有水平，对作业的量和难度做到整体控制.

我们要明确教学对象的学习基础、认知水平和可能遇到的困难，从而才能知晓学生现有的数学核心素养水平能接受哪种程度的“刺激”，以及他们需要什么.在这个基础上设计出来的作业才能真正促进学生思维的发展.例如，在作业设计实施前我们就对学生的学习基础、学习习惯等作出调查，通过设计问卷的形式了解学生的知识背景和思维水平，明确学生在后续学习中的“生长点”在哪里，从而制定作业设计目标，具体编制作业，制定作业评价建议等.

（2）明确作业（试卷）的具体目标

科学的作业体系应该有明确的学科素养的目标系统，能在这个体系中准确评估学生相应的素养水平，能把学生和教师花费的时间和精力作为成本进行核算与控制.

课时目标是对本章要解决一些什么问题的具体解析，从“四基”与“四能”、数学核心素养、数学体验等维度，把需要解决的问题分解为一个个子目标.目标的制定要体现数学学科核心素养的四个方面，即情境与问题、知识与技能、思维与表达、交流与反思.例如：“在简单的数学情境中，能把一些具体的问题，转化为对分式不等式的求解，并能选择合适的运算思路，正确表述解题过程，并在解决问题过程中感悟不等式的等价变形.”上述课时目标就是从情境与问题、知识与技能、思维与表达、交流与反思这四个方面把单元目标具体到一个具有强操作性的课时目标，在此目标下，实施相应的作业（试卷）设计.

（3）注重作业的循序渐进

作业设计是以提高学生数学核心素质为核心，为学生终身可持续发展打好基础，不出现“难、繁、怪、旧”的题，不出现繁琐的纸笔计算和人为技巧化的难题，作业（试卷）要切实落实单元作业目标，要关注学习整个过程，特别是学生的学习感受和学习兴趣的保护.

学生学习效果的累积和上升过程，很难一蹴而就.应确保所有学生接受适度的基础训练.同时关注学生个体差异，使不同学生都得到发展。对本单元核心的知识与方法要反复再现，有助于学生对它们的掌握。引导学生形成对本单元学习内容的总结与反思，这样有助于学生构建自己的知识网络，促进核心素养的发展.因此，我们精心设置多台阶式的作业（试卷）流程.如：每个课时的作业，都根据学校学生情况分为“2 道基础题＋2 道中等题＋1 道较难题”，共五题满足不同层次学生的需求；都要求在学生完成作业前，教师必须先完成作业（命题教师和答题教师要不同），再确定学生完成的时间.在不同的课时之间会穿插核心知识点的复现，提供更多的情境帮助学生建构他们对知识的理解.

（4）重视核心素养的渗透

数学核心素养有四个体现方面，即情境与问题、知识与技能、思维与表达、交流与反思.我们发现数学核心素养的形成和发展，应该是与学生对数学知识在具体情境中的应用、对数学技能的掌握、对数学本质特征的理解以及熟练的表达和交流密切相关的.

因此，我们必须重视将上述每一步尽可能地渗透于每一个作业（试题）设计中，让学生在学习知识的过程中提高自己的数学核心素养.如：在设计作业（试题）的时候我们会尽量设计一些不同的情境作为数学问题的载体，我们会在设计中增加体现知识间联系的问题，也会多设计一些解答题，培养学生数学表达的能力，还会设计一些综合问题帮助学生形成对知识和方法的迁移等等.

（5）加强情境设计，联系生活，适当增加探究性问题

对高中阶段的学生而言，数学可能还是比较枯燥的，让数学变得有趣一点，或赋予数学以意义就显得尤为重要.

注重从生活、生产实际提出问题，或者给予一个具体的情境，就会让数学问题本身变得生动一些，同时也可以激发学生的学习兴趣.例如，我们从课时目标设计开始就力求构建一些具体的实际情境或数学情境，在作业设计中也付诸实施，编制了较多的具有生活背景的问题，培养学生数学建模的能力.同时，在跨课时作业中也安排一些探究的内容，对学生提出挑战，培养他们分析与综合的高阶思维.

最后，对本单元作业设计提出一些建议.作业（试卷）设计一定要有明确的目标（知识、方法、

表达等)，一定要控制作业(试卷)时间和考查水平.作业(试卷)设计要从单元设计的整体上考虑，作业(试卷)评价要关注学生的数学学科核心素养.本单元对数学运算、逻辑推理等学科素养的培养关注较多，相比前面两个单元，这也是学生进入高中学习后遇到的第一个较大挑战的单元.在安排学生完成作业时，要充分考虑学生可能遇到的困难，教师要善于帮助学生克服困难，让学生在收获数学核心素养提升的同时，感悟代换、等价、分类讨论等数学思想，对激发学生的内在学习动机大有裨益.试卷具有评价和反馈的双重功能，试题的命制一定要和日常的教学相结合，切忌教、学、考脱离，挫伤学生对学习成果的获得感，这会消减学生的学习兴趣.

第十八章　2018年上海市高中英语优秀作业及试卷参评案例*

<table>
<tr><td rowspan="2">单元情况</td><td>单元名称</td><td>[英语]学科[高一]年级[第一]学期[Units 6 - 7]章(单元)
单元名称[定语从句]</td></tr>
<tr><td>各课时名称(根据实际课时填写相应数量)</td><td>课时1:[关系代词主格和宾格]
课时2:[介词+关系代词以及关系代词所有格]
课时3:[关系副词]
课时4:[综合运用与写作]</td></tr>
</table>

一、作业、试卷的单元目标设计表

作业、试卷的单元目标设计表

单元目标编码	目　标　描　述	目标维度与学习水平	对应学科教学基本要求编码
YY1010701	感受定语从句的语法意义,在语境当中识别定语从句,翻译定语从句	B理解	4.3.2
YY1010702	运用 that,which 引导的定语从句给事物下定义	C应用	4.3.2
YY1010703	运用 who 引导的定语从句描述旅行当中所遇到的人	C应用	4.3.2
YY1010704	运用关系代词 whose 及其同等形式 of which 进行语篇中的半句翻译,使句子符合定语从句语法规则,语段通顺	B理解	4.3.2
YY1010705	理解定语从句的构成规则,并会运用适当的介词+关系代词结构使定语从句语法结构正确,语意通顺	B理解	4.3.2
YY1010706	根据提示信息,运用关系代词 whose,就某一话题进行短句的书面表达,完成交际任务	C应用	4.3.2
YY1010707	理解含有关系副词的定语从句与其他类型从句的区别,并能识别不同类型的从句	A知道	4.3.2
YY1010708	通过使用关系副词完成句子和辨析定语从句连词正确用法,帮助学生掌握关系副词用法,巩固理解定语从句结构。	B理解	4.3.2
YY1010709	通过把听/听说内容与定语从句文本表达相结合,使学生了解定语从句的实践运用。	B理解	4.3.2
YY1010710	整理归纳已学知识,绘制个性化思维导图	B理解	4.3.2

* 本章作者为上海市市东中学设计团队,团队成员是董威、赵慧华、侍怡、朱亚婷、张婧媛。

续　表

作业、试卷的单元目标设计表			
单元目标编码	目　标　描　述	目标维度与学习水平	对应学科教学基本要求编码
YY1010711	恰当合理地运用定语从句的构成规则，表达准确意思，进行有效交际。	C 应用	4.3.2
YY1010712	根据语段意思运用正确合理的定语从句构成规则进行语法填空或改错，使句意准确，语段结构合理。	B 理解	4.3.2
YY1010713	根据中文意思翻译句子，使句子符合定语从句的构成规则，结构合理，语法正确，句意完整。	B 理解	4.3.2
YY1010714	把握说明文主旨和事实信息，运用定语从句规则，概括内容要点。	C 应用	5.2.1

二、案例正文

（一）课时作业

【第 1 课时】

Z1001：**Directions：** Read the following websites and underline the antecedents and the relative clauses. Then translate them into Chinese.

Example：

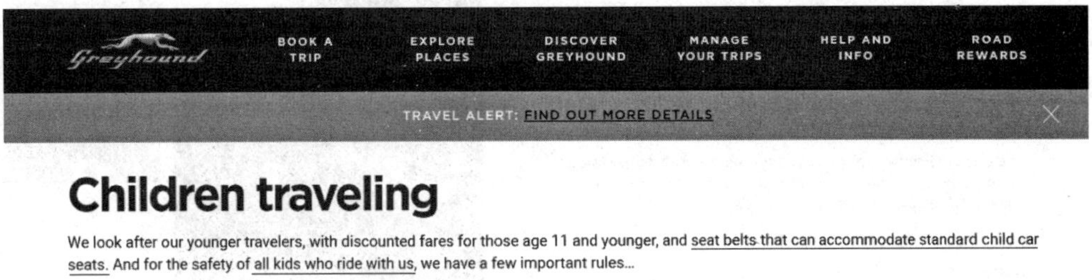

① seat belt that can accommodate standard child car seats 能够适配标准儿童座椅的安全带

② all kids who ride with us 所有和我们一起乘车的孩子

1.

discounted
折扣的
accommodate
容纳；适应

Welcome to Africa

Africa. There's nowhere like it on the planet for wildlife, wild lands and rich traditions that endure. Prepare to fall in love.

endure 持续

2. Beauty and the Beast-Live on Stage

Disney's Hollywood Studios
Sunset Boulevard
Valid Park Admission Required

Age Interest
All Ages

FastPass+ Offered

Duration
25 minutes

Accessibility and Other Information

romantic 浪漫的
lavish 盛大的

Be swept into the romantic fairy tale of the Beast who could only be saved by love in this lavish Broadway-style musical!

Skip the Standby Line with FastPass+

3. **Bike Paris end to end (Tiny group!)**

Sports experience
Hosted by Simon, Anto & Crew

Paris
3 hours total
Offered in English

About your host, Simon, Anto & Crew

Portrayed by a French newspaper as "the guys who make a living by biking and hitting the town," we show travelers the best of Paris, sharing our unique connection to the city-preferably on two wheels.

What we'll do

Are we fully booked? Ask anyway! We might be able to bring you in!

portray 描绘
hit the town 在城镇中转悠

答案：

1. rich traditions that endure 经久不衰的丰富传统

2. the Beast who could only be saved by love 只能被爱拯救的野兽

3. the guys who make a living by biking and hitting the town 靠骑着自行车在城镇中闲逛谋生的家伙们

题目编码	所属课时	对应目标编码	目标维度与学习水平	题目类型	题目完成方式	题目难度	预计完成时间	题目来源	是否为某一大题拆分	备注栏
Z1001	01	YY1010701	B理解	书面其他	书面	较低	5 min	原创	否	

Z1002：**Directions:** Use relative clauses to define the following terms. If needed, you can refer to the dictionary.

Example: Package tour is a vacation that is organized by a travel agent and covers all the costs.

1. Passport is ________________________________
2. Eco-tourism is ________________________________
3. Sightseeing bus is ________________________________
4. Sky diving is ________________________________

答案:

1. Passport is an official document that proves you are a citizen of a certain country.
2. Eco-tourism is travel that helps protect the environment.
3. Sightseeing bus is a special bus that takes you to various scenic spots.
4. Sky diving is an exciting activity that allows you to jump from an aircraft.

题目编码	所属课时	对应目标编码	目标维度与学习水平	题目类型	题目完成方式	题目难度	预计完成时间	题目来源	是否为某一大题拆分	备注栏
Z1002	01	YY1010702	C应用	书面开放题	书面	中等	10 min	原创	否	

Z1003：**Directions:** Use the following sentence patterns and describe people you met on your trip. Bring your sentences to class tomorrow and share them with your classmates.

Example: I prefer the tour guide who takes care of every member of our team.

1. I hate the tour guide ________________________________
2. I like the travel partners ________________________________
3. I dislike the travel partners ________________________________
4. I favor the taxi driver ________________________________
5. I get sick of the taxi driver ________________________________

答案:

1. I hate the tour guide who forces us to shop.
2. I like the travel partners who make detailed plans in advance.
3. I dislike the travel partners who take advantage of my generosity.
4. I favor the taxi driver who is quiet and efficient.
5. I get sick of the taxi driver who is always talking about himself.

题目编码	所属课时	对应目标编码	目标维度与学习水平	题目类型	题目完成方式	题目难度	预计完成时间	题目来源	是否为某一大题拆分	备注栏
Z1003	01	YY1010703	C应用	书面开放题	书面	中等	10 min	原创	否	

【第 2 课时】

Z2001：Directions：Read through the passage and translate the relative clauses by using ***whose*** or ***of which***.

Shanghai Concert Hall，1. ________________（最初的名字叫南京大戏院），was open to the public on March 26，1930. It was a grand building in a classical Western architectural style. The north hall 2. ________________（它的屋顶是古罗马风格的）was a first in Shanghai. During the early years of the theater，movies，dramas and Chinese local operas were mainly shown here. The theater was the first one in the city where foreign movies were shown. In 1950，it was renamed Beijing Cinema.

The concert hall，3. ________________（目前的名字是 1959 年开始采用的），has been one of the most popular centers for music activities in the city. The hall，4. ________________（它的修缮耗时约 200 天），reopened to the public in 2004. With advanced sound equipment and a stylish environment，the new hall 5. ________________（它旨在向公众展现高质量的古典音乐）has been the first choice of many artists and bands.

答案：

1. whose original name/of which the original name was Nanjing Theater
2. whose roof/of which the roof was ancient Roman-style
3. whose present name/of which the present name was adopted in 1959
4. whose repair/of which the repair took nearly 200 days
5. whose aim/of which the aim was to show the public quality classical music

题目编码	所属课时	对应目标编码	目标维度与学习水平	题目类型	题目完成方式	题目难度	预计完成时间	题目来源	是否为某一大题拆分	备注栏
Z2001	02	YY1010704	B理解	填空题	书面	中等	6 min	原创	否	

Z2002：Directions：Read through the passage and complete the sentences by using ***"proposition + relative pronoun"***.

Nowadays more Chinese choose sharing-economy housing when travelling. Zhou Chao is one of those who prefer homestays to hotels. Price is part of the appeal. The Beijing resident booked a two-bedroom apartment in Osaka for 800 yuan（\$127），which is about 200 or 300 yuan cheaper than the neighborhood's economy hotels.

"There's usually a kitchen 1. ________ ________ I can cook and a washing machine 2. ________ ________ I can do laundry，" he says. Zhou believes sharing-economy accommodation also enables him to meet interesting people 3. ________ ________ he can have a chat.

Chinese made over 130 million overseas trips last year, 7 percent more than in 2016. A growing number are staying in sharing-economy housing. Major Chinese travel-accommodation platform Tujia has expanded its overseas business 4. ________ ________ it earned more than 10 billion last year. Similarly, over 5 million Chinese guest arrivals were recorded by United States-based home-sharing service provider Airbnb last year. The company also doubled its accommodations in China in the past two years 5. ________ ________ about 3.3 million travelers used the service. Shanghai, Beijing and Sichuan Province's capital, Chengdu, are the most popular destinations.

The trend is partly fueled by the large number of unoccupied houses. China is estimated to have had 70 million unoccupied residences by 2016. People are able to use these resources through platforms such as Tujia and Airbnb 6.________ ________ pickups, guides and cleaning services are available to guests and homeowners.

答案：

1. in which 2. with which 3. with whom 4. from which 5. during/in which 6. on which

题目编码	所属课时	对应目标编码	目标维度与学习水平	题目类型	题目完成方式	题目难度	预计完成时间	题目来源	是否为某一大题拆分	备注栏
Z2002	02	YY1010705	B理解	填空题	书面	中等	6 min	原创	否	

Z2003：Directions: Write a riddle with an appointed theme by using "whose".

Appointed theme: Choose from the following 20 best known cultural heritage sites in China to write 2 riddles by using "whose".

Summer Palace	Potala Palace, Lhasa	Yungang Grottoes	The Great Wall
Mogao caves	Site of Xanadu	Temple of Heaven	Fujian Tulou
Mausoleum of the First Qin Emperor	Imperial Palaces in Beijing and Shenyang	Ancient Villages in southern Anhui - Xidi and Hongcun	West Lake Cultural Landscape
Classical Gardens of Suzhou	Mountain Resort, Chengde	Longmen Grottoes	Lushan National Park
Old Town of Lijiang	Ancient Building Complex in the Wudang Mountains	Historic Centre of Macao	Dazu Rock Carvings

Tip: You can search the Internet for more information.

Example:

Do you know the place in Jiangsu Province whose unique design and layout of the gardens to create a natural landscape makes it known around the world?

Step 1: Write your riddle

Riddle 1:

____

____

Riddle 2:

____

____

Step 2: Group work

Share your riddles in your group and polish them with the help of your group members according to the checklist below. Choose a representative to let other students guess the riddles chosen from your group in the next class.

checklist:

1. Is the sentence grammatically correct? a. Does the relative clause begin with "whose"? b. Is "whose" the possessive of the relative clause?	Yes □ No □ Yes □ No □
2. Is the sentence meaningful? Does the sentence include enough information to make it guessable?	Yes □ No □

题目编码	所属课时	对应目标编码	目标维度与学习水平	题目类型	题目完成方式	题目难度	预计完成时间	题目来源	是否为某一大题拆分	备注栏
Z2003	02	YY1010706	C应用	书面开放题	书面	较高	13 min	原创	否	

Z2004: Prevision

Directions: Underline the clause in the following sentences and decide what clauses they are.

1. Hulunbuir where the average temperatures these days are between 16℃ to 21℃, is an ideal destination to escape the summer heat. (   )

2. New York is a world famous city where there are many places of interest for visitors. (   )

3. Some 40 million people visit this ancient city where history meets modernity in impressive

fashion. (   )

4. Horse-drawn carriages were a common sight in the street when people visited London hundreds of years ago. (   )

5. London was once known as a city of fog about 100 years ago when many Londoners didn't expect the city to change for the better. (   )

6. The narrow roads that lead to churches take people back to when London was quiet, peaceful and rural. (   )

7. People might wonder why there are so many slums in such a modern city. (   )

8. The fast and exciting pace of life in New York City may be a reason why the city fascinates more and more people. (   )

答案：

1. Hulunbuir where the average temperatures these days are between 16℃ to 21℃, is an ideal destination to escape the summer heat.（定从）

2. New York is a world famous city where there are many places of interest for visitors.（定从）

3. Some 40 million people visit this ancient city where history meets modernity in impressive fashion.（定从）

4. Horse-drawn carriages were a common sight in the street when people visited London hundreds of years ago.（状从）

5. London was once known as a city of fog about 100 years ago when many Londoners didn't expect the city to change for the better.（定从）

6. The narrow roads that lead to churches take people back to when London was quiet, peaceful and rural.（宾从）

7. People might wonder why there are so many slums in such a modern city.（宾从）

8. The fast and exciting pace of life in New York City may be a reason why the city fascinates more and more people.（定从）

题目编码	所属课时	对应目标编码	目标维度与学习水平	题目类型	题目完成方式	题目难度	预计完成时间	题目来源	是否为某一大题拆分	备注栏
Z2004	02	YY1010707	A知道	判断题	书面	较低	5 min	原创	否	

【第3课时】

Z3001：**Directions:** Complete the following sentences using relative adverbs (where/when/why).

Example:

The Sydney Opera House is an Australia's most recognizable landmark, where visitors can attend various performances. The project of the Sydney Opera House began in the late 1940s, when citizens called for a fine opera house to enjoy themselves.

1. The Great Wall, ________________, was used for border control and trade regulation in ancient times. While much of the Great Wall was built during the Ming Dynasty, its construction began as far back as 770 B.C., ________________________________.

2. The Terra-cotta Army is located in Xi'an, ________________________. The reason ________________ was that the first emperor Qin wanted to have the same military power after his death as he had enjoyed when he was alive.

答案(仅供参考):

1. The Great Wall, where some tourists hike for exploration, was used for border control and trade regulation in ancient times. While much of the Great Wall was built during the Ming Dynasty, its construction began as far back as 770 B.C., when all states constructed their walls to defend their own borders.

2. The Terra-cotta Army is located in Xi'an, where several emperors of different dynasties established capitals. The reason why the Terra-cotta Army was created was that the first emperor Qin wanted to have the same military power after his death as he had enjoyed when he was alive.

题目编码	所属课时	对应目标编码	目标维度与学习水平	题目类型	题目完成方式	题目难度	预计完成时间	题目来源	是否为某一大题拆分	备注栏
Z3001	03	YY1010708	B理解	填空题	书面	较低	10 min	原创	否	

Z3002: Directions: Underline the errors associated with relative clauses in the passage and make corrections. (The first has been done as an example for you.)

Iceland who① is called the Land of Fire and Ice is famous for its natural attractions such as Eldfell volcano and the Blue Lagoon. Iceland is a region of frequent volcanic activity, due to its location across the Mid-Atlantic Ridge which the North American and Eurasian Plates are moving apart, and also over the Iceland hot spot. Eldfell which name means Hill of Fire in Icelandic formed in a volcanic eruption in 1973.

Iceland is a great appeal for outdoor lovers to who a wide selection of recreation and services are offered. The summer months when have been the most popular time to visit are Iceland's warmest. Iceland can stay relatively warm through the first week of October which most of the crowds have thinned as children return to school, so planning a visit in September can be ideal.

① which/that　　② ________　　③ ________

④ ________　　⑤ ________　　⑥ ________

答案：

Iceland who① is called the Land of Fire and Ice is famous for its natural attractions such as Eldfell volcano and the Blue Lagoon. Iceland is a region of frequent volcanic activity, due to its location across the Mid-Atlantic Ridge which② the North American and Eurasian Plates are moving apart, and also over the Iceland hot spot. Eldfell which③ name means Hill of Fire in Icelandic formed in a volcanic eruption in 1973.

Iceland is a great appeal for outdoor lovers to who④ a wide selection of recreation and services are offered. The summer months when⑤ have been the most popular time to visit are Iceland's warmest. Iceland can stay relatively warm through the first week of October which⑥ most of the crowds have thinned as children return to school, so planning a visit in September can be ideal.

① which/that　　② where　　③ whose

④ whom　　⑤ which/that　　⑥ when

题目编码	所属课时	对应目标编码	目标维度与学习水平	题目类型	题目完成方式	题目难度	预计完成时间	题目来源	是否为某一大题拆分	备注栏
Z3002	03	YY1010708	B理解	判断题	书面	中等	10 min	原创	否	

Z3003: **Directions:** Listen to a travel blogger interview and convert the interview to text.

Step 1: Listen and write down the missing information you hear on "________".

Step 2: Listen for the second time; check the information you've filled in and work out the relative pronouns/adverbs in "[　　]".

Jade and Kev [　　] come from ________ are living in Beijing now. The couple [　　] final goal is ________ in England choose to work while travelling. They had frustrating experiences in ________ in the humid rainy season [　　] their laundry wasn't dry for weeks. They once spent ________ in a Sri Lanka hotel [   ] they weren't even given a blanket to sleep with. Jade's favorite place is the city of Brighton [   ] brings back her________. Yala National Park is impressive for Kev, [   ] he saw ________in front of their jeep.

In 2015, Jade ________ [   ] was more of a travel diary. ________is the biggest reason [   ] they write blogs.

Step 3: (Optional) Interview one of your classmates about one of his/her travelling experiences and make it a video clip; try to write an interview transcription with as many relative clauses as possible.

Interview Transcription:
____
____
____
____

答案:

Jade and Kev [who] come from England are living in Beijing now. The couple [whose] final goal is to save enough money to buy a property in England choose to work while travelling. They had frustrating experiences in Southeast Asia in the humid rainy season [when] their laundry wasn't dry for weeks. They once spent a terrible night in a Sri Lanka hotel [where] they weren't even given a blanket to sleep with. Jade's favorite place is the city of Brighton [that/which] brings back her many good childhood memories. Yala National Park is impressive for Kev, [where] he saw a tiger cross the road in front of their jeep.

In 2015, Jade began the travel blog [that/which] was more of a travel diary. Sharing is the biggest reason [why] they write blogs.

Tape Script: 录音原文

Host: What is your name?

Jade: We are Jade and Kev, a British couple currently living in Beijing!

Host: Which country do you come from?

Kev: We are both from England. Jade lives in a town near London, and I am from the south coast.

Host: Are you backpackers?

Jade: Our final goal is to save enough money to buy a property in England, so we work when we travel. We have had some incredible backpacking trips though, including Cambodia, Thailand, Sri Lanka, to name a few!

Host: Have you had any bad experiences while travelling?

Jade: We've been quite lucky with our trips; never have we experienced a sickness bug or had to claim on our travel insurance. However, travelling through Southeast Asia in the humid rainy season proved quite testing when our laundry just wouldn't dry for weeks! It was so frustrating having clean clothes yet being unable to wear them because they would just begin to smell damp ... then washing them again only for the rain to continue ...

Host: Which is the worst place you've been to and why?

Kev: We spent one night in Colombo, Sri Lanka, and had a terrible experience. The hotel was on a dodgy back street, and we weren't even given a blanket to sleep with!

Host: Where is your favorite place in the world?

Jade: I love travelling and exploring new countries. But I am still in love with England, and the city of Brighton brings back so many good childhood memories that it would definitely have to top my list!

Kev: Yala National Park in Sri Lanka was absolutely beautiful. We were incredibly lucky to see a tiger cross the road in front of our jeep, so I've got amazing memories from there!

Host: What is the name of your travel blog and the URL?

Kev: Our blog is called Two Tall Travellers and you can find us at our website!

Host: When did you begin your website Two Tall Travellers?

Jade: I originally began the site in 2015 when we arrived in Beijing but it was more of a travel diary (YAWN).

Host: Why do you write?

Kev: Originally, we wanted to share our stories with our friends and family back home. Now, we realized it could be so much more fun and exciting to actually use the website as a platform for sharing on a bigger scale.

题目编码	所属课时	对应目标编码	目标维度与学习水平	题目类型	题目完成方式	题目难度	预计完成时间	题目来源	是否为某一大题拆分	备注栏
Z3003	03	YY1010709	B理解	填空题	综合实践类	较高	15 min	原创	否	

【第 4 课时】

Z4001: **Directions**: Organize your class notes about the relative clause including its definition, usage and features etc. Highlight the most important points.

学生作品展示：

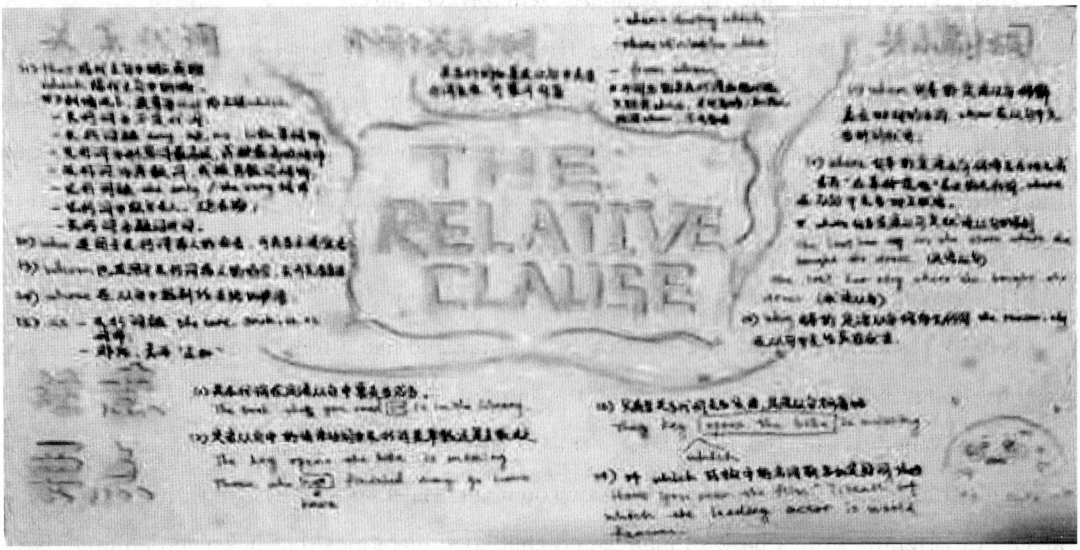

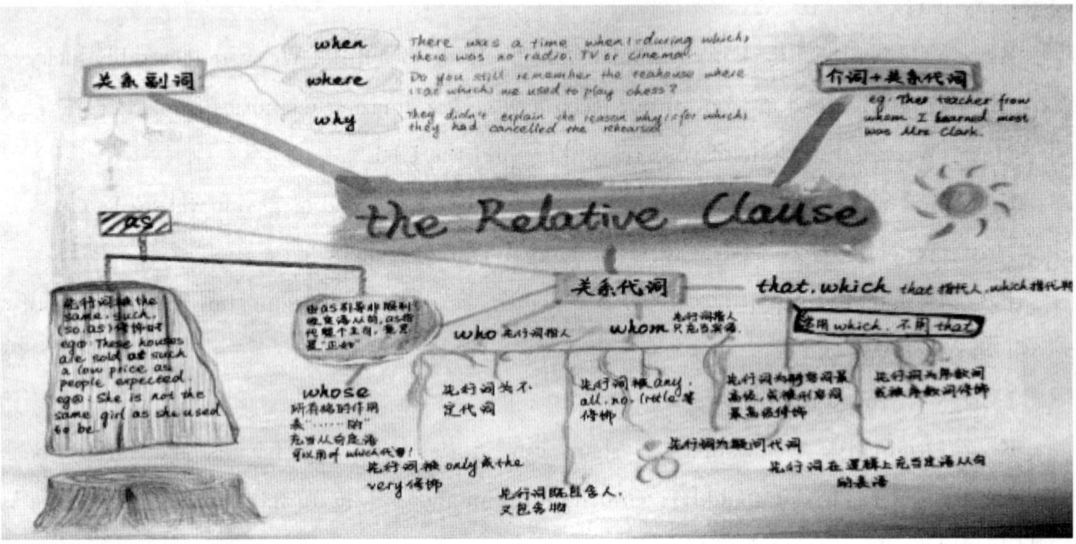

题目编码	所属课时	对应目标编码	目标维度与学习水平	题目类型	题目完成方式	题目难度	预计完成时间	题目来源	是否为某一大题拆分	备注栏
Z4001	04	YY1010710	B理解	书面开放题	书面	中等	20 min	原创	否	

Z4002：**Directions**：Write an English composition in about 100 words to recommend a city of China.

The monitor of your class is collecting opinions on a tourist destination in China for the coming summer camp.

Step 1: Write an English composition "My recommendation on choosing a summer camp destination" to share your ideas. Your letter should include the following points:

1. a brief introduction of the destination (location, transportation, climate, etc.)
2. the recommended accommodation and your reasons
3. the recommended attractions

Express your ideas by using relative clauses.

Step 2: Prepare a presentation so that the class can vote for a favorite destination.

Checklist for "My recommendation on choosing a summer camp destination"

		Self-evaluation	Peer-evaluation
Content	1. Does the composition begin with a sentence that recommends a city in China?	Yes ☐ No ☐	Yes ☐ No ☐
	2. Is there a concluding sentence in the last paragraph of the composition?	Yes ☐ No ☐	Yes ☐ No ☐
	3. Does the composition cover all the points as required?	Yes ☐ No ☐	Yes ☐ No ☐
Grammar	4. Does "which" in the relative clause refer to an object?	Yes ☐ No ☐	Yes ☐ No ☐
	5. Does "who" in the relative clause refer to a person?	Yes ☐ No ☐	Yes ☐ No ☐
	6. Is "which"/"that"/"who" the subject or object of the relative clause?	Yes ☐ No ☐	Yes ☐ No ☐
	7. Is "whom" the object of the relative clause?	Yes ☐ No ☐	Yes ☐ No ☐
	8. Is "whose" the possessive of the relative clause?	Yes ☐ No ☐	Yes ☐ No ☐
	9. Is "when"/"where"/"why" the adverbial of time/place/cause of the relative clause?	Yes ☐ No ☐	Yes ☐ No ☐

题目编码	所属课时	对应目标编码	目标维度与学习水平	题目类型	题目完成方式	题目难度	预计完成时间	题目来源	是否为某一大题拆分	备注栏
Z4002	04	YY1010711	C应用	书面开放题	综合实践类	较高	20 min	原创	否	

（二）单元测试卷（50 分）

S0001：**Directions:** Fill in the blanks to make the sentences coherent and grammatically correct. Use one word that best fits each blank.（10 分）

1. The fisherman ________ found the trapped dolphin called for help, and a rescue team soon arrived.

2. December 25th is the day ________ people celebrate the birth of Christ in the west.

3. The hotel ________ they are talking about stands by a lighthouse.

4. The first tour ________ operates daily at 7 am provides a full cooked breakfast in the green room.

5. There is something about a big and powerful eagle flying high in the sky ________ gives people a sense of wonder.

6. Women in Europe and North America began protesting the situation ________ women were not allowed to get involved with public life.

7. Just north of the park is a forest ________ ________ the floor sank two meters during an earthquake.

8. Animal lovers can also visit the three islands ________ ________ two types of penguins lay their eggs.

9. Taronga Zoo houses more than 4, 000 animals ________ come from various exotic and native species.

10. President Lincoln gave the Gettysburg Address to mourn those ________ lives were sacrificed in the battles at Gettysburg and inspire his people to continue the revolutionary cause.

答案：

who/that，　when，　which/that，　that，　that，

where，　of which，　on which，　which/that，　whose

题目编码	对应目标编码	目标维度与学习水平	题目类型	题目完成方式	题目难度	预计完成时间	题目来源	是否为某一大题拆分	备注栏
S0001	YY1010712	B 理解	填空题	书面	较低	5 min	原创	否	

S0002：**Directions:** Underline the grammar mistakes in the sentences and make corrections.（5 分）

1. The man which was caught on camera stealing the jewelry was arrested by the police.

____

2. WeChat is a Chinese social media and mobile payment app with that people can send messages, make voice calls and share videos.

____

3. Tang Dynasty is a period of time when is generally regarded as a high point in Chinese civilization and a golden age of Chinese culture.

____

4. The school rules that reflects the school's expectations of acceptable behavior, dress and personal manners have been established for a long time.

____

5. Modern museums which purpose is to collect, protect and display valuable items for the education of the public are welcomed by the public.

____

答案：

1. ~~which~~ who/that　2. ~~that~~ which　3. ~~when~~ which/that

4. ~~reflects~~ reflect　5. ~~which~~ whose

题目编码	对应目标编码	目标维度与学习水平	题目类型	题目完成方式	题目难度	预计完成时间	题目来源	是否为某一大题拆分	备注栏
S0002	YY1010712	B理解	判断题	书面	较低	3 min	原创	否	

S0003：Directions：Translate each sentence with a relative clause.(15分)

1. 已经被这种可怕疾病感染的人类和狗都必须被隔离。

2.《父与子》是引起读者深思的家喻户晓的漫画系列作品之一。

3. 浓雾和蒸汽火车在伦敦很常见的日子一去不复返了。

4. 时间胶囊是人们可以从中学到很多历史知识的教育资源。(介词＋关系代词)

5. 评论家高度赞扬那本由美国著名插图画家Rockwell设计封面的杂志。(whose)

答案：

1. Humans and dogs that have been infected with the terrible disease have to be isolated.

2. *Father and Son* is one of the household series of comic strips that/which give readers some food for thought.

3. The days are gone when heavy fogs and steam trains were common sights in London.

4. A time capsule is an educational resource from which people can learn a lot about history.

5. The critics spoke highly of the magazine whose cover was designed by Rockwell, a famous American illustrator.

评分标准：

每题 3 分。在每题中，单词拼写、标点符号、大小写错误累计每两处扣 1 分。

没有用定语从句或语法错误每处扣 1 分。每句同类语法错误不重复扣分。

译文没有用到所给提示内容扣 1 分。

题目编码	对应目标编码	目标维度与学习水平	题目类型	题目完成方式	题目难度	预计完成时间	题目来源	是否为某一大题拆分	备注栏
S0003	YY1010713	B理解	填空题	书面	中等	8 min	原创	否	

S0004：**Directions:** After reading the passage, fill in the blanks to make the passage coherent and grammatically correct. Use one word that best fits each blank.(10 分)

Why I'm Trying to Become a Quitter

I'm terrible at saying no. I take on too many projects at once, and spend too much of my time doing things I'd rather not do. I get stuff done, but it's not always the best (1) ________ I can do, or the best way to spend my time. That's the reason (2) ________ my newest goal, both as a professional and a person, is to be a quitter.

Being a quitter isn't being someone (3) ________ doesn't see important things through to the end. I want to get out when there's no value to be added, or when that value comes at the expense of something more important.

I want to quit doing things that I'm asked to do, for no other reason than I'm asked to do it. I want to be able to quit something halfway, because I realize there's (4) ________ good coming from it.

Don't be afraid to quit, regardless of the project status or time invested. If you're reading a book, and don't like it, stop reading. Cut your losses, and realize that the smartest thing to do is stop (5) ________ your losses grow even more. If you find that a project at work (6) ________ ________ you've already invested tons of time isn't going anywhere, just quit. Take the time which is gained by quitting the pointless project, and put it toward something of value. (7) ________ ________ reading an entire book you hate, read half a bad one and half a good one. Isn't that a better use of your time?

If you're stuck doing something, and don't really want to do it anymore, step back for a second. Ask if you really have to do this, and what value is being produced from your doing it. Don't think about the time you've put into it, or how much it's taken over your life. If you don't want to do it, and don't have to do it, don't do it.

By quitting these things, you'll free up time to do things that actually do create value, for (8) ________ and for others. You can start putting your time and effort into the things you actually like to do.

Let's try it together: What are the things you're doing that you're only doing because you've been doing them for so long? Quit. Don't let time spent dictate(控制,支配) time (9) ________ you will spend. Let's learn how to say "no" at the beginning, or in the middle, and free up more of our time to do the things we'd like to be doing, and the things actually worth doing.

Saying no is hard, and admitting a mistaken yes is even harder. But (10) ________ we do both, we'll start to make sure that we're spending our time creating value, rather than aggravating(恶化,加剧) our losses. Let's be quitters together.

答案:

(1) that, (2) why, (3) who, (4) nothing, (5) before, (6) on which, (7) Instead of, (8) yourself, (9) that/which, (10) if

题目编码	对应目标编码	目标维度与学习水平	题目类型	题目完成方式	题目难度	预计完成时间	题目来源	是否为某一大题拆分	备注栏
S0004	YY1010712	B理解	填空题	书面	较低	8 min	原创	否	

S0005: **Directions:** Answer the following questions according to the passage.(共4分)

1. Why can you quit a project even if you have spent much time on it?(2分)

____

2. Complete the statement with a relative clause in at least 10 words. Don't copy the original sentence from the passage.(2分)

Q: When can you choose to quit?

If there comes a time when I've realized that it just doesn't make sense to keep on fighting, and I've got the sense to know when enough is enough, I can quit.

If there comes a time ________________________, I can quit.

答案:

1. Because in this way we can stop wasting time and put value on something more important.

2. If there comes a time when I feel great relief in my life and I can do what I want with it, I can quit.

If there comes a time when I wish I'd had the courage to live a life true to myself, not the life others expected of me, I can quit.

评分标准：

每题 2 分。

内容正确，语法基本正确得 2 分。

内容基本正确，语法有错误，但不影响理解，得 1 分。

即使语法正确，但是内容错误，得 0 分。第二题字数不到 10，扣 1 分。

题目编码	对应目标编码	目标维度与学习水平	题目类型	题目完成方式	题目难度	预计完成时间	题目来源	是否为某一大题拆分	备注栏
S0005	YY1010714	C 应用	填空题	书面	中等	4 min	原创	否	

S0006：Directions: Read the passage carefully. Then complete the statement at the beginning of each part with a relative clause to summarize the personality or quality of each doting father in at least 10 words. Please don't copy the original sentences in the passage.（6 分）

History's Most Doting Dads

History has its share of bad dads. Consider Russian czar Ivan the Terrible, who beat his pregnant daughter-in-law until she miscarried. When his son confronted him about it, Ivan struck the younger man's head with a staff, killing him.

However, today we're going to look on the bright side. Here's a list of historical doting dads.

Li Yanwen, circa 1500

Li Yanwen was a doting dad who supported his son in choosing the career he most wanted to take up instead of forcing his son to follow his advice.

Hardly a household name, Li Yanwen was the father of one of Chinese medicine's most famous practitioners（从业者）, Li Shizhen. When his son was young, Li Yanwen urged him to take the civil service exams that would win him a position in the state bureaucracy（官僚）. But Li Shizhen had other plans: He wanted to be a doctor like dear old dad.

Eventually, Li Yanwen gave in and instructed his boy, who by this time had proven himself hopeless at passing the civil service exams. Li Shizhen would go on to become China's greatest naturalist and the author of *Bencao Gangmu*, a sort of bible of Chinese medicine.

Thomas More, 1478 – 1535

Thomas More was a doting dad (1) ____.

A counselor to Henry VIII of England, More refused to support the king's split from the Catholic Church. For his trouble, he was arrested for treason(叛国罪) and beheaded.

But before all that, More was a good dad. He provided his three daughters the same classical education as his son, which was very unusual for England in the 16th century. During More's imprisonment in the Tower of London, his oldest daughter Margaret Roper visited him frequently. After his death, Roper bribed the man who was supposed to throw her father's head into the Thames River, saving it for a decent burial instead.

Theodore Roosevelt, Sr., 1831 – 1878

Theodore Roosevelt was a doting dad (2) ____.

U.S. president Theodore "Teddy" Roosevelt called his father "the best man I ever knew."

"My father worked hard at his business, for he died when he was 46, too early to have retired. He was interested in every social reform movement, and he did a great amount of practical charitable work himself. He was a big, powerful man, with a leonine face, and his heart filled with gentleness for people who needed help or protection, and with the possibility of much anger against a bully or an oppressor.

Barack Obama, 1961 –

Barack Obama is a doting dad (3) ____.

The 44th president has two daughters, whose prize when their father came to office was a Portuguese dog named Bo.

Perhaps the sweetest public declaration of love Obama has made for his daughters was an open letter in *Parade* magazine shortly after his inauguration.

"When I was a young man, I thought life was all about me," Obama wrote. "But then the two of you came into my world with all your curiosity and mischief and those smiles that never fail to fill my heart and light up my day. And suddenly, all my big plans for myself didn't seem so important anymore. I soon found that the greatest joy in my life was the joy I saw in yours."

答案:

Thomas More was a doting dad who didn't prefer his son but gave his daughters the same chance to be educated in that male-dominated society.

Theodore Roosevelt was a doting dad who was willing to help others and was opposed to oppression.

Barack Obama is a doting dad who finds the greatest joy in the life with his daughters.

评分标准:

每题 2 分。

内容正确,语法基本正确得 2 分。

内容基本正确,语法有错误,但不影响理解,得 1 分。

即使语法正确,但是内容错误,得 0 分。

字数不到 10,扣 1 分

题目编码	对应目标编码	目标维度与学习水平	题目类型	题目完成方式	题目难度	预计完成时间	题目来源	是否为某一大题拆分	备注栏
S0006	YY1010714	C应用	简答题	书面	较高	12 min	原创	否	

三、作业、试卷题目属性统计表

(一) 作业题目属性统计表

作业题目属性统计表														
不同目标编码题量分布		不同课时题量分布		不同目标维度与学习水平题量分布		不同类型题量分布		不同完成方式题量分布		不同难度题量分布		总时间(分钟)	不同来源题量分布	
YY1010701	1	01	3	A知道	1	选择题	0	听说类	0	较低	3	130 分钟	改编	0
YY1010702	1	02	4	B理解	7	填空题	4	操作类	0	中等	6		原创	12
YY1010703	1	03	3	C应用	4	简答题	0	综合实践类	2	较高	3		引用	0
YY1010704	1	04	2	D综合	0	应用题	0	合作类	0					
YY1010705	1	05	0	技能	0	证明题	0	跨学科运用类	0					
YY1010706	1	06	0	能力	0	完形填空	0	非书面其他	0					
YY1010707	1			态度	0	判断题	2	书面	10					
YY1010708	2					书面开放题	5							
YY1010709	1					书面其他	1							
YY1010710	1					非书面	0							
YY1010711	1													

续 表

作业题目属性统计表														
不同目标编码题量分布		不同课时题量分布		不同目标维度与学习水平题量分布		不同类型题量分布		不同完成方式题量分布		不同难度题量分布		总时间（分钟）	不同来源题量分布	
YY1010712	0													
YY1010713	0													
YY1010714	0													

（二）试卷题目属性统计表

试卷题目属性统计表												
不同目标编码题量分布		不同目标维度与学习水平题量分布		不同题目类型题量分布		不同完成方式题量分布		不同难度题量分布		总时间（分钟）	不同来源题量分布	
YY1010701	0	A知道	0	选择题	0	听说类	0	较低	3	40分钟	改编	0
YY1010702	0	B理解	4	填空题	4	操作类	0	中等	2		原创	6
YY1010703	0	C应用	2	简答题	1	综合实践类	0	较高	1		引用	0
YY1010704	0	D综合	0	应用题	0	合作类	0					
YY1010705	0	技能	0	证明题	0	跨学科运用类	0					
YY1010706	0	能力	0	完形填空	0	非书面其他	0					
YY1010707	0	态度	0	判断题	1	书面	6					
YY1010708	0			书面开放题	0							
YY1010709	0			书面其他	0							
YY1010710	0			非书面	0							
YY1010711	0											
YY1010712	3											
YY1010713	1											
YY1010714	2											

四、作业、试卷案例编制说明

高中《新世纪英语》高一第一学期的 Unit 6、Unit 7 的相关语法教学内容为定语从句关系代词和关系副词，在两个单元课文中出现了相当频率的定语从句句型。在 Unit 7 Metropolis 课文教学完成后，对教材原本设定的语法教学单元进行合并，开展主题化的语法教学。Unit 7 的课文是对两大都市——纽约和伦敦的介绍，通过对课文的学习，学生知道了对一个城市的了解能通过概述、历史、景点、问题和魅力之处等方面展开。Unit 7 的主题属于《上海市高级中学英语学科教学基本要求》主要话题"城市与国家""旅行"的范围，因此把本语法单元主题设定为城市旅行。

本单元作业、试卷案例的制定依据《上海市高级中学英语学科教学基本要求》中"学习内容与要求"，做到整体把握，使学生通过该语法单元的学习，能分析并在表达想法和情感态度时正确运用定语从句，熟知其常用的特定结构；同时按照定语从句的关系代词主格和宾格、介词+关系代词以及关系代词所有格、关系副词、综合运用与写作这四个课时目标循序渐进地分步骤落实。设计过程中结合我校的实际学情，定位力求贴切，设计命题力求规范，侧重基础知识与基本能力的巩固，重视对定语从句的理解和应用，使学生具备语言输入输出的实践体验，关注学科素养，适度综合，满足不同层次学生分析解决问题的能力提升需求，促进学生运用各种学习方式，达到个性发展效果。本案例设计呈现出以下几个特点。

(一) 依托教材，在语境中学习语法

在选择作业素材时，教材内容得到了充分的挖掘利用。第二课时作业四，要求学生预习并辨识由关系副词引导的定语从句。在语言材料的选择上，选取部分 Unit 7 课文中关于大都市介绍的句子，与设置的主题语境相契合。这项预习作业引导学生在学前复习已学课文信息，初步探知关系副词的相关语法学习内容，了解学习难度，觉察潜在的问题，在接下去的学习中能够更快适应应用学习内容的学习状态。在该语法单元的教学过程中，也是依托教材，把 Unit 6、Unit 7 这两个教材自然单元中的定语从句语法项目教学内容进行整合，选取课文的相关内容以及例句作为教学的示例，通过主题语境的设置，使学生既能够巩固课文知识，又能学习到定语从句的新知识。

(二) 通过语言习得，提高语言敏感性

在情境中学习语法是提高语言敏感性的有效途径。在单元作业设计中，以课文为载体拓展语境，创设了与教材相匹配的主题语境"travel"，在语言材料的选择上紧扣主题，设立不同的子话题情境，帮助学生对所学语法知识进行迁移运用，提高学生在真实语言环境中解决生活实际问题的能力。

课时内容	作业编号	情境设计
课时一 关系代词主格和宾格	Z1001	取材于国外知名旅游网站，直接将网站内容截图，请学生辨认定语从句并予以翻译，感受定语从句在真实语境下的应用，体会它的语法意义。

续 表

课 时 内 容	作业编号	情 境 设 计
课时二 介词＋关系代词以及关系代词所有格	Z2003	围绕中国名胜古迹这一话题，设计用定语从句写谜语，并进行小组交流讨论、课堂互猜的活动。

单元作业中丰富的话题使学生对语言表现形式更敏感。在作业设计时为学生创设了有效的学习体验，比如第一课时作业一，学生接触到不同情境的阅读材料，通过这些阅读材料在习得过程中体验了解并掌握语言知识，达到知识再现。情境设置遵循贴近时代、贴近生活、贴近学生的原则，使学生带着观察，在体验中有所感悟，提高学生在真实语境中对定语从句的敏感性。第二课时作业三是针对中国名胜古迹开展猜谜的设计。这样的作业使学生能够体验在自然的语言环境中，通过言语交际活动，不知不觉地习得语言的过程。学生如果能够在目的语环境中潜意识地掌握一种语言，他们掌握的将不仅是形式和语法，还有语言的运用和交际能力；在语言实践中随着语言素材的积累，逐步习得规范的语言，学生不仅掌握基本规律，还能在使用目标语言的过程中进行有效的自我修正，这也正是语言敏感性提高的标志。

（三）通过语言学得，提高语言精确性

运用定语从句准确、清晰、系统和生动地表达自己的思想和感情是本单元语言精确性表达的目标，在作业设计中以不同的题型反复加以落实。第一课时作业三，请学生回顾旅行经历，关注旅行当中的人，描述自己喜欢或者不喜欢的导游、旅伴和司机，作用在于引导学生精确使用 who 引导的定语从句表达思想情感。第二课时作业一，通过一篇描述上海音乐厅演变过程的素材，训练学生运用定语从句关系代词所有格结构进行语义表达的能力。第三课时作业二，学生阅读有关冰岛的旅游介绍，在真实语境中提高阅读专注力，通过改错练习辨识定语从句的规范表达，提高语言运用的精确性。

（四）通过同伴互评，提高思维深刻性

第二课时作业三，要求学生运用定语从句独立撰写以中国历史遗迹为主题的谜语，在后一课时前进行小组讨论，通过互评的方式从内容和语言表达正确性两方面完善修改各自的谜题，最终推选出一定数量参与课内猜谜互动。在互评修改过程中，学生的积极性得以充分调动，能去推敲、琢磨，深入地思考问题。因为要设计出合适恰当的谜面，学生除了需要思考如何把握事物或景点的特征并描述准确，从而使答案符合事物特征，还要从猜谜者的角度思考如何确定答案的唯一性，思考猜谜者会如何根据提示确定答案。这样的能力培养能帮助学生的思维达到更加缜密、深入的状态。第四课时作业二关注定语从句的综合运用，将单元主题（城市旅行）和学生的学习生活（选择夏令营目的地）结合在了一起。其内容是在国内城市中选推一个城市作为班级暑期夏令营的目的地，使得任务更贴近学生生活。学生运用定语从句对城市概述、人口、最佳旅行时间、住宿及景点五方面进行介绍，通过小组合作，选派代表进行口头展示。然后学生能根据评价量表，针对展示内容进行自评和互评。评价量表中不仅有对文章内容的审核，也引导学生对自己写的定语从句正确与否进行检查，同时还有互评量表，帮助学生在交流过程中借助互动思维，从不同的观察角度，体现不同的分析问题的水平，产生不同的评价观点，通过比较、对照、切磋，学习到同学不同的思考问题的方法，从而使自己的思维得到潜移默化的改进。在这个过程中学生反思审视自己的作品，分析评价别人的作品，以分析为基础，理性深刻地对事物的本质作出有说服力的判断，然后按要求重新组合成整体，以便综合且创造性地解决问题，制定合理的计划和可实施的步骤，在分析与评价的过程中培养高阶思维，在比较中学会欣赏与评价，改进与提高，这也正是布鲁姆教育目标分类法中对于高阶思维能力表现的阐述。

（五）通过多样化的作业形式，提高思维灵活性

通过设计不同形式的课内课后作业展示活动，为学生创造自我展示的机会，提升其学习体验，发展其思维能力。第三课时作业三，在学生完成听力访谈的文字改写填词作业后，需要去采访一位同学，并对内容进行口头转述或录制视频，进一步在同学间开展旅游经历访谈的听说活动。这项作业把听力对话改换为语篇，要求进行知识能力的迁移，而访谈活动需要在交流中进行内容概括和重组，然后提炼成运用定语从句的采访小报告，这对于思维的创造性和灵活性提出了一定的要求。课时一作业二中要求学生给旅行相关的几个英语名词 passport，ecotourism，sightseeing bus 和 sky diving 下定义，以及作业三对于旅行中相关人物的描述都是开放性的作业设计，鼓励个性化、多样化的答案，在完成作业的思考过程中能很好地体现学生思维的灵活性。

（六）利用各种学习工具，培养思维严谨性

利用各种学习工具，培养学生发掘学习资源的能力。课时一作业二，要求学生给旅行有关的名词下定义，既考查了学生对关系代词的运用，又增强学生利用学习资源和查词典的能力。学生需要选取字典上的有用信息，了解词汇意义的严谨表达，并进行模仿学习，然后再概括和组织，形成多种学习技巧策略的融合。

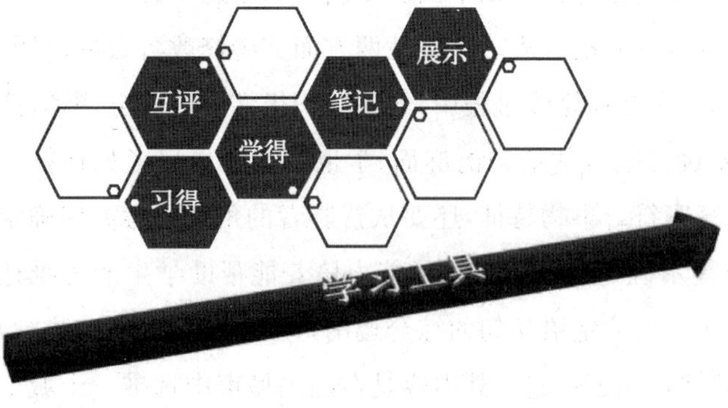

思维导图能够培养学生梳理知识、归纳重点、疏通难点的学习能力。第四课时作业一，要求学生整理课堂笔记，绘制定语从句用法的思维导图，鼓励学生采用恰当的、个性化的方法绘制思维导图。

通过整理笔记，学生能学会搭建知识框架，学会分类，把握重点和难点，从而养成理清思路、整理知识的习惯，而这些知识在今后的学习过程中可以随时调取使用，促进学生知识的巩固。

五、结语

本单元作业设计在主题的引领下，通过学习理解、应用实践、迁移创新等一系列体现综合性、关联性和实践性等特点的英语学习活动，使学生基于已有知识，在分析解决问题的过程中，学习语言知识，发展语言技能，并在此过程中提升语言能力、学习能力和思维品质。相比传统分割式的语法教学，采取以主题引领的单元教学模式的语法教学和作业设计，有利于师生在已知基础上解决未知问题，让教师对单元课时目标更加明确，让学生满怀兴趣地在完成相关任务的过程中掌握定语从句的用法，并且对学习内容留下深刻的印象，从而在现实生活中需要使用的时候能够贴切地回忆起这段学习体验和内容，这样单元的教学效果就能够和实际相结合并且更加凸显出来。

第十九章　2021 年上海市高中物理优秀作业及试卷参评案例*

一、单元信息

<table>
<tr><td rowspan="2">基本信息</td><td>学　科</td><td>年级</td><td>学期</td><td>教材版本</td><td>章</td><td>起止节</td><td>单元名称</td></tr>
<tr><td>物　理</td><td>高一</td><td>上</td><td>上海科学技术出版社（新教材）</td><td>第一章</td><td>1～4</td><td>运动的描述</td></tr>
<tr><td rowspan="7">课时信息</td><td>序　号</td><td colspan="3">课 时 名 称</td><td colspan="3">对应教材内容</td></tr>
<tr><td>1</td><td colspan="3">质点 物理模型</td><td colspan="3">第一节 质点 物理模型</td></tr>
<tr><td>2</td><td colspan="3">位置变化 位移</td><td colspan="3">第二节 位置的变化 位移</td></tr>
<tr><td>3</td><td colspan="3">位置变化的快慢 速度①</td><td colspan="3">第三节 位置变化的快慢 速度</td></tr>
<tr><td>4</td><td colspan="3">位置变化的快慢 速度②</td><td colspan="3">第三节 位置变化的快慢 速度</td></tr>
<tr><td>5</td><td colspan="3">速度变化的快慢 加速度①</td><td colspan="3">第四节 速度变化的快慢 加速度</td></tr>
<tr><td>6</td><td colspan="3">速度变化的快慢 加速度②</td><td colspan="3">第四节 速度变化的快慢 加速度</td></tr>
<tr><td rowspan="8">单元作业目标</td><td>编　码</td><td colspan="3">目　标　描　述</td><td>学习水平</td><td>其他要求</td><td>编题建议</td></tr>
<tr><td>WLBX0101A0101</td><td colspan="3">能说出质点的概念</td><td>A1</td><td></td><td></td></tr>
<tr><td>WLBX0101A0202</td><td colspan="3">在具体情境中，能辨析物体是否可视为质点</td><td>A2</td><td></td><td></td></tr>
<tr><td>WLBX0101B203</td><td colspan="3">能将特定实际情境中的物体抽象成质点</td><td>B2</td><td></td><td></td></tr>
<tr><td>WLBX0102A104</td><td colspan="3">能说出位移的概念</td><td>A1</td><td></td><td></td></tr>
<tr><td>WLBX0102A205</td><td colspan="3">在具体情境下，能描述位移的大小及方向，能区别路程与位移</td><td>A2</td><td></td><td></td></tr>
<tr><td>WLBX0102C106</td><td colspan="3">知道位移传感器测距的简单原理</td><td>C1</td><td></td><td></td></tr>
<tr><td>WLBX0102C207</td><td colspan="3">学会使用位移传感器测量位移，获得物体运动的 $x-t$ 图像</td><td>C2</td><td></td><td></td></tr>
</table>

* 本章作者为上海市杨浦高级中学设计团队，团队成员是张文、张菲菲、茅艳婷、陈在兵。

续 表

	编 码	目 标 描 述	学习水平	其他要求	编题建议
单元作业目标	WLBX0103A108	能说出平均速度与瞬时速度的概念	A1		
	WLBX0103A209	能在特定情境中，识别平均速度与瞬时速度	A2		
	WLBX0103A210	简单计算实际情境中的平均速度与瞬时速度	A2		
	WLBX0103B211	能简述运用极限方法建立瞬时速度的过程，能用极限的方法解释瞬时速度的测量方法	B2		
	WLBX0103B212	能使用平均速度与瞬时速度，分析实际问题	B2		
	WLBX0103C113	知道光电门传感器的简单原理	C1		
	WLBX0103C214	能组装给定的实验器材，会用光电门传感器测量瞬时速度	C2		
	WLBX0103C215	会在物体运动的 $x-t$ 图像上，获得一段时间内的平均速度。学会使用位移传感器获得物体运动的 $v-t$ 图像	C2		
	WLBX0103D116	知道测量存在误差，养成实事求是的态度	D1		
	WLBX0104A117	能说出引入加速度的意义，说出加速度的概念	A1		
	WLBX0104A218	能辨析速度大小、速度变化大小和速度变化快慢，理解加速度的概念	A2		
	WLBX0104A219	能在具体情境中，计算加速度的大小及方向	A2		
	WLBX0104C220	会在物体运动的 $v-t$ 图像上，获得一段时间内的加速度	C2		
	WLBX0104A221	能在具体情境中，获得一段直线运动的 $v-t$ 图像，并做出运动的描述	A2		
	WLBX0104D122	初步认识物理模型在探索自然规律中的作用	D1		

说明：

(1) 物理学科代码为“WL”。

(2) 课程代码中，“必修”代码为“BX”，“选择性必修”代码为“XX”。

(3) 章节代码中的四位数字，前两位表示章代码，后两位表示“节”代码，例如 0201 代表第 2 章第 1 节，0202 表示第 2 章第 2 节，依此类推。

(4) 目标要素代码中，A、B、C、D 分别表示物理观念、科学思维、科学探究、科学态度与责任。

(5) 水平分层代码中，1、2、3、4、5 表示学习水平，参考《普通高中物理课程标准(2017 年版 2020 年修订)》。

(6) 教学目标序号代码中，01、02、03 表示在本单元中该目标的序号。

(7) 例如，编码“WLBX0101A103”的含义为：物理必修第一章第一节物理观念水平一，是本单元的第 3 个作业目标。

学习水平代码所属要素及含义

关 键 要 素	学习水平代码	学习水平代码含义
A 物理观念	A1	水平一
	A2	水平二
	A3	水平三
	A4	水平四
	A5	水平五
B 科学思维	B1	水平一
	B2	水平二
	B3	水平三
	B4	水平四
	B5	水平五
C 科学探究	C1	水平一
	C2	水平二
	C3	水平三
	C4	水平四
	C5	水平五
D 科学态度与责任	D1	水平一
	D2	水平二
	D3	水平三
	D4	水平四
	D5	水平五

在使用编码过程中，遇到没有明确陈述的“要素水平目标”，可参考“高层次要素水平目标兼容低层次要素水平目标”的原则。例如，A2 的作业目标可以兼容 A1 的作业目标，B2 的作业目标可以兼容 B1 的作业目标。

二、案例正文

（一）课时作业

【第 1 课时】

Z1001：我们在初中学习了“惯性 牛顿第一定律”，这一节中提到“伽利略设想，如果小球从一个绝对光滑的斜面上滑下并滑上第二个光滑斜面……”，其中的“绝对光滑斜面”就是一种物理模型，忽略的次要因素是________________。我们可以忽略沿直线稳定行驶的高铁的微小速度变化，从而将它的运动看作________________。

答案： 斜面和小球间的摩擦力，匀速直线运动

设计说明： 通过回顾初中阶段的物理模型，让学生感受初、高中物理学习的可持续性，做好知识的联系和进阶，帮助学生体会研究具体问题时建立物理模型的作用。

单元作业属性表												
题目编码	所属课时	对应目标编码 A	对应学习水平 A	对应目标编码 B	对应学习水平 B	题目类型	题目完成方式	题目难度	预计完成时间	题目来源	是否为某一大题拆分	备注栏
Z1001	01	WLBX0104D122	D1			填空题	书面	较低	2 min	创编	否	

Z1002：自行车运动员在比赛时的运动是一种机械运动，如果要描绘他的整体运动，我们可以选择一个点代表他，图中标出的各点你觉得哪个最合适呢？请说明理由。你也可以选择其他位置，并说明理由。

答案： 位置 B。观察自行车运动员的运动过程，可以发现除了运动员的腿部在运动外，运动员的头部与手部也会有节奏地运动，因此选择位置 B 较合适。

设计说明： 本题创编灵感来自“空中课堂”的视频案例。通过本题让学生回顾质点概念，并体会构建质点模型的过程。

单元作业属性表												
题目编码	所属课时	对应目标编码 A	对应学习水平 A	对应目标编码 B	对应学习水平 B	题目类型	题目完成方式	题目难度	预计完成时间	题目来源	是否为某一大题拆分	备注栏
Z1002	01	WLBX0101A101	A1	WLBX0101B203	B2	填空题	书面	较低	2 min	创编	否	

Z1003：2020 东京奥运会中，中国运动员苏炳添站上了百米决赛跑道，此前苏炳添两次跑出 9.91 秒的亚洲百米跑好成绩。请阅读论文《论苏炳添的单步技术》节选，并回答问题。

传统理论认为：“步幅乘步频决定跑速。因此，‘扩大步幅’是争取跑速的基本要求。”……

苏炳添从 2013 年 10 秒 12 的 46.85 步，到 2015 年 9 秒 99 的 48.00 步，步幅变得越来越小(减少、消除冗余的“扩大步幅”)，成绩却越来越好。这体现了“1983 年单步研究”中，关于“‘腾空’是‘减速段’”的科学成果。

(1) 该论文展现了研究者们为提高运动员跑步成绩做出的努力，请分析说明研究者是如何选择分析对象的，并说明是否可将其看作质点。

(2) 请根据题目，总结出将物体看作质点的条件。

答案：(1) 在测量运动员的跑步成绩时，我们将运动员作为研究对象，此时可以将运动员看作质点。而为提高成绩，研究者们需要分析运动员的步幅与步频，因此研究对象是运动员的腿部，并且由于要结合运动员的腿部动作进行分析，此时无法将运动员看作质点。

(2) 在分析相应问题时，如果研究对象的大小与形状对所研究的问题属于次要因素，可把物体看作质点。

评价标准：

评价内容	表现标准	自评	互评
分析文本	知道论文的研究内容		
	明确论文的分析对象		
文字表达	表达清晰		
	逻辑完整		
教师评语			
操作说明：学生和教师对照“表现标准”，根据符合程度进行表现水平评价，“2”表示完全符合，“1”表示部分符合，“0”表示不符合，满分 8 分			

设计说明：本题文字部分来自一篇论文，其目的是让学生简单感受运动科学的研究过程，初步体会高中物理学习的特点。考虑到答题对象为高一新生，通过节选的方式，简化文字、突出关键内容。根据学生的作业完成情况分析，学生能够根据节选内容运用所学知识进行分析。

单元作业属性表												
题目编码	所属课时	对应目标编码 A	对应学习水平 A	对应目标编码 B	对应学习水平 B	题目类型	题目完成方式	题目难度	预计完成时间	题目来源	是否为某一大题拆分	备注栏
Z1003	01	WLBX0101A202	A2	WLBX0101B203	B2	简答题	书面	中等	5 min	创编	否	

Z1004：我们是否可以将月球看作质点，请举例并分析说明。

答案：在分析月球绕地球公转等问题时，月球本身的形状与大小可以忽略，因此可以将月球看作质点。在分析月球本身的自转等问题时，月球各部分的运动情况不可忽略，则无法将月球看作质点。

评价标准：

评价内容	表　现　标　准	自评	互评
内容分析	说明物体被看作质点的条件		
	能列出与月球相关的不同问题		
	针对不同问题，进行合理分析		
清晰表达	清晰表达		
	逻辑完整		
教师评语			
操作说明：学生和教师对照“表现标准”，根据符合程度进行表现水平评价，“2”表示完全符合，“1”表示部分符合，“0”表示不符合，满分 10 分			

原题：

在研究下列问题时，能够把研究对象看作质点的是(　　)。

(A) 研究地球自转时，地球可以看作质点

(B) 研究月球绕地球运行的时间时，可将月球视为质点

(C) 研究乒乓球的弧圈运动时，可将乒乓球视为质点

(D) 因原子核很小，所以在研究原子核结构时，可把原子核看作质点

设计说明：将原题改为论述题，旨在分析学生的表述，对学生掌握质点这一物理模型进行评估，判断学生的掌握程度。

单元作业属性表												
题目编码	所属课时	对应目标编码 A	对应学习水平 A	对应目标编码 B	对应学习水平 B	题目类型	题目完成方式	题目难度	预计完成时间	题目来源	是否为某一大题拆分	备注栏
Z1004	01	WLBX0101B203	B2	WLBX0101A202	A2	简答题	书面	中等	3 min	改编	否	

Z1005：活动 1：我们已经在地理课上绘制了学校平面图，请在原图基础上进行改进(如：按照真实比例与位置完整画出学校各建筑)，并标注出教学楼西出口与卫生室的位置。

评价标准：

评价内容	表　现　标　准	自评	互评
作品展示	能够改进地理课上完成的学校地图，使学校地图中建筑比例合适、整体布局完整		
	准确找到位置		
	能够合理标注出对应位置		
教师评语			
操作说明：学生和教师对照“表现标准”，根据符合程度进行表现水平评价，“2”表示完全符合，“1”表示部分符合，“0”表示不符合，满分 6 分			

设计说明：本项作业在已完成的地理作业的基础上进行，与学生周围的场景结合，通过研究实际情境，让学生感悟物理源自生活，培养学习兴趣。在标注卫生室等位置时，通过类比体会引入质点概念的原因。本次作业的成品也将贯穿整个单元的学习，在后续的课时作业中不断完善这份校园地图。

单元作业属性表												
题目编码	所属课时	对应目标编码 A	对应学习水平 A	对应目标编码 B	对应学习水平 B	题目类型	题目完成方式	题目难度	预计完成时间	题目来源	是否为某一大题拆分	备注栏
Z1005	01	WLBX0101B203	B2	WLBX0103D116	D1	非书面	综合实践类	中等	10 min	创编	否	

【第 2 课时】

Z2001：在校运会上，高一年级方阵示意图如图所示。为了给运动员们加油喝彩，高一(6)班的班长将通讯稿从班级所在地 A 点送到主席台的 B 点，他先后分别以示意图中三种不同的路径行走，那么：

(1) 他所走三条路径的路程是否相同？请说明理由。

(2) 这三条路径有哪些共同点？(至少说出三个)

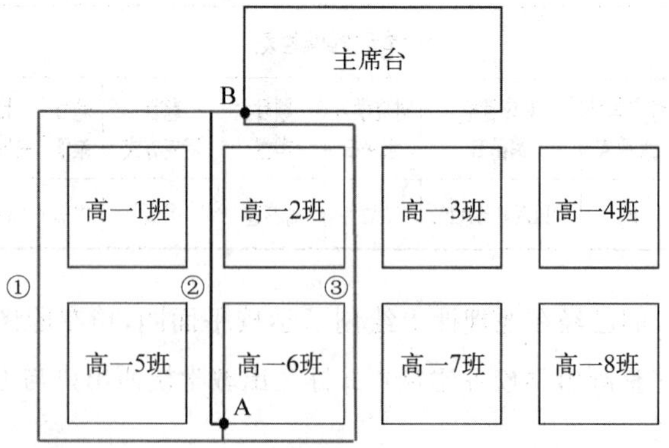

答案：(1) 这三条路径对应的路程不同。路程是物体运动轨迹的长度，从示意图中可以看出，三条路径对应的轨迹长度不相等。(2) 这三条路径的初位置相同；末位置相同；位置的变化相同；位移相同。

设计说明：利用学生身边的实际情境来理解位移这个物理概念，增强趣味性。让学生区分路程和位移的概念，也为后面 Z2005 中的学生活动做准备。

单元作业属性表												
题目编码	所属课时	对应目标编码 A	对应学习水平 A	对应目标编码 B	对应学习水平 B	题目类型	题目完成方式	题目难度	预计完成时间	题目来源	是否为某一大题拆分	备注栏
Z2001	2	WLBX0102A104	A1	WLBX0102A205	A2	简答题	书面	较低	2 min	创编	否	

Z2002：如图所示，某自行车的车轮半径 R 约为 27 cm，车轮沿水平方向在地面上无滑动地滚动，当气门芯由轮子的正上方第一次运动到轮子正下方时，请在图中画出气门芯的位移，并求出位移。

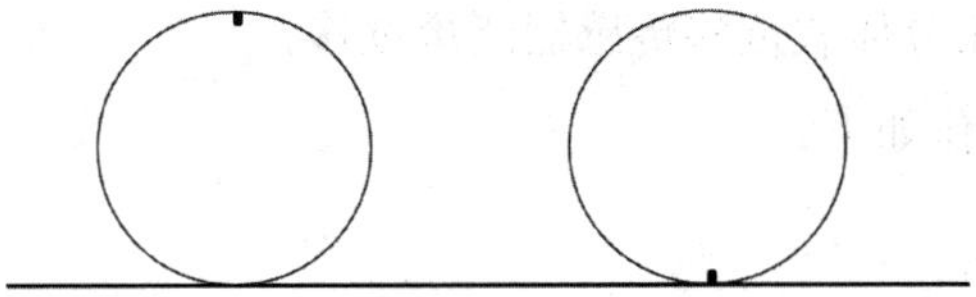

答案：位移如图所示，位移的大小由勾股定理可得 $x=\sqrt{(2R)^2+(\pi R)^2}=R\sqrt{4+\pi^2}=1.01\ \text{m}$；方向：向右偏下，与水平方向夹角的正切值为 $\frac{2}{\pi}$。

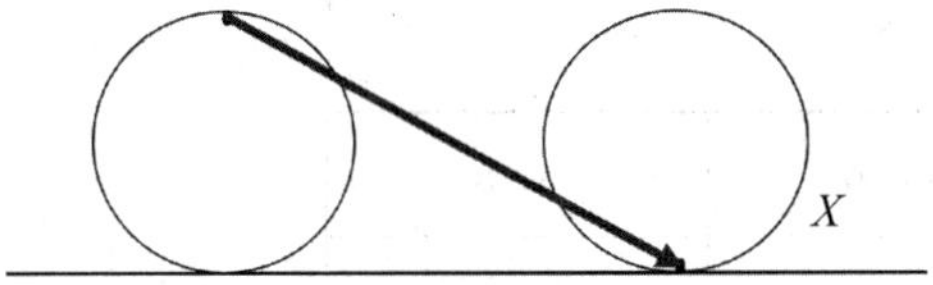

设计说明：通过生活实例，让学生知道位移的表示方法——用由起点指向终点的有向线段表示；并知道线段的长度表示位移大小，箭头的方向表示位移方向。知道位移是矢量，有大小，有方向。

单元作业属性表												
题目编码	所属课时	对应目标编码 A	对应学习水平 A	对应目标编码 B	对应学习水平 B	题目类型	题目完成方式	题目难度	预计完成时间	题目来源	是否为某一大题拆分	备注栏
Z2002	2	WLBX0102A205	A2			简答题	书面	中等	2 min	创编	否	

Z2003：课本第 9 页的拓展视野介绍了分体式位移传感器的原理。发射器发出两种信号后，接收器接收到红外线信号时开始计时，经过 0.004 s 接收器接收到超声波信号，则发射器距离接收器 ________ m。下一时刻发射器再次发出两种信号，经 0.003 s 接收器接收到了超声波信号，可知发射器在________接收器（选填"靠近"或"远离"）。

答案：1.36，靠近

设计说明：学生在进行科学探究实验前应当对实验原理以及器材有一定的了解。通过对分体式位移传感器的实验过程和实验数据进行简单的分析计算，进一步帮助学生理解位移传感器原理。

单元作业属性表												
题目编码	所属课时	对应目标编码 A	对应学习水平 A	对应目标编码 B	对应学习水平 B	题目类型	题目完成方式	题目难度	预计完成时间	题目来源	是否为某一大题拆分	备注栏
Z2003	2	WLBX0102C106	C1			填空题	书面	较低	1.5 min	创编	否	

Z2004：小陈同学使用分体式位移传感器测量位移。

（1）实验时的具体操作如下：

① 开启____________。

② 打开软件，计算机自动识别传感器。

③ 开始采集数据。一手持接收器保持静止，另一手持发射器由近及远缓慢移动。在移动过程中，应注意使发射器的发射孔与接收孔始终__________。

实验中，小陈同学获得了如下表的数据，请根据表格中的数据选择合适的标度，画出物体运动的 $x-t$ 图像。

实验序号	x/m	t/s
1	0.642	1.200
2	0.706	1.360
3	0.768	1.520
4	0.836	1.680
5	0.917	1.840
6	1.036	2.000
7	1.253	2.160
8	1.477	2.320

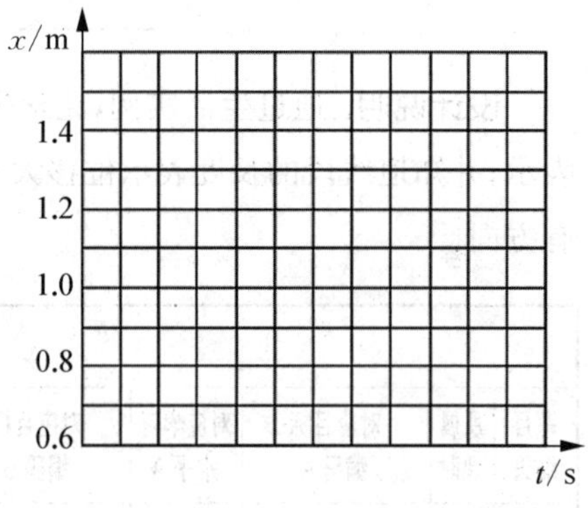

答案：(1) ① 发射器电源，③ 对齐。

(2) 需选择合适的标度，使图像在坐标纸的合适位置，用光滑曲线连接各数据点，如图所示。

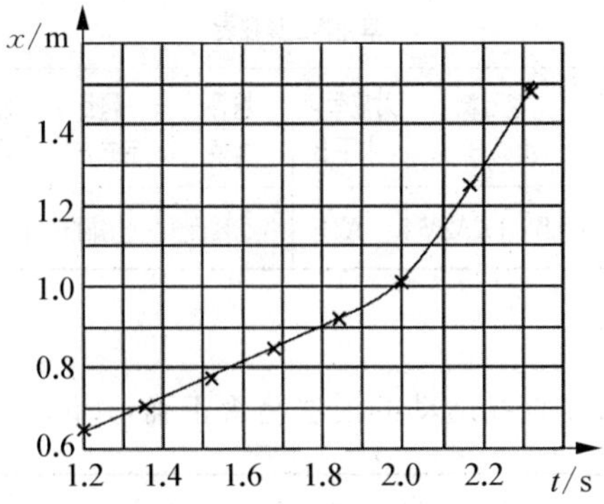

设计说明：在学生学会使用位移传感器测量位移的同时，经历对实验数据的处理过程是培养学生实验探究能力的必要阶段。学会将表格中的数据转化成图像，为今后的学习奠定基础。

单元作业属性表												
题目编码	所属课时	对应目标编码 A	对应学习水平 A	对应目标编码 B	对应学习水平 B	题目类型	题目完成方式	题目难度	预计完成时间	题目来源	是否为某一大题拆分	备注栏
Z2004	02	WLBX0102C207	C2			填空题	书面	较低	1 min	创编	是	
Z2004	02	WLBX0102C207	C2			作图题	书面	较高	5 min	创编	是	

Z2005：活动 2：在 Z1005 中，同学们已经按要求画好了学校的平面图，请在图中用不同颜色的笔画出从教学楼西出口到卫生室的三条不同路径，找出最短路程，并在图中画出且计算出实际行走的位移。

评价标准：

评价内容	表　现　标　准	自评	互评
作品展示	能正确画出路程和位移		
	能找出最短路程		
	能按比例正确计算实际行走的位移		
教师评语			
操作说明：学生和教师对照“表现标准”，根据符合程度进行表现水平评价，“2”表示完全符合，“1”表示部分符合，“0”表示不符合，满分 6 分			

设计说明：在真实情境中引导学生使用学到的物理知识解决实际问题，感悟物理学习的趣味性。激发学生的学习兴趣，并加深学生对位移和路程这两个概念的辨析。

单元作业属性表												
题目编码	所属课时	对应目标编码A	对应学习水平A	对应目标编码B	对应学习水平B	题目类型	题目完成方式	题目难度	预计完成时间	题目来源	是否为某一大题拆分	备注栏
Z2005	2	WLBX0102A104	A1	WLBX0102A205	A2	书面开放题	书面	中等	5 min	改编	否	

【第3课时】

Z3001：判断下列关于匀速直线运动的说法是否正确，并说明理由。

说　　法	判断	说 明 理 由
物体沿直线运动，如果在相等时间内通过的路程相等，这种运动就是匀速直线运动		
平均速度只能粗略描述物体运动的快慢		
运动物体的路程与所用时间的比就是平均速度		
做匀速直线运动的物体在任意一段时间内的平均速度均相等		

答案：

说　　法	判断	说 明 理 由
物体沿直线运动，如果在相等时间内通过的路程相等，这种运动就是匀速直线运动	错	匀速直线运动是在任意相等时间内经过的位移均相等的直线运动。路程相等不同于位移相等。相等时间内通过的路程相等的直线运动仍可以是变速运动。
平均速度只能粗略描述物体运动的快慢	对	平均速度反映物体在一段时间内运动的平均快慢，不能描述整个过程的细节。
运动物体的路程与所用时间的比就是平均速度	错	平均速度是运动物体的位移与所用时间的比，路程与位移是两个不同的物理量，两者并不相同。路程与所用时间的比是平均速率。
做匀速直线运动的物体在任意一段时间内的平均速度均相等	对	做匀速直线运动的物体的速度每时每刻都相等，任意一段时间内的平均速度也一定相等。

设计说明：通过对一些平时作业中反映出来的学生容易混淆的概念和观点进行梳理和汇编，帮助学生进一步理清匀速直线运动、变速直线运动、速度、平均速度、平均速率等物理概念，

与初中物理知识做好衔接。其中，第一小题的说法来源于初中物理教材八年级第一学期第58页。

单元作业属性表												
题目编码	所属课时	对应目标编码A	对应学习水平A	对应目标编码B	对应学习水平B	题目类型	题目完成方式	题目难度	预计完成时间	题目来源	是否为某一大题拆分	备注栏
Z3001	03					判断题	书面	较低	1 min	创编	是	能说出匀速直线运动的概念
Z3001	03	WLBX0103A108	A1			判断题	书面	较低	1 min	创编	是	
Z3001	03	WLBX0103A108	A1			判断题	书面	较低	1 min	创编	是	
Z3001	03	WLBX0103A108	A1			判断题	书面	较低	1 min	创编	是	

Z3002：如图所示，甲、乙两车都从A地至B地，甲车做变速直线运动，乙车做匀速直线运动，则0～3 s内，甲车的平均速度________（填“大于”“等于”或“小于”）乙车的平均速度。0～8 s内，甲车的平均速度________（填“大于”“等于”或“小于”）乙车的平均速度，可认为在0～8 s内甲车的运动等效于乙车的运动。由此可见，平均速度体现了________的思想方法，且只能粗略地反映运动快慢情况。

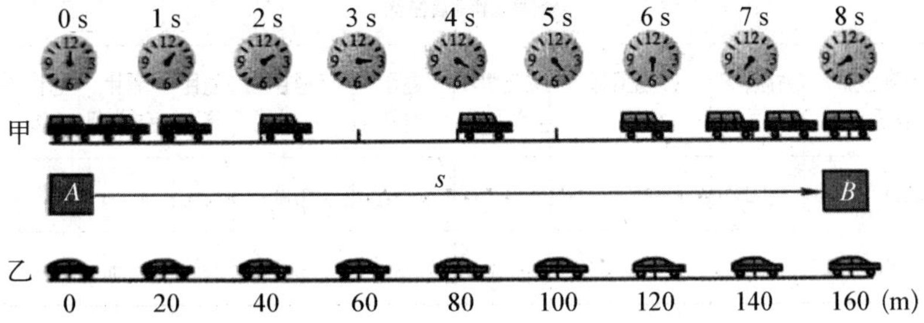

答案：小于，等于，等效替代

设计说明：此题利用二期课改教材上的图片创编，意在让学生学会简单计算实际情境中的平均速度，并感受等效替代的物理思想。

单元作业属性表												
题目编码	所属课时	对应目标编码A	对应学习水平A	对应目标编码B	对应学习水平B	题目类型	题目完成方式	题目难度	预计完成时间	题目来源	是否为某一大题拆分	备注栏
Z3002	03	WLBX0103A210	A2			填空题	书面	较低	1 min	创编	否	

Z3003：如图所示为某同学在 0～6 s 内运动的 $x-t$ 图像。

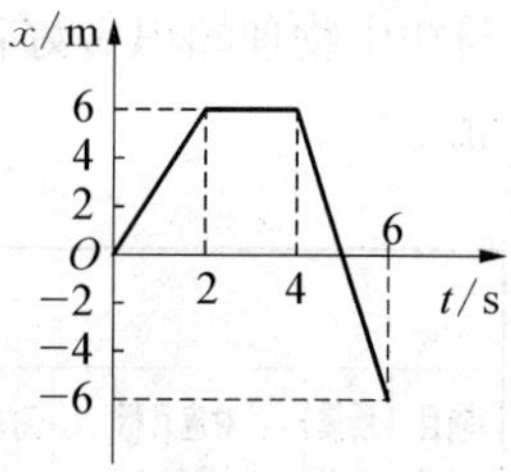

(1) 请描述该同学的运动情况，并画出它的 $v-t$ 图像。

(2) 计算该同学在 0～4 s 内、2～6 s 内的平均速度。

答案：(1) 在 0～2 s 内该同学做匀速直线运动，速度大小为 3 m/s，2 s 末离开出发点 6 m；2～4 s 内该同学静止于离出发点 6 m 处；4～5 s 该同学反方向做匀速直线运动，速度大小为 6 m/s，5 s 末回到出发点；5～6 s 该同学继续以 6 m/s 的速度反方向匀速运动，6 s 末位移为 −6 m，$v-t$ 图像如图所示。

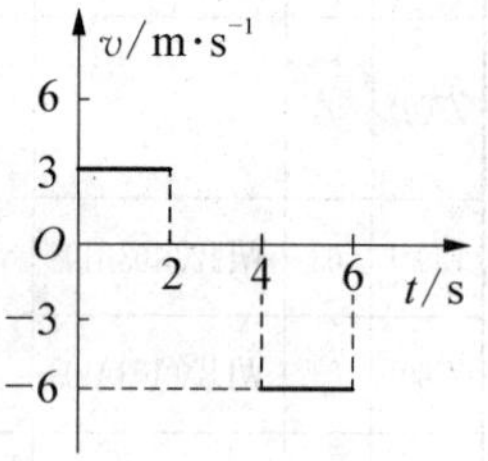

(2) 该同学在 0～4 s 内的平均速度 $\bar{v}_1=\frac{6}{4}$ m/s=1.5 m/s；该同学在 2～6 s 内的平均速度 $\bar{v}_2=\frac{-6-6}{4}$ m/s=−3 m/s。

设计说明：引导学生识别和分析物体运动的 $x-t$ 图像和 $v-t$ 图像，并学会两者的相互转化。在原题的基础上增加了第 2 小题，意在引导学生从图像中获取有用信息，求出相应时段的平均速度。

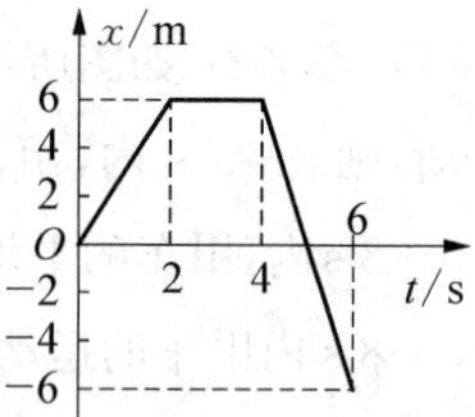

原题：如图所示，表示一质点在 6 s 内的 $x-t$ 图像。试据此分析质点的较详细的运动情况，并画出它的 $v-t$ 图像。

单元作业属性表												
题目编码	所属课时	对应目标编码 A	对应学习水平 A	对应目标编码 B	对应学习水平 B	题目类型	题目完成方式	题目难度	预计完成时间	题目来源	是否为某一大题拆分	备注栏
Z3003	03	WLBX0103C215	C2			作图题	书面	较低	4 min	改编	是	
Z3003	03	WLBX0103C215	C2			应用题	书面	较低	1 min	改编	是	

Z3004：如图为课本第 15 页图 1－24 所示的质点运动的 $x-t$ 图像，则：

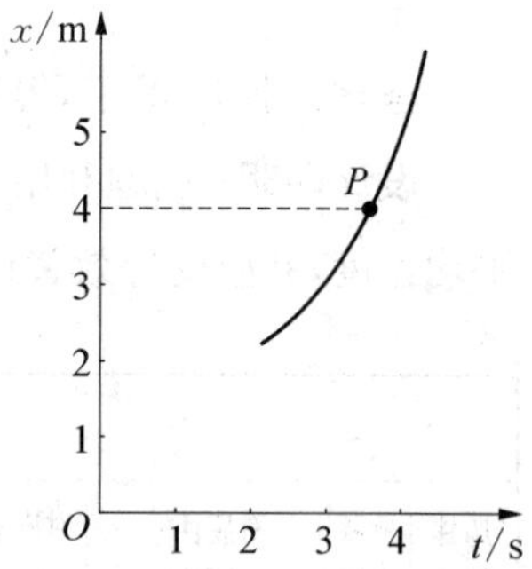

(1) 该质点的运动轨迹是直线还是曲线？说明理由。

(2) 该质点的速度随时间变化吗？如果有变化，请分析如何变化，并说明理由。

(3) 该质点在 3～4 s 这段时间内的平均速度是多少？相当于哪条直线的斜率，在图上画出。

答案：(1) 该质点的运动轨迹是直线，因为 $x-t$ 图像反映的是在一维直线上物体的位移随时间的变化图像，并不是运动轨迹，其位移的方向只有正、负。

（2）该质点的速度随时间变化——速度随时间增大，因为从图中可知，相等时间间隔内位移的值增大。

（3）该质点在 3～4 s 这段时间内的平均速度是 2 m/s，相当于连接（3 s，3 m）和（4 s，5 m）两个点的直线的斜率。

设计说明：此题的图片选自课本第 15 页图 1－24。以往的教学经历中讲解瞬时速度这一节课时，学生对这张图的理解有一定困难，所以本次作业中就设计了这道题，意在引导学生一步步去理解这张图：理解 $x-t$ 图像的物理意义；知道在 $x-t$ 图像中倾斜直线表示匀速直线运动，曲线表示变速运动；学会在运动的 $x-t$ 图像上，获得一段时间内的平均速度，为下一节课讲解“瞬时速度”做好铺垫。

单元作业属性表

题目编码	所属课时	对应目标编码 A	对应学习水平 A	对应目标编码 B	对应学习水平 B	题目类型	题目完成方式	题目难度	预计完成时间	题目来源	是否为某一大题拆分	备注栏
Z3004	03					简答题	书面	中等	1 min	创编	是	理解 $x-t$ 图线为曲线时对应的运动
Z3004	03					简答题	书面	中等	1 min	创编	是	理解 $x-t$ 图线为曲线时对应的运动

Z3005：活动 3：在上节课活动作业 Z2005 的基础上，选择一条路径，以走路、跑步、骑车等方式完成运动并测出运动时间，估算从教学楼西出口到卫生室的平均速度和平均速率。

评价标准：

评价内容	表　现　标　准	自评	互评
作品展示	能测出运动时间		
	能利用相关信息测量出位移、路程		
	计算出平均速度与平均速率，且书写规范、表达清晰		
教师评语			
操作说明：学生和教师对照“表现标准”，根据符合程度进行表现水平评价，“2”表示完全符合，“1”表示部分符合，“0”表示不符合，满分 6 分			

设计说明：在前两课时的课后活动基础上，让学生通过走路、跑步或骑车等方式完成时间的测量，从而估测自己的平均速度和平均速率，学以致用。通过这样的活动方式，使学生增强学习物理学科的兴趣，提高实验探究意识，培养实事求是的科学态度。

单元作业属性表												
题目编码	所属课时	对应目标编码 A	对应学习水平 A	对应目标编码 B	对应学习水平 B	题目类型	题目完成方式	题目难度	预计完成时间	题目来源	是否为某一大题拆分	备注栏
Z3005	03	WLBX0103B212	B2			非书面	综合实践类	中等	10 min	创编	否	

【第 4 课时】

Z4001：物体在某时刻或经过某位置的速度称为________，该物理量可以描述运动快慢和方向，是________，方向就是物体在该瞬间的________。瞬时速度的大小通常称为________。“上海磁悬浮列车是世界上第一段投入商业运行的高速磁悬浮列车，设计最高运行速度为 430 km/h，仅次于飞机的飞行时速”，这里的“430 km/h”指的是________速度。“2021 年 9 月 13 日 11 时起，14 级强台风‘灿都’以 45 m/s 的速度向北偏西方向移动”，这里的“45 m/s”指的是________速度。

答案：瞬时速度，精确矢量，运动方向，速率，瞬时，平均

设计说明：利用上海学生身边熟知的事物——浦东国际机场的磁悬浮列车和 2021 年从上海过境的台风“灿都”作为材料创编的题目，让学生用所学的物理知识分析真实问题，同时学会在实际情境中辨析平均速度和瞬时速度。

单元作业属性表												
题目编码	所属课时	对应目标编码 A	对应学习水平 A	对应目标编码 B	对应学习水平 B	题目类型	题目完成方式	题目难度	预计完成时间	题目来源	是否为某一大题拆分	备注栏
Z4001	04	WLBX0103A209	A1	WLBX0103A108	A1	填空题	书面	较低	1 min	创编	否	

Z4002：小明乘出租车沿平直公路前往目的地，图一为他在途中拍摄的一张车内仪表台的图片，其中速度计显示此刻的速度是________m/s，是________速度。图二为小明到达目的地后司机给他的发票，小明此行程的平均速度为________m/s。

图一

机打发票 手写无效
日期 Date 2021-08-08
时间 Time 17:08-17:39
单价 Price per km 2.30
里程 Distance 12.6
等候 Waiting time 00:08:02
状态 State 0
金额 Fare ¥42.90

图二

答案：23.33，瞬时，6.77

设计说明：本题是用学生经常遇到的乘出租车这一生活场景创编的题目，引导学生学会从速度计看瞬时速度并进行单位换算，学会从发票中获取里程数和行驶时间等信息，排除干扰项——等待时间，从而求出平均速度。

单元作业属性表												
题目编码	所属课时	对应目标编码 A	对应学习水平 A	对应目标编码 B	对应学习水平 B	题目类型	题目完成方式	题目难度	预计完成时间	题目来源	是否为某一大题拆分	备注栏
Z4002	04	WLBX0103A209	A2	WLBX0103A210	A2	填空题	书面	较低	2 min	创编	否	

Z4003：如图所示为一辆长度为 10 cm 的玩具车在一段时间内的频闪照片，频闪间隔为 0.5 s。则：

（1）玩具车在这段时间内的平均速度是多少？

（2）如何估算玩具车在位置 3 的瞬时速度？请写出几种不同的估算方法，并分析比较用不同方法得到的估算结果是否相同。

（3）如果想更准确地估算玩具车在位置 3 的瞬时速度，应该如何调整频闪间隔？

答案：（1）0.39 m/s(0.36～0.42 m/s)。（2）可以用位置 2～4 间的平均速度作为位置 3 的瞬时速度，也可以用位置 2～3 或位置 3～4 间的平均速度作为位置 3 的瞬时速度，因为三种估算方式在相等时间间隔内的位移不一样，所以估算结果也不相同。（3）使频闪间隔变小。

设计说明：该题改编自本节教材第 16 页“问题与思考”之 5，意在让学生学会在实际问题中计算平均速度和估算瞬时速度，知道三种不同的逼近方式，体会无限逼近的思想方法。

原题：

5. 如图 1－26 所示的频闪照片记录了运动员前空翻的过程。频闪记录仪相邻闪光间隙均为 0.2 s，运动员身高约 1.6 m。在此过程中，运动员重心在地面上投影的平均速度为多大？如何估测运动员在标号分别为 14、24 位置时其重心在地面上投影的瞬时速度？

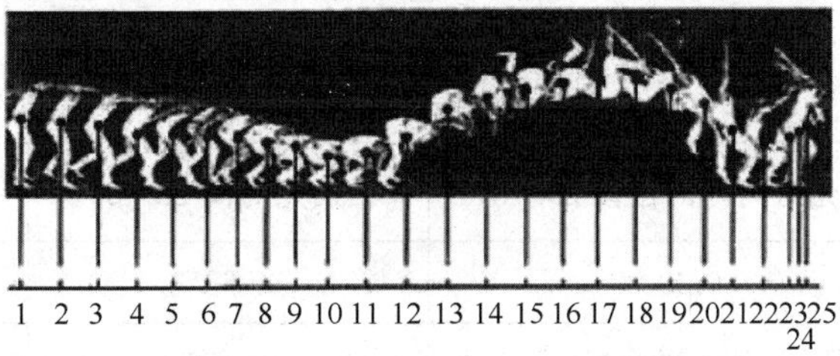

图 1－26

单元作业属性表												
题目编码	所属课时	对应目标编码A	对应学习水平A	对应目标编码B	对应学习水平B	题目类型	题目完成方式	题目难度	预计完成时间	题目来源	是否为某一大题拆分	备注栏
Z4003	04	WLBX0103A210	A2			应用题	书面	中等	2 min	改编	是	
Z4003	04	WLBX0103B212	B2			实验题	书面	中等	2 min	改编	是	
Z4003	04	WLBX0103B211	B2			应用题	书面	中等	1 min	改编	是	

Z4004：如图所示为“测量做直线运动物体的瞬时速度”的实验装置图。

(1) 通过测量挡光片的宽度 Δx 和用光电门传感器测量挡光片通过光电门的时间 Δt，测得挡光片经过光电门时小车的速度，该速度本质上是__________(选填“平均速度”或“瞬时速度”)。

(2) 实验中，更换不同的挡光片以改变挡光片宽度 Δx，每次从轨道同一位置由静止释放小车。表一为甲同学采集的实验数据，第______次实验得到的平均速度最接近挡光片前缘通过光电门的瞬时速度，原因是：________________________。

表一

实验序号	挡光时间内的位移 Δx/m	挡光时间 Δt/s	平均速度 $\bar{v}$/(m·s^{-1})
1	0.080	0.084 36	0.948
2	0.060	0.064 65	0.928
3	0.040	0.044 03	0.908
4	0.020	0.022 85	0.875

(3) 表二为乙同学用自制挡光片采集的实验数据，观察平均速度这一栏数据，可以得出：________________________。

表二

实验序号	挡光时间内的位移 Δx/m	挡光时间 Δt/s	平均速度 $\bar{v}$/(m·s^{-1})
1	0.300	0.635	0.47
2	0.200	0.459	0.44

续　表

实验序号	挡光时间内的位移 Δx/m	挡光时间 Δt/s	平均速度 $\bar{v}$/($m \cdot s^{-1}$)
3	0.110	0.263	0.42
4	0.038	0.094	0.41
5	0.024	0.058	0.41
6	0.0086	0.021	0.41

答案：(1) 平均速度　(2) 4；第 4 次实验中挡光片的宽度最小，本次实验测得的平均速度最接近挡光片前缘通过光电门的瞬时速度　(3) 时间间隔小到一定程度后，挡光片经过光电门的过程中速度无明显变化，挡光片通过光电门的平均速度就可以代表其前缘到达光电门的瞬时速度。

设计说明：本题是在学生实验"测量做直线运动物体的瞬时速度"的基础上创编的。表一的数据来自学生课堂上的实验数据，表二的数据来自人教版教材。本题意在引导学生理解光电门测速原理，体会无限逼近的思想。第三问的目的在于通过实验数据说明当挡光片的宽度小到某一值时，测得的平均速度就可以代表挡光片前缘通过光电门的瞬时速度。

单元作业属性表												
题目编码	所属课时	对应目标编码 A	对应学习水平 A	对应目标编码 B	对应学习水平 B	题目类型	题目完成方式	题目难度	预计完成时间	题目来源	是否为某一大题拆分	备注栏
Z4004	04	WLBX0103C113	C1			实验题	书面	中等	1 min	创编	是	
Z4004	04	WLBX0103C214	C2	WLBX0103B211	B2	实验题	书面	中等	2 min	创编	是	
Z4004	04	WLBX0103C214	C2	WLBX0103B211	B2	实验题	书面	中等	2 min	创编	是	

Z4005：活动 4：利用书籍、网络、调研等手段了解三种汽车的最高车速和百千米加速时间，并完成表格。

车　型			
最高车速(km/h)			
百千米加速时间(s)			
百千米加速时间内的速度变化量(m/s)			
百千米加速时间内单位时间的速度变化量(m/s^2)			

答案：本题为开放题，前三行无标准答案，只要填写的数据真实合理即可，第四行答案均为 27.8 m/s，第五行答案与第三行中的时间有关。

设计说明： 学习收集资料并从资料中提取有用信息，了解不同车辆的最高车速、百千米加速时间、百千米加速时间内的速度变化量以及百千米加速时间内单位时间的速度变化量等，为课本第四节加速度的学习做好衔接。

单元作业属性表												
题目编码	所属课时	对应目标编码A	对应学习水平A	对应目标编码B	对应学习水平B	题目类型	题目完成方式	题目难度	预计完成时间	题目来源	是否为某一大题拆分	备注栏
Z4005	04	WLBX0103B212	B2			非书面	综合实践类	中等	10 min	创编	否	

【第5课时】

Z5001：物理学中有些物理量之间是存在一定关联的，请填写表格中对应物理量的名称、符号及其表达式：

物理量	物理量的变化量	物理量的变化率
位置 x		
速度 v		

这种关系在生活或其他学科中也存在，请列举一组并作出说明。（比如：你的身高、身高的变化量、不同年龄阶段身高的变化率……）

答案：

物理量	物理量的变化量	物理量的变化率
位置 x	位移 $\Delta x=x_2-x_1$	速度 $v=\dfrac{\Delta x}{\Delta t}$
速度 v	速度的变化量 $\Delta v=v_2-v_1$	加速度 $a=\dfrac{\Delta v}{\Delta t}$

例如，地理学中有人口数量、人口数量的变化量、人口数量的变化率等。

生物学中，番茄成熟过程它的大小和含糖量都会随时间变化。

设计说明： 本题的第一部分是想通过概念间的关联将本章的几个关键知识点——位移、速度、加速度逐一梳理，凸显变化量、变化率的含义。生活中也有很多量会发生变化，其变化量和变化率都影响着我们的生活，这个拓展性问题联系学生的生活，跨越学科界限，也为后续学习做好铺垫，帮助学生建立物理观念。

单元作业属性表												
题目编码	所属课时	对应目标编码A	对应学习水平A	对应目标编码B	对应学习水平B	题目类型	题目完成方式	题目难度	预计完成时间	题目来源	是否为某一大题拆分	备注栏
Z5001	05	WLBX0104A117	A1	WLBX0104A218	A2	填空题	书面	较低	2 min	创编	是	
Z5001	05	WLBX0104A117	A1	WLBX0104A218	A2	简答题	跨学科运用类	中等	2 min	创编	是	

Z5002：加速度的大小可以有不同的表达方式，它可以是指_________的变化量与_________的比值，也可以是单位时间内_________的变化量，它表示__________变化的快慢和方向，也可表示_________的变化率，它可以通过 $v-t$ 图像的_______得到。

答案： 速度，所用时间，速度，速度，速度，斜率

设计说明： 将日常对加速度的几种常见表达方式逐一整理，加深对加速度概念的理解。

单元作业属性表												
题目编码	所属课时	对应目标编码A	对应学习水平A	对应目标编码B	对应学习水平B	题目类型	题目完成方式	题目难度	预计完成时间	题目来源	是否为某一大题拆分	备注栏
Z5002	05	WLBX0104A218	A2	WLBX0104C220	C2	填空题	书面	中等	2.5 min	创编	否	

Z5003：生活中一些常见的交通工具如跑车、飞机、电瓶车等，你知道它们的加速度吗？请根据下面提供的信息，计算并比较它们的加速度大小。

（1）法拉利跑车百千米加速时间是 3.0 s。

（2）飞机一般要在跑道上加速 45 s 后起飞，最低起飞速度为 330 km/h。

（3）一般电瓶车时速可达 35 km/h，刹车距离约为 12 m，用时约 2.5 s。

答案： 根据加速度的公式 $a=\dfrac{\Delta v}{\Delta t}$，分别代入相关数据，可得 $a_{法}=9.26\ \text{m/s}^2$，$a_{飞}=2.04\ \text{m/s}^2$，$a_{电}=-3.89\ \text{m/s}^2$，所以 $a_{法}>a_{电}>a_{飞}$。

设计说明： 该题通过提供几种常见交通工具的数据，让学生运用加速度公式进行计算，加深对加速度的理解。数据来源多样，有的数据来自网络，有的数据由专业人员提供。电瓶车的数据中有意加入刹车距离，一方面让学生学习筛选数据，另一方面，也让学生体会到电瓶车存在一定的安全隐患。

单元作业属性表												
题目编码	所属课时	对应目标编码A	对应学习水平A	对应目标编码B	对应学习水平B	题目类型	题目完成方式	题目难度	预计完成时间	题目来源	是否为某一大题拆分	备注栏
Z5003	05	WLBX0104A219	A2			简答题	书面	较低	2.5 min	创编	否	

Z5004：一木块在水平地面上做直线运动。

(1) 若某一时刻速度为 3 m/s，经过 0.5 s 后速度为 4 m/s，试求木块的加速度。

(2) 若初始速度大小为 3 m/s，经过 0.5 s 后速度大小为 4 m/s，试求该物体的加速度。

答案：(1) 以初速度方向为正方向：根据加速度公式 $a=\frac{\Delta v}{\Delta t}=\frac{4-3}{0.5}\ \text{m/s}^2=2\ \text{m/s}^2$，方向与初速度方向相同。

(2) 分情况讨论：以初速度方向为正方向，若初速度与末速度同向，则根据加速度公式 $a=\frac{\Delta v}{\Delta t}=\frac{4-3}{0.5}\ \text{m/s}^2=2\ \text{m/s}^2$，方向与初速度方向相同。

以初速度方向为正方向，若初速度与末速度反向，$a=\frac{\Delta v}{\Delta t}=\frac{-4-3}{0.5}\ \text{m/s}^2=-14\ \text{m/s}^2$，方向与初速度方向相反。

单元作业属性表												
题目编码	所属课时	对应目标编码A	对应学习水平A	对应目标编码B	对应学习水平B	题目类型	题目完成方式	题目难度	预计完成时间	题目来源	是否为某一大题拆分	备注栏
Z5004	05	WLBX0104A219	A2			简答题	书面	较低	1 min	创编	是	
Z5004	05	WLBX0104A219	A2			简答题	书面	中等	2 min	创编	是	

设计说明：第一小题是常规加速度的运算，第二小题是要凸显速度、加速的矢量性，运算中要考虑因为方向的不确定性导致结果有两种可能。矢量概念是高中阶段的一个新知识点，需要在学习过程中不断强化。

Z5005：活动 5：请大家通过搜索引擎搜索并下载一款可用于做物理实验的软件，并尝试运用软件测量家中电梯或者某种交通工具运行时的加速度，将测量结果截屏，下载数据，并对运动情况作出分析(包括速度和加速度的变化情况)。

评价标准：

评价内容	表现标准	自评	互评
实践测量	完成软件下载并学习使用软件		
	能用软件测量加速度		
	能进行数据下载和图像截屏		
解释交流	能介绍软件的使用和测量方法		
	能介绍数据的来源和保存方法		
	能通过数据分析归纳物体运动的特点		

续 表

评价内容	表　　现　　标　　准	自评	互评
教师评语			
操作说明：学生和教师对照“表现标准”，根据符合程度进行表现水平评价，“2”表示完全符合，“1”表示部分符合，“0”表示不符合，满分 12 分			

设计说明： 我们选择了能通过搜索引擎免费下载使用的软件，将软件安装在手机中，使用方便，容易操作，学生非常感兴趣。本单元活动是在学生学习了加速度知识的基础上运用此软件测量身边各种运动的加速度，呈现方式有图线和数据表，便于学生分析研究，也为学生后续开展自主探究提供一种便捷的工具。

单元作业属性表												
题目编码	所属课时	对应目标编码A	对应学习水平A	对应目标编码B	对应学习水平B	题目类型	题目完成方式	题目难度	预计完成时间	题目来源	是否为某一大题拆分	备注栏
Z5005	05	WLBX0104A219	A2			非书面	综合实践类	中等	10 min	创编	否	

【第 6 课时】

Z6001：判断下列说法是否正确，并说明理由。

说　　法	判断	运用物理原理分析说明
汽车速度为零时，加速度一定为零		
飞机起飞过程中速度变化很大，加速度一定很大		
物体加速度方向与速度方向一定相同		
物体的加速度在减小，但速度可能在增加		

答案：

说　　法	判断	运用物理原理分析说明
汽车速度为零时，加速度一定为零	错	汽车启动时速度为零但加速度不为零。加速度是表示单位时间内物体速度的变化量，与瞬时速度的大小无直接关系。

续　表

说　　法	判断	运用物理原理分析说明
飞机起飞过程中速度变化很大，加速度一定很大	错	飞机起飞过程中，虽然速度变化量很大，但所用时间也较长，加速度并不是很大（可参考 Z5003）。加速度是单位时间内速度的变化量，并不是仅与速度的变化量有关，还与所用时间有关。
物体加速度方向与速度方向一定相同	错	加速度的方向应该与速度变化量的方向相同，并不一定与速度方向相同。当物体做加速运动时，速度方向与加速度的方向相同，但做减速运动时，两者方向相反。
物体的加速度在减小，但速度可能在增加	对	加速度只是表示速度变化的快慢和方向，但物体的运动还取决于速度和加速度两者的方向关系。只要速度与加速度的方向一致，物体就做加速运动，反之，物体做减速运动。加速度在减小只能说明单位时间内速度的变化量在减小，只要两者方向相同，物体仍在做加速运动。

设计说明： 本题源于学生作业中表现出来最易错的几个问题，加上具体的情境，让学生从四个角度辨析速度、速度的变化量、加速度三者间的大小和方向的关系，在实际场景中的分析更便于学生理解。

单元作业属性表

题目编码	所属课时	对应目标编码A	对应学习水平A	对应目标编码B	对应学习水平B	题目类型	题目完成方式	题目难度	预计完成时间	题目来源	是否为某一大题拆分	备注栏
Z6001	06	WLBX0104A218	A2			判断题	书面	较低	1 min	创编	是	
Z6001	06	WLBX0104A218	A2			判断题	书面	中等	1 min	创编	是	
Z6001	06	WLBX0104A219	A2			判断题	书面	中等	1 min	创编	是	
Z6001	06	WLBX0104A219	A2			判断题	书面	较高	1 min	创编	是	

Z6002：四辆小车 A、B、C、D 在水平面上做直线运动，请大家结合图像，分析小车运动中的速度和加速度的情况。

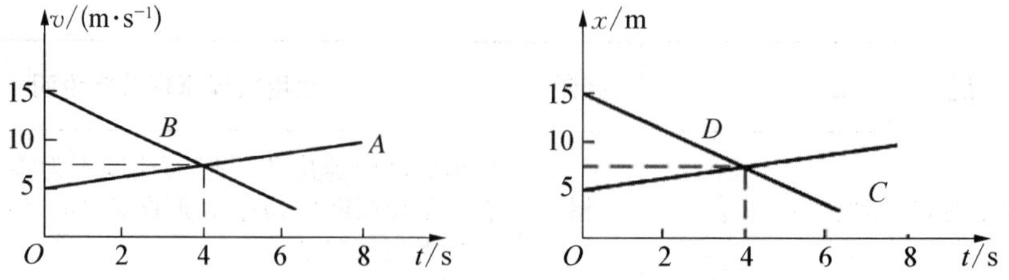

答案： A 物体做速度增加，加速度不变的运动。

B 物体做速度减小，加速度不变的运动。

C 物体做速度不变，加速度为零的运动。（匀速运动）

D 物体做速度不变，加速度为零的运动。（反向的匀速运动）

设计说明： 本题将 $x-t$ 图与 $v-t$ 图放在一起比较，起到承上启下的作用。学生平时在分析图像问题时，经常会混淆这两张图的物理意义，借助本题，引导学生从分析坐标开始研究图像，理解图像的物理意义。

单元作业属性表												
题目编码	所属课时	对应目标编码 A	对应学习水平 A	对应目标编码 B	对应学习水平 B	题目类型	题目完成方式	题目难度	预计完成时间	题目来源	是否为某一大题拆分	备注栏
Z6002	06	WLBX0103C215	C2	WLBX0104C220	C2	分析题	书面	较低	2 min	创编	否	

Z6003：如图所示是甲乙两辆汽车运动的 $v-t$ 图像，t_1 时刻，甲、乙两个物体的运动方向________（填“相同”或“相反”），甲物体运动的加速度__________（填“不断增大”“不断减小”或“不变”）。

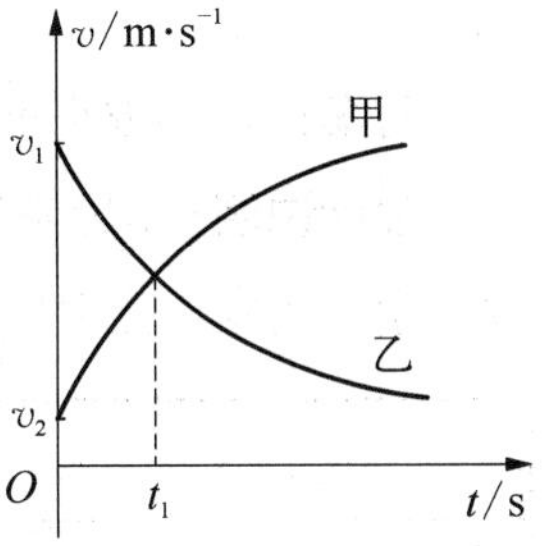

答案： 相同，不断减小

设计说明： 进一步加深学生对 $v-t$ 图像的认识，知道如何从图像中得到变速运动的瞬时速度和瞬时加速度，尤其是对物理量方向问题的分析。

单元作业属性表												
题目编码	所属课时	对应目标编码 A	对应学习水平 A	对应目标编码 B	对应学习水平 B	题目类型	题目完成方式	题目难度	预计完成时间	题目来源	是否为某一大题拆分	备注栏
Z6003	06	WLBX0104C220	C2	WLBX0104A221	A2	填空题	书面	中等	1.5 min	改编	否	

Z6004：在“用 DIS 测定加速度”实验中，得到了如下图所示的图像，为估算小车的加速度，应选择合适的区域，选择区域正确且最佳的应为下图中的________，理由是________________________。

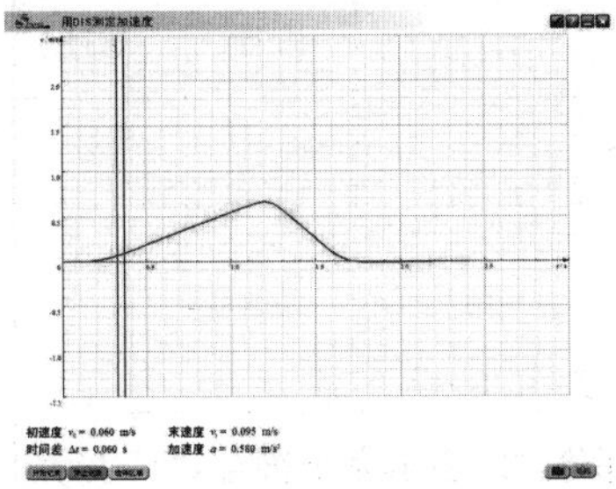

图一

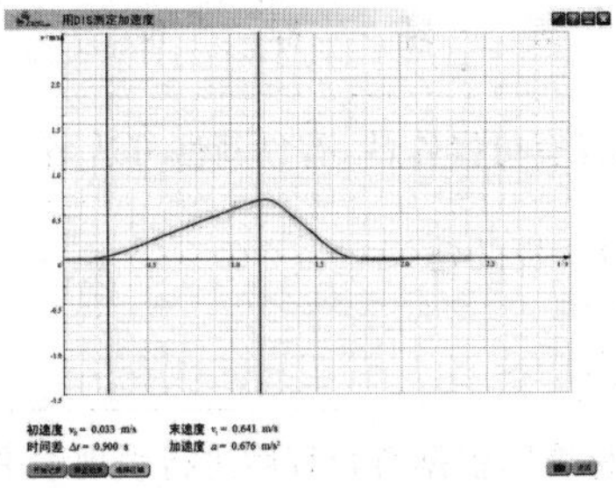

图二

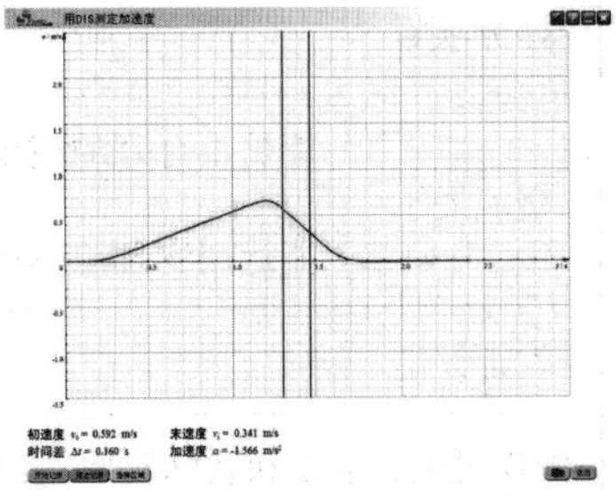

图三

某同学在“用 DIS 测位移和速度”的实验中得到了图四，那么物体在做__________运动，图中的速度是指物体运动的________速度，由图可得小车在 0.4～1.2 s 时间内的平均加速度大小为 ____________ m/s^2。

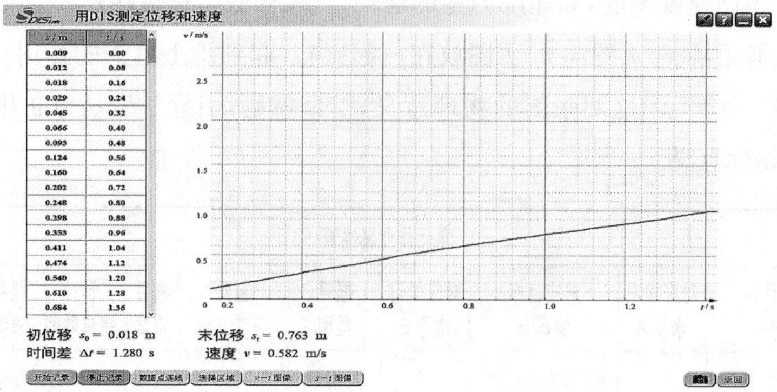

图四

答案：图二，取小车加速运动阶段且测量范围尽量大；变速直线，平均，0.70(0.60～0.80 亦可)

设计说明：本题是根据学生在实验过程中最易出现问题的几个点设计的，数据和图象均来源于学生实验。让学生理解如何合理选择数据区域，以及从图像中如何获得有效信息。

单元作业属性表												
题目编码	所属课时	对应目标编码 A	对应学习水平 A	对应目标编码 B	对应学习水平 B	题目类型	题目完成方式	题目难度	预计完成时间	题目来源	是否为某一大题拆分	备注栏
Z6004	06	WLBX0104C220	C2	WLBX0104A221	A2	填空题	书面	中等	1.5 min	创编	否	

Z6005：活动 6：学校运动会就要召开了，其中有一个项目是 4×100 m 接力，请同学们运用我们学过的物理原理为班级体育委员支招，选出四名最佳参赛队员，设计接棒顺序方案，争取获得好成绩。(提示：有的同学爆发力较好，有的同学速度特别快……)

评价标准：

评分项目	表　现　标　准	自评	互评
交流展示	能提出合理的建议，且有可操作性，有创新性可适当加分		
	能运用物理原理解释所提的建议		
教师评语			
操作说明：学生和教师对照“表现标准”，根据符合程度进行表现水平评价，“2”表示完全符合，“1”表示部分符合，“0”表示不符合，满分 4 分			

设计说明： 这是本单元的最后一个活动，正逢学校要召开运动会，所以将两者结合起来，运用物理知识解决实际问题。4×100 m 接力是一种学生熟悉的运动，为争取好成绩，学生会提出各种方案，引导学生应用本章节的质点、位移、速度和加速度等概念分析说理，强化学生的物理观念，提升学生的科学思维能力，培养责任感和集体荣誉感。

单元作业属性表												
题目编码	所属课时	对应目标编码 A	对应学习水平 A	对应目标编码 B	对应学习水平 B	题目类型	题目完成方式	题目难度	预计完成时间	题目来源	是否为某一大题拆分	备注栏
Z6005	06	WLBX0104D122	D1	WLBX0104A218	A2	书面开放题	跨学科运用类	中等	5 min	创编	否	

Z6006：（学期长作业）选择一种你熟悉的测量工具，测量并描述一种物体的运动。（大家可在下面两种运动中选择一种，也可以另外选择一种运动进行研究）

（1）一辆小车冲上斜坡的运动。

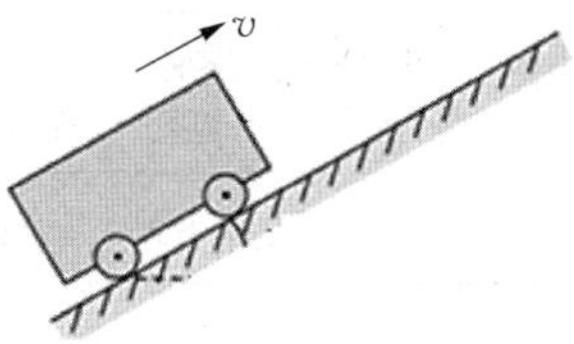

（2）一个与弹簧连接的小球在水平面内的往复运动。

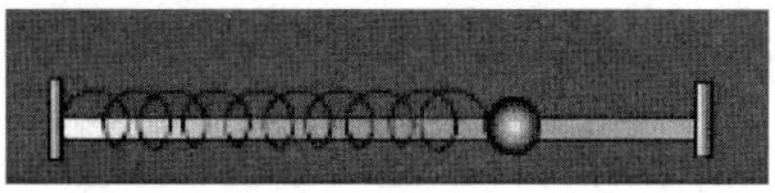

设计说明： 要求学生运用初中或本单元中使用过的实验设备或手机软件研究物体的运动。学生自行设计实验方案，实施实验，并进行交流汇报。题中给出两种常见的运动形式供学生研究，这两种运动也是后续学习中将要重点讨论的运动，所以此长作业可以帮助学生逐步深入地理解物体的各种运动特征。题目中也允许学生利用学期作业制作的加速度计自行寻找一种运动进行研究，目的是给学生更多的自主研究空间，有助于学生自己发现问题，运用科学方法进行科学研究。

评价标准：

评价内容	表　现　标　准	自评	互评
实验设计	能运用物理观念描述设计原理		
	选择合适的器材，实验过程简单易行，可操作		

续 表

评价内容	表 现 标 准	自评	互评
制作测量	通过图片、视频、表格等证据确认测量过程真实可信		
	测量过程步骤规范，且和设计方案一致		
	能用图像的方法描绘运动		
解释交流	能对结果进行合理解释，具有误差分析意识，能准确描述误差来源		
	能提出减小误差的切实可行的措施，或能提出新的可探究的问题		
教师评语			
操作说明：学生和教师对照“表现标准”，根据符合程度进行表现水平评价，“2”表示完全符合，“1”表示部分符合，“0”表示不符合，满分 14 分			

单元作业属性表

题目编码	所属课时	对应目标编码 A	对应学习水平 A	对应目标编码 B	对应学习水平 B	题目类型	题目完成方式	题目难度	预计完成时间	题目来源	是否为某一大题拆分	备注栏
Z6006	06	WLBX0104A221	A2			非书面	综合实践类	较高	60 min	创编	否	

（二）单元练习

L0001：下列有关质点的说法中正确的是(　　)。

(A) 质点是忽略了物体的大小、质量建立起来的理想模型

(B) 像原子、电子这样体积很小的物体一定可以看成质点

(C) 用 GPS 定位系统确定某同学的位置时，该同学可看作质点

(D) 研究东京奥运会乒乓球单打冠军的技术时，单打冠军可看作质点

答案：C

设计说明：结合第 1 课时的学生作业情况，创编了一些生活实例和容易混淆的表述，考查学生对质点概念的理解以及在具体情境中物体是否可视为质点的辨析。

单元练习属性表

题目编码	对应目标编码 A	对应学习水平 A	对应目标编码 B	对应学习水平 B	题目类型	题目完成方式	题目难度	预计完成时间	题目来源	是否为某一大题拆分	备注栏
L0001	WLBX0101A101	A2	WLBX0101A101	A1	选择题	书面	较低	1 min	创编	否	

L0002：下列说法中正确的是(　　)。

(A) 位移的大小等于路程，方向由起点指向终点

(B) 物体做直线运动时，位移的大小和路程相等

(C) 在位移-时间图像中，图线描绘了物体的运动轨迹

(D)“神舟十二号载人飞船于 9 月 17 日 13 时 30 分许顺利着陆”，这里的“13 时 30 分”说的是时刻

答案： D

设计说明： 结合第 2 课时的学生作业情况，创编了容易混淆的一些观点，考查学生对位移、路程、时间、时刻、位移-时间图像的学习情况。引入“神舟十二号”的相关信息是为了引导学生了解我国的航天技术，激发爱国热情。

单元练习属性表											
题目编码	对应目标编码 A	对应学习水平 A	对应目标编码 B	对应学习水平 B	题目类型	题目完成方式	题目难度	预计完成时间	题目来源	是否为某一大题拆分	备注栏
L0002	WLBX0102A205	A2			选择题	书面	较低	1 min	创编	否	

L0003：下列关于速度的说法中，不正确的是(　　)。

(A) 做匀速直线运动的质点，瞬时速度和平均速度相等

(B) 平均速率是平均速度的大小，瞬时速率是瞬时速度的大小

(C) 某时刻附近极短时间内的平均速度可视为质点在该时刻的瞬时速度

(D) 若质点在一段时间内的平均速度为零，这段时间内的瞬时速度不一定为零

答案： B

设计说明： 结合第 3、4 课时的学生作业情况，创编一些与平均速度、瞬时速度有关的物理概念，考查学生对平均速度、瞬时速度等概念的掌握情况。

单元练习属性表											
题目编码	对应目标编码 A	对应学习水平 A	对应目标编码 B	对应学习水平 B	题目类型	题目完成方式	题目难度	预计完成时间	题目来源	是否为某一大题拆分	备注栏
L0003	WLBX0103A108	A1			选择题	书面	较低	1 min	创编	否	

L0004：下列有关速度、速度变化以及加速度的说法中正确的是(　　)。

(A) 物体的速度很大，加速度一定很大　　(B) 物体的速度增大，加速度一定增大

(C) 物体的速度变化大，加速度一定大　　(D) 物体的速度不变，加速度一定为零

答案： D

设计说明： 结合第 5 课时的学生作业情况，由原题改编，考查对速度、速度变化和加速度的辨析。

原题：下列关于速度和加速度的说法正确的是(　　)。

(A) 物体速度变化量越大，加速度就越大

(B) 加速度方向由速度方向决定

(C) 物体的加速度减小时，速度仍可能增大

(D) 物体的瞬时速度为零，加速度也一定为零

单元练习属性表									
题目编码	对应目标编码 A	对应学习水平 A	对应目标编码 B	对应学习水平 B	题目类型	预计完成时间	题目来源	是否为某一大题拆分	备注栏
L0004	WLBX0104A218	A2			选择题	1 min	改编	否	

L0005：如图所示为直径为 25 mm 的硬币，当硬币绕中心点 O 转动半圈，即其最上方的 A 点从当前位置转到 A' 位置的过程中，A 点通过的位移是________cm，路程是________cm。当硬币向前滚动半圈，A 点通过的位移是________cm。

答案：2.5，3.93，4.66

设计说明：针对学生对 Z2002 这一题解答不理想的情况，用生活中随处可见的事物——硬币创编本题目，考查学生对位移和路程计算的掌握程度。

单元练习属性表											
题目编码	对应目标编码 A	对应学习水平 A	对应目标编码 B	对应学习水平 B	题目类型	题目完成方式	题目难度	预计完成时间	题目来源	是否为某一大题拆分	备注栏
L0005	WLBX0102A205	A2			填空题	书面	较低	2 min	创编	否	

L0006：如图所示为某同学用分体式位移传感器测得的 $x-t$ 图像，分析图像可知，0.4～1.4 s内，物体做__________运动，平均速度是__________m/s。

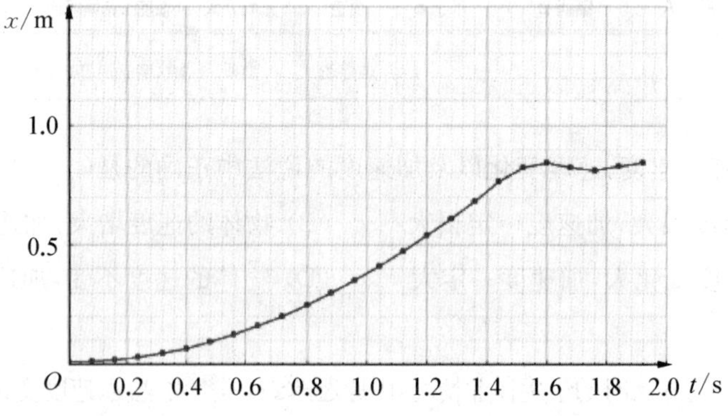

答案：变速直线运动(或加速直线运动)，0.64 m/s(0.60～0.70 m/s 均可)

设计说明：本题是利用学生在实验中测得的 $x-t$ 图像创编的，考查通过 $x-t$ 图像分析物体的运动形式，以及一段时间内平均速度的求解。

单元练习属性表											
题目编码	对应目标编码A	对应学习水平A	对应目标编码B	对应学习水平B	题目类型	题目完成方式	题目难度	预计完成时间	题目来源	是否为某一大题拆分	备注栏
L0006	WLBX0103C215	C2			填空题	书面	较低	2 min	创编	否	

L0007：如图所示为甲、乙、丙三位同学运动的 $x-t$ 图像，观察图像可知三位同学在 $0\sim t_1$ 时间内的位移关系是 $x_{甲}$________ $x_{乙}$________ $x_{丙}$，路程关系是 $s_{甲}$________ $s_{乙}$________ $s_{丙}$，平均速度关系是 $\bar{v}_{甲}$________ $\bar{v}_{乙}$________ $\bar{v}_{丙}$，在 t_2 时刻的瞬时速度 $v_{甲}$________ $v_{乙}$________ $v_{丙}$。(填“>”“=”或“<”)

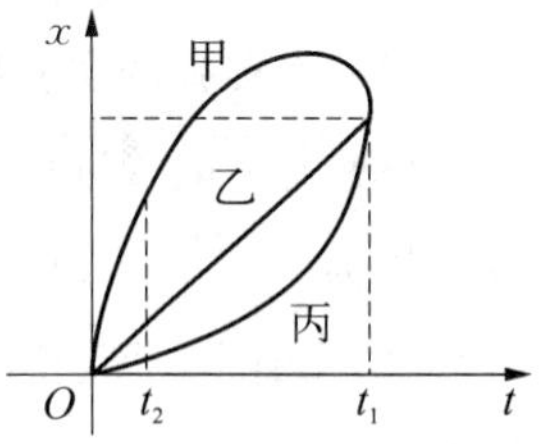

答案：=，=，>，=，=，=，>，>

设计说明：本题是参考课本第 24 页第 12 题改编的一道考查在 $x-t$ 图像中获取位移、路程、平均速度、瞬时速度等信息的题目。

原题：

12. 如图 1-42 所示为甲、乙、丙、丁四个物体做直线运动的 $x-t$ 图像。说明四个物体在 $0\sim t_1$ 时间段的始、末位置，并从位移、路程、运动的快慢等角度描述它们的运动。

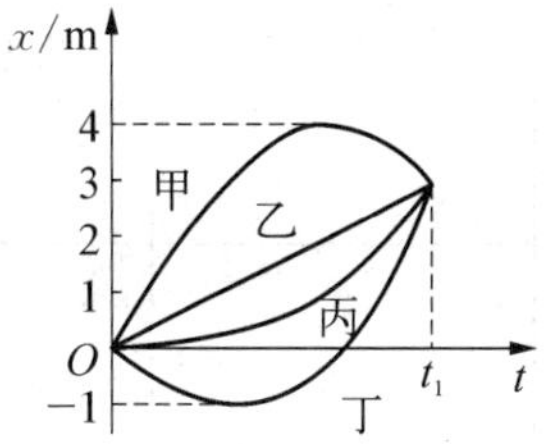

图 1-42

单元练习属性表									
题目编码	对应目标编码A	对应学习水平A	对应目标编码B	对应学习水平B	题目类型	预计完成时间	题目来源	是否为某一大题拆分	备注栏
L0007	WLBX0103C215	C2	WLBX0102A205	A2	填空题	2 min	改编	否	

L0008：如图所示为“测定做直线运动物体的瞬时速度”的装置，A 组同学测得的实验数据如表一所示。

表一

实验序号	挡光时间内的位移 Δx/m	挡光时间 Δt/s	平均速度 $\overline{v}$/(m·s^{-1})
1	0.080	0.230 44	0.347
2	0.060	0.174 64	0.344
3	0.040	0.116 62	0.343
4	0.020	0.058 50	0.342

(1) 该实验的实验原理是______________________________。

(2) 表中最接近挡光片前端通过光电门时小车的瞬时速度的是第____次实验数据，瞬时速度大小为________m/s。

(3) B组同学获得的实验数据如表二，第____次实验数据有问题，出现这个问题的原因可能是______________________________。

表二

实验序号	挡光时间内的位移 Δx/m	挡光时间 Δt/s	平均速度 $\overline{v}$/(m·s^{-1})
1	0.080	0.192 77	0.415
2	0.060	0.146 34	0.410
3	0.040	0.094 56	0.423
4	0.020	0.049 88	0.401

(4) C组同学所用的器材及实验操作步骤与A组完全相同，但他们获得的实验数据如表三所示，出现这种实验结果的原因是________________________。

表三

实验序号	挡光时间内的位移 Δx/m	挡光时间 Δt/s	平均速度 $\overline{v}$/(m·s^{-1})
1	0.080	0.154 25	0.519
2	0.060	0.112 1	0.535
3	0.040	0.072 6	0.551
4	0.020	0.035 1	0.570

答案：(1) 物体在某时刻(或某位置)附近极短时间(或极短位移)内的平均速度可视为物体在该时刻(或该位置)的瞬时速度。

(2) 4,0.342

(3) 3,每次实验中小车没有从同一位置由静止释放

(4) 挡光片安装的方向与A组相反

设计说明：根据课堂中学生实验情况创编本实验题，与Z4004呼应，考查光电门测量瞬时速度的原理和无限逼近思想，是Z4004的进阶。

单元练习属性表									
题目编码	对应目标编码A	对应学习水平A	对应目标编码B	对应学习水平B	题目类型	预计完成时间	题目来源	是否为某一大题拆分	备注栏
L0008	WLBX0103C113	C1			实验题	2 min	创编	是	
L0008	WLBX0103B211	B2			实验题	2 min	创编	是	
L0008	WLBX0103C214	C2			实验题	2 min	创编	是	
L0008	WLBX0103C214	C2			实验题	2 min	创编	是	

L0009：(1) 如图所示为某学校的地图。一同学由 A 地去往 B 地，用5 min走完全程。在图上标出该同学的位移，并算出他的平均速度。

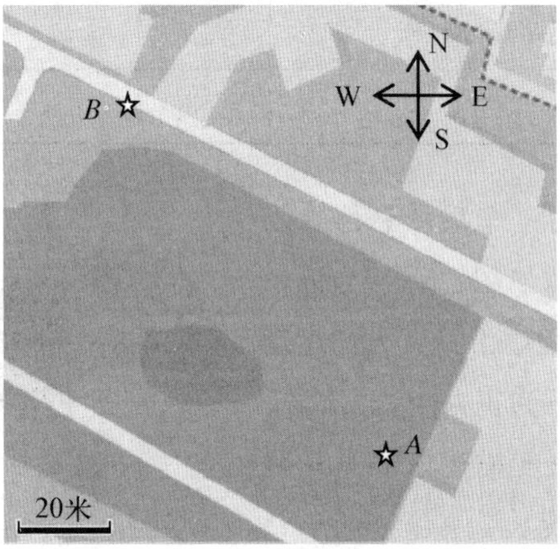

(2) 地铁进站后，在5 s内速度由20 m/s减小到12 m/s，用矢量作图法画出加速度方向和速度方向的关系，并算出加速度大小。

答案：(1) 量出位移 x 在地图上的长度，结合比例尺，可以算出位移大小为88 m(85 m～95 m间均可)，平均速度为0.29 m/s(0.28 m/s～0.32 m/s间均可)，方向为北偏西38°(35°～40°间均可)。

(2) 地铁的速度变化量 $\Delta v=12\ m/s-20\ m/s=-8\ m/s$，加速度 $a=\frac{\Delta v}{\Delta t}=-\frac{8}{5}\ m/s^2=-1.6\ m/s^2$

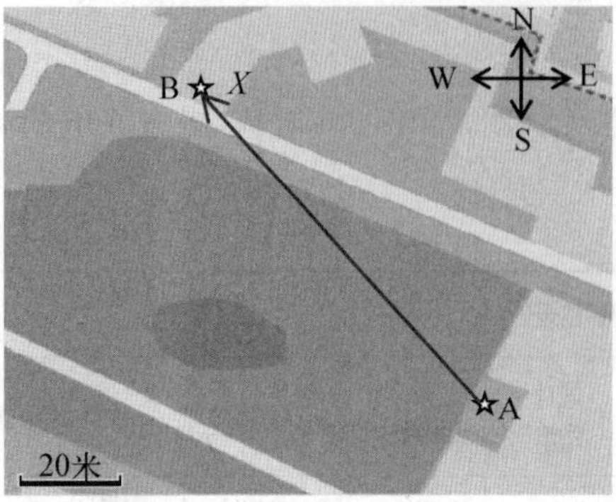

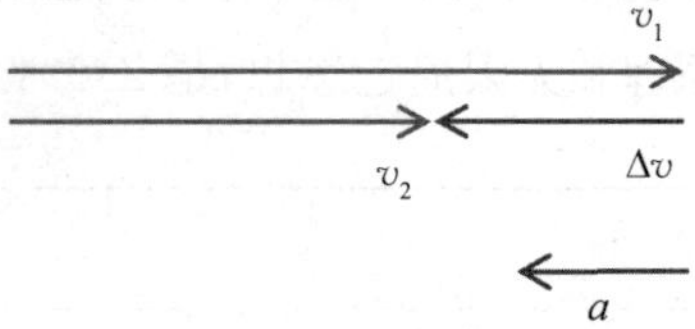

设计说明：第一小题是结合前三课时作业中的活动内容 Z1005、Z2005、Z3005 创编的题目，考查活动作业的落实情况。第二小题考查学生矢量作图法，是课本加速度一节中的相关内容，也为后续学习平行四边形定则做铺垫。

单元练习属性表									
题目编码	对应目标编码 A	对应学习水平 A	对应目标编码 B	对应学习水平 B	题目类型	预计完成时间	题目来源	是否为某一大题拆分	备注栏
L0009	WLBX0103A210	A2	WLBX0102A205	A2	作图题	3 min	创编	是	
L0009	WLBX0104A219	A2			作图题	3 min	创编	是	

L0010：如图甲所示为一伞兵从悬停在高空的直升机中跳下的画面，如图乙所示为该伞兵从跳离飞机到落地的过程中沿竖直方向运动的 $v-t$ 图像，规定竖直向下为正方向。

(1) 从速度、加速度角度描述该战士从跳离飞机到落地前的运动情况。

(2) 计算该战士在 0～10 s 内、10～15 s 内的加速度大小。

甲

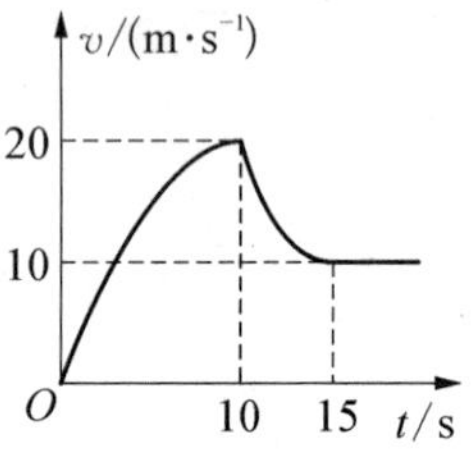

乙

答案：(1) 在 0～10 s 内，伞兵的速度由零增大到 20 m/s，加速度逐渐减小；在 10～15 s 内，伞兵的速度由 20 m/s 减小到 10 m/s，加速度逐渐减小；15 s 后，伞兵的速度大小为 10 m/s，速度保持不变，加速度为零。

(2) 该战士在 0～10 s 内的加速度 $a_1=\dfrac{\Delta v_1}{\Delta t_1}=\dfrac{20-0}{10-0}\ \mathrm{m/s^2}=2\ \mathrm{m/s^2}$，该战士在 10～15 s 内的加速度 $a_2=\dfrac{\Delta v_2}{\Delta t_2}=\dfrac{10-20}{15-10}\ \mathrm{m/s^2}=-2\ \mathrm{m/s^2}$。

设计说明：本题是对一道选择题的改编，考查对 v-t 图像的理解和从 v-t 图像获取有用信息的能力。

原题：某航空表演者从飞机上跳下，他从跳离飞机到落地的过程中沿竖直方向运动的 v-t 图像如图所示，关于表演者在竖直方向上的运动，下列说法正确的是(　　)。

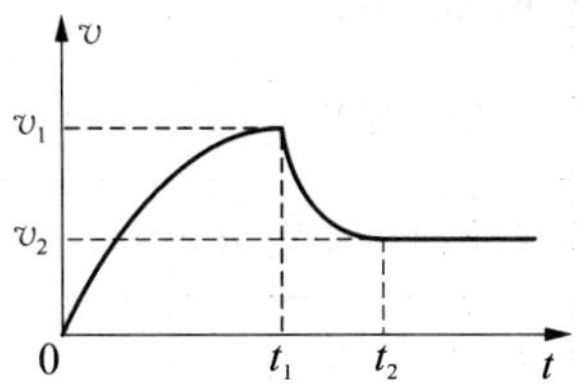

(A) 0～t_1 内表演者的平均速度等于 $\dfrac{v_1}{2}$

(B) 0～t_1 内表演者的加速度逐渐减小

(C) t_1～t_2 内表演者的平均速度等于 $\dfrac{v_1+v_2}{2}$

(D) t_1～t_2 内表演者的位移大于 $\dfrac{v_1+v_2}{2}(t_2-t_1)$

单元练习属性表									
题目编码	对应目标编码 A	对应学习水平 A	对应目标编码 B	对应学习水平 B	题目类型	预计完成时间	题目来源	是否为某一大题拆分	备注栏
L0010	WLBX0104A221	A2			应用题	4 min	改编	是	
L0010	WLBX0104C220	C2			应用题	2 min	改编	是	

三、作业属性统计表

(一) 单元作业属性统计表

单元作业属性统计表														
不同目标编码题量分布		不同课时题量分布		不同目标维度与学习水平题量分布		不同类型题量分布		不同完成方式题量分布		不同难度题量分布		总时间(分钟)	不同来源题量分布	
WLBX0101A0101	1	01	5	A1	9	选择题	0	听说类	0	较低	20	181 分钟	选编	0
WLBX0101A0202	2	02	6	A2	25	填空题	11	操作类	0	中等	23		改编	6
WLBX0101B203	4	03	10	A3	0	简答题	11	综合实践类	5	较高	3		创编	40
WLBX0102A104	2	04	9	A4	0	作图题	2	合作类	0					
WLBX0102A205	3	05	7	A5	0	实验题	5	跨学科运用类	2					

单元作业属性统计表														
不同目标编码题量分布		不同课时题量分布		不同目标维度与学习水平题量分布		不同类型题量分布		不同完成方式题量分布		不同难度题量分布		总时间（分钟）	不同来源题量分布	
WLBX0102C106	1	06	9	B	0	应用题	3	非书面其他	0					
WLBX0102C207	2	07	0	B1	0	证明题	0	书面	39					
WLBX0103A108	4	08	0	B2	10	完形填空	0							
WLBX0103A209	2			B3	0	判断题	3							
WLBX0103A210	3			B4	0	书面开放题	1							
WLBX0103B211	3			B5	0	书面其他	0							
WLBX0103B212	3			C	0	非书面	5							
WLBX0103C113	1			C1	2									
WLBX0103C214	2			C2	11									
WLBX0103C215	3			C3	0									
WLBX0103C116	1			C4	0									
WLBX0104A117	2			C5	0									
WLBX0104A218	6			D1	3									
WLBX0104A219	6			D2	0									
WLBX0104C220	4			D3	0									
WLBX0104A221	3			D4	0									
WLBX0104C122	2			D5	0									

（二）单元练习属性统计表

单元练习属性统计表									
题目编码	对应目标编码 A	对应学习水平 A	对应目标编码 B	对应学习水平 B	题目类型	预计完成时间	题目来源	是否为某一大题拆分	备注栏
L0001	WLBX0101A101	A1	WLBX0101A101	A1	选择题	1 min	创编	否	
L0002	WLBX0102A205	A2			选择题	1 min	创编	否	

续 表

单元练习属性统计表									
题目编码	对应目标编码A	对应学习水平A	对应目标编码B	对应学习水平B	题目类型	预计完成时间	题目来源	是否为某一大题拆分	备注栏
L0003	WLBX0103A108	A1			选择题	1 min	创编	否	
L0004	WLBX0104A218	A2			选择题	1 min	改编	否	
L0005	WLBX0102A205	A2			填空题	2 min	创编	否	
L0006	WLBX0103C215	C2			填空题	2 min	创编	否	
L0007	WLBX0103C215	C2	WLBX0102A205	A2	填空题	2 min	改编	否	
L0008	WLBX0103C113	C1			实验题	2 min	创编	是	
L0008	WLBX0103B211	B2			实验题	2 min	创编	是	
L0008	WLBX0103C214	C2			实验题	2 min	创编	是	
L0008	WLBX0103C214	C2			实验题	2 min	创编	是	
L0009	WLBX0103A210	A2	WLBX0102A205	A2	作图题	3 min	创编	是	
L0009	WLBX0104A219	A2			作图题	3 min	创编	是	
L0010	WLBX0104A221	A2			应用题	4 min	改编	是	
L0010	WLBX0104C220	C2			应用题	2 min	改编	是	

四、作业案例编制特色说明

“运动的描述”是《普通高中教科书物理必修第一册》(上海科学技术出版社)的第一章，我们以《普通高中物理课程标准(2017 年版 2020 修订)》为依据，以《普通高中教科书物理必修第一册》(上海科学技术出版社)中的“问题与思考”和《普通高中教科书物理练习部分必修第一册》为基础，根据我校学生现有的知识和能力水平，设计了相关的补充练习和一系列的实践活动。作业的内容旨在为学生搭建学习的支架，更好地完成初高中知识的可持续学习。对学习中易混淆和难以理解的知识点通过编制变式练习，帮助学生逐步深入地理解相关知识点。我们设计了一组实践活动，让学生学会应用物理知识解决实际问题，体会“从生活走进物理，从物理走向社会”。

由于学生刚进入高一，对学校抱有好奇心但对高中学习又不能完全适应，我们的作业设计关注了这个阶段学生的身心特点。引导学生探索校园，结合地理学科中绘制的校园地图，用本章中学习的物理概念描绘校园中同学们的实际运动。从知识层面来说，初中阶段学生已经学习了路程和速度(实际是速率)知识,我们从这些知识出发,通过类比分析,引导学生建构位移和速度的概念,尤其是强调了物理量的方向性问题,把矢量概念贯穿于整个章节的教学中,因为这正是本章学生学习中的难点问题。

我们的这份作业设计具有以下特色。

(一) 从单元视角设计学生活动

本章内容都是描述物体运动的物理概念,我们的设计是从地理课上学生绘制的学校地图开始,随着章节知识点的不断深入,将所学内容在地图上呈现,或利用地图信息进行运动的描述与计算。学生自主探索校园,测量描绘地图并利用地图提供的信息解决实际问题,促进学生科学思维的养成,培养解决实际问题的能力,养成实事求是的科学态度。

我们的单元活动作业具体内容如下表所示:

单元目标	课时	活动内容	设计目的
描述身边物体的运动	1	根据地理课上绘制的学校地图,在图中标示出两个特定位置,见 Z1005	学习建立模型,养成科学思维的习惯
	2	画出两个特定位置间的三条路径和位移,见 Z2005	区别路程和位移,学习用矢量图和测量计算的方式描绘位移,强化矢量概念
	3	计算同学在两个特定位置间运动的平均速度和平均速率,见 Z3005	区别平均速度和平均速率,学习用公式计算平均速度
	4	查阅资料,了解不同车辆的相关数据,见 Z4005	理解瞬时速度和速度的变化量,了解生活中的物理,也是为学习加速度概念做铺垫
	5	测量某个运动物体的加速度,并描述这种运动,见 Z5005	熟悉加速度,学习用实验方法测量,用规范的语言分析并描述运动,培养科学探究能力与交流表达能力
	6	设计校运动会 4×100 m 接力赛的人员安排方案,见 Z6005	综合运用单元中各个概念解决实际问题,培养学生的责任感和集体荣誉感
长期作业	整个学期	用某种测量工具,测量并描述一种运动(可测量指定的运动,也可自行寻找一种运动来测量),见 Z6006	运用现有或者自己设计的实验装备(教材学期活动设计的加速度计等)完成实验并进行展示与交流,培养学生运用物理观念,利用科学思维开展科学探究,培养实事求是的科学态度。其中的指定实验为后续的学习做了铺垫

对学生实践活动的评价,我们参照了《上海市高中物理学科教学基本要求》,设计了一系列评价表,通过学生间的自评与互评,以及教师的评价,对学生学习过程进行档案袋式的过程性评价,激励学生不断进步,逐步落实对学生物理学科核心素养的提升。

这份作业已在我校高一学生中使用,学生学习的积极性大大提高,学生的实验能力和语言表达能力也得到了一定的培养。下面展示的是我们部分学生的作业和学生课堂照片。

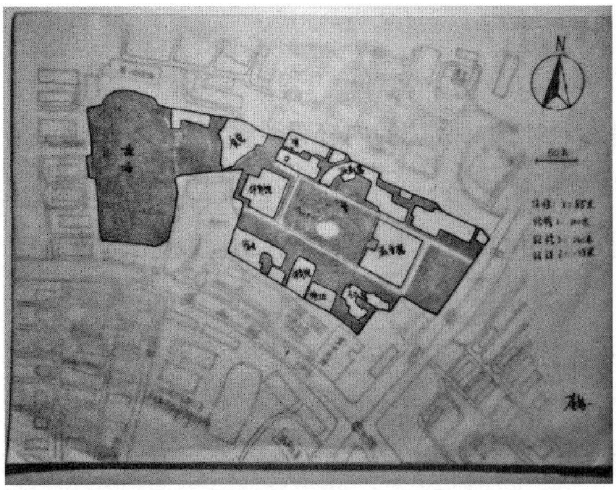
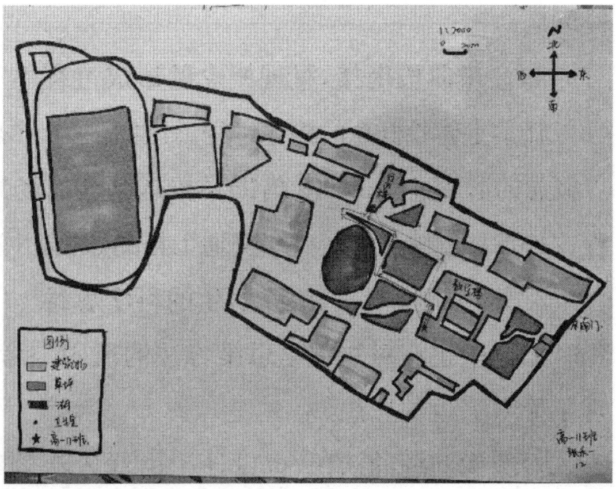
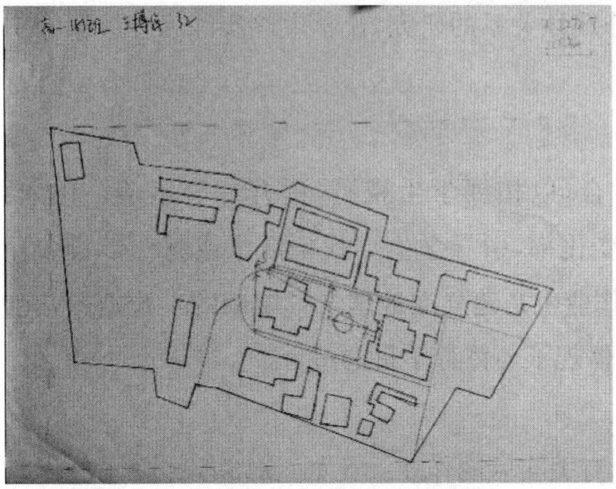
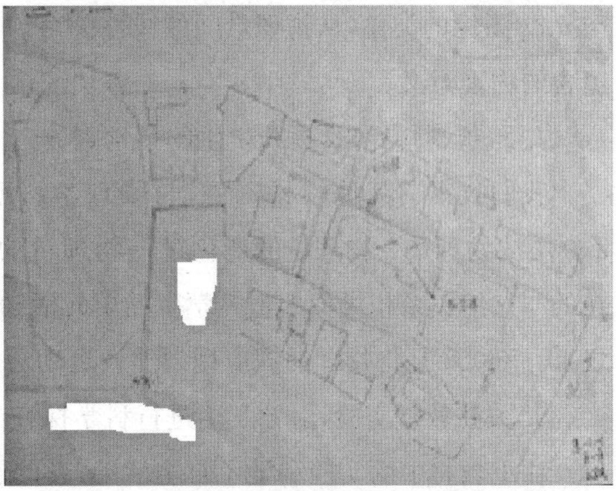

（二）以培养核心素养为立足点

1. 创设丰富情境，激发学生的学习兴趣

寻找学生身边熟悉的事件，贴近学生生活，有助于学生分析研究。比如：Z1003 节选了一段关于苏炳添跑步的论文，学生在阅读中体会把物体当作质点的条件；Z4002 使用了一张出租车发票，让学生选择需要的信息计算平均速度；Z5003 选择生活中三种交通工具比较加速度的大小，体会速度、速度变化量和加速度是不同的概念，也引导学生进一步思考交通工具的安全性问题。

2. 注重阶段衔接，呈现概念的形成过程

让学生体验概念的构建过程。比如：Z1002是参照“空中课堂”的内容设计的，加深学生理解质点概念的形成过程；Z2001借助学校运动会的场景，分析比较路程与位移，体会位移概念的形成过程；Z4005要求学生搜集关于交通工具的数据，并进行一定的计算，为后续学习加速度概念做准备。

3. 体现学科本质，培养学生的科学思维

作业中也有对物理学思维方法的巩固与考查。比如：Z1001体现了建模的思想；Z4003体现了无限逼近的思想。

对图像问题的认识，也设计了由浅入深的系列问题。比如：Z6002和Z6003从 $x-t$ 图像与 $v-t$ 图像的类比，从物理量间的线性关系到非线性关系的研究，让学生逐步深入理解图像中蕴含的物理意义。

4. 跨越学科界限，提升学生的科学素养

我们收集了其他学科资源，与物理学科融合，以拓展学生视野，提升综合素养。比如：Z5001从物理量→物理量的变化量→物理量的变化率，引导学生寻找生活中或其他学科中存在的与这组关系相类似的量。学生的单元活动作业也是建立在地理学科绘制的本校地图基础之上。Z6005是将物理知识应用到学校运动会，体现了与体育学科的融合。

5. 关注教材实验，引导学生进行科学探究

注重教材中的实验和学生自主活动，设计了有关实验的作业。比如：Z2003体现了分体式位移传感器的原理；Z4004体现了光电门的原理；Z2004让学生体验数据处理的过程；Z6004呈现了学生实际操作中出现的问题。

6. 通过问题变式，促进学生的深度学习

《普通高中教科书物理练习部分必修第一册》中设置了一定量的辨析题，从学生作业完成的反馈情况来看不够理想，所以我们在此基础上编制了一些学生易错的问题，进一步落实相关概念，比如Z4001和Z5002。

对于学生作业中反馈出来的常见错误，我们在单元练习中也做了相应的检测设计。比如，L0005与Z2002对应，L0008与Z4004对应，L0009与学生的实践活动对应，L0006和L0010对应的是对图像问题的分析，L0009(2)是补充前面作业中没有涉及的矢量图问题，为后续学习做好准备。

我们编制的作业与练习，立足于课标、立足于本校学生的实际情况，从学生的生活和学习过程中寻找题目的素材，采集实验数据，从学生学习中的难点处着手设计问题，引导学生思考并解决问题。每课时的作业书面部分不超过10分钟，从概念梳理到理解、应用，促进学生深度学习。单元结束时的长作业，是对本单元学习的检测，也是进一步研究的起点。作业与练习源于学生生活，助力学生进步。

第二十章　2021 年上海市高中化学优秀作业及试卷参评案例*

一、作业、试卷的单元目标设计表

作业、试卷的单元目标设计表			
单元目标编码	目　标　描　述	目标维度与学习水平	对应学科教学基本要求编码
HX1210801	书写乙醇的分子式、结构式、结构简式	B 理解	15.1.1.1
HX1210802	说出乙醇的官能团，官能团结构特点，归纳乙醇的化学性质及其官能团的关系	B 理解	15.1.1.2、15.1.3.2、15.4.1
HX1210803	根据相关信息推测乙醇的分子结构	B 理解	15.1.1.3、17.1.9.1
HX1210804	说出乙醇的颜色、状态、密度、溶解性、挥发性等物理性质	A 知道	15.1.2
HX1210805	说出乙醇完全燃烧的产物，书写相关反应的化学方程式	B 理解	15.1.3.1
HX1210806	说出乙醇催化氧化的产物，书写相关反应的化学方程式，描述实验现象并进行分析	B 理解	15.1.3.1、17.1.9.2
HX1210807	归纳醇的特征反应	C 应用	15.4.2.2
HX1210808	知道乙醇的工业制法	A 知道	15.1.4.1
HX1210809	列举乙醇的用途	A 知道	15.1.4.2
HX1210810	书写乙醛的分子式、结构式、结构简式	B 理解	15.2.1.1
HX1210811	说出乙醛的官能团，官能团结构特点，归纳乙醛的化学性质及其官能团的关系	B 理解	15.2.1.2、15.2.3.2、15.4.1
HX1210812	说出乙醛的颜色、状态、密度、溶解性、挥发性等物理性质	A 知道	15.2.2、17.1.10.1
HX1210813	说出乙醛与银氨溶液反应的产物，描述实验现象	B 理解	15.2.3.1、17.1.10.2
HX1210814	说出乙醛与新制氢氧化铜反应的产物，书写相关反应的化学方程式，描述实验现象	B 理解	15.2.3.1、17.1.10.2

* 本章作者为上海市杨浦高级中学设计团队，团队成员是鲍文亮、林美凤、王露萍、赵莹莹、胡中宇、吕天恩。

续　表

作业、试卷的单元目标设计表			
单元目标编码	目　标　描　述	目标维度与学习水平	对应学科教学基本要求编码
HX1210815	说出乙醛与氢气反应的产物，书写相关反应的化学方程式	B理解	15.2.3.1
HX1210816	归纳醛的特征反应	C应用	15.4.2.2
HX1210817	书写乙酸的分子式、结构式、结构简式	B理解	15.3.1.1
HX1210818	说出乙酸的官能团，官能团结构特点，归纳乙酸的化学性质及其官能团的关系	B理解	15.3.1.2、15.3.3.3、15.4.1
HX1210819	说出乙酸的颜色、状态、密度、溶解性、挥发性等物理性质	A知道	15.3.2
HX1210820	描述乙酸的酸性	B理解	15.3.3.1
HX1210821	说出乙酸和乙醇发生酯化反应的产物，书写相关反应的化学方程式	B理解	15.3.3.2
HX1210822	归纳酸的特征反应	C应用	15.4.2.2
HX1210823	归纳酯的特征反应	C应用	15.4.2.2
HX1210824	说出卤原子结构特点	A知道	15.4.1
HX1210825	归纳卤代烃的特征反应	C应用	15.4.2.2
HX1210826	说出烃的衍生物的结构特点	A知道	15.1.1.1、15.2.1.1、15.3.1.1
HX1210827	归纳烃的衍生物的特征反应	B理解	15.4.2.2
HX1210828	解释同类烃的衍生物化学性质相似性的原因	B理解	15.4.2.1
HX1210829	根据烃的衍生物官能团的特征反应，设计含有烃的衍生物的官能团的典型有机物间的相互转化途径，书写相关反应的化学方程式	C应用	15.4.2.3
HX1210830	识别实验室制乙酸乙酯的实验装置	B理解	17.2.3.1
HX1210831	理解实验室制乙酸乙酯的实验步骤和产物提纯方法，描述实验现象	B理解	17.2.3.2
HX1210832	归纳温度、浓度、压强、催化剂对化学平衡移动的影响结论	C应用	6.2.3.4

作业、试卷的单元目标设计表			
单元目标编码	目　标　描　述	目标维度与学习水平	对应学科教学基本要求编码
HX1210833	处理数据和解释问题	C应用	16.1.5
HX1210834	解释萃取剂选择的依据	B理解	18.1.1.2
HX1210835	描述 OH^-、卤离子的检验步骤，并完成操作	B理解	18.2.1.1
HX1210836	科学探究要素	C应用	16.1
HX1210837	吸热反应和放热反应	B理解	5.2.1

二、案例正文

（一）课时作业

【第1课时】

【感知·生活】

Z1001：卤代烃在生活中有很多用途，请在空格中填写所对应的性质。

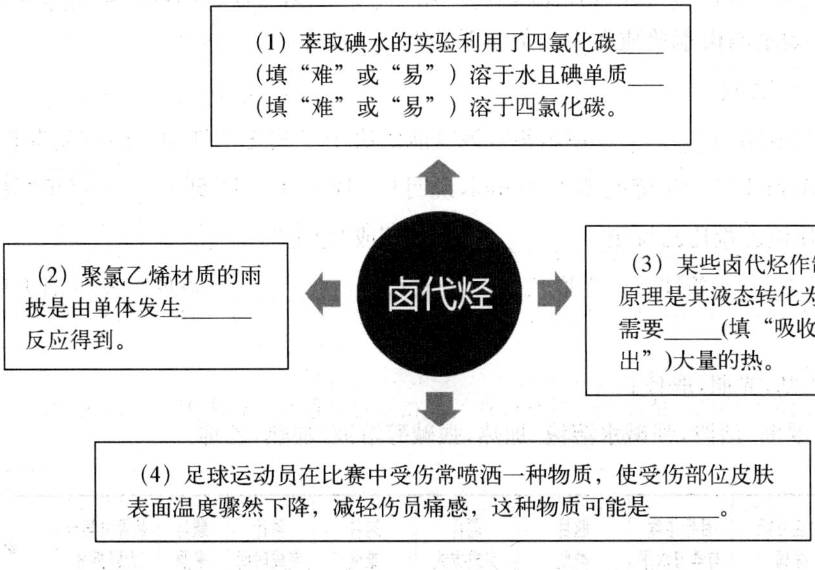

答案：（1）难，易；（2）加聚；（3）吸收；（4）一氯乙烷（合理即给分）。

题目编码	所属课时	对应目标编码	目标维度与学习水平	题目类型	题目完成方式	题目难度	预计完成时间	题目来源	是否为某一大题拆分	备注栏
Z1001(1)	01	HX1210834	B理解	填空题	书面	较低	0.5 min	改编	是	
Z1001(2)	01			填空题	书面	较低	0.5 min	改编	是	
Z1001(3)	01	HX1210837	B理解	填空题	书面	较低	0.5 min	改编	是	
Z1001(4)	01	HX1210837	B理解	填空题	书面	中等	0.5 min	改编	是	

【类比·结构】

Z1002：溴乙烷可以看作乙烷分子中的氢原子被溴原子所取代：

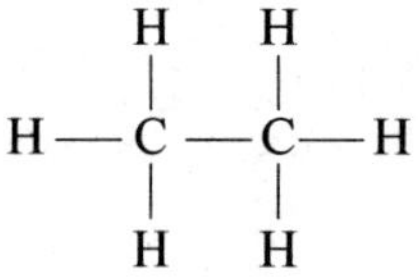

乙烷的结构式

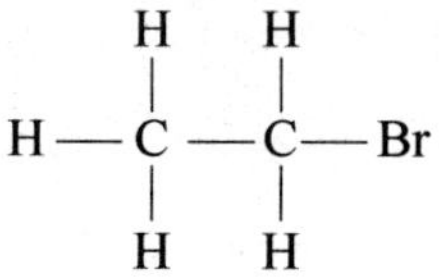

溴乙烷的结构式

（1）溴乙烷“似”乙烷

溴乙烷与乙烷从结构上看，都具有相同的基团________（填名称），因此溴乙烷与乙烷具有相似的化学性质，也能与卤素单质在____条件下发生____反应。

（2）溴乙烷“异”乙烷

溴乙烷中的官能团为________（填名称），该官能团决定了其化学性质。经查阅资料发现：C—H 键能 414 kJ/mol，C—Br 键能 284 kJ/mol，说明 C—Br 比 C—H 更________（填“易断”或“难断”），化学性质溴乙烷比乙烷更________（填“活泼”或“稳定”）。

溴乙烷在__________条件下发生取代反应生成乙醇，在________条件下发生消去反应生成__________。

答案：（1）乙基，光照，取代；

（2）溴原子，易断，活泼，强碱水溶液/加热，强碱醇溶液/加热，乙烯。

题目编码	所属课时	对应目标编码	目标维度与学习水平	题目类型	题目完成方式	题目难度	预计完成时间	题目来源	是否为某一大题拆分	备注栏
Z1002(1)	01	HX1210824	A知道	填空题	书面	较低	1 min	原创	是	
Z1002(2)	01	HX1210825	C应用	填空题	书面	中等	1.5 min	原创	是	

【迁移·应用】

Z1003：卤代烃的用途十分广泛。下列卤代烃中：

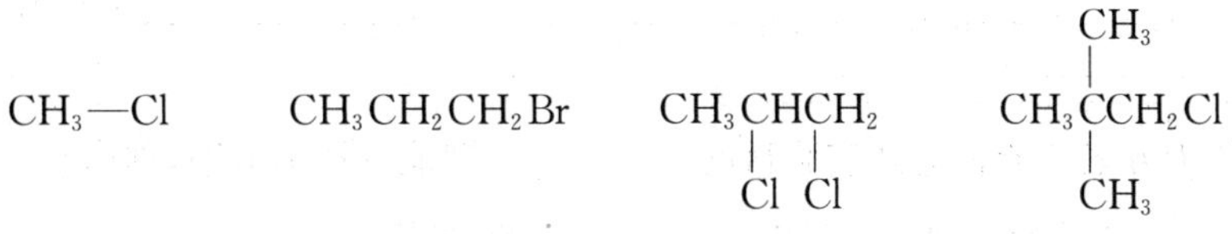

① ② ③ ④

（1）一定能发生消去反应的是________（填编号）；

（2）④物质发生水解反应产物的结构简式是____________________；

（3）写出③物质发生消去反应生成炔烃的化学方程式：______________________________。

答案：（1）②③

（2）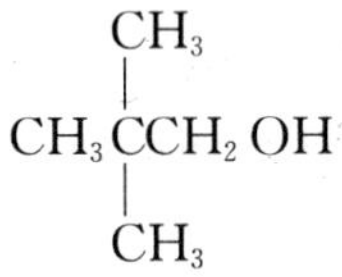

（3）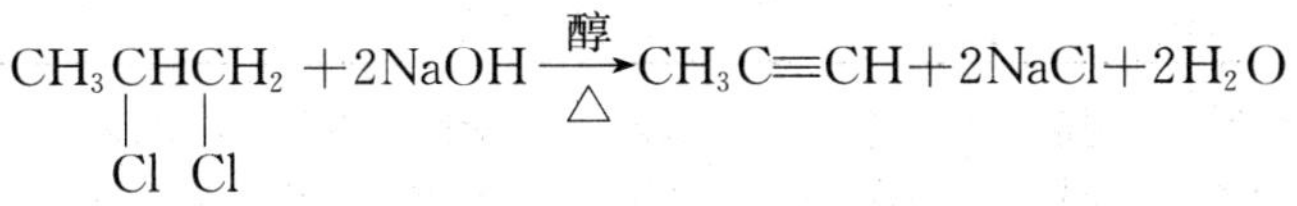

题目编码	所属课时	对应目标编码	目标维度与学习水平	题目类型	题目完成方式	题目难度	预计完成时间	题目来源	是否为某一大题拆分	备注栏
Z1003(1)	01	HX1210825	C应用	填空题	书面	中等	1 min	改编	否	
Z1003(2)	01	HX1210825	C应用	填空题	书面	中等	1 min	改编	否	
Z1003(3)	01	HX1210825	C应用	填空题	书面	中等	2 min	改编	否	

【探究·实验】

Z1004：卤代烃 A（$C_nH_{2n+1}X$）是一种无色液体，为探究 A 的性质，设计如下实验方案。

方案一：往 A 中加入硝酸银溶液，充分振荡，静置。

方案二：往 A 中加过量 NaOH 水溶液，充分振荡，静置，待液体分层后，取“水层”溶液少许，滴加硝酸银溶液。

方案三：将 A 与过量 NaOH 乙醇溶液共热生成的气体通入酸性 $KMnO_4$ 溶液，观察到溶液褪色，证明 A 在 NaOH 乙醇溶液中发生的是消去反应。

根据以上信息回答问题。

（1）方案一中可观察到溶液分层，设计简便方法，判断哪一层为“水层”：

____。

（2）有人认为方案一和二达不到检验 X 的实验目的，理由是____，方案二正确的操作是________________________。

（3）你认为方案三能否达到实验目的________（填“能”或“不能”），理由是__________________________，若不能达到实验目的，正确的实验操作是____（若认为能达到，则不答）。

【答案】

（1）任取一层液体，滴入水中，若不分层，该层为“水层”，反之为“油层”。

（2）实验一中 A 不溶于水，不会电离出 X^-，故与硝酸银溶液不反应；实验二中过量的 NaOH 溶液会与硝酸银溶液反应，最终生成沉淀（AgOH 或 Ag_2O），从而干扰 X^- 的检验；

在实验二中，加稀硝酸酸化后，再加硝酸银溶液，根据生成沉淀的颜色，检验 X 原子。

（3）不能。因为乙烯中有乙醇，会干扰乙烯的检验。正确的操作是，将产生的气体通入水后，再通入酸性高锰酸钾溶液，观察是否褪色。

题目编码	所属课时	对应目标编码	目标维度与学习水平	题目类型	题目完成方式	题目难度	预计完成时间	题目来源	是否为某一大题拆分	备注栏
Z1004(1)	01			简答题	书面	较低	1 min	改编	是	
Z1004(2)	01	HX1210835	B 理解	简答题	书面	中等	3 min	改编	是	
Z1004(3)	01	HX1210807	C 应用	简答题	书面	中等	3 min	改编	是	

【情境 · 实践】

Z1005：

Ⅰ. 活动情境

用化学溶剂通过渗透、溶解和稀释对衣物进行洗涤，达到去除油垢或污渍的效果，称为干洗。干洗行业常用的干洗剂是四氯乙烯（结构简式为 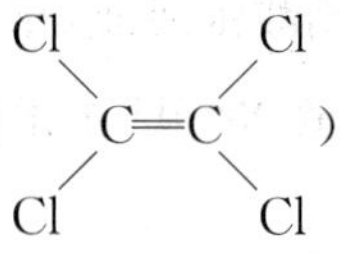）。

（1）四氯乙烯中官能团的名称是____________；

（2）四氯乙烯不能发生的反应有____________（填反应类型）。

a. 取代反应　　b. 消去反应

c. 加聚反应　　d. 还原反应

Ⅱ. 动手实践

学生利用生活中的家庭用品或购置常见的有机溶剂，自制干洗液，比较干洗剂的优劣。

活动目的	学会干洗液的制备和选择
活动要求	用自制的干洗液干洗一次衣服
活动指导	① 查找干洗过程的实际操作 ② 自制干洗剂(可选择生活中常见的有机溶剂，例如：花露水、风油精等) ③ 用自制的干洗剂洗脏衣服 ④ 对比不同干洗剂的洗涤效果

【答案】

Ⅰ. 活动情境

(1) 碳碳双键，氯原子；

(2) b；

Ⅱ. 动手实践

分层评价要点	① 通过资料查阅收集，了解干洗正确的操作以及干洗剂的制备方法。 ② 能够根据实验目的，购置或直接利用生活中合适的溶剂及装置(有机溶剂、小喷瓶、表面活性剂等)，设计合理的实验方案。 ③ 能够根据反应物的特性以及反应条件，设计合理的实验装置和完整的实验操作。 ④ 正确进行实验，掌握提纯的基本操作，获取纯度高的干洗剂。 ⑤ 依据干洗的操作，用自制干洗剂洗涤脏衣物，并会比较不同干洗剂洗涤效果的强弱。 ⑥ 依据实验结论，能够分析推断影响洗涤效果强弱的因素，并对市面上常见干洗剂效果作出合理的推论。

题目编码	所属课时	对应目标编码	目标维度与学习水平	题目类型	题目完成方式	题目难度	预计完成时间	题目来源	是否为某一大题拆分	备注栏
Z1005(1)	01	HX1210824	A知道	填空题	书面	中等	2 min	改编	是	
Z1005(2)	01	HX1210825	C应用	选择题	书面	中等	2 min	改编	是	
Z1005(3)	01	HX1210836	C应用	非书面	综合实践类	较高		原创	是	

【第2课时】

【感知 · 生活】

Z2001：乙醇在生活中有很多用途，请在空格中填写所对应的性质。

（1）沾有酒精的棉片能擦拭手上的油墨印，说明乙醇是良好的________。

（2）乙醇可以作燃料，体现了它具有_____性。

（3）发烧病人擦拭酒精降温，说明乙醇具有_____性。

乙醇

（4）酒驾检测仪的原理是：

$$\underset{\text{橙色}}{Cr_2O_7^{2-}} \xrightarrow{\text{乙醇}} \underset{\text{绿色}}{Cr^{3+}}$$

此过程中乙醇体现______性。

（5）乙醇______溶于水，所以在医学上将其配置成75%的乙醇水溶液，即医用酒精。

题目编码	所属课时	对应目标编码	目标维度与学习水平	题目类型	题目完成方式	题目难度	预计完成时间	题目来源	是否为某一大题拆分	备注栏
Z2001(1)	02	HX1210804	A知道	填空题	书面	较低	0.5 min	改编	是	
Z2001(2)	02	HX1210805	B理解	填空题	书面	较低	0.5 min	改编	是	
Z2001(3)	02	HX1210809	A知道	填空题	书面	较低	0.5 min	改编	是	
Z2001(4)	02	HX1210802	B理解	填空题	书面	较低	0.5 min	改编	是	
Z2001(5)	02	HX1210804	A知道	填空题	书面	较低	0.5 min	改编	是	

【类比·结构】

Z2002：某化学兴趣小组学完乙醇性质后，欲从结构角度进行对比理解：

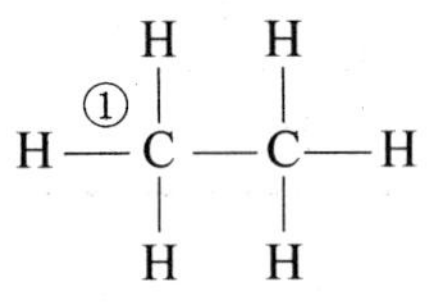

乙烷的结构式

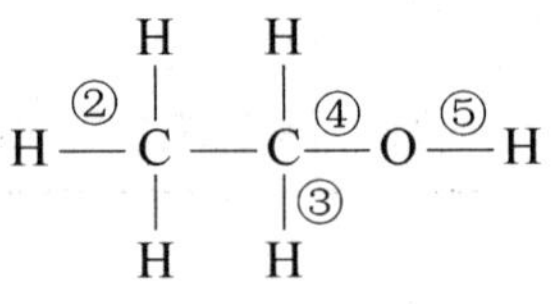

乙醇的结构式

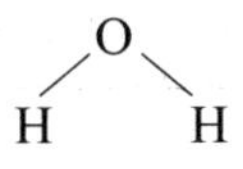

水的结构式

（1）乙醇“似”水

乙醇的分子式为________，乙醇与水分子从结构上看，都具有相同的基团________（填名称)，因此乙醇与水具有相似的化学性质，根据______________________实验予以说明。通过对比上述反应的剧烈程度，可得出分子中乙醇的氢氧键比水的氢氧键更________断裂("易"或"难")，原因是________________________(请从结构差异的角度加以解释)。

(2) 乙醇"似"乙烷

乙醇和汽油经加工处理形成的车用燃料即乙醇汽油。乙醇汽油是利用了乙醇的________、________性质，该性质与乙烷类似，这是因为乙醇分子中有与乙烷相同的基团__________(填名称)。

(3) 乙醇特有性质

Ⅰ. 乙醇在浓硫酸作用下，170℃生成乙烯，反应类型是____________，反应中乙醇断裂____键和____键(填编号)。

Ⅱ. 乙醇与氧气在铜催化加热条件下反应生成有机物________(填名称)，该反应的类型是________，反应中乙醇断裂____键和____键(填编号)。

答案：(1) C_2H_6O，羟基，与金属钠反应，难，乙基的存在对羟基性质具有一定影响(合理即可)；

(2) 可燃性、良好的有机溶剂，乙基；

(3) Ⅰ. 消去反应，②和④； Ⅱ. 乙醛，氧化反应，③和⑤。

题目编码	所属课时	对应目标编码	目标维度与学习水平	题目类型	题目完成方式	题目难度	预计完成时间	题目来源	是否为某一大题拆分	备注栏
Z2002(1)	02	HX1210801	B理解	填空题	书面	中等	1 min	原创	否	
Z2002(2)	02	HX1210802	B理解	填空题	书面	中等	1 min	原创	否	
Z2002(3)	02	HX1210802	B理解	填空题	书面	中等	1 min	引用	否	

【迁移·应用】

Z2003：碳原子数相对较少的醇可以作为有机溶剂，下列物质是三种常见醇的结构简式：

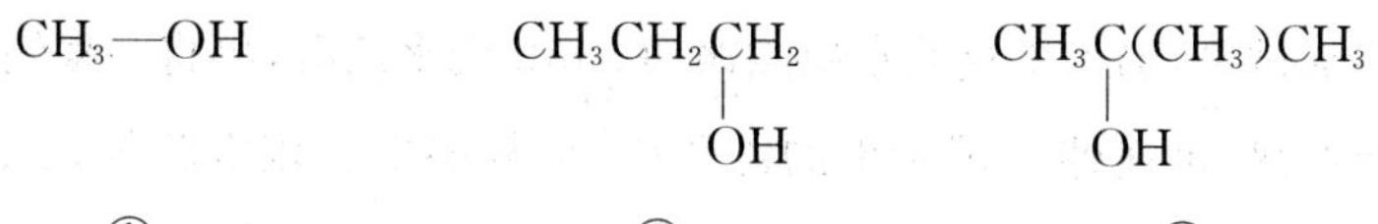

① ② ③

(1) 上述三种醇均能发生的反应为________________；

a. 催化氧化　　b. 置换　　c. 取代　　d. 加成

(2) ②物质存在一种醇类同分异构体 M，试写出 M 发生消除反应的化学方程式：________________________________。

答案：(1) b,c

(2) $\underset{\underset{OH}{|}}{CH_3CHCH_3}\xrightarrow[\triangle]{浓硫酸}CH_2{=}CHCH_3\uparrow+H_2O$

题目编码	所属课时	对应目标编码	目标维度与学习水平	题目类型	题目完成方式	题目难度	预计完成时间	题目来源	是否为某一大题拆分	备注栏
Z2003(1)	02	HX1210807	C应用	选择题	书面	中等	2 min	改编	否	
Z2003(2)	02	HX1210807	C应用	填空题	书面	中等	1.5 min	改编	否	

【探究·实验】

Z2004：某化学兴趣小组对乙醇催化氧化实验进行探究。

(1) 乙醇催化氧化原理的探究

如下图所示，甲同学取一根质量为 m_1 g 的铜丝，将其中一端绕成螺旋状，在酒精灯外焰上灼烧片刻后，铜丝变黑；将红热的铜丝迅速伸入到盛有无水乙醇的试管中，待冷却后取出，称量铜丝的质量为 m_2 g，m_1 与 m_2 的大小关系为________；由此得出的结论是____________________
____________________。

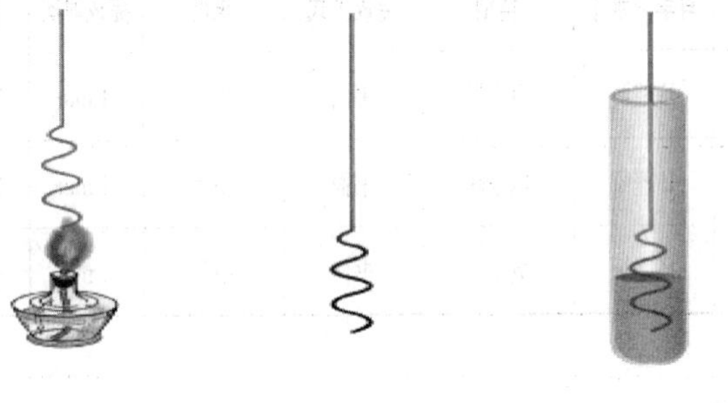

(2) 乙醇催化氧化产物的探究

乙同学取一支试管，加入少量无水硫酸铜和 3 mL 无水乙醇，再将一根铜丝绕成螺旋状，在酒精灯上加热至红热，迅速伸入试管里的乙醇中，反复多次。该实验加入无水硫酸铜的作用是________________________________，通过______________现象可说明产物中有乙醛。

(3) 乙醇催化氧化实验装置的探究

丙同学对甲同学的实验装置进行了改进。将凹形铜片放在三角架上，用酒精灯灼烧，铜片逐渐由红色变黑色，待铜片升高到一定温度后，在上面滴加 3～4 滴乙醇，乙醇在铜片上不断地滚动，液珠经过的地方，铜片立即变红，犹如一朵盛开的鲜花，同时可闻到强烈刺激性气味。

与甲的实验相比，该实验装置的优点有：____________、____________。（写出任意两条即可）

答案：(1) $m_1=m_2$，铜在反应中起到催化剂作用；

(2) 证明反应产物中有水生成，闻到少量刺激性气味；

(3) 减少了乙醇用量；使乙醇变成乙醇蒸气直接与铜接触，接触面积大；持续加热铜，使乙醇蒸气通过灼热的铜，反应速度快；现象明显；趣味性强。（言之有理即可算正确）

题目编码	所属课时	对应目标编码	目标维度与学习水平	题目类型	题目完成方式	题目难度	预计完成时间	题目来源	是否为某一大题拆分	备注栏
Z2004(1)	02	HX1210806	B理解	简答题	书面	中等	2 min	改编	否	
Z2004(2)	02	HX1210806	B理解	填空题	书面	中等	2 min	改编	否	
Z2004(3)	02	HX1210806	B理解	简答题	书面	较高	2 min	引用	否	

【情境·实践】

Z2005：

Ⅰ. 活动情境

木糖醇（结构简式如右图所示）是从玉米和果实中提炼加工后制成的一种甜味剂，甜度相当于蔗糖。

木糖醇结构简式

(1) 已知正戊醇难溶于水（结构简式 $CH_3CH_2CH_2CH_2CH_2OH$），木糖醇易溶于水，请从结构角度分析原因：____________

(2) 标况下，含 0.1 mol 木糖醇的有机溶液（有机溶剂不与金属钠反应）与足量金属钠反应放出 ______ L 氢气。

(3) 请你根据所学知识，推测它还能发生的反应：（填反应类型）

__________；__________；__________。

Ⅱ. 动手实践

查找龋齿发生过程中发生的化学反应，谈谈木糖醇为什么有护牙功效？

活动目的	比较木糖醇、蔗糖对牙齿的作用
活动要求	测量木糖醇与蔗糖在口腔细菌作用下 pH 值的变化情况
活动指导	① 查找龋齿过程中发生的化学反应及其影响因素 ② 用实验测量木糖醇与蔗糖在口腔细菌作用下 pH 值的变化 ③ 画出木糖醇与蔗糖在口腔细菌作用下 pH - t 变化图 ④ 分析 pH - t 图，结合产生龋齿的影响因素，说明木糖醇的护齿作用

答案：

Ⅰ. 活动情境

（1）木糖醇分子中含有多个亲水性的羟基官能团，因此水溶性良好；

（2）5.6；

（3）取代反应、氧化反应、消去反应。

Ⅱ. 动手实践

分层评价要点	① 查阅资料，了解木糖醇与蔗糖在口腔中发生反应的差异； ② 能根据实验目的，自行选择试剂及仪器，设计合理的实验操作步骤； ③ 能正确进行实验操作，仔细观察，客观记录现象与数据； ④ 能依据实验结果，绘制正确合理的 pH－t 变化图像，做到图像清晰、科学； ⑤ 依据图像，能合理地推断出木糖醇比蔗糖有利于牙齿健康的结论，并说明理由。

题目编码	所属课时	对应目标编码	目标维度与学习水平	题目类型	题目完成方式	题目难度	预计完成时间	题目来源	是否为某一大题拆分	备注栏
Z2005(1)	02	HX1210802	B理解	填空题	书面	较低	0.5 min	改编	是	
Z2005(2)	02	HX1210807	C应用	填空题	书面	较高	1.5 min	改编	是	
Z2005(3)	02	HX1210807	C应用	填空题	书面	较高	1.5 min	改编	是	
Z2005(4)	02	HX1210836	C应用	非书面	综合实践类	较高		原创	是	

【第 3 课时】

【感知 · 生活】

Z3001：醛类物质在生活中有很多用途，请在空格中填写所对应的性质。

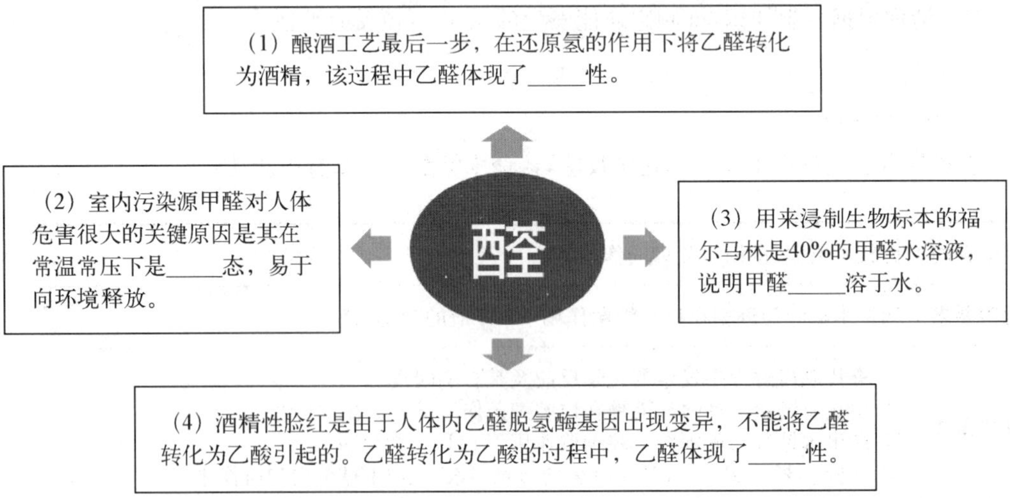

答案：(1) 氧化；(2) 气；(3) 易；(4) 还原。

题目编码	所属课时	对应目标编码	目标维度与学习水平	题目类型	题目完成方式	题目难度	预计完成时间	题目来源	是否为某一大题拆分	备注栏
Z3001(1)	03	HX1210811	B 理解	填空题	书面	较低	0.5 min	改编	是	
Z3001(2)	03	HX1210812	A 知道	填空题	书面	较低	0.5 min	改编	是	
Z3001(3)	03	HX1210812	A 知道	填空题	书面	较低	0.5 min	改编	是	
Z3001(4)	03	HX1210811	B 理解	填空题	书面	较低	0.5 min	改编	是	

【类比·结构】

Z3002：某化学兴趣小组在学完乙醛的性质后，欲从结构角度进行解释：

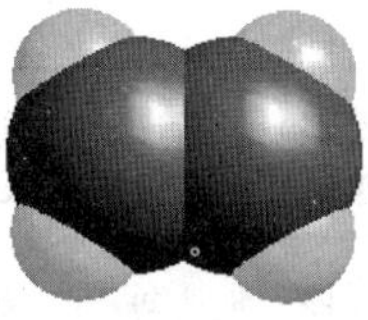

图 1

图 2

(1) 图 1 为乙烯的比例模型；图 2 所示物质的结构简式为________。

(2) 上述两种有机物结构的主要区别在于官能团的种类不同，双键易发生加成反应，下列与碳碳双键、碳氧双键均可发生加成反应的物质有____________。

a. 氢气　　　　b. 溴的四氯化碳溶液　　　　c. 溴化氢

(3) 乙烯与乙醛均能使酸性高锰酸钾溶液褪色，说明两者都具有________性。但氧化性较弱的新制氢氧化铜只能氧化乙醛，加热后产生____________(实验现象)，说明乙醛具有________(“更强”或者“更弱”)的还原性。

答案：(1) CH_3CHO；(2) a；(3) 还原，砖红色沉淀，更强。

题目编码	所属课时	对应目标编码	目标维度与学习水平	题目类型	题目完成方式	题目难度	预计完成时间	题目来源	是否为某一大题拆分	备注栏
Z3002(1)	03	HX1210810	B 理解	填空题	书面	较低	0.5 min	改编	是	
Z3002(2)	03	HX1210811	B 理解	选择题	书面	较低	1 min	原创	是	
Z3002(3)	03	HX1210814	B 理解	填空题	书面	中等	1 min	原创	是	

【迁移·应用】

Z3003：已知下列物质的转化关系：

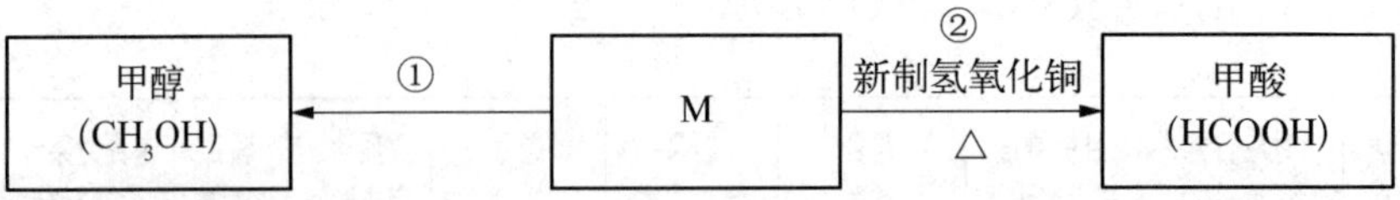

(1) 有机物M的结构简式为__________;

(2) 下列关于M与甲醇、甲酸的叙述中正确的是________;

a. M$\longrightarrow$甲酸,体现M的强氧化性　　b. M$\longrightarrow$甲醇发生氧化反应

c. M与甲酸都能与银氨溶液反应　　d. M与甲醇具有相同的官能团

(3) 请写出②的化学方程式______________________________________。

答案:

(1) HCHO; (2) c

(3) $HCHO+2Cu(OH)_2 \xrightarrow{\triangle} HCOOH+Cu_2O\downarrow+2H_2O$

题目编码	所属课时	对应目标编码	目标维度与学习水平	题目类型	题目完成方式	题目难度	预计完成时间	题目来源	是否为某一大题拆分	备注栏
Z3003(1)	03	HX1210810	B理解	填空题	书面	较低	1 min	改编	是	
Z3003(2)	03	HX1210813	B理解	选择题	书面	中等	1 min	改编	是	
Z3003(3)	03	HX1210815	B理解	填空题	书面	中等	2 min	改编	是	

【探究·实验】

Z3004:某实验小组做乙醛(CH_3CHO)和新制氢氧化铜反应时,发现NaOH的用量对反应产物有影响,于是他们采用控制变量的方法,均使用0.5 mL 40%的乙醛溶液进行下列实验。

编号	2% $CuSO_4$溶液的体积	10% NaOH溶液的体积	振荡后的现象	pH	加乙醛水浴加热后的沉淀颜色
1	2 mL	3滴	浅蓝绿色沉淀	5~6	浅蓝绿色沉淀
2	*a*	15滴	浅蓝色沉淀	7~8	黑色沉淀
3	1 mL	1 mL	蓝色悬浊沉淀较少	9~10	红褐色沉淀
4	*b*	2 mL	蓝色悬浊沉淀较多	11~12	红色沉淀

(1) 上表中a、b应为__________(填字母序号)。

A. 15滴,1 mL　　B. 2 mL,1 mL　　C. 15滴,2 mL　　D. 2 mL,2 mL

(2) 查阅资料可知，实验 1 中的浅蓝绿色沉淀主要成分为 $Cu_2(OH)_2SO_4$，实验 2 的黑色沉淀是 CuO，据此判断：NaOH 用量较少时，乙醛________（填“有”或“没有”）参加反应，理由是____________________________。

(3) 小组同学推测实验 3 中的红褐色沉淀可能是 CuO 和 Cu_2O 的混合物，其理论依据是____________________________。

(4) 为了进一步证明实验 4 中红色沉淀的成分，该小组同学查阅资料得知：Cu_2O 在碱性条件下稳定，在酸性溶液中可转化为 Cu^{2+}、Cu。并进行了以下实验。

i. 将实验 4 反应后的试管静置，用胶头滴管吸出上层清液。

ii. 向下层浊液中加入过量稀硫酸，充分振荡、加热，应观察到的现象是：

____。

(5) 小组同学继续查阅资料得知：$Cu(OH)_2$ 可与 OH^- 继续反应生成蓝紫色溶液（$[Cu(OH)_4]^{2-}$），由此提出问题：$[Cu(OH)_4]^{2-}$ 能否与乙醛发生反应，生成红色沉淀？设计实验解决这一问题，合理的实验步骤是____________________________________。

基于上述实验，该小组同学获得结论：乙醛参与反应生成红色沉淀时，需控制溶液的 pH>10。

答案：

(1) B；

(2) 没有，无氧化亚铜生成，或铜的价态没变；

(3) 当 NaOH 用量逐渐增多时，产生的 $Cu(OH)_2$ 一部分受热分解生成黑色的 CuO；另一部分被乙醛还原为 Cu_2O 红色沉淀，所以实验 3 中的红褐色沉淀，可能是 CuO 和 Cu_2O 的混合物；

(4) 溶液变为蓝色，且有红色固体生成；

(5) 将 1 mL 2% $CuSO_4$ 溶液与 3 mL（或>3 mL）10% NaOH 溶液混合振荡后，加入 0.5 mL 40%的乙醛溶液，加热至沸腾。

题目编码	所属课时	对应目标编码	目标维度与学习水平	题目类型	题目完成方式	题目难度	预计完成时间	题目来源	是否为某一大题拆分	备注栏
Z3004(1)	03	HX1210836	C应用	选择题	书面	中等	1 min	引用	是	
Z3004(2)	03	HX1210833	C应用	简答题	书面	中等	2 min	引用	是	
Z3004(3)	03	HX1210833	C应用	简答题	书面	较高	2 min	引用	是	
Z3004(4)	03	HX1210836	C应用	简答题	书面	较高	1 min	引用	是	
Z3004(5)	03	HX1210836	C应用	简答题	书面	较高	3 min	引用	是	

【情境·实践】

Z3005：

Ⅰ. 活动情境

醛类是一个大家族，虽然甲醛气味难闻，但是大部分醛不仅“气味怡人”，而且各具耐人寻味的香味，因此被广泛用于香水中。有一种散发出天然水仙香气的苯乙醛，俗称“风信子醛”，结构简式如图所示：

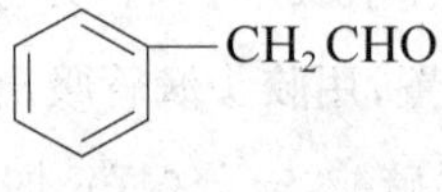

（1）1 mol 苯乙醛最多能与____mol 氢气发生加成反应，产物是________（填结构简式）。

（2）某植物精油中含有一种物质“肉桂醛”（结构简式如下图所示）：

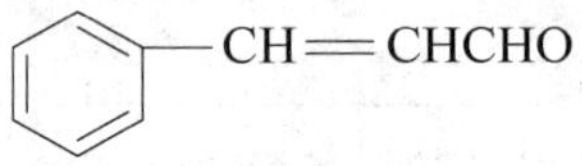

请设计实验区分“风信子醛”和“肉桂醛”：

____。

Ⅱ. 动手实践

了解家中的香水成分，利用生活中常见的植物自制香水。

活动目的	醛类化合物在香料中的应用
活动要求	从植物中提取醛制作香水
活动指导	① 通过网上查找，了解常见的植物中有哪些醛。 ② 从陈皮、八角、桂皮……中提取相应的醛。 ③ 利用提取的醛制作香水。

答案：

Ⅰ. 活动情境

（1）4，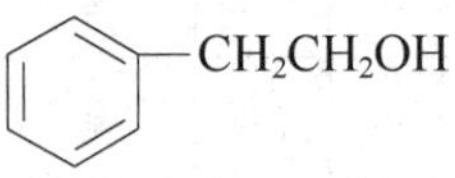

（2）取样于试管，加 NaOH 溶液中和至碱性后，加入新制氢氧化铜，加热煮沸，过滤，取上层清液用盐酸酸化后加入溴水，若溴水褪色则为肉桂醛。

Ⅱ. 动手实践

分层评价要点	① 通过查阅资料能广泛大量地了解哪些植物中含有醛以及典型的醛类； ② 能够根据文献资料报道，找到从植物果皮等中提取相应醛类的方法，结合实验目的，设计实验方案； ③ 能够根据反应物的特性以及反应条件，选择合理的实验装置，完成实验操作； ④ 正确进行实验操作，掌握提纯的基本方式，获得纯度高的醛类； ⑤ 通过查阅资料能够获得制作香水的基本常识，将提取的醛类配制成香水。

题目编码	所属课时	对应目标编码	目标维度与学习水平	题目类型	题目完成方式	题目难度	预计完成时间	题目来源	是否为某一大题拆分	备注栏
Z3005(1)	03	HX1210816	C应用	填空题	书面	中等	1 min	改编	是	
Z3005(2)	03	HX1210816	C应用	简答题	书面	较高	2 min	改编	是	
Z3005(3)	03	HX1210836	C应用	非书面	综合实践类	较高		原创	是	

【第 4 课时】

【感知 · 生活】

Z4001：乙酸在生活中有很多用途，请在空格中填写对应的性质。

乙酸

(1) 醋精能勾兑成不同浓度的醋酸溶液，说明乙酸_____溶于水。

(2) 打开盛有乙酸的容器就能闻到浓烈的特殊香味，说明乙酸有_____。

(3) 利用乙酸具有_____性，生活中用白醋除铁锈。

(4) 皮炎平是生活中的常用药，由图可知在合成皮炎平时，原料乙酸发生_____反应。

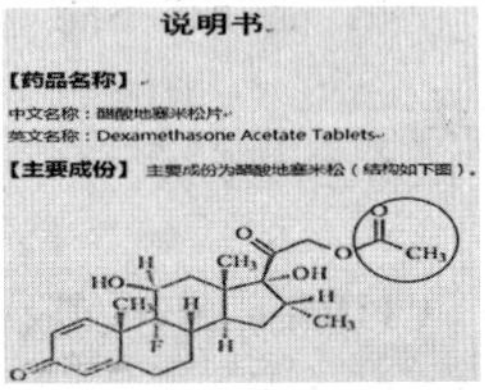

答案：(1) 极易；(2) 挥发性；(3) 酸；(4) 酯化。

题目编码	所属课时	对应目标编码	目标维度与学习水平	题目类型	题目完成方式	题目难度	预计完成时间	题目来源	是否为某一大题拆分	备注栏
Z4001(1)	04	HX1210819	A知道	填空题	书面	较低	0.5 min	改编	是	
Z4001(2)	04	HX1210819	A知道	填空题	书面	较低	0.5 min	改编	是	

题目编码	所属课时	对应目标编码	目标维度与学习水平	题目类型	题目完成方式	题目难度	预计完成时间	题目来源	是否为某一大题拆分	备注栏
Z4001(3)	04	HX1210820	B理解	填空题	书面	较低	0.5 min	改编	是	
Z4001(4)	04	HX1210822	C应用	填空题	书面	较低	0.5 min	改编	是	

【类比·结构】

Z4002：某化学兴趣小组在学完乙酸的性质后，欲从结构角度进行拆分重组：

(1) 下图是乙酸的球棍模型，乙酸的结构简式为________，官能团的名称是________。

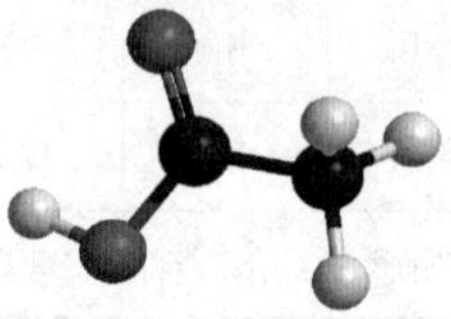

(2) 将乙酸球棍模型按照成键方式重新拼接得到新有机物 M 与 N，球棍模型如下图：

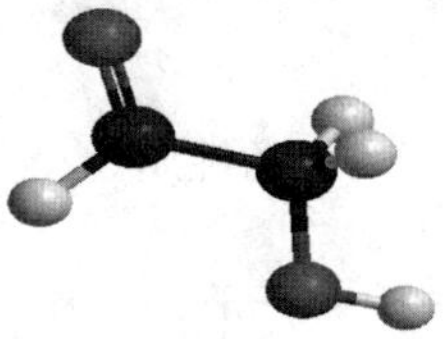

M

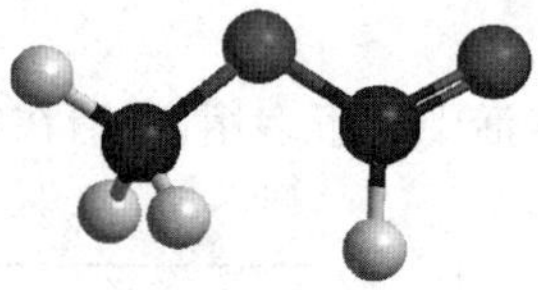

N

有机物 M 的结构简式为________，有机物 M 与 N 互为____________。

(3) 下列物质与乙酸、M 均能反应的是________，与乙酸、N 均能反应的是________。

a. 金属钠　　b. 氢氧化钠　　c. 碳酸钠　　d. 碳酸氢钠

(4) 试写出有机物 M 与氢气发生加成反应的化学方程式：____________________________；乙酸____(填“能”或“不能”)与氢气发生加成反应。

答案：

(1) CH_3COOH，羧基；(2) $H\overset{\overset{\displaystyle O}{\|}}{C}CH_2OH$，同分异构体；(3) a，b；

(4) $HOCH_2CHO + H_2 \xrightarrow[\triangle]{\text{催化剂}} HOCH_2CH_2OH$；不能。

题目编码	所属课时	对应目标编码	目标维度与学习水平	题目类型	题目完成方式	题目难度	预计完成时间	题目来源	是否为某一大题拆分	备注栏
Z4002(1)	04	HX1210817	B理解	填空题	书面	较低	0.5 min	原创	是	
Z4002(2)	04	HX1210826	A知道	填空题	书面	中等	1 min	原创	是	

续　表

题目编码	所属课时	对应目标编码	目标维度与学习水平	题目类型	题目完成方式	题目难度	预计完成时间	题目来源	是否为某一大题拆分	备注栏
Z4002(3)	04	HX1210818	B理解	选择题	书面	中等	1 min	原创	是	
Z4002(4)	04	HX1210822	C应用	填空题	书面	中等	1 min	原创	是	

【迁移·应用】

Z4003：甲酸又称蚁酸（结构简式为 HCOOH），蚂蚁在遇到危险时会喷射蚁酸保护自己。

（1）下列关于蚁酸的叙述中错误的是（　　）。

a. 蚁酸与乙酸互为同系物

b. 蚁酸分子式为 CH_2O_2

c. 蚁酸不能发生银镜反应

d. 被蚂蚁叮咬后，可以用小苏打溶液简单处理

（2）请写出乙醇（其中的氧用 ^{18}O 标记）与甲酸发生酯化反应的化学方程式：____。

答案：（1）c；（2）$HCOOH + CH_3CH_2{}^{18}OH \underset{\triangle}{\overset{\text{浓硫酸}}{\rightleftharpoons}} HCO^{18}OCH_2CH_3 + H_2O$

题目编码	所属课时	对应目标编码	目标维度与学习水平	题目类型	题目完成方式	题目难度	预计完成时间	题目来源	是否为某一大题拆分	备注栏
Z4003(1)	04	HX1210822	C应用	选择题	书面	中等	1 min	改编	是	
Z4003(2)	04	HX1210821	B理解	填空题	书面	中等	2 min	引用	是	

【探究·实验】

Z4004：实验室制取乙酸乙酯的装置如右图所示。a 试管中装有 3 mL 无水乙醇、2 mL 冰醋酸、2 mL 浓硫酸和沸石。b 试管中装有饱和碳酸钠溶液。回答下列问题：

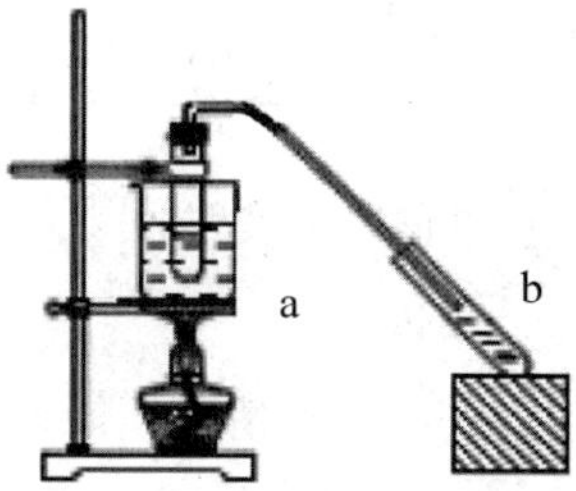

（1）反应一段时间后，b 试管中出现的现象是__________。分离乙酸乙酯所需的玻璃仪器为________________________。

某兴趣小组为进一步探究浓硫酸的作用，记录的实验结果如下表：

实验编号	催　化　剂	测得有机层的厚度/cm
①	18 mol·L^{-1}硫酸（浓）	2.10
②	14 mol·L^{-1}硫酸（浓）	2.14

续 表

实验编号	催　化　剂	测得有机层的厚度/cm
③	10 mol・L^{-1}硫酸(浓)	2.16
④	6 mol・L^{-1}硫酸(稀)	2.00

(数据源于《化学教学》2010 年第 6 期第 80 页)

(2) 通过分析实验③和④,推测出浓 H_2SO_4 的________性提高了乙酸乙酯的产率,试用化学平衡移动原理进行解释:________________________________;

(3) 有同学将实验④中 6 mol・L^{-1}稀 H_2SO_4 换成 6 mol・L^{-1} Na_2SO_4 溶液,在 b 中未观察到明显现象;通过分析实验①、②和③可知,发现浓硫酸的浓度并非越浓越好。由此得出酯化反应的催化剂实际上是________。因此,推测盐酸________(填"能"或"不能")作为酯化反应的催化剂,若不考虑盐酸的挥发和阴离子对酯化反应的影响,推测加入盐酸的浓度是________mol・L^{-1}时可能会得到④中的实验结果。

答案:

(1) 液体分层,上层为无色油层;分液漏斗,烧杯;

(2) 吸水,浓硫酸吸水,减少了生成物的浓度,平衡向正反应方向移动,从而提高了乙酸乙酯的产率;

(3) 氢离子,能,12。

题目编码	所属课时	对应目标编码	目标维度与学习水平	题目类型	题目完成方式	题目难度	预计完成时间	题目来源	是否为某一大题拆分	备注栏
Z4004(1)	04	HX1210831	B理解	填空题	书面	较低	1 min	改编	是	
Z4004(2)	04	HX1210832	C应用	简答题	书面	较高	3 min	改编	是	
Z4004(3)	04	HX1210833	C应用	填空题	书面	较高	2 min	改编	是	

【情境・实践】

Z4005:

Ⅰ. 活动情境

山梨酸($CH_3CH{=}CHCH{=}CHCOOH$)是一种应用广泛的安全防腐剂,微溶于水。体系酸性越强,其防腐效果越好。

(1) 下列物质在一定条件下,不能与山梨酸发生化学反应的是(　　)。

a. 新制 $Cu(OH)_2$　　　　b. Na_2CO_3

c. $AgNO_3$　　　　d. CH_3CH_2OH

(2) 同学们观察食品标签(如图)发现,大部分食品使用的防腐剂是山梨酸钾,而不是山梨酸,请推测可能的理由:________________。

(3) 文献记载"当使用山梨酸钾对淀粉类食品进行防腐保鲜时,最好加入少量的醋",请你结合信息与已学知识进行解释:________________。

食品名称:半梅干
配料表:芙蓉李,白砂糖,食用盐,苯甲酸钠,山梨酸钾,焦亚硫酸钠,
产品标准代号:GB/T 10782
保质期:12 个月
食用方式:开袋即食

Ⅱ. 动手实践

除山梨酸钾之外,苯甲酸钠也是常用的食品防腐剂,请比较两种防腐剂的防腐效果。

活动目的	比较不同防腐剂对食品的防腐效果
活动要求	用照片对比记录某天然食品中加入山梨酸钾和苯甲酸钠的腐败过程
活动指导	① 了解生活中常见的防腐剂 ② 通过观察食品标签,寻找防腐剂和食品种类的关系 ③ 研究山梨酸钾与苯甲酸钠对于同一天然食品的防腐效果,从用量、环境温度等角度入手

答案:

Ⅰ. 活动情境

(1) c;

(2) 山梨酸微溶于水,而山梨酸钾易溶于水;

(3) 加入醋酸,在酸性环境下,山梨酸钾转化为山梨酸,增强防腐效果。

Ⅱ. 动手实践

分层评价要点	① 通过查阅资料以及生活中食品的标签,了解常见的防腐剂种类; ② 能比较不同防腐剂的特性、适用范围、控制用量等关键信息; ③ 依据实验目的,选择适合的天然食品,研究山梨酸钾与苯甲酸钠对其腐败过程的影响,设计出合理的实验方案; ④ 能多角度分析防腐剂对食品防腐效果的影响,仔细观察,正确客观地记录现象与数据; ⑤ 能够依据实验结果,对不同食品中添加的防腐剂作出合理的判断,对其防腐效果能力作出合理的猜测。

题目编码	所属课时	对应目标编码	目标维度与学习水平	题目类型	题目完成方式	题目难度	预计完成时间	题目来源	是否为某一大题拆分	备注栏
Z4005(1)	04	HX1210818	B理解	选择题	书面	中等	1 min	改编	是	
Z4005(2)	04	HX1210818	B理解	简答题	书面	中等	2 min	改编	是	
Z4005(3)	04	HX1210833	C应用	简答题	书面	中等	2 min	改编	是	
Z4005(4)	04	HX1210836	C应用	非书面	综合实践类	较高		原创	是	

【第 5 课时】

【导读序言】

塑料在人们的日常生活中早已无处不在。早在 1992 年美国就立法通过了塑料工业协会设计的一套塑料回收标志，用以表示塑料的材质。该套标志一般印在塑料容器上，旨在方便回收，提升塑料的回收率。比如通常在矿泉水瓶瓶底上有一个由三角形和数字“1”组成的标志，俗称 PET（聚对苯二甲酸乙二酯，结构简式为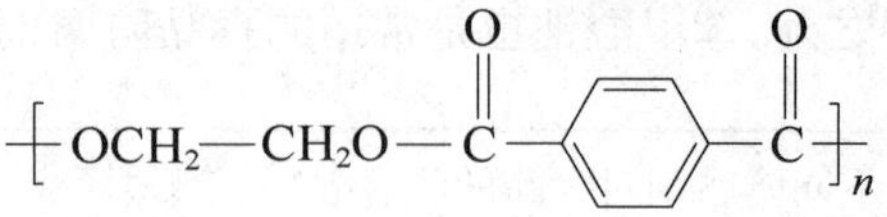）。

【初识 PET】

Z5001：PET 塑料通常为乳白色半透明固体，由于不耐热水浸泡，不耐碱，所以不能反复使用。下列选项可能会含有 1 标志的是(　　)。

A. 保温盒　　B. 可乐瓶　　C. 实验室废液桶　　D. 塑料碗

答案：B

题目编码	所属课时	对应目标编码	目标维度与学习水平	题目类型	题目完成方式	题目难度	预计完成时间	题目来源	是否为某一大题拆分	备注栏
Z5001	05	HX1210823	C 应用	选择题	书面	较低	0.5 min	原创	否	

【了解 PET】

Z5002：已知 PET 的结构：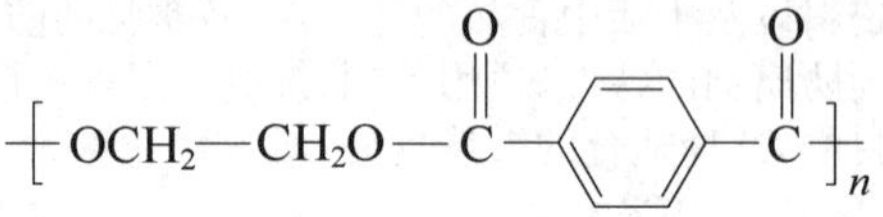，下列有关 PET 性质的推测中正确的是(　　)。

A. 常温下 PET 在水中溶解度较大

B. PET 容易被氧化

C. PET 在高温下不耐碱的原因可能是含有酯基

D. PET 为人工高分子材料，属于纯净物

答案：C

题目编码	所属课时	对应目标编码	目标维度与学习水平	题目类型	题目完成方式	题目难度	预计完成时间	题目来源	是否为某一大题拆分	备注栏
Z5002	05	HX1210823	C 应用	选择题	书面	中等	0.5 min	原创	是	

【探究 PET】

Z5003：PET 的合成原料主要是乙二醇与对苯二甲酸，请回答下列问题：

(1) 乙二醇($HOCH_2CH_2OH$)是工业生产乙二酸(HOOCCOOH)的原料之一，该过程分为两步，请你写出第一步的化学方程式：____________________；在一定条件下，乙二醇经消去反应生成的烃是__________(填结构简式)。

(2) 工业合成乙二醇的路线如下图所示(A 为石油裂解后的主要产物)：

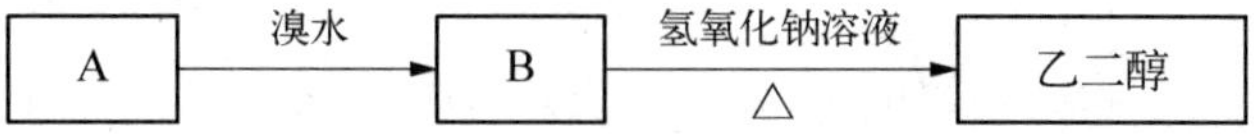

请分别写出上述两步反应的反应类型：____________、____________。

(3) 制备 PET 的另一种原料——对苯二甲酸(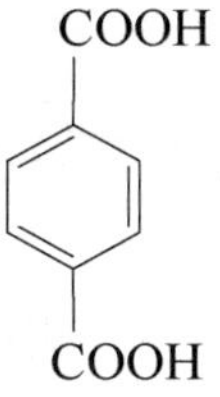)工业流程的最后一步如下：

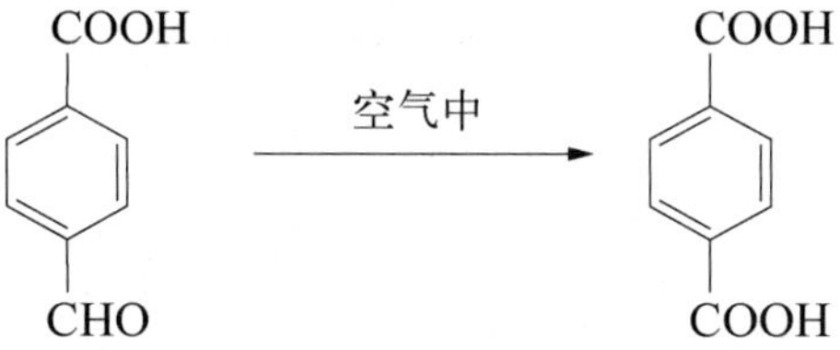

① 请写出上图对应的化学方程式：________________________。

② 生产所得到的精制对苯二甲酸纯度一般可达到 98%，实验室为了验证精制样品中不含有对醛基苯甲酸，可采用的方法为____________________。

答案：

(1) $HOCH_2CH_2OH+O_2 \xrightarrow[\triangle]{Cu} OHC-CHO +2H_2O$，$CH\equiv CH$

(2) 加成反应、取代反应

(3) ① 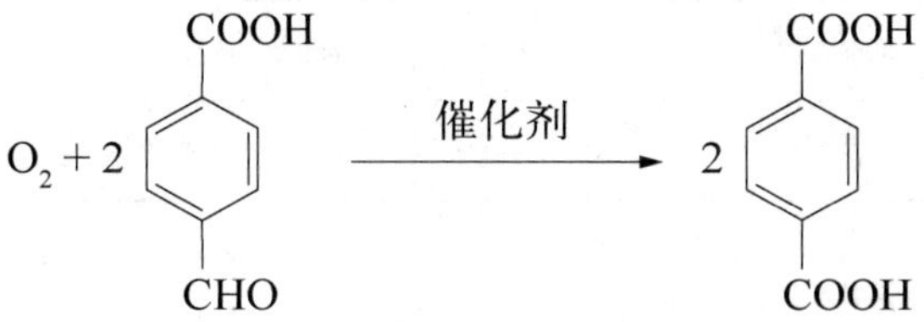

② 取样，加 NaOH 溶液至溶液呈碱性后，再加入新制氢氧化铜溶液并加热至沸，若无砖红色沉淀即可证明。

题目编码	所属课时	对应目标编码	目标维度与学习水平	题目类型	题目完成方式	题目难度	预计完成时间	题目来源	是否为某一大题拆分	备注栏
Z5003(1)	05	HX1210807	C应用	填空题	书面	中等	3 min	改编	是	
Z5003(2)	05	HX1210829	C应用	填空题	书面	较低	3 min	原创	是	
Z5003(3)	05	HX1210816	C应用	填空题	书面	中等	5 min	原创	是	

【合成 PET】

Z5004：工业上 PET 聚酯塑料的生产主要有以下两步反应：

（1）第一阶段是对苯二甲酸与乙二醇进行酯化反应，生成对苯二甲酸乙二酯：

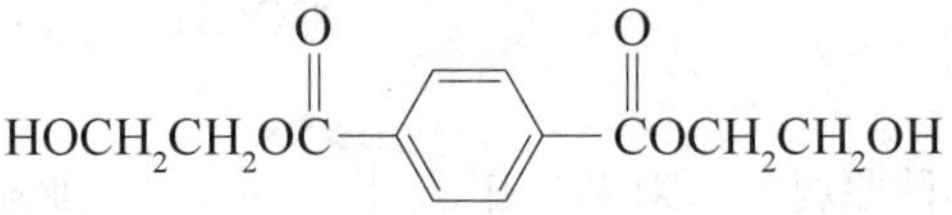

请写出该阶段发生反应的化学方程式：________________________________。

（2）第二阶段是对苯二甲酸乙二酯在一定条件下可逆反应生成 PET 和乙二醇。

在工业生产过程中，需要在一定条件下除去体系中的乙二醇，请结合化学平衡知识，解释除去乙二醇的原因：__________________________。

答案：

（1）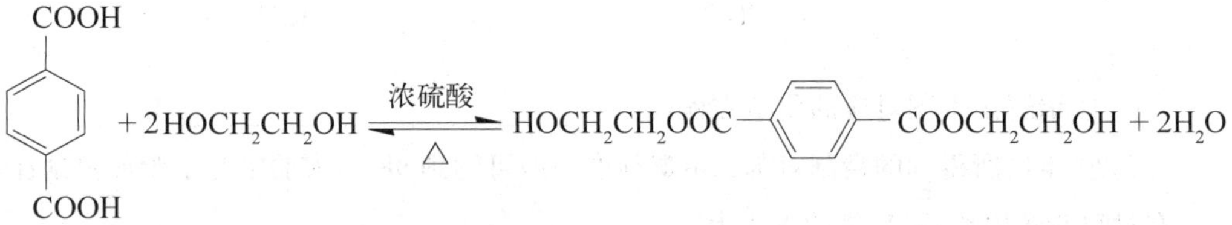

（2）乙二醇脱除后，体系中生成物乙二醇的浓度降低，根据勒夏特列原理，平衡正向移动，从而增大产率。

题目编码	所属课时	对应目标编码	目标维度与学习水平	题目类型	题目完成方式	题目难度	预计完成时间	题目来源	是否为某一大题拆分	备注栏
Z5004(1)	05	HX1210822	C应用	填空题	书面	中等	2 min	改编	是	
Z5004(2)	05	HX1210832	C应用	简答题	书面	中等	3 min	原创	否	

【降解 PET】

Z5005：某课外实验小组想要尝试对废弃的 PET 材质饮料瓶进行降解，回收工业原料对苯二甲酸。

同学们选用了乙二醇醇解法。实验原理如下图所示：

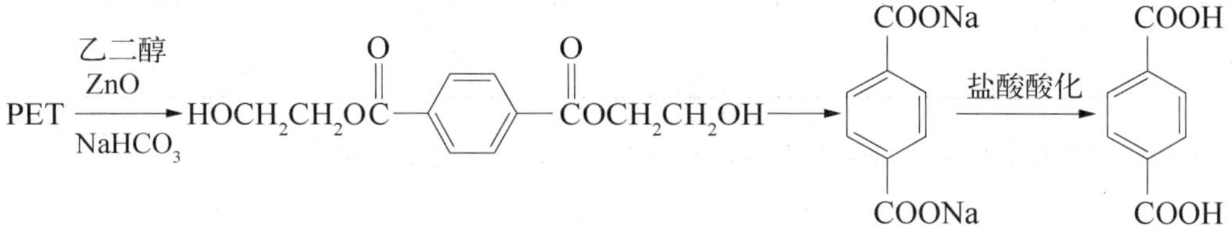

（1）请写出上述流程中第二步的反应试剂和条件：____________；该有机反应属于_________反应。

（2）该法的优点之一在于可从反应体系中循环利用物质 X，物质 X 是_________。

答案：

（1）NaOH 水溶液，加热；取代。

（2）$HOCH_2CH_2OH$。

题目编码	所属课时	对应目标编码	目标维度与学习水平	题目类型	题目完成方式	题目难度	预计完成时间	题目来源	是否为某一大题拆分	备注栏
Z5005(1)	05	HX1210823	C 应用	填空题	书面	中等	1 min	原创	否	
Z5005(2)	05	HX1210833	C 应用	填空题	书面	中等	1 min	原创	是	

【结束语】

除了  PET 外，生活中还存在其他使用广泛的塑料制品（如下表）：

标志						

我们不仅要正确认识不同塑料的特点，更要从健康以及环保的角度，尽量减少使用并掌握回收塑料的知识。同学们课外可以查阅相关资料，并根据我们对 PET 的研究过程，尝试了解其他塑料，或许你会有更大的发现。

（二）单元测试卷

1. 选择题

S0001：利用家庭常用物质不能完成的实验是（　　）。

A. 检验食盐中是否含有碘单质　　B. 鉴别食盐和小苏打

C. 清除衣服上的少量油渍　　D. 检验自来水中是否含氯离子

答案：D

题目编码	对应目标编码	目标维度与学习水平	题目类型	题目完成方式	题目难度	预计完成时间	题目来源	是否为某一大题拆分	备注栏
S0001	HX1210809	A 知道	选择题	书面	较低	1 min	改编	否	

S0002：等物质的量的四种有机物，分子中碳氢单键数目最少的是（　　）。

A. 乙烷　　B. 乙醇　　C. 乙醛　　D. 乙酸

答案：D

题目编码	对应目标编码	目标维度与学习水平	题目类型	题目完成方式	题目难度	预计完成时间	题目来源	是否为某一大题拆分	备注栏
S0002	HX1210826	A 知道	选择题	书面	中等	1 min	原创	否	

S0003：下列转化中，碳氧原子间的成键方式不发生改变的是（　　）。

A. 乙醇→乙烯　　B. 乙醛→乙醇

C. 乙醇→二氧化碳　　D. 乙醇→乙醇钠

答案：D

题目编码	对应目标编码	目标维度与学习水平	题目类型	题目完成方式	题目难度	预计完成时间	题目来源	是否为某一大题拆分	备注栏
S0003	HX1210826	A 知道	选择题	书面	中等	1 min	原创	否	

S0004：某有机物的球棍模型如图所示，分析可知有机物**不能**发生（　　）。

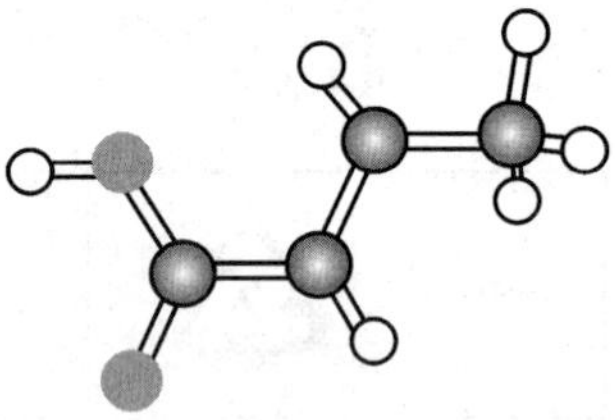

A. 氧化反应　　B. 加成反应

C. 消除反应　　D. 置换反应

答案：C

题目编码	对应目标编码	目标维度与学习水平	题目类型	题目完成方式	题目难度	预计完成时间	题目来源	是否为某一大题拆分	备注栏
S0004	HX1210827	B 理解	选择题	书面	中等	1 min	改编	否	

S0005：图示为有机物乙醇与乙醛的相互转化示意图，下列说法中正确的是（　　）。

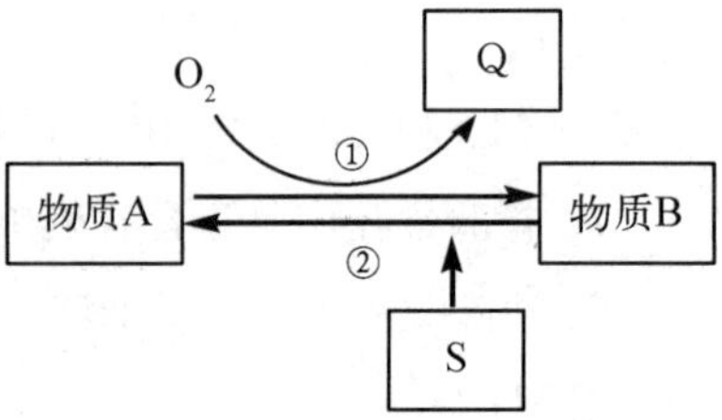

A. S 物质可以是 O_2

B. ①过程中铜做催化剂，不参加反应

C. ②过程描述乙醛到乙醇的转化

D. 若有 1 mol B 生成，则产生 Q 物质的量为 1 mol

答案：C

题目编码	对应目标编码	目标维度与学习水平	题目类型	题目完成方式	题目难度	预计完成时间	题目来源	是否为某一大题拆分	备注栏
S0005	HX1121227	B 理解	选择题	书面	较低	1 min	原创	否	

S0006：工业上可用谷物、麦芽或马铃薯发酵生产乙酸，主要涉及反应：

$$C_2H_5OH+O_2\xrightarrow{\text{细菌}}CH_3COOH+H_2O$$

下列说法中正确的是(　　)。

A. 原料为可再生资源

B. 原料乙醇与产物乙酸可通过分液分离

C. 该反应为取代反应

D. 乙醇与乙酸官能团均为羟基

答案：A

题目编码	对应目标编码	目标维度与学习水平	题目类型	题目完成方式	题目难度	预计完成时间	题目来源	是否为某一大题拆分	备注栏
S0006	HX1210809	A 知道	选择题	书面	中等	1 min	原创	否	

S0007：如图**相邻**基团两两相连形成四种物质①②③④，下列说法中错误的是(　　)。

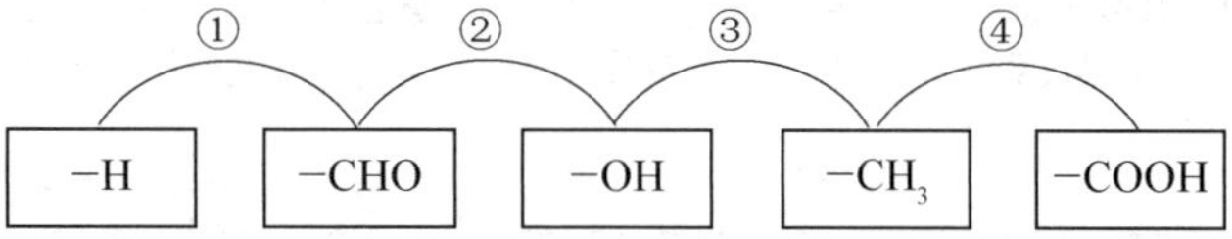

A. 四个物质中只有④具有酸性

B. ③与乙醇互为同系物

C. ①和②能与新制氢氧化铜反应

D. ③与④在一定条件下发生取代反应

答案：A

题目编码	对应目标编码	目标维度与学习水平	题目类型	题目完成方式	题目难度	预计完成时间	题目来源	是否为某一大题拆分	备注栏
S0007	HX1210828	B 理解	选择题	书面	中等	1 min	原创	否	

S0008：在“绿色化学”工艺中，理想状态是反应物中的原子全能转化为目标产物，即原子利用率为 100%。在下列反应中，最能体现这一原子经济性原则的是(　　)。

A. 乙醇消去反应制乙烯

B. 乙烯水化制乙醇

C. 乙醇催化氧化制乙醛

D. 乙酸与乙醇制乙酸乙酯

答案：B

题目 编码	对应目标 编码	目标维度 与学习水平	题目 类型	题目 完成方式	题目 难度	预计 完成时间	题目 来源	是否为某一 大题拆分	备注栏
S0008	HX1210827	B 理解	选择题	书面	较低	1 min	引用	否	

S0009：实验室用环戊醇(沸点 160.8℃，密度 0.96 g/mL)与溴化氢反应制备溴代环戊烷(沸点 138℃，密度 1.37 g/mL)，其反应原理如下：

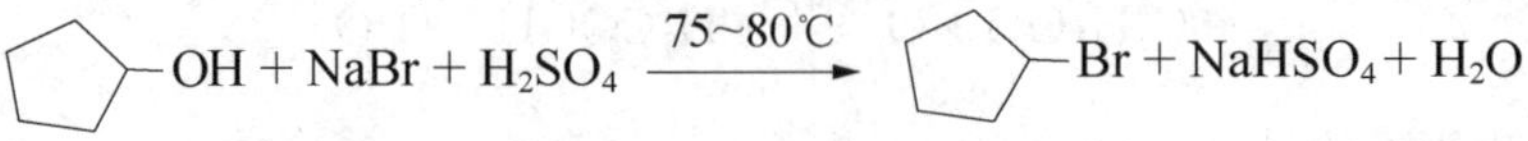

则制备溴代环戊烷的装置可以选择（　　）。

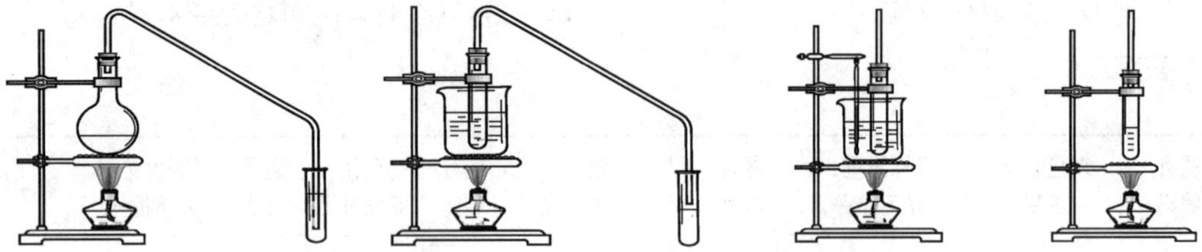

A　　B　　C　　D

答案：C

题目 编码	对应目标 编码	目标维度 与学习水平	题目 类型	题目 完成方式	题目 难度	预计 完成时间	题目 来源	是否为某一 大题拆分	备注栏
S0009	HX1210829	C 应用	选择题	书面	较高	2 min	引用	否	

S0010：某药物的合成“片段”如下：

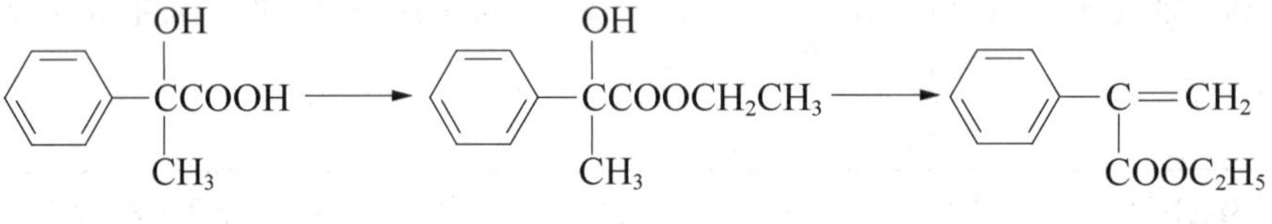

X　　Y　　Z

下列说法中错误的是（　　）。

A. X、Y 的含氧官能团种类不完全相同

B. Z 物质属于芳香烃

C. X 生成 Y 的试剂和条件是“乙醇，浓硫酸，加热”

D. 两次转化反应类型不同

答案：B

题目编码	对应目标编码	目标维度与学习水平	题目类型	题目完成方式	题目难度	预计完成时间	题目来源	是否为某一大题拆分	备注栏
S0010	HX1210827	B理解	选择题	书面	较高	2 min	改编	否	

2. 填空题

酿酒文化是中华民族传统文化，其酿造简易原理如图所示：

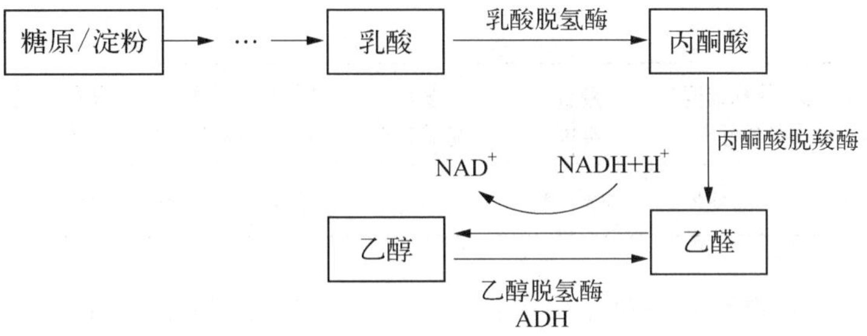

S0011：关于酿酒中间产物乳酸（$CH_3\underset{\underset{\textstyle OH}{|}}{C}HCOOH$）与丙酮酸（$CH_3\overset{\overset{\textstyle O}{\|}}{C}COOH$）叙述正确的是（　　）。

a. 两者互为同系物

b. 上述两种物质都含有羧基

c. 等物质的量的两物质分别与足量金属钠反应，产生的氢气相等

d. 实验室可以用新制氢氧化铜区分两物质

答案：b

题目编码	对应目标编码	目标维度与学习水平	题目类型	题目完成方式	题目难度	预计完成时间	题目来源	是否为某一大题拆分	备注栏
S0011	HX1210827	B理解	选择题	书面	较低	1 min	改编	是	

S0012：向一定量乳酸（$CH_3\underset{\underset{\textstyle OH}{|}}{C}HCOOH$）溶液中加入适量浓硫酸加热，充分反应后体系物质中**一定不可能**存在的结构片段是（　　）。

a. $—CH{=}CH_2$　　　　b. $—COO—$

c. $—CH_2—$　　　　d. $—CH_3$

答案：c

题目编码	对应目标编码	目标维度与学习水平	题目类型	题目完成方式	题目难度	预计完成时间	题目来源	是否为某一大题拆分	备注栏
S0012	HX1210826	A 知道	选择题	书面	较高	1 min	原创	是	

S0013：部分人喝酒后会出现酒精性脸红现象，是因为乙醇在体内的代谢出现障碍。其中乙醇在体内第一步代谢过程即乙醇在 ADH 作用下转化为乙醛，该过程为________反应。

答案：氧化

题目编码	对应目标编码	目标维度与学习水平	题目类型	题目完成方式	题目难度	预计完成时间	题目来源	是否为某一大题拆分	备注栏
S0013	HX1210807	C 应用	填空题	书面	较低	0.5 min	原创	是	

S0014：甲醛又称蚁醛，是一种重要的化工原料。在工业机械、汽车制造、电子电气等诸多工业领域都有着广泛应用。工业上在 600～700℃，使甲醇、空气和水通过五氧化二钒催化剂，直接氧化生成甲醛，甲醛用水吸收得甲醛溶液，反应方程式为________，甲醛中官能团名称为________。

答案：$2CH_3OH+O_2\xrightarrow[\triangle]{V_2O_5}2HCHO+2H_2O$，醛基。

题目编码	对应目标编码	目标维度与学习水平	题目类型	题目完成方式	题目难度	预计完成时间	题目来源	是否为某一大题拆分	备注栏
S0014	HX1210816	C 应用	填空题	书面	中等	1 min	改编	否	

S0015：有一款“室内除醛试剂”，其部分说明书内容如下图所示，除醛过程中甲醛发生____(氧化/还原)反应转化为无毒的二氧化碳。请结合图片的相关信息，试写出臭氧与甲醛在一定条件下反应的化学方程式________。

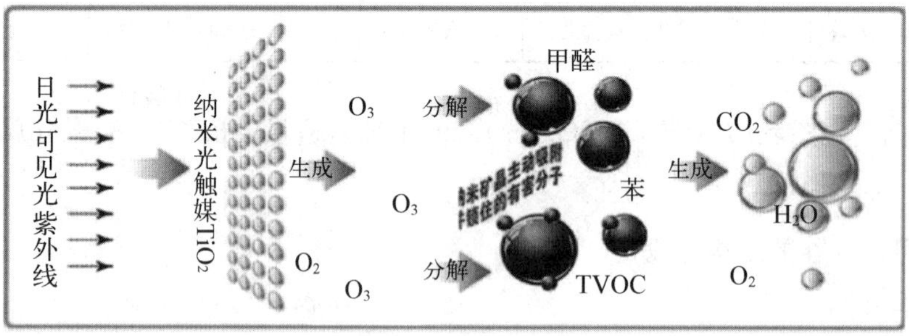

答案：氧化，$HCHO+2O_3\xrightarrow{一定条件}CO_2+H_2O+2O_2\uparrow$

题目编码	对应目标编码	目标维度与学习水平	题目类型	题目完成方式	题目难度	预计完成时间	题目来源	是否为某一大题拆分	备注栏
S0015	HX1210816	C 应用	填空题	书面	中等	1 min	原创	否	

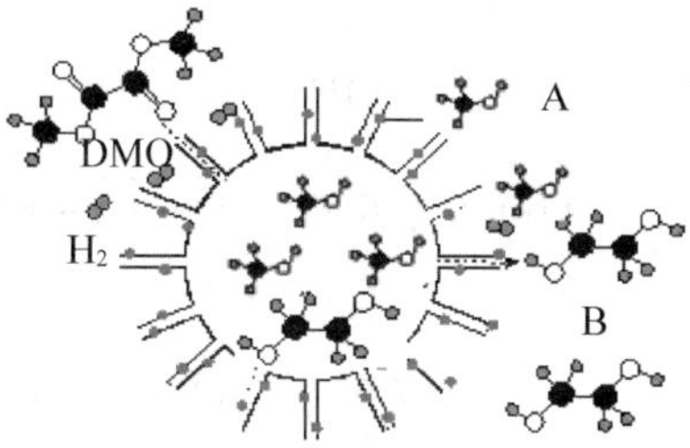

S0016：乙二酸（$\mathrm{HO\overset{O}{\overset{\|}{C}}\overset{O}{\overset{\|}{C}}OH}$）俗名草酸，草酸、草酸酯在生活生产中具有广泛作用。我国学者研制了一种铜纳米反应器，用于催化草酸二甲酯 DMO（$C_4H_6O_4$）和氢气反应，获得两种产物 A 与 B，反应过程示意图如下：

（1）DMO 发生水解反应的条件是____________________；

（2）上述变化过程中，DMO 结构中发生变化的有__________；

① 碳氧双键　　② 碳氧单键　　③ 碳碳单键

（3）1 mol DMO 参与上述反应得到 A 与 B 的物质的量之比为_______。

答案：（1）NaOH 水溶液，加热；（2）①②；（3）2∶1。

题目编码	对应目标编码	目标维度与学习水平	题目类型	题目完成方式	题目难度	预计完成时间	题目来源	是否为某一大题拆分	备注栏
S0016(1)	HX1210823	C 应用	填空题	书面	较高	2 min	原创	是	
S0016(2)	HX1210826	A 知道	选择题	书面	较高	1 min	原创	是	
S0016(3)	HX1210829	C 应用	填空题	书面	中等	1 min	原创	是	

S0017：我们常常会吃到一些酸味较浓的水果，是因为水果中含有部分酸性物质，主要成分均为有机酸，如葡萄酸、苹果酸等。

（1）葡萄酸（$\mathrm{HOOC\overset{OH}{\overset{|}{C}}H\overset{OH}{\overset{|}{C}}HCOOH}$）存在于多种植物中，如葡萄和罗望子中，葡萄酸中官能团名称为__________，葡萄酸能够发生的反应有__________；

a. 氧化反应　　b. 水解反应

c. 取代反应　　d. 加成反应

（2）苹果酸（$\mathrm{HOOC\underset{OH}{\underset{|}{C}}HCH_2COOH}$）是果醋中的主要酸性物质，主要来源于不成熟的山楂、苹果。

苹果酸分子式为________________，工业中欲从苹果酸合成葡萄酸，试设计合成线路：____。

答案：（1）羟基、羧基，a、c；

（2）$C_4H_6O_5$，

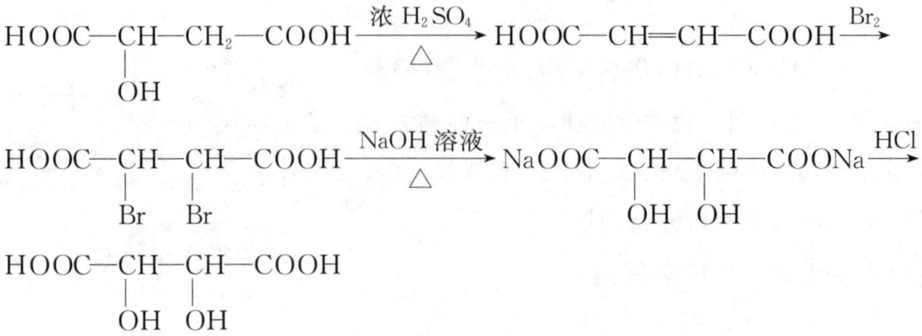

题目编码	对应目标编码	目标维度与学习水平	题目类型	题目完成方式	题目难度	预计完成时间	题目来源	是否为某一大题拆分	备注栏
S0017(1)	HX1210818	B理解	填空题	书面	中等	2 min	改编	是	
S0017(2)	HX1210829	C应用	简答题	书面	较高	3 min	改编	是	

3. 推断题

S0018：苯甲酸苯甲酯存在于多种植物香精中，它可做香料、食品添加剂及一些香料的溶剂，还可做塑料、涂料的增塑剂。按如图流程可以合成苯甲酸苯甲酯，结合课本知识，回答问题。

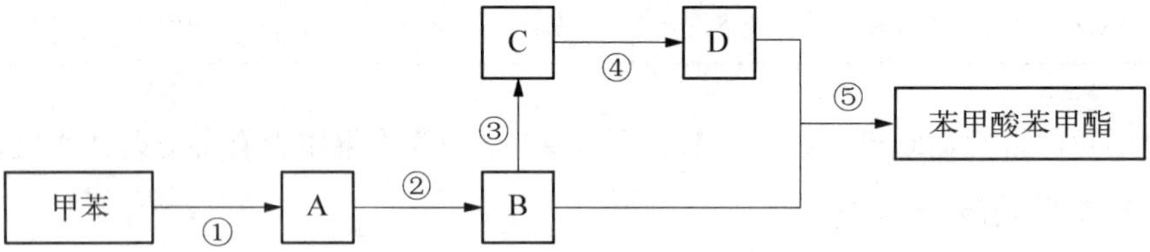

（1）①③的反应试剂和条件为：①____________，③____________________，C的结构简式为：______________________；

（2）反应⑤的化学方程式为：____；

（3）②④的反应类型为②________________、④______________。

答案：（1）① 氯气、光照；③ 氧气、铜、加热，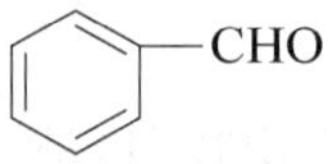；

（2）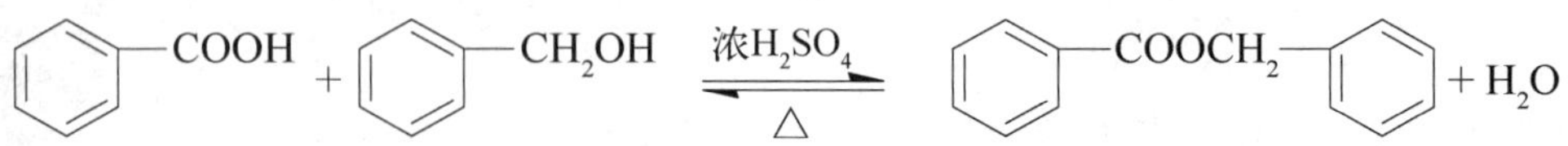

（3）② 取代反应，④ 氧化反应。

题目编码	对应目标编码	目标维度与学习水平	题目类型	题目完成方式	题目难度	预计完成时间	题目来源	是否为某一大题拆分	备注栏
S0018(1)	HX1210826	A 知道	填空题	书面	中等	1 min	引用	是	
S0018(2)	HX1210823	C 应用	填空题	书面	中等	2 min	引用	是	
S0018(3)	HX1210827	B 理解	填空题	书面	中等	1 min	引用	是	

S0019：洗涤剂通常使用磷酸盐和铝盐，但研究发现两者对生物都会带来巨大不利影响，聚丙烯酸钠（$\left[CH_2-\underset{\displaystyle COONa}{CH}\right]_n$）是一种无毒无害的新型洗涤剂，同时聚丙烯酸钠也可以作为食品添加剂、黏合剂等。

> 食品添加剂聚丙烯酸钠
>
> $\left[CH_2-\underset{\displaystyle COONa}{CH}\right]_n$
>
> **储存方法：**存于阴凉干燥处，防热防潮，严禁有毒有害物混运混处。
>
> **生产日期：**见合格证
>
> **保质期：**24 个月

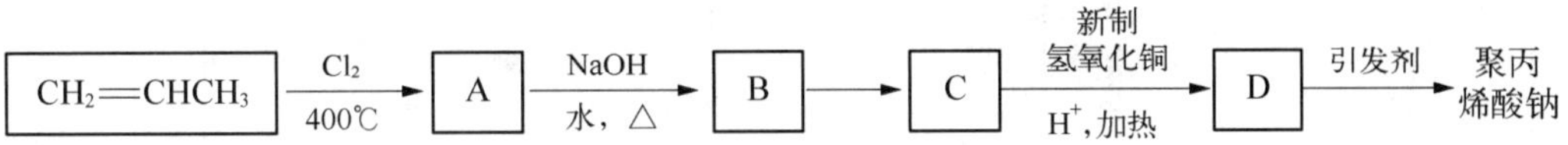

（1）关于聚丙烯酸钠，下列推测错误的是（　　）。

a. 聚丙烯酸钠可溶于水

b. 聚丙烯酸钠溶液为弱碱性

c. 聚丙烯酸钠可以使溴水褪色

d. 单体 D 获得聚丙烯酸钠的有机反应为加聚

（2）B→C 反应类型：____________。

（3）试写出 C→D 的化学方程式：________________________________。

答案：

（1）c；（2）氧化；

（3）$CH_2{=}CH_2CHO+2Cu(OH)_2 \xrightarrow{\triangle} CH_2{=}CH_2COOH+Cu_2O\downarrow+2H_2O$

题目编码	对应目标编码	目标维度与学习水平	题目类型	题目完成方式	题目难度	预计完成时间	题目来源	是否为某一大题拆分	备注栏
S0019(1)	HX1210828	B 理解	选择题	书面	中等	1 min	改编	是	
S0019(2)	HX1210827	B 理解	填空题	书面	中等	2 min	改编	是	
S0019(3)	HX1210816	C 应用	填空题	书面	中等	2 min	改编	是	

4. 实验题

S0020：某化学小组以苯甲酸和异丙醇为原料，制取苯甲酸异丙酯（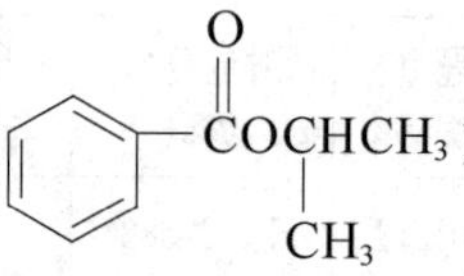）。

（1）若反应产物水分子中有同位素 ^{18}O，写出能表示反应前后 ^{18}O 位置的化学方程式：________。

（2）已知有关物质的沸点如下表：

物　质	异丙醇	苯甲酸	苯甲酸异丙酯
沸点/℃	82.4	249	218

制备苯甲酸异丙酯的合适装置是________。

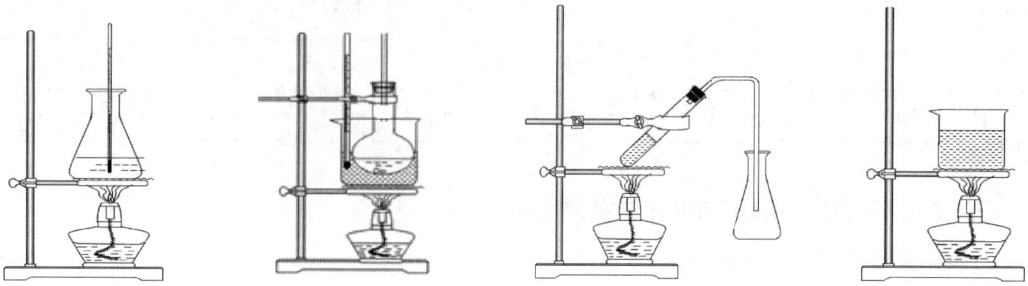

A　　B　　C　　D

（3）苯甲酸异丙酯粗产品中往往含有少量异丙醇、苯甲酸和水等，现拟用下列流程图进行精制，操作①中用到的一种重要仪器是________；操作②的名称是________。

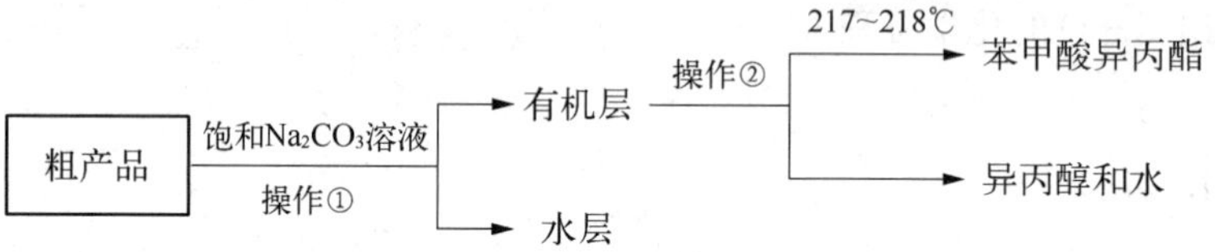

（4）试写出一条能够提高苯甲酸转化率的措施：________。

答案：

（1）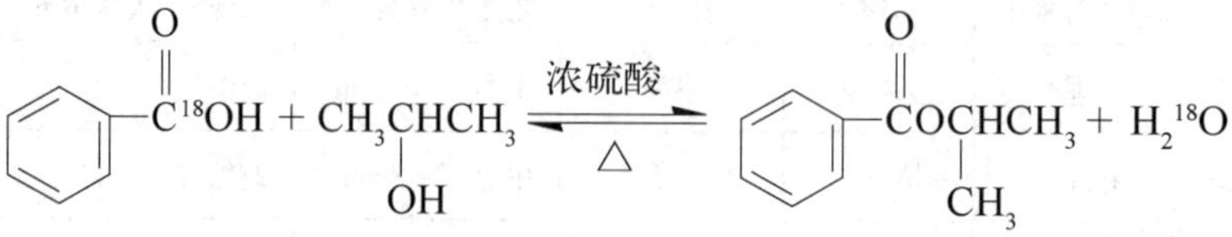

（2）B　（3）分液漏斗；蒸馏　（4）补充异丙醇的用量

题目编码	对应目标编码	目标维度与学习水平	题目类型	题目完成方式	题目难度	预计完成时间	题目来源	是否为某一大题拆分	备注栏
S0020(1)	HX1210823	C应用	填空题	书面	中等	1 min	改编	是	
S0020(2)	HX1210836	C应用	填空题	书面	中等	2 min	改编	是	
S0020(3)	HX1210836	C应用	填空题	书面	中等	2 min	改编	是	
S0020(4)	HX1210832	C应用	填空题	书面	中等	1 min	改编	是	

三、作业、试卷题目属性统计表

（一）作业题目属性统计表

作业题目属性统计表															
不同目标编码题量分布		不同课时题量分布		不同目标维度与学习水平题量分布		不同类型题量分布		不同完成方式题量分布		不同难度题量分布		总时间（分钟）	不同来源题量分布	
HX1210801	1	01	15	A知道	10	选择题	10	听说类	0	较低	26	97分钟	改编	47
HX1210802	3	02	16	B理解	26	填空题	47	操作类	0	中等	36		原创	21
HX1210803	0	03	18	C应用	36	简答题	14	综合实践类	4	较高	13		引用	7
HX1210804	2	04	17	D综合	0	应用题	0	合作类	0					
HX1210805	1	05	9	技能	0	证明题	0	跨学科运用类	0					
HX1210806	3	06	0	能力	0	完形填空	0	非书面其他	0					
HX1210807	6			态度	0	判断题	0	书面	71					
HX1210808	0					书面开放题	0							
HX1210809	1					书面其他	0							
HX1210810	2					非书面	4							
HX1210811	3													
HX1210812	2													
HX1210813	1													
HX1210814	1													
HX1210815	1													
HX1210816	3													
HX1210817	1													
HX1210818	3													

续 表

作业题目属性统计表														
不同目标编码题量分布		不同课时题量分布		不同目标维度与学习水平题量分布		不同类型题量分布		不同完成方式题量分布		不同难度题量分布		总时间（分钟）	不同来源题量分布	
HX1210819	2													
HX1210820	1													
HX1210821	1													
HX1210822	4													
HX1210823	3													
HX1210824	2													
HX1210825	5													
HX1210826	1													
HX1210827	0													
HX1210828	0													
HX1210829	1													
HX1210830	0													
HX1210831	1													
HX1210832	2													
HX1210833	5													
HX1210834	1													
HX1210835	1													
HX1210836	7													
HX1210837	1													

（二）试卷题目属性统计表

试卷题目属性统计表													
不同目标编码题量分布		不同目标维度与学习水平题量分布		不同题目类型题量分布		不同完成方式题量分布		不同难度题量分布		总时间（分钟）	不同来源题量分布	
HX1210801	0	A 知道	7	选择题	13	听说类	0	较低	5	40.5 分钟	改编	14
HX1210802	0	B 理解	10	填空题	16	操作类	0	中等	19		原创	11
HX1210803	0	C 应用	13	简答题	1	综合实践类	0	较高	6		引用	5

续 表

试卷题目属性统计表												
不同目标编码题量分布		不同目标维度与学习水平题量分布		不同题目类型题量分布		不同完成方式题量分布		不同难度题量分布		总时间（分钟）	不同来源题量分布	
HX1210804	0	D综合	0	应用题	0	合作类	0					
HX1210805	0	技能	0	证明题	0	跨学科运用类	0					
HX1210806	0	能力	0	完形填空	0	非书面其他	0					
HX1210807	1	态度	0	判断题	0	书面	30					
HX1210808	0			书面开放题	0							
HX1210809	2			书面其他	0							
HX1210810	0			非书面	0							
HX1210811	0											
HX1210812	0											
HX1210813	0											
HX1210814	0											
HX1210815	0											
HX1210816	3											
HX1210817	0											
HX1210818	1											
HX1210819	0											
HX1210820	0											
HX1210821	0											
HX1210822	0											
HX1210823	3											
HX1210824	0											
HX1210825	0											
HX1210826	5											
HX1210827	7											
HX1210828	2											
HX1210829	3											
HX1210830	0											

续　表

试卷题目属性统计表												
不同目标编码题量分布		不同目标维度与学习水平题量分布		不同题目类型题量分布		不同完成方式题量分布		不同难度题量分布		总时间（分钟）	不同来源题量分布	
HX1210831	0											
HX1210832	1											
HX1210833	0											
HX1210834	0											
HX1210835	0											
HX1210836	2											
HX1210837	0											

四、作业、试卷案例编制说明

我们团队设计和编写的作业及试卷对应的是沪科版高三化学第八章《烃的衍生物》8.1 至 8.4 节，是在高二已经学习“乙醇，乙醛，乙酸”的基础上再次学习“卤代烃、醇、醛、羧酸和酯”。

（一）“卤代烃、醇、醛、羧酸和酯”四个课时的设计说明

我们的设计思路是以教材为依托，以教学要求为导向，以核心素养为轴心，立足学生特点，进行课时作业设计，共分五个板块：感知・生活、类比・结构、迁移・应用、探究・实验、情境・实践，具体如图 1 所示。

图 1　作业设计总体思路

感知 · 生活【Z1001、Z2001、Z3001、Z4001】

该板块作业设计的特点：

① 素材选取：源于生活，拓宽教材，融化学于生活中。

② 作业目标：指向明确(依据新教学基本要求)，重点突出(主要考查卤代烃、醇、醛、羧酸和酯主要的物理、化学性质)，数量合理(设置 4～5 个小题)。

③ 素材呈现：此板块的素材均用图片方式呈现，趣味性浓、美感突出，可视性强，减少纯文字阅读疲劳感，提高学生识别图表和信息转化能力。

④ 作业功能：突出基础知识的落实和巩固，提高学生的宏观辨识能力，建立科学的认识方法：性质$\xrightarrow[\text{反映}]{\text{决定}}$用途。

【例】 Z2001(1)根据乙醇能擦去手上的油墨，推测乙醇是良好的有机溶剂；Z2001(4)根据酒驾检测仪的原理，推测乙醇的还原性；Z3001(4)通过分析酒精性红脸的原因，推测乙醛的还原性。

类比 · 结构【Z1002、Z2002、Z3002、Z4002】

有机物的性质与其结构关系特别密切，因此在学习有机物时，一定要突出“结构$\xrightarrow[\text{反映}]{\text{决定}}$性质”科学观念，建立官能团决定有机物化学性质的思想。因此，这一板块的作业设计有如下特点：

通过对比有机物结构的“异”和“同”，认识有机物性质的“异”和“同”，提高学生的“微观探析”能力，从“宏观、微观和符号”三种水平上认识和理解化学知识，并建立三者之间的内在联系。这是化学学科特有的思维方式，是化学学科教与学的有效方法。化学学科的特点决定了三种表征应有机结合。

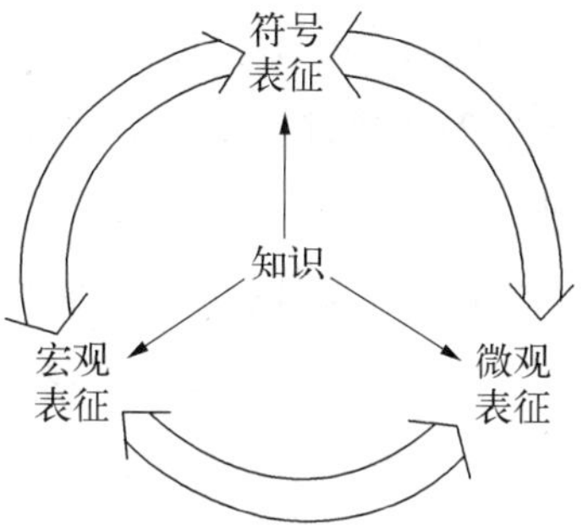

【例】 Z1002 利用“结构式”对比“溴乙烷”与“乙烷”结构的异同，从而认识“溴乙烷”与“乙烷”性质的异同，理解“溴乙烷”的化学性质是由“溴原子”决定的；Z3002 利用“比例模型”对比“乙醛”与“乙烯”结构的异同，理解“$-\overset{|}{C}=\overset{|}{C}-$”与“$-\overset{\overset{O}{\|}}{C}-$”异同，说明“—CHO”易被氧化的特殊性质；Z4002 利用“球棍模型”对比“乙酸”“羟基乙醛”与“甲酸甲酯”结构的异同，说明官能团之间相互影响，导致性质不同。

迁移 · 应用【Z1003、Z2003、Z3003、Z4003】

知识学习的目的是应用知识，解决实际问题，提升学生的能力。此板块的设计目的主要是根据有机物分子中的官能团，推测有机物的性质，进一步夯实基础，拓展知识，深化认识，培养学生运用化学思维解决化学问题的能力，建立“官能团决定化学性质”的认知模型。

【例】Z1003、Z2003 是根据卤代烃、醇的结构特点推测发生的反应、产物结构简式，书写反应的化学方程式；Z3003 是根据有机物的性质推测有机物的结构；Z4003 是利用蚂蚁分泌的蚁酸结构特点推测其性质及酯化反应的产物。

探究·实验【Z1004、Z2004、Z3004、Z4004】

实验是化学研究的重要手段。"证据推理""科学探究"都是学生必须具备的核心素养。此板块的设计目的是让学生学会探究，学会实验设计，学会实验现象分析并进行证据推理，培养学生的科学探究精神，提升学生实验设计、实验分析、解决问题的能力。

这个板块设计的特点：

① 所有的探究实验都源于教材，高于教材。

【例】Z1004 是探究卤代烃($C_nH_{2n+1}X$)性质，Z2004 是探究乙醇的催化氧化实验，Z3004 是探究乙醛与氢氧化铜反应，Z4004 是探究乙酸乙酯的制备实验。

② 探究的素材来自我们教学中的真实实验或化学期刊等文献。

【例】Z1004 是探究卤代烃($C_nH_{2n+1}X$)性质，由我们的课堂教学演示实验设计而成；Z2004(3)探究乙醇的催化氧化实验装置是我们真实实验现象的照片；Z4004 探究乙酸乙酯的制备实验数据来自《化学教学》(2010 年第 6 期)。

③ 问题设计具有层次性、探究性、开放性、方法性，也有一定的综合性，能很好地考查学生灵活应用化学知识与技能以及科学研究方法解决化学问题的能力和创造能力。

【例】Z1004(1)设计实验，(2)(3)是评价和改进实验，方法指导；Z2004(1)(2)是现象分析和证据推理，(3)是有关实验评价的开放性问题；Z3004(1)(2)(3)(4)是现象分析和证据推理，(5)是实验设计；Z4004(2)是综合性问题，(3)是方法性问题。

情境·实践【Z1005、Z2005、Z3005、Z4005】

作业设计要求要有实践型习题，并且要具有情境性、综合性、开放性，要有方法指导和实践创新，所以我们设计了这一板块。该板块的设计特点：

① 先提供一个活动情境素材，活动素材都是日常生活中的，学生感兴趣的。

【例】Z1005 是干洗剂；Z2005 是木糖醇；Z3005 是香水；Z4005 是防腐剂。

② 先了解研究对象的成分和性质，明确活动目的、活动要求，给予适当的活动指导，再进行动手实践活动，具有很强的开放性、实践性、趣味性、合作性、创造性，有利于发展学生的能力，培养学生的创新意识和求真求实的科学态度与科学精神，增进学生的社会责任心。

【例】Z1005 先了解干洗原理，然后要求选择不同的有机溶剂并制成干洗剂，对比洗涤效果；Z3005 先了解香水成分，然后要求从常见物质中提取醛类，自制香水。

（二）"烃的衍生物应用"课时的设计说明

第五课时《烃的衍生物的应用》承载了"卤代烃、醇、醛、羧酸和酯"的结构、性质及其相互转化知识的综合运用，习题结构也区别于前四课时。该课时设计思路如下图所示。

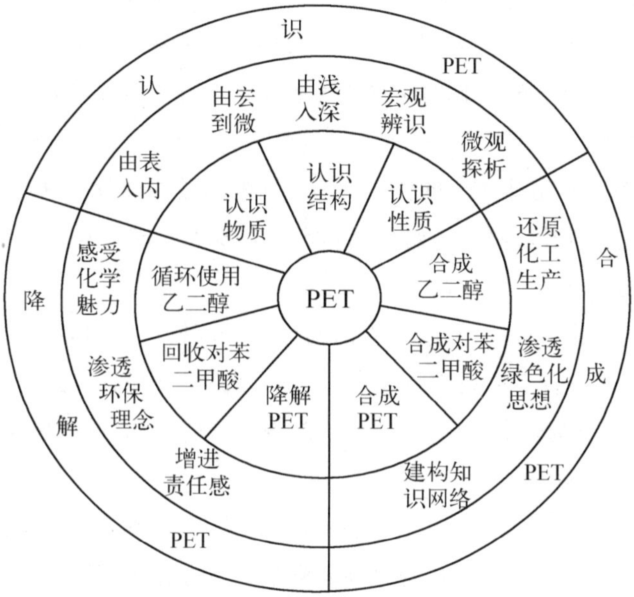

第五课时的整个作业设计是以故事的形式呈现的。

它是建立在一个庞大的真实背景下——可回收塑料 PET(聚对苯二甲酸乙二醇酯),以故事的形式展开,从 PET 的宏观感知,到 PET 的微观结构,认识 PET 的性质,分析 PET 的单体合成,再到 PET 的合成,PET 的降解,深化学生对“化工生产、生活、环境与化学的密切关系”的认识,增强学生的社会责任感和学习化学的使命感。同时不断渗透化工生产中的“原子利用率、物质的循环利用、物质的回收再用”等绿色化思想,增进学生的环保理念。

尽管 PET 及其工业生产的过程非常复杂,但是我们在编制作业过程中,始终秉持以学科基本要求为落脚点,遵循学生的认知规律,按照“由表入内、由宏观到微观、由浅入深、由易到难”的原则进行作业问题设计,将烃的衍生物的性质综合地应用在本题中,学生认为本题的难度并不大。

这种“故事线索”型作业,将课堂和现实生活紧密联系起来,特别能激发学生学习化学的兴趣。整个故事聚焦同一议题(PET 塑料)脉络展开,将“卤代烃、醇、醛、羧酸和酯”等内容有机、巧妙地整合在一起,形成连贯性、逻辑性、系统性认知结构网络,有利于学生进行自主学习,展开深度思考,建立解决复杂化学问题的“思维框架”,即“模型认知”。

(三) 单元试卷的设计意图

选择题注重对有机化学基础知识的考查,以醇醛酸中典型代表物乙醇、乙醛、乙酸等性质为主,同时通过乙醇到乙醛、乙醇到乙酸等转化向学生渗透变化观念的思想。综合题分别以教材的延展内容为背景,如:杜康酿酒话乙醇、装潢中的甲醛以及草酸、草酸酯,具体包括酿酒过程中物质的转化、除醛试剂、最新前沿科技铜纳米反应器等，在有一定难度和深度的背景下做到"高起点创设背景，低要求设置问题"。传统有机推导题选材结合家用洗涤剂聚丙烯酸钠、香料苯甲酸甲酯等身边物质为背景，同时引导学生感受化学科学对保障人类健康、促进科学技术发展等作出的积极贡献。

特别说明，针对在之前五个课时的作业中体现出的问题，我们也根据作业中的典型或者实质性错误，在单元试卷中加以强化，例如 S0005，S0007，S0014，S0019(3)，S0020(1)。

【案例】S0011 与 S0012

本题背景源于高二化学教材"杜康酿酒话乙醇"一节，教材中用淀粉转化为酒精的方程式简化酿酒工业流程。本题背景创设中将酿酒过程部分还原，中间产物包括乳酸、丙酮酸、乙醛等。S0011 要求学生能够通过分析中间产物乳酸、丙酮酸的结构，结合已学官能团性质对二者可能发生的反应进行推测。

对于乳酸，同含羟基与羧基的有机物，能够发生众多反应，包括：分子内消除脱水、分子间酯化、两分子成环等。S0012 题改编传统命题风格如书写方程式等形式，以产物中可能存在的有机片段为命题角度，学生只需要理解有机物质转化过程中基团结构所发生的变化，即可作答。

（四）学生对于课时作业的实际反馈

作业设计质量优劣的评价、作业设计能否真正达到预设功能，必须通过学生来检测。针对本次作业设计，我们组织本届高三学生进行笔试、座谈、讨论、反馈，在时间、难易度、错误率上进行了数据统计，分析如下。

1. 用时与难易程度的分析

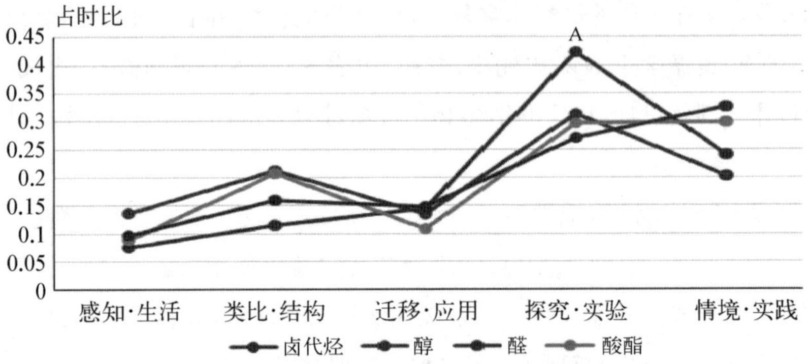

图 1 每一板块作业用时占总作业用时的分数

图 1 的含义是(以 A 点为例)：完成醛的"探究 · 实验"作业所需时间占醛总作业的时间分数，占时比越大，作业难度越大。

图 2 的含义(以 B 点为例)：表示酸酯中的"情境 · 实践"作业难度值为 4.3。

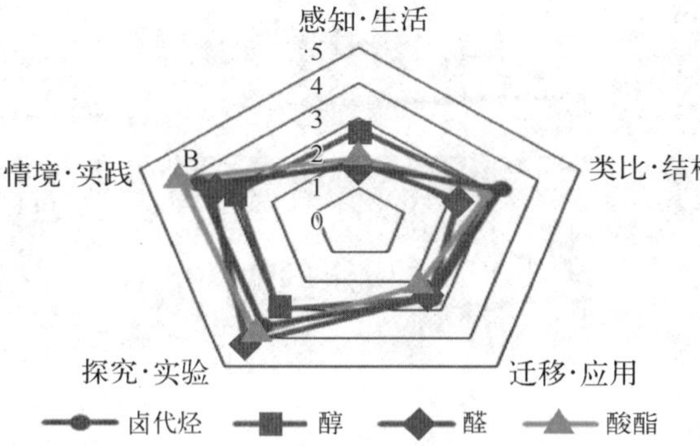

图 2　每一板块作业难度值(学生自评)

这一难度值是学生自评的。我们设“1”为很简单,“2”为简单,“3”为中等难度,“4”为较难,“5”为很难,让学生自行评价。

根据上述数据可知,完成时间与题目难易度之间具有较好的一致性,难度为:探究・实验>情境・实践>类比・结构>迁移・应用≈感知・生活。五个板块的难易度和完成时间也契合了前四个课时作业设计的初衷,即:

(1) 感知・生活板块是从生活感知逐步提升到简单的科学认知。

(2) 类比・结构板块主要是建立在有机物的微观辨析基础上,这始终是学生在有机化学学习过程中的难点。

(3) 迁移・应用板块,我们刻意选择了较为简单的同类物质,不追求过于复杂的结构,力求引导学生关注官能团的性质。

(4) 探究・实验板块思维容量大,要求学生对化学反应现象背后的原理有较深的理解,因此区分度最大。

(5) 情境・实践板块将复杂的有机物置于特定的生活情境中,学生有一定的陌生感,但知识点本身难度并不大(特别说明:本板块的最后一问由于是综合实践类作业,未计入上述时间和难度统计之中)。

2. 学生错误的原因分析及改进

(1) 有机物结构书写不规范

在有机这部分的学习过程中,有机物的符号表征尤为重要。在课时作业中,我们从 Z1003(2)、Z2002(2)、Z3002(1)、Z3003(1)、Z4002(2)等题中发现学生在书写结构简式时存在比较大的问题,错误率平均可达 17%,常见的错误书写方式如下图所示。对此,我们也在反思是不是由于平日的教学工作中,过分强调物质的宏观性质与微观结构的联系,反而忽略了最基础的化学符号的规范表示。

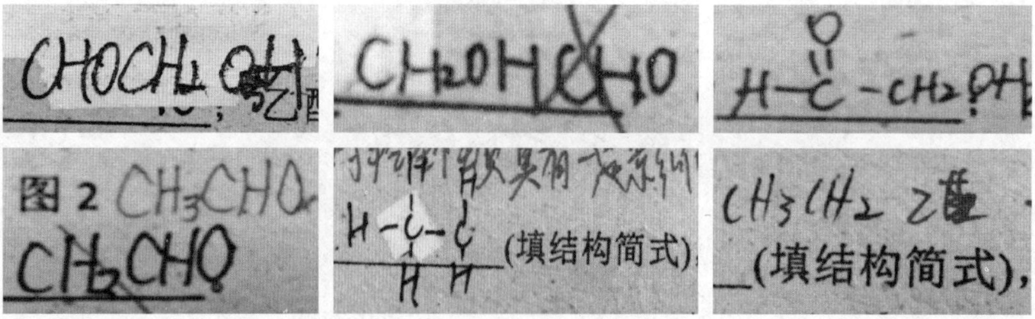

(2) 语言表述不完整

依据新高考形势下化学等级考的出题要求，我们在作业设计中，充分考查了学生的语言表述能力，但结果却不尽如人意，如下表所示。

题　　号	错误率	错　　答　　原　　因
Z1004(1)	33%	缺乏对实验操作的结论描述
Z2005(1)	28%	木糖醇易溶于水未强调“多羟基”
Z4004(1)	86%	“溶液上下分层”现象未描述
Z4004(2)	73%	缺少“减小生成物浓度”的表述
Z4005(3)	69%	缺乏山梨酸与山梨酸钾之间转变的表述
Z5005(2)	30%	运用化学平衡原理解释原因，表述要点不完整

通过以上统计，我们不难发现，学生在文字表述上的缺失遗漏实则反映了学生对于知识点的掌握不够深入具体，包括有机反应涉及的条件、现象，化学平衡移动的原理等方面。在今后的教学过程中，学生还是要不断加以练习与巩固，培养证据推理能力，加强变化观念形成、深化化学平衡思想。

(3) 对反应现象背后的实质原理不清晰

Z2002(1)中最后两问通过比较宏观现象来推断微观分子结构中键能的差异，有68%的学生对这一空错答或者不答，说明学生对于基团之间的相互影响和断键的微观辨析还存在很大问题。

Z2004(1)中 m_1 和 m_2 的关系有40%的学生答错，完全出乎教师的意料。这说明学生对于催化剂在化学反应中的作用还是没有建立正确的认知。

Z3005(2)设计实验区分风信子醛和肉桂醛，有43%的学生没有考虑到醛基的影响，直接加溴水鉴别；另有29%的同学在除去醛基后，未过滤出砖红色沉淀以及盐酸酸化，便直接加溴水；Z5003(3)中验证对苯二甲酸中是否含有对醛基苯甲酸，直接加入新制 $Cu(OH)_2$ 悬浊液加热，而忽略了羧基对试剂的影响。这说明忽视化学反应条件，就不能很好地根据实验目的设计实验方案。

(4) 针对学生实际作业的反馈情况，我们对作业的改进

针对提问设置中指向性不明确的问题，我们修改了提问方式，令学生清晰明了地知道题目在问什么，不至于答非所问。

例如 Z3004(2)，原题的描述为“基于实验 1,2 的现象可以得出结论：NaOH 用量较少时，____________________”。现改为“NaOH 用量较少时，乙醛________(有、没有)参加反应，理由是____________”。再例如 Z4004(3)，原题表述是“通过分析实验①、②、③，发现浓硫酸的浓度并非越浓越好，由此得出的结论是________”，现改为“通过分析实验①、②和③，发现浓硫酸的浓度并非越浓越好，由此得出酯化反应的催化剂实际上是________”。

针对可能造成歧义的题目，我们也是推敲再三，细细斟酌，力求避免出现科学性问题。例如 Z2005(1)，原题表述是“已知木糖醇的结构简式如图所示，可推知其________(难/易)溶于水”，有学生提出如果从多羟基的角度看，的确易溶于水，但木糖醇分子中也存在 5 个碳原子，从烃基的角度看，它是否也有可能难溶于水呢？于是我们将此题改成了“木糖醇易溶于水，请从结构角度分析原因________”，直接告诉学生结论，让他们从结构推测原因。

(5) 学生的感受

我们在让学生完成课时作业后，让学生谈谈这份作业令人印象深刻的地方有哪些。从学生的反馈来看，这份课时作业从整体上来看题目新颖、贴近生活，适合高三等级班学生用作单元课时作业。

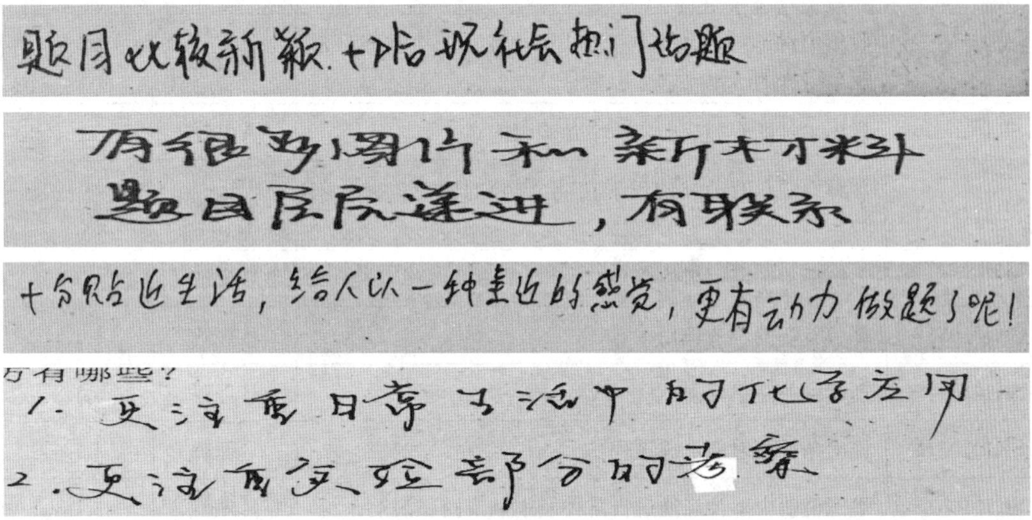

“教学有心，学者得益”，作业设计作为课堂教学的延伸，突破了传统老旧的作业设置。充分激发学生的求知欲，提升学生的学习兴趣，发展学生独特个性以及培养核心素养势在必行、刻不容缓。我们希望通过这份作业的编写，让学生喜欢上化学这门学科，在学习过程中学会方法，在实践中培养能力，在创新中实现基本素养的提升。

第二十一章　2021年上海市高中生物优秀作业及试卷参评案例*

一、作业、试卷的单元目标设计表

作业、试卷的单元目标设计表			
单元目标编码	目　标　描　述	目标维度与学习水平	对应学科教学基本要求编码
SK1010501	知道神经系统的基本结构和功能单位	A知道	4.1.3①
SK1010502	说明神经元的结构	B理解	4.1.3①
SK1010503	说明神经元各部分结构的功能	B理解	4.1.3①
SK1010504	解释兴奋在神经元上的传导过程和机理	B理解	4.1.3①
SK1010505	说明突触的结构	B理解	4.1.3①
SK1010506	解释兴奋在突触处的传递过程	B理解	4.1.3①
SK1010507	描述兴奋在神经系统中传递的特点，判断传递方向	B理解	4.1.3①
SK1010508	收集信息、整合信息，进一步认识神经系统对我们日常生活的影响	D综合	999
SK1010509	说出牛蛙的脊髓反射实验中各步骤的意义	A知道	4.1.2②
SK1010510	理解脊髓具有独立的反射功能，脊髓的调节也会受脑的控制	B理解	4.1.2①
SK1010511	理解反射和反射弧的概念	B理解	4.1.3②
SK1010512	理解脊髓的调节作用	B理解	4.1.3③
SK1010513	理解脑的高级反射	B理解	4.1.3③
SK1010514	说出条件反射的形成过程	B理解	4.1.3④
SK1010515	举例说明中枢神经通过自主神经来调节内脏活动	B理解	4.1.3⑤
SK1010516	运用条件反射形成和消退的原理来解决生活实践中的问题	能力	999

* 本章作者为上海理工大学附属中学设计团队，团队成员是陈晓俐、顾森、王利平、高秋月。

续 表

作业、试卷的单元目标设计表			
单元目标编码	目　标　描　述	目标维度与学习水平	对应学科教学基本要求编码
SK1010517	知道人体主要的内分泌腺及其分泌的激素和生理作用	A 知道	4.1.4①
SK1010518	领会激素作用的特点	B 理解	4.1.4②
SK1010519	理解激素在血糖平衡中的调节作用	B 理解	4.1.4③
SK1010520	理解甲状腺激素分泌的分级调节及反馈调节过程	B 理解	4.1.4③
SK1010521	知道下丘脑对内分泌腺不同的调节方式	A 知道	4.1.4③
SK1010522	运用学过的生物学知识，从分子水平分析可能导致糖尿病的原因	D 综合	4.1.4③
SK1010523	学会用下丘脑—垂体—内分泌腺分级调控及反馈调节过程解释简单的生活现象	C 应用	4.1.4③
SK1010524	能用细胞器的知识说出内分泌细胞合成分泌激素的过程	C 应用	999
SK1010525	运用生命科学探究活动的基本步骤分析“探究胰岛素功能”科学研究的合理性	能力	999
SK1010526	能通过查找资料，利用血糖调节原理解释生活现象	D 综合	999
SK1010527	知道免疫系统的组成	A 知道	4.1.5①
SK1010528	说出细胞识别的概念以及抗原的概念和类型	A 知道	4.1.5①
SK1010529	说出人体免疫系统的三道防线	A 知道	4.1.5①
SK1010530	说明巨噬细胞的免疫作用	A 知道	4.1.5②
SK1010531	说明 B 淋巴细胞的免疫作用(体液免疫的过程和作用)	A 知道	4.1.5②
SK1010532	理解特异性免疫和抗体的作用特点	B 理解	4.1.5②
SK1010533	应用神经、激素和免疫调节相关知识分析问题，进一步理解信号分子的作用	D 综合	888
SK1010534	说出 T 淋巴细胞的免疫作用(细胞免疫)	A 知道	4.1.5②
SK1010535	能说出细胞免疫和体液免疫的区别	A 知道	4.1.5②
SK1010536	知道疫苗的实质	A 知道	4.1.5③
SK1010537	说出疫苗使人体获得免疫力的原理	A 知道	4.1.5③
SK1010538	认识接种疫苗在控制传染病流行方面的价值	态度	4.1.5④

续 表

作业、试卷的单元目标设计表			
单元目标编码	目　标　描　述	目标维度与学习水平	对应学科教学基本要求编码
SK1010539	了解传染和预防之间的相互关系	D综合	999
SK1010540	关注涉及生物学的社会议题，参与讨论并作出理性解释	态度	999
SK1010541	学会查阅相关资料，结合所学知识和题意，分析现象，解决问题	能力	888

二、案例正文

（一）课时作业

【第1课时】

1. 基础题

Z1001：神经系统的基本结构和功能单位是（　　）。

A. 细胞体　　B. 突触

C. 神经元　　D. 树突和轴突

答案：C

题目编码	所属课时	对应目标编码	目标维度与学习水平	题目类型	题目完成方式	题目难度	预计完成时间	题目来源	是否为某一大题拆分	备注栏
Z1001	01	SK1010501	A知道	选择题	书面	较低	0.5 min	原创	否	

右图为两个相邻的神经元，请回答下列两个问题。

Z1002：写出右图中字母所对应的结构名称：

a__________　b__________　c__________

d__________　e__________

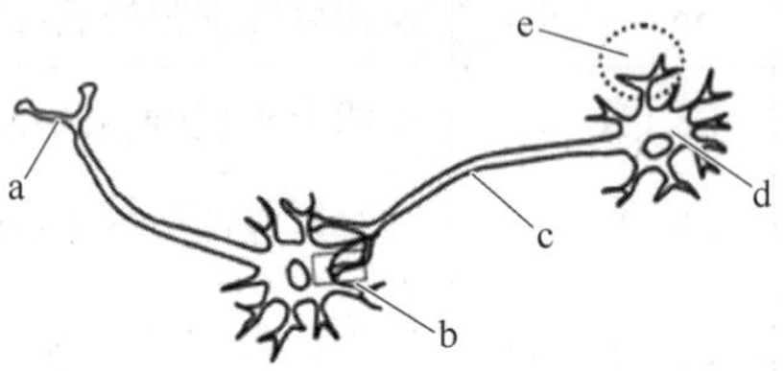

答案：a 轴突末梢；b 突触；c 轴突；d 细胞体；e 树突

题目编码	所属课时	对应目标编码	目标维度与学习水平	题目类型	题目完成方式	题目难度	预计完成时间	题目来源	是否为某一大题拆分	备注栏
Z1002	01	SK1010502	B理解	填空题	书面	较低	0.5 min	原创	是	

Z1003：右图中神经冲动传导的顺序是：[　]→[　]→[　]→[　]→[　]

答案：[e]→[d]→[c]→[b]→[a]

题目编码	所属课时	对应目标编码	目标维度与学习水平	题目类型	题目完成方式	题目难度	预计完成时间	题目来源	是否为某一大题拆分	备注栏
Z1003	01	SK1010503	B理解	填空题	书面	较低	0.5 min	原创	是	

Z1004：当神经元某处受到刺激时，该处膜电位的转变过程是____→____→____，即由________电位转变为________电位再恢复为________电位。

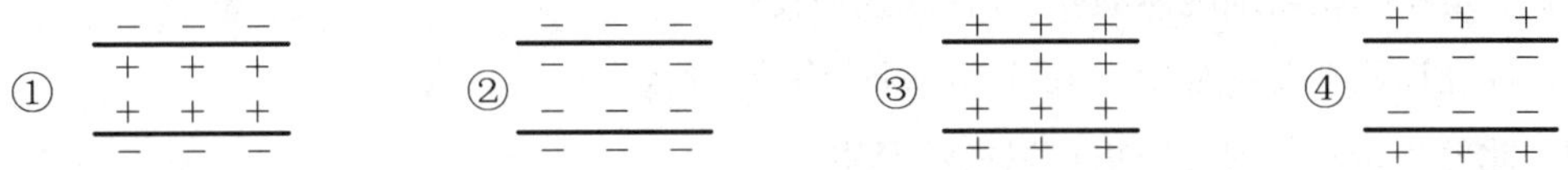

答案：④　①　④　静息　动作　静息

题目编码	所属课时	对应目标编码	目标维度与学习水平	题目类型	题目完成方式	题目难度	预计完成时间	题目来源	是否为某一大题拆分	备注栏
Z1004	01	SK1010504	B理解	填空题	书面	较低	1 min	改编	否	

Z1005：在下图中画出神经元受刺激后产生兴奋的机理：

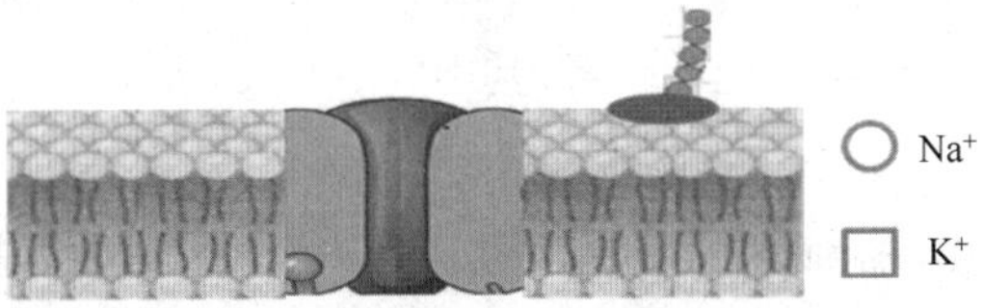

答案：

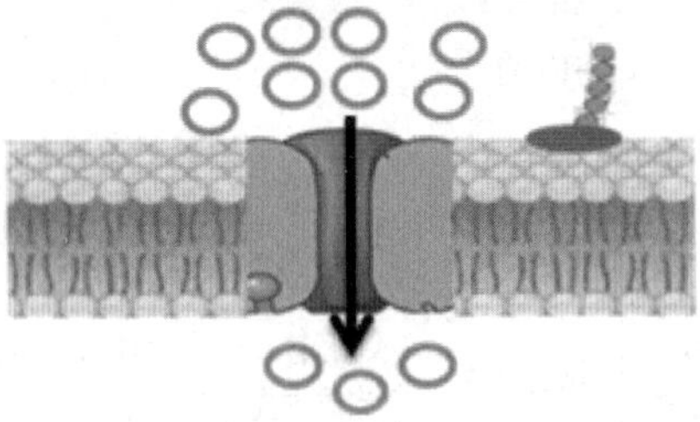

题目编码	所属课时	对应目标编码	目标维度与学习水平	题目类型	题目完成方式	题目难度	预计完成时间	题目来源	是否为某一大题拆分	备注栏
Z1005	01	SK1010504	B理解	书面其他	书面	中等	1 min	原创	否	

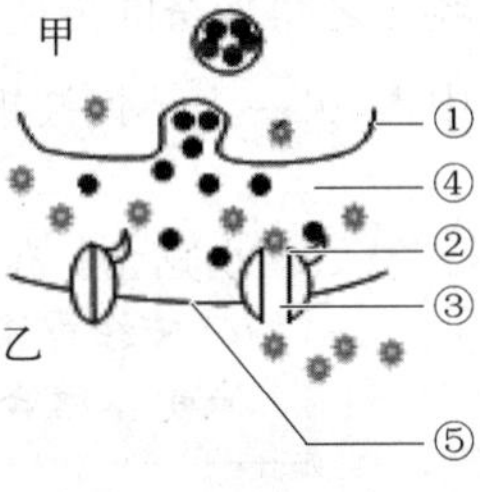

右图为突触部分结构，请回答下列两个问题。

Z1006：突触由[　　]______________、[　　]______________、[　　]______________构成。

答案：① 突触前膜　④ 突触间隙　⑤ 突触后膜

题目编码	所属课时	对应目标编码	目标维度与学习水平	题目类型	题目完成方式	题目难度	预计完成时间	题目来源	是否为某一大题拆分	备注栏
Z1006	01	SK1010505	B理解	填空题	书面	较低	0.5 min	改编	是	

Z1007：有关突触处兴奋的传递，下列叙述中正确的是（　　）。（多选）

A. ①是树突膜，②是离子通道，③是神经递质的通道

B. ⑤是树突膜或细胞体的膜，②神经递质受体

C. 神经递质与②结合后，③被打开，Na^+内流，导致⑤产生兴奋

D. 此处兴奋的传递方向也可以由乙至甲

E. 乙处发生的信号转变过程为电信号→化学信号

F. 与②结合的神经递质很快会被④中的酶降解失活，作用终止

答案：B，C，F

题目编码	所属课时	对应目标编码	目标维度与学习水平	题目类型	题目完成方式	题目难度	预计完成时间	题目来源	是否为某一大题拆分	备注栏
Z1007	01	SK1010506	B理解	选择题	书面	中等	1.5 min	改编	是	

Z1008：下图表示三个神经元及联系，其中“—O—<”表示从树突到细胞体再到轴突。

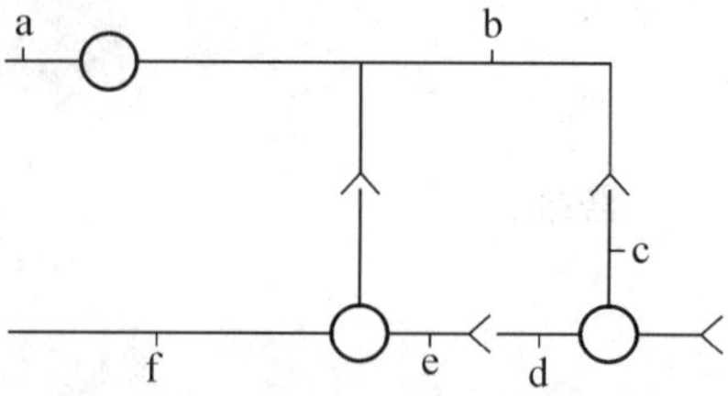

（1）图中共有________个完整的突触；

（2）若在b点施加一强刺激，可以在____________点测到电位变化；

（3）若在e点施加一强刺激，可以在____________点测到电位变化。

答案：（1）3　（2）a b c d e f　（3）e c d f

题目编码	所属课时	对应目标编码	目标维度与学习水平	题目类型	题目完成方式	题目难度	预计完成时间	题目来源	是否为某一大题拆分	备注栏
Z1008	01	SK1010507	B理解	填空题	书面	中等	2 min	改编	否	

2. 拓展题

Z1009：我们的肌细胞受运动神经末梢的支配，已知神经肌肉接头处兴奋的传递过程与神经元之间兴奋的传递过程相似。医院同时接收两名中毒患者，据初步了解，一人为有机磷农药中毒，另一人不慎被银环蛇咬伤中了银环蛇毒。

> **小贴士：** 有机磷农药能抑制突触间隙胆碱酯酶的活性；银环蛇毒主要分为α-神经毒素和β-神经毒素等，α-神经毒素能与神经肌肉接头处的乙酰胆碱受体结合，β-神经毒素直接作用于突触前膜，阻断乙酰胆碱的释放。

银环蛇

(1) 若你是医生，请根据这两名患者的症状分析确诊他们中毒的分别是何种毒素。

(2) 日常生活中，有机磷农药等有毒药品的存放和使用应注意些什么？请给出一些合理建议。

答案：(1) 有机磷农药使胆碱酯酶活性受抑制，使酶不能分解乙酰胆碱(神经递质)，致使肌细胞质膜持续兴奋。若病人出现肌肉抽搐等现象，则为有机磷农药中毒。α-神经毒素竞争性地与神经肌肉接头处的乙酰胆碱受体结合，阻断神经递质的传导；β-神经毒素直接作用于突触前膜，阻断乙酰胆碱的释放。若病人出现骨骼肌不能收缩，肌肉松弛麻痹等症状，则为银环蛇毒中毒。

(2) 合理回答即可。如应选择一个比较安全隐蔽的地方存放，尤其避免儿童能接触到；使用农药时应穿长袖上衣长裤，戴口罩手套，等等；凡被农药接触到的衣物、器具等，一定要及时清洗干净；一旦出现中毒先兆及时就医。

题目编码	所属课时	对应目标编码	目标维度与学习水平	题目类型	题目完成方式	题目难度	预计完成时间	题目来源	是否为某一大题拆分	备注栏
Z1009	01	SK1010541	能力	简答题	书面	较高	5.5 min	原创	否	

Z1010：多巴胺是一种由脑分泌的神经递质，可影响一个人的情绪。这种化学物质主要负责大脑的情欲、感觉，能够传递兴奋及愉悦等信息，因此它又被称作“快乐物质”。研究发现该物质也与成瘾有关，与诸如毒品、尼古丁、酒精、游戏、网络、美食、购物等有一定的联系。

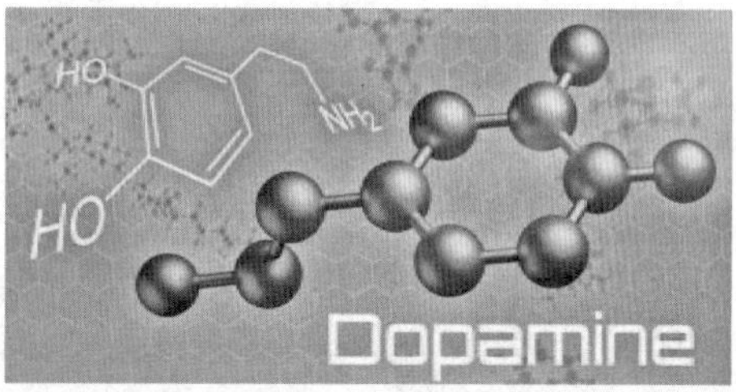

以小组为单位，查阅资料，介绍一种毒品或者尼古丁：它们对人体有什么危害，对神经系统中多巴胺的作用产生什么影响？为什么会成瘾？在生活中，你或者身边的人有过对什么上瘾吗？谈谈我们如何克服这些成瘾症，从而不让多巴胺“绑架”我们的大脑？

答案评价标准：每个小组成员分工明确，既能认真完成自己的任务，也能互相沟通帮助。内容上紧扣主题，基本涉及上述几个问题。提交的报告条理清晰，合理、科学、完整。

附：小组合作评价表

项　目	评　　分　　标　　准	自评	互评
分工与合作	A. 每个成员有明确的分工，能认真完成自己的任务，成员之间有交流和互相帮助。 B. 每个成员尽管有明确的分工，但不是每个成员都能认真完成自己的任务。 C. 小组成员没有明确的分工，存在个别成员包办的问题。		
情感与态度	A. 能积极参与学习活动，兴趣浓厚，非常认真地完成任务。 B. 基本能参与学习活动，兴趣不是很大，但还是能比较认真地完成。 C. 被动地参与学习活动，不积极不主动，比较敷衍地完成任务。		
学习与能力	A. 能够自主学习，收集大量与主题有关的信息，并能有效地进行分类整理和整合。 B. 在老师引导下能完成学习任务，收集一定量的信息，并能进行整合。 C. 收集的信息很少，或不能进行分类整理或整合。		
内容与表达	A. 紧扣主题，条理清晰完整并科学合理，制作精美。 B. 围绕主题展开，但内容不够清晰完整，制作一般。 C. 内容简单，制作比较粗糙，缺乏科学性和逻辑性。		
总评分	（A—25 分，B—18 分，C—10 分）		

题目编码	所属课时	对应目标编码	目标维度与学习水平	题目类型	题目完成方式	题目难度	预计完成时间	题目来源	是否为某一大题拆分	备注栏
Z1010	01	SK1010508	D综合	书面开放题	合作类	较高	7 min	原创	否	

【第 2 课时】

1. 基础题

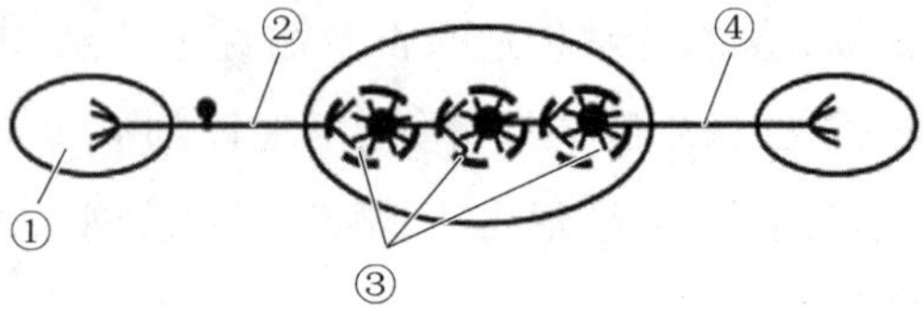

Z2001：（单选题）右图为反射弧示意简图，兴奋在反射弧中按单一方向传导，其原因是（　　）。

A. 兴奋传导在②中只能是单一方向的

B. 兴奋传导在③中只能是单一方向的

C. 兴奋传导在④中只能是单一方向的

D. 兴奋传导在②、③、④中均只能是单一方向的

答案：B

题目编码	所属课时	对应目标编码	目标维度与学习水平	题目类型	题目完成方式	题目难度	预计完成时间	题目来源	是否为某一大题拆分	备注栏
Z2001	02	SK1010507	B理解	选择题	书面	较低	0.5 min	改编	否	

“观察牛蛙的脊髓反射现象”实验

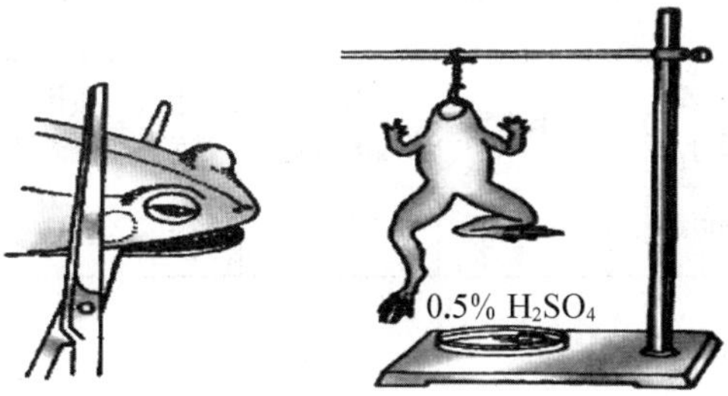

Z2002：实验前除去蛙脑的目的和实验中环割脚趾尖皮肤的目的分别是：________________。

答案：排除脑对脊髓的控制；破坏感受器。

题目编码	所属课时	对应目标编码	目标维度与学习水平	题目类型	题目完成方式	题目难度	预计完成时间	题目来源	是否为某一大题拆分	备注栏
Z1002	02	SK1010509	A知道	简答题	书面	较低	0.5 min	引用	是	

Z2003：若不去脑，是否将观察不到屈腿反射，为什么？

____

____

答案：依然能观察到屈腿反射，因为完成屈腿反射的反射弧是完整的，在感受器受到刺激后，可以完成屈腿反射。不去脑的话，没有排除脑对脊髓的控制，不利于单独体现脊髓的调节功能。

题目编码	所属课时	对应目标编码	目标维度与学习水平	题目类型	题目完成方式	题目难度	预计完成时间	题目来源	是否为某一大题拆分	备注栏
Z2003	02	SK1010510	B理解	简答题	书面	中等	1.5 min	改编	是	

Z2004：若用稀硫酸刺激青蛙后肢，就会发生屈腿反射。请简述该反射的全过程。

答案：当脊蛙的后趾尖皮肤受酸液刺激后，皮肤上感受器产生神经冲动，沿传入神经传入脊髓，经脊髓处理后沿传出神经传至效应器，骨骼肌收缩使脊蛙发生屈腿反射。

题目编码	所属课时	对应目标编码	目标维度与学习水平	题目类型	题目完成方式	题目难度	预计完成时间	题目来源	是否为某一大题拆分	备注栏
Z2004	02	SK1010511	B理解	简答题	书面	中等	1.5 min	改编	是	

Z2005：若用探针破坏蛙的脊髓，是否能观察到屈腿反射，为什么？

答案：若用探针破坏蛙的脊髓，反射弧缺少神经中枢，反射不能进行，故不能观察到屈腿反射。

题目编码	所属课时	对应目标编码	目标维度与学习水平	题目类型	题目完成方式	题目难度	预计完成时间	题目来源	是否为某一大题拆分	备注栏
Z2005	02	SK1010511	B理解	简答题	书面	较低	1 min	引用	是	

Z2006：该实验可以证明：________

答案：脊髓可以完成一些基本的反射活动；反射需通过完整的反射弧才能进行。

题目编码	所属课时	对应目标编码	目标维度与学习水平	题目类型	题目完成方式	题目难度	预计完成时间	题目来源	是否为某一大题拆分	备注栏
Z2006	02	SK1010512	B理解	简答题	书面	较低	0.5 min	引用	是	

下图为神经调节中反射弧的模式图。（[ ]内写图中数字编号，横线上填文字）

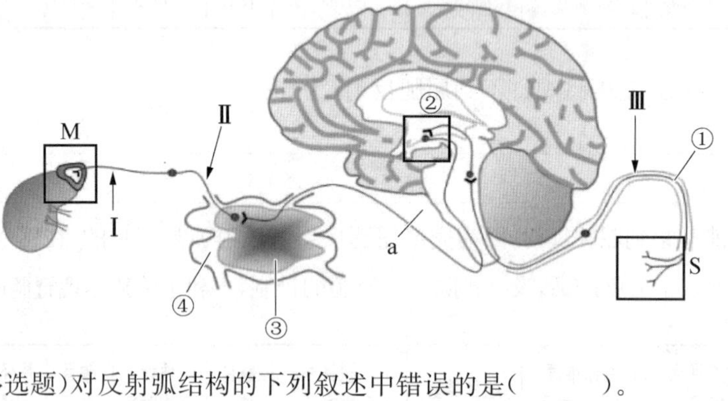

Z2007：（多选题）对反射弧结构的下列叙述中错误的是（　　）。

A. ①代表传出神经　　B. 能表示突触结构的是②

C. M代表效应器　　D. S代表感受器

E. ①处兴奋时膜电位表现为外正内负　　　F. 刺激Ⅲ处时，Ⅱ处可以测到电位变化

G. ②处信息仅以化学信号形式传导

答案：A,E,G

题目编码	所属课时	对应目标编码	目标维度与学习水平	题目类型	题目完成方式	题目难度	预计完成时间	题目来源	是否为某一大题拆分	备注栏
Z2007	02	SK1010511	B理解	选择题	书面	中等	1.5 min	改编	是	

Z2008：请找出图中一处错误，用方框指出，并在右下方框中画出正确的。

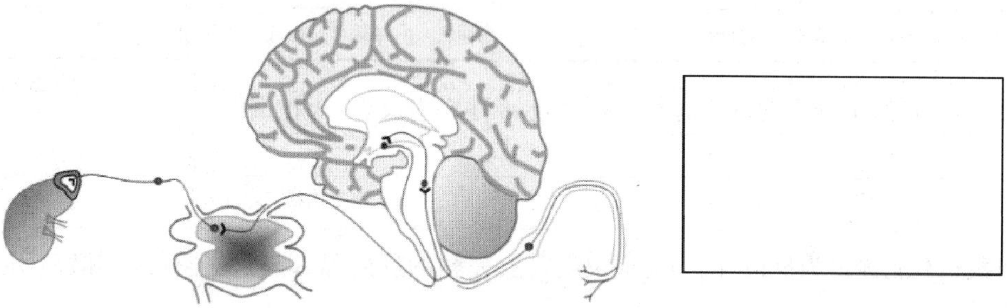

答案：

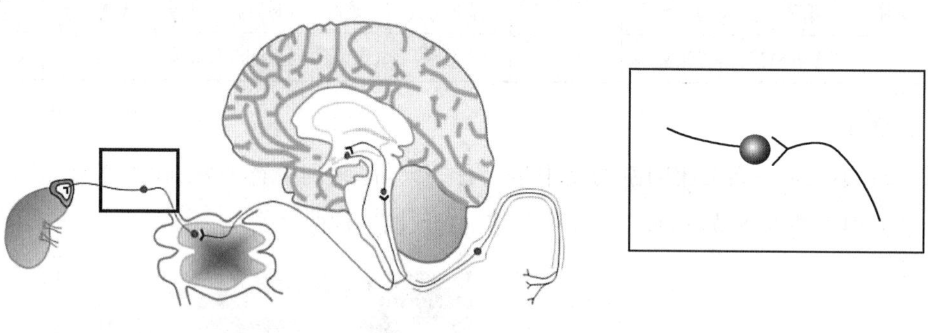

题目编码	所属课时	对应目标编码	目标维度与学习水平	题目类型	题目完成方式	题目难度	预计完成时间	题目来源	是否为某一大题拆分	备注栏
Z2008	02	SK1010502	A知道	书面其他	书面	较低	0.5 min	改编	是	

Z2009：图中结构③和④分别是____________________；结构________（③/④）中存在低级神经中枢，使躯体完成一些简单反射，如____（举两例）。

答案：脊髓灰质和脊髓白质；③；膝跳反射、排便反射、排尿反射、瞳孔反射、咀嚼反射、吞咽反射、呛咳反射、屈腿反射等。

题目编码	所属课时	对应目标编码	目标维度与学习水平	题目类型	题目完成方式	题目难度	预计完成时间	题目来源	是否为某一大题拆分	备注栏
Z2009	02	SK1010512	B理解	填空题	书面	较低	1.5 min	改编	是	

Z2010：现切断a处，分别用阈值以上的电流刺激Ⅱ、Ⅲ两处，则发生的情况是：

____

____

答案：刺激Ⅱ处腺体有分泌活动，刺激Ⅲ处腺体无反应。

题目编码	所属课时	对应目标编码	目标维度与学习水平	题目类型	题目完成方式	题目难度	预计完成时间	题目来源	是否为某一大题拆分	备注栏
Z2010	02	SK1010507	B理解	简答题	书面	中等	1 min	引用	是	

Z2011：刺激Ⅰ处引起的腺体分泌活动能否称之为反射，为什么？

____

____

答案：不能称之为反射，因为完成反射需要完整的反射弧，即感受器受到刺激后引起相应的效应器做出反应。

题目编码	所属课时	对应目标编码	目标维度与学习水平	题目类型	题目完成方式	题目难度	预计完成时间	题目来源	是否为某一大题拆分	备注栏
Z2011	02	SK1010511	B理解	简答题	书面	较高	1.5 min	改编	是	

2. 拓展题

Z2012：小王是一名沉迷网游的高中生。有一天，他感到手臂发麻、脖颈僵直、肩部疼痛。医生给小王拍了颈椎X光片(图2)，并下了结论：颈椎生理曲度变直。

你知道吗？

颈椎生理曲度的形成(图1)是人类进化的结果，可增加颈椎的弹性，缓冲振荡、防止大脑损伤。它也是颈部脊髓、神经、血管等重要组织正常生理的需要。颈椎生理曲度的改变可引起相应的病理变化。

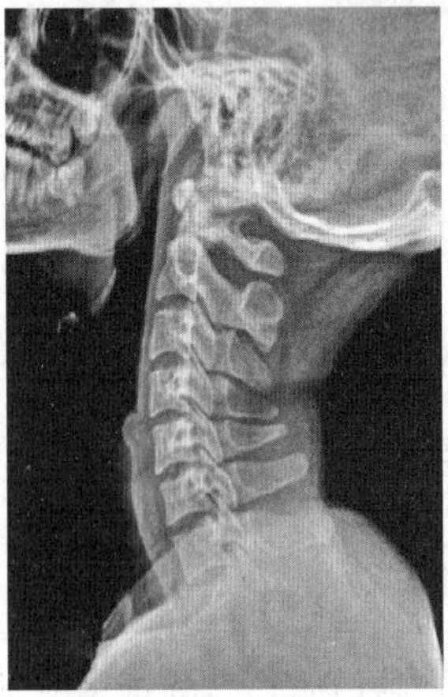

图1　正常生理曲度

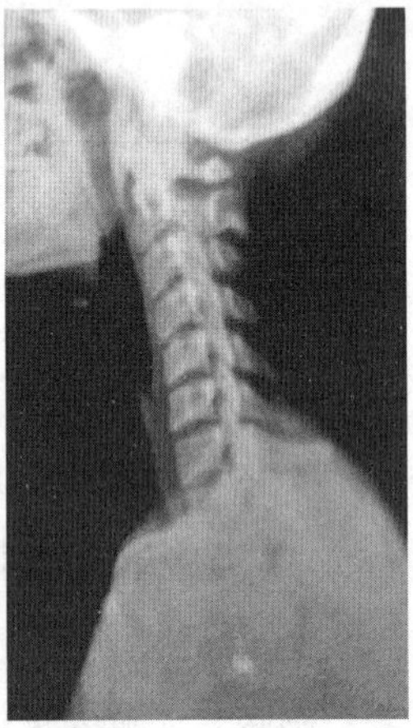

图2　生理曲度变直

＊本题图片来自百度百科

分析和讨论：

1. 颈椎生理曲度变直为什么会引起手臂发麻、脖颈僵直甚至疼痛？

2. 如果小王的病情持续恶化，其颈椎部位将会怎样？可能出现什么症状？

3. 面对高中学业压力较大，伏案学习持续时间较长的情况，请为小王制订一份自我干预计划，希望能够达到学习和健康双丰收的效果。

作业要求：1. 以小组为单位制作一份《关爱颈椎，健康第一》的网页或电子小报。

2. 内容应包含上述 3 个问题的分析和讨论结果。

3. 4～5 人组成一个小组，分工合作，查阅资料、制订计划，两周后交作业。

答案评价标准：每个小组成员分工明确，既能认真完成自己的任务，也能互相沟通帮助。条理清晰，表述科学、逻辑完整、图文并茂。

附：小组合作评价表

项　目	评　分　标　准	自评	互评
分工与合作	A. 每个成员有明确的分工，能认真完成自己的任务，成员之间有交流和互相帮助。 B. 每个成员尽管有明确的分工，但不是每个成员都能认真完成自己的任务。 C. 小组成员没有明确的分工，存在个别成员包办的问题。		
情感与态度	A. 能积极参与学习活动，兴趣浓厚，非常认真地完成任务。 B. 基本能参与学习活动，兴趣不是很大，但还是能比较认真地完成。 C. 被动地参与学习活动，不积极不主动，比较敷衍地完成任务。		
学习与能力	A. 能够自主学习，收集大量与主题有关的信息，并能有效地进行分类整理和整合。 B. 在老师引导下能完成学习任务，收集一定量的信息，并能进行整合。 C. 收集的信息很少，或不能进行分类整理或整合。		
内容与表达	A. 紧扣主题，条理清晰完整并科学合理，制作精美。 B. 围绕主题展开，但内容不够清晰完整，制作一般。 C. 内容简单，制作比较粗糙，缺乏科学性和逻辑性。		
总评分	（A—25 分，B—18 分，C—10 分）		

题目编码	所属课时	对应目标编码	目标维度与学习水平	题目类型	题目完成方式	题目难度	预计完成时间	题目来源	是否为某一大题拆分	备注栏
Z2012	02	SK1010508	态度	书面开放题	合作类	较高	7 min	原创	否	

【第 3 课时】

1. 基础题

Z3001：下列生物的行为，（　　）属于条件反射。

A. 触碰含羞草的叶时，叶发生闭合　　　　B. 膝跳反射

C. 谈虎色变　　　　　　　　　　　　　　D. 吃酸梅时，会流口水

答案：C

题目编码	所属课时	对应目标编码	目标维度与学习水平	题目类型	题目完成方式	题目难度	预计完成时间	题目来源	是否为某一大题拆分	备注栏
Z3001	03	SK1010513	B理解	选择题	书面	中等	0.5 min	改编	否	

Z3002：恐惧反射是一种条件反射，其建立的过程如图1，下列叙述中不正确的是（　　）。

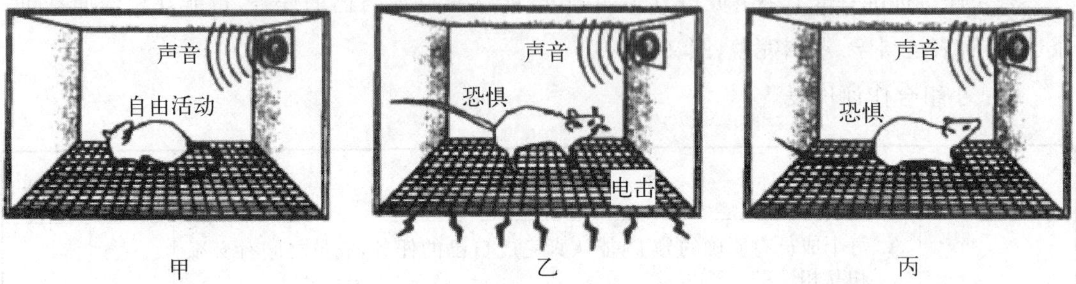

图1

A. 图1甲中，声音属于条件刺激

B. 图1乙表示强化过程

C. 图1丙中的老鼠已形成恐惧反射，若长期只给予声音刺激，则恐惧反射会消退

D. 若对图1丙中的老鼠给予电击刺激，则此时电击刺激为非条件刺激

答案：A

题目编码	所属课时	对应目标编码	目标维度与学习水平	题目类型	题目完成方式	题目难度	预计完成时间	题目来源	是否为某一大题拆分	备注栏
Z3002	03	SK1010514	B理解	选择题	书面	中等	0.5 min	引用	否	

Z3003：黑熊在成功地表演节目后就要给它喂食，这是（　　）。

A. 用条件刺激强化已经形成的条件反射　　B. 用非条件刺激强化已经形成的条件反射

C. 用条件刺激来强化条件反射　　　　　　D. 用信号来加强非条件刺激

答案：B

题目编码	所属课时	对应目标编码	目标维度与学习水平	题目类型	题目完成方式	题目难度	预计完成时间	题目来源	是否为某一大题拆分	备注栏
Z3003	03	SK1010514	B理解	选择题	书面	较低	0.5 min	引用	否	

Z3004：植物性神经(自主神经)是(　　)。

A. 损伤后会变植物人

B. 不受大脑皮层控制

C. 包括交感和副交感两套神经

D. 没有神经中枢，可以自主调节器官活动

答案： C

题目编码	所属课时	对应目标编码	目标维度与学习水平	题目类型	题目完成方式	题目难度	预计完成时间	题目来源	是否为某一大题拆分	备注栏
Z3004	03	SK1010515	B理解	选择题	书面	较低	0.5 min	引用	否	

Z3005：蹲久了，突然站起来，人体因血压暂时降低而头晕，下列**不可能**的原因(　　)。

A. 心输出量减少

B. 血压过高

C. 交感神经兴奋性较低

D. 副交感神经兴奋性较高

答案： B

题目编码	所属课时	对应目标编码	目标维度与学习水平	题目类型	题目完成方式	题目难度	预计完成时间	题目来源	是否为某一大题拆分	备注栏
Z3005	03	SK1010515	B理解	选择题	书面	较低	0.5 min	引用	否	

Z3006："网瘾电击疗法"是借鉴"电刺激厌恶治疗"的原理，在网瘾孩子的太阳穴或手指处接通电极，让1～5毫安(实为10毫安及以上)的电流通过脑部，将被治疗者的过度上网行为与电刺激之间建立起条件反射，从而戒治网瘾的方法。

电刺激厌恶疗法：就是将被治疗者的不良行为与电刺激之间建立起条件反射，一旦这一不良行为出现就予以电刺激，使被治疗者产生厌恶体验。可用于治疗酒精依赖、性变态行为等。

施行"网瘾电击疗法"形成条件反射的过程中，无关刺激是(　　)，非条件反射是(　　)。这种方式对"网瘾"的治疗是长期有效的吗？为什么？

答案：上网行为；电击身体产生痛感；

不是；如果停止强化作用，条件反射会随时间而慢慢减弱，直至消失。

题目编码	所属课时	对应目标编码	目标维度与学习水平	题目类型	题目完成方式	题目难度	预计完成时间	题目来源	是否为某一大题拆分	备注栏
Z3006	03	SK1010514	B理解	填空题	书面	较低	2 min	原创	是	

Z3007：从你的角度来看，你是否赞成利用“网瘾电击疗法”来帮助青少年戒除网瘾，请说明你的理由。（可查阅资料）

答案：并没有非常确切的数据来表明“网瘾电击疗法”这种方式能够帮助青少年戒除网瘾，并且其安全性并未得到验证。此外，电击治疗网瘾极有可能对青少年身心发育造成极大的危害。国家已经禁止应用此种疗法来戒除网瘾。

题目编码	所属课时	对应目标编码	目标维度与学习水平	题目类型	题目完成方式	题目难度	预计完成时间	题目来源	是否为某一大题拆分	备注栏
Z3007	03	SK1010516	能力	书面开放题	书面	较低	6 min	原创	是	

2. 拓展题

Z3008：彼得·怀布罗博士认为智能手机是一种“电子可卡因”，由于人类的大脑会自发地寻找新鲜事物，我们从朋友那里接收到的连续不断的更新与通知，让我们在每次点击“刷新”时都有一种快感（大脑会释放多巴胺）。

操作性条件反射不同于经典的巴甫洛夫条件反射，这种先由动物做出一种操作反应，然后再受到强化，从而使受强化的操作反应的概率增加的现象是一种操作性的条件反射，而操作式学习则更能代表实际生活中人的学习情况，这种反射和自愿相关。反射所建立的原理，在许多动物和人类的学习中得到印证。例如，鸽子偶一抬高头，受到强化，此后会继续抬高它的头；婴儿偶尔叫一声“妈”，妈妈便报以微笑和爱抚，多次强化后，孩子便学会了叫“妈妈”。

请用条件反射原理来解释为什么刷手机会让人“上瘾”。

答案：人每次点击“刷新”时，大脑会释放多巴胺，使人产生快感，这样会使刷新手机的行为得到强化，从而形成条件反射，使人频繁地刷新手机。

题目编码	所属课时	对应目标编码	目标维度与学习水平	题目类型	题目完成方式	题目难度	预计完成时间	题目来源	是否为某一大题拆分	备注栏
Z3008	03	SK1010514	B理解	简答题	书面	中等	2 min	原创	是	

Z3009：怎样消除这种刷新手机上瘾的条件反射？

答案：操作性条件反射一般和自愿行为有关，当刷新手机时，可以自我提醒，主动减少这种条件反射的强化过程，随着强化过程被抑制，条件反射就会弱化。

题目编码	所属课时	对应目标编码	目标维度与学习水平	题目类型	题目完成方式	题目难度	预计完成时间	题目来源	是否为某一大题拆分	备注栏
Z3009	03	SK1010516	能力	简答题	书面	较低	3 min	原创	是	

Z3010：生活中，你有手机瘾吗？尝试用不同的方法来摆脱手机瘾，并分享自己成功摆脱手机瘾的小秘诀。

答案：合理即可，不限于生物学上的方法。只要能够戒掉手机瘾，都可以作为成功经验来分享。

题目编码	所属课时	对应目标编码	目标维度与学习水平	题目类型	题目完成方式	题目难度	预计完成时间	题目来源	是否为某一大题拆分	备注栏
Z3010	03	SK1010516	能力	非书面	书面	中等	6 min	原创	是	

【第4课时】

1. 基础题

Z4001：连连看：

呆小症	成年生长激素分泌过多
侏儒症	幼年甲状腺激素分泌过少
甲亢	胰岛素分泌过少
巨人症	幼年生长激素分泌过少
糖尿病	成年因地方性缺碘，无法合成甲状腺激素
大脖子病	幼年生长激素分泌过多
肢端肥大症	甲状腺激素分泌过多

答案：

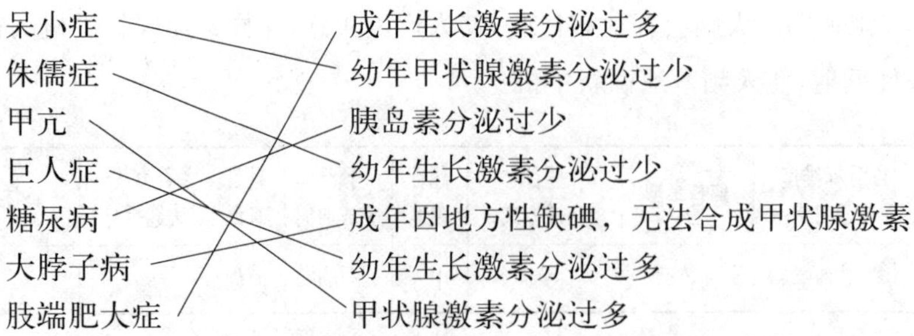

题目编码	所属课时	对应目标编码	目标维度与学习水平	题目类型	题目完成方式	题目难度	预计完成时间	题目来源	是否为某一大题拆分	备注栏
Z4001	04	SK1010517	A 知道	选择题	书面	较低	2 min	原创	否	

Z4002：表 1 中人体激素、来源和作用完全对应的是（　　）。

表 1

编　号	激　　素	内分泌腺	作　　用
①	肾上腺素	肾上腺	降低血压
②	胰岛素	胰岛	升高血糖
③	生长激素	下丘脑	促进生长
④	雌激素	卵巢	促进第二性征发育

A. ①　　B. ②　　C. ③　　D. ④

答案：D

题目编码	所属课时	对应目标编码	目标维度与学习水平	题目类型	题目完成方式	题目难度	预计完成时间	题目来源	是否为某一大题拆分	备注栏
Z4002	04	SK1010517	A 知道	选择题	书面	较低	0.5 min	引用	否	

Z4003：下列激素的生理作用相互拮抗的是（　　）。

A. 胰岛素与胰高血糖素　　B. 甲状腺素与肾上腺素

C. 肾上腺素与胰高血糖素　　D. 生长激素与甲状腺素

答案：A

题目编码	所属课时	对应目标编码	目标维度与学习水平	题目类型	题目完成方式	题目难度	预计完成时间	题目来源	是否为某一大题拆分	备注栏
Z4003	04	SK1010517	A 知道	选择题	书面	较低	0.5 min	引用	否	

Z4004：图 1 为垂体释放激素的部分调节过程。图中对激素作用方式及其调节特点的体现不包括(　　)。

A. 激素调节具有高效性

B. 激素作用具有特异性

C. 激素调节存在负反馈

D. 激素可作为信息传递

答案：C

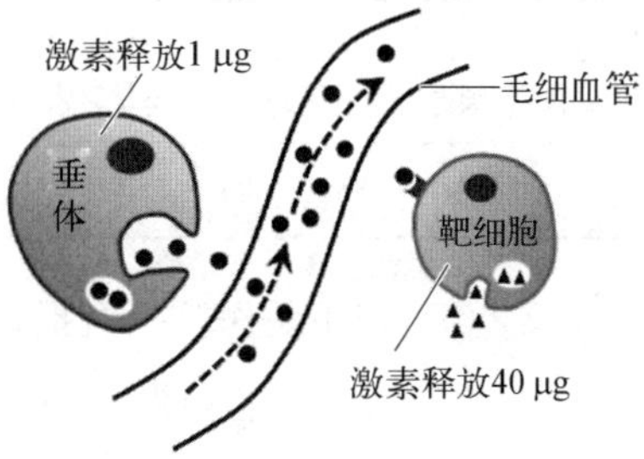

图 1

题目编码	所属课时	对应目标编码	目标维度与学习水平	题目类型	题目完成方式	题目难度	预计完成时间	题目来源	是否为某一大题拆分	备注栏
Z4004	04	SK1010518	B理解	选择题	书面	中等	0.5 min	引用	否	

Z4005：图 2 表示午餐后人体血糖和两种激素浓度的变化，图中曲线 a、b、c 分别表示(　　)。

A. 胰高血糖素、胰岛素、血糖

B. 胰岛素、血糖、胰高血糖素

C. 血糖、胰岛素、胰高血糖素

D. 胰高血糖素、血糖、胰岛素

答案：C

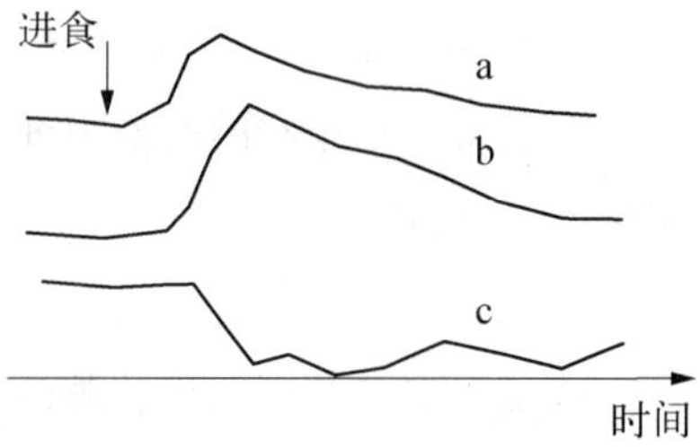

图 2

题目编码	所属课时	对应目标编码	目标维度与学习水平	题目类型	题目完成方式	题目难度	预计完成时间	题目来源	是否为某一大题拆分	备注栏
Z4005	04	SK1010519	B理解	选择题	书面	中等	0.5 min	引用	否	

Z4006：图 3 表示人体中某些激素分泌和调节的过程，下列叙述错误的是(　　)。

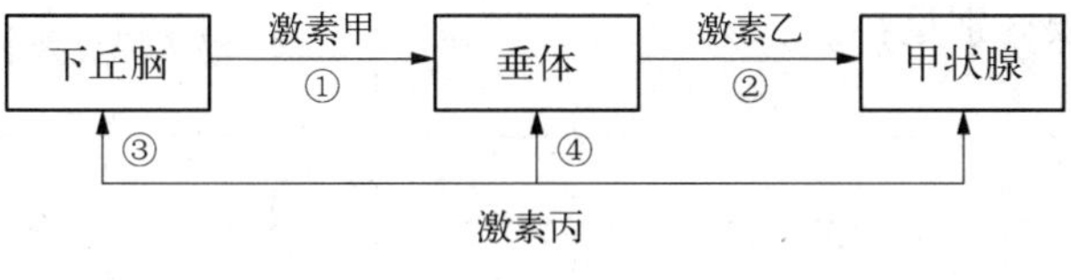

图 3

A. ①②③④表示的都是促进作用　　B. 激素甲、乙、丙都有其特定的靶器官

C. 图中激素通过体液运输到靶器官　　D. 激素乙是促甲状腺激素，丙是甲状腺素

答案：A

题目编码	所属课时	对应目标编码	目标维度与学习水平	题目类型	题目完成方式	题目难度	预计完成时间	题目来源	是否为某一大题拆分	备注栏
Z4006	04	SK1010520	B理解	选择题	书面	较低	2 min	引用	否	

Z4007：以下是医院验血报告单的部分内容，下列分析中合理的是(　　)。

甲患者

检测项目	检测结果	正常值
T3	4.1 ng/dL	10—200 ng/dL
T4	2.8 μg/dL	5.5—12 μg/dL
TSH	22.7 μIU/mL	0.2—7.0 μIU/mL

乙患者

检测项目	检测结果	正常值
T3	345.1 ng/dL	10—200 ng/dL
T4	15.8 μg/dL	5.5—12 μg/dL
TSH	0.1 μIU/mL	0.2—7.0 μIU/mL

注：T3和T4均反映甲状腺激素水平，TSH反映促甲状腺激素水平

A. 甲可能是甲亢(甲状腺功能亢进)患者，乙可能是甲状腺肿大患者

B. 正常人从寒冷的室外刚进入医院就抽血体检，检测结果中甲状腺激素的含量与正常值相比可能会偏低

C. 促甲状腺激素释放激素和甲状腺激素都能调节TSH激素的分泌

D. 遇到紧急情况时甲状腺激素增多，心率加快，内环境的稳态失衡

答案：C

题目编码	所属课时	对应目标编码	目标维度与学习水平	题目类型	题目完成方式	题目难度	预计完成时间	题目来源	是否为某一大题拆分	备注栏
Z4007	04	SK1010520	B理解	选择题	书面	中等	3 min	引用	否	

Z4008：请分别说出右图中M和N的名称：

M____________　N____________。

由图中可知，下丘脑调控肾上腺皮质和肾上腺髓质的方式不同，主要区别是：

____

____

____

____

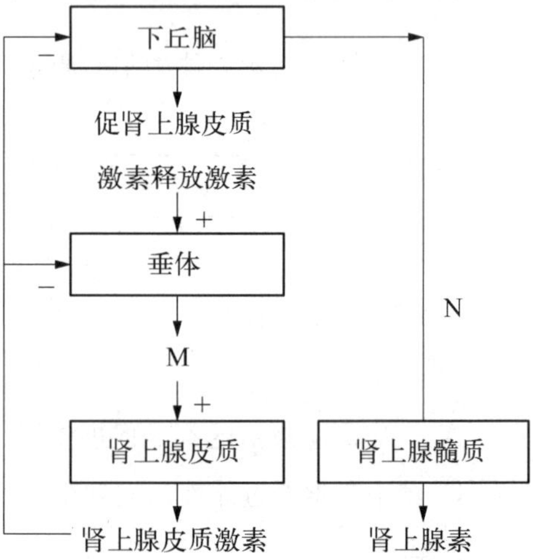

答案：M促肾上腺皮质激素，N交感神经。

肾上腺皮质激素是下丘脑通过垂体间接调控的；而肾上腺素是下丘脑通过交感神经直接调控的。

题目编码	所属课时	对应目标编码	目标维度与学习水平	题目类型	题目完成方式	题目难度	预计完成时间	题目来源	是否为某一大题拆分	备注栏
Z4008	04	SK1010521	A 知道	简答题	书面	较低	1.5 min	原创	否	

2. 拓展题

Z4009：研究表明：肥胖人群易患糖尿病，常有“胰岛素抵抗”现象(胰岛素促进葡萄糖摄取和利用的效率下降，机体代偿性地分泌更多胰岛素，以维持血糖水平相对稳定)。

下列对于肥胖者胰岛素抵抗现象的相关推测中，相对于正常人合理的有________。

① 其体内胰岛素的结构发生改变

② 其体内胰岛素受体的结构发生改变

③ 其体内胰岛素的合成发生障碍

④ 其体内血糖水平高于正常值

⑤ 其体内胰岛素水平高于正常值

A. ①②③④　　B. ②③④⑤

C. ①②④⑤　　D. ①②③⑤

答案：C

题目编码	所属课时	对应目标编码	目标维度与学习水平	题目类型	题目完成方式	题目难度	预计完成时间	题目来源	是否为某一大题拆分	备注栏
Z4009	04	SK1010522	D 综合	选择题	书面	中等	2 min	引用	否	

Z4010：作为兴奋剂使用的合成类固醇，其衍生物和商品剂型品种特别繁多，多数为雄性激素的衍生物。这是目前使用范围最广，使用频度最高的一类兴奋剂，也是药检中的重要对象。体育竞技活动中严禁使用“兴奋剂”(雄性激素)，除了保证公平竞争外，从对身体健康的角度出发，你能谈谈长期服用“兴奋剂”(雄性激素)对身体的危害吗?

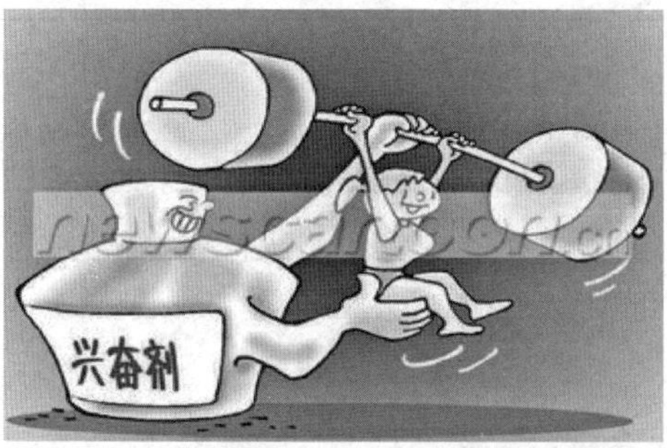

雄性激素可以增加肌肉的体积、力量和持久力，也可以刺激血红蛋白的合成，提高血液携带氧气的能力，从而提高运动员的运动成绩。

答案： 当外源激素(雄性激素)进入人体后，人体通过负反馈抑制了下丘脑和垂体产生促性腺激素释放激素和促性腺激素，性腺长期得不到促性腺激素的刺激，会发生萎缩，造成对身体的危害。

题目编码	所属课时	对应目标编码	目标维度与学习水平	题目类型	题目完成方式	题目难度	预计完成时间	题目来源	是否为某一大题拆分	备注栏
Z4010	04	SK1010523	C应用	简答题	书面	中等	2 min	原创	否	

Z4011：加拿大生理学家班廷与C.H.贝斯特等一同从动物胰腺中提取可供临床应用的胰岛素，为临床治疗糖尿病作出贡献，因此获得1923年诺贝尔生理学或医学奖。胰岛B细胞在合成和分泌胰岛素时，可能需要细胞中哪些结构的参与？大致的过程是怎样的？

答案： 胰岛素是蛋白质类激素，它的多肽是在内质网上的核糖体中合成的，内质网对多肽链进行加工，并运输到高尔基体，高尔基体与蛋白质的加工和转运有关，从蛋白质合成、加工、运输分泌都需要线粒体提供能量。所以，胰岛素的合成和分泌需要这些细胞器参与。大致过程是：在内质网上的核糖体中合成多肽链，前胰岛素原穿越内质网膜进入内质网，在内质网内加工，成为胰岛素原；然后由内质网分泌的囊泡运送到高尔基体，继续加工成为成熟的胰岛素，由高尔基体分泌的囊泡运输到细胞质膜，分泌到细胞外，整个过程由线粒体供能。

题目编码	所属课时	对应目标编码	目标维度与学习水平	题目类型	题目完成方式	题目难度	预计完成时间	题目来源	是否为某一大题拆分	备注栏
Z4011	04	SK1010524	C应用	简答题	书面	中等	2 min	原创	否	

3. 实验探究题

Z4012：为验证胰岛素能降血糖，某同学给几只刚进食的小鼠腹腔注射一定剂量的胰岛素溶液(用酸性生理盐水配制)，观察现象，若小鼠出现惊厥，则达到目的。请思考：该实验需要完善的地方有哪些？

答案：

1. 为使反应出现得较快且明显，实验前应将小鼠进行饥饿处理，以消耗肝糖原。

2. 应设置注射等量酸性生理盐水的对照组，且注射的部位、方法同实验组。

3. 出现惊厥现象后，还应对其中的一半小鼠注射葡萄糖液抢救，另一半不予抢救。

题目编码	所属课时	对应目标编码	目标维度与学习水平	题目类型	题目完成方式	题目难度	预计完成时间	题目来源	是否为某一大题拆分	备注栏
Z4012	04	SK1010525	能力	简答题	书面	中等	5 min	原创	否	

Z4013：假如你是一位工程师，要为胰岛素分泌不足的糖尿病患者设计一个随身携带的“人工胰岛”(已有这类产品)，请写出你的设计思路，指出要解决的主要问题。

答案：(回答合理即可)这种装置结合了两种现有技术——胰岛素泵和持续性葡萄糖监控器，它可以帮助糖尿病患者的血糖恢复正常水平。需要有传感器随时收集到血液中血糖浓度变化。胰岛素泵有一个小型计算器，能准确分析数据，其作用原理就是完全模拟胰腺的分泌规律，向人体持续输注胰岛素，使胰岛素的输注更符合生理性。要求机器轻巧便于携带，又不需时常更换，安全且不易造成感染。

题目编码	所属课时	对应目标编码	目标维度与学习水平	题目类型	题目完成方式	题目难度	预计完成时间	题目来源	是否为某一大题拆分	备注栏
Z4013	04	SK1010526	D综合	书面开放题	跨学科运用类	较高	6 min	引用	否	

【第5课时】

1. 基础题

人体的免疫系统是覆盖全身的防卫网络，能够保护正常人体免受外来病菌的伤害。小明这几天出现了发热、咳嗽、喉咙痛等症状，去医院检查确诊患了严重的流感。那么小明的免疫系统在面对流感病毒时会作出怎样的反应呢？

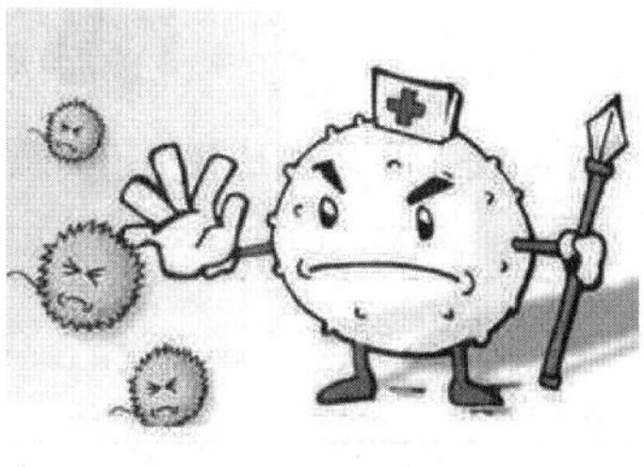

Z5001：人体的免疫系统包括免疫器官、免疫细胞和__________。人体内的免疫器官有____________________。人体内的免疫细胞主要有____________________________。

答案：免疫分子；骨髓、胸腺、淋巴结、脾脏等；巨噬细胞、B淋巴细胞、T淋巴细胞。

题目编码	所属课时	对应目标编码	目标维度与学习水平	题目类型	题目完成方式	题目难度	预计完成时间	题目来源	是否为某一大题拆分	备注栏
Z5001	05	SK1010527	A知道	填空题	书面	较低	0.5 min	原创	否	

Z5002：以下能被免疫细胞识别的有______________________。

① 血液中 O_2浓度的变化　　② 坏死的组织细胞

③ 血液中的红细胞　　④ 感染人体的流感病毒

⑤ 移植到病人体内的器官　　⑥ 扎进肌肉组织的针头

⑦ 注射到体内的乙肝疫苗　　⑧ 机体癌变的细胞

答案：②④⑤⑦⑧

题目编码	所属课时	对应目标编码	目标维度与学习水平	题目类型	题目完成方式	题目难度	预计完成时间	题目来源	是否为某一大题拆分	备注栏
Z5002	05	SK1010528	A 知道	填空题	书面	中等	1 min	改编	否	

Z5003：当遇到流感病毒时，小明体内的三道免疫防线会相继发挥作用，下列关于人体免疫防御功能三道防线说法正确的是(　　)。(多选)

A. 人体的第一道防线属于非特异性免疫，第二道防线和第三道防线属于特异性免疫

B. 人体的皮肤和黏膜首先对流感病毒及其他病菌起到一定的防御作用

C. 体液中的溶菌酶、抗体、淋巴因子等分子构成人体的第二道防线

D. 第三道防线主要是由人体的 B 淋巴细胞和 T 淋巴细胞构成的

答案：B，D

题目编码	所属课时	对应目标编码	目标维度与学习水平	题目类型	题目完成方式	题目难度	预计完成时间	题目来源	是否为某一大题拆分	备注栏
Z5003	05	SK1010529	A 知道	选择题	书面	较低	1 min	改编	否	

Z5004：当流感病毒侵入小明体内后，他体内的巨噬细胞将其吞噬、消化并清除。这种免疫反应(　　)。

① 先天具有的　② 后天获得的　③ 针对某种抗原的　④ 对抗原没有特殊针对性　⑤ 通过抗体起作用的　⑥ 该过程与溶酶体有关

A. ①③⑤　　B. ②④⑥　　C. ①④⑥　　D. ②③⑤

答案：C

题目编码	所属课时	对应目标编码	目标维度与学习水平	题目类型	题目完成方式	题目难度	预计完成时间	题目来源	是否为某一大题拆分	备注栏
Z5004	05	SK1010530	A 知道	选择题	书面	较低	0.5 min	改编	否	

Z5005：当流感病毒侵入小明身体后，除了巨噬细胞发挥作用外，还会引起下列免疫反应。

(1) 写出图中字母所代表的细胞或结构名称：

A______________ B______________

C______________ D______________

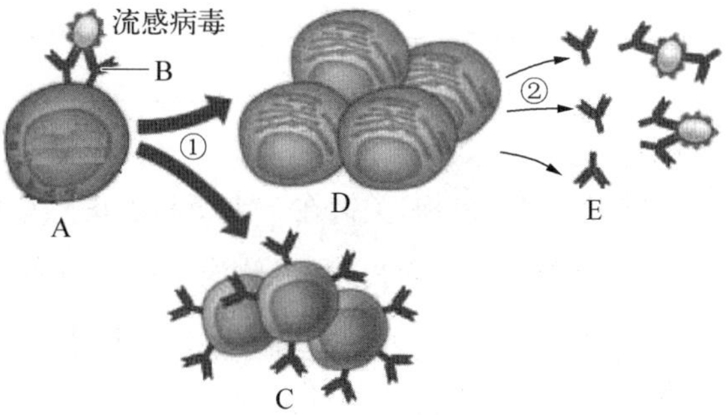

(2) 由细胞 D 产生的物质 E(　　)。

A. 其化学本质是蛋白质

B. 起非特异性免疫作用

C. 是针对各种抗原的

D. 不能在体内存留

(3) 物质 E 主要分布在________________________，因此该免疫称为__________免疫。

(4) 过程①是______________。与过程②有关的结构有(　　)。

A. 线粒体、中心体、高尔基体、内质网、细胞质膜

B. 内质网、核糖体、叶绿体、高尔基体、细胞质膜

C. 内质网、核糖体、高尔基体、线粒体、细胞质膜

D. 细胞质膜、内质网、核糖体、高尔基体、中心体

答案：(1) B 淋巴细胞；抗原受体；记忆 B 细胞；浆细胞

(2) A　(3) 血液、淋巴液、组织液等体液中；体液

(4) 增殖分化；C

题目编码	所属课时	对应目标编码	目标维度与学习水平	题目类型	题目完成方式	题目难度	预计完成时间	题目来源	是否为某一大题拆分	备注栏
Z5005	05	SK1010531	A 知道	简答题	书面	中等	3 min	改编	否	

Z5006：经检查，发现小明体内产生了针对这种流感病毒的多种抗体，请给出合理的解释。

____

答案：一种抗原结构引起一种淋巴细胞产生对应的一种抗体，产生多种抗体说明该病毒有多种抗原结构。

题目编码	所属课时	对应目标编码	目标维度与学习水平	题目类型	题目完成方式	题目难度	预计完成时间	题目来源	是否为某一大题拆分	备注栏
Z5006	05	SK1010532	B 理解	简答题	书面	较高	1.5 min	原创	否	

Z5007：小明的同桌小华并不担心自己会被传染上流感，他说因为他在两个星期前已经患过流感了。而另一位同学小君却有不同看法，他认为即使小华之前刚得过流感，这次还是有可能患上流感。

他们的看法是否有道理？请阐述你的观点。

答案：都有道理，关键在于小明和小华感染的是不是同一种流感病毒。流感病毒为 RNA 病毒，易变异，所以有许多种流感病毒。若是同一种流感病毒，则因为小华之前已感染过，体内产生了记忆细胞，在遇到相同抗原时，记忆细胞引发二次免疫反应，会更快更强地把病毒消灭，可能不会患病。若是不同种类的流感病毒，则对小华来说可能是初次感染，还是有可能出现流感相应症状。

题目编码	所属课时	对应目标编码	目标维度与学习水平	题目类型	题目完成方式	题目难度	预计完成时间	题目来源	是否为某一大题拆分	备注栏
Z5007	05	SK1010541	能力	简答题	书面	较高	5 min	原创	否	

2. 拓展题

Z5008：受体是一类存在于细胞质膜上或细胞内能识别信息分子的特殊蛋白质分子，当受体与对应的信息分子识别并结合后就会引起相应的生理效应，调节细胞的功能和代谢。有一类疾病是由于患者体内产生了抵抗某种受体的自身抗体所致。

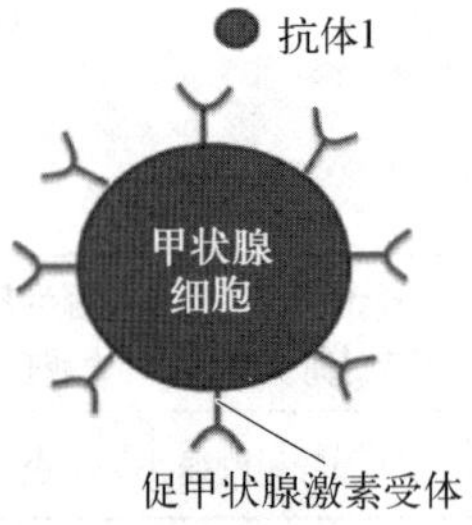

图 1

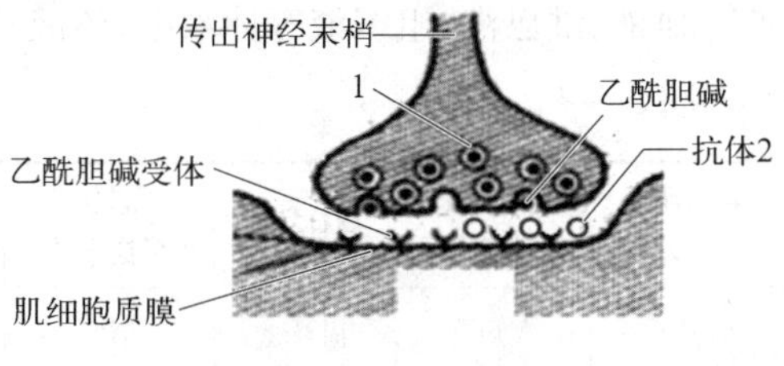

图2

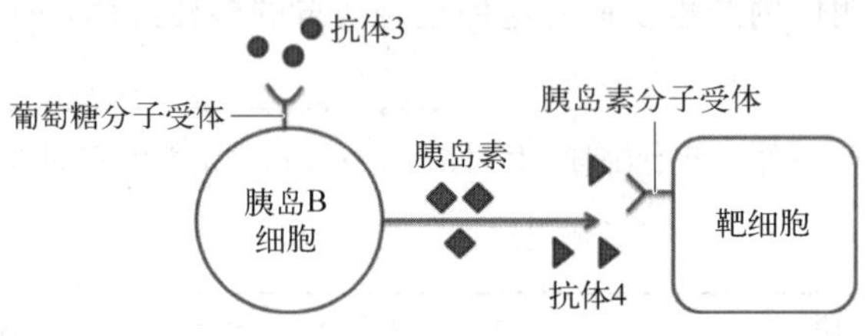

图3

图 1、图 2、图 3 表示 4 种抗体的作用机理，已知只有抗体 1 可产生模拟信号分子的作用。请以小组为单位进行讨论，分析这 4 种抗体分别引起患者出现什么样的症状。

答案：4 种抗体作用于受体，导致相应的信号分子不能与受体结合，从而干扰正常的生理效应。

抗体 1 与促甲状腺激素受体结合，且抗体 1 能模拟信号分子起作用，产生与促甲状腺激素相似的结果，刺激甲状腺肿大和甲状腺激素分泌大量增加。

抗体 2 作用于乙酰胆碱受体，使乙酰胆碱不能与受体结合，兴奋不能传至肌细胞质膜，可导致患者肌细胞不能收缩而瘫痪。

抗体 3 作用于胰岛 B 细胞表面的葡萄糖受体，使胰岛 B 细胞不能接收葡萄糖浓度升高的信号，从而导致分泌的胰岛素减少，患者血糖浓度升高。

抗体 4 作用于靶细胞表面的胰岛素受体，阻止胰岛素与受体结合而发挥作用，因此患者体内虽然有胰岛素但不能发挥作用，患者体内血糖升高。

题目编码	所属课时	对应目标编码	目标维度与学习水平	题目类型	题目完成方式	题目难度	预计完成时间	题目来源	是否为某一大题拆分	备注栏
Z5008	05	SK1010533	D综合	简答题	合作类	较高	8 min	原创	否	

[第 6 课时]

1. 基础题

Z6001：请将横线上的内容填写完整，并完成由 T 淋巴细胞介导的免疫过程，完善知识网络。

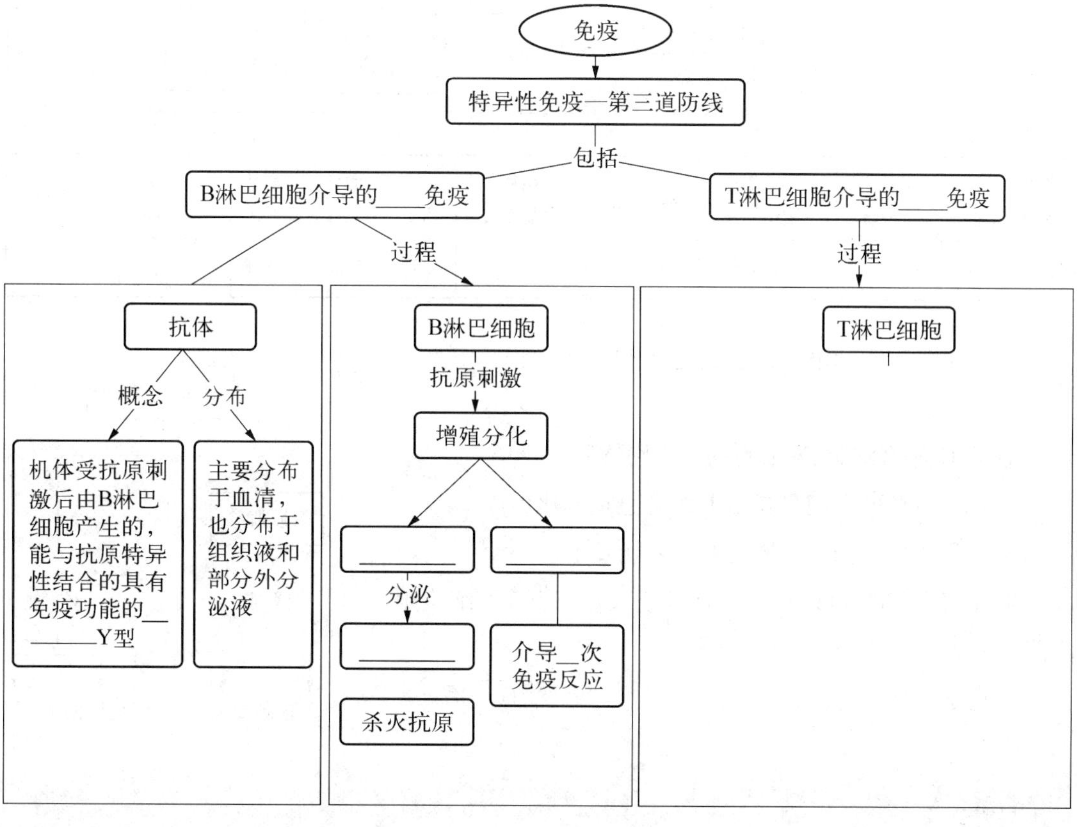

答案：

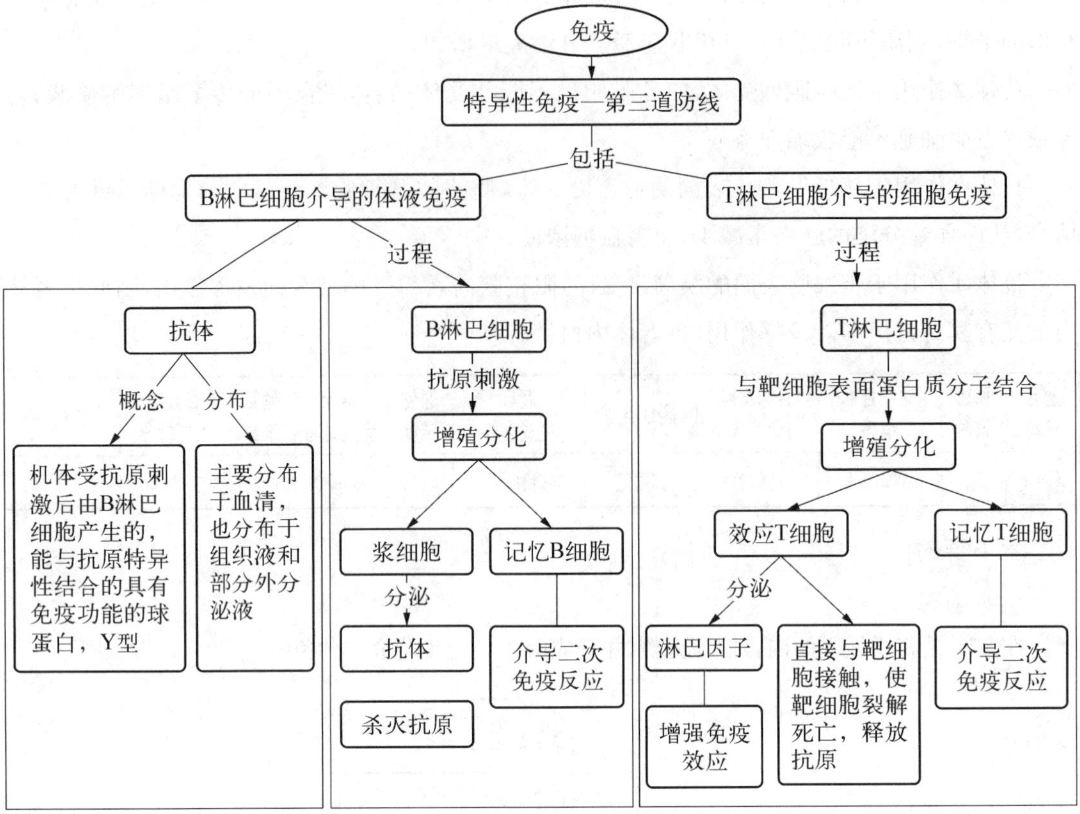

题目编码	所属课时	对应目标编码	目标维度与学习水平	题目类型	题目完成方式	题目难度	预计完成时间	题目来源	是否为某一大题拆分	备注栏
Z6001	06	SK1010534	A 知道	填空题	书面	较低	5 min	原创	否	

Z6002：如图表示淋巴细胞的起源和分化过程。下列叙述中正确的是(　　)。

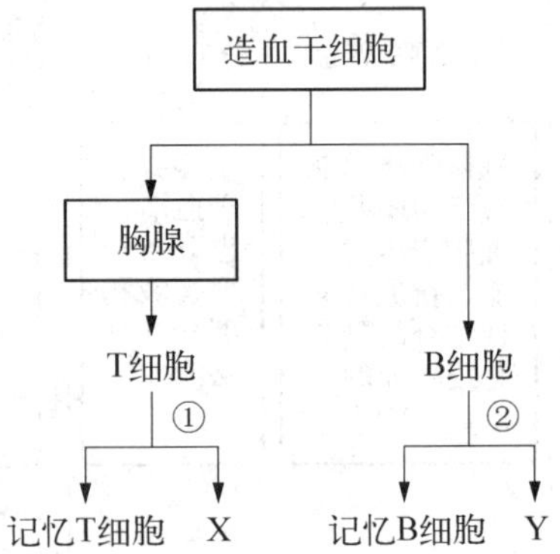

① T 细胞、B 细胞、X 细胞均能识别抗原

② 产生抗体的细胞只能由 B 细胞直接分化形成

③ 过程①②都需要抗原的刺激才能发生

④ 记忆 B 细胞可以产生二次免疫反应，记忆 T 细胞则不能

A. ①③　　B. ①②

C. ③④　　D. ②④

答案：A

题目编码	所属课时	对应目标编码	目标维度与学习水平	题目类型	题目完成方式	题目难度	预计完成时间	题目来源	是否为某一大题拆分	备注栏
Z6002	06	SK1010535	A 知道	选择题	书面	较低	0.5 min	引用	否	

Z6003：下列关于人体特异性免疫过程描述正确的是（　　）。

A. 有吞噬细胞参与的免疫就属于特异性免疫

B. 浆细胞是高度分化的细胞，有识别抗原的受体

C. 记忆细胞的增殖和分化都形成效应细胞，分泌抗体

D. 能与靶细胞结合的是致敏 T 细胞，还能分泌淋巴因子

答案：D

题目编码	所属课时	对应目标编码	目标维度与学习水平	题目类型	题目完成方式	题目难度	预计完成时间	题目来源	是否为某一大题拆分	备注栏
Z6003	06	SK1010535	A 知道	选择题	书面	较低	0.5 min	引用	否	

Z6004：下列有关免疫的叙述错误的是（　　）。

A. 注射用狂犬疫苗在免疫学上属于抗原

B. 活疫苗接种后，在人体内有一定的生长繁殖能力

C. 致敏 T 细胞直接作用于靶细胞是其免疫反应的唯一表现

D. 抗原能与相应的抗体结合，发生特异性免疫反应

答案：C

题目编码	所属课时	对应目标编码	目标维度与学习水平	题目类型	题目完成方式	题目难度	预计完成时间	题目来源	是否为某一大题拆分	备注栏
Z6004	06	SK1010535	A 知道	选择题	书面	较低	0.5 min	引用	否	SK1010536

Z6005：人工免疫时常将经过理化方法杀死的病原微生物作为疫苗，这表明抗原刺激免疫系统的决定因素在于（　　）。

A. 抗原细胞的完整性　　B. 病原微生物的活性

C. 抗原空间结构的正确性　　D. 病原微生物感染的特异性

答案：C

题目编码	所属课时	对应目标编码	目标维度与学习水平	题目类型	题目完成方式	题目难度	预计完成时间	题目来源	是否为某一大题拆分	备注栏
Z6005	06	SK1010537	A 知道	选择题	书面	较低	0.5 min	引用	否	

Z6006：乙型肝炎疫苗已经使用了许多年，其活性成分是乙型肝炎病毒（HBV）的表面抗原（HBsAg）。下列构成病原微生物的组成成分中，最适合用来制备疫苗的是（　　）。

A. 大肠杆菌的 ATP　　B. HIV 病毒的 RNA

C. 霉菌的氨基酸　　D. 流感病毒的衣壳蛋白

答案：D

题目编码	所属课时	对应目标编码	目标维度与学习水平	题目类型	题目完成方式	题目难度	预计完成时间	题目来源	是否为某一大题拆分	备注栏
Z6006	06	SK1010536	A 知道	选择题	书面	较低	0.5 min	引用	否	

Z6007：右图中的曲线显示了两种使人体获得免疫力的方法。下列说法正确的是（　　）。

A.采用方法②使人体获得抗体的过程叫细胞免疫

B. 医学上一般采用方法②进行免疫预防

C. 当一个人被疯狗咬伤时适宜采用方法②进行免疫

D. 采用方法①可以使人获得比方法②更持久的免疫力

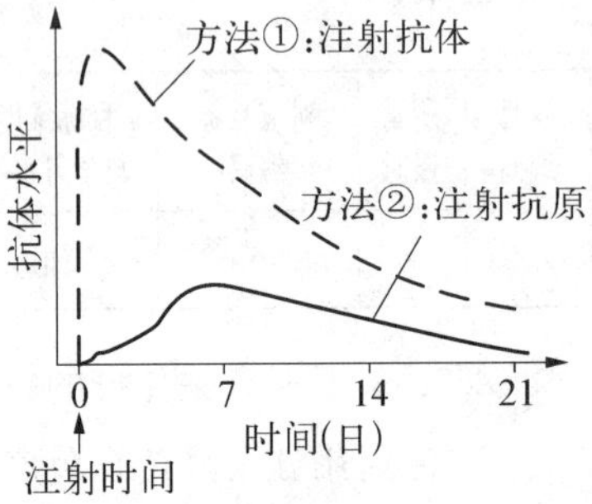

答案：B

题目编码	所属课时	对应目标编码	目标维度与学习水平	题目类型	题目完成方式	题目难度	预计完成时间	题目来源	是否为某一大题拆分	备注栏
Z6007	06	SK1010537	A 知道	选择题	书面	较低	2 min	引用	否	SK1010531

Z6008：下图是人体防御外界病原体侵染的三道免疫防线示意图，其中①～⑦表示免疫细胞，⑧和⑨表示免疫分子。

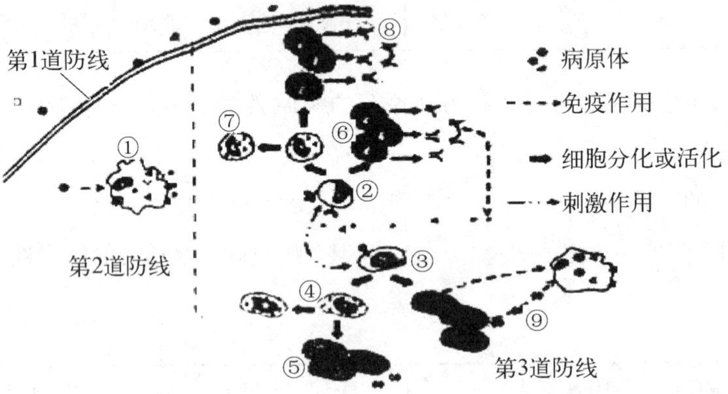

图中②和④的名称分别是________和________；⑧和⑨分别表示________和__________。请在图中将二次免疫的过程圈画出来。

答案：B淋巴细胞，记忆T细胞，抗体，致敏T细胞

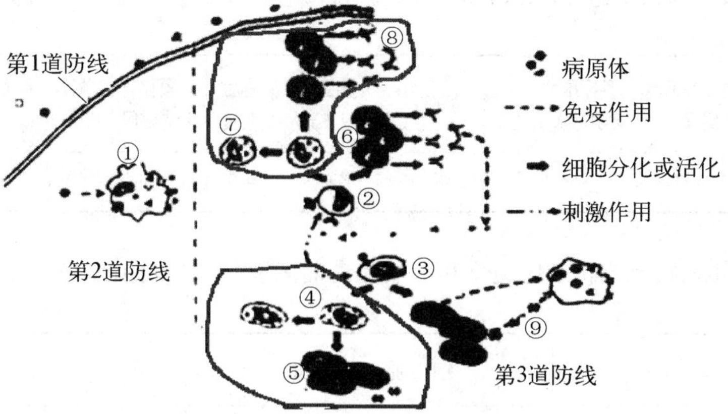

题目编码	所属课时	对应目标编码	目标维度与学习水平	题目类型	题目完成方式	题目难度	预计完成时间	题目来源	是否为某一大题拆分	备注栏
Z6008	06	SK1010535	A知道	填空题	书面	中等	1 min	改编	是	

Z6009：牛痘疫苗是用取自牛的牛痘（一种天然的轻型病毒性传染病）脓包中的浆液制成的。1961年以后，我国由于推广了新生儿接种牛痘疫苗的措施，天花已在我国终止传播。请根据本节学过的内容，简述其中的原理。____________________

答案：因为牛痘疫苗是由牛痘病毒制备而成的。牛痘病毒是一种可引起牛产生轻微牛痘病灶的病毒。人若感染该病毒，只会产生轻微不适，并产生抗牛痘病毒的抵抗力。由于牛痘病毒与引起人类天花病的天花病毒具有相似的抗原结构，人接种牛痘疫苗后，也可以同时获得抗天花病毒的免疫力，体内已存在记忆B细胞和记忆T细胞。当遇到天花病毒入侵时，记忆B细胞会迅速增殖并分化产生浆细胞，产生大量抗体；同时记忆T细胞也会迅速启动细胞免疫途径。

题目编码	所属课时	对应目标编码	目标维度与学习水平	题目类型	题目完成方式	题目难度	预计完成时间	题目来源	是否为某一大题拆分	备注栏
Z6009	06	SK1010537	A知道	简答题	书面	中等	3 min	原创	是	

Z6010：接种疫苗属于__________免疫方法。2018年7月，国家药监局检查组发现长春长生的冻干人用狂犬病疫苗在生产过程中存在造假，引起民众气愤和恐慌，甚至有很多人开始抵制接种疫苗，请谈谈你的观点。____________________________

答案：人工；如果大面积不接种疫苗，会让人类已经控制多年的疾病再次卷土重来，比如脊髓灰质炎、麻疹等。目前，接种疫苗是控制微生物传染病最有效的措施。诚然，发生问题疫苗

事件值得我们保持足够的警惕，但总体而言，接种疫苗是安全的。我们不能因噎废食。只有足够多的人接种疫苗，才能形成广泛、有力的防御屏障。

题目编码	所属课时	对应目标编码	目标维度与学习水平	题目类型	题目完成方式	题目难度	预计完成时间	题目来源	是否为某一大题拆分	备注栏
Z6010	06	SK1010538	态度	简答题	书面	中等	1.5 min	原创	是	

Z6011：请用表格形式将细胞免疫和体液免疫的区别与联系表示出来。

		细 胞 免 疫	体 液 免 疫
不同点			
相同点			
联 系			

答案：

		细 胞 免 疫	体 液 免 疫
不同点	介导细胞	T 淋巴细胞	B 淋巴细胞
	免疫作用的对象	被抗原侵入的宿主细胞 移植到体内的异体组织细胞	体液中的抗原
	免疫作用的方式	1. 致敏 T 细胞与抗原细胞密切接触并裂解细胞 2. 致敏 T 细胞释放淋巴因子，杀死抗原细胞	效应 B 细胞(浆细胞)产生的抗体与相应的抗原特异性结合
相同点		1. 都产生记忆细胞，形成二次免疫 2. 都是特异性免疫	
联 系		B 淋巴细胞的体液免疫常需要 T 淋巴细胞和巨噬细胞的协助，B 淋巴细胞也可控制或增强 T 淋巴细胞的功能	

题目编码	所属课时	对应目标编码	目标维度与学习水平	题目类型	题目完成方式	题目难度	预计完成时间	题目来源	是否为某一大题拆分	备注栏
Z6011	06	SK1010535	A 知道	填空题	书面	中等	3 min	原创	否	

2. 拓展题

Z6012：传染和预防是病原体和人体之间的一场战斗，战场上“知己知彼，百战不殆”，你知道病原体和人类各有哪些手段可以增强自身的攻防实力？以小组为单位，讨论交流，查阅资料完成作业。

人类 VS 病原体(例如人类发明了防止微生物传染的最有效措施——接种疫苗；但病原体会发生变异，使原有的疫苗无效)

人　　类	病 原 体
疫苗接种	发生变异

答案：人体：提高免疫力[饮食、锻炼、睡眠、情绪等]，个人和公共卫生，药物，人工免疫疫苗接种，社会制度(如社会互助-建立骨髓库等)，基因治疗等。

病原体：侵入易感人群，数量多，多种传染途径，荚膜结构增加毒力，攻击免疫细胞，潜伏隐性感染，变异等。

(开放性问题：答案合理，具有科学性即可)

题目编码	所属课时	对应目标编码	目标维度与学习水平	题目类型	题目完成方式	题目难度	预计完成时间	题目来源	是否为某一大题拆分	备注栏
Z6012	06	SK1010539	D 综合	书面开放题	合作类	较高	6 min	原创	否	

Z6013：1992 年，中国红十字会创建了中华骨髓库，但在接下来的 10 年间，库存资料还不足 3 万份。在社会各界的支持下，从 2001 年 4 月起，中国红十字会重新启动了这项计划，更名为“中国造血干细胞捐献者资料库”，并在北京等 11 个省、自治区、直辖市建立起分库。你关注过有关

报道吗？建立骨髓库或造血干细胞捐献者资料库有什么意义？你愿意捐献造血干细胞吗？

答案：（开放性问题，没有标准答案，对社会议题参与讨论并作出理性解释。）

题目编码	所属课时	对应目标编码	目标维度与学习水平	题目类型	题目完成方式	题目难度	预计完成时间	题目来源	是否为某一大题拆分	备注栏
Z6013	06	SK1010540	态度	书面开放题	书面	中等	4 min	引用	否	

（二）单元测试卷

2020学年度第一学期单元测试

高一年级　生物学学科试卷

1. 选择题(本题共60分,每小题3分,只有一个正确选项)

S0001：构成神经系统的基本单位是（　　）。

A. 突触　　B. 反射弧　　C. 神经中枢　　D. 神经元

答案：D

题目编码	对应目标编码	目标维度与学习水平	题目类型	题目完成方式	题目难度	预计完成时间	题目来源	是否为某一大题拆分	备注栏
S0001	SK1010501	A知道	选择题	书面	较低	0.5 min	引用	否	

S0002：如图是信息在神经元中传导与神经元之间传递示意图。下列叙述中，错误的是（　　）。

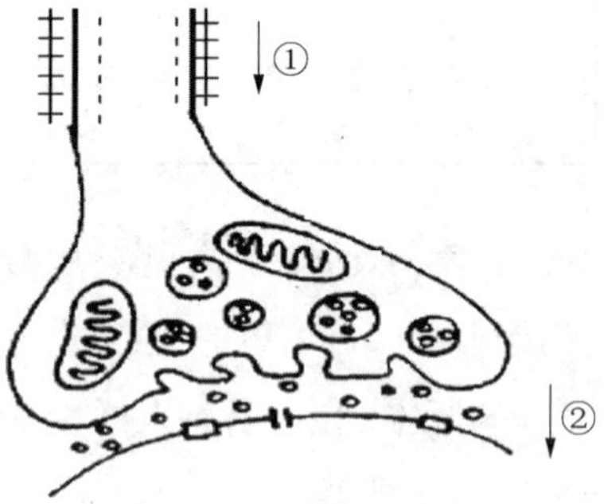

A. ①上的生物电传导是双向的，②的信息传递是单向的

B. ①上的生物电传导是单向的，②的信息传递也是单向的

C. ①上某部位显示的膜电位为静息电位，神经冲动传导到②时，突触前膜小泡释放神经递质引起突触后膜发生膜电位变化

D. ②上的信息传递是两个神经元之间的信息传递，是通过化学物质完成的

答案：B

题目编码	对应目标编码	目标维度与学习水平	题目类型	题目完成方式	题目难度	预计完成时间	题目来源	是否为某一大题拆分	备注栏
S0002	SK1010507	B理解	选择题	书面	中等	1 min	引用	否	

S0003：有机磷农药可抑制胆碱酯酶（分解乙酰胆碱的酶）的作用，对于以乙酰胆碱为递质的突触来说，中毒后会发生（　　）。

A. 突触前膜的流动性消失　　　　B. 关闭突触后膜的 Na^+ 离子通道

C. 乙酰胆碱持续作用于突触后膜的受体　　D. 突触前神经元的膜电位发生显著变化

答案：C

题目编码	对应目标编码	目标维度与学习水平	题目类型	题目完成方式	题目难度	预计完成时间	题目来源	是否为某一大题拆分	备注栏
S0003	SK1010506	B 理解	选择题	书面	中等	1 min	引用	否	

S0004：有关“观察牛蛙的脊髓反射现象”实验，下列说法错误的是(　　)。

A. 切除脑的作用是去除脑对脊髓的控制

B. 若不去掉脑，将观察不到搔扒反射

C. 环割脚趾皮肤可证实此处有相应感受器

D. 该实验表明脊髓可以不依赖于大脑调节一些生理活动

答案：B

题目编码	对应目标编码	目标维度与学习水平	题目类型	题目完成方式	题目难度	预计完成时间	题目来源	是否为某一大题拆分	备注栏
S0004	SK1010509	A 知道	选择题	书面	较低	0.5 min	引用	否	

S0005：关于右图结构的叙述中，不正确的是(　　)。

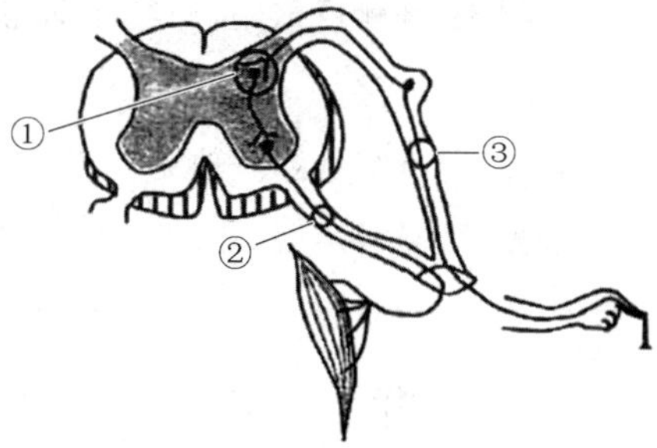

A. 该图表示反射弧结构

B. 能表示突触结构的是①

C. ②处兴奋时膜电位表现为外负内正

D. 图中神经冲动的传导方向是②→①→③

答案：D

题目编码	对应目标编码	目标维度与学习水平	题目类型	题目完成方式	题目难度	预计完成时间	题目来源	是否为某一大题拆分	备注栏
S0005	SK1010507	B 理解	选择题	书面	较低	0.5 min	改编	否	

S0006：生理学家巴甫洛夫在狗身上做了一系列实验研究。右图表示狗听到铃声出现唾液分泌现象，此时铃声是(　　)。

A. 无效刺激　　B. 无关刺激

C. 条件刺激　　D. 非条件刺激

答案：C

题目编码	对应目标编码	目标维度与学习水平	题目类型	题目完成方式	题目难度	预计完成时间	题目来源	是否为某一大题拆分	备注栏
S0006	SK1010514	B 理解	选择题	书面	较低	0.5 min	引用	否	

S0007：下图显示恐惧反射的建立过程。将建立反射后的小鼠放回反射箱时，小鼠体内不会发生的是(　　)。

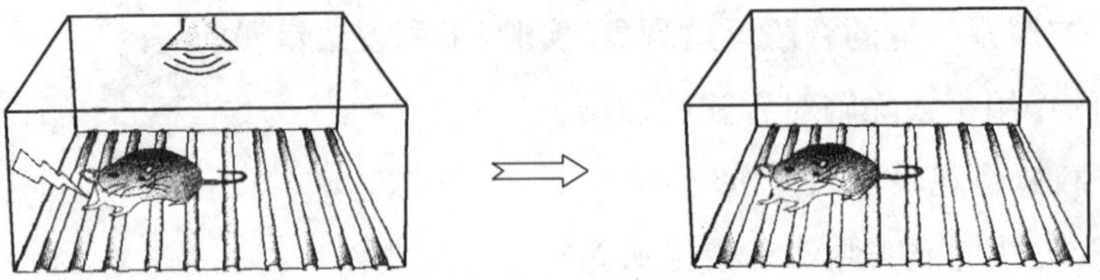

A. 胃肠蠕动加速　　B. 血糖升高　　C. 支气管扩张　　D. 心跳加快

答案：A

题目编码	对应目标编码	目标维度与学习水平	题目类型	题目完成方式	题目难度	预计完成时间	题目来源	是否为某一大题拆分	备注栏
S0007	SK1010515	B 理解	选择题	书面	较低	0.5 min	引用	否	

S0008：膝跳反射中，神经冲动在神经元间的传递途径是(　　)。

A. 树突→突触→细胞体→轴突　　B. 轴突→细胞体→树突→突触

C. 树突→细胞体→轴突→突触　　D. 树突→突触→轴突→细胞体

答案：C

题目编码	对应目标编码	目标维度与学习水平	题目类型	题目完成方式	题目难度	预计完成时间	题目来源	是否为某一大题拆分	备注栏
S0008	SK1010502	A 知道	选择题	书面	较低	0.5 min	引用	否	

S0009：在正常情况下，进餐后血糖浓度会相应升高。在此过程中(　　)。

A. 胰岛 A 细胞分泌的胰岛素增加　　B. 此时血糖上升是胰高血糖素促进的结果

C. 胰岛素的作用强于胰高血糖素的作用　　D. 葡萄糖以自由扩散方式进入小肠黏膜细胞

答案：C

题目编码	对应目标编码	目标维度与学习水平	题目类型	题目完成方式	题目难度	预计完成时间	题目来源	是否为某一大题拆分	备注栏
S0009	SK1010517	A 知道	选择题	书面	较低	1 min	引用	否	

S0010：下图是甲状腺活动的调节示意图，对该图的理解，不正确的是（　　）。

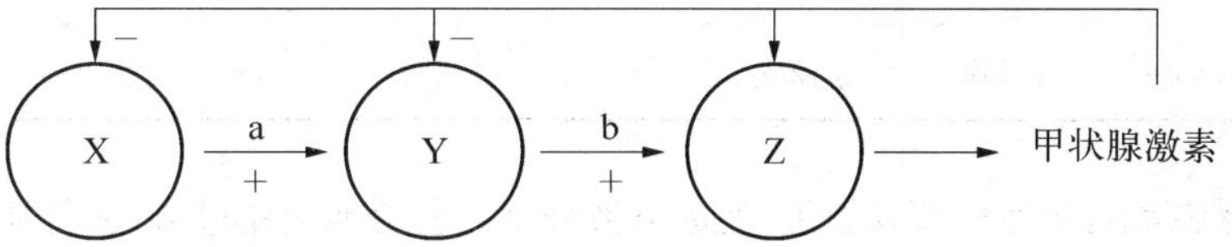

A. 图中 X 与 Y 分别是下丘脑和垂体

B. 图中 a 与 b 分别是促甲状腺激素释放激素和促甲状腺激素

C. 甲状腺活动只受垂体促激素的调节

D. 血液中的甲状腺激素含量起着反馈调节的作用

答案：C

题目编码	对应目标编码	目标维度与学习水平	题目类型	题目完成方式	题目难度	预计完成时间	题目来源	是否为某一大题拆分	备注栏
S0010	SK1010520	B 理解	选择题	书面	较低	1 min	引用	否	

S0011：糖尿病严重威胁人类健康，其发病机理十分复杂。下图表示两种糖尿病部分发病机理，下列有关叙述正确的是（　　）。

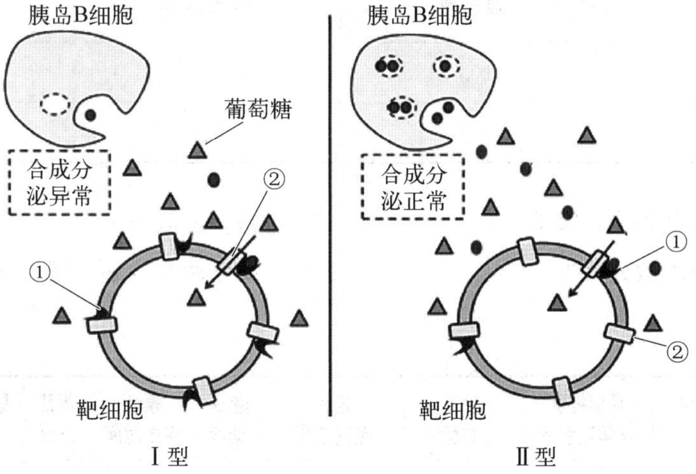

A. 胰岛素直接参与葡萄糖的氧化分解和糖原的合成

B. 图中①表示葡萄糖的受体，②表示运输葡萄糖的载体

C. 胰岛素与①结合发挥作用后即被灭活

D. Ⅰ型、Ⅱ型糖尿病均可通过注射胰岛素治愈

答案：C

题目编码	对应目标编码	目标维度与学习水平	题目类型	题目完成方式	题目难度	预计完成时间	题目来源	是否为某一大题拆分	备注栏
S0011	SK1010518	B 理解	选择题	书面	中等	1.5 min	引用	否	

S0012：胃泌素运输到达胃腺细胞，促进胃液分泌。若胃酸分泌过多，又可抑制胃泌素的分泌，下列与该调节方式类似的是(　　)。

A. 体内甲状腺激素过多时，会抑制垂体分泌响应激素

B. 促甲状腺素可以促进甲状腺分泌甲状腺激素来升高体温

C. 胰岛素的分泌会抑制胰高血糖素的分泌

D. 交感神经兴奋时，胃肠蠕动减慢

答案：A

题目编码	对应目标编码	目标维度与学习水平	题目类型	题目完成方式	题目难度	预计完成时间	题目来源	是否为某一大题拆分	备注栏
S0012	SK1010520	B 理解	选择题	书面	中等	1.5 min	引用	否	

S0013：下表为某人血液化验的两项结果，据此分析，其体内最可能发生的是(　　)。

项　　目	测定值	参考范围	单　　位
甲状腺激素	10.0	3.1～6.8	pmol/L
胰岛素	1.7	5.0～20.0	mIU/L

A. 神经系统的兴奋性降低

B. 血糖含量低于正常

C. 促甲状腺激素分泌减少

D. 组织细胞摄取葡萄糖加速

答案：C

题目编码	对应目标编码	目标维度与学习水平	题目类型	题目完成方式	题目难度	预计完成时间	题目来源	是否为某一大题拆分	备注栏
S0013	SK1010517	A 知道	选择题	书面	较低	1 min	引用	否	

S0014：在无碘的水中用无碘食物饲养蝌蚪，最可能的结果是(　　)。

A. 蝌蚪不能发育成蛙

B. 蝌蚪发育成甲状腺肿大的蛙

C. 蝌蚪发育成正常青蛙

D. 蝌蚪死亡

答案：A

题目编码	对应目标编码	目标维度与学习水平	题目类型	题目完成方式	题目难度	预计完成时间	题目来源	是否为某一大题拆分	备注栏
S0014	SK1010517	A 知道	选择题	书面	较低	1 min	引用	否	

S0015：当患者生命体征减弱时（心跳减慢、呼吸减弱、血压下降、体温下降等），通常医生就会给病患注射（　　）。

A. 葡萄糖　　B. 生理盐水　　C. 胰岛素　　D. 肾上腺素

答案：D

题目编码	对应目标编码	目标维度与学习水平	题目类型	题目完成方式	题目难度	预计完成时间	题目来源	是否为某一大题拆分	备注栏
S0015	SK1010517	A 知道	选择题	书面	较低	1 min	引用	否	

S0016：在体液免疫和细胞免疫中都能出现的现象是（　　）。

A. 产生抗体　　B. 产生淋巴因子

C. 产生记忆细胞　　D. 导致靶细胞破裂

答案：C

题目编码	对应目标编码	目标维度与学习水平	题目类型	题目完成方式	题目难度	预计完成时间	题目来源	是否为某一大题拆分	备注栏
S0016	SK1010535	B 理解	选择题	书面	较低	0.5 min	引用	否	

S0017：下列有关人体免疫的叙述中，错误的是（　　）。

A. 人体皮肤和黏膜构成人体免疫的第一道防线，属于非特异性免疫

B. 吞噬细胞是人体免疫的第二道防线，能吞噬侵入人体的病原体

C. T 淋巴细胞是人体免疫的第三道防线，通过产生抗体对抗病原体

D. 记忆 B 淋巴细胞再次受到同种抗原刺激，能引发二次免疫

答案：C

题目编码	对应目标编码	目标维度与学习水平	题目类型	题目完成方式	题目难度	预计完成时间	题目来源	是否为某一大题拆分	备注栏
S0017	SK1010529	A 知道	选择题	书面	较低	1 min	引用	否	

S0018：下列各图中，能准确反映疫苗接种者血清中抗体的浓度随时间变化趋势的是（　　）。

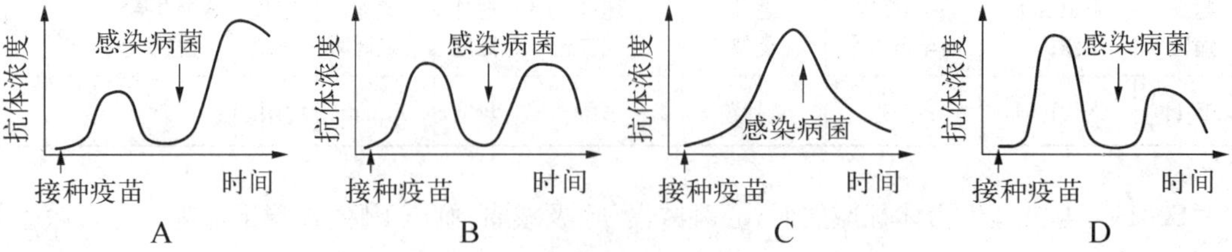

答案：A

题目编码	对应目标编码	目标维度与学习水平	题目类型	题目完成方式	题目难度	预计完成时间	题目来源	是否为某一大题拆分	备注栏
S0018	SK1010531	B 理解	选择题	书面	较低	0.5 min	引用	否	

S0019：选项中所示 B 淋巴细胞中，能与图中抗原发生特异性结合的是(　　)。

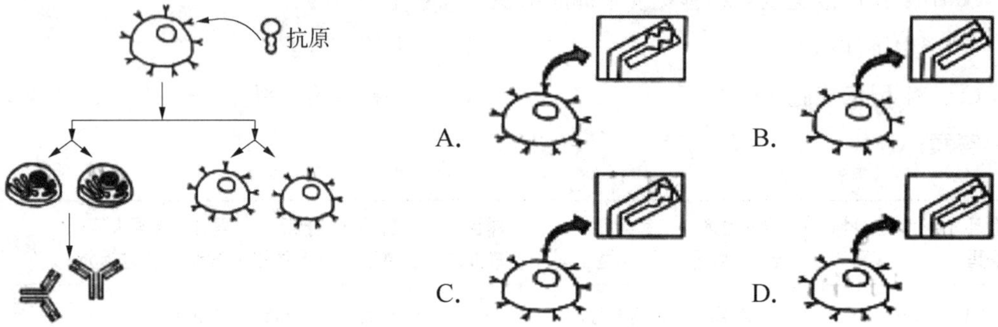

答案：D

题目编码	对应目标编码	目标维度与学习水平	题目类型	题目完成方式	题目难度	预计完成时间	题目来源	是否为某一大题拆分	备注栏
S0019	SK1010531	B 理解	选择题	书面	较低	0.5 min	引用	否	

S0020：如 a、b、c 三张图表示的是三种细胞之间的信号传递途径，关于这几种途径描述错误的是(　　)。

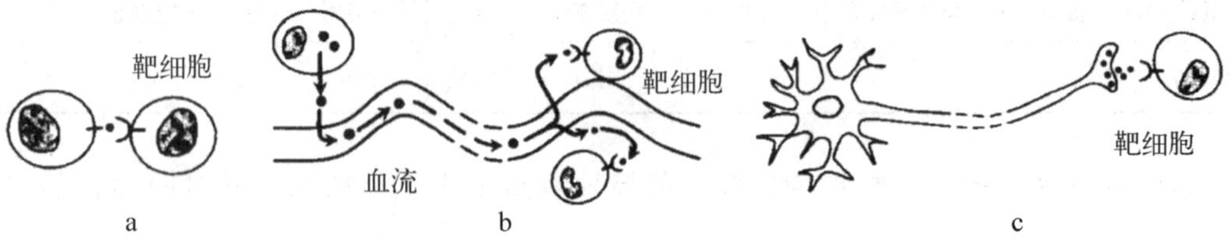

A. 几种信号传导途径都要通过受体来发挥作用

B. b图可以代表激素通过血液运输到靶细胞并发挥作用的过程

C. c图所示的神经细胞可以是传入神经

D. c图所示的神经细胞可以是交感神经

答案：C

题目编码	对应目标编码	目标维度与学习水平	题目类型	题目完成方式	题目难度	预计完成时间	题目来源	是否为某一大题拆分	备注栏
S0020	SK1010518	B理解	选择题	书面	中等	1 min	原创	否	

2. 综合题(本题共40分)

(1) 储存能量的白色脂肪可以通过棕色化转变为代谢活跃的米色脂肪(beige fat)。科学家们发现，胰岛素和瘦素会作用于小鼠下丘脑中抑制食欲的POMC神经元，促进白色脂肪的棕色化，刺激白色脂肪棕色化是POMC神经元促进热量燃烧的一种途径。下丘脑还存在着另一种神经元，即“饥饿”神经元或AgRP神经元。这些神经元由饥饿信号激活，会促进能量的储存。(10分)

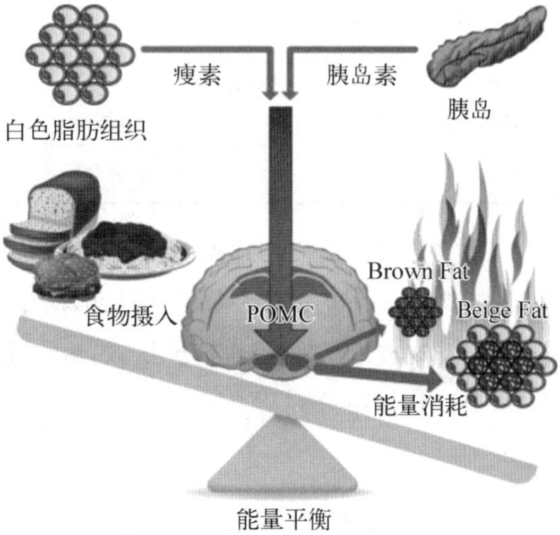

S0021：(2分)瘦素和胰岛素的化学本质相同，都是________，属于蛋白类激素。瘦素和胰岛素是通过与下丘脑中POMC神经元上________的结合来起作用的。

答案：蛋白质；受体

题目编码	对应目标编码	目标维度与学习水平	题目类型	题目完成方式	题目难度	预计完成时间	题目来源	是否为某一大题拆分	备注栏
S0021	SK1010517	A知道	填空题	书面	较低	2 min	原创	是	

S0022：(4分)下列哪种情况会导致正常的小鼠体内的棕色脂肪含量上升(　　)。(多选)

A. 进食大量高脂肪食物　　B. AgRP神经元兴奋

C. POMC神经元兴奋　　D. 胰岛B细胞分泌活动旺盛

答案：A,C

题目编码	对应目标编码	目标维度与学习水平	题目类型	题目完成方式	题目难度	预计完成时间	题目来源	是否为某一大题拆分	备注栏
S0022	SK1010541	能力	选择题	书面	中等	1.5 min	原创	是	

S0023：(4 分)科学家在小鼠 POMC 神经元中敲除了特定的两种磷酸酶(控制着瘦素和胰岛素受体的敏感性)，发现白色脂肪组织更少，胰岛素和瘦素的信号水平更高。关于这两种磷酸酶，正确的表述是(　　)。(多选)

A. 使瘦素和胰岛素受体的敏感性升高

B. 使瘦素和胰岛素受体的敏感性降低

C. 使小鼠食用高脂饮食时不会增重

D. 肥胖症患者下丘脑的这两种磷酸酶表达水平更高

答案：A,C,D

题目编码	对应目标编码	目标维度与学习水平	题目类型	题目完成方式	题目难度	预计完成时间	题目来源	是否为某一大题拆分	备注栏
S0023	SK1010541	能力	选择题	书面	较高	1.5 min	原创	是	

(2) 下丘脑内存在对体温变化敏感的神经元，它们的放电频率可随着机体温度的升降而变化，对于升温起反应的称为温敏神经元，对于降温起反应的称为冷敏神经元。当环境温度为38℃时，动物有出汗、外周血管扩张、热喘等散热反应。处于冷环境时，动物有保护体温，防止散热等反应。(10 分)

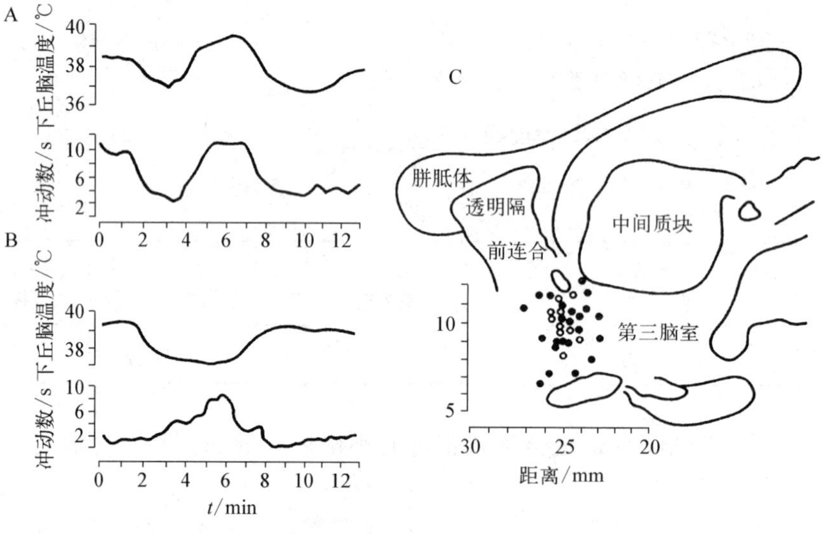

狗下丘脑的冷、热敏神经元

将 4 个探头埋植在下丘脑，探头中灌入温度不同的水改变局部温度。
A. 热敏神经元对局部温度的反应；B. 冷敏神经元对局部降温的反应；C. 热敏神经元(黑点)及冷敏神经元(空心图)在视前区的空间分布。(仿 Handy，1964)

S0024：(2 分)下丘脑中的温敏神经元和冷敏神经元可以直接感受流经脑和脊髓的血液温度变化，并通过一定的神经联系，将冲动传到下丘脑体温调节中枢，可见温敏神经元和冷敏神经元属于反射弧中的________，它们能够将温度变化转换为________信号，通过神经进行传导。

答案：感受器；电

题目编码	对应目标编码	目标维度与学习水平	题目类型	题目完成方式	题目难度	预计完成时间	题目来源	是否为某一大题拆分	备注栏
S0024	SK1010504	B 理解	选择题	书面	较低	1 min	原创	是	

S0025：(4 分)当人体处于寒冷环境中，下丘脑可以通过调节甲状腺的分泌增加产热来维持正常体温，请你用文字描述人体的相关调节途径。________________________________

答案：冷感受器接受寒冷刺激，将其转化为电信号，通过传入神经传递到下丘脑的体温调节中枢，下丘脑分泌促甲状腺激素释放激素，作用于垂体，促进垂体分泌促甲状腺激素，作用于甲状腺，促使甲状腺分泌甲状腺激素，促进细胞产热，维持体温。

题目编码	对应目标编码	目标维度与学习水平	题目类型	题目完成方式	题目难度	预计完成时间	题目来源	是否为某一大题拆分	备注栏
S0025	SK1010520	B 理解	简答题	书面	中等	3 min	原创	是	

S0026：(4 分)对比 A 和 B 两图曲线变化，描述一下温敏神经元和冷敏神经元对局部温度的反应如何。

____

答案：通过 A 图可见，当局部温度接近正常体温时，温敏神经元的冲动频率比较低，随着温度上升，温敏神经元的冲动频率也随之增加。通过 B 图可见，当局部温度接近正常体温时，冷敏神经元的冲动频率比较高，随着温度上升，温敏神经元的冲动频率也随之减少。

题目编码	对应目标编码	目标维度与学习水平	题目类型	题目完成方式	题目难度	预计完成时间	题目来源	是否为某一大题拆分	备注栏
S0026	SK1010541	能力	简答题	书面	中等	3 min	原创	是	

(3) 生物的信息传递(11 分)

下图一为神经-肌肉连接示意图，图二是图一中 P 的放大示意图。据图回答问题。

____

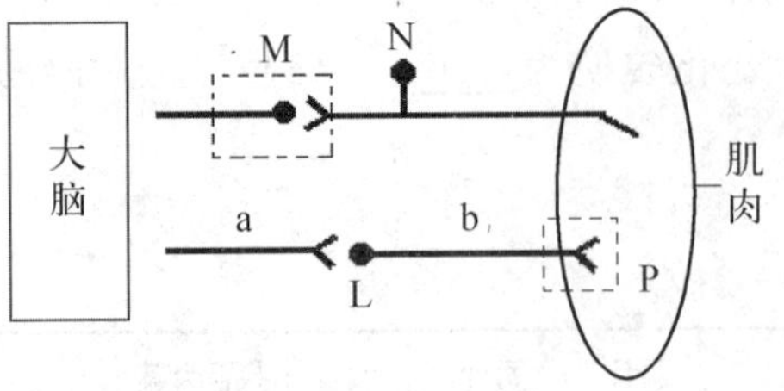

图一

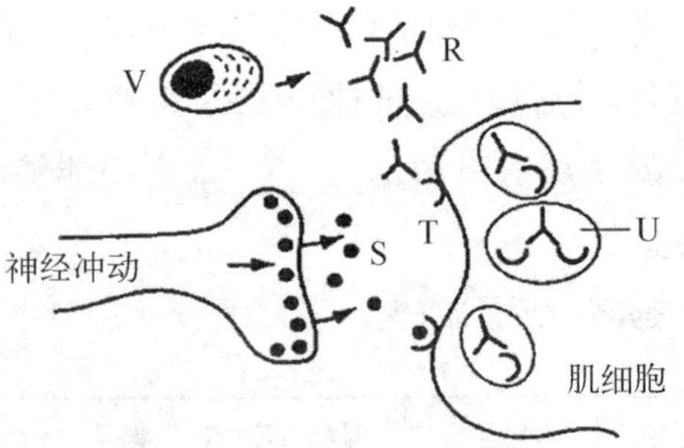

图二

S0027：(2 分)图一中 L、N 均是神经元细胞体，其中 N 是________(传入/传出)神经元。a、L、b 的神经传导方向是____________(用字母和箭头表示)。

答案：传入；a→L→b

题目编码	对应目标编码	目标维度与学习水平	题目类型	题目完成方式	题目难度	预计完成时间	题目来源	是否为某一大题拆分	备注栏
S0027	SK1010507	B 理解	填空题	书面	较低	1 min	引用	是	

S0028：(2 分)正常情况下，图二中 S 与 T 结合，引起的效应是____________。

答案：肌细胞兴奋

题目编码	对应目标编码	目标维度与学习水平	题目类型	题目完成方式	题目难度	预计完成时间	题目来源	是否为某一大题拆分	备注栏
S0028	SK1010507	B 理解	填空题	书面	中等	0.5 min	引用	是	

S0029：(4 分)细胞 V 称为________，T 称为________。当 R 与 T 结合并内化和退化进入肌细胞内，S 释放后的效应与正常时比较，其变化是__________。

答案：浆细胞；(神经递质)受体；只有很少或没有受体与 S 结合，肌肉收缩减弱或不发生

题目编码	对应目标编码	目标维度与学习水平	题目类型	题目完成方式	题目难度	预计完成时间	题目来源	是否为某一大题拆分	备注栏
S0029	SK1010507	B 理解	填空题	书面	中等	1.5 min	引用	是	

S0030：(3 分)当神经兴奋经过结构 M 传递时，下列过程发生的先后顺序是______________________。

a. 神经递质与突触后膜受体结合　　b. 发挥作用后的神经递质被降解

c. 突触前膜释放神经递质　　d. 神经递质从突触前膜扩散到突触后膜

e. 突触后膜离子通道通透性改变

答案：c,d,a,e,b

题目编码	对应目标编码	目标维度与学习水平	题目类型	题目完成方式	题目难度	预计完成时间	题目来源	是否为某一大题拆分	备注栏
S0030	SK1010506	B 理解	填空题	书面	中等	1.5 min	引用	是	

(4) 免疫(9 分)

接种疫苗和使用抗狂犬病血清至今仍是预防感染狂犬病的主要方法。以下是《人用狂犬病疫苗使用说明书》的部分内容,阅读后回答问题。

【药品名称】人用狂犬病纯化疫苗

【组成和性状】本品系用狂犬病病毒接种原代地鼠肾细胞,培养后收获病毒液,经浓缩、灭活、纯化、精制并加氢氧化铝佐剂而成……

【作用和用途】本疫苗免疫接种后,可刺激机体产生抗狂犬病病毒免疫力,用于预防狂犬病。

【用法和用量】

暴露后注射程序:

一般被咬伤者于 0 天(第 1 天,当天)、3 天(第 4 天,以下类推)、7 天、14 天、28 天各注射本疫苗 1 剂,共 5 剂,儿童用量相同。严重咬伤者(头、面、颈、手指、多部位 3 处被咬伤者,咬伤皮肤或舔触黏膜者),应按上述方法注射本疫苗,于 0 天、3 天注射加倍量疫苗,并于 0 天注射本疫苗的同时,用抗狂犬病血清(40 IU/kg)或抗狂犬病免疫球蛋白(20 IU/kg)浸润咬伤局部和肌肉注射。联合使用抗狂犬病血清或免疫球蛋白者,必须在全程疫苗注射完毕后再加强注射 2～3 剂疫苗,即在全程注射后第 15 天、第 75 天或第 10 天、第 20 天、第 90 天加强。

暴露前注射程序:

对未被咬伤健康者预防接种,可按 0 天、7 天、21 天接种程序注射 3 剂。

【保存、运输及使用期限】2～8℃避光保存和运输。在盒签或瓶签标明的失效期前使用。

S0031:(2 分)伤者使用的狂犬病疫苗在免疫学上属于__________,其在体内的作用是__________。

答案:抗原;刺激机体产生相应的抗体和记忆细胞

题目编码	对应目标编码	目标维度与学习水平	题目类型	题目完成方式	题目难度	预计完成时间	题目来源	是否为某一大题拆分	备注栏
S0031	SK1010537	B 理解	简答题	书面	中等	1.5 min	引用	是	

S0032:(3 分)抗狂犬病血清或抗狂犬病免疫球蛋白,其有效成分在免疫学上称为__________,在 0 天注射的作用是____________________。该免疫类型属

于特异性免疫中的________________。

答案：抗体；在机体未产生自身的抗体前，注射外源抗体以杀灭抗原，有效预防狂犬病；体液免疫

题目编码	对应目标编码	目标维度与学习水平	题目类型	题目完成方式	题目难度	预计完成时间	题目来源	是否为某一大题拆分	备注栏
S0032	SK1010531	B理解	简答题	书面	较高	2 min	引用	是	

S0033：(2分)第三次注射后与第一次注射后的免疫反应，不同的是________________________________。

答案：第三次注射属于二次免疫反应，记忆B细胞迅速增殖分化，产生较多的浆细胞和新的记忆B细胞，浆细胞迅速产生大量抗体

题目编码	对应目标编码	目标维度与学习水平	题目类型	题目完成方式	题目难度	预计完成时间	题目来源	是否为某一大题拆分	备注栏
S0033	SK1010532	D综合	简答题	书面	中等	2 min	引用	是	

S0034：(2分)一位被咬伤者错将狂犬病疫苗从冷藏室取出暴露于高温环境中，导致疫苗失效，可能的原因是________________________________。

答案：狂犬病疫苗应储藏在2～8℃环境中，高温可能导致决定抗原特异性的蛋白质结构被破坏而失去作用

题目编码	对应目标编码	目标维度与学习水平	题目类型	题目完成方式	题目难度	预计完成时间	题目来源	是否为某一大题拆分	备注栏
S0034	SK1010537	B理解	简答题	书面	中等	2 min	引用	是	

三、作业、试卷案例编制说明

高一年级生命科学第二册第六章第二到第四节的教学内容是“神经系统-内分泌系统-免疫系统支持的内环境稳态”。我们团队对这一单元作业和试卷设计的思路遵循以下原则。

(一) 教学目标设计依据“基本要求”

我们学校是一所区示范性高中，学生学习态度比较认真，但学习比较被动、主动探究不够，学习上比较依赖老师。根据学生的特点，我们把教学总体目标定位于培养学生有能力解决真实情境中的生物学问题，充分体现生命科学的学科素养。具体教学目标设计以新课标为基础，注重体现教学的难点和重点，不出偏题、怪题和助长学生死记硬背、重复性单一的操练性题目，在实现学生理解和掌握学科基本概念、基本知识的前提下，挖掘学生的运用能力、延伸能力、自

主探究能力，体现“运用知识解决实际问题”的精神。实践中，我们将单元“整体目标”贯穿于“课时目标”，如下图所示。

SK1010541 学会查阅相关资料，结合所学知识和题意，分析现象，解决问题（整体目标）

- SK1010508：收集信息、整合信息，进一步了解神经系统对我们日常生活的影响。
- SK1010516：运用条件反射形成和消退的原理来解决实践过程中遇到的问题。
- SK1010523：学会用下丘脑—垂体—内分泌腺分级调控及反馈调节过程解释简单的生活现象。
- SK1010526：能通过查找资料，利用血糖调节原理和工程学原理解决具体实际问题。
- SK1010539：认识接种疫苗在控制传染病流行方面的价值，关注涉及生物学的社会议题，参与讨论并作出理性解释。

（二）作业对象设计定位分类分层

每个学生发展的速度和轨迹不同，发展的目标也具有一定的个体性。我们在作业设计时考虑各个层次学生在认知与情感等方面不同的需求和个体差异，比如有些学生对生命科学极有兴趣，学习能力强，对学习目标也有一定的要求；而有些学生把生命科学学科当副课，对生命科学学科的学业要求和期望比较低。我们正视和尊重学生的这些差异，在作业设计时遵循分类分层原则：A类层次学生低起点、补台阶、多鼓励；B类学生有变化、有综合、多拓展；C类学生多提高、多发散、求发展。作业设计主要安排两个层次，即基础题、拓展题。基础作业针对双基，夯实基础。拓展作业设计紧扣教材任务，巩固课程目标中的重点难点，或利用科学探究的一般方法，进行实验探究活动。A类学生做基础作业；B类学生做基础作业，选做拓展作业；C类学生要求两类作业都要做。这样，既可使C类学生“吃得饱”，让B类学生“跳一跳，够得着”，也让A类学生“低起点，小坡度”消化得了。如我们在本案第四节“内分泌系统中信息的传递和调节”的作业设计中，分层次制定了三类目标：

A级学生作业目标：

（1）了解人体主要的内分泌腺及其分泌的激素和生理作用。

（2）领会激素作用的特点。

（3）理解激素在血糖平衡中的调节作用。

（4）理解甲状腺激素的分级调节及反馈调节过程。

（5）了解下丘脑对内分泌腺不同的调节方式。

B级学生作业目标：

在A级学生作业目标的基础上，

(6) 能用学过的生物学知识，从分子水平分析可能导致糖尿病的原因。

(7) 能用下丘脑—垂体—内分泌腺分级调控及反馈调节过程解释简单的生活现象。

(8) 能用细胞器的知识说出胰岛B细胞合成胰岛素的过程。

C级学生作业目标：

在B级学生作业目标的基础上

(9) 学会用生命科学探究活动的基本步骤分析"探究胰岛素功能"科学研究的合理性。

(10) 通过查找资料，利用血糖调节原理和工程学原理解决具体实际问题。

(三) 作业内容设计体现"四个功能"

一是体现生活实用功能。稳态的概念是抽象的，维持过程和机制是复杂的，需要通过对一些具体相关实例的观察、分析、概括等学生活动来获得，理解生活中的所以然。同时，学习的最终目的是将知识运用到生活实践中，用科学观念指导生活，提高生活质量。本单元的学习内容与生活密切相关，将日常生活场景设计到作业内容中，加入生活元素的情境能使学生全身心地投入，从而挖掘其学习潜力和创造力，有利于学生比较深刻地理解生物体对内外环境做出各种协调性反应的物质基础，也有利于学生更好地体会生命调节的统一性和巧妙性。如：

Z3007：针对学生生活中对电子设备的"迷恋"情况，让学生通过自身生活实践来感受条件反射形成，并探究消除对学习生活带来困扰的条件反射的多种方法，让学生学以致用，感受生命科学知识给生活带来的好处。

Z2012：近些年，年轻人出现颈椎疾病频发，学校里也出现学生戴着颈托上课的现象。结合教学脊髓作用和反射活动的特点路径，我们让学生讨论分析颈椎疾病对健康的危害。学生通过学习掌握常见的神经调节障碍产生的原因，了解玩手机电脑、伏案写作业时间过多，不注意正确坐姿，会造成颈椎正常的生理弧度消失，影响身体健康的危害性，并制订一份自我干预计划。这种结合生活实际的作业对学生很有帮助。

二是体现拓展思考功能。传统的标准化试题有统一和封闭的答案，不利于培养学生的高阶思维，在培养学生的批判性思维、创新意识等方面存在一定的欠缺。而热点问题容易激发学生的质疑和思考，能让学生学会分析和判断，让学生在理智的挑战、思维的碰撞和观点的冲突中，学会用心去领悟生命科学的价值，形成正确的社会价值观，从而生成对生命科学独特的情感。我们在本单元教学设计中结合社会热点，适当安排了一些开放性试题，设置问题情境，让学生用学过的知识去解释问题或质疑问题。如：

Z1010：吸毒和成瘾在精神病学上可以归为"欲望错乱"，有其物质基础，与神经系统中多巴胺的学习机制有关。抵制吸毒行为是每个公民的责任，在学习神经元之间的信息传递后，我们以一种毒品为例，引导学生通过查找资料，了解该毒品对神经系统中多巴胺会产生什么影响，搞清楚毒品成瘾的机制，从而知道毒品是如何打破人体原有稳态和平衡的。在此基础上，让学生思考摆脱成瘾的策略。通过学习，学生们对毒品的危害性有了充分的认识，起到了科学警示的作用。

Z6010：2018 年 7 月，国家药监局检查组发现长春长生的冻干人用狂犬病疫苗生产过程中存在造假，引起大众气愤和恐慌，甚至有很多人开始抵制接种疫苗。在各大网站上，支持“反疫苗”的呼声很高，我们抓住这个热点，让学生用学到的知识独立思考，亮出自己的观点。学生在辩论、辨识的过程中体会到知识的力量，避免了人云亦云。

三是体现学法指导功能。生物学知识需要花时间进行整理归纳，这样才会对概念、生理过程、生理功能更清晰，作业设计渗透生命科学的学法指导功能，能让学生了解和掌握生命科学的学习方法，在学习和今后的工作中受益无穷。如：

Z6001：概念图的建立，是学习生命科学很好的方法。在作业内容设计上，我们特别注重指导学生构建完整的知识概念图进而形成知识网络。如在体液免疫和细胞免疫过程概念图作业设计时，我们先行建构好特异性免疫中的体液免疫概念图，让学生参照建立细胞免疫过程概念图。学生参考相关模板，将书本上的文字说明转化为直观的概念图，从而更易理解，同时也掌握了一种学习方法。

Z6011：在学习相近或有相关性的概念时，我们引导学生通过表格作业来增进对知识点的了解。如在列表比较细胞免疫和体液免疫的区别与联系中，我们设立细胞免疫和体液免疫的不同点、相同点以及相关联系等选项，让学生在填写列表的过程中，思考并寻找两者之间的区别或联系，也让学生了解表格对比在学习中的作用。

四是体现比较总结功能。课时作业是局部化的，但和整体之间有着必然的联系，单元作业设计的目标是要让学生通过作业练习，学会掌握事物之间的关联性，能够对所学知识进行比较总结，实现由点到面的关联性，形成较为完整的知识体系。

本单元以**信息**为主线，讨论生物体与环境之间的交流、生物体内部各器官之间的平衡。信息分子的“传”和“递”是本单元的重点和难点。单元目标 SK1010533 关注到了这一点：“结合所学的神经、激素和免疫调节，进一步理解信号分子的传递信息的过程和特点。”Z4009 中通过学生分析 2 型糖尿病的病因，理解激素的传递过程和特点。Z1009：根据两名患者的症状分析确诊他们分别中了哪一种毒（有机磷农药中毒还是银环蛇咬伤中毒），理解神经递质传递的过程和特点。Z5008：分析 4 种抗体引起的 4 种自身免疫病。4 种抗体作用于受体，导致相应的信号分子不能与受体结合，干扰正常的生理效应，从而理解信息传递对内环境稳态的重要性。单元测试卷中生物体信号分子“神经递质、激素、抗原”的传递，对神经、内分泌和免疫的信息传递进行了比较和总结。

（四）作业题型设计结合精选原创

我们团队成员有多年教学经验，在新课标的指引下，对于各类层次题目都有自己的见解和想法，作业题型设计注重多样化，既有传统的选择题、简答题，也有概念图的完善、表格设计；既有展现学生思维过程的表述题，也有设计新颖的小组合作类题、跨学科应用类题等。我们并不摒弃经典例题，对引用的题目精挑细选，并对其中的一些进行了改编。同时，我们也花了很多时间查找资料和文献，积极思考，每一节作业都有我们的原创题，这些题都纳入了生活元素，能增进学生对单元学习的理解，作业设计尽量符合学生的兴趣和学习风格，有助于增强学生对作业的归属感。

五、教学目标达成注重成果反馈

我们认为，任何作业设计都需要有效果反馈，以掌握学生学情与教师的教学情况，检验作业设计的科学性、实用性，做到知己知彼。同时，随着时间的积累，一本内容丰富的作业批改记录，也是学生的成长记录、教师改进教学、科学教育的第一手真实可靠资料，对提升作业设计的科学性将发挥积极作用。据此，我们设计了这样一个作业批改记录表，在充分发挥作业评价激励功能的基础上，对作业的优点（包括书写工整，视角独特，解法独具一格）等及时加以总结、表扬和推广的同时，深入分析作业中错误背后的深层次原因，为学生提出个别化、建设性、鼓励性的建议，并根据反馈信息及时动态生成具有针对性的矫正作业，帮助学生拾遗补缺。

作业批改记录表

作业内容（章节）	
作业上交情况	学生人数：　　已交作业人数：　　未交作业人数及名单：
作业问题剖析	
总体问题（优缺点）	优点：
	缺点：
个别问题（优缺点）	优点
	缺点
批改心得	
矫正作业效果反馈	
备注	

第二十二章　2019年上海市高中思想政治学科优秀作业及试卷参评案例*

单元情况	单元（章节）信息	[思想政治]学科[高二]年级[第一]学期[第四]章（单元）[6.4.1]节至[6.4.4]节 单元名称[唯物辩证法的总特征]
	各课时名称（根据实际课时数填写）	课时1：[世界是普遍联系的] 课时2：[用联系的观点看问题] 课时3：[世界是永恒发展的] 课时4：[用发展的观点看问题] 课时5：[世界处在普遍联系与永恒发展中]
	作业设计方式（打"√"）	☑每课时均设计作业　□选择部分课时设计作业　□不分课时，设计单元作业

一、作业、试卷的单元目标设计表

作业、试卷的单元目标设计表			
单元目标编码	**目　标　描　述**	**目标维度与学习水平**	**对应学科教学基本要求编码**
ZZ1110401	根据相关信息说出事物是联系的	B理解	6.4.1、6.4.3
ZZ1110402	归纳出联系的特点是多样性	B理解	6.4.3
ZZ1110403	根据相关信息，归纳出联系的特点是普遍性	B理解	6.4.3
ZZ1110404	归纳出联系的特点是客观性	B理解	6.4.3
ZZ1110405	理解联系的特点是条件性	B理解	6.4.3
ZZ1110406	理解事物之间的联系是具有普遍性的	B理解	6.4.3
ZZ1110407	说出事物之间是普遍联系的	A识记	6.4.1、6.4.3
ZZ1110408	理解联系的特点是客观性	B理解	6.4.3
ZZ1110409	理解人们可以根据事物固有的联系，调整事物的状态，建立新的联系	B理解	6.4.3
ZZ11104010	理解联系的条件性	B理解	6.4.3

* 本章作者为上海市复旦实验中学龚菊萍、姜义慧、王迪，市东中学徐隽、程付羚，控江中学蔡晶君。

续　表

作业、试卷的单元目标设计表			
单元目标编码	目　标　描　述	目标维度与学习水平	对应学科教学基本要求编码
ZZ11104011	理解事物之间的普遍联系是无限多样的，重视事物存在和发展的条件	B 理解	6.4.3
ZZ11104012	根据材料信息归纳事物之间是普遍联系的	B 理解	6.4.3
ZZ11104013	运用联系的观点分析现象	C 应用	6.4.3、6.4.8
ZZ11104014	联系生活实际，列举一些实例并说明联系的多样性	C 应用	6.4.1、6.4.8
ZZ11104015	识记事物之间因果联系的含义	A 识记	6.4.1、6.4.4
ZZ11104016	说出因果联系是客观存在的	A 识记	6.4.1、6.4.4
ZZ11104017	比较原因和结果的异同	B 理解	6.4.4
ZZ11104018	理解因果联系的含义，解释事物因果联系的关系	B 理解	6.4.1、6.4.4
ZZ11104019	掌握系统优化方法	B 理解	6.4.5
ZZ11104020	比较整体与部分的异同，说出关键部分的地位作用	B 理解	6.4.5
ZZ11104021	理解掌握系统优化的方法	B 理解	6.4.5
ZZ11104022	根据材料信息，理解并解释整体与部分的关系	B 理解	6.4.5、6.4.8
ZZ11104023	运用联系的观点看问题，比较原因和结果的异同	B 理解	6.4.4
ZZ11104024	根据材料信息理解现象产生的原因和结果的关系	B 理解	6.4.4、6.4.8
ZZ11104025	根据材料信息理解阐述整体与部分的辩证关系	B 理解	6.4.5
ZZ11104026	运用联系的观点理解联系的特征及相互联系，理解分析整体与部分的辩证关系	C 应用	6.4.3、6.4.5
ZZ11104027	综合运用联系的观点分析评价社会现象并揭示实质	C 应用	6.4.8
ZZ11104028	辨认社会意识是变化发展的	A 辨认	6.4.2
ZZ11104029	说出发展的含义，说出事物的发展是一个由低级到高级的过程	A 识记	6.4.2
ZZ11104030	理解并解释发展的实质	B 理解	6.4.7
ZZ11104031	理解量变质变的关系	B 理解	6.4.6
ZZ11104032	结合材料辨认发展的含义	A 辨认	6.4.2

续 表

作业、试卷的单元目标设计表			
单元目标编码	目　标　描　述	目标维度与学习水平	对应学科教学基本要求编码
ZZ11104033	说出自然界是不断变化发展的	A 识记	6.4.2
ZZ11104034	理解量变与质变的辩证关系	B 理解	6.4.6
ZZ11104035	理解构成事物的成分在结构和排列次序上的变化能引起质变	B 理解	6.4.6
ZZ11104036	根据材料信息理解有序的系统内部结构促进事物的发展	B 理解	6.4.6
ZZ11104037	理解发展是前进性和曲折性的统一	B 理解	6.4.7
ZZ11104038	辨认量、质、度	A 辨认	6.4.2、6.4.6
ZZ11104039	理解新事物的内涵、理解新事物具有的强大的生命力	B 理解	6.4.7
ZZ11104040	根据材料信息分析理解量变和质变的辩证关系，要重视量的积累	B 理解	6.4.6
ZZ11104041	根据材料辨认事物是变化发展的	A 辨认	6.4.2
ZZ11104042	分析材料概括方法论意义，用发展的观点观察处理问题	B 理解	6.4.2、6.4.8
ZZ11104043	分析比较量变与质变的区别	B 理解	6.4.6
ZZ11104044	分析材料信息启示把事物发展作为过程加以考查	B 理解	6.4.2、6.4.6
ZZ11104045	综合材料分析归纳用发展的观点观察处理问题	B 理解	6.4.2、6.4.8
ZZ11104046	说出要把事物的发展作为过程加以考察	B 理解	6.4.6
ZZ11104047	说出事物总是在不断变化发展的	B 理解	6.4.6
ZZ11104048	理解发展的实质	B 理解	6.4.7
ZZ11104049	理解前进性和曲折性的辩证统一	B 理解	6.4.7
ZZ11104050	说出方法论意义：重视量的积累	B 理解	6.4.6
ZZ11104051	说出量变质变的关系	B 理解	6.4.6
ZZ11104052	对社会现象量变与质变进行辨认	A 辨认	6.4.2、6.4.6
ZZ11104053	理解方法论意义：既要对自己的前途充满信心，又要做走曲折道路的准备	B 理解	6.4.7、6.4.8
ZZ11104054	理解分析量变质变的关系，重视量的积累	B 理解	6.4.6

作业、试卷的单元目标设计表			
单元目标编码	目　标　描　述	目标维度与学习水平	对应学科教学基本要求编码
ZZ11104055	议题式探究：从“绿色物流”看“绿色发展”新理念	C应用	6.4.8
ZZ11104056	辨析式探究：“互联网＋物流”时代的理性抉择	C应用	6.4.8
ZZ11104057	社会实践探究：“经济发展”与“环境保护”	C应用	6.4.8

二、案例正文

（一）课时作业

【第1课时】

【生活·感知】

Z1001：生活中有着许许多多的联系，请在空格中填写所对应的内容。

（1）油价的上涨会波及农产品价格、CPI指数上升，从哲学的角度看，三者之间的相互影响体现了事物之间的联系是________。

（2）如今，人们选择宜居城市时综合考虑经济、气候、生活、环境等因素。选择宜居城市体现了联系的________特征。

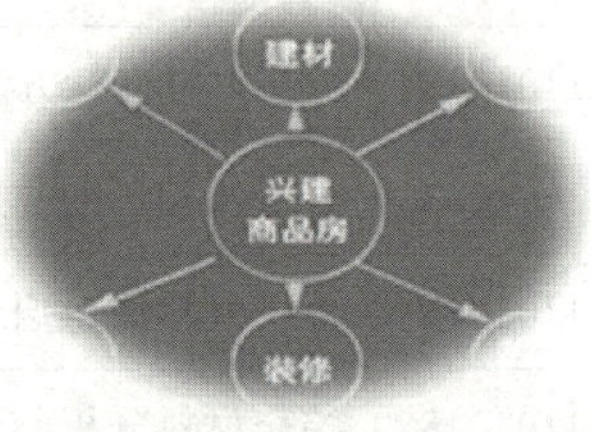

（3）商品房的兴建，会带动相关行业的发展。建筑业与其他行业的关系，体现了联系的________特征。

（4）出现雾霾，容易引起交通阻塞，发生交通事故，会造成呼吸系统感染，增加呼吸道疾病的发病率。雾霾给人类生活带来的影响体现了联系的________特征。

（5）分享经济强调的两个核心理念是“使用而不占有”和“不使用即浪费”。分享经济充分利用了闲置资源，提高了资源利用效率。分享经济模式体现了联系的________特征。

答案：(1) 相互影响、相互制约、相互作用的；(2) 条件性；(3) 多样性；(4) 普遍性；(5) 客观性。

作业题目属性汇总表										
题目编码	所属课时	对应目标编码	目标维度与学习水平	题目类型	题目完成方式	题目难度	预计完成时间	题目来源	是否为某一大题拆分	备注栏
Z1001(1)	01	ZZ1110401	B理解	填空题	书面	较低	0.5 min	改编	是	
Z1001(2)	01	ZZ1110402	B理解	填空题	书面	较低	0.5 min	原创	是	
Z1001(3)	01	ZZ1110403	B理解	填空题	书面	较低	0.5 min	原创	是	
Z1001(4)	01	ZZ1110404	B理解	填空题	书面	较低	0.5 min	原创	是	
Z1001(5)	01	ZZ1110405	B理解	填空题	书面	较低	0.5 min	原创	是	

【自主·探究】

Z1002：

探究一：联系的普遍性

(1) 水是维持生命的理想液体，缺了水，人类将不复存在，森林将不复存在，植物将灭亡，地球上将出现无边的沙漠，生命的迹象将消失。从哲学角度说明(　　)。

A. 水对地球和人类的重要性

B. 事物之间的联系具有普遍性

C. 水是万物生长的基础

(2) 将生物钟的研究成果广泛运用于经济社会生活，对生命的研究、对生活的质量、对人类与自然的和谐等，都将产生极其重要的影响。这说明联系具有________的特征。

探究二：联系的客观性

(3) 宋代徐玑在《黄碧》中说“水清知酒好，山瘦识民贫”，其中所呈现的水与酒、山与民的关系，告诉我们：(　　)。

A. 事物之间都是有联系的

B. 事物的联系是多样化的

C. 人与事物的联系是客观的

(4) 现在，很多政府网站在线上为老百姓提供相关的便民咨询服务，这体现的哲理是：(　　)。

A. 一切以时间、地点、条件为转移

B. 人们可以根据事物固有的联系，调整事物的状态，建立新的联系

C. 人与事物的联系是根据人们的主观愿望建立的

探究三：联系的多样性

(5) 灾害一般是在多种不利因素同时出现时发生的，对人们生产、生活各方面造成直接或间接的不利影响，这使我们更深刻地认识到(　　)。

A. 联系是客观的，灾害的发生与人的活动无关

B. 联系是普遍的，任何事物之间都是有联系的

C. 联系是多样的、有条件的，因此，应该注意具体分析灾害发生的各种条件

(6) 读图回答：食物链将所有的动物都联系到了一起，使它们之间产生了联系。从哲学的角度思考：在生物学上，青蛙、毒蛇、蜈蚣是一种什么关系？

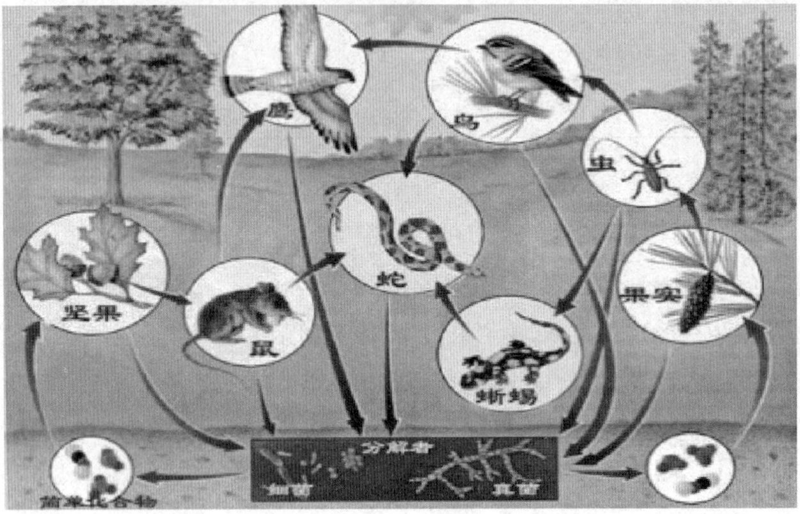

答案：(1) B；(2) 普遍性；(3) C；(4) B；(5) C；(6) 事物之间是相互依存、相互影响、相互制约的关系，联系具有普遍性，世界是一个普遍联系的有机整体。

作业题目属性汇总表										
题目编码	所属课时	对应目标编码	目标维度与学习水平	题目类型	题目完成方式	题目难度	预计完成时间	题目来源	是否为某一大题拆分	备注栏
Z1002(1)	01	ZZ1110406	B 理解	选择题	书面	中等	0.5 min	改编	否	
Z1002(2)	01	ZZ1110407	A 知道	填空题	书面	较低	0.5 min	原创	是	
Z1002(3)	01	ZZ1110408	B 理解	选择题	书面	中等	0.5 min	改编	否	
Z1002(4)	01	ZZ1110409	B 理解	选择题	书面	中等	0.5 min	改编	否	
Z1002(5)	01	ZZ11104010	B 理解	选择题	书面	中等	0.5 min	改编	是	
Z1002(6)	01	ZZ11104011	B 理解	简答题	书面	中等	1 min	改编	否	跨学科(生物)

【拓展 · 延伸】

Z1003：

【B级】

(1) 中国大力建设共同发展的对外开放格局，构建面向全球的自由贸易网络，迈上"同世界深度互动，向世界深度开放"的新起点。

从哲学角度分析中国与世界将越来越紧密的理由？

____。

【C级】

(2) 湿地被人们称为"地球之肾"，覆盖地球表面仅6%，却为地球20%的已知物种提供了生存环境。最新调查显示，由于基础设施建设、土地开垦、污染、过度捕捞等原因，我国湿地锐减，危及鸟类、湖海生物生存，造成湿地退化、释放温室气体等。我国必须谨慎对待，否则湿地遭到破坏将成为一系列生态问题的导火索。

人们肆意掠夺和破坏湿地，引发一系列生态问题，请运用联系的相关知识谈谈自己的看法。

____

答案：

【B级】

(1) 世界是一个相互联系的统一整体。

【C级】

(2) 联系是客观的，不以人的意志为转移，违背了联系的客观性要受到惩罚。湿地生态系统是不以人的意志为转移的客观联系，要处理好人与湿地的联系，就必须在客观联系中把握联系。

作业题目属性汇总表										
题目编码	所属课时	对应目标编码	目标维度与学习水平	题目类型	题目完成方式	题目难度	预计完成时间	题目来源	是否为某一大题拆分	备注栏
Z1003(1)	01	ZZ11104012	B理解	简答题	书面	中等	2 min	原创	否	
Z1003(2)	01	ZZ11104013	C应用	应用题	书面	中等	3 min	改编	否	跨学科(地理)

【情境 · 实践】

Z1004：

活动情境：

有关资料显示：一节一号电池烂在地里，能使1平方米的土壤失去耕种价值；一粒纽扣电池可以使600吨水受到污染，而这相当于一个人一生的用水量。随手丢弃的废旧电池渗出的汞等重金属物质会渗入土壤，污染地下水，影响与人类息息相关的动物和植物，破坏人类的生存环境，并最终危害人类健康。

废旧电池的困境

请思考：废旧电池是通过哪些环节危及人类健康的？联系生活实际，列举一些实例说明联系的多样性。

____

____

答案：

活动情境：废旧电池通过污染耕地、水，继而影响到和人类息息相关的动物和植物，进而破坏人类的生存环境，最终危及人类的健康。

作业题目属性汇总表										
题目编码	所属课时	对应目标编码	目标维度与学习水平	题目类型	题目完成方式	题目难度	预计完成时间	题目来源	是否为某一大题拆分	备注栏
Z1004	01	ZZ11104014	C应用	书面开放题	书面	中等	3.5 min	改编	否	

【第 2 课时】

【生活 · 感知】

Z2001：日常生活中有许多运用联系的观点观察生活的事例，请在空格中填写所对应的内容。

（1）漫画《坐井观天》给我们什么哲学启示？______

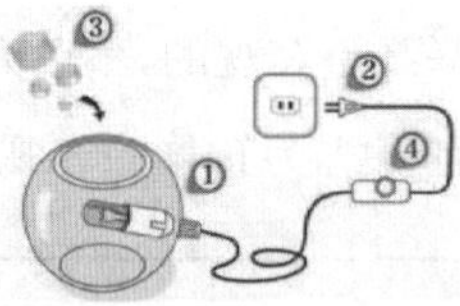

（3）图中接通电源和电灯发亮之间的关系，从哲学的角度看，体现了事物之间的______联系。

（2）“城门失火，殃及池鱼”这则典故体现了辩证法的______________观点。

联系的观点

（4）侦探漫画《名侦探柯南》中，柯南往往通过“还原现场”的做法来寻找线索，侦破案件。从哲学上看，这一做法之所以可行，是因为______________。

（5）系统是由相互联系和相互作用的诸要素构成的统一体。太阳系有序运行轨迹，告诉我们：要掌握______________的方法。

答案：(1) 坚持整体和部分的统一；(2) 因果联系；(3) 因果；(4) 人们可以根据因果联系正确认识事物；(5) 系统优化。

作业题目属性汇总表										
题目编码	所属课时	对应目标编码	目标维度与学习水平	题目类型	题目完成方式	题目难度	预计完成时间	题目来源	是否为某一大题拆分	备注栏
Z2001(1)	02	ZZ11104015	B理解	填空题	书面	较低	0.5 min	原创	是	
Z2001(2)	02	ZZ11104016	B理解	填空题	书面	较低	0.5 min	原创	是	
Z2001(3)	02	ZZ11104017	B理解	填空题	书面	中等	0.5 min	改编	否	
Z2001(4)	02	ZZ11104018	B理解	填空题	书面	中等	0.5 min	改编	否	
Z2001(5)	02	ZZ11104019	B理解	填空题	书面	中等	1 min	改编	否	

【自主·探究】

Z2002：探究一：整体和部分的辩证关系

(1) 所谓“木桶理论”是说，一只木桶盛水的多少，并不取决于桶壁上最长的那块木板，而恰恰取决于桶壁上最短的那块木板。右图体现的哲学原理是(　　)。

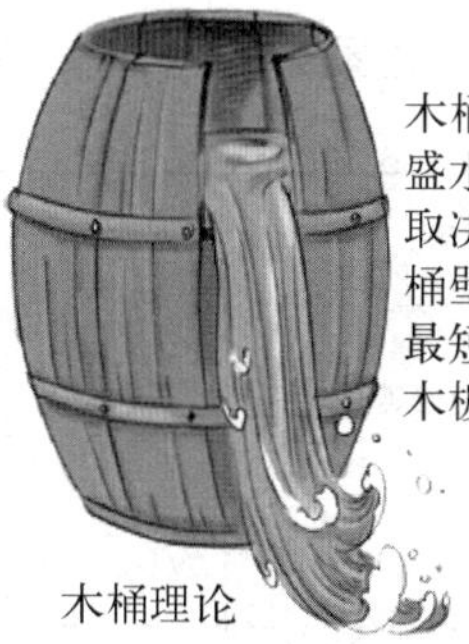

木桶理论

A. 规律是事物发展中稳定的联系

B. 办事情要从局部着眼，寻求最优目标

C. 办事情要重视局部，使整体功能得到最大发挥

(2) 在棋艺上，有所谓“一着不慎，全盘皆输”的说法。战争也是如此，历史上有在连战皆胜之后吃了一个败仗以至于前功尽弃的，有在吃了许多败仗之后打了一个胜仗因而开创了新局面的。这里所说的“连战皆胜”和“许多败仗”都是指____________________。

探究二：掌握系统优化的方法

(3) 唐代韩愈读书用的是“提要钩玄”法。他说：“记事者必提其要，纂言者必钩其玄。”读一部书，要善于把握各部分的内在逻辑，从而提出纲要，钩出精义。这体现了(　　)。

A. 掌握系统优化的方法要注重系统内部结构的有序性

B. 掌握系统优化的方法要注重系统内部结构的优化趋向

C. 掌握系统优化的方法，要求用归纳的思维方式来认识事物

(4) 港珠澳大桥是由桥、岛、隧一体化组成的集群工程。由合围而成的人工岛是港珠澳大桥建设的首个节点，而以此为基础的岛隧工程是整个港珠澳大桥主体工程中的控制性工程。

港珠澳大桥与人工岛的关系是(　　)。

A. 具体与抽象的关系

B. 个性与共性的关系

C. 整体与部分的关系

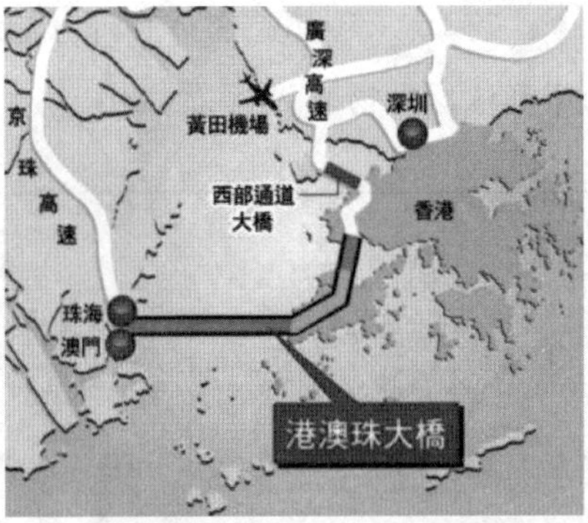

探究三：事物的因果联系

(5) 任何现象都会引起其他现象的产生，任何现象的产生都是由其他现象所引起的。在《西游记》第七十五回："'有风方起浪，无潮水自平。'你不惹我，我好寻你？只因你狐群狗党，结为一伙，算计吃我师父，所以来此施为。"其中"有风"引起"起浪"现象的产生，哲学上做__________；"起浪"被"有风"所引起，哲学上做__________。

(6) 近年来北冰洋的冰层正在不断融化缩减，生活在北冰洋地区的北极熊的生存环境因此而日益恶化。用因果联系的观点来看，造成上述现象的原因是(　　)。

A. 温室气体过度排放

B. 食物链断裂

C. 北极冰盖不断融化

答案：(1) C；(2) 对整体不起决定作用的部分；(3) A；(4) C；(5) 原因，结果；(6) A。

作业题目属性汇总表										
题目编码	所属课时	对应目标编码	目标维度与学习水平	题目类型	题目完成方式	题目难度	预计完成时间	题目来源	是否为某一大题拆分	备注栏
Z2002(1)	02	ZZ11104020	A知道	选择题	书面	较低	0.5 min	改编	否	
Z2002(2)	02	ZZ11104021	B理解	填空题	书面	中等	1 min	改编	否	
Z2002(3)	02	ZZ11104022	B理解	选择题	书面	中等	0.5 min	改编	否	
Z2002(4)	02	ZZ11104023	B理解	选择题	书面	中等	0.5 min	改编	否	
Z2002(5)	02	ZZ11104024	B理解	填空题	书面	中等	0.5 min	改编	否	
Z2002(6)	02	ZZ11104025	B理解	选择题	书面	中等	0.5 min	改编	否	

【拓展·延伸】

Z2003：

【B级】

(1) 古代有个人，在林中见到一张捕雀的大网，发现捕获的雀都是雀头钻进一个个网眼里去的。于是，他回家后，用一截截短绳结成许多个互不关联的像网眼一样的小绳圈，并拿到林中去捕雀。别人感到奇怪，他说：“去捕雀呀！反正一个雀头只钻一个洞。”结果，一只雀也没有捕到。请思考：单个网眼为什么捕不到雀而整张网能捕到呢？

____

____

【C级】

（2）案例分析题

材料一：美国曾经考虑在一条河流上建大坝。建坝会影响一种小鱼的洄游，为了保护生物多样性，最终放弃了大坝的修建。从此，小鱼儿在田纳西河里过着快乐的生活，它们身边那座耗资一亿多美元的废弃大坝作为永远的见证。这就是著名的“小鱼胜大坝”的来历。

材料二：怒江是目前我国仅存的两条尚未开发的河流之一。怒江的鱼类资源中土著鱼种数量之高在全国少有，可以说，怒江是一个特殊的鱼类基因库。怒江峡谷曾经被誉为世界第二大峡谷，其自然景观颇为壮观。围绕着要不要在怒江上建坝，有关部门一直持谨慎态度，多次邀请生态、农业、林业、地质、地理、遗产保护、水利电力、环境科学、野生动植物保护及社会发展等方面的专家进行研讨。

问题：

① 阅读上述材料，请分析“小鱼胜大坝”的故事中所蕴含的辩证法的联系观智慧。

② 为什么邀请不同领域的专家讨论一条河流问题？③ 有关部门在是否开发怒江问题上的这种谨慎态度说明了什么？

答案：

【B级】

（1）整体是由部分组成的，整体离不开部分；部分是整体的一部分，部分离不开整体。

【C级】

（2）① 联系具有普遍性、客观性，要坚持用联系的观点看问题，大坝的修建与周围的生态之间存在着相互影响、相互制约、相互作用的关系，所以要态度谨慎。② 联系具有多样性，这要求我们注意分析和把握事物存在和发展的各种条件（一切以时间、地点、条件为转移）。邀请不同领域的专家讨论，是基于对联系多样性的慎重考虑。③ 整体与部分是辩证统一的，要求我们既树立全局观念，寻求最优目标，又要搞好局部，用局部推动整体发展。是否修建大坝，要通盘考虑，多方论证。

作业题目属性汇总表										
题目编码	所属课时	对应目标编码	目标维度与学习水平	题目类型	题目完成方式	题目难度	预计完成时间	题目来源	是否为某一大题拆分	备注栏
Z2003(1)	02	ZZ11104026	B理解	简答题	书面	中等	1.5 min	改编	否	
Z2003(2)	02	ZZ11104027	C应用	简答题	书面	中等	4 min	改编	否	跨学科(地理)

【情境·实践】

Z2004：

活动情境：

有一个数学领域的猜想，中文翻译为六度分割理论或小世界理论。该理论指出：你和任何一个陌生人之间所间隔的人不会超过六个，也就是说，最多通过六个人你就能够认识任何一个陌生人。我们用数学方法来验证一下。向你的人际网络发出“我想认识‘梅西’”这个信息，可能覆盖多少人？

如果你的人际网络是150人的话，通过6个人的人际关系网络可能达到的人数是150的6次方，等于11390625000000，即1.139乘以10的13次方(约100 000亿)。即使消除一些重复的节点，这个数字也远远超过整个地球人口70.57亿。

问题：你还有没有特别想结识但还没有结识的人？怎么才能如愿以偿呢？

____

____

答案：

活动情境：唯物辩证法关于事物普遍联系的观点，反映了客观世界的本来面目。

在实际生活中我们要正确认识世界和改造世界，必须研究事物之间错综复杂的联系，学会用联系的观点看问题。

作业题目属性汇总表										
题目编码	所属课时	对应目标编码	目标维度与学习水平	题目类型	题目完成方式	题目难度	预计完成时间	题目来源	是否为某一大题拆分	备注栏
Z2004	02	ZZ11104028	C应用	书面开放题	书面	中等	3 min	改编	否	

【第3课时】

【生活·感知】

Z3001：物质世界是永恒变化发展的世界，我们的生活也悄然发生着变化，请在空格中填写所对应的内容。

（1）问候语的不断变化体现的哲学道理是：______。

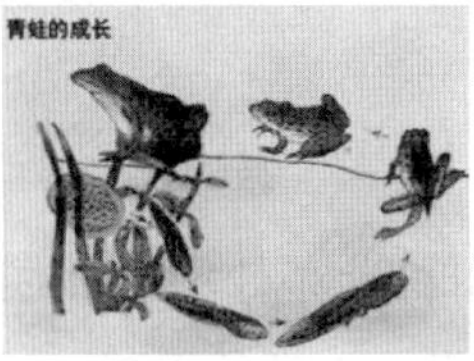

（2）青蛙的成长过程说明了物质世界的状态处于______。

发展

（3）互联网终端产品的更新换代，体现了______。

（4）上图积羽沉舟和愚公移山的故事，告诉我们什么道理。______

答案：（1）事物是变化发展的；（2）自然界总是处在由低级到高级、由简单到复杂的运动变化发展过程中；（3）体现了发展的实质：新事物的产生旧事物的灭亡；（4）告诉我们：量变是质变的必要准备，质变是量变的必然结果，要重视量的积累，促成事物质变。

作业题目属性汇总表										
题目编码	所属课时	对应目标编码	目标维度与学习水平	题目类型	题目完成方式	题目难度	预计完成时间	题目来源	是否为某一大题拆分	备注栏
Z3001(1)	03	ZZ11104029	A知道	填空题	书面	较低	0.5 min	原创	是	
Z3001(2)	03	ZZ11104030	A知道	填空题	书面	较低	0.5 min	原创	是	
Z3001(3)	03	ZZ11104031	B理解	填空题	书面	中等	0.5 min	原创	是	
Z3001(4)	03	ZZ11104032	B理解	填空题	书面	中等	0.5 min	改编	是	

【自主·探究】

Z3002：探究一：世界处于运动变化发展的过程中

(1) 从蒸汽机车到内燃机车，到电力机车，再到目前的 CRH3 型“和谐号”动车，改革开放的 32 年，铁路营业里程从 2.2 万公里到 8.6 万公里，列车时速从很低的每小时 43 公里到 350 公里，运送旅客从 1 亿人次到 14.6 亿人次，这表明(　　)。

A. 新事物是对旧事物的彻底否定

B. 新事物是旧事物矛盾演变的结果

C. 事物的发展是一个由低级到高级的过程

(2) 地球经历了天文演变和地质演化阶段，形成了生命起源和演化条件。生命的起源和演化又经历了从化学进化到生物学进化的上升过程，最后产生了人类。人类的出现，是自然界的一次巨大飞跃。人类的进化大体经历了早期猿人、晚期猿人、早期智人、晚期智人四个阶段，才逐渐演变为今天这种体质的人类。

从生命产生到人的出现的过程，体现了自然界也是______________。

探究二：量变与质变的统一

(3) 航空界有个关于飞行安全的“海恩法则”：每一起严重事故的背后，必然有 29 次轻微事故和 300 起未遂先兆及 1 000 起事故隐患。“海恩法则”表明(　　)。

A. 规律是普遍的，我们要善于创造和利用规律

B. 量变是质变的前提，质变是量变的必然结果

C. 发展是前进性和曲折性的统一

田忌赛马
——对策问题

(4)“田忌赛马”的哲学寓意是(　　)。

A. 新事物必然战胜旧事物

B. 构成事物的成分在结构和排列次序上的变化能引起质变

C. 事物在数量上的增加能引起质变

探究三：发展的实质是新事物的产生和旧事物的灭亡

(5) 近百年来，人类关于存储介质的发明，经历了从录音到软盘、光盘、U 盘等的过程。随着科技进步，存储能力更强的介质还将不断出现。这说明(　　)。

A. 事物总是处在渐进和不显著的变化中

B. 事物发展的方向是前进的和上升的

C. 有序的系统内部结构促进事物发展

(6)“长征五号”火箭发射当天，经历了一波三折，甚至一度面临发射被取消的风险，但中国航天人用完备的预案、科学的态度，迎来了“长征五号”的首战胜利。“长征五号”发射的过程体现了事物的发展是__________________________。

答案：(1) C；(2) 不断变化发展的；(3) B；(4) B；(5) B；(6) 前进性和曲折性的统一。

作业题目属性汇总表										
题目编码	所属课时	对应目标编码	目标维度与学习水平	题目类型	题目完成方式	题目难度	预计完成时间	题目来源	是否为某一大题拆分	备注栏
Z3002(1)	03	ZZ11104033	A知道	选择题	书面	较低	0.5 min	改编	否	
Z3002(2)	03	ZZ11104034	A知道	填空题	书面	较低	1 min	改编	是	
Z3002(3)	03	ZZ11104035	B理解	选择题	书面	中等	0.5 min	改编	否	
Z3002(4)	03	ZZ11104036	B理解	选择题	书面	中等	0.5 min	改编	否	
Z3002(5)	03	ZZ11104037	B理解	选择题	书面	中等	0.5 min	改编	否	
Z3002(6)	03	ZZ11104038	B理解	填空题	书面	中等	0.5 min	改编	是	

【拓展·延伸】

Z3003：

【A级】

（1）下列物理现象体现的哲学知识：（完成下表）

物　理　现　象	哲　学　知　识
水分子的存在有三种状态：____________	
决定水分子三种状态的条件：________	
在标准气压下，“度”（临界点）：______	

【B级】

（2）辛亥革命推翻了延续两千年的封建制度，建立了中国历史上第一个资产阶级共和国，但革命成果被袁世凯窃取，袁世凯一上台就迫不及待地改国号，但他仅做了83天皇帝，就在一片讨伐声中被迫取消帝制。随后，张勋借机进京，拥戴清废帝溥仪登基，其复辟行为遭到革命党人的讨伐，张勋出逃，溥仪被迫宣布退位，复辟闹剧仅上演了12天。

请思考：袁世凯和张勋的复辟为什么必然要失败？

答案：

【A级】

物　理　现　象	哲　学　知　识
水分子的存在有三种状：固态(冰)、液态(水)、气态(蒸汽)	事物变化发展的两种状态，量变、质变
决定水分子三种状态的条件：温度和气压	把握事物存在和发展的条件
在标准气压下，“度”(临界点)：温度	适度原则

【B级】

(2) 发展的实质是新事物的产生和旧事物的灭亡。新事物是指符合客观规律，具有强大生命力和远大发展前途的事物。在社会历史领域中，新事物符合历史发展的必然趋势，反映社会进步的客观要求，符合广大人民群众的根本利益，得到人民群众的拥护和支持。旧事物违背事物发展的必然趋势，因而最终走向灭亡。

作业题目属性汇总表										
题目编码	所属课时	对应目标编码	目标维度与学习水平	题目类型	题目完成方式	题目难度	预计完成时间	题目来源	是否为某一大题拆分	备注栏
Z3003(1)	03	ZZ11104039	A知道	填空题	书面	较低	1.5 min	改编	否	跨学科(物理)
Z3003(2)	03	ZZ11104040	B理解	简答题	书面	中等	3 min	改编	否	跨学科(历史)

【情境 · 实践】

Z3004：

活动情境：《愚人吃饼》的故事给我们什么启示？有个人十分饥饿，走到一家店里买煎饼吃，吃了六个半，就觉得饱了。于是这人非常后悔，打了自己几个耳光，说：“我现在饱了，是由于吃了这半个饼的缘故。这样看来，前面六个饼是白吃了。如果早知道这半个饼就能吃饱，就应该先吃这半个饼啊！”

愚人吃饼

答案：

活动情境：量变和质变的辩证关系：事物的发展总是从量变开始的，量变是质变的必要准备，质变是量变的必然结果。这就要求我们要重视量的积累。寓言中这个人没有看到前面吃的六个饼的重要性，忽视了量的积累。这个人的错误在于不懂得量变是质变的必要准备，没有量变就没有质变，忽视了量的积累。

作业题目属性汇总表										
题目编码	所属课时	对应目标编码	目标维度与学习水平	题目类型	题目完成方式	题目难度	预计完成时间	题目来源	是否为某一大题拆分	备注栏
Z3004	03	ZZ11104041	B 理解	应用题	书面	中等	3 min	改编	否	

【第 4 课时】

【生活 · 感知】

Z4001：日常生活中有许多运用发展的观点观察生活的事例，请在空格中填写所对应的内容。

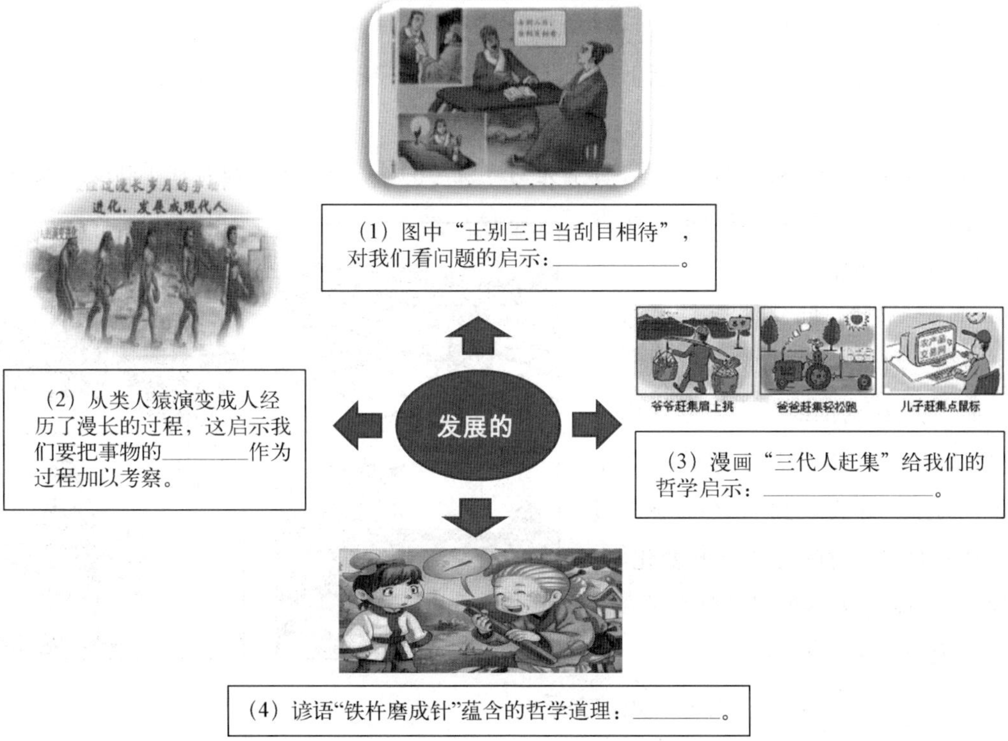

答案：(1) 情况在不断变化，人也在不断变化，要用发展的眼光看待人和事；(2) 发展；(3) 发展的实质是新事物的产生和旧事物的灭亡，要用发展的观点看问题；(4) 重视量的积累，才能促成事物的飞跃。

作业题目属性汇总表										
题目编码	所属课时	对应目标编码	目标维度与学习水平	题目类型	题目完成方式	题目难度	预计完成时间	题目来源	是否为某一大题拆分	备注栏
Z4001(1)	04	ZZ11104042	B理解	填空题	书面	较低	0.5 min	改编	是	
Z4001(2)	04	ZZ11104043	B理解	填空题	书面	中等	0.5 min	改编	否	
Z4001(3)	04	ZZ11104044	B理解	填空题	书面	较低	0.5 min	改编	否	
Z4001(4)	04	ZZ11104045	B理解	填空题	书面	较低	0.5 min	改编	否	

【自主·探究】

Z4002：探究一：要把事物的发展作为过程、阶段加以考察

(1) 经济发展存在周期性，一般分为繁荣、衰退、萧条、复苏四个阶段。这种经济周期性波动给我们的哲学启示是(　　)。

A. 规律是客观的，面对规律人们无能为力

B. 要把事物的发展作为过程加以考察

C. 要坚持适度原则

(2)“理无常是，事无常非”，意思是说道理没有永远正确的，事情没有永远错误的。这是因为(　　)。

A. 物质运动是有规律的　　B. 矛盾是对立统一的　　C. 事物总是在不断变化发展的

探究二：要做好道路曲折的思想准备，善于在曲折中前进

(3) 漫画《找时间》述说了一连串生动的故事。故事中蕴含着深刻的道理：一方面，我们生活的时代在不断地向前发展；另一方面，时代的发展是一个由简单到复杂、由低级到高级的渐进过程。从人们掌握时间方式上的变化，也折射出我国社会发展取得了巨大进步。

① 什么是发展？

② 你怎样理解运动、变化和发展的关系？

____

____

(4) 网上有一句流行的治愈金句：人生就像心电图，一帆风顺说明你挂了。生活中人们常把“浮起来”称为成功，把“沉下去”叫做失败。在沉浮之间，有起有落才是真实人生。从中我们

可以领悟到(　　)。

A. 事物总处在量变与质变的交替过程中

B. 事物发展的前途是光明的,道路是曲折的

C. 只要发挥主观能动性,就能实现成功人生

探究三:要重视量的积累,不失时机地促成事物的飞跃

(5) 一位不知名的画家向著名画家门采尔诉苦说:“为什么我画一幅画只需要一天工夫,而卖掉它却要等上整整一年呢?”门采尔很严肃地说:“倒过来试试吧,亲爱的!”这启示我们,艺术创作要(　　)。

A. 深入调查研究,改变成才规律

B. 坚信未来必胜,勇敢接受考验

C. 重视量的积累,促进质的飞跃

(6) “行百里者半九十”这句古诗文所蕴含的哲学道理是(　　)。

A. 实践是认识的基础

B. 要重视量的积累,不失时机地促成飞跃

C. 任何事物都是普遍性和特殊性的统一

答案:(1) B;(2) C;(3) ① 发展就是新事物不断产生,旧事物不断灭亡,新事物代替旧事物。② 发展是一种运动变化,但绝非任何运动变化都是发展,只有那些上升的、向前的、进步的运动变化趋向才是发展。(4) B;(5) C;(6) B。

作业题目属性汇总表										
题目编码	所属课时	对应目标编码	目标维度与学习水平	题目类型	题目完成方式	题目难度	预计完成时间	题目来源	是否为某一大题拆分	备注栏
Z4002(1)	04	ZZ11104046	B理解	选择题	书面	中等	0.5 min	改编	否	
Z4002(2)	04	ZZ11104047	B理解	选择题	书面	中等	0.5 min	改编	否	
Z4002(3)	04	ZZ11104048	B理解	简答题	书面	中等	2 min	改编	否	
Z4002(4)	04	ZZ11104049	B理解	选择题	书面	中等	0.5 min	改编	否	
Z4002(5)	04	ZZ11104050	B理解	选择题	书面	中等	0.5 min	改编	否	
Z4002(6)	04	ZZ11104051	B理解	选择题	书面	中等	0.5 min	改编	否	

【拓展·延伸】

Z4003:

【A级】

(1) 著名漫画家丰子恺先生的名为《生机》的作品,给我们的启示是既要对自己的前途充满信心,又要做走曲折道路的准备。其中蕴含的哲学道理是(　　)。

A. 要重视量的积累，适时促进质的飞跃

B. 要努力创造矛盾，推动事物向前发展

C. 要充分发挥自身主观能动性，不断创造新的物质世界

【B级】

1881年，中国工人制造的
第一台蒸汽机车

2017年，中国制造的时速
350公里/小时“复兴号”动车组

(2) 阅读材料，回答下列问题。

在最初研制时期，火车饱受世人的嘲讽。1814年，世界上最早在铁路上行驶的蒸汽机车被研制出来，但它笨重丑陋。今天，时速达350千米/小时、安全快捷、平稳舒适的高速列车已经成为人们出行的重要交通工具。

请思考：火车的发展历程说明了什么，蕴含了什么哲学启示？

答案：(1) A；(2) 事物的发展方向是前进的、上升的，道路是曲折的、迂回的。我们要充满信心，做好走曲折道路的思想准备，不断克服前进道路上的困难，勇于面对挫折。

作业题目属性汇总表

题目编码	所属课时	对应目标编码	目标维度与学习水平	题目类型	题目完成方式	题目难度	预计完成时间	题目来源	是否为某一大题拆分	备注栏
Z4003(1)	04	ZZ11104052	A知道	选择题	书面	较低	1 min	改编	否	
Z4003(2)	04	ZZ11104053	B理解	简答题	书面	中等	2.5 min	改编	否	

【情境·实践】

Z4004：

活动情境：

黑格尔的《哲学史讲演录》中有两个有趣的论证，一个是“谷堆论证”，另一个是“秃顶论证”。他说：“一粒谷子能否造成一堆？或者是：少一根头发能否造成一个秃头？”“不能。”“再来一粒或一根怎

样？”“还是不行。”“那么这个问题一直重复下去，总是问加一粒谷子或是减少一根头发如何。等到最后，就可以造成一堆或一个秃头了。这时那最后加的一粒谷子或最后减的一根头发便造成了一堆或一个秃头了。”

想一想：在“谷堆论证”和“秃顶论证”中，哪些属于量变？哪些属于质变？

答案：

活动情境：不断增加的谷粒和不断减少的头发，都属于数量的增减，这就是量变；谷堆和秃头的形成，事物的性质发生改变，由原来的谷粒或有头发的头变成了谷堆和秃头，这是质变。

作业题目属性汇总表										
题目编码	所属课时	对应目标编码	目标维度与学习水平	题目类型	题目完成方式	题目难度	预计完成时间	题目来源	是否为某一大题拆分	备注栏
Z4004	04	ZZ11104054	B理解	应用题	书面	中等	2.5 min	改编	否	

【第5课时】

【探究导引】

《普通高中思想政治课程标准(2017年版)》指出，要构建以培育核心素养为主导的活动型学科课程。本课程力求构建学科逻辑与生活逻辑、理论知识与现实生活相结合的活动型学科课程，关注学科核心素养的形成与表现，立足于学生现实的生活经验，着眼于学生长远的发展需求，把理论观点的阐述寓于社会生活和学生活动的主题之中，让学生在体验社会生活及自身的思维活动中理解理论的旨趣，在践行正确价值观的过程中逐渐内化成为自觉的价值取向。

综合实践探究主题：绿水青山就是金山银山。

探究背景：习近平同志在党的十九大报告中指出，加快生态文明体制改革，建设美丽中国，提出“绿色发展”理念；指出人与自然是生命共同体，我们要建设的现代化是人与自然和谐共生的现代化，我们要牢固树立社会主义生态文明观，推动形成人与自然和谐发展现代化建设新格局，为保护生态环境作出我们这代人的努力。中学生要牢固树立和亲身践行“绿水青山就是金山银山”的理念，为此我们进行了综合实践探究活动。

经济发展与环境保护之间是密切联系的。一方面，经济发展受到环境、资源的约束，环境也受到经济发展的影响。如果是掠夺资源式、破坏环境式的经济发展，就必然会遭到自然的报复。另一方面，两者又是相互依托，相互促进。经济发展要以一定的自然资源为基础，自然禀赋的高低直接影响经济的发展；同时，如果在经济发展中合理有效利用自然资源，运用经济成果为环境保护提供技术、物质支持，又可以促进生态平衡。

【议题式探究】

Z5001：

活动议题：从“绿色物流”看“绿色发展”新理念

活动目标：

- 知道“绿色发展”是新发展理念的一个组成部分；理解“绿水青山就是金山银山”理念的内涵和意义；通过以“共享快递盒”为代表的“绿色物流”来揭示绿色发展理念的精神内涵。
- 把“绿色物流”与“绿色发展”新理念紧密联系起来，在实践中自觉践行“绿色发展”理念，为建设“美丽中国”贡献自己力量。
- 坚持用辩证法联系的观点和发展的观点看问题；培养社会主义核心价值观，提升学生对实现中国梦的政治认同。

活动过程：

① 分小组围绕议题“绿色物流”与“绿色发展”新理念的关系，学习相关的哲学知识。

② 上网查阅、收集与议题相关的各种素材，浏览相关的电视节目。

③ 在学生阅读、收集、整理资料的基础上，以小组为单位，就如何正确理解“绿色物流”与“绿色发展”新理念的关系进行交流，发表自己的观点、看法、见解或提出自己的设想、方案等。

评价标准：10 分制

维　　度	评价(分)
能积极参与资料的收集、整理	1
能与小组同学主动配合	1

续 表

维　　度	评价(分)
收集信息充分、正确、恰当	2
能正确运用哲学观点，流利地表达小组观点，并能为主要观点提供例证	3
对议题的认识深刻、独到	3

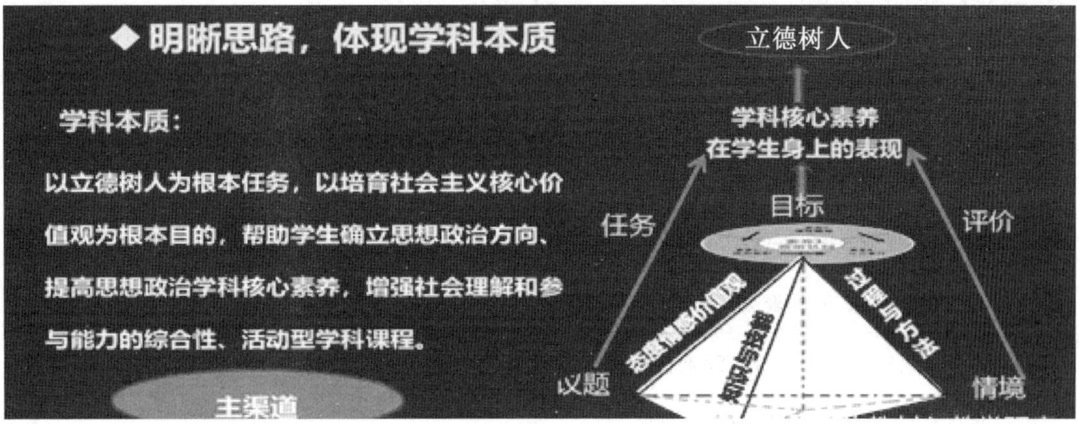

作业题目属性汇总表										
题目编码	所属课时	对应目标编码	目标维度与学习水平	题目类型	题目完成方式	题目难度	预计完成时间	题目来源	是否为某一大题拆分	备注栏
Z5001	05	ZZ11104055	C应用	书面开放题	综合实践类	较高		改编	否	

【辨析式探究】

Z5002

活动主题："互联网＋物流"时代的理性抉择

活动目标：

- 知道互联网正在深刻地改变着人们的生产、生活、教育和学习方式。了解"互联网＋物流"从绿色包装开始，提升整个行业的自动化、智能化水平。
- 理解互联网是利弊并存的"双刃剑"，在"互联网＋"时代，如何看待和利用互联网，是学生必须面对的现实问题。
- 引导学生在反思自己生活经验的过程中进行辨析，在理性思考的基础上形成正确的价值判断，培育学生的科学精神。

活动过程：

① 根据探究的主题，学习相关的哲学原理。

② 组织学生根据所提供的互联网影响人们日常生活的若干情境，围绕设置的问题开展辨析（如：绿色快递业的转型升级给我们的生活带来哪些利弊？我们应该怎样看待这些利弊？高中生如何利用互联网?）。

③ 围绕主题，上网查阅、收集相关资料。

④ 在阅读、收集、整理资料的基础上，组织一场小型交流会。

评价标准：10分制

维　　　度	评价(分)
能勇于表达自己的观点	1
能善于倾听、尊重他人的观点	1
能正确运用哲学知识，准确表达自己的观点，并能提供例证	2
对“互联网＋物流”的作用等认识深刻、独到	3
通过辨析进行反思，做出正确的价值判断	3

作业题目属性汇总表										
题目编码	所属课时	对应目标编码	目标维度与学习水平	题目类型	题目完成方式	题目难度	预计完成时间	题目来源	是否为某一大题拆分	备注栏
Z5002	05	ZZ11104056	C应用	书面开放题	综合实践类	较高		改编		

【社会实践探究】

Z5003

活动主题：“经济发展”与“环境保护”

活动目标：

- 运用联系的观点、发展的观点观察和分析经济发展与环境保护的关系。
- 感悟人类只有有效保护生态环境，经济才能持续稳定发展。
- 树立尊重自然、顺应自然、保护自然的生态文明理念，努力建设美丽中国，实现中华民族永续发展。
- 走出教室，迈入社会实践活动的大课堂，丰富教学内容，加深学生对社会的认识与理解，培养学生的法治素养和公共参与素养。

探究的过程：

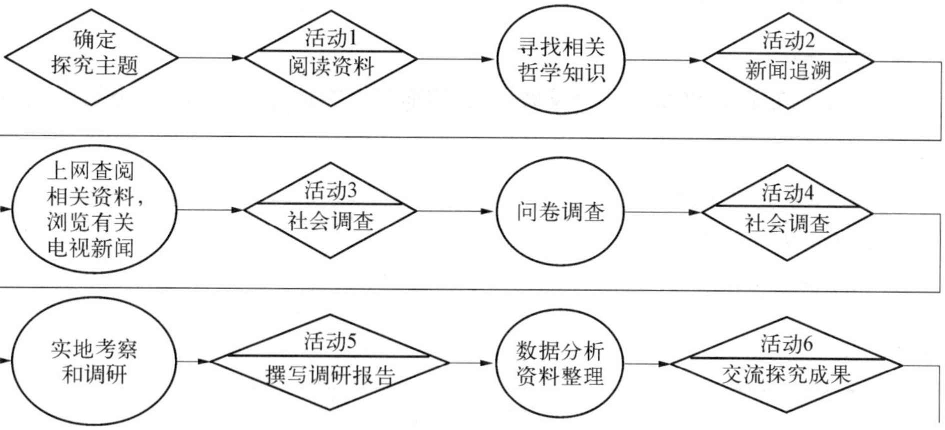

评价标准：10 分制

维　　度	评价(分)
分组设计本组的调查方案	1
查阅资料,做好资料的收集(包括问卷调查、现场调研、查阅报刊书籍、上网查阅等)	1
整理资料、分析归纳形成调查报告	2
交流分享(以小组为单位,交流展示研究成果)	3
运用联系、发展的观点分析经济发展与环境保护的关系,并撰写哲学小论文	3

作业题目属性汇总表										
题目编码	所属课时	对应目标编码	目标维度与学习水平	题目类型	题目完成方式	题目难度	预计完成时间	题目来源	是否为某一大题拆分	备注栏
Z5003	05	ZZ11104057	C应用	书面开放题	综合实践类	较高		改编		

【结束语】

人与自然是生命共同体，社会主义现代化建设是人与自然和谐共生的现代化，坚持人与自然和谐共生，树立和践行“绿水青山就是金山银山”的理念，像对待生命一样对待生态环境，建设美丽中国。坚信中国特色社会主义现代化建设是符合中国国情的一条康庄大道，牢固树立道路自信、理论自信、制度

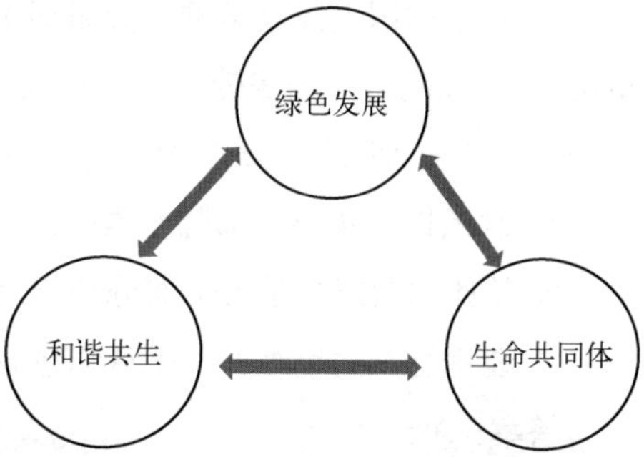

自信和文化自信。

（二）单元测试卷

1. 单项选择题

S0001：文化改变人，也改变社会发展模式，因而是人类提升幸福的深层基础。它所蕴含的哲理是（　　）。

A. 事物之间是相互联系的

B. 文化提高人的素质

C. 事物运动的趋势是发展的

答案：A

试卷题目属性汇总表									
题目编码	对应目标编码	目标维度与学习水平	题目类型	题目完成方式	题目难度	预计完成时间	题目来源	是否为某一大题拆分	备注栏
S0001	ZZ110401	A 识记	选择题	书面	中等	1 min	改编	否	

S0002：春节期间，手机"发红包"成为不少商家的营销手段。支付平台因"红包大战"硝烟四起，给消费者带来诸多不便。从哲学上看，这反映了（　　）。

A. 两个事物之间都存在着一定的联系

B. 事物间的联系是多样的、可创造的

C. 任何事物都处于普遍联系之中

答案：C

试卷题目属性汇总表									
题目编码	对应目标编码	目标维度与学习水平	题目类型	题目完成方式	题目难度	预计完成时间	题目来源	是否为某一大题拆分	备注栏
S0002	ZZ110403	B 理解	选择题	书面	中等	1 min	改编	否	

S0003：中国人民大学重阳金融研究院发布的《丝绸之路经济带研究蓝皮书 2014—2015》指出，建设丝绸之路经济带进一步推动了欧亚大陆各国的经济合作，促进各国经济发展，并将改变整个欧亚大陆的经济版图。这说明（　　）。

A. 联系即事物及内部各要素间的相互影响

B. 整体的功能总是大于部分功能之和

C. 要用综合的思维方式来认识事物的发展

答案：A

试卷题目属性汇总表									
题目编码	对应目标编码	目标维度与学习水平	题目类型	题目完成方式	题目难度	预计完成时间	题目来源	是否为某一大题拆分	备注栏
S0003	ZZ110401	A 识记	选择题	书面	中等	1 min	改编	否	

S0004：法国社会学家勒庞在其著作《乌合之众：大众心理研究》中认为，在群体之中，个体的人性就会湮没，独立的思考能力也会丧失，群体的精神会取代个体的精神。处理个体与群体的关系，我们应该持有的正确态度是（　　）。

A. 不断地深化认识，以求获得个体与群体关系的绝对真理

B. 重视事物间的普遍联系，在融入群体的同时也关注个体

C. 坚持整体高于部分，个体利益要无条件地服从群体利益

答案：B

试卷题目属性汇总表									
题目编码	对应目标编码	目标维度与学习水平	题目类型	题目完成方式	题目难度	预计完成时间	题目来源	是否为某一大题拆分	备注栏
S0004	ZZ11104020	B 理解	选择题	书面	中等	1 min	改编	否	

S0005：下列观点、做法中不能反映事物普遍联系原理的有（　　）。

A. 雨露滋润禾苗壮，万物生长靠太阳

B. 地震预示国家兴衰，2012 年地球将要毁灭

C. 庄稼一枝花，全靠肥当家

答案：B

试卷题目属性汇总表									
题目编码	对应目标编码	目标维度与学习水平	题目类型	题目完成方式	题目难度	预计完成时间	题目来源	是否为某一大题拆分	备注栏
S0005	ZZ11104018	B 理解	选择题	书面	中等	1 min	改编	否	

S0006：冰岛火山喷发引起了一系列连锁反应，火山喷发使欧洲许多机场关闭，导致这些地区陆路交通繁忙。有科学家认为，本次火山喷发还有可能引起全球气候变化。火山喷发（　　）。

A. 是欧洲陆路交通繁忙的内因

B. 对交通和气候的影响体现了联系的普遍性

C. 可能引起全球气候变化体现了事物间的主观联系

答案：B

试卷题目属性汇总表									
题目编码	对应目标编码	目标维度与学习水平	题目类型	题目完成方式	题目难度	预计完成时间	题目来源	是否为某一大题拆分	备注栏
S0006	ZZ11104012	B理解	选择题	书面	中等	1 min	改编	否	

S0007：能源安全是全球性问题，绝大多数国家都不可能离开国际合作而获得能源安全保障。这体现了（　　）。

A. 规律具有客观性，不以人的意志为转移

B. 事物处于普遍联系之中

C. 事物是不断变化发展的

答案：B

试卷题目属性汇总表									
题目编码	对应目标编码	目标维度与学习水平	题目类型	题目完成方式	题目难度	预计完成时间	题目来源	是否为某一大题拆分	备注栏
S0007	ZZ1110408	B理解	选择题	书面	中等	1 min	改编	否	

S0008：外来物种离开原生长地，由于天敌减少，在适宜的生态和气候条件下疯狂生长，危及本地物种的生存，导致本地物种的减少和灭绝。这说明（　　）。

A. 联系是客观的，人对事物的联系是无能为力的

B. 联系不仅存在于事物之间，也存在于事物内部

C. 事物联系的条件不同，其引起的联系状态就不同

答案：C

试卷题目属性汇总表									
题目编码	对应目标编码	目标维度与学习水平	题目类型	题目完成方式	题目难度	预计完成时间	题目来源	是否为某一大题拆分	备注栏
S0008	ZZ11104010	B理解	选择题	书面	中等	1 min	改编	否	

S0009：互联网改变着世界，也改变着我们的生活。人们足不出户就可以在网上阅读报刊、购物，并能在网上和远隔千里之外的网友就一些问题展开讨论，各抒己见。这说明（　　）。

A. 世界上的任何事物之间都存在着直接联系

B. 人们可以任意改变事物之间的联系

C. 人们可以改变事物的状态，建立新的具体联系

答案：C

试卷题目属性汇总表									
题目编码	对应目标编码	目标维度与学习水平	题目类型	题目完成方式	题目难度	预计完成时间	题目来源	是否为某一大题拆分	备注栏
S0009	ZZ1110408	B理解	选择题	书面	中等	1 min	改编	否	

S0010：进入现代远程教育时代，人们完全可以在国内就学到国外著名大学的课程，做到不出国门的“留学”。这说明了（　　）。

A. 事物的普遍联系表明任何事物的发展都是有条件的

B. 联系具有主观性，人们可以随意建立新的联系

C. 联系的普遍性就是指事物自身发展过程中的纵向联系

答案：A

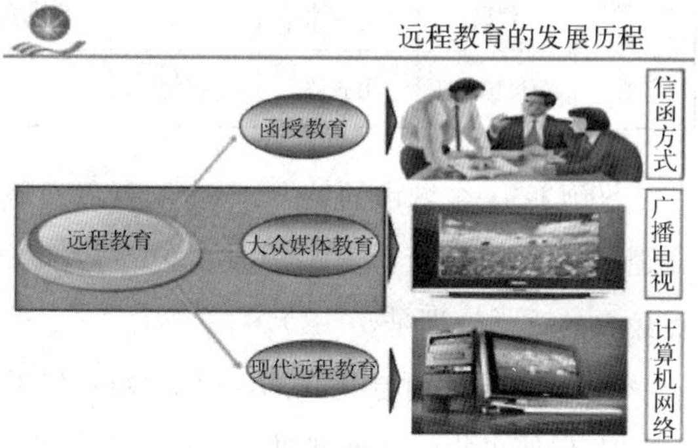

试卷题目属性汇总表									
题目编码	对应目标编码	目标维度与学习水平	题目类型	题目完成方式	题目难度	预计完成时间	题目来源	是否为某一大题拆分	备注栏
S0010	ZZ1110405	B理解	选择题	书面	中等	1 min	改编	否	

S0011：习近平在庆祝澳门回归十五周年仪式上强调，作为前无古人的事业，“一国两制”实践不会一帆风顺。这给我们的启示是（　　）。

A. 发挥主观能动性是正确认识事物的前提

B. 事物发展是前进性与曲折性的统一

C. 新事物符合客观规律，具有远大前途

答案：B

试卷题目属性汇总表									
题目编码	对应目标编码	目标维度与学习水平	题目类型	题目完成方式	题目难度	预计完成时间	题目来源	是否为某一大题拆分	备注栏
S0011	ZZ11104038	B理解	选择题	书面	中等	1 min	改编	否	

S0012：假如“完美”是100分，那么60分不完美，80分也不完美，但不要因为80分而不是100分就否认从60分进步到80分的意义。这启示我们要(　　)。

A. 坚持两点论与重点论的统一

B. 脚踏实地，注重量的积累

C. 抓住时机，积极促成质变

答案：B

试卷题目属性汇总表									
题目编码	对应目标编码	目标维度与学习水平	题目类型	题目完成方式	题目难度	预计完成时间	题目来源	是否为某一大题拆分	备注栏
S0012	ZZ11104041	B理解	选择题	书面	中等	1 min	改编	否	

S0013：一个城市的魅力，不在于轰轰烈烈的“克隆”，而在于立足城市的历史积淀，保护文化遗产，挖掘人文资源，注入开放、包容、鲜活的时代元素。这一观点蕴含的哲学道理是(　　)。

A. 事物在批判与继承、学习与创新中发展

B. 任何事物的发展都要经历艰难曲折的过程

C. 事物是发展的，不要重复别人做的事情

答案：A

试卷题目属性汇总表									
题目编码	对应目标编码	目标维度与学习水平	题目类型	题目完成方式	题目难度	预计完成时间	题目来源	是否为某一大题拆分	备注栏
S0013	ZZ11104030	B理解	选择题	书面	较高	1 min	改编	否	

S0014：古语云：善不积不足以成名，恶不积不足以灭身。这句话蕴含的道理是(　　)。

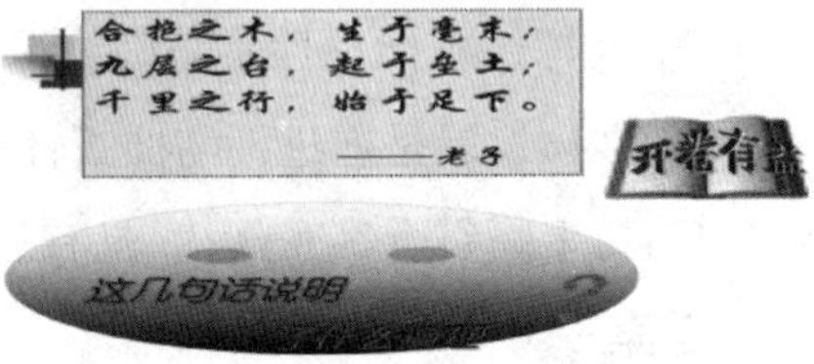

A. 善与恶处于不断变化发展中

B. 成名、灭身各有相应的量变前提

C. 善与恶的积累必导致相应的质变

答案：B

试卷题目属性汇总表									
题目编码	对应目标编码	目标维度与学习水平	题目类型	题目完成方式	题目难度	预计完成时间	题目来源	是否为某一大题拆分	备注栏
S0014	ZZ11104035	B 理解	选择题	书面	中等	1 min	改编	否	

S0015：英国科学家波普尔说："如果我们过于爽快地承认失败，就可能使自己发觉不了我们多么接近正确。"这句话告诉我们（　　）。

A. 辩证否定就是相互否定

B. 事物的发展有一个从量变到质变的过程

C. 事物的发展是前进性与曲折性的统一

答案：C

试卷题目属性汇总表									
题目编码	对应目标编码	目标维度与学习水平	题目类型	题目完成方式	题目难度	预计完成时间	题目来源	是否为某一大题拆分	备注栏
S0015	ZZ11104038	B 理解	选择题	书面	中等	1 min	改编	否	

S0016：有人将"1.01 的 365 次方等于 37.8"和"1.02 的 365 次方等于 1 377.4"这两个等式解读为：每天只比你多努力一点的人，其实已经甩你太远。这蕴含的哲学道理是（　　）。

A. 质变为新的量变开辟道路，在新质的基础上不断发展

B. 量变达到一定程度才能引起质变，必须抓住时机促成飞跃

C. 没有量的积累就不会有质变的发生，必须重视量的积累

答案：C

试卷题目属性汇总表									
题目编码	对应目标编码	目标维度与学习水平	题目类型	题目完成方式	题目难度	预计完成时间	题目来源	是否为某一大题拆分	备注栏
S0016	ZZ11104051	B 理解	选择题	书面	中等	1 min	改编	否	

S0017：在经历了换风扇、空气净化器、中央空调等换气产品之后，中央新风系统开始备受

消费者青睐，并得到了广泛使用和认可。随着科技的进步，换气能力更强的产品还将不断出现。这说明(　　)。

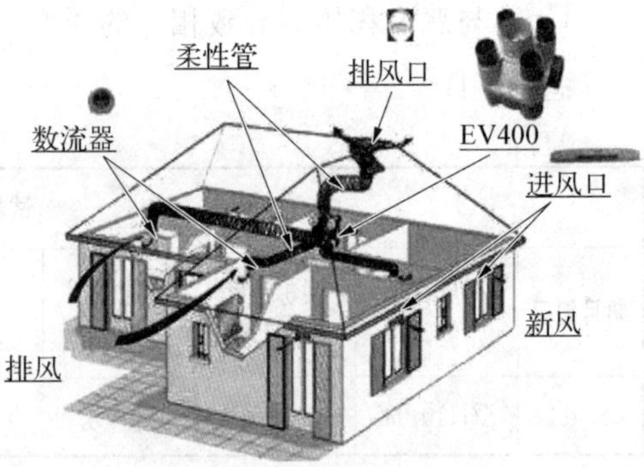

A. 事物总处在渐进和不显著的变化中

B. 事物发展的道路是迂回的、曲折的

C. 事物发展的方向是前进的和上升的

答案：C

试卷题目属性汇总表									
题目编码	对应目标编码	目标维度与学习水平	题目类型	题目完成方式	题目难度	预计完成时间	题目来源	是否为某一大题拆分	备注栏
S0017	ZZ11104048	B理解	选择题	书面	中等	1 min	改编	否	

S0018：“千里之行，始于足下”“集腋成裘，聚沙成塔”蕴含的哲理是(　　)。

A. 抓住时机，促成质变

B. 要重视量的积累

C. 量变是渐进的、不显著的变化

答案：B

试卷题目属性汇总表									
题目编码	对应目标编码	目标维度与学习水平	题目类型	题目完成方式	题目难度	预计完成时间	题目来源	是否为某一大题拆分	备注栏
S0018	ZZ11104055	B理解	选择题	书面	中等	1 min	改编	否	

S0019：在佛教文学作品《百句譬喻经》中有这样一则故事：有个人去做客，吃菜嫌淡而无味，主人便加了点盐，他吃了后觉得味道很美。他想，味道好是因为有盐，加了一点点盐就那么好吃，多加一点岂不更好吃了吗？于是，他就大吃起盐来，结果是又苦又涩。这个故事说明的关于事物发展状态的哲理是(　　)。

A. 事物的显著的量变可以向质变转化

B. 事物发展的实质是引起质变的量变

C. 事物的质变是由渐进的量变引起的

答案：C

试卷题目属性汇总表									
题目编码	对应目标编码	目标维度与学习水平	题目类型	题目完成方式	题目难度	预计完成时间	题目来源	是否为某一大题拆分	备注栏
S0019	ZZ11104051	B理解	选择题	书面	中等	1 min	改编	否	

S0020：《素问·四气调神大论》中提出："是故圣人不治已病治未病，不治已乱治未乱，此之谓也。夫病已成而后药之，乱已成而后治之，譬犹渴而穿井，斗而铸锥，不亦晚乎？"中医强调"治未病"，说明（　　）。

A. "未病"是新事物，"已病"是旧事物，新事物一定战胜旧事物

B. "未病"是量变，"已病"是质变，量变比质变更重要

C. 要坚持用发展的观点看待"未病"与"已病"，提高对疾病的预见性

答案： C

试卷题目属性汇总表									
题目编码	对应目标编码	目标维度与学习水平	题目类型	题目完成方式	题目难度	预计完成时间	题目来源	是否为某一大题拆分	备注栏
S0020	ZZ11104050	C应用	选择题	书面	较高	1 min	改编	否	

2. 综合题（S0021—S0023 必做，S0024、S0025 选择其中一题作答）

S0021：有气象研究机构认为，由于工业化、城市化导致温室气体大量排放，使得近 100 年来全球地面平均气温急剧上升。该机构进一步预测：全球变暖将导致海平面上升，一些沿海经济发达、人口密集地区将被淹没，并引发各种极端天气现象，使人类遭受各种灾害。

根据材料，运用唯物辩证法的有关知识简要回答：

（1）上述一系列现象之间体现了一种什么联系？

（2）我们如何正确对待"全球变暖"现象？（选择唯物辩证法的一个观点回答）

答案：（1）因果；（2）我们既要分析全球变暖现象的原因，又要对这一现象的后果作出科学预见，从而促使事物向人们期望的结果发展。

试卷题目属性汇总表									
题目编码	对应目标编码	目标维度与学习水平	题目类型	题目完成方式	题目难度	预计完成时间	题目来源	是否为某一大题拆分	备注栏
S0021(1)	ZZ11104024	B理解	简答题	书面	中等	1 min	改编	是	
S0021(2)	ZZ11104025	B理解	简答题	书面	中等	1 min	改编	是	

S0022：改革开放40多年来，我国经济获得快速发展，但“高投入、高消耗、低效率”的粗放型经济发展方式，严重制约我国经济的进一步发展。因此，以优化经济结构、提高自主创新能力为重点，加快转变经济发展方式，提高经济质量和效益已成为经济科学发展的首要目标。

运用“世界是永恒发展的”相关知识简要回答：“必须优化经济结构，推动经济发展”体现了量变引起质变的哪一种形式？

答：构成事物的成分在结构和排列次序上发生变化也会引起质变。

试卷题目属性汇总表									
题目编码	对应目标编码	目标维度与学习水平	题目类型	题目完成方式	题目难度	预计完成时间	题目来源	是否为某一大题拆分	备注栏
S0022	ZZ11104036	B理解	简答题	书面	中等	1 min	改编	否	

S0023：

下图以“曹冲称象”为例，介绍了一种解决问题的方法：呈现问题→变换路径→寻找替代物→组合方案→择优方案。

“曹冲称象”的问题解决程序

从“联系”的角度看，该解决问题的顺序体现了什么哲学道理？

答案：人们可以根据事物的固有联系改变事物的状态，调整事物的联系，建立新的联系。

试卷题目属性汇总表									
题目编码	对应目标编码	目标维度与学习水平	题目类型	题目完成方式	题目难度	预计完成时间	题目来源	是否为某一大题拆分	备注栏
S0023	ZZ1110409	B理解	简答题	书面	中等	1 min	改编	否	

S0024：【B级】

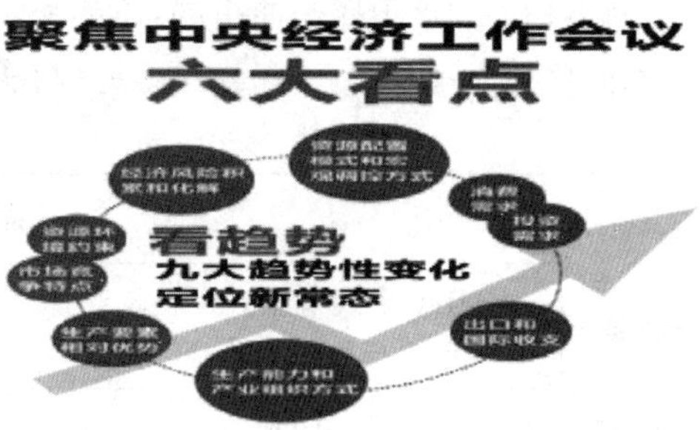

针对当前世界经济复杂多变、不确定性明显和我国经济正处于企稳回升的关键时期的形势，中央经济工作会议指出，做好经济工作，要继续把握好稳中求进的工作总基调，立足全局，突出重点，扎扎实实开好局。从“联系”的角度看，做好我国经济工作为什么必须要“立足全局，突出重点”？

答案：整体和部分是互相区别又是相互联系的。在两者的关系中，整体处于统帅的决定地位，我国经济工作必须要“立足全局”；整体是由部分构成的，有些部分在整体中处于关键地位，因此，我国经济工作必须立足全局又要抓好关键性部分，突出重点。

试卷题目属性汇总表									
题目编码	对应目标编码	目标维度与学习水平	题目类型	题目完成方式	题目难度	预计完成时间	题目来源	是否为某一大题拆分	备注栏
S0024	ZZ11104026	B理解	简答题	书面	中等	1 min	改编	否	

S0025：【C级】

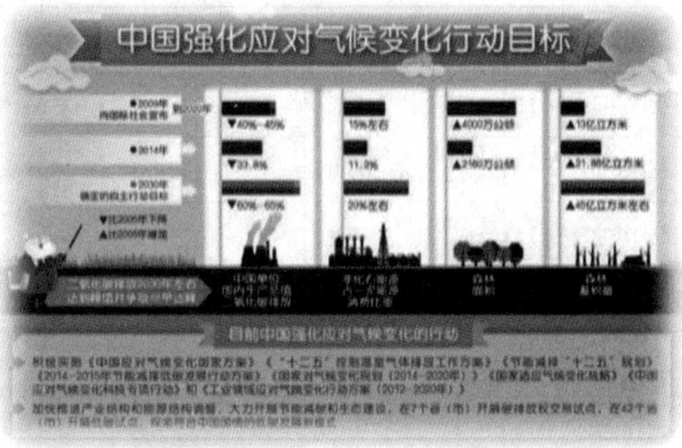

国家发展改革委发布的《国家应对气候变化规划（2014—2020年）》是我国第一部应对气候变化的中长期规划。该规划积极倡导“135”绿色出行方式（1公里以内步行，3公里以内骑自行车，5公里左右乘坐公共交通工具），鼓励公众采用公共交通出行，支持购买小排量汽车、节能汽车和新能源车辆。新能源汽车是指除汽油、柴油发动机之外，使用其他能源的汽车。现在上海市政府鼓励市民使用绿色环保的新能源车。但业内人士表示，目前纯电动车在销售使用过程中的不少问题使其短时间内仅仅是汽油车的有效补充。

请预测新能源汽车未来的发展趋势并简述理由。（选择唯物辩证法的一个观点回答）

答案：新事物的成长要经历艰难曲折的过程。这是因为，新事物的发展要经历一个由小到大、由不完善到比较完善的过程。新能源汽车作为一个新事物，"短时间内仅仅是汽油车的有效补充"，这是因为它本身不可避免存在着一些缺陷，人们对新事物的认可也有一个过程。因此，新事物的发展道路是曲折的，总趋势是前进的，是在前进中有曲折，在曲折中向前进。前进性和曲折性的统一，是一切新事物发展的基本途径。我们要积极支持新事物的发展。

试卷题目属性汇总表									
题目编码	对应目标编码	目标维度与学习水平	题目类型	题目完成方式	题目难度	预计完成时间	题目来源	是否为某一大题拆分	备注栏
S0025	ZZ11104054	B 理解	简答题	书面	较高	1 min	改编	否	

三、作业、试卷题目属性统计表

（一）作业题目属性统计表

作业题目属性统计表														
不同目标编码题量分布		不同课时题量分布		不同目标维度与学习水平题量分布		不同类型题量分布		不同完成方式题量分布		不同难度题量分布		总时间（分钟）	不同来源题量分布	
ZZ1110401	1	00	0	A 知道	8	选择题	18	听说类	0	较低	18	55 分钟	改编	46
ZZ1110402	1	01	18	B 理解	42	填空题	20	操作类	0	中等	36		原创	11
ZZ1110403	1	02	24	C 应用	7	简答题	9	综合实践类	3	较高	3		引用	0
ZZ1110404	1	03	8	D 综合	0	应用题	3	合作类	0					
ZZ1110405	1	04	4	技能	0	证明题	0	跨学科运用类	0					
ZZ1110406	1	05	3	能力	0	完形填空	0	非书面其他	0					
ZZ1110407	1	06	0	态度	0	判断题	2	书面	54					
ZZ1110408	1	07	0			书面开放题	5							
ZZ1110409	1	08	0			书面其他	0							
ZZ11104010	1					非书面	0							

续　表

作业题目属性统计表														
不同目标编码题量分布		不同课时题量分布		不同目标维度与学习水平题量分布		不同类型题量分布		不同完成方式题量分布		不同难度题量分布		总时间（分钟）	不同来源题量分布	
ZZ11104011	1													
ZZ11104012	1													
ZZ11104013	1													
ZZ11104014	1													
ZZ11104015	1													
ZZ11104016	1													
ZZ11104017	1													
ZZ11104018	1													
ZZ11104019	1													
ZZ11104020	1													
ZZ11104021	1													
ZZ11104022	1													
ZZ11104023	1													
ZZ11104024	1													
ZZ11104025	1													
ZZ11104026	1													
ZZ11104027	1													
ZZ11104028	1													
ZZ11104029	1													
ZZ11104030	1													
ZZ11104031	1													
ZZ11104032	0													
ZZ11104033	1													
ZZ11104034	1													

续　表

作业题目属性统计表														
不同目标编码题量分布		不同课时题量分布		不同目标维度与学习水平题量分布		不同类型题量分布		不同完成方式题量分布		不同难度题量分布		总时间（分钟）	不同来源题量分布	
ZZ11104035	1													
ZZ11104036	1													
ZZ11104037	1													
ZZ11104038	1													
ZZ11104039	1													
ZZ11104040	1													
ZZ11104041	1													
ZZ11104042	1													
ZZ11104043	1													
ZZ11104044	1													
ZZ11104045	1													
ZZ11104046	1													
ZZ11104047	1													
ZZ11104048	1													
ZZ11104049	1													
ZZ11104050	1													
ZZ11104051	1													
ZZ11104052	1													
ZZ11104053	1													
ZZ11104054	1													
ZZ11104055	1													
ZZ11104056	1													
ZZ11104057	1													

（二）试卷题目属性统计表

试卷题目属性统计表												
不同目标编码题量分布		不同目标维度与学习水平题量分布		不同题目类型题量分布		不同完成方式题量分布		不同难度题量分布		总时间（分钟）	不同来源题量分布	
ZZ1110401	0	A 知道	0	选择题	20	听说类	0	较低	0	26 分钟	改编	25
ZZ1110402	0	B 理解	23	填空题	0	操作类	0	中等	23		原创	0
ZZ1110403	0	C 应用	1	简答题	6	综合实践类	0	较高	3		引用	1
ZZ1110404	0	D 综合	0	应用题	0	合作类	0					
ZZ1110405	1	技能	0	证明题	0	跨学科运用类	0					
ZZ1110406	0	能力	0	完形填空	0	非书面其他	0					
ZZ1110407	0	态度	0	判断题	0	书面	26					
ZZ1110408	2			书面开放题	0							
ZZ1110409	1			书面其他	0							
ZZ11104010	1			非书面	0							
ZZ11104011	0											
ZZ11104012	1											
ZZ11104013	0											
ZZ11104014	0											
ZZ11104015	0											
ZZ11104016	0											
ZZ11104017	0											
ZZ11104018	1											
ZZ11104019	0											
ZZ11104020	1											
ZZ11104021	0											
ZZ11104022	0											

续　表

试卷题目属性统计表												
不同目标编码题量分布		不同目标维度与学习水平题量分布		不同题目类型题量分布		不同完成方式题量分布		不同难度题量分布		总时间（分钟）	不同来源题量分布	
ZZ11104023	0											
ZZ11104024	1											
ZZ11104025	1											
ZZ11104026	1											
ZZ11104027	0											
ZZ11104028	0											
ZZ11104029	0											
ZZ11104030	1											
ZZ11104031	0											
ZZ11104032	0											
ZZ11104033	0											
ZZ11104034	0											
ZZ11104035	1											
ZZ11104036	1											
ZZ11104037	0											
ZZ11104038	2											
ZZ11104039	0											
ZZ11104040	0											
ZZ11104041	1											
ZZ11104042	0											
ZZ11104043	0											
ZZ11104044	0											

续 表

试卷题目属性统计表												
不同目标编码题量分布		不同目标维度与学习水平题量分布		不同题目类型题量分布		不同完成方式题量分布		不同难度题量分布		总时间（分钟）	不同来源题量分布	
ZZ11104045	0											
ZZ11104046	0											
ZZ11104047	0											
ZZ11104048	1											
ZZ11104049	0											
ZZ11104050	1											
ZZ11104051	2											
ZZ11104052	0											
ZZ11104053	0											
ZZ11104054	1											
ZZ11104055	1											
ZZ11104056	0											
ZZ11104057	0											

四、作业、试卷案例编制说明

我们编写的作业针对的是沪教版高二年级思想政治《哲学常识》第四课《把握联系 促进发展》的内容。作业的设计与实施，基于新课程标准要求，要着眼于学科核心素养的培育，落实立德树人的根本任务，发挥正确价值观的引领作用，体现德智体美劳全面发展的育人理念，对辩证法两个总特征“联系观、发展观”应进一步深入学习，并学会运用“联系的观点、发展的观点”观察、分析、处理问题，提高思维能力和创新能力。

（一）“联系、联系的观点观察分析问题、发展、发展的观点观察分析问题”四个课时的设计说明

我们以课程标准为依据，以教材为依托，以教学要求为导向，以核心素养为轴心，立足学生特点，进行四个课时的作业设计，共分成四个板块：生活・感知、自主・探究、拓展・延伸、情境・实践，总体设计思路如下：

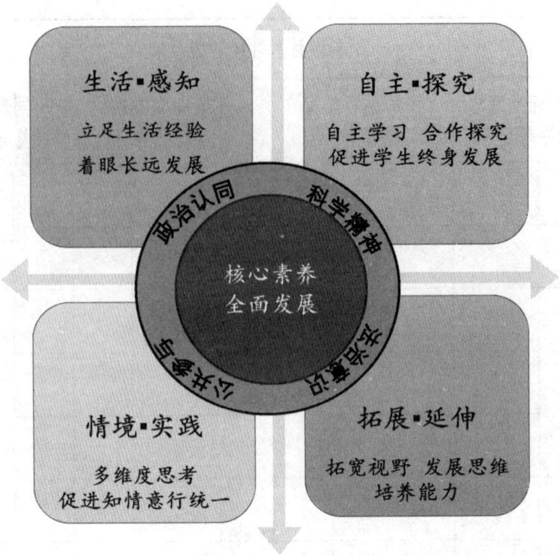

生活·感知【Z1001、Z2001、Z3001、Z4001】

该板块作业设计的特点是：

① 素材选取：源于生活，融哲学于生活之中。

② 作业目标：指向明确（依据新的教学基本要求），重点突出（主要考查基本哲学原理），数量合理（设置4～5个小题）。

③ 素材呈现：此板块的素材均用图片的方式呈现，趣味性浓、美感突出，可视性强，减少纯文字阅读的疲劳感，提高学生将生活中的图片转化为哲学原理的能力。

④ 作业功能：帮助学生将哲学与生活紧密联系起来，突出基础知识的落实和巩固，提高学生的辨识能力，建立知识框架结构。

【例】 Z1001(4)出现雾霾，容易引起交通阻塞，发生交通事故，会造成呼吸系统感染，增加呼吸道疾病的发病率。雾霾给人类的生活带来的影响体现了联系的普遍性特征。

【例】 Z3001(3)互联网终端产品的更新换代，体现了发展的实质是新事物的产生和旧事物的灭亡。

自主·探究【Z1002、Z2002、Z3002、Z4002】

思想政治课程的学习，以"学案导学"的形式进行自主探究活动，通过自主探究学习，理解事物是普遍联系的又是变化发展的，以及事物的量变和质变的关系、事物发展的前进性和曲折性的关系等知识。此板块设计的目的是培养学生自主学习、自我探索、合作探究的意识，激发学生主动参与的意识和提高学生自主学习的能力，促进学生终身发展。

该板块作业设计的特点是：

① 素材选取：源于生活，高于教材，跨学科探究，融哲学于生活之中。

【例】Z1002(6)读图回答：食物链将所有的动物都联系到了一起，使它们之间产生了联系。从哲学的角度思考：在生物学上，青蛙、毒蛇、蜈蚣是一种什么关系？

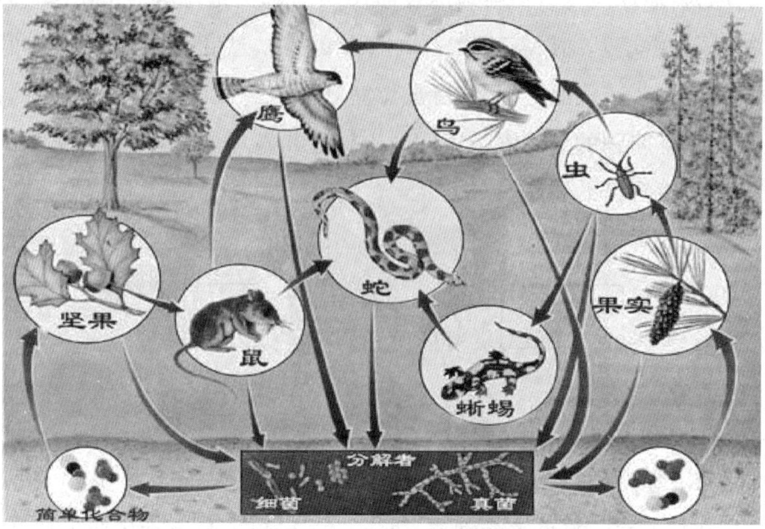

② 知识辨析：通过自主探究的方式辨别知识之间的区别与联系。

【例】Z4002(3)漫画《找时间》述说了一连串生动的故事。故事中蕴含着深刻的道理：一方面，我们生活的时代在不断地向前发展；另一方面，时代的发展是一个由简单到复杂、由低级到高级的渐进过程。从人们掌握时间方式上的变化，也折射出我国社会发展取得了巨大进步。

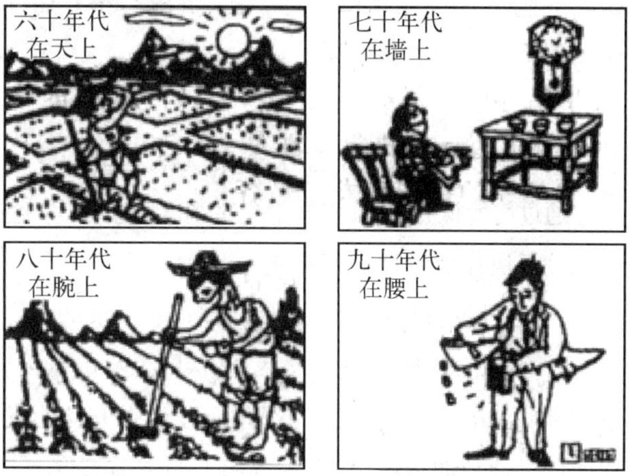

① 什么是发展？

② 怎样理解运动、变化和发展的关系？

拓展·延伸【Z1003、Z2003、Z3003、Z4003】

对知识的归纳整理、拓展延伸，有利于拓宽学生视野，发展学生思维。此板块的设计目的在于进一步夯实基础，拓展知识，深化认识，培养学生观察、分析问题的能力。

该板块作业设计的特点是：

① 材料源于生活，引导学生用哲学的眼光看待生活，并且学会用哲学的方法论去观察、分析生活中的问题。

② 问题设计具有层次性、开放性，也有一定的综合性。作业设置了分层作业：A(知道)、B

(理解)、C(运用)三个层次,学生可以根据实际情况有选择地完成。

【例】 Z1003(2)【C级】

湿地被人们称为“地球之肾”,覆盖地球表面仅6%,却为地球20%的已知物种提供了生存环境。最新调查显示,由于基础设施建设、土地开垦、污染、过度捕捞等等原因,我国湿地锐减,危及鸟类、湖海生物生存,造成湿地退化、释放温室气体等。我国必须谨慎对待,否则湿地遭到破坏将成为一系列生态问题的导火索。人们肆意掠夺和破坏湿地,引发一系列生态问题,请运用联系的相关知识谈谈自己的看法?

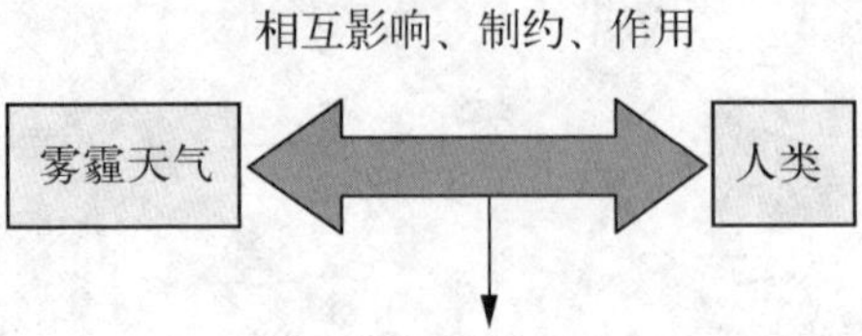

【例】 Z4003(2)【B级】

阅读材料,回答下列问题。

在最初研制时期,火车饱受世人的嘲讽。1814年,世界上最早在铁路上行驶的蒸汽机车被研制出来,但它笨重丑陋。今天,时速达350千米/小时、安全快捷、平稳舒适的高速列车已经成为人们出行的重要交通工具。

请思考:火车的发展历程说明了什么,蕴含了什么哲学启示?

情境 · 实践【Z1004、Z2004、Z3004、Z4004】

通过情境探究实践,引导学生多维度观察、思考问题,多途径探究分析,实现知情意行的统一。

该板块作业设计的特点是:

① 通过设置情境的方式,结合联系、发展的观点,研究事物之间的联系。

② 引领学生树立科学发展观,认同世界的普遍联系和永恒发展,感悟事物的发展有一个从量变到质变的过程,重视从小事做起;感悟事物的发展是前进性和曲折性的统一,体验人生历程的前进性与曲折性,确立乐观向上的生活态度。

【例】 Z4004 黑格尔的《哲学史讲演录》中有两个有趣的论证,一个是“谷堆论证”,另一个是“秃顶论证”。他说:“一粒谷子能否造成一堆?或者是:少一根头发能否造成一个秃头?”“不能。”“再来一粒或一根怎样?”“还是不行。”“那么这个问题一直重复下去,总是问加一粒谷子或是减少一根头发如何。等到最后,就可以造成一堆或一个秃头了。这时那最后加的一粒谷子或最后减的一根头发便造

成了一堆或一个秃头了。”

想一想：在“谷堆论证”和“秃顶论证”中，哪些属于量变？哪些属于质变？

（二）“世界处在普遍联系与永恒发展中”探究性活动课时的设计说明

第五课时《世界处在普遍联系与永恒发展中》承载了《世界是普遍联系的》《用联系的观点看问题》《世界是永恒发展的》《用发展的观点看问题》这四课时知识的综合运用，习题结构也区别于前四课时。

第五课时作业设计的理念是：基于新课程标准要求；构建以培育核心素养为主导的活动型学科课程，构建学科逻辑与生活逻辑、理论知识与现实生活相结合的活动型学科课程，关注学科核心素养的形成与表现，立足于学生现实的生活经验，着眼于学生长远的发展需求，把理论观点的阐述寓于社会生活和学生活动的主题之中，让学生在体验社会生活及自身的思维活动中理解理论的旨趣，在践行正确价值观的过程中逐渐内化成为自觉的价值取向。

该课时设计思路如下图所示：

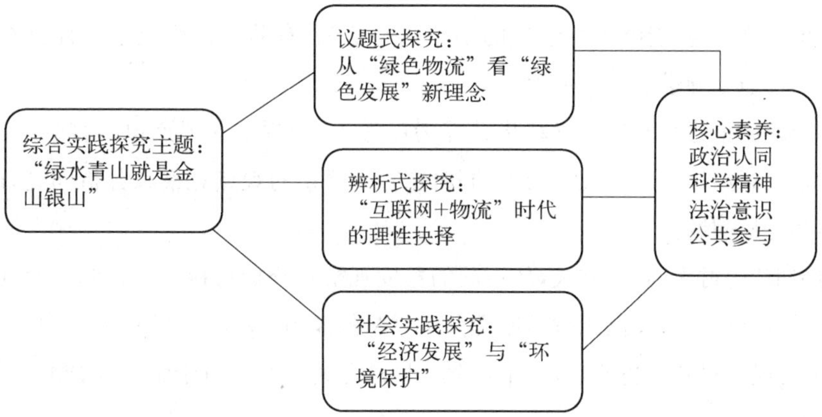

第五课时的作业是以综合实践探究活动的形式呈现的，活动背景选取的是党的十九大报告中提到的“加快生态文明体制改革，建设美丽中国”，这正是时下的热点和焦点。在这个背景之下，我们确定了综合实践探究活动的主题——“绿水青山就是金山银山”。围绕这个主题，我们设计了三个探究活动，分别是：Z5001 议题式探究“从‘绿色物流’看‘绿色发展’新理念”，让学生了解并认同“绿色发展”新理念；Z5002 辨析式探究“‘互联网＋物流’时代的理性抉择”，让学生辩证看待“互联网＋物流”；Z5003 社会实践探究“‘经济发展’与‘环境保护’”，让学生走出教室，从宏观层面厘清经济发展与环境保护之间的关系。所有的探究活动都需要学生综合运用联系和发展的观点观察与分析问题，深化学生对哲学原理的理解与认识。每一个探究活动都设置对应结构化的学科内容，活动设计有明确的目标和清晰的线索，都有相对应的教学活动评价表，教学活动评价专注于学科核心素养的行为表现，注重学科内容与社会实践的结合，注重理论联系实际、分析问题和解决问题的能力，有助于培育学生的学科核心素养。

考虑到生态文明建设的背景宏大，因此我们秉持以学科基本要求为落脚点，遵循学生的认知规律，按照“由表及里、由微观到宏观、由浅入深、由易到难”的原则进行探究活动的设计。就形式而言，从议题式探究到辨析式探究再到社会实践探究，难度逐渐升级；就内容而言，从微观“绿色物流”到中观“互联网＋物流”再到宏观“经济发展与环境保护”，一脉相承、逐步深入。

通过结合时政热点，设计探究活动型作业，将课堂教学和现实生活紧密结合起来，能调动学生学习的积极性，激发学生学习的兴趣和动力。而且生态文明建设是国家建设的重要一环，作业设计聚焦于这个主题，能培养学生的环境保护意识和社会责任感，将学科内容与社会实践活动相结合，促进教学内容和形式的有机结合，让学生在实践活动的历练中、在自主辨析的思考中获得感悟，在践行正确价值观的过程中逐步形成自觉行动。

（三）单元试卷的设计意图

本套试卷主要有三个方面的功能。第一，评定功能。单元测试卷测试学生的理解水平，通过学生的答题结果，也反映教师的教学情况，为改进教学奠定基础。第二，诊断功能。在课时练习的基础上，根据学生的答题情况，单元测试卷做了改动，设问指向性更加明确。第三，改进功能。通过单元测试卷，能够了解学生的学习水平范围，有助于日后教学过程更有针对性，也有助于有针对性地辅导学生。

单项选择题注重哲学原理与材料指认能力的考查，用哲学的观点包括哲学的方法论分析材料。以联系的观点和发展的观点为主，同时结合用联系的观点观察和分析问题，以及用发展的观点观察和分析问题。

综合题采取“一材多问”的方式，从不同的角度观察和分析材料。结合题目设问，考查学生对于知识点的区分情况以及运用哲学原理分析材料的能力。在作答的过程中强调用哲学原理分析材料，不可脱离材料分析原理，也不可脱离原理分析材料。对于学生综合能力的考查要求较高。

需要补充说明的是，结合在之前五个课时作业中反映的问题，我们在单元试卷中加以强化，例如 S0008，S0010，S0021(1)，S0022，S0024。另外，在综合分析题板块还设置了必做题和选做题分层试题，让学生有选择地完成。

【例】S0010：进入现代远程教育时代，人们完全可以在国内就学到国外著名大学的课程，做到不出国门的“留学”。这说明了（　　）。

通过分析题干材料，区分联系的特征，得出事物的普遍联系，表明任何事物的发展都是有条件的。通过检测，帮助学生辨析这些容易混淆的知识。

【例】S0024：【C级，选做题】

针对当前世界经济复杂多变、不确定性明显和我国经济正处于企稳回升的关键时期的形势，中央经济工作会议指出，做好经济工作，要继续把握好稳中求进的工作总基调，立足全局，突出重点，扎扎实实开好局。从“联系”的角度看，做好我国经济工作为什么必须要“立足全局，突出重点”?

分析：首先要明确题目考查的哲学原理是整体与部分的辨证关系。其次结合材料，分别指认“整体”与“部分”。最后，分别分析整体与部分的作用并结合材料加以分析，整体处于统帅的决定地位，我国经济工作必须要“立足全局”；整体是由部分构成的，有些部分在整体中处于关键地位，因此，我国经济工作既要立足全局，又要抓好关键性部分，突出重点。

（四）学生对于课时作业的实际反馈

作业设计质量的优劣评价、作业设计能否真正达到预设功能，必须通过学生来检测。我们将本次的作业设计通过本届高二的等级班学生进行笔试、座谈、讨论、反馈，在时间、难易度、错误率上进行了数据统计，分析如下。

1. 用时与难易度的分析

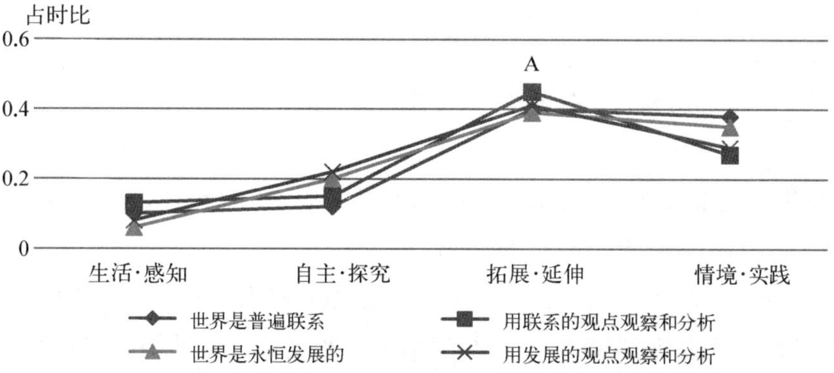

图 1　每一板块作业用时占总作业用时

图 1 的含义是(以 A 点为例)：完成用联系的观点看问题的“拓展 · 延伸”作业所需时间占用联系的观点看问题总作业的时间分数，占时比越大，作业难度越大。

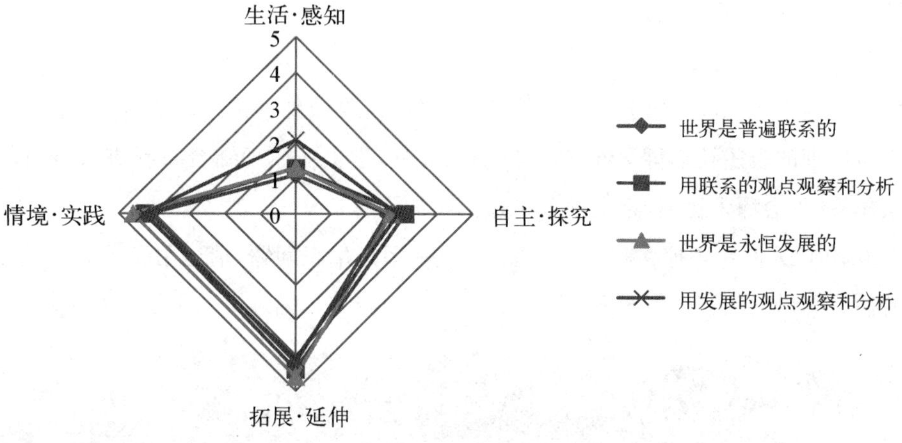

图 2　每一板块难度值(学生自评)

图 2 的含义是：从数据来看，世界是永恒发展中“拓展·延伸”和“情境·实践”的难度值最高为 4.6。

这一难度是学生自评的。我们设“1”为很简单，“2”为简单，“3”为中等难度，“4”为较难，“5”为很难，让学生自行评价，我们再统计结果。

根据上述数据可知，完成时间与难易度之间具有较好的一致性，难度为：拓展·延伸＞情境·实践＞自主·探究＞生活·感知，其中拓展·延伸和情境·实践的难度较为相近，区分度在于拓展·延伸部分的题量比情境·实践多。

四个板块的难易度和完成时间也契合了前四个课时作业设计的初衷：

生活·感知是从生活感知逐步提升到对于辩证法中联系的观点和发展的观点的简单认知。

自主·探究是在感知生活的基础上进行辨析，将哲学原理放入具体的环境中，这是学生在反馈过程中的难点。

拓展·延伸设置存在难度阶梯的题目，与教学基本要求相一致，能够有效反馈对于学科知识的掌握程度。

情境·实践与材料分析题型更加贴合，需要学生用科学的哲学原理结合所给材料加以分析说明，在难度上有比较明显的体现，更加强调科学性。

第五课时为活动探究类。根据《普通高中思想政治课程标准（2017 年版）》，新课程力求构建学科逻辑与实践逻辑、理论知识与生活关切相结合的活动型学科课程。学科内容采取思维活动和社会实践活动等方式呈现，即通过一系列活动及其结构化设计，实现“课程内容活动化”“活动内容课程化”。将哲学原理置于一个具体的背景之下，对于学生而言有一定的陌生感，但是知识点本身难度不大（特别说明：本课时未计入上述时间和难度统计之中）。

2. 学生答题错误的原因分析及改进

（1）语言表述缺乏科学性

哲学主观题主要是以材料分析题的形式呈现的，需要做到理论结合实际，但是学生在答题的过程中对原理的表述缺乏科学性，过于随意。此外，学生在原理结合材料进行分析的过程中只会浅层作答，不会深入运用，存在简单带过的情况。

如 Z1003(1)人们肆意掠夺和破坏湿地，引发一系列生态问题，请运用联系的相关知识谈谈自己的看法。学生的回答如下图所示：

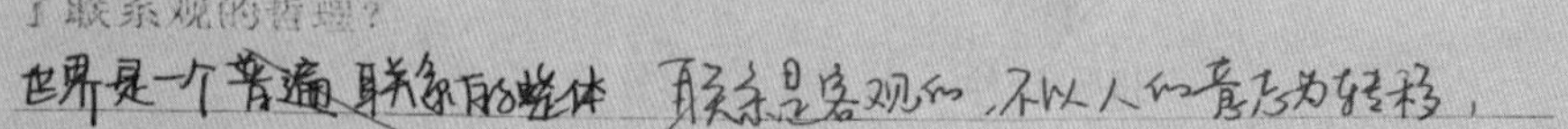

又如：Z2001(4)侦探漫画《名侦探柯南》的案例，如下图所示：

7、侦探漫画《名侦探柯南》中，柯南往往通过“还原现场”的做法来寻找线索，侦破案件。从哲学上看，这一做法之所以可行，是因为 客观事物存在因果联系，人们可以根据因果联系正确认识事物

难易度（1-5）	3
答题时间	3.5'

对此，我们也进行了反思：在平日的教学过程中，缺乏强调答题格式要求，特别是缺乏对原理的科学表述的严格要求。要注意在平时教学时培养学生的书写能力、表达能力等各方面的能力，而不是只注意对知识的讲解，要将教学观念从“学科知识本位”转向“学科素养本位”。并且对于知识的讲解也应该更加深入，特别是哲学板块更加要有哲学的深度和思维的高度，不能只停留在表面。

（2）相关知识点容易混淆

依据新高考形势下思想政治等级考的出题要求，我们在作业设计中，充分考查学生对知识间的区别和联系，但结果却不尽如人意，如表1所示。

表1　部分错误率较高的题目统计

题　　号	错误率
Z1001(5)	100%
Z1002(3)	96.43%
Z1001(1)	92.86%
Z1001(2)	89.29%
Z1001(3)	85.71%
Z1003(1)	82.14%
Z1001(4)	78.57%
Z2001(4)	64.29%

Z1001(2)、Z1001(3)、Z1001(4)、Z1001(5)、Z1002(3)的答题错误率如此之高，主要是因为学生对于“普遍性”“客观性”“多样性”“条件性”内涵的理解不到位，将这些知识混淆了。如下图所示：

（2）说一说，我们生活中的这些关系，体现了联系的~~普遍~~性。多样

（3）雾霾给人类的生活带来的影响，体现了联系的~~客观~~性。普遍性

（4）分享经济强调的两个核心理念是“使用而不占有”和“不使用即浪费。分享经济模式体现了联系的~~普遍~~性 客观性

（5）如今，人们选择宜居城市时综合考虑经济、气候、生活、环境等因素。选择宜居城市体现了联系的~~多样~~性。条件

通过以上统计，我们不难发现学生对知识的掌握不够深入具体，对知识之间的区别和联系并没有完全搞清楚。在以后的教学中我们要更加强调哲学原理背后的原因，并结合相应材料帮助学生进行区分理解。

(3) 哲学原理整体性把握有所欠缺

哲学原理由世界观与方法论构成，需要分别考虑这两个方面是否准确。但学生在阅读材料思考问题时往往会考虑不全，忽视从整体上理解分析，回答问题时不够全面完整。

如：Z3003 请思考：袁世凯和张勋的复辟为什么必然要失败？本题是跨学科题目，属于 B 级(理解)。要求运用历史学科的相关知识，结合哲学原理进行思考分析，结果有 60%的学生回答不够完整。

又如：Z3004《愚人吃饼》的故事给我们什么启示？本题考查的是关于量变与质变的辩证关系。有 48%的学生回答得不够全面完整。

由此可知学生有关世界观和方法论方面都存在欠缺，在分析的过程中又要求从整体把握，因此在日常教学过程中需要强调哲学原理中世界观和方法论的统一，对哲学原理按层次分析，同时也要注重整体把握。

(4) 针对学生实际作业的反馈情况，我们对作业的改进

针对学生表现出的知识掌握不到位和书写表达能力有所欠缺的问题，我们在单元测试卷中加强了检测。

如 S0005、S0006、S0007、S0008、S0009、S0010，这几道题都是在检测学生对于联系的普遍性、客观性、多样性、条件性的理解和掌握，通过集中检测帮助学生辨析这些容易混淆的知识。

再如 S0021、S0022、S0023、S0024、S0025，这几道题都是在检测学生的书写表达能力，需要学生运用所学的哲学原理分析问题，通过集中检测帮助学生强化书写表达和哲学原理的运用。

针对题目设置中指向性不明确的问题，我们对题目做了修改，令学生更加清晰明了地知道题目在问什么，不至于答非所问。

例如 Z1001(1)，原题的描述为“油价、农产品价格、CPI 三者之间的关系是＿＿＿＿＿＿”现改为“油价的上涨会波及农产品价格、CPI 指数上升，从哲学的角度看，三者之间的关系体现了事物之间的联系是＿＿＿＿＿＿”

再如 Z1001(3)，原题“雾霾给人类的生活带来的影响，体现了联系＿＿＿＿＿”，现改为“出现雾霾，容易引起交通阻塞，发生交通事故，会造成呼吸系统感染，增加呼吸道疾病的发病率。雾霾给人类生活带来的影响体现了联系的＿＿＿＿特征”。

3. 学生的感受

在学生完成课时作业后，我们让学生谈一谈这份作业令他们印象深刻之处，从学生那里收到的反馈来看，这份课时作业整体上题目新颖、贴近生活，配图也十分生动形象，适合给高二等级班的学生用作单元课时作业。

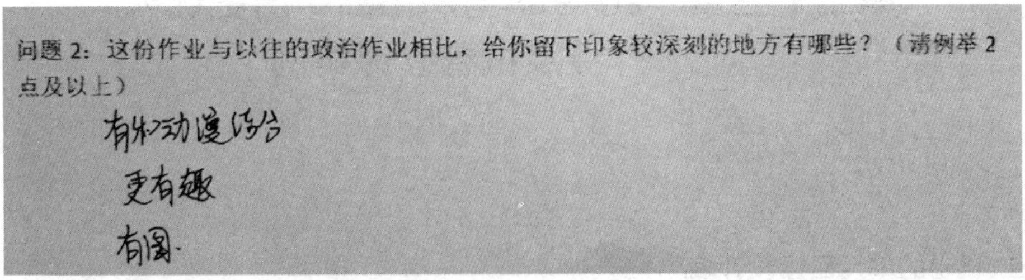
问题 2：这份作业与以往的政治作业相比，给你留下印象较深刻的地方有哪些？（请例举 2 点及以上）

有和动漫结合

更有趣

有图.

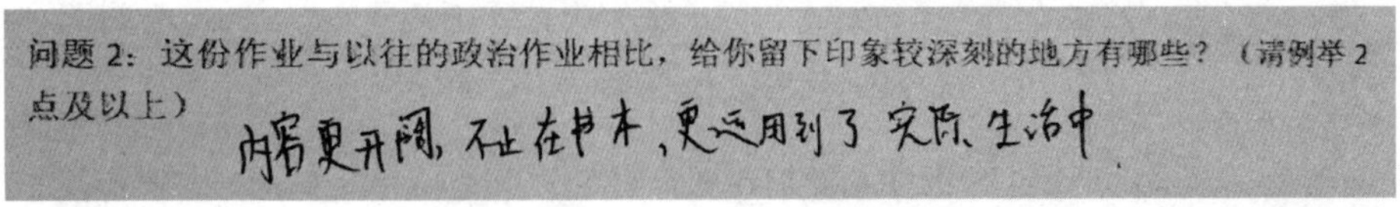
问题 2：这份作业与以往的政治作业相比，给你留下印象较深刻的地方有哪些？（请例举 2 点及以上）

内容更开阔，不止在书本，更运用到了实际生活中.

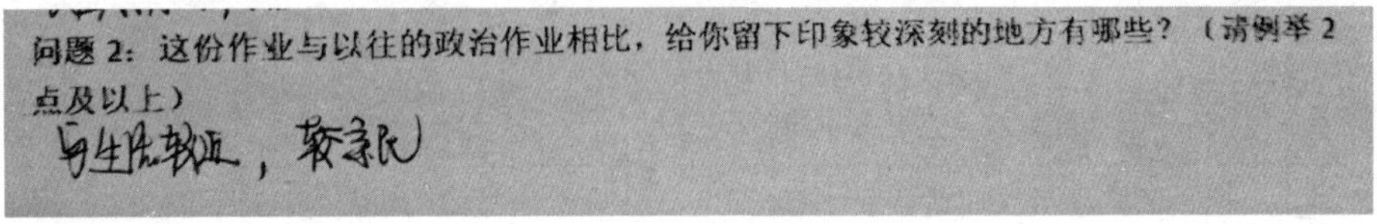
问题 2：这份作业与以往的政治作业相比，给你留下印象较深刻的地方有哪些？（请例举 2 点及以上）

与生活较近，较亲民

作业设计作为课堂教学的延伸，凸显全面育人的理念，着眼于思想政治学科核心素养的培育。作业编写创新了作业形式，丰富了作业内涵，通过联系生活、自主探究、迁移运用、实践活动，不仅巩固了所学知识，提升学生观察问题、分析问题的能力，也培养学生的责任心、自信心，激发学生的求知欲和学习兴趣，有利于促进学生知情意行的统一，在实践中提高思辨能力，自觉践行社会主义核心价值观。

第二十三章　2019年上海市高中历史优秀作业及试卷参评案例*

一、作业、试卷的单元目标设计表

<table>
<tr><td rowspan="3">单元情况</td><td>单元信息</td><td>[历史]学科[高一]年级[上]学期[一]章(单元)
[1]节至[3]节
单元名称[从史前时期到夏商王朝]</td></tr>
<tr><td>各课时名称</td><td>课时 1:[中华文明的起源]
课时 2:[文献与考古中的夏文化]
课时 3:[商朝与青铜文化]</td></tr>
<tr><td>作业设计方式(打“√”)</td><td>☑每课时均设计作业
□选择部分课时设计作业
□不分课时,设计单元作业</td></tr>
</table>

作业、试卷的单元目标设计表			
单元目标编码	目　标　描　述	目标维度与学习水平	对应学科教学基本要求编码
LS1010101	原始农耕诞生的时间、标志和意义	A 知道	2.1.1①、②
LS1010102	中华考古文化遗址的分布特征	A 知道	2.1.1④
LS1010103	夏、商王朝核心区域的地理位置	A 知道	999
LS1010104	二里头考古发现及其史学价值	B 理解	2.1.2②
LS1010105	商代甲骨文与青铜器功能与作用	B 理解	2.1.3②
LS1010106	文字出现的时间及其史学意义	B 理解	2.1.3①
LS1010107	史前时期到夏商王朝各时代主要社会特征	B 理解	999
LS1010108	结合多元史料分析历史问题	C 应用	888
LS1010109	汲取、总结图像、文字、实物等材料中蕴含的信息	技能	888
LS1010110	简单评价材料的史料价值	技能	888
LS1010111	理解二重证据法并能够简单应用于分析史事	能力	2.1.3③
LS1010112	通过学习上古先民发展历史加强对中华文化认同	态度	888

* 本章作者为上海交通大学附属中学设计团队,团队成员是陈鑫、杨磊、曹东旭、王瀚巍。

二、案例正文

（一）课时作业

【第1课时】

第一部分：【分析】

材料1：

蚩尤作兵伐黄帝，黄帝乃令应龙攻之冀州之野。应龙畜水。蚩尤请风伯雨师，纵大风雨。黄帝乃下天女曰魃，雨止，遂杀蚩尤。魃不得复上，所居不雨。

——《山海经·大荒北经》

材料2：

学者多称五帝，尚矣。然《尚书》独载尧以来，而百家言黄帝，其文不雅驯，荐绅先生难言之。孔子所传《宰予问五帝德》及《帝系姓》，儒者或不传。余尝西至空桐，北过涿鹿，东渐於海，南浮江淮矣，至长老皆各往往称黄帝、尧、舜之处，风教固殊焉。……余并论次，择其言尤雅者，故著为本纪书首。

——司马迁：《史记·五帝本纪》

Z1001(1)通过材料1、2，分析黄帝在上古时期的形象有哪些特征？

答案：黄帝传说得到了广泛传播和普遍认同；黄帝史事缺乏清晰明确的记载，在各地的形象不一；黄帝形象具有一定的超自然神话色彩。

题目编码	所属课时	对应目标编码	目标维度与学习水平	题目类型	题目完成方式	题目难度	预计完成时间	题目来源	是否为某一大题拆分	备注栏
Z1001	01	LS1010109	技能	简答题	书面	较低	3 min	原创	是	

Z1002(2)材料2反映出司马迁在记述黄帝史事时对传说内容采取什么态度？结合材料1、2，请从史料角度分析黄帝传说的价值。

答案：广泛收集各地相关材料，批判性地采纳了部分比较清晰可信的内容；黄帝传说是中华先民的集体记忆，具有神话色彩，史料价值有限。黄帝传说产生于早期中华文明之中，其行为方式等内容可以侧面反映当时早期文明的社会情况。使用时需要与其他材料进行互证。

题目编码	所属课时	对应目标编码	目标维度与学习水平	题目类型	题目完成方式	题目难度	预计完成时间	题目来源	是否为某一大题拆分	备注栏
Z1002	01	LS1010110	技能	简答题	书面	中等	3 min	原创	是	

Z1003(3)如果以“黄帝传说的价值”为题进行探究，可以从哪些角度寻找材料作为补充？

答案：与黄帝传说中部分内容相契合的考古发现；当代人对黄帝传说历史价值的评价等。（答案涉及考古发现相互印证与民族精神文化认同两方面即可给满分，其他内容言之成理亦可）

题目编码	所属课时	对应目标编码	目标维度与学习水平	题目类型	题目完成方式	题目难度	预计完成时间	题目来源	是否为某一大题拆分	备注栏
Z1003	01	LS1010108	C应用	书面开放题	书面	较高	3.5 min	原创	是	

第二部分:【探究】

材料1:

考古学文化是指存在于一定的时间和空间的一组具有特征的实物遗存,用以表示考古遗存中(主要是史前时期)属于同一时期,有地方特色的文化共同体。这里所说的“实物遗存”一般是指具有鲜明自身特征的一组陶器,也包括具有自身特征的石器等生产工具,以及各种材质的装饰品,还包括独特的建筑形式,墓葬结构和埋葬习俗等。

——王巍:《中国考古学大辞典》

材料2:

仰韶文化的分布,大体以黄河中下游的河南、山西和陕西为中心,西端直到甘肃境内的渭河上游,有少数遗址还到达洮河流域……南端沿汉水进入湖北;北端到达河北中部、陕北、晋北和内蒙古自治区南部也有不少仰韶文化遗址。

——安志敏:《仰韶文化》

材料3:

公元前5000年(左)与公元前4000—3000年(右)中国新石器时代考古学文化分布图。

——参考 张光直:《古代中国考古学》

Z1004(1)考古学文化的判定需要有数种有特色的实物遗存，包括陶器、房屋、工具等。据此，这一概念的提出最早应是为了解决哪一类考古问题？（　　）

A. 古人类考古　　B. 旧石器时代考古

C. 新石器时代考古　　D. 动植物考古

答案： C

题目编码	所属课时	对应目标编码	目标维度与学习水平	题目类型	题目完成方式	题目难度	预计完成时间	题目来源	是否为某一大题拆分	备注栏
Z1004	01	LS1010107	B理解	选择题	书面	较低	0.5 min	原创	是	

Z1005(2)从地理位置上看，位于华夏文化核心地区的是哪个新石器时代考古学文化？

答案： 仰韶文化。

题目编码	所属课时	对应目标编码	目标维度与学习水平	题目类型	题目完成方式	题目难度	预计完成时间	题目来源	是否为某一大题拆分	备注栏
Z1005	01	LS1010102	A知道	简答题	书面	较低	1 min	原创	是	

Z1006(3) __________文化的新石器时代遗址中较可能出土碳化稻谷，__________文化的新石器时代遗址中较有可能出现碳化粟粒。

答案： 马家浜或河姆渡；仰韶或大汶口。

题目编码	所属课时	对应目标编码	目标维度与学习水平	题目类型	题目完成方式	题目难度	预计完成时间	题目来源	是否为某一大题拆分	备注栏
Z1006	01	LS1010102	A知道	填空题	书面	中等	1 min	原创	是	

Z1007(4)由以上材料可以看出，中国新石器时代考古学文化在地域分布上有哪些特点？

答案： 主要集中在中东部地区；黄河流域是核心区域；全国出现多个有一定特色和影响力的考古学文化区域。

题目编码	所属课时	对应目标编码	目标维度与学习水平	题目类型	题目完成方式	题目难度	预计完成时间	题目来源	是否为某一大题拆分	备注栏
Z1007	01	LS1010109	技能	简答题	书面	中等	3 min	原创	是	

第三部分：【实践】

中国人常自称“龙的传人”，“龙”的形象在中国数千年的历史发展过程中留下了深深的烙印。从目前的考古发现中可以看出，新石器时代就已经产生具有早期的“龙”文化元素的器物(以下三幅图为例)。请结合这些材料并通过课外探究，围绕“龙”这一主题选取一个方向(如：器物造型、文化内涵、地域差异、后世演变等)拟定研究计划(计划需要包含明确的研究主题、拟参考的材料清单、主要研究方法三部分)。

良渚文化双龙连体环形玉佩

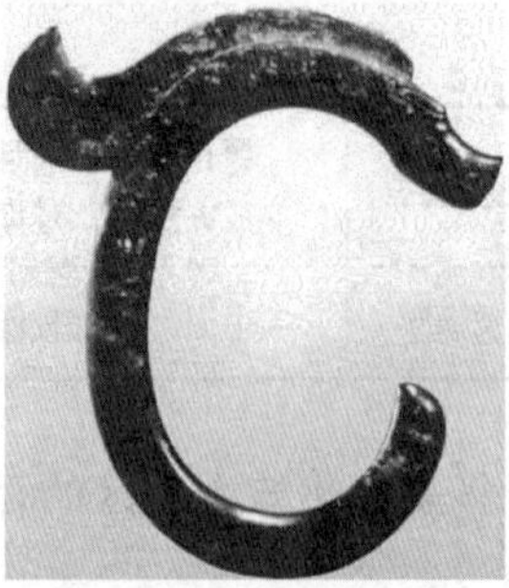
红山文化玉龙

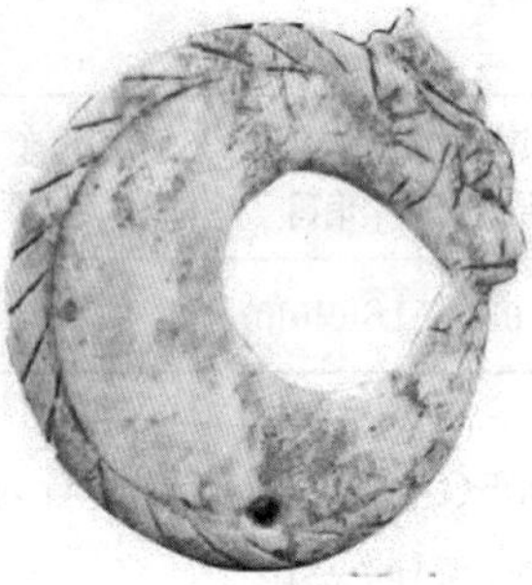
凌家滩文化玉龙

题目编码	所属课时	对应目标编码	目标维度与学习水平	题目类型	题目完成方式	题目难度	预计完成时间	题目来源	是否为某一大题拆分	备注栏
Z1008	02	LS1010104	B 理解	简答题	书面	中等	4 min	原创	是	

【第 2 课时】

第一部分：【分析】

Z2001

中国古代第一个王朝

根据本课教材，中国古代第一个王朝是(　　)，它的建立者是(　　)。

但在历史研究者眼里，夏是否为第一个王朝仍然值得商榷，樊树志在其著作《国史概要》中称夏朝是我国历史上第一个王朝，斯塔夫里阿诺斯则在《全球通史》中写道，中国第一个王朝为商朝。

(1) 上段文字中两个括号内应该填写的分别是________________、________________。

(2) 根据所学知识判断，研究者们可能从哪个角度质疑这一论点？

答案：

(1) 夏；启。

(2) 夏朝尚未出现成熟的文字，缺乏一手的文字证据印证夏朝的存在。

题目编码	所属课时	对应目标编码	目标维度与学习水平	题目类型	题目完成方式	题目难度	预计完成时间	题目来源	是否为某一大题拆分	备注栏
Z2001	02	LS1010106	B 理解	简答题	书面	较低	3 min	原创	否	

第二部分：【探究】

材料1：

十年，帝禹东巡狩，至于会稽而崩。以天下授益。三年之丧毕，益让帝禹之子启，而辟居箕山之阳。禹子启贤，天下属意焉。及禹崩，虽授益，益之佐禹日浅，天下未洽。故诸侯皆去益而朝启，曰："吾君帝禹之子也。"于是启遂即天子之位，是为夏后帝启。

——司马迁：《史记·夏本纪》

材料2：

孟子曰："天与贤，则与贤，天与子，则与子。昔者，舜荐禹于天，十有七年，舜崩，三年之丧毕，禹避舜之子于阳城，天下之民从之，若尧崩之后不从尧之子而从舜也。禹荐益于天，七年，禹崩，三年之丧毕，益避禹之子于箕山之阴。朝觐讼狱者不之益而之启，曰：'吾君之子也。'……启贤，能敬承继禹之道。"

——孟轲：《孟子·万章上》

材料3

文献记载中的夏	二里头文化遗址考古发现
"伊、洛竭而夏亡" ——左丘明：《国语·周语》	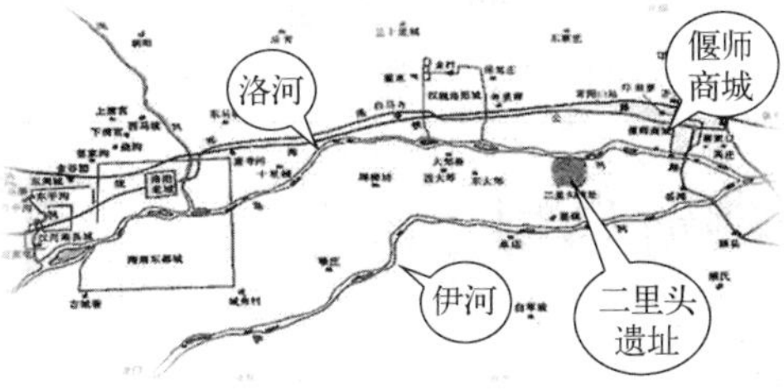
具备国家特征	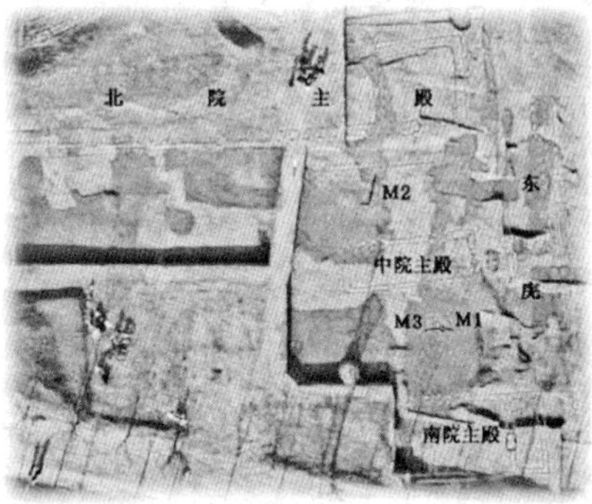
"礼仪以为纪" ——戴圣：《礼记·礼运》	  

Z2002(1)材料 1 和 2 关于禹后王位继承一事的记载有哪些异同？

答案：同：启继承了禹的王位，世袭制替代禅让制。异：材料 1 认为虽然禹传位给益，但是百官认为启比益贤能，因而拥护他。材料 2 认为禹传位给益，益不接受转让给启，百官拥护启是因为他是禹的儿子，是君王之子。

题目编码	所属课时	对应目标编码	目标维度与学习水平	题目类型	题目完成方式	题目难度	预计完成时间	题目来源	是否为某一大题拆分	备注栏
Z2002	02	LS1010109	技能	简答题	书面	中等	4 min	原创	是	

Z2003(2)上述文献记载和考古发现，可以从哪些角度用来论证夏朝的存在？

答案：二里头文化遗址的地理位置及考古发现与文献记载中夏朝地域和年代相近；二里头文化遗址中宫殿遗存等考古发现体现了当时明显的社会分化，符合早期国家特征；遗址和遗物的形制与文献记载中夏代相关内容相吻合，青铜器是礼器的代表，印证“礼仪以为纪”；传世文献与考古发现二重证据相互吻合，可以论证二里头文化遗址是夏时期的遗址。

题目编码	所属课时	对应目标编码	目标维度与学习水平	题目类型	题目完成方式	题目难度	预计完成时间	题目来源	是否为某一大题拆分	备注栏
Z2003	02	LS1010104	B 理解	简答题	书面	中等	4 min	原创	是	

第三部分：【实践】

Z2004

材料 1：

在夏代，商族有些首领曾在夏朝为官，这种“夏为君、商为臣”的历史与二里头文化的社会地位高于下七垣文化的情况相符；东夷族对夏朝时战时和的关系，与二里头文化和岳石文化你中有我、我中有你的情况也非常符合。夏末，商汤联合东夷伐夏，与下七垣文化和岳石文化融合共生的现象相合。……夏、夷、商三族的关系表明二里头文化是夏文化。

——魏继印：《从夏、夷商三族关系看夏文化》

材料 2：

黄河被阻塞了 6 到 9 个月，不断上涨的河水最终漫过了碎石瓦砾，很快把大坝冲垮，形成了全新世时期最猛烈的大洪水。根据碳 14 元素进行测定，这场大灾难大约发生在公元前 1900 年。这场大洪水给我们带来了一个最为迷人的启示，那就是夏朝也许是真实存在过的。

——胡舟：《Science：夏朝真的存在，大禹治水不是传说？》

材料 1、2 分别从哪些角度对夏朝历史进行研究？你还能想到哪些其他角度？请尝试搜索材料，寻找新的思路。

答案：材料 1 从与夏同时代且有交流的其他部族入手，将夏、夷、商三族的关系与二里头文化遗存中文化交流的痕迹相结合进行研究。材料 2 从大禹治水传说入手，利用新的考古发现成果进行研究。(新思路言之成理即可，例如对夏代具有早期文字特征的刻画符号进行整理、解读、研究等)

题目编码	所属课时	对应目标编码	目标维度与学习水平	题目类型	题目完成方式	题目难度	预计完成时间	题目来源	是否为某一大题拆分	备注栏
Z2004	02	LS1010108	C 应用	书面开放题	书面	较高	4 min	原创	否	

【第 3 课时】

第一部分：【分析】

材料 1：

甲子卜，其求雨于东方。

甲午卜，亘，贞我受黍年。

乙丑，贞王令垦田于京。

戊子卜、求禾于示壬。(“示壬”为商朝开国君主成汤的祖父)

——郭沫若：《甲骨文合集·3017、9966、33213、33317》

材料 2：

令周侯，今夕无祸？

贞，王征召方，受祐？

土方征于我东鄙，□二邑。

令盂方归。

——董作宾：《殷墟文字甲编·436》、郭沫若：《甲骨文合集·33022、6057、8490》

材料 3：

帝令雨足年？帝令雨弗其足年？

伐口方，帝受(授)我又(佑)？

——郭沫若：《卜辞通纂·363、369》

材料 4：

先王有服恪谨天命。……罔知天之断命。……天其永我命于兹新邑……肆上帝将复我高祖之德。

——孔丘：《尚书·盘庚》

材料 5：

殷人尊神，率民以事神，先鬼而后礼。

——戴圣：《礼记·表记》

(说明：材料 1、2、3 均为部分甲骨卜辞中释读出的文字。)

Z3001(1)材料 1 反映了商朝哪些历史信息？

答案：商朝重视农业生产，商人通过占卜、农垦、信仰崇拜等方式发展农业。

题目编码	所属课时	对应目标编码	目标维度与学习水平	题目类型	题目完成方式	题目难度	预计完成时间	题目来源	是否为某一大题拆分	备注栏
Z3001	03	LS1010105	B 理解	简答题	书面	中等	1.5 min	原创	是	

Z3002(2)材料 2 展示出商朝与周边方国的关系如何？结合所学知识，这可以体现商朝在地方管理上实行哪种政治制度？

答案：有的臣服或归附于商，也有的与商处于战争状态，相互征战讨伐；内服外服制度。

题目编码	所属课时	对应目标编码	目标维度与学习水平	题目类型	题目完成方式	题目难度	预计完成时间	题目来源	是否为某一大题拆分	备注栏
Z3002	03	LS1010107	B 理解	简答题	书面	较低	1.5 min	原创	是	

Z3003(3)材料 3、4 中的“帝”与“先王”所指代的分别是什么？

答案：“帝”指代上天，“先王”指代祖先。

题目编码	所属课时	对应目标编码	目标维度与学习水平	题目类型	题目完成方式	题目难度	预计完成时间	题目来源	是否为某一大题拆分	备注栏
Z3003	03	LS1010107	B 理解	简答题	书面	较低	1.5 min	原创	是	

Z3004(4)结合以上材料，可以发现商朝人有着怎样的信仰？

答案：商人信奉上天和祖先，信仰活动在政治、农业、军事等活动中扮演极为重要的角色。

题目编码	所属课时	对应目标编码	目标维度与学习水平	题目类型	题目完成方式	题目难度	预计完成时间	题目来源	是否为某一大题拆分	备注栏
Z3004	03	LS1010105	B 理解	简答题	书面	中等	1.5 min	原创	是	

Z3005(5)在研究商代历史时，上述材料哪些是一手史料？哪些是二手史料？如何看待以上这些材料在商史研究中的史料价值？

答案：甲骨卜辞出自商代人之手，属于一手史料，能够直接反映商王朝的社会状况；《尚书》《礼记》是后世的文献，对商的相关记载是二手史料，可以间接反映商朝历史情况。一手史料与二手史料相互印证，可以用来论证商朝历史是信史。

题目编码	所属课时	对应目标编码	目标维度与学习水平	题目类型	题目完成方式	题目难度	预计完成时间	题目来源	是否为某一大题拆分	备注栏
Z3005	03	LS1010110	技能	简答题	书面	中等	3 min	原创	是	

第二部分：【探究】

材料 1：

新石器时代猪形陶器

猪尊，商代青铜器（“尊”：一种酒器）

材料 2：

《周礼·考工记》总结了商周以来的青铜铸造配方，其中记载：“六分其金而锡居一，谓之钟鼎之齐；五分其金而锡居一，谓之斧斤之齐……金锡半，谓之鉴燧之齐。”而当代学者裴明相在《郑州商代铜方鼎的形制和铸造工艺》一文中指出：对 1974 年河南郑州杜岭出土的商代两件大方鼎进行分析，其为含铜 75.09%，含铅 17%，含锡 3.48%。

材料 3：

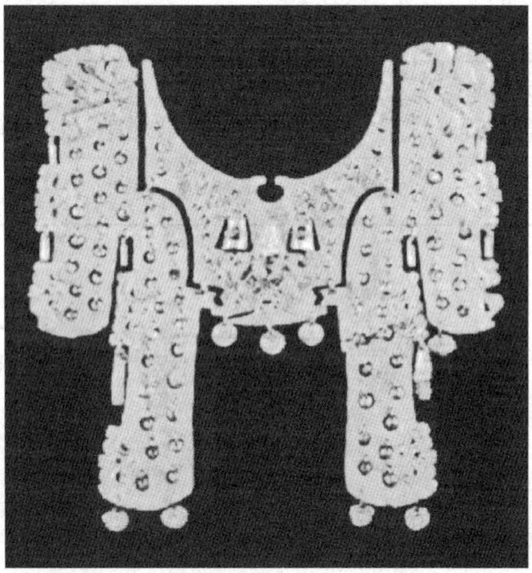

公元前 1200 年来自中美洲的虎形黄金面具

Z3006(1)阅读材料 1、2，你能获取哪些信息？根据这些信息，你可以做出哪些合理的假设或推断？

答案：从陶器到青铜器说明了商朝冶炼、铸造技术水平的提高。将猪的形象应用于精美的器物中，可以推断当时人们社会生活中与猪关系密切（言之成理即可）。

题目编码	所属课时	对应目标编码	目标维度与学习水平	题目类型	题目完成方式	题目难度	预计完成时间	题目来源	是否为某一大题拆分	备注栏
Z3006	03	LS1010108	C应用	简答题	书面	中等	2 min	原创	是	

Z3007(2)材料2中哪些内容可以作为研究商朝青铜器制造技术的直接证据？哪些可以作为间接证据？

答案：对商鼎的成分分析结果“含铜75.09%，含铅17%，含锡3.48%”可以作为直接证据。《周礼·考工记》总结的商周以来青铜铸造配方可以作为间接证据。

题目编码	所属课时	对应目标编码	目标维度与学习水平	题目类型	题目完成方式	题目难度	预计完成时间	题目来源	是否为某一大题拆分	备注栏
Z3007	03	LS1010110	技能	简答题	书面	较低	2 min	原创	是	

Z3008(3)对比材料1、3中美洲与中国出土的来自同一时期的文物，二者有哪些共性？可以由这一类器物的共性入手做出哪些假设或推断？

答案：两件文物均以金属为主要材质，两件文物均以动物为主要形象。同一时期中国和中美洲两地金属冶炼、铸造工艺有一定发展，动物在中国和中美洲早期文明社会生活或精神生活中扮演重要角色(言之成理即可)。

题目编码	所属课时	对应目标编码	目标维度与学习水平	题目类型	题目完成方式	题目难度	预计完成时间	题目来源	是否为某一大题拆分	备注栏
Z3008	03	LS1010109	技能	简答题	书面	中等	2 min	原创	是	

第三部分：【实践】

查找商朝武丁王后妇好的相关材料，运用二重证据法尝试还原她的生平，可以依据材料做适当的推理。

史料查询小建议：

一手史料：可以寻找甲骨文中的相关记载；河南安阳妇好墓出土文物(根据现阶段学习水平，可参考相关介绍)。

二手史料：学者著作：如《妇好鸮尊》《殷墟妇好墓出土玉器研究》等

相关论文：如《郑振香：妇好考古触摸商代》等

相关照片：如《执“子”之手与“子”偕老——妇好墓与郑振香》等

纪录片：如《妇好墓》等

文学作品：如《玄鸟·妇好传》等

题目编码	所属课时	对应目标编码	目标维度与学习水平	题目类型	题目完成方式	题目难度	预计完成时间	题目来源	是否为某一大题拆分	备注栏
Z3009	03	LS1010111	能力	书面开放题	综合实践类	较高	长时段	原创	否	

（二）单元测试卷

1. 选择题

S0001《全球通史》一书认为：“能否适应的关键不是取决于蛮力，也不取决于耐寒的能力，而是取决于智力的不断增长，取决于能否运用其智力使自己较好地适应环境的需要。”

人类历史上第一次运用智力适应环境、实现了伟大的经济变革出现于（　　）。

A. 距今 8 000 年前后　　B. 距今 10 000 年前后

C. 铜石并用时代　　D. 公元前 5000 年前后

答案：B

题目编码	对应目标编码	目标维度与学习水平	题目类型	题目完成方式	题目难度	预计完成时间	题目来源	是否为某一大题拆分	备注栏
S0001	LS1010101	A 知道	选择题	书面	较低	1 min	原创	否	

S0002“共同耕作，平均分配”这种生产生活方式的产生是早期人类在聚居生活中运用自己智力的产物，最能够为这种生产生活方式提供证据的是（　　）。

A. 姜寨遗址　　B. 二里头遗址　　C. 安阳殷墟　　D. 良渚遗址

答案：A

题目编码	对应目标编码	目标维度与学习水平	题目类型	题目完成方式	题目难度	预计完成时间	题目来源	是否为某一大题拆分	备注栏
S0002	LS1010107	B 理解	选择题	书面	中等	1 min	原创	否	

S0003“中国在其有史以来的大部分时间里，四面一直被山脉、沙漠、辽阔的太平洋隔绝。这种隔绝的意义在于，它使中国人能在更少面临外来入侵的情况下，发展自己的文明。那里的土壤和气候条件结合得很好，能养活可观的人口。”

——斯塔夫里阿诺斯：《全球通史》

作者考量中国文明发展的主要角度是（　　）。

A. 历史传统　　B. 地理环境　　C. 人口迁移　　D. 政权稳定

答案：B

题目编码	对应目标编码	目标维度与学习水平	题目类型	题目完成方式	题目难度	预计完成时间	题目来源	是否为某一大题拆分	备注栏
S0003	LS1010109	技能	选择题	书面	较低	1 min	原创	否	

S0004 中国早期文明发源的核心区域位于(　　)。

A. 黄河流域　　B. 长江流域　　C. 珠江流域　　D. 松花江流域

答案：A

题目编码	对应目标编码	目标维度与学习水平	题目类型	题目完成方式	题目难度	预计完成时间	题目来源	是否为某一大题拆分	备注栏
S0004	LS1010102	A 知道	选择题	书面	较低	1 min	原创	否	

S0005《尚书·甘誓》记载了夏初启率兵征伐反对启继承王位的部落有扈氏前的誓师讲话："(启)大战于甘,乃召六卿。王曰:'嗟! 六事之人,予誓告汝:有扈氏威侮五行,怠弃三正,天用剿绝其命,今予惟恭行天之罚。'"

下列观点中,无法由这段材料推论得出的是(　　)。

A. 夏已经具备了国家的部分基本特征　　B. 夏王下设有专职文武官员

C. 夏的权力有一定的神话色彩　　D. 夏已经建立起了君主专制政体

答案：D

题目编码	对应目标编码	目标维度与学习水平	题目类型	题目完成方式	题目难度	预计完成时间	题目来源	是否为某一大题拆分	备注栏
S0005	LS1010109	技能	选择题	书面	中等	1 min	原创	否	

S0006《尚书》是经孔子编订的上古历史典籍。但在《墨子·明鬼》中,同样有对夏征伐有扈氏这段内容的记载,誓师的不是启而是禹。对于这个矛盾,下列说法错误的是(　　)。

A. 儒、墨两家可能对这段史籍进行了一定改造

B. 尚没有与征伐有扈氏史事同时代的一手出土文献可以利用

C. 这段史籍在传抄中可能出现了错误

D. 儒、墨两家的文献相互矛盾,没有史料价值

答案：D

题目编码	对应目标编码	目标维度与学习水平	题目类型	题目完成方式	题目难度	预计完成时间	题目来源	是否为某一大题拆分	备注栏
S0006	LS1010110	技能	选择题	书面	较高	1 min	原创	否	

S0007《诗经·殷武》记载:"商邑翼翼,四方之极,赫赫厥声,濯濯厥灵,寿考且宁,以保我后生。"《诗经》中所提及的商邑,大致位于今天的(　　)。

A. 河南安阳　　B. 河南洛阳　　C. 陕西西安　　D. 山西太原

答案：A

题目编码	对应目标编码	目标维度与学习水平	题目类型	题目完成方式	题目难度	预计完成时间	题目来源	是否为某一大题拆分	备注栏
S0007	LS1010103	A 知道	选择题	书面	较低	1 min	原创	否	

S0008 关于商邑与四方的关系，以下描述合适的是（　　）。

A. 商邑是商王所在地，四方是商王分封的地区

B. 商邑是联盟所在地，四方与商王是松散联盟

C. 商邑是商王所在地，四方是商王子孙的领地

D. 商邑是联盟所在地，四方与商王是议和联盟

答案： B

题目编码	对应目标编码	目标维度与学习水平	题目类型	题目完成方式	题目难度	预计完成时间	题目来源	是否为某一大题拆分	备注栏
S0008	LS1010107	B 理解	选择题	书面	中等	1 min	原创	否	

2. 填空题

S0009 请写出下图中字母所代表的五处古文化遗址：

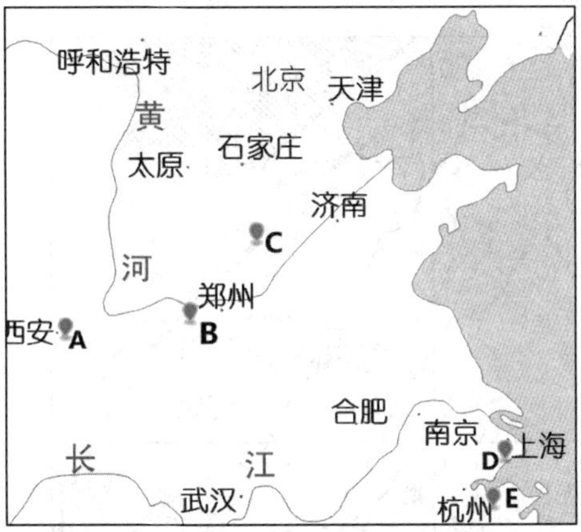

A：__________

B：__________

C：__________

D：__________

E：__________

答案： A：姜寨遗址；B：二里头遗址；C：殷墟；D：崧泽遗址；E：良渚文化（其他地理位置相对应的合理答案亦可）

题目编码	对应目标编码	目标维度与学习水平	题目类型	题目完成方式	题目难度	预计完成时间	题目来源	是否为某一大题拆分	备注栏
S0009	LS1010103	A 知道	填空题	书面	中等	3 min	原创	否	

3. 问答题

遗址中的历史信息

材料 1：

临潼姜寨遗址(距今 6 600～6 400 年)布局平面图

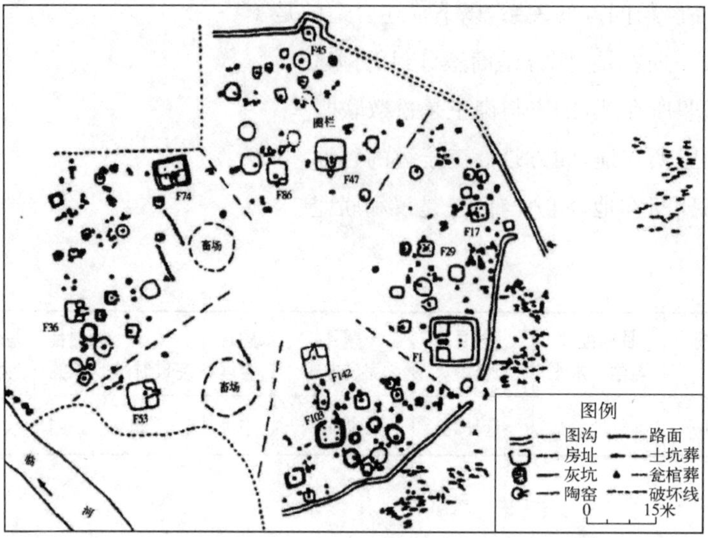

——陕西省考古研究所等编：《姜寨——新石器时代遗址发掘报告》

襄汾陶寺遗址(距今 4 300～3 900 年)布局平面图

——中国社会科学院考古研究所等编《襄汾陶寺——1978—1985 年发掘报告》

材料 2：

姜寨与陶寺遗址中的墓葬与陪葬品

姜寨遗址(左图)墓葬与陶寺遗址(右图)大型墓葬(材料来源同材料 1)

S0010(1)利用材料 1 中的两幅遗址分布图,归纳这两座古文化遗址在空间和布局上的异同。

答案：同：外部有边界,内部有一定的分区。异：陶寺城址面积更大,居住区有等级分别。

题目编码	对应目标编码	目标维度与学习水平	题目类型	题目完成方式	题目难度	预计完成时间	题目来源	是否为某一大题拆分	备注栏
S0010	LS1010109	技能	简答题	书面	中等	4 min	原创	是	

S0011(2)从材料 2 中两幅墓葬的示意图中,你能发现哪些历史信息?

答案：姜寨遗址墓葬规模较小,陪葬品较少;陶寺遗址墓葬规模更大,陪葬品更丰富。

题目编码	对应目标编码	目标维度与学习水平	题目类型	题目完成方式	题目难度	预计完成时间	题目来源	是否为某一大题拆分	备注栏
S0011	LS1010109	技能	简答题	书面	较低	3 min	原创	是	

S0012(3)材料 1 中聚落空间的演变与材料 2 中墓葬内容的变化,分别能反映新石器时代中后期人类社会哪些发展趋势?

答案：人类能够建设更大规模的聚落,生产力水平提高,随着社会的发展,出现了早期的阶级分化;人类拥有的物质产品更丰富,随着生产力的发展,私有制逐渐产生;对丧葬活动的关注程度提高。(答案要求能体现生产力水平提高推动社会变化的唯物史观)

题目编码	对应目标编码	目标维度与学习水平	题目类型	题目完成方式	题目难度	预计完成时间	题目来源	是否为某一大题拆分	备注栏
S0012	LS1010107	B理解	简答题	书面	较高	5 min	原创	是	

良渚遗址与中华文明探源

材料1：

2018年5月28日，“中华文明探源工程”研究成果公开发布。该研究将自中华文明起源至大约距今3 800年前的一千多年时间称作“古国时代”，这一时期中华大地已出现了国家形式，被认为是中国文明早期发展的第一个大的阶段。在古国时代晚期，以河南二里头为代表的中原地区，大量吸收各种外来的先进文化因素，开启了夏商周三代文明。

材料2：

目前考古研究表明，在良渚文化时期，农业已进入成熟的犁耕稻作农业阶段，手工业分化明显，门类更加多样，作陶、制石、纺织、髹漆无不显示出专门化倾向，尤以琢玉最为发达；良渚文化的玉器，不仅因其数量之众多、品种之丰富、雕琢之精湛，显示出良渚玉器代表了中国史前玉文化的一个高峰，更因其以琮璧钺为代表的玉礼器系统揭开了中国礼制社会的序幕；王族、贵族、工匠或武士与平民墓葬随葬品的多寡，显示出了良渚社会明显阶层分化。

——文汇报：《聚焦“中华文明探源工程”——良渚遗址：实证中华5 000年文明史》

材料3：

随着越来越多的中华文明早期遗存的发现面世，有学者针对早期中华文化的研究提出了“四重证据法”：“一重证据指传世文献，二重证据指出土文献，三重证据指人类学的口传与非物质文化遗产，包括民俗学的、民族学的大量参照材料，四重证据指考古实物和图像……其对中华文明探源研究的重要性在于，超越汉字记录的局限，在文字文本之外重新建构文化文本。

——参考：叶舒宪：《物的叙事—中华文明探源的四重证据法》

材料4：

2019年7月6日，中国提交的“良渚古城遗址”项目经世界遗产委员会审议获准列入世界遗产名录。遗址主要的构成要素为距今5 300～4 300年的城址、水利工程和墓地（含祭坛）。良渚申遗成功后，复旦大学文物与博物馆学系教授高蒙河表示：“国际学术界曾长期认为中华文明只始于距今3 500年前后的殷商时期，良渚古城被列入世界遗产，这意味着中国文明起源和国家形成于距今五千年前，终于得到了国际承认。”

S0013(1)结合材料1、2、4，以良渚遗址的发现为例，分析这些发现可以从哪些角度论证距今五千年前左右中国进入了“古国年代”。

答案：玉礼器系统可以用来论证早期等级制度的出现、随葬品多寡不均可以用来论证社会阶层分化的产生。(另从城址和水利工程等大型遗址的出土可以用来论证出现早期王权、农业手工业的专门化可以用来论证早期生产力发展与社会分工的出现等角度分析,可酌情给分)

题目编码	对应目标编码	目标维度与学习水平	题目类型	题目完成方式	题目难度	预计完成时间	题目来源	是否为某一大题拆分	备注栏
S0013	LS1010109	技能	简答题	书面	中等	5 min	原创	是	

S0014(2)材料3中的"四重证据法"在"二重证据法"的基础上有哪两个角度的创新?这种创新的客观因素有哪些?

答案: 用传说与非物质文化遗产和考古实物与图像来佐证历史;中华文明早期遗存中缺乏出土文献或出土文献难以释读、近年来考古成果大量出现。

题目编码	对应目标编码	目标维度与学习水平	题目类型	题目完成方式	题目难度	预计完成时间	题目来源	是否为某一大题拆分	备注栏
S0014	LS1010108	C应用	简答题	书面	较高	4 min	原创	是	

S0015(3)根据材料2、4,良渚文明申遗,是否可以说明中国已经拥有了五千年信史时代?说明你的判断理由。

答案: 不能;材料中没有表明良渚留下了成熟的文字,传世文献也尚未能够与考古发现相互印证。

题目编码	对应目标编码	目标维度与学习水平	题目类型	题目完成方式	题目难度	预计完成时间	题目来源	是否为某一大题拆分	备注栏
S0015	LS1010106	B理解	简答题	书面	较低	4 min	原创	是	

S0016(4)根据以上材料,分析"中华文明探源工程"对当今社会有哪些现实意义?

答案: 完善对民族历史文化的认识,明确民族文化在世界民族文化中的定位与特色,提升全社会对民族文化的自豪感与自信心等。(回答能够体现家国情怀即可)

题目编码	对应目标编码	目标维度与学习水平	题目类型	题目完成方式	题目难度	预计完成时间	题目来源	是否为某一大题拆分	备注栏
S0016	LS1010112	态度	简答题	书面	中等	4 min	原创	是	

4. 单元探究作业

上海市西南方向方圆20多公里的范围内,分布着崧泽、广富林、马桥三处颇具特色的文化遗址,这几处遗址相互承启,将上海历史发展的源头有机地串联了起来。查阅资料了解这三处遗址,并选择参观崧泽遗址博物馆、广富林遗址博物馆、马桥文化展示馆(三处至少选择一处),仔细品味馆藏,透过遗址回到新石器时代的上海,完成实践活动报告。

活动具体要求：

（1）背景学习：① 通过查阅书籍、上网检索等方式了解这三处遗址的发掘过程、代表性器物类型，以及由这三处遗址命名的考古学文化。② 选定实地参观的遗址，说明选择原因以及你的兴趣所在，设定参观目标。

（2）实地参观：① 了解遗址与博物馆的整体结构以及各功能区的主要内容，选择参观的主要目标。② 通过馆内相关介绍和背景学习，回答问题：该遗址先后包含了哪几个考古学文化？由该遗址命名的考古学文化源于哪些考古学文化，其后又影响了哪些考古学文化？③ 参观考古现场局部展示部分和历史场景还原部分内容，描述你感受到的考古现场和历史场景。④ 参观新石器时代出土文物，总结石器、陶器、木器、骨器、玉器、青铜器六类文物各自的主要特点，选取其中一类进行详细介绍。（可选择其他分类方式，说明分类标准即可）⑤ 选取对你印象最深的一件展品，说明选择原因并对展品进行具体描述，找出其与馆内其他展品的异同点。

（3）总结反思：① 对照设定目标检查完成情况，说明超出目标之外的收获和未完成的目标。② 通过查阅书籍、上网检索等方式进一步了解对你印象最深的一件展品，寻找其他遗址或博物馆中相类似的文物展品，分析它们的异同和关系。③ 从对历史的认识和对历史学或考古学的认识两个方面分享本次活动的收获。

报告参考格式（若能覆盖活动要求内容，其他格式亦可）：

（1）活动背景

① 背景知识

② 活动目标

（2）活动内容

① ××博物馆整体情况介绍

② ××遗址与××文化情况介绍

③ 考古与历史现场感受

④ 各类文物情况介绍

⑤ ×××（展品名）介绍

（3）活动总结

① 目标完成情况

② 拓展探究

③ 活动感受

题目编码	对应目标编码	目标维度与学习水平	题目类型	题目完成方式	题目难度	预计完成时间	题目来源	是否为某一大题拆分	备注栏
S0017	LS1010111	能力	书面开放题	综合实践类	较高	长时段	原创	否	

三、作业、试卷题目属性汇总表

（一）作业题目属性统计表

作业题目属性统计表														
不同目标编码题量分布		不同课时题量分布		不同目标维度与学习水平题量分布		不同类型题量分布		不同完成方式题量分布		不同难度题量分布		总时间（分钟）	不同来源题量分布	
LS1010101	0	00	0	A知道	2	选择题	1	听说类	0	较低	7	45分钟	改编	0
LS1010102	2	01	8	B理解	7	填空题	1	操作类	0	中等	10		原创	21
LS1010103	0	02	4	C应用	4	简答题	15	综合实践类	2	较高	4		引用	0
LS1010104	1	03	9	D综合	0	应用题	0	合作类	0					
LS1010105	2	04	0	技能	7	证明题	0	跨学科运用类	0					
LS1010106	1	05	0	能力	1	完形填空	0	非书面其他	0					
LS1010107	3	06	0	态度	0	判断题	0	书面	19					
LS1010108	4	07	0			书面开放题	4							
LS1010109	4	08	0			书面其他	0							
LS1010110	3					非书面	0							
LS1010111	1													
LS1010112	0													

（二）试卷题目属性统计表

试卷题目属性统计表												
不同目标编码题量分布		不同目标维度与学习水平题量分布		不同题目类型题量分布		不同完成方式题量分布		不同难度题量分布		总时间（分钟）	不同来源题量分布	
LS1010101	1	A知道	4	选择题	8	听说类	0	较低	6	40分钟	改编	0
LS1010102	1	B理解	4	填空题	1	操作类	0	中等	7		原创	17
LS1010103	2	C应用	1	简答题	7	综合实践类	1	较高	4		引用	0
LS1010104	0	D综合	0	应用题	0	合作类	0					
LS1010105	0	技能	6	证明题	0	跨学科运用类	0					
LS1010106	1	能力	1	完形填空	0	非书面其他	0					
LS1010107	3	态度	1	判断题	0	书面	16					

续 表

试卷题目属性统计表												
不同目标编码题量分布		不同目标维度与学习水平题量分布		不同题目类型题量分布		不同完成方式题量分布		不同难度题量分布		总时间（分钟）	不同来源题量分布	
LS1010108	1			书面开放题	1							
LS1010109	5			书面其他	0							
LS1010110	1			非书面	0							
LS1010111	1											
LS1010112	1											

四、作业、试卷案例编制说明

作业、试卷案例编制的整体构思如下图所示。

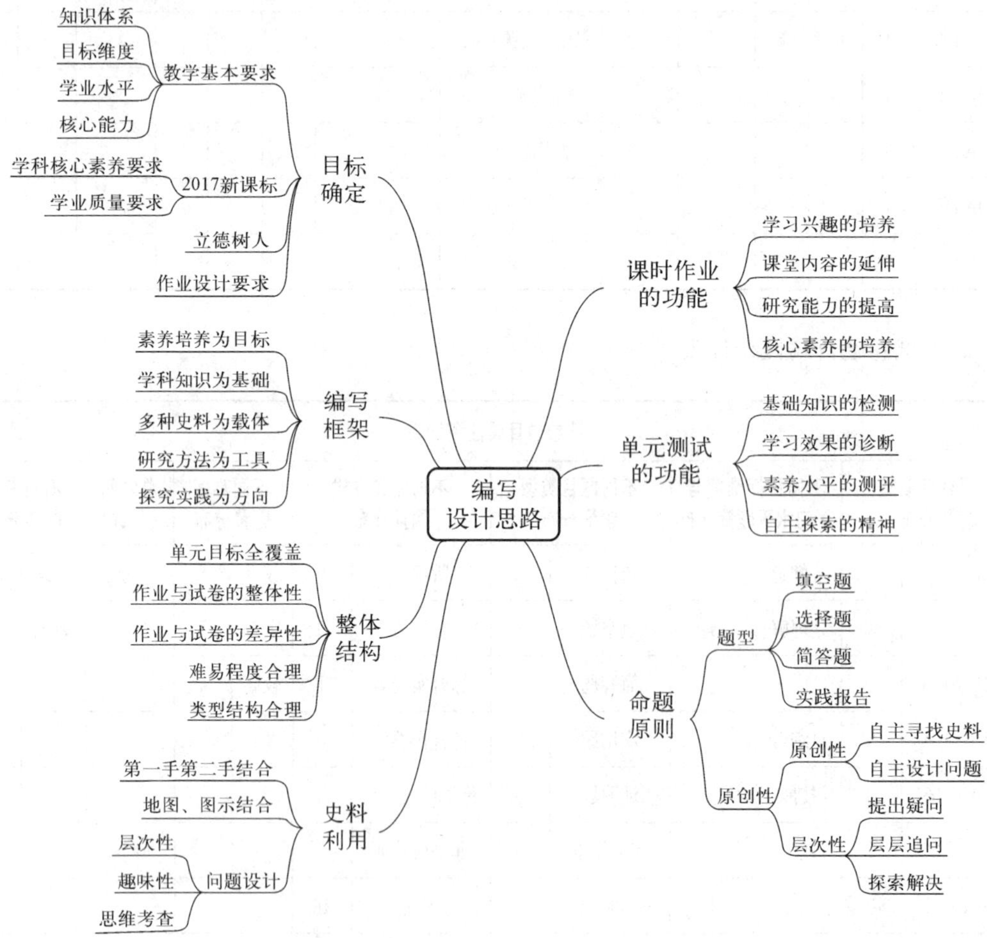

本设计立足于本校学情与教学要求，依托多样性的原创作业任务，以史学能力方法的培养为主要目标，贯彻对学生学科核心素养的要求，落实立德树人的根本任务。本设计致力于呈现以下特点。

（一）从基本技能入手，突出对学生历史学科能力和方法的培养

本单元所涵盖的内容，在华东师大版教材中是等级考范围的开始部分，在新行统编版教材中是整个教学内容体系的开始部分。由于其开篇定调的地位，在本单元的教学过程中，不仅要让学生掌握基础知识内容，也要带动学生开始了解、锻炼历史学科基本的方法与能力。同时，教学基本要求中对以二重证据法为主的史学方法内容提出了明确的高要求。因此本设计将“理解二重证据法并能够简单应用于分析史事”设为核心的能力目标，并为完成这一目标，具体设置了“汲取、总结图像、文字、实物等材料中蕴含的信息”和“简单评价材料的史料价值”两个技能目标作为辅助，循序渐进地通过“获取信息→评价价值→实践论证”的过程掌握史学能力与方法。

在第一课时中，Z1002、Z1009 等题目初步锻炼了学生获取信息、评价史料价值等技能。进而在第二课时设计中，通过第二部分内容展示一个利用二重证据法的过程，供学生分析、模仿。第三课时的 Z3009 为学生设置了一个简单的实践环节，最后在 S0017 探究活动中综合提升学生对这一方法的掌握程度。

（二）立足原创，合理选择不同史料，依托多种题型进行综合考查

本次作业设计，涵盖了选择题、填空题、简答题、开放性探究题、实践题五种类型。

选择题的设计改变以往单题的命题形式，更多注重对于材料的整体性把握以及学生对某个历史事件的综合性理解。在阅读历史著作的基础上，选取书中某部分表述进行题目设计，依托小段材料，或为作者观点，或为文献记载原文，围绕一份材料设计两个选择题，尽量挖掘材料更多的信息，设计主体相关的问题，同时注意与课标联系在一起，借助这种方式完成某个知识点的综合考查，改变以往单个选择题知识点过于细化的问题，有助于学生彻底落实对基础知识的记忆和应用。

例如 S0001 选择《全球通史》中“能否适应的关键不是取决于蛮力，也不取决于耐寒的能力，而是取决于智力的不断增长，取决于能否运用其智力使自己较好地适应环境的需要”，从中将“智力”“运用智力”“适应环境”这三种信息与原始农耕诞生、姜寨遗址特征联系在一起进行问题设计。

简答题的设置除了依据必要的材料之外，提供多类型的图片信息，除了文字解读能力之外，关注学生的读图能力，能够从图中获取多种历史信息进行归纳，如 S0010 至 S0012。

探究性题目的设计以材料为依托，通过“提出疑问→寻找路径→解决问题→进一步思考”这样的流程激发学生兴趣，将学生作为解决问题的主体进行多种尝试，引导学生利用二重证据法作为思考、探究工具，通过探究、论证的方式进一步认识所学知识。

例如 Z2001 以夏商第一王朝之辩设问，在教材内容的基础上，通过疑问引导学生自主进行对疑问的解答，在尚未发现直接文字记载的情况下，寻求另外的多种角度探究夏朝历史真相。

实践题充分利用上海本地资源，引导学生参观博物馆，自主拟题撰写实践报告；通过自主探索的方式探寻“龙文化”，提升学生对于中华民族的文化认同。

（三）聚焦实践性，突出学生主体地位，在多角度学习、探究历史的过程中完成作业

作业设计聚焦史学方法与理论，学生在完成的过程中不仅了解到作为结果的历史是怎样的，更重要的是获得一步一步探究历史真相的能力。在这一过程中，学生作为学习的主体，通过层层深入解答问题建构学习历史的逻辑，学会历史学科的基本能力和方法，并能够依据所知信息进行合理的判断和推论。

【分析】注重材料信息的获取，包含材料中观点的提炼，异同的对比，共性的归纳等；对材料所体现出来的信息进行全方位的挖掘和分析，得出合理结论。

【探究】注重二重证据法的理解和史学基本技能的掌握与运用，有效结合文献记载以及考古成果，针对目前史学界存在的争论或者未解之题，运用恰当的探究方式，对目前已知的相关历史文物或者文献记载进行合理的推断和思考。

【实践】注重关注学生自我拟题自主探索的能力拓展，依托互联网、博物馆等资源，多渠道搜寻信息并试图对某件史事进行论证。

（四）以问题驱动，融合历史学科核心素养五大目标，整合单课作业与单元试卷设计

纵观整个高中历史教学内容体系，“史前时期到夏商王朝”这一单元是全面贯彻五大核心素养要求的最佳教学内容之一。中华早期文明起源分布与范围可以发展时空观念，对多元出土材料和传世文献的解读可以培养史料实证素养，结合材料对历史发展趋势进行分析总结可以锻炼历史解释能力，梳理从石器时代到青铜器时代生产力发展对社会文明发展的根本作用有助于形成唯物史观，最后通过学习了解中华先民“筚路蓝缕，以启山林”的历程，加强民族认同感与文化自信，砥砺家国情怀。针对五大核心素养的落实，本设计提出了具体的解决办法，内容体系如下图所示。

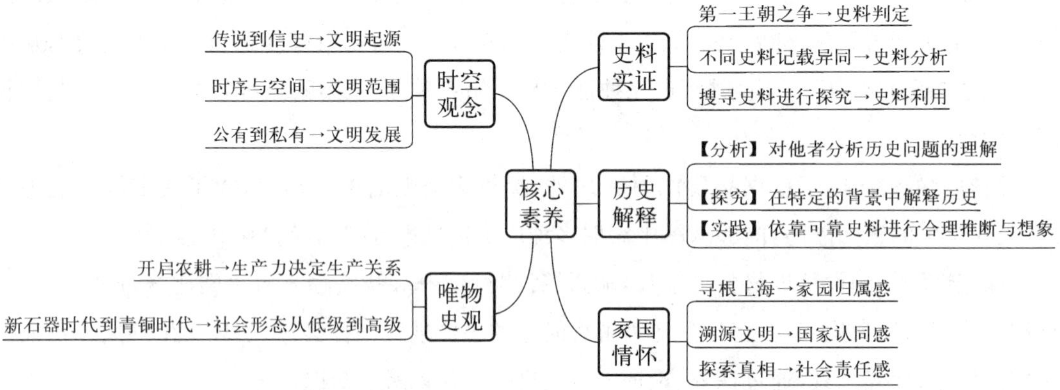

（五）凸显单元内容的社会意义，结合学科价值与立德树人根本任务

本单元内容本身与当代社会生活距离较远，但对这部分内容的掌握是学生理解和认同中华文明与中华民族的必要基础。鉴于单元的问题与任务，本设计既注重学生自主探究意识的培养，也引导学生关注单元内容在本土和当代的外延，使学生更深入地体会早期文明研究的价值。具体特点如下。

1. 在对史料的辨析中养成自主探究的能力

由于年代久远，社会情况迥异，学生对本单元的学习大多停留在知识性的识记上。为了辅助教学中对基本内容的讲授，本设计创置了学生自主探究史实的情境，培养学生自主学习、自主探究的能力与素养。

以第二课时的设计为例。夏的历史情况是教材中直接展现的内容，但是夏的存在与否一直是一个有不同声音的争论话题。本设计给予学生一定的质疑、思考空间，学生通过给定的材料进行推演探究，能够更清晰地认识教材内容背后的历史逻辑，以及学科研究的方式方法，将出土材料与历史事实联系起来，培养学生在对史料的辨析中认识历史的能力。此外，由学生自主完成历史事实的推演考证，也能够在训练中提高学生对上古历史的兴趣，认识到考古工作的价值。

2. 利用上海周边的文博资源体会早期文明在本地的发展轨迹

上海地区虽并非传统意义上的华夏早期文明的核心区，教材上并没有提到上海地区早期文明的相关情况。但崧泽文化、良渚文化和马桥文化这三个著名的考古文化均在上海地区分布有相关的遗址，且这些考古发现部分成果分别在松泽遗址博物馆、广富林遗址博物馆以及马桥文化展示馆中部分展区公开展出，便于利用。

S0017 一题着重考虑利用这一资源，引导学生通过参观实践、自主探究的方式来认识、了解这些考古文化。既通过器物造型对比、年代判断等方式认识上古时代的社会变迁，也能通过文化探源加深对上海本地文化的认同与理解，感受上海地区曾存在的中华文明起源的星星之火。

3. 结合早期文化的最新发现感受单元内容的时代价值

中华文明探源工程成果的发布以及良渚遗址的“申遗”成功等事件，不仅是历史学界的前沿内容，也在社会上掀起了一波对中华文明起源的关注。对于早期文明发育形态的新发现和“五千年文明”的确证以及国际承认，既是史学界的收获，更能够提振全民对民族文化的认同与自信。

S0013～S0016 题直接关注此方面的内容，引导学生将课上所学知识与当下考古学界新发现和社会相关的热点新闻联系起来，既巩固、更新所学知识，体会所学内容的时代价值，同时，学生应该能够以一个更专业、更科学的视角去看待这一事件，准确把握新发现所蕴含的意义，辨析早期文明发现与信史之间的区别。

4. 综合单元学习内容加深对中华民族与文明的认同

本单元教材内容跨度达 7 000 余年，是中华文明与中华民族源头的历史，学生对这部分内

容的学习，要通过各种历史知识，感受文明早期发展的脉动，加强对民族的认同感。

以 Z1001～Z1003 为例，学生需要从学科角度理解黄帝事迹作为传说其可信度有限，但也要认识到这些传说并不是全无价值，其之所以能够成为集体记忆，是因为其中承载着共同的时代因素，它们能够为今人探寻早期文明形态提供一个模糊的轮廓。正确地认识这些集体记忆，有助于更科学地把握民族文化的内涵。Z1008 一题同样着眼于民族文化传说与历史事实的结合，学生在自主探索中能够进一步加深对上古文明和文化起源的认识。

综上，本设计在巩固知识内容的基础上，以培养学生史学能力与方法为主要线索，贯彻对学科核心素养的要求。在过程中引导学生自主探究，加强对学科的兴趣和学科现实意义的认识。最终提升学生的思辨能力与家国情怀，落实立德树人这一教育根本任务。

附：作业使用说明

1. 作业结构说明

每节课时作业由分析、探究、实践三个板块组成。

作业板块	完成时间	注　意　事　项	上交安排
分析	课时结束后	请注意联系教材基础知识，检查记忆是否存在遗漏。	上课统一讲解
探究	单元结束前	请关注教师上课对历史问题分析的思路与方法，检验逻辑与方法是否存在盲区。	上课集中讨论
实践	学期结束前	请重点利用历史学研究的方法去发现、解决问题，注意材料，文物的来源标注清楚。	上课选择性分享

2. 答题要求

分析、探究部分题目请在固定作业本上完成，按要求上交并接受评阅，其中日期、课时、题号标注清晰。

实践部分作业可独立完成，也可小组合作完成。组队要求写明每位同学所负责任务，每组人数不超过 3 人，其中主持人算 1 次完成作业，参与者算 0.5 次完成作业。作业要求独创、规范，内容格式不限，具体书写格式可参考上海交通大学本科生论文规范，可在以下网址自行下载：http://jwc.sjtu.edu.cn/web/sjtu/198052－1980000006117.htm.

3. 评价标准

① 作业是否全部上交，每次未完成的课时/实践题目扣 5 分；每次未按时提交的课时/实践题目扣 2 分)；是否独立完成(有抄袭、作弊等情节，扣 20 分，严重者、屡犯者按 0 分计)。

② 作业是否书写表述清晰，格式是否规范(0～10 分)。

③ 分析题作答准确率(15 分)，讲解后是否及时订正并加深记忆(15 分)。

④ 探究题思路是否准确，方法是否得当(12 分)；经过练习，是否对历史学方法有较好的掌

握或在此方面有较明显的突破(12 分);是否有可以清晰论证的独立观点(6 分)。

⑤ 实践题目选题适宜或立意新颖(10 分);论证结构严谨,做到史论结合(10 分);独创性强,有创新意识(5 分);内容结构规范,符合要求(5 分)。

每学期按照以上标准评定历史作业分值,作为学期平时成绩的 80%,同时对分数排名前 20%的作业公开展示并奖励学科专业书籍一部,分数排名最高的同学奖励学科专业书籍一套。

第二十四章　上海市高中地理学科单元试卷设计案例*

A. 第一单元试卷设计

【设计说明】

一、以“地理学科核心素养”作为评价目标

本张试卷努力体现课程标准对培养学生“地理学科核心素养”的要求，围绕核心素养展开。结合课程标准中的内容要求，本张试卷的评价目标如下表所示。

核心素养	学　业　要　求	试题编号
人地协调观	举例说明太阳辐射和太阳活动对地球的影响	4、5、6
综合思维	根据材料，说明地球的宇宙环境	2、8
	运用示意图，理解如何用地震波划分地球内部圈层	9、10、13
	综合各要素，概括地球各圈层的主要特点	11、12、14
	运用地质年代表等资料，概述各地质年代的演化特点，描述生物演化的一般进程	15、16、17、18、19、20
区域认知	从空间维度，认识天体系统的层次，描述地球在宇宙中的位置	1、7
地理实践力	通过户外观察并结合工具软件观察星空，区分主要的天体类型，识别恒星及星座	3

二、以合格性考试内容、难度作为测试范围

本张试卷以高一学生为测试对象，以合格性考试内容作为测试范围，难度主要参照地理学科核心素养水平中的水平 1 和水平 2。本张试卷的测试范围如下表所示。

课　程　标　准	核心素养水平	试题编号
1.1　运用资料，描述地球所处的宇宙环境，说明太阳对地球的影响	水平 1	2、6
	水平 2	1、3、4、5、7、8

* 本章作者为上海市中原中学蔡铁丰老师。

续　表

课　程　标　准	核心素养水平	试题编号
1.2　运用示意图,说明地球的圈层结构	水平 1	12、13、14
	水平 2	9、10、11
1.3　运用地质年代表等资料,简述地球的演化过程	水平 1	15、20
	水平 2	16、17、18、19

三、以多种情境、实际问题作为测试载体

本张试卷的试题选材于多种有意义的情境,让学生在情境中表现自己的真实水平。所选情境与测试范围和目标保持一致,多选用简单的、学生较熟悉的情境,本张试卷的试题情境如下表所示。

情境类型	举　例	复杂程度
生活情境	嫦娥五号探测器发射	熟悉、简单
	谚语“鱼靠水,娃靠娘,万物生长靠太阳”	熟悉、简单
	新西兰怀特岛火山喷发	陌生、简单
学术情境	天文爱好者卡林顿观测耀斑	陌生、简单
	美国航空航天局发现“Kepler－90”	陌生、简单
	云南省发现澄江古生物化石群	陌生、简单
	辽宁省发现真兽类哺乳动物化石	陌生、简单
	美国科学家发现食肉动物祖先的化石	陌生、简单

【试题设计】

一、选择题

2020 年 11 月 24 日,嫦娥五号探测器成功发射,飞往距离地球约 38.4 万千米的月球进行探月活动。据此完成第 1、2 题。

1. 嫦娥五号探测器所在天体系统中级别最低的是(　　)。

A. 地月系　　B. 太阳系　　C. 银河系　　D. 河外星系

2. 以下叙述符合事实的是(　　)。

A. 地球是太阳系中的一颗行星　　B. 地月平均距离 38.4 千米

C. 月球是地球的一颗人造卫星　　D. 与地球相比,月球昼夜温差小

答案：A；A

题号	所属课时	地理知识	考查素养	素养水平	题型	难度	完成时间	试题来源
1	01	天体系统	区域认知	水平 2	选择题	简单	2 min	原创
2	01	天体系统	综合思维	水平 1	选择题	简单	2 min	原创

1859 年 9 月 1 日，英国天文爱好者卡林顿观测到日面上出现两道极其明亮的白光，其亮度迅速增加，远远超过光球背景，明亮的白光仅维持几分钟就消失了，这是人类第一次观测到该现象。据此完成第 3、4 题。

3. 卡林顿观测到的现象是（　　）。

A. 黑子　　B. 耀斑　　C. 磁暴现象　　D. 极光现象

4. 该现象剧烈爆发时，对地球的影响正确的是（　　）。

A. 为地球提供光热资源　　B. 导致全球许多国家发生强烈地震

C. 干扰无线电短波通信　　D. 引起对流层大气的电磁扰动

答案：B；C

题号	所属课时	地理知识	考查素养	素养水平	题型	难度	完成时间	试题来源
3	02	太阳活动	地理实践力	水平 2	选择题	简单	2 min	改编
4	02	太阳活动	人地协调观	水平 2	选择题	简单	2 min	改编

“鱼靠水，娃靠娘，万物生长靠太阳。”结合该谚语完成第 5、6 题。

5. 该谚语体现出太阳辐射直接为地球提供（　　）。

A. 光热资源　　B. 生活能源

C. 生产能源　　D. 水和大气运动的主要动力

6. 下列关于太阳辐射的说法，正确的是（　　）。

A. 太阳辐射维持着地表温度　　B. 太阳辐射的能量来自太阳内部氢气的燃烧

C. 太阳辐射的大部分能量到达地球　　D. 太阳辐射能是一种清洁且能量密集的能源

答案：D；A

题号	所属课时	地理知识	考查素养	素养水平	题型	难度	完成时间	试题来源
5	02	太阳辐射	人地协调观	水平 2	选择题	简单	2 min	改编
6	02	太阳辐射	人地协调观	水平 1	选择题	简单	2 min	改编

美国航空航天局对外宣布：一颗名为“Kepler - 90”的恒星，周围有 8 颗围绕其运转的行星。Kepler - 90 星系中的 8 颗行星距离恒星都很近，科学家们认定这 8 颗行星均不可能有已知的生命形式存在。据此完成第 7、8 题。

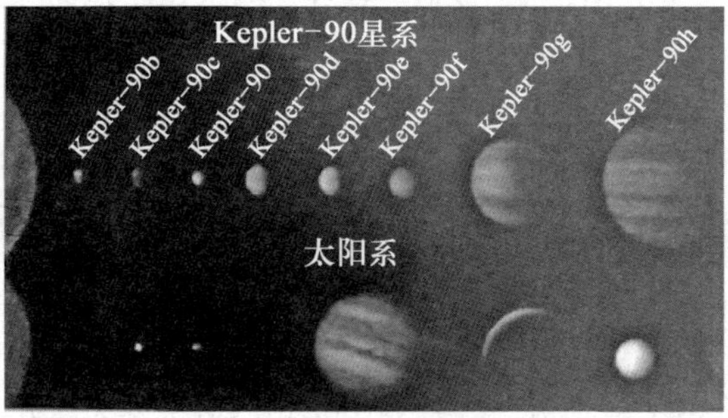

7. 下列天体系统中，与“Kepler - 90”星系同等级的是(　　)。

A. 地月系　　B. 太阳系

C. 银河系　　D. 河外星系

8. 根据以上资料，Kepler - 90 的 8 颗行星均没有生命存在的主要原因是(　　)。

A. 没有适合生物呼吸的大气　　B. 没有水

C. 没有适宜的平均温度　　D. 温度的日变化和季节变化幅度大

答案： B;C

题号	所属课时	地理知识	考查素养	素养水平	题型	难度	完成时间	试题来源
7	01	天体系统	区域认知	水平 2	选择题	中等	2 min	改编
8	03	地球适合生命存在的条件	综合思维	水平 2	选择题	中等	2 min	原创

地球的内部结构无法直接观察。对地球内部结构的了解，主要通过对地震波的研究。下图甲为地球内部圈层的部分示意图，图乙为某地地震波速度随深度变化图，读图完成第 9、10 题。

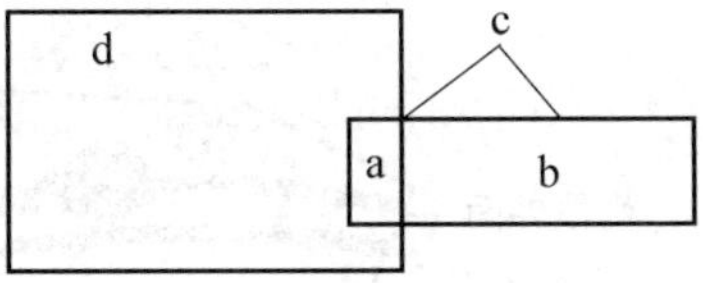

图甲

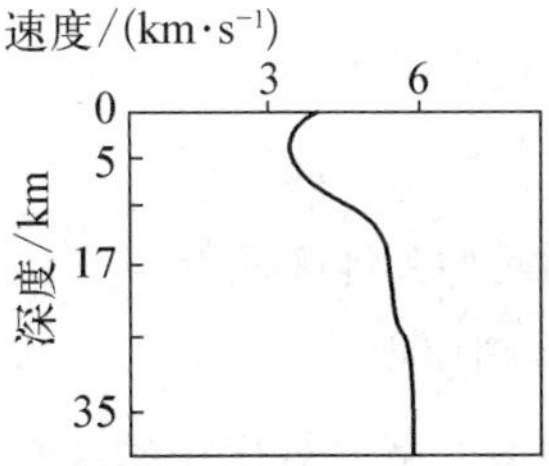

图乙

9. 若图甲中 a 是 d 的一部分，a 和 b 组成 c，则图中 a、b、c 可分别表示的概念是(　　)。

A. 外核、内核、地核　　B. 上地幔、下地幔、地幔

C. 软流层、地壳、岩石圈　　D. 地壳、地幔、地核

10. 图乙中该地莫霍界面大约位于地面以下(　　)。

A. 5 千米　　B. 17 千米　　C. 33 千米　　D. 400 千米

答案：C;A

题号	所属课时	地理知识	考查素养	素养水平	题型	难度	完成时间	试题来源
9	04	圈层结构	综合思维	水平 2	选择题	简单	2 min	改编
10	04	圈层结构	综合思维	水平 2	选择题	中等	2 min	改编

2019 年 12 月，新西兰怀特岛火山喷发，火山灰直冲云霄。据此完成第 11、12 题。

11. 怀特岛火山喷发的岩浆来自(　　)。

A. 岩石圈　　B. 地壳　　C. 软流层　　D. 地核

12. 此次火山爆发，会对附近自然环境造成影响，直接和间接受影响的圈层有(　　)。

A. 岩石圈、水圈　　B. 水圈、大气圈

C. 大气圈、水圈、生物圈　　D. 大气圈、水圈、生物圈、岩石圈

答案：C;D

题号	所属课时	地理知识	考查素养	素养水平	题型	难度	完成时间	试题来源
11	04	圈层结构	综合思维	水平 2	选择题	简单	2 min	改编
12	04	圈层结构	综合思维	水平 1	选择题	简单	2 min	原创

读图“地球的圈层结构示意图”，完成第 13、14 题。

13. 对地球各圈层位置描述正确的是(　　)。

A. 岩石圈位于地壳以上

B. 软流层在地幔下部

C. 地核在古登堡界面以下

D. 生物圈延伸到地幔底部

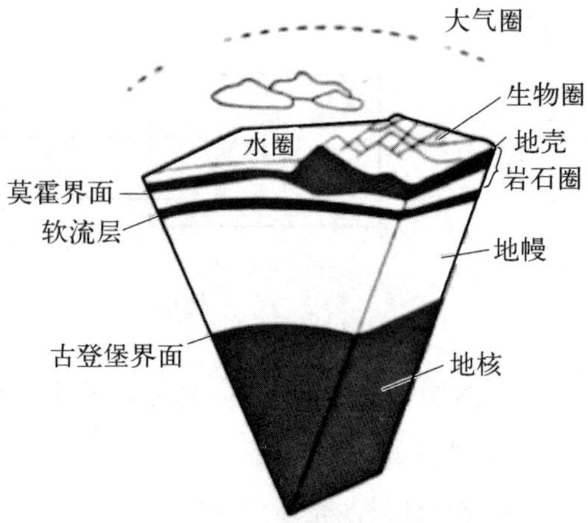

14. 地球各圈层中(　　)。

A. 大气圈主要由二氧化碳和水汽组成

B. 水圈是连续而规则的圈层

C. 岩石圈由厚度相同的岩石组成

D. 外部圈层相互联系、相互渗透

答案：C;D

题号	所属课时	地理知识	考查素养	素养水平	题型	难度	完成时间	试题来源
13	04	圈层结构	综合思维	水平 1	选择题	简单	2 min	改编
14	04	圈层结构	综合思维	水平 1	选择题	简单	2 min	改编

以麒麟虾为代表的云南澄江古生物化石群，距今已有 5.3 亿年历史。麒麟虾在地质历史时期中存在时间很短。读图“地质年代表示意图”和“麒麟虾化石照片”，完成第 15、16 题。

古生代						中生代			新生代			
寒武纪	奥陶纪	志留纪	泥盆纪	石炭纪	二叠纪	三叠纪	侏罗纪	白垩纪	古近纪	新近纪	第四纪	
5.41	4.85	4.43	4.19	3.58	2.98	2.52	2.01	1.45	0.66	0.23	0.02	距今年数/亿年

15. 麒麟虾生活在(　　)。

A. 寒武纪　　B. 二叠纪

C. 侏罗纪　　D. 第四纪

16. 推测麒麟虾的生存环境可能是(　　)。

A. 茂密的丛林　　B. 广阔的海洋

C. 干旱的沙漠　　D. 寒冷的冰原

答案：A；B

题号	所属课时	地理知识	考查素养	素养水平	题型	难度	完成时间	试题来源
15	05	地球演化	综合思维	水平 1	选择题	中等	2 min	原创
16	05	地球演化	综合思维	水平 2	选择题	中等	2 min	原创

我国科学家在辽宁省发现了目前最早的真兽类哺乳动物化石，该古生物生活在距今大约 1.6 亿年前，比此前发现的白垩纪哺乳动物早大约 3 500 万年。读图“最早的真兽类哺乳动物化石及复原图”、表 1“地质年代表(部分)”，完成第 17、18 题。

宙	代	纪	距今年数(亿年)	主要生物发展阶段	
				动　物	植　物
显生宙	新生代	第四纪	0.025 8	人类时代	被子植物时代
		新近纪	0.230 3	哺乳动物时代	
		古近纪	0.66		
	中生代	白垩纪	1.45	爬行动物时代	
		侏罗纪	2.013		裸子植物时代
		三叠纪	2.521 7		

17. 科学家研究认为该古生物具有体覆毛发、食虫、擅攀爬等特点。由此推测其最可能的生活环境是(　　)。

A. 浩瀚的海洋　　B. 茂密的丛林　　C. 干旱的沙漠　　D. 寒冷的冰原

18. 我国科学家用发现化石的地区和地层对该古生物进行命名，其最可能的命名是(　　)。

A. 辽宁新生兽　　B. 东北白垩兽　　C. 中华侏罗兽　　D. 亚洲三叠兽

答案：B;C

题号	所属课时	地理知识	考查素养	素养水平	题型	难度	完成时间	试题来源
17	05	地球演化	综合思维	水平 2	选择题	中等	2 min	原创
18	05	地球演化	综合思维	水平 2	选择题	中等	2 min	原创

2015 年初，美国科学家宣布发现了 3 亿年前(古生代末期)的食肉动物祖先的化石，科学家认为这一类肉食动物最终进化成为现代的哺乳动物。下图为科学家依据化石恢复的这一古老生物示意图。据此完成第 19、20 题。

19. 对材料中的信息判断合理的是(　　)。

A. 生物的进化与环境无关

B. 生物进化是由低级到高级的过程

C. 图示时期地球上出现了哺乳动物

D. 生物不仅可以适应环境，也能主动改造环境

20. 图示时期灭绝的代表性生物是(　　)。

A. 恐龙　　B. 爬行类　　C. 被子植物　　D. 三叶虫

答案：B;D

题号	所属课时	地理知识	考查素养	素养水平	题型	难度	完成时间	试题来源
19	05	地球演化	综合思维	水平 2	选择题	中等	2 min	改编
20	05	地球演化	综合思维	水平 1	选择题	中等	2 min	改编

二、综合分析题

火星是地球的近邻之一，也是人类准备太空移民的理想场所。为了探索火星的奥秘，近 30 年来，人类发射了 20 多个探测器对火星进行科学探测，获得了一系列有关火星的数据。结合地球和火星的有关资料，完成第 21、22 题。

比较项目	地球	火星
与太阳的平均距离/10^8 km	1.496	2.279
赤道半径/km	6 378	3 395
公转周期/a	1.00	1.88
自转周期/d	1.00	1.03
质量(以地球为 1)	1	0.11
体积(以地球为 1)	1	0.15
赤道面与公转轨道面的夹角	23°26′	23°59′

21. 上表中，火星数据与地球比较接近的是________、________；火星表面的温度比地球的温度______（高/低）。

22. 根据你对火星的了解，结合表中数据分析火星上没有生命存在的原因。人类为了开辟太空居住地，为什么选择火星作为重点研究对象？

答案：21. 自转周期；赤道面与公转轨道面的夹角；低

22. 温度、大气和液态水是生命存在的必要条件。火星与太阳的距离大于地球与太阳的距离，因此温度条件比地球差；火星的质量和体积比地球小，可吸引住的大气也比地球少，大气密度小于地球；火星上也没有液态水。这三个条件火星都不具备，故火星上没有生命存在。但在太阳系中，特别是在离地球较近的天体中，无论是与太阳的距离、质量和体积的大小，还是自转和公转周期等方面，火星都与地球相接近，成为人类目前的重点研究对象。

题号	所属课时	地理知识	考查素养	素养水平	题型	难度	完成时间	试题来源
21	03	地球适合生命存在的条件	综合思维	水平 2	选择题	中等	2 min	改编
22	03	地球适合生命存在的条件	综合思维	水平 2	选择题	较难	2 min	改编

B. 第二单元试卷设计

【设计说明】

一、以“地理学科核心素养”作为评价目标

本张试卷努力体现课程标准对培养学生“地理学科核心素养”的要求，围绕核心素养展开，结合课程标准中的内容要求，本张试卷的评价目标如下表所示。

核心素养	学　业　要　求	试题编号
人地协调观	理解大气对环境的影响，养成保护大气环境的必备品质	2
	结合身边发生的气象灾害事件，认识自然灾害对人类生存和发展的不良影响	17
综合思维	从时间尺度说出大气成分的变化	1
	说明大气的垂直分层对自然环境和人类活动的影响	3、8
	结合生产生活案例，从太阳、地面和大气要素角度，分析三者之间的能量转换	9、10、21、22
	以海陆风或山谷风为例，对热力环流发生、发展进行分析	13、14
	从时空的角度，对大气与人类活动相互作用进行地域性解释，具备提出治理大气环境措施的能力	18
	对某次气象灾害的发生和灾情进行分析	19
区域认知	根据材料，归纳大气垂直分层的空间分布特征	4、5、6、7
	对区域气象灾害的防治措施进行决策得失的判断	20
地理实践力	通过模拟实验，开展科学研究，运用大气受热过程和热力环流的原理解释生活中的现象	11、12、15、16

二、以合格性考试内容、难度作为测试范围

本张试卷以高一学生为测试对象，以合格性考试内容作为测试范围，难度主要参照地理学科核心素养水平中的水平 1 和水平 2。本张试卷的测试范围如下表所示。

课　程　标　准	核心素养水平	试题编号
1.5　运用图标等资料，说明大气的组成和垂直分层，及其与生产和生活的联系	水平 1	5、6、7、8
	水平 2	1、2、3、4
1.6　运用示意图等，说明大气受热过程与热力环流原理，并解释相关现象	水平 1	11、12、15、16
	水平 2	9、10、13、14
1.11　运用资料，说明常见自然灾害的成因，了解避灾、防灾的措施	水平 1	18、19、20
	水平 2	17

三、以多种情境、实际问题作为测试载体

本张试卷的试题选材于多种有意义的情境，让学生在情境中表现自己的真实水平。所选情境与测试范围和目标保持一致，多选用简单的、学生较熟悉的情境，本张试卷的试题情境如下表所示。

情境类型	举　例	复杂程度
生活情境	近些年来，霾天气现象时有发生	熟悉、简单
	小明乘飞机从北京去莫斯科	熟悉、简单
	超强台风“烟花”在我国浙江沿海登陆	熟悉、简单
	某游客在游览滴水湖	陌生、简单
	长春出现强冻雨天气	陌生、简单
	放火作煴，防御霜冻	陌生、简单
学术情境	某学校地理兴趣小组模拟热力环流	熟悉、简单
	某学校地理兴趣小组模拟海陆热力性质差异	熟悉、简单
	新疆吐鲁番盆地某绿洲与周围沙漠的气温变化	陌生、简单

【试题设计】

一、选择题

近些年来，霾天气现象时有发生，给人们的生活带来一定的困扰，完成第 1、2 题。

1. 霾的出现是由于人类活动改变了大气组成中的（　　）。

A. 干洁空气成分　　B. 水汽比重　　C. 固体杂质含量　　D. 有害气体成分

2. 下列现象主要与大气成分中水汽多少相关的是(　　)。

A. 全球变暖　　B. 旱灾频发　　C. 臭氧层变薄　　D. 酸雨加重

答案：C;B

题号	所属课时	地理知识	考查素养	素养水平	题型	难度	完成时间	试题来源
1	01	大气的组成	综合思维	水平 2	选择题	简单	2 min	改编
2	01	大气的组成	人地协调观	水平 2	选择题	简单	2 min	改编

小明在“朋友圈”写道：终于开启了我的莫斯科之旅……从北京起飞一个小时后，平稳飞行在万米高空，舷窗外是湛蓝的天空，机翼下是翻腾的云海……据此完成第 3、4 题。

3. 小明乘坐的飞机平稳飞行在大气层的(　　)。

A. 对流层　　B. 平流层　　C. 电离层　　D. 中间层

4. “翻腾的云海”所在大气层的特点是(　　)。

A. 大气对流运动显著　　B. 气温随高度增加而升高

C. 能大量吸收紫外线　　D. 大气处于高度电离状态

答案：B;A

题号	所属课时	地理知识	考查素养	素养水平	题型	难度	完成时间	试题来源
3	02	大气的垂直分层	综合思维	水平 2	选择题	简单	2 min	改编
4	02	大气的垂直分层	区域认知	水平 2	选择题	简单	2 min	改编

臭氧层是大气层中臭氧浓度较高的区域，主要位于距离地面约 20 千米至 30 千米的高空，它能有效吸收紫外线，保护地球生物。完成第 5、6 题。

5. 臭氧层主要分布在大气垂直分层中的(　　)。

A. 对流层底部　　B. 平流层　　C. 对流层顶部　　D. 中间层

6. 平流层的主要特点是(　　)。

A. 位于地球大气的最外层　　B. 厚度小于对流层

C. 气温随高度上升而升高　　D. 空气以垂直运动为主

答案：B;C

题号	所属课时	地理知识	考查素养	素养水平	题型	难度	完成时间	试题来源
5	02	大气的垂直分层	区域认知	水平 1	选择题	简单	2 min	改编
6	02	大气的垂直分层	区域认知	水平 1	选择题	简单	2 min	改编

某类探空气球设计探空高度在 20 千米至 40 千米。读右图完成第 7、8 题。

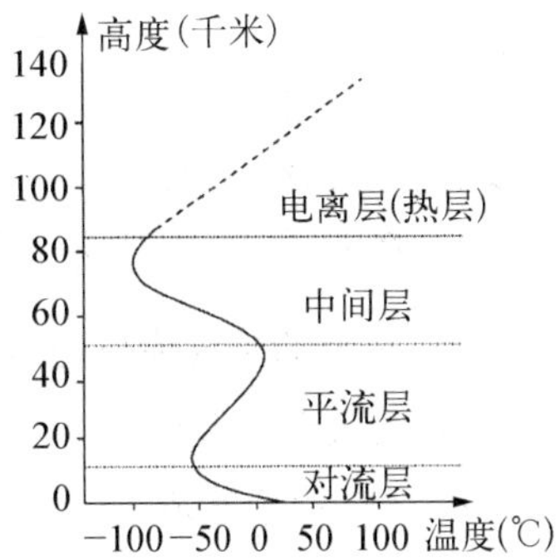

7. 此类探空气球主要探测(　　)。

A. 台风活动　　B. 对流层

C. 平流层　　D. 中间层

8. 大气各垂直分层中(　　)。

A. 空气密度随海拔的升高而增大

B. 平流层的空气以垂直运动为主

C. 对流层气温随海拔升高而降低

D. 高层大气的天气现象复杂多变

答案：C;C

题号	所属课时	地理知识	考查素养	素养水平	题型	难度	完成时间	试题来源
7	02	大气的垂直分层	区域认知	水平 1	选择题	简单	2 min	原创
8	02	大气的垂直分层	区域认知	水平 1	选择题	简单	2 min	原创

古人有“放火作煴(yūn,燃烧不旺的火堆冒出的浓烟),少得烟气,则免于霜矣”的防御霜冻做法,完成第 9、10 题。

9. 霜冻出现时往往天气晴朗,主要是因为(　　)。

A. 大气中水汽含量少,比热容大,大气升温慢

B. 大气中尘埃少,吸收太阳辐射少,气温低

C. 大气中水汽、尘埃含量少,吸收大气逆辐射少,气温低

D. 大气中尘埃少,吸收地面辐射少,气温低

10. 该做法可使(　　)。

A. 太阳辐射增强　　B. 地面辐射增强　　C. 短波辐射增强　　D. 大气逆辐射增强

答案：C;D

题号	所属课时	地理知识	考查素养	素养水平	题型	难度	完成时间	试题来源
9	03	大气的受热过程	综合思维	水平 2	选择题	中等	2 min	原创
10	03	大气的受热过程	综合思维	水平 2	选择题	简单	2 min	改编

右图为“某学校地理兴趣小组模拟实验示意图”,完成第 11、12 题。

11. 该模拟实验过程中,烟的运动轨迹是(　　)。

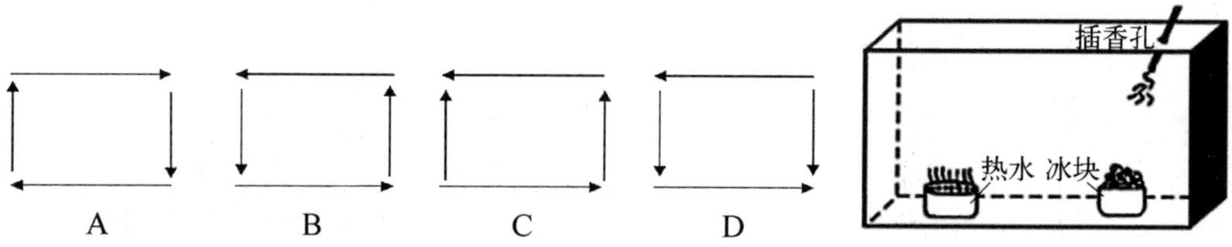

12. 该实验主要模拟的是(　　)。

A. 大气受热过程　　B. 海陆间水循环

C. 大气热力环流　　D. 海陆热力性质差异

答案：A;C

题号	所属课时	地理知识	考查素养	素养水平	题型	难度	完成时间	试题来源
11	04	热力环流	地理实践力	水平 1	选择题	简单	2 min	原创
12	04	热力环流	地理实践力	水平 1	选择题	简单	2 min	改编

某游客在游览滴水湖后写道："滴水湖真不愧是避暑胜地，无论是白天还是夜晚，这里的风凉爽柔和，让人感觉十分畅快，但白天和夜晚的风向是不同的。"读图"滴水湖一日内大气运动示意图"，完成第 13、14 题。

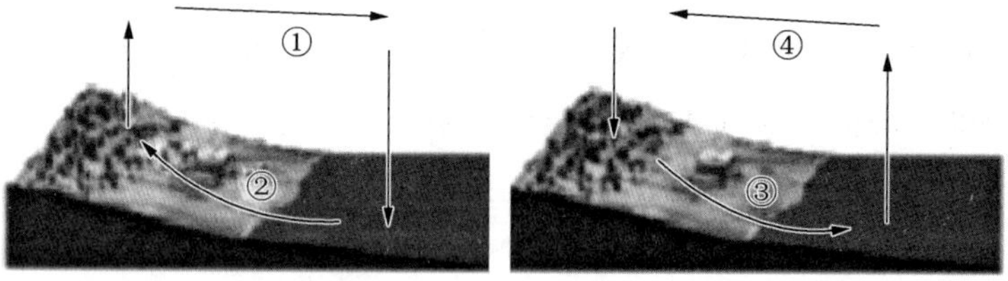

13. 图中序号表示"凉爽柔和"晚风的是(　　)。

A. ①　　B. ②　　C. ③　　D. ④

14. 解释滴水湖一日内风向变化主要运用(　　)。

A. 水循环原理　　B. 海水运动规律　　C. 热力环流原理　　D. 大气分层规律

答案：C;C

题号	所属课时	地理知识	考查素养	素养水平	题型	难度	完成时间	试题来源
13	04	热力环流	综合思维	水平 2	选择题	中等	2 min	改编
14	04	热力环流	综合思维	水平 2	选择题	简单	2 min	改编

右图为“某学校地理兴趣小组模拟实验示意图”，完成第 15、16 题。

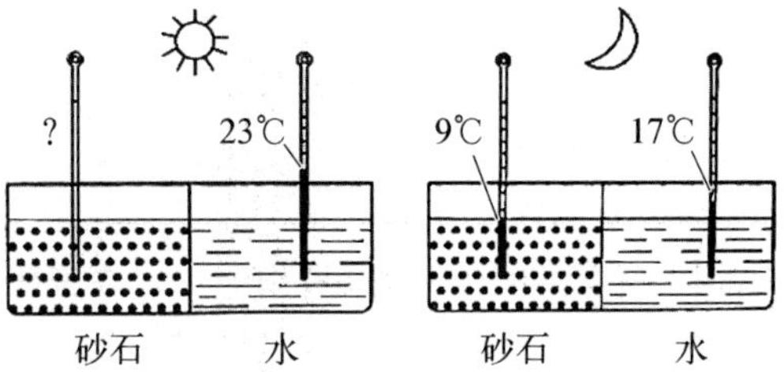

15. 白天砂石的温度最有可能是(　　)。

A. 34℃　　B. 23℃

C. 8℃　　D. 17℃

16. 该模拟实验可以用于说明(　　)。

A. 城市热岛效应　　B. 海陆间水循环

C. 海陆热力性质差异　　D. 暖流增温增湿

答案： A;C

题号	所属课时	地理知识	考查素养	素养水平	题型	难度	完成时间	试题来源
15	04	热力环流	地理实践力	水平 1	选择题	简单	2 min	改编
16	04	热力环流	地理实践力	水平 1	选择题	简单	2 min	改编

2020 年 11 月，长春出现强冻雨天气。冻雨是一种灾害性降水天气，指温度很低的水滴从天空落下，落地后结冰。据此完成第 17、18 题。

17. 冻雨发生时(　　)。

A. 能源需求量明显减少　　B. 铁路中断，公路畅通

C. 城市出现严重的内涝　　D. 输电线可能出现故障

18. 减轻冻雨危害的措施主要有(　　)。

① 加强监测预报　② 采取融冰措施　③ 修建排洪设施　④ 安装轮胎防滑链

A. ①②③　　B. ①②④　　C. ①③④　　D. ②③④

答案： D;B

题号	所属课时	地理知识	考查素养	素养水平	题型	难度	完成时间	试题来源
17	05	气象灾害	人地协调观	水平 2	选择题	简单	2 min	原创
18	05	气象灾害	综合思维	水平 1	选择题	简单	2 min	原创

2021 年 7 月超强台风“烟花”在我国浙江沿海登陆。据此完成第 19、20 题。

19. 台风“烟花”给所经地区造成了严重灾害，主要是由于(　　)。

A. 持续少雨　　B. 低温暴雪　　C. 晴朗干燥　　D. 狂风暴雨

20. 台风来临时，为有效减少当地人员和财产损失，可以采取的避灾方式为(　　)。

A. 及时在大树下躲避　　B. 到海边空旷地区集聚

C. 寻找坚固建筑物躲避　　D. 向低平地区疏散

答案：D;C

题号	所属课时	地理知识	考查素养	素养水平	题型	难度	完成时间	试题来源
19	05	气象灾害	综合思维	水平 2	选择题	简单	2 min	原创
20	05	气象灾害	综合思维	水平 1	选择题	简单	2 min	原创

二、综合分析题

材料一：绿洲是沙漠中具有水草的绿地，绿洲与周围的沙漠在局部地区会形成热力环流。

材料二：以下左图为夏季某日新疆吐鲁番盆地某绿洲与周围沙漠气温日变化示意图，右图为该地景观图。

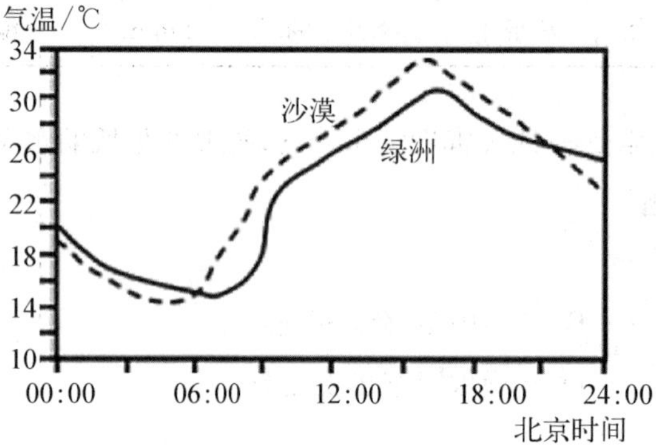

21. 沙漠气温比绿洲高的时间段是________，此时段绿洲气压________（高或低），沙漠绿洲局地环流形成的根本原因是________。

22. 在下图中添加箭头，完成图示地区热力环流示意图，并选择正确风向。

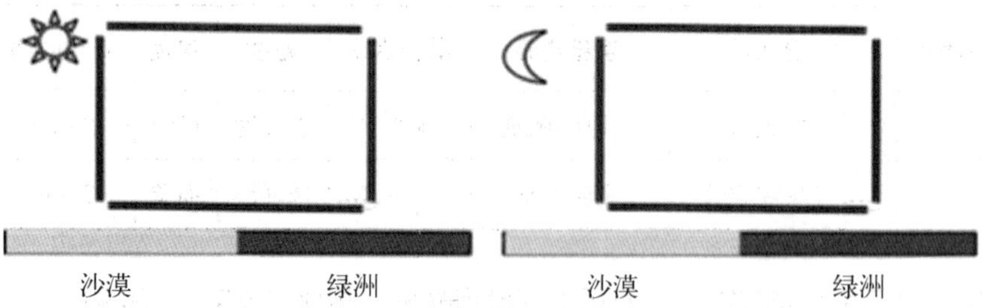

23. 白天该地近地面吹(　　)，夜间该地近地面吹(　　)。

24. 简述沙漠绿洲局地热力环流对气候的影响。

答案：21. 6—21 时；高；地面冷热不均。

22. 左图顺时针；右图逆时针。

23. 偏南风；偏北风。

24. 绿洲和沙漠之间进行热量交换，可以降低温度；绿洲和沙漠之间进行水汽交换，可以增加湿度；绿洲还具有消减风力的作用。

题号	所属课时	地理知识	考查素养	素养水平	题型	难度	完成时间	试题来源
21	04	热力环流	综合思维	水平 2	填空题	简单	2 min	改编
22	04	热力环流	综合思维	水平 2	作图题	简单	2 min	改编
23	04	热力环流	区域认知	水平 2	选择题	中等	2 min	改编
24	04	热力环流	综合思维	水平 2	简答题	较难	4 min	改编

附录一：关于普通高中新课程新教材项目实施效果的调查问卷(教师)

老师,您好!

我们是"推进新课程新教材工作"课题组的调查员。为了解杨浦区普通高中新课程新教材实施工作情况,深化课程设计和建设,特组织本次调研。您的意见和建议对我们今后开展工作非常重要。问卷答案无对错之分,您只需要依据您的实际情况在问卷中选择合适的选项即可。该问卷不记名,仅作学术分析和政策制定参考。谢谢您的支持!

请按照顺序填写问卷,除特殊标注外,题目均为单选题。

2021 年 3 月

一、基本信息

1. 您的性别：

A. 男　　B. 女

2. 您所处的年龄段：

A. 24～35 岁　　B. 36～45 岁

C. 46～55 岁　　D. 56～65 岁

3. 您执教的学科是：

A. 语文　　B. 数学　　C. 外语　　D. 历史

E. 地理　　F. 政治　　G. 生物　　H. 化学

I. 物理　　J. 其他：________

4. 您的最高学历：

A. 大专　　B. 本科　　C. 硕士　　D. 博士

E. 其他：________

5. 您的职称是：

A. 正高级教师　　B. 高级教师　　C. 中级教师　　D. 初级教师

E. 未评

6. 您的荣誉称号是：

A. 特级或正高　　B. 名师后备　　C. 学科带头人　　D. 区骨干

E. 区学科名师　　F. 其他：________

7. 您所在学校的性质是：

A. 市实验性示范性学校　　B. 区实验性示范性学校

C. 民办普通学校　　D. 公办普通学校

E. 其他：________

8. 您的从教时间：________年

二、基本情况

9. 您认为当前在贵校推行新课程新教材项目的效果如何：

A. 很不理想　　B. 不太理想　　C. 比较理想　　D. 非常理想

10. 您对推进新课程新教材项目的了解程度是：

A. 没有了解　　B. 很少了解　　C. 比较了解　　D. 十分了解

11. 您在推进新课程新教材项目中的参与情况是：

A. 没有参与　　B. 很少参与　　C. 中度参与　　D. 深度参与

12. 您对推进新课程新教材项目的态度是：

A. 无所谓　　B. 比较支持　　C. 支持　　D. 非常支持

13. 您认为推进新课程新教材项目是因为(多选)：

A. 国家要求　　B. 课程建设需要

C. 本区教育实践需要　　D. 各学段学生思政教育实际需要

E. 其他：______________

三、课程体系

14. 您认为贵校现有师资能否满足推进新课程新教材项目的需要：

A. 不能满足　　B. 不太满足　　C. 基本满足　　D. 完全满足

15. 您认为当前课程体系的课程量设置是否科学：

A. 非常不科学　　B. 比较不科学　　C. 比较科学　　D. 非常科学

16. 您认为当前课程体系与其他学段的衔接度是怎样的：

A. 非常低　　B. 比较低　　C. 比较高　　D. 非常高

四、课本教材

17. 您所在学校当前是否存在统一教材使用率低而以校本教材为主的现象：

A. 从来没有　　B. 不是很多　　C. 比较常见　　D. 十分普遍

18. 您认为当前教材中设置的单元目标的难度：

A. 非常低　　B. 比较低　　C. 比较高　　D. 非常高

19. 您认为当前课本教材与课程体系的契合度：

A. 非常低　　B. 比较低　　C. 比较高　　D. 非常高

五、课堂教学

20. 您认为学生对推进新课程新教材项目的态度是：

A. 不愿接受　B. 不太愿意　C. 比较愿意　D. 非常愿意

21. 您认为当前的排课时间是否科学：

A. 非常不科学　B. 不太科学　C. 比较科学　D. 非常科学

22. 您认为在采用信息化教学手段以后是否让课时活动更加便捷了：

A. 完全没有　B. 不太便捷　C. 比较便捷　D. 非常便捷

23. 您认为单元评价体系变更以后“唯分数论”的现象还明显吗：

A. 非常明显　B. 比较明显　C. 不太明显　D. 完全没有

24. 您认为后期推进新课程新教材项目需要：

A. 国家与市级相关部门高度重视　B. 区级实践的持续探索

C. 教育资源被进一步打通　D. 维持教育政策的稳定性

E. 家长积极配合　F. 其他：____________

25. 您认为单元教学的难点是：

A. 单元教学目标的撰写　B. 单元教学内容的结构化处理

C. 单元教学资源的综合运用　D. 单元教学活动的设计

26. 您认为单元教学与课时教学的关系是：

A. 两者没有关系　B. 单元教学是课时教学的总纲

C. 单元教学是普遍性，课时教学是特殊性　D. 课时教学是主要的

27. 您在单元教学中的做法是：

A. 关注单元教学目标　B. 重视单元教学的

C. 只关心课时教学　D. 单元教学活动的设计

E. 其他：____________

28. 您对单元教学的建议与需要是：

____

____

附录二：关于普通高中新课程新教材实施工作满意度的调查问卷（学生）

同学，您好！

我们是“推进新课程新教材工作”课题组的调查员。为了解杨浦区普通高中新课程新教材实施工作情况，深化课程设计和建设，特组织本次调研。您的意见和建议对我们今后开展工作非常重要。问卷答案无对错之分，您只需要依据您的实际情况在问卷中选择合适的选项即可。该问卷不记名，仅作学术分析和政策制定参考。谢谢您的支持！

请按照顺序填写问卷，除特殊标注外，题目均为单选题。

2021 年 3 月

1. 您的性别：

男　　女

2. 您的年级：

高一　　高二　　高三

3. 您所在学校的性质是：

市实验性示范性学校　　区实验性示范性学校

民办普通学校　　公办普通学校

其他

4. 您家长的最高文化程度是：

小学　　初中　　高中　　专科

本科　　硕士　　博士

5. 您所在班级的人数为：（从 1 到 200）

6. 您对学校实施“新教材新课程”项目的满意程度为：

非常不满意　　比较不满意　　一般　　比较满意

非常满意

7. 您对学校实施“新教材新课程”项目的了解程度是：

十分了解　　一般了解　　很少了解　　没有了解

8. 您对学校实施“新教材新课程”的态度是：

非常支持　　比较支持　　支持　　无所谓

9. 您认为当前课程体系能否满足您的知识点需求：

完全满足　　比较满足　　比较不足　　完全不足

10. 您认为当前课程体系能否达到学业质量标准：

完全达到　　比较达到　　比较不能　　完全不能

11. 您认为当前课程体系能否让你具有自主选择空间：

完全具有　　比较具有　　比较缺乏　　完全没有

12. 您认为当前课本和教材的编排是否科学：

完全科学　　比较科学　　不太科学　　太不科学

13. 您认为当前课本和教材是否增大了你的课业压力：

增大很多　　增大一些　　没太增加　　没有增加

14. 您认为当前课本和教材的编排是否有趣：

特别有趣　　比较有趣　　比较无趣　　十分无趣

15. 您是否同意当前运用信息技术教学让上课更加便捷了：

完全同意　　比较同意　　不太同意　　完全不同意

16. 您在课堂上是否享受到更多的其他学校的教学资源：

大大增多　　增多一些　　没太增多　　没有增多

17. 您认为当前学校内“唯分数论”的现象还明显吗：

特别明显　　比较明显　　不太明显　　几乎没有

18. 对于当前课堂上老师的教学表现您是否满意：

非常不满意　　比较不满意　　比较满意　　非常满意

19. 对目前课堂教学中实施的课堂活动，您感到：

非常不满意　　比较不满意　　比较满意　　非常满意

20. 对目前学校组织的课外社会实践活动，您感到：

非常不满意　　比较不满意　　比较满意　　非常满意

21. 各项课堂内外活动组织是否增加了您的课业负担：

增加很多　　增加一些　　没太增加　　没有变化

22. 对于课堂内外活动形式、类型是否丰富，您认为：

比较沉闷　　比较单一　　比较丰富　　非常丰富

23. 您认为参加各类课内外活动是否有助于学习：

没有帮助　　有一点帮助　　比较有帮助　　非常有帮助

24. 对于课堂内外各种活动中教师的活动组织和评价表现，您感到：

非常不满意　　比较不满意　　比较满意　　非常满意

附录三：杨浦区高中“双新”国家级示范区建设基础调研线上访谈提纲

尊敬的老师，您好！

杨浦区高中“双新”(即新课程、新教材)国家级示范区建设项目已开展一年多，为了更好地建设杨浦区高中“双新”国家级示范区，我们需要进一步了解各学科教师对“双新”课改工作的看法。由于疫情影响，我们的访谈采用线上问答形式。麻烦您根据自己对“双新”课改工作的理解和有关经验，尽可能详细地回答如下问题。本次线上访谈采取匿名形式，您的意见仅供研究之用，完全保密。非常感谢您的支持！

杨浦区高中“双新”国家级示范区项目组

2021 年 11 月

您任教的学科：______________

您的职称：______________

您的性别：______________

1. 您对高中“双新”课改工作的总体看法(必要性、重要性)？

2. 您认为高中“双新”课改对学校教学工作会有哪些影响(正面、负面)？

3. 您认为开展高中“双新”课改工作主要存在哪些困难？如何克服这些困难？

4. 您认为“双新”课改对学校的课程建设目标、建设内容及其计划编制有什么影响？

5. 在实施“双新”课改后，贵校在课程管理方面采取了哪些改革措施？您对这些改革措施及其成效有什么看法或评价？

6. 您认为有效的“创智课堂”应该是什么样的？

7. 您在“创智课堂”实践中遇到过哪些困难？您是如何克服这些困难的？

8. 您认为有效的“双新课堂”应该是什么样的，或如何设计和实施比较好的“双新课堂”？

9. 您在“双新课堂”实践中遇到的主要困难是什么？

10. 你对素养导向的学业评价怎么看，或在学业评价中如何体现素养导向？

11. 在素养导向下，您在学业测试命题时主要考虑哪些因素？

12. 为了落实素养导向的学业评价，您认为当前学业评价需要做出哪些改进？

13. 您对当前学校的教师研修计划和安排是否满意？学校的教师研修工作哪些方面做得比较好，哪些方面做得不好？

14. 为了更好地落实“双新”课改目标，您认为学校的教师研修工作需要做出哪些改进？

再次感谢您的支持和配合！祝您一切顺利！